北京大学刑事法治研究中心
腾讯网络安全与犯罪研究基地

共同出品

网络刑法原理

江溯 主编

李佳 王华伟 副主编

Principles of Cyber Criminal Law

北京大学出版社
PEKING UNIVERSITY PRESS

作者简介

江 溯　北京大学法学院副教授
喻海松　最高人民法院研究室刑事处处长
王肃之　最高人民法院第二巡回法庭法官助理
吴峤滨　最高人民检察院法律政策研究室处长
白 磊　北京市海淀区人民检察院第二检察部检察官
敬力嘉　武汉大学法学院副教授
于 冲　中国政法大学刑事司法学院副教授
郭旨龙　中国政法大学刑事司法学院讲师
李源粒　德国弗莱堡大学法学博士
李 恒　西南政法大学国家安全学院讲师
王星译　华中科技大学法学院讲师
王华伟　北京大学法学院助理教授
安柯颖　北京外国语大学法学院副教授
叶竹盛　华南理工大学法学院副教授
李 佳　腾讯安全法律部总经理、腾讯网络安全与犯罪研究基地负责人
李 澜　北京大学法学院法学硕士
虞文梁　中国法学会法治研究所助理研究员

编写说明

近年来,随着互联网技术的飞速发展,网络犯罪呈现出高发态势。在犯罪总量中,网络犯罪已经达到了三分天下有其一的比例。为了依法有效打击网络犯罪,一个完整的网络刑法体系必不可少。本书是我国首部尝试建立网络刑法体系的教科书,我们充分借鉴了国内外以往研究的经验,搭建了"实体刑法(总论)—实体刑法(分论)—程序法—管辖与国际合作"的网络刑法体系,希望能为我国网络刑法研究与司法实践提供有益的参考和借鉴。

在第一编"实体刑法(总论)"中,本书对罪刑法定原则、法益、故意、不作为、共犯等网络刑法总论的问题展开论述。虽然这些问题均为传统刑法总论的经典议题,但其在网络刑法领域具有一定的独特性,因此有必要予以专门研究。在第二编"实体刑法(分论)"中,本书创造性地将网络犯罪区分为"以信息网络为目标的犯罪""以信息网络为手段的犯罪"和"网络空间的总括性犯罪",并针对每种类型之下最为重要的罪名,结合司法实践展开深入研究。在第三编"程序法"中,本书对网络犯罪的重要程序和电子证据的相关问题展开论述。特别是在网络犯罪的审查判断中,电子证据成为新的"证据之王",因此有必要予以高度重视。在第四编"管辖与国际合作"中,本书对跨国网络犯罪的管辖权冲突以及打击网络犯罪的国际合作展开论述。目前我国和俄罗斯等国家正在联合国层面推动《联合国网络犯罪公约》的起草和制定,对于今后全球合作打击网络犯罪具有重要的意义。

本书的作者既有我国网络刑法研究领域的青年才俊,又有我国网络刑法实务中的中流砥柱。毫不夸张地说,本书的出版是我国网络刑法学者的一次集体亮相。我们希望通过共同的努力,为搭建我国网络刑法的体系作出微薄的贡献。网络犯罪日益演变、迭代升级,我们也将不断更新本书的内容甚至体系,诚挚希望读者朋友们持续关注我们的研究并提出宝贵的修改意见。

全书的撰写具体分工如下:

导　言:喻海松

第一章:李源粒

第二章:王肃之

第三章:郭旨龙

第四章:敬力嘉

第五章:王肃之

第六章:郭旨龙

第七章:吴峤滨(第一、二、三节),李澜(第四节),李恒(第五节),叶竹盛(第六节),王华伟(第七节),敬力嘉(第八节),李佳等(第九节),王肃之(第十节)

第八章:于冲(第一节),王华伟(第二节),敬力嘉(第三节)

第九章:白磊

第十章:安柯颖

第十一章:李澜

第十二章:王星译

第十三章:虞文梁

第十四章:江溯

本书的出版得到了北京大学法学院陈兴良教授、梁根林教授,最高人民检察院陈国庆副检察长、最高人民法院研究室周加海副主任的亲切指导,对此我们深表谢意。关于本书的体系安排,我们曾求教于德国维尔茨堡大学法学院希尔根多夫教授,希教授作为德国网络刑法的权威学者,在编写过程中给予我们诸多宝贵指导,在此一并表示感谢。本书的出版得到了北京大学出版社蒋浩副总编、杨玉洁编辑及靳振国编辑的大力支持,对此我们始终铭记于心。本书是北京大学刑事法治研究中心和腾讯网络安全与犯罪研究基地合作项目的成果,我们希望未来通过双方的进一步深度合作,推动我国网络刑法的发展,为治理网络犯罪提供坚实的理论基础。

目 录

凡 例 ………………………………………………………………………… 001
导 言 ………………………………………………………………………… 001
 第一节 互联网的诞生发展与网络犯罪的滋生蔓延 ……………………… 001
  一、互联网的诞生与发展 ………………………………………………… 001
  二、网络犯罪的滋生与蔓延 ……………………………………………… 002
  三、网络犯罪的样态与特点 ……………………………………………… 003
 第二节 网络犯罪的刑事立法与司法应对 ………………………………… 006
  一、网络犯罪的刑事实体立法与司法 …………………………………… 007
  二、网络犯罪的刑事程序立法与司法 …………………………………… 009
 第三节 网络刑事法学习与研究的重要关注点 …………………………… 012
  一、了解网络犯罪的技术原理 …………………………………………… 012
  二、关注网络犯罪的侦查实务 …………………………………………… 013
  三、掌握涉网络犯罪的前置规范 ………………………………………… 015

第一编 实体刑法（总论）

第一章 罪刑法定原则 ……………………………………………………… 019
 第一节 现代刑法体系中的网络刑法 ……………………………………… 019
  一、从传统刑法到现代刑法 ……………………………………………… 019
  二、网络犯罪与网络刑法的回应 ………………………………………… 021
 第二节 网络刑法与罪刑法定原则 ………………………………………… 025
  一、罪刑法定原则的根基与内容 ………………………………………… 026
  二、网络犯罪对罪刑法定原则的冲击 …………………………………… 026
 第三节 网络刑法的发展应坚持罪刑法定原则 …………………………… 028
  一、网络刑法发展的内容需求 …………………………………………… 028
  二、传统刑法对网络犯罪的解释适用 …………………………………… 030
  三、新增网络刑法规范 …………………………………………………… 035

第二章　法益 ··· 039
第一节　从传统法益到信息法益 ······························ 039
一、法益的理论脉络 ··· 039
二、网络犯罪侵犯法益的复杂化 ······························ 040
三、信息法益的边界 ··· 042
第二节　公共信息安全 ·· 044
一、德日刑法中的公共信息安全 ······························ 044
二、我国刑法中的公共信息安全 ······························ 046
第三节　公共信息秩序 ·· 054
一、公共信息秩序的理论分野 ································· 054
二、公共信息秩序的展开 ······································· 059

第三章　故意 ··· 063
第一节　网络犯罪故意概述 ······································ 063
第二节　网络犯罪中主观故意的特殊性 ······················ 065
一、网络犯罪中故意类型的极端分化 ························ 065
二、网络空间共犯故意难以单独认定 ························ 065
第三节　网络犯罪中故意的认定方式 ·························· 067
一、根据技术特征认定故意 ···································· 067
二、采取其他旁证方法推断故意 ······························ 070
第四节　网络共同犯罪中的故意推定 ························ 073
一、片面共犯中"明知"的推定 ································· 074
二、共犯行为正犯化中"明知"的推定 ······················· 075
三、平台责任的承担无需"明知"他人有违法犯罪行为 ········ 078

第四章　网络不作为犯罪 ·· 079
第一节　网络作为与不作为的区分 ···························· 079
一、区分原则 ··· 079
二、"消极作为"的实行行为与网络不作为 ·················· 084
三、中立帮助行为与网络不作为 ······························ 085
第二节　网络不作为犯罪的义务主体 ························ 087
一、网络服务提供者的概念与类型 ··························· 087
二、网络服务提供者的中心地位 ······························ 089
第三节　网络不作为犯罪的义务来源 ························ 090
一、企业与公民合作义务的普遍增加 ························ 090

二、网络服务提供者保证人地位的争议 ………………………… 093

第五章　共犯 …………………………………………………………… 103
第一节　网络共犯的发展与规范演变 ……………………………… 103
一、网络共犯的发展 …………………………………………… 103
二、网络共犯的规范演变 ……………………………………… 105
三、网络共犯规范演变的理论立场 …………………………… 107
第二节　网络正犯与共犯 …………………………………………… 109
一、共犯行为论 ………………………………………………… 110
二、正犯行为论 ………………………………………………… 115
第三节　网络预备犯与共犯 ………………………………………… 118
一、共犯预备论 ………………………………………………… 118
二、正犯预备论 ………………………………………………… 120
三、正犯行为论 ………………………………………………… 120
第四节　网络必要共犯 ……………………………………………… 123
一、网络对向犯 ………………………………………………… 124
二、网络集团犯 ………………………………………………… 125
三、网络聚众犯 ………………………………………………… 125

第二编　实体刑法（分论）

第六章　以信息网络为目标的犯罪 ………………………………… 131
第一节　非法侵入计算机信息系统罪 ……………………………… 131
一、概述 ………………………………………………………… 131
二、保护法益 …………………………………………………… 131
三、行为 ………………………………………………………… 132
四、行为对象 …………………………………………………… 132
五、行为主体 …………………………………………………… 132
六、罪量（数额和情节） ……………………………………… 133
七、罪责 ………………………………………………………… 133
八、罪与非罪 …………………………………………………… 133
九、此罪与彼罪 ………………………………………………… 134
十、处罚 ………………………………………………………… 135
第二节　非法获取计算机信息系统数据罪 ………………………… 135
一、概述 ………………………………………………………… 135

二、保护法益 …………………………………………………… 136
　　三、行为 ………………………………………………………… 136
　　四、行为对象 …………………………………………………… 137
　　五、行为主体 …………………………………………………… 138
　　六、罪量（数额与情节）……………………………………… 138
　　七、罪责 ………………………………………………………… 138
　　八、罪与非罪 …………………………………………………… 138
　　九、此罪与彼罪 ………………………………………………… 139
　　十、处罚 ………………………………………………………… 141
　第三节　非法控制计算机信息系统罪 …………………………… 141
　　一、概述 ………………………………………………………… 141
　　二、保护法益 …………………………………………………… 142
　　三、行为 ………………………………………………………… 142
　　四、行为对象 …………………………………………………… 143
　　五、行为主体 …………………………………………………… 143
　　六、罪量（数额与情节）……………………………………… 143
　　七、罪责 ………………………………………………………… 144
　　八、罪与非罪 …………………………………………………… 144
　　九、此罪与彼罪 ………………………………………………… 145
　　十、处罚 ………………………………………………………… 148
　第四节　提供侵入、非法控制计算机信息系统程序、工具罪 …… 148
　　一、概述 ………………………………………………………… 148
　　二、保护法益 …………………………………………………… 149
　　三、行为 ………………………………………………………… 149
　　四、行为对象 …………………………………………………… 150
　　五、行为主体 …………………………………………………… 150
　　六、罪量（数额与情节）……………………………………… 150
　　七、罪责 ………………………………………………………… 151
　　八、罪与非罪 …………………………………………………… 151
　　九、此罪与彼罪 ………………………………………………… 151
　　十、处罚 ………………………………………………………… 152
　第五节　破坏计算机信息系统罪 ………………………………… 152
　　一、概述 ………………………………………………………… 152
　　二、保护法益 …………………………………………………… 153
　　三、行为 ………………………………………………………… 153

    四、行为对象 ……………………………………………………… 155
    五、行为主体 ……………………………………………………… 156
    六、罪量(数额与情节) …………………………………………… 156
    七、罪责 …………………………………………………………… 157
    八、罪与非罪 ……………………………………………………… 157
    九、此罪与彼罪 …………………………………………………… 158
    十、处罚 …………………………………………………………… 158

第七章　以信息网络为手段的犯罪 ………………………………… 159
第一节　组织、领导传销活动罪 ………………………………… 159
    一、概述 …………………………………………………………… 159
    二、保护法益 ……………………………………………………… 160
    三、行为 …………………………………………………………… 160
    四、行为对象 ……………………………………………………… 165
    五、行为主体 ……………………………………………………… 166
    六、罪量(数额与情节) …………………………………………… 166
    七、罪责 …………………………………………………………… 172
    八、罪与非罪 ……………………………………………………… 172
    九、此罪与彼罪 …………………………………………………… 172
    十、处罚 …………………………………………………………… 173
第二节　开设赌场罪 ……………………………………………… 173
    一、概述 …………………………………………………………… 173
    二、保护法益 ……………………………………………………… 174
    三、行为 …………………………………………………………… 174
    四、行为对象 ……………………………………………………… 176
    五、行为主体 ……………………………………………………… 177
    六、罪量(数额与情节) …………………………………………… 178
    七、罪责 …………………………………………………………… 184
    八、罪与非罪 ……………………………………………………… 185
    九、此罪与彼罪 …………………………………………………… 187
    十、处罚 …………………………………………………………… 189
第三节　洗钱罪 …………………………………………………… 189
    一、概述 …………………………………………………………… 189
    二、保护法益 ……………………………………………………… 190
    三、行为 …………………………………………………………… 191

四、行为对象 …………………………………………… 193
　　五、行为主体 …………………………………………… 193
　　六、罪量(数额与情节) ………………………………… 193
　　七、罪责 ………………………………………………… 193
　　八、罪与非罪 …………………………………………… 194
　　九、此罪与彼罪 ………………………………………… 195
　　十、处罚 ………………………………………………… 195
第四节　网络非法集资犯罪 …………………………………… 196
　　一、概述 ………………………………………………… 196
　　二、我国刑法对网络非法集资犯罪的规制 …………… 198
　　三、典型网络非法集资:P2P网贷平台非法集资 …… 207
　　四、私募基金非法集资 ………………………………… 218
　　五、虚拟币交易非法集资 ……………………………… 220
第五节　网络恐怖主义犯罪 …………………………………… 223
　　一、概述 ………………………………………………… 223
　　二、我国刑法对网络恐怖主义犯罪的规制 …………… 234
　　三、小结 ………………………………………………… 253
第六节　网络色情犯罪 ………………………………………… 255
　　一、网络色情犯罪的基本现状 ………………………… 255
　　二、网络淫秽物品类犯罪的构成与适用 ……………… 259
　　三、网络卖淫犯罪的构成与适用 ……………………… 280
　　四、网络色情犯罪之关联犯罪 ………………………… 296
第七节　刷单炒信的刑法评价 ………………………………… 303
　　一、导言 ………………………………………………… 303
　　二、刷单炒信的内部结构与法益侵害 ………………… 306
　　三、规制路径:刑法适用的多重考察 ………………… 309
　　四、展望:电商平台的多元治理 ……………………… 319
第八节　网络侵犯公民个人信息 ……………………………… 321
　　一、概述 ………………………………………………… 321
　　二、保护法益 …………………………………………… 322
　　三、行为 ………………………………………………… 329
　　四、行为对象 …………………………………………… 334
　　五、行为主体 …………………………………………… 344
　　六、罪量 ………………………………………………… 345
　　七、罪责 ………………………………………………… 346

  八、罪与非罪 346
  九、此罪与彼罪 348
  十、处罚 352
 第九节　网络空间侵犯著作权犯罪 352
  一、网络侵犯著作权犯罪的基本状况 352
  二、网络侵犯著作权犯罪的构成与适用 356
 第十节　网络财产性犯罪 382
  一、概述 382
  二、保护法益 384
  三、行为 385
  四、行为对象 394
  五、行为主体 401
  六、罪量 402
  七、罪责 407
  八、罪与非罪 407
  九、此罪与彼罪 409
  十、处罚 414

第八章　网络空间的总括性犯罪 416
 第一节　拒不履行信息网络安全管理义务罪 416
  一、概述 416
  二、保护法益 417
  三、行为 418
  四、行为主体 423
  五、罪量（数额与情节） 425
  六、罪责 428
  七、罪与非罪 429
  八、此罪与彼罪 430
  九、处罚 437
 第二节　非法利用信息网络罪 438
  一、概述 438
  二、保护法益 439
  三、行为 439
  四、情节 444
  五、主体 445

六、罪责 ……………………………………………………………… 445

七、此罪与彼罪 …………………………………………………… 445

八、处罚 ……………………………………………………………… 447

第三节 帮助信息网络犯罪活动罪 …………………………………… 447

一、概述 ……………………………………………………………… 447

二、保护法益 ………………………………………………………… 449

三、行为 ……………………………………………………………… 450

四、行为对象 ………………………………………………………… 453

五、行为主体 ………………………………………………………… 453

六、罪量 ……………………………………………………………… 454

七、罪责 ……………………………………………………………… 454

八、罪与非罪 ………………………………………………………… 455

九、此罪与彼罪 …………………………………………………… 464

十、处罚 ……………………………………………………………… 466

第三编 程序法

第九章 网络犯罪案件的管辖 …………………………………………… 469

第一节 职能管辖 …………………………………………………………… 469

第二节 级别管辖 …………………………………………………………… 471

第三节 地域管辖 …………………………………………………………… 472

一、网络犯罪的犯罪地概念较为宽泛 ……………………………… 472

二、涉外网络犯罪的管辖 …………………………………………… 474

第四节 疑难问题 …………………………………………………………… 476

一、侵犯公民个人信息罪中的管辖权问题 ………………………… 476

二、对无管辖权案件的处理，以指定管辖为首选 ………………… 476

第十章 网络犯罪案件的初查与跨地域取证 ……………………………… 478

第一节 网络犯罪案件的初查 ……………………………………………… 479

一、设立网络犯罪案件初查规则的意义 …………………………… 479

二、与"初查"相关的规定 …………………………………………… 479

第二节 网络犯罪案件的跨地域取证 ……………………………………… 480

一、刑事司法协助框架下的跨地域电子取证 ……………………… 480

二、单边跨地域远程取证 …………………………………………… 482

三、网络服务提供者的跨地域数据披露 …………………………… 483

第十一章　电子数据的收集提取与审查判断 ·········· 485
第一节　电子数据概述 ························· 485
一、电子数据的概念 ························· 485
二、电子数据的范围 ························· 486
三、电子数据的特征 ························· 486
第二节　网络犯罪中电子数据的收集提取 ············ 488
一、电子数据的取证发展史 ····················· 488
二、电子数据取证的原则、标准、步骤与工具 ·········· 489
三、电子数据取证的方法及规则 ·················· 491
四、与电子数据取证相关的其他规则 ··············· 494
第三节　电子数据的审查判断 ···················· 498
一、对电子证据证据能力的审查判断 ··············· 498
二、对电子数据证明力的审查判断 ················ 503

第十二章　网络犯罪的其他程序问题 ················ 505
第一节　网络犯罪侦查中的技术侦查措施 ············· 505
一、技术侦查措施的立法沿革概述 ················ 505
二、"技术侦查措施"概念与范围的界定 ·············· 507
三、技术侦查的程序规则 ······················ 510
四、技术侦查所得证据的调查核实 ················ 518
五、技侦证据材料的审查判断 ··················· 520
六、其他 ······························· 524
第二节　涉众型网络犯罪案件的证据与证明问题 ········ 525
一、涉众型网络犯罪案件的类型与特征 ············· 525
二、司法实践中涉众型网络犯罪的"证明困难"现象 ······ 526
三、涉众型网络犯罪案件中情节要件的认定 ··········· 529

第四编　管辖与国际合作

第十三章　网络犯罪的国际管辖 ·················· 533
第一节　网络犯罪国际管辖概述 ·················· 533
一、网络犯罪国际管辖的相关定义 ················ 534
二、网络犯罪国际管辖的影响因素 ················ 537
第二节　网络犯罪国际管辖的理论 ················· 541

一、新主权理论 …………………………………………………… 541
　　二、扩大属地管辖理论 …………………………………………… 542
　　三、网络自治理论 ………………………………………………… 542
　　四、网址管辖理论 ………………………………………………… 543
　　五、有限管辖原则 ………………………………………………… 543
　　六、实害联系原则 ………………………………………………… 544
　第三节　全球主要国家和组织的政策 ………………………………… 545
　　一、中国 …………………………………………………………… 545
　　二、美国 …………………………………………………………… 547
　　三、联合国 ………………………………………………………… 548
　第四节　全球主要国家或国际组织的立法 …………………………… 549
　　一、中国 …………………………………………………………… 549
　　二、美国 …………………………………………………………… 551
　　三、联合国 ………………………………………………………… 552
　第五节　网络犯罪的国际管辖的未来发展 …………………………… 553
　　一、价值选择：管辖扩张性与刑法谦抑性的摇摆 ……………… 553
　　二、体系选择：东方法律体系与西方法律体系的博弈 ………… 554
　　三、模式选择："硬法不硬"与"软法不软"的相向而行 ……… 556
　　四、态势选择：斗争与合作长期并存 …………………………… 557

第十四章　打击网络犯罪的国际法框架 …………………………… 559
　第一节　为什么需要联合国网络犯罪公约 …………………………… 559
　　一、网络犯罪的特性与全球网络安全治理的需求 ……………… 560
　　二、弥合各国立法差异，建立政治互信的需要 ………………… 561
　　三、国际法机制的诸多优势 ……………………………………… 563
　第二节　打击网络犯罪现有国际法机制的问题 ……………………… 565
　　一、一般性问题 …………………………………………………… 565
　　二、刑事实体法的问题 …………………………………………… 568
　　三、程序法及国际合作的问题 …………………………………… 569
　　四、公约实施和执行机制的问题 ………………………………… 571
　第三节　联合国网络犯罪公约的进程与展望 ………………………… 572
　　一、联合国网络犯罪公约的起草进程 …………………………… 572
　　二、联合国网络犯罪公约的起草背景 …………………………… 574
　　三、联合国网络犯罪公约的前景 ………………………………… 577

第四节　联合国网络犯罪公约的中国方案 …………………… 579
　　一、基本立场:坚持以联合国为联合国网络犯罪公约的
　　　　缔结平台 ……………………………………………… 580
　　二、实体法层面:明确网络犯罪的范围和构成要件 ………… 581
　　三、程序法层面:推进网络犯罪管辖权的确定机制和电子
　　　　证据的获取规则 ……………………………………… 581
第五节　结　语 ………………………………………………… 583

凡 例

一、法律

1.《中华人民共和国×法》简称《×法》。例如:1997年3月14日第八届全国人民代表大会第五次会议修订的《中华人民共和国刑法》,简称《刑法》;2020年5月28日第十三届全国人民代表大会第三次会议通过的《中华人民共和国民法典》,简称《民法典》。

2.《中华人民共和国刑法修正案(×)》简称《刑法修正案(×)》。例如:2015年8月29日第十二届全国人民代表大会常务委员会第十六次会议通过的《中华人民共和国刑法修正案(九)》,简称《刑法修正案(九)》。

3.《全国人民代表大会常务委员会关于维护互联网安全的决定》(自2000年12月28日起施行,修正后自2009年8月27日起施行),简称《关于维护互联网安全的决定》。

4.《全国人民代表大会常务委员会关于加强网络信息保护的决定》(自2012年12月28日起施行),简称《关于加强网络信息保护的决定》。

二、司法解释

1.《最高人民法院关于审理非法出版物刑事案件具体应用法律若干问题的解释》(法释〔1998〕30号,自1998年12月23日起施行),简称《非法出版物案件解释》。

2.《最高人民法院关于审理扰乱电信市场管理秩序案件具体应用法律若干问题的解释》(法释〔2000〕12号,自2000年5月24日起施行),简称《扰乱电信市场秩序案件解释》。

3.《最高人民法院、最高人民检察院关于办理利用互联网、移动通讯终端、声讯台制作、复制、出版、贩卖、传播淫秽电子信息刑事案件具体应用法律若干问题的解释》(法释〔2004〕11号,自2004年9月6日起施行),简称《淫秽电子信息案件解释》。

4.《最高人民法院、最高人民检察院关于办理侵犯知识产权刑事案件具体应用法律若干问题的解释》(法释〔2004〕19号,自2004年12月22日起施行),简称《侵犯知识产权案件解释》。

5.《最高人民法院关于审理破坏公用电信设施刑事案件具体应用法律若干问题的解释》(法释〔2004〕21号,自2005年1月11日起施行),简称《破坏公用电信设施案件解释》。

6.《最高人民法院、最高人民检察院关于办理赌博刑事案件具体应用法律若干问题的解释》(法释〔2005〕3号,自2005年5月13日起施行),简称《赌博案件解释》。

7.《最高人民法院关于审理危害军事通信刑事案件具体应用法律若干问题的解释》(法释〔2007〕13号,自2007年6月29日起施行),简称《危害军事通信案件解释》。

8.《最高人民法院、最高人民检察院关于办理侵犯知识产权刑事案件具体应用法律若干问题的解释(二)》(法释〔2007〕6号,自2007年4月5日起施行),简称《侵犯知识产权案件解释(二)》。

9.《最高人民法院关于审理洗钱等刑事案件具体应用法律若干问题的解释》(法释〔2009〕15号,自2009年11月11日起施行),简称《洗钱案件解释》。

10.《最高人民法院、最高人民检察院关于办理妨害信用卡管理刑事案件具体应用法律若干问题的解释》[法释〔2009〕19号,自2009年12月16日起施行;经《最高人民法院、最高人民检察院关于修改〈关于办理妨害信用卡管理刑事案件具体应用法律若干问题的解释〉的决定》(法释〔2018〕19号)修改,自2018年12月1日起施行],简称《妨害信用卡管理案件解释》。

11.《最高人民法院、最高人民检察院关于办理利用互联网、移动通讯终端、声讯台制作、复制、出版、贩卖、传播淫秽电子信息刑事案件具体应用法律若干问题的解释(二)》(法释〔2010〕3号,自2010年2月4日起施行),简称《淫秽电子信息案件解释(二)》。

12.《最高人民法院关于审理非法集资刑事案件具体应用法律若干问题的解释》[法释〔2010〕18号,自2011年1月4日起施行;经《最高人民法院关于修改〈最高人民法院关于审理非法集资刑事案件具体应用法律若干问题的解释〉的决定》(法释〔2022〕5号)修改,自2022年3月1日起施行],简称《非法集资案件解释》。

13.《最高人民法院、最高人民检察院关于办理诈骗刑事案件具体应用法律若干问题的解释》(法释〔2011〕7号,自2011年4月8日起施行),简称《诈骗案件解释》。

14.《最高人民法院关于审理破坏广播电视设施等刑事案件具体应用法

律若干问题的解释》(法释〔2011〕13号,自2011年6月13日起施行),简称《破坏广电设施案件解释》。

15.《最高人民法院、最高人民检察院关于办理危害计算机信息系统安全刑事案件应用法律若干问题的解释》(法释〔2011〕19号,自2011年9月1日起施行),简称《信息系统安全案件解释》。

16.《最高人民法院关于适用〈中华人民共和国刑事诉讼法〉的解释》(法释〔2012〕21号,自2013年1月1日起施行,已失效),简称《2012年刑诉法解释》。

17.《最高人民法院、最高人民检察院关于办理盗窃刑事案件适用法律若干问题的解释》(法释〔2013〕8号,自2013年4月4日起施行),简称《盗窃案件解释》。

18.《最高人民法院、最高人民检察院关于办理敲诈勒索刑事案件适用法律若干问题的解释》(法释〔2013〕10号,自2013年4月27日起施行),简称《敲诈勒索案件解释》。

19.《最高人民法院、最高人民检察院关于办理利用信息网络实施诽谤等刑事案件适用法律若干问题的解释》(法释〔2013〕21号,自2013年9月10日起施行),简称《网络诽谤案件解释》。

20.《最高人民法院关于审理编造、故意传播虚假恐怖信息刑事案件适用法律若干问题的解释》(法释〔2013〕24号,自2013年9月30日起施行),简称《虚假恐怖信息案件解释》。

21.《最高人民法院关于审理毒品犯罪案件适用法律若干问题的解释》(法释〔2016〕8号,自2016年4月11日起施行),简称《毒品案件解释》。

22.《最高人民法院、最高人民检察院关于办理组织、利用邪教组织破坏法律实施等刑事案件适用法律若干问题的解释》(法释〔2017〕3号,自2017年2月1日起施行),简称《邪教破坏法律实施案件解释》。

23.《最高人民法院、最高人民检察院关于办理侵犯公民个人信息刑事案件适用法律若干问题的解释》(法释〔2017〕10号,自2017年6月1日起施行),简称《侵犯个人信息案件解释》。

24.《最高人民法院、最高人民检察院关于办理扰乱无线电通讯管理秩序等刑事案件适用法律若干问题的解释》(法释〔2017〕11号,自2017年7月1日起施行),简称《扰乱无线电通讯秩序案件解释》。

25.《最高人民法院、最高人民检察院关于办理组织、强迫、引诱、容留、介绍卖淫刑事案件适用法律若干问题的解释》(法释〔2017〕13号,自2017年7月25日起施行),简称《卖淫案件解释》。

26.《最高人民法院、最高人民检察院关于办理组织考试作弊等刑事案件适用法律若干问题的解释》(法释〔2019〕13号,自2019年9月4日起施行),简称《组织考试作弊案件解释》。

27.《最高人民法院、最高人民检察院关于办理非法利用信息网络、帮助信息网络犯罪活动等刑事案件适用法律若干问题的解释》(法释〔2019〕15号,自2019年11月1日起施行),简称《信息网络案件解释》。

28.《最高人民法院、最高人民检察院关于办理侵犯知识产权刑事案件具体应用法律若干问题的解释(三)》(法释〔2020〕10号,自2020年9月14日起施行),简称《侵犯知识产权案件解释(三)》。

29.《最高人民法院关于适用〈中华人民共和国刑事诉讼法〉的解释》(法释〔2021〕1号,自2021年3月1日起施行),简称《2021年刑诉法解释》。

三、规范性文件

1.《最高人民检察院、公安部关于公安机关管辖的刑事案件立案追诉标准的规定(一)》[公通字〔2008〕36号,自2008年6月25日起施行;经《最高人民检察院、公安部关于公安机关管辖的刑事案件立案追诉标准的规定(一)的补充规定》(公通字〔2017〕12号)修正,自2017年4月27日起施行],简称《立案追诉标准(一)》。

2.《最高人民检察院、公安部关于公安机关管辖的刑事案件立案追诉标准的规定(二)》[公通字〔2010〕23号,自2010年5月7日起施行;经《最高人民检察院、公安部关于公安机关管辖的刑事案件立案追诉标准的规定(二)的补充规定》(公通字〔2011〕47号)补充,自2011年11月14日起施行;经《最高人民检察院、公安部关于修改侵犯商业秘密刑事案件立案追诉标准的决定》(高检发〔2020〕15号)修改,自2020年9月17日起施行],简称《立案追诉标准(二)》。

3.《最高人民法院、最高人民检察院、公安部关于办理网络赌博犯罪案件适用法律若干问题的意见》(公通字〔2010〕40号,自2010年8月31日起施行),简称《网络赌博犯罪意见》。

4.《最高人民法院、最高人民检察院、公安部关于办理侵犯知识产权刑事案件适用法律若干问题的意见》(法发〔2011〕3号,自2011年1月10日起施行),简称《侵犯知识产权案件意见》。

5.《最高人民检察院、公安部关于公安机关管辖的刑事案件立案追诉标准的规定(三)》(公通字〔2012〕26号,自2012年5月16日起施行),简称《立案追诉标准(三)》。

6.《公安机关办理刑事案件程序规定》(2012年12月13日公安部令第127号修订发布,自2013年1月1日起施行;根据2020年7月20日公安部令第 159 号《公安部关于修改〈公安机关办理刑事案件程序规定〉的决定》修正,自 2020 年 9 月 1 日起施行),简称《公安机关程序规定》。

7.《最高人民法院、最高人民检察院、公安部关于办理组织领导传销活动刑事案件适用法律若干问题的意见》(公通字〔2013〕37 号,自 2013 年 11 月 14 日起施行),简称《传销案件意见》。

8.《最高人民法院、最高人民检察院、公安部关于办理非法集资刑事案件适用法律若干问题的意见》(公通字〔2014〕16 号,自 2014 年 3 月 25 日起施行),简称《2014 年非法集资案件意见》。

9.《最高人民法院、最高人民检察院、公安部关于办理网络犯罪案件适用刑事诉讼程序若干问题的意见》(公通字〔2014〕10 号,自 2014 年 5 月 4 日起施行),简称《网络犯罪程序意见》。

10.《最高人民法院、最高人民检察院、公安部关于办理暴力恐怖和宗教极端刑事案件适用法律若干问题的意见》(公通字〔2014〕34 号,自 2014 年 9 月 9 日起施行,已失效),简称《暴力恐怖案件意见》。

11.《最高人民法院、最高人民检察院、公安部关于办理刑事案件收集提取和审查判断电子数据若干问题的规定》(法发〔2016〕22 号,自 2016 年 10 月 1 日起施行),简称《电子数据规定》。

12.《最高人民法院、最高人民检察院、公安部关于办理电信网络诈骗等刑事案件适用法律若干问题的意见》(法发〔2016〕32 号,自 2016 年 12 月 20 日起施行),简称《电信网络诈骗案件意见》。

13.《最高人民法院、最高人民检察院、公安部、国家安全部、司法部印发《关于办理刑事案件严格排除非法证据若干问题的规定》(法发〔2017〕15 号,自 2017 年 6 月 27 日起施行),简称《排除非法证据规定》。

14.《最高人民法院、最高人民检察院、公安部、司法部关于办理恐怖活动和极端主义犯罪案件适用法律若干问题的意见》(高检会〔2018〕1 号,自 2018 年 3 月 16 日起施行),简称《恐怖活动案件意见》。

15.《最高人民法院、最高人民检察院、公安部关于办理非法集资刑事案件若干问题的意见》(高检会〔2019〕2 号,自 2019 年 1 月 30 日起施行),简称《2019 年非法集资案件意见》。

16.《公安机关办理刑事案件电子数据取证规则》(自 2019 年 2 月 1 日起施行),简称《电子数据取证规则》。

17.《最高人民法院、最高人民检察院、公安部、司法部关于办理利用信息网络实施黑恶势力犯罪刑事案件若干问题的意见》(自 2019 年 10 月 21 日起施行),简称《网络黑恶势力案件意见》。

18.《人民检察院刑事诉讼规则》(高检发释字〔2019〕4 号,自 2019 年 12

月 30 日起施行),简称《高检规则》。

19.《最高人民法院、最高人民检察院、公安部办理跨境赌博犯罪案件若干问题的意见》(公通字〔2020〕14 号,自 2020 年 10 月 16 日起施行),简称《跨境赌博案件意见》。

20.《最高人民法院、最高人民检察院、公安部关于办理电信网络诈骗等刑事案件适用法律若干问题的意见(二)》(法发〔2021〕22 号,自 2021 年 6 月 17 日起施行),简称《电信网络诈骗案件意见(二)》。

导 言

第一节 互联网的诞生发展与
网络犯罪的滋生蔓延

一、互联网的诞生与发展

互联网(Internet),又称网际网络、因特网、英特网,是网络与网络之间所串连成的庞大网络。互联网始于1969年美国的阿帕网,即美国国防部高级计划局网络。① 互联网首先用于军事连接,后来用于大学连接,但都是为科研服务的,其主要目的是为用户提供共享大型主机的宝贵资源。随着接入主机数量的增加,互联网开始成为通信和交流的工具,商业活动也得以开展。随着互联网的商业化,其巨大的潜力被挖掘出来,并有了质的飞跃,最终走向全球。当前,由交换机、路由器等网络设备,以及各种不同的连接链路、种类繁多的服务器和数不尽的计算机、终端组成的互联网,以一组通用的协议相连,形成一个规模巨大但逻辑单一的全球化网络。互联网可以将信息瞬间发送到千里之外的人手中,在全球范围内实现网络互联、信息互通,把世界真正变成了"地球村"。如今,全世界互联网网民超过40亿,互联网对政治、经济、文化、社会、军事等领域产生了深刻影响,有力推动了人类社会的发展。

我国正式接入国际互联网是在互联网诞生25年之后。1994年4月20日,北京中关村地区教育与科研示范网接入国际互联网的64K专线开通,实现了与国际互联网的全功能连接,这标志着我国正式接入国际互联网。我国

---

① 1968年10月,美国国防部高级计划局和BBN公司签订合同,研制适合计算机通信的网络。1969年6月,完成第一阶段的工作,组成4个结点的试验性网络,称为ARPAnet,这被公认为是第一个采用分组交换技术组建的网络。参见百度百科"国防部高级计划局网络"词条,载 https://baike.baidu.com/item/国防部高级计划局网络/10008556? fr=aladdin,最后访问日期:2021年9月20日。

充分利用后发优势,实现了信息技术的飞速发展和网络空间日益扩大。据《中国互联网络发展状况统计报告(第49次)》①,截至2021年12月,我国网民规模达10.32亿,互联网普及率达73.0%,网民使用手机上网的比例达99.7%,手机是上网的最主要设备;在网络基础资源方面,我国域名总数达3593万个,IPv6地址数量达63052块/32,同比增长9.4%,移动通信网络IPv6流量占比已经达到35.15%。我国互联网的发展极大地促进了科技、经济、政治、社会、文化的发展,促进了社会文明进步和人民生活水平的提升。

二、网络犯罪的滋生与蔓延

信息技术是一把"双刃剑"。从诞生开始,互联网的设计就侧重于顺利传输信息,信息本身的安全和互联网这一传输媒介的安全并非其主要关注点。换言之,互联网本身存在的缺陷,是后来网络安全问题显现,特别是网络犯罪滋生蔓延的重要原因之一。当前看来,互联网加快了社会发展步伐,但信息技术的安全隐患和威胁也逐渐显现,特别是利用计算机网络实施的各类犯罪迅速蔓延,社会危害严重。从我国的情况来看,随着互联网的迅速发展,特别是手机等移动互联网终端的日益普及,除非法获取计算机信息系统数据、破坏计算机信息系统等网络犯罪不断增多外,盗窃、诈骗等传统犯罪也日益转由通过计算机网络实施。除了强奸罪等必须以行为人自身或者他人的人身作为犯罪工具的传统犯罪外,其他犯罪基本都可以通过互联网实施。即使是传统犯罪,也日益涉及互联网,甚至与互联网交织在一起,如通过互联网雇凶杀人。②

从我国法院的统计数据来看,2016年至2018年网络犯罪案件已结4.8万余件,案件量及在全部刑事案件总量中的占比均呈逐年上升趋势,2018年案件量显著增加,同比升幅为50.91%。③ 网络犯罪不仅严重侵害公民的人身安全和财产安全,而且严重影响社会秩序甚至国家安全,依法有效惩治网

---

① 自1997年11月起,中国互联网络信息中心(CNNIC)首次发布《中国互联网络发展状况统计报告》,并形成半年一次的报告发布机制。该报告已经成为最权威的互联网发展数据报告之一。

② 例如,作为中国"硅谷"的北京市海淀区,传统犯罪网络化趋势明显。从海淀区人民法院审理的案件情况来看,较之将网络作为犯罪对象的新型网络犯罪,将网络作为实施犯罪行为的中介、场所的更为常见,尤其是网络诈骗、网络传播淫秽物品、网络盗窃、网络销售违禁品等。此类犯罪是传统犯罪网络化的表现,近十年该院审结此类网络犯罪案件共计230件(全部网络犯罪案件为322件)。参见《北京海淀法院发布近十年涉网络犯罪案件审理情况》,载中国法院网(https://www.chinacourt.org/article/detail/2017/03/id/2681437.shtml),最后访问日期:2021年9月20日。

③ 参见《网络犯罪大数据报告及电信网络诈骗犯罪典型案例新闻发布会》,载最高人民法院官网(http://www.court.gov.cn/zixun-xiangqing-200651.html),最后访问日期:2020年3月21日。

络犯罪已经成为当前及未来一段时期的重要任务。特别是,随着云计算、物联网、大数据、人工智能等新技术的快速发展与广泛应用,网络犯罪的风险被聚集放大,防范和惩治的难度会进一步加大。①

三、网络犯罪的样态与特点

计算机网络犯罪有一个发展演变的过程。计算机犯罪(Computer Crime)是相当长时期内使用最为广泛的概念,反映了当时此类犯罪主要侵犯单个的计算机,网络化特征尚未显现的特点。随着网络技术的发展,此类犯罪突破时空限制,跨国跨区域实施成为常态,故网络犯罪(Cybercrime)的概念在21世纪初被提出并被广泛运用。

网络犯罪是犯罪在互联网上的新型表现形式,虽然其犯罪本质与传统犯罪相同,但具有迥异于传统犯罪的特点。从不同视角观察网络犯罪,对其特点可能会有不同的概括。我们认为,与传统犯罪相比,网络犯罪的如下特点值得特别关注:

(一)犯罪行为隐蔽,技术性强

网络犯罪将犯罪行为与信息技术结合,是典型的技术型犯罪。例如,黑客犯罪往往需要运用非法侵入计算机信息系统、非法获取计算机信息系统数据、非法控制计算机信息系统等技术手段。又如,网络盗窃、诈骗,则是传统盗窃、诈骗与技术方式的结合,通过盗窃账号后欺骗好友汇款、通过盗窃银行账户窃取资金,虽然本质上仍属于诈骗和盗窃的范畴,但其作案的技术性特征更加明显。而且,网络犯罪借助互联网实施,容易通过加密等措施掩盖犯罪事实、隐蔽身份,使得相关案件的侦破难度进一步加大。

(二)突破时空限制,跨地域犯罪多发

由于网络的无地域性,通过互联网实施的犯罪可以突破时空限制,极易在短时间内通过网络组织多地不特定人员共同参与犯罪活动,也极易通过网络针对大量不特定人实施犯罪。因此,跨地域针对或者组织、教唆、帮助不特定多数人实施犯罪的现象日益多发。例如,在网上设立一个境外社交群组,很容易在短时间内纠集成百上千的人员共同实施贩卖毒品等犯罪活动;设立诈骗网站,很容易对成千上万人实施诈骗。

---

① 2017年,一款叫作WannaCry的病毒在全球范围内快速爆发,被该款病毒攻击的计算机几乎所有文件都被加密锁定,尔后黑客会向用户索要价值300~600美元的比特币作为赎金。全球150多个国家的网络被攻击。中、英两国受害程度最为严重,英国的NHS服务器遭受大规模的网络攻击,至少40家医疗机构内网被黑客攻陷。在中国,北京、上海、天津、江苏等多地的出入境、派出所等公安网也疑似遭遇了病毒攻击,众多高校成为重灾区。参见朱迅垚:《勒索病毒暴露了网络安全的脆弱性》,载《南方周末》2017年5月18日,第B18版。

(三) 犯罪成本低廉,非法获利巨大

在过去相当长的一段时期,网络犯罪,特别是涉众型网络犯罪,往往存在"广撒网,积少成多"的获利模式,即面向不特定多数人犯罪,对每名被害人的犯罪所得数额有限,但累计起来的数额相当可观。这一现象在近年来有了较大变化,随着公民个人信息泄露的加剧,通过非法获取的公民个人信息实施精准网络犯罪的情况日益突出。据司法大数据反映的情况,19.16%的网络诈骗案件具有精准诈骗的特征,即不法分子获取公民个人信息后有针对性地实施诈骗,极大地提高了诈骗得逞的可能性,更是导致网络犯罪获利数额不断攀升。[1] 网络犯罪的非法获利数额,可能大大冲击了传统"犯罪所得"的概念。例如,贵州都匀诈骗案是我国近年来单笔诈骗金额最大的一起电信诈骗案,被骗资金达到1.17亿元。[2]

(四) 犯罪集团化,帮助行为突出

网络犯罪基本不会是"单打独斗",而通常表现为"协同作案"。从人民法院审理的网络犯罪案件情况来看,平均每件网络犯罪案件涉及2.73名被告人;超四成网络犯罪案件为两人及以上的团伙犯罪,三人及以上共同犯罪的案件占比逐年提高。[3] 值得进一步关注的是,网络犯罪不仅表现为共同犯罪增多和共犯人数众多,更为重要的是,形成了分工负责、利益共享的利益链条和"流水线"式的作业模式。以黑客犯罪为例,为这类犯罪提供用于破坏计算机信息系统功能、数据的程序,提供互联网接入、服务器托管、网络存储空间、通讯传输通道、费用结算、交易服务、广告服务、技术培训、技术支持等帮助,通过委托其推广软件、投放广告等方式向其提供资金等行为十分突出,行为人从中牟取巨大利润,也使相关犯罪的"技术门槛"日益降低。司法

---

[1] 参见《网络犯罪大数据报告及电信网络诈骗犯罪典型案例新闻发布会》,载最高人民法院官网(http://www.court.gov.cn/zixun-xiangqing-200651.html),最后访问日期:2020年3月21日。
[2] 参见《创新打法最大限度挽回群众损失——访公安部刑侦局局长杨东》,载《法制日报》2016年3月22日,第3版。2015年12月20日,都匀市经济开发区建设局财务主管兼出纳杨某先后接到自称"农业银行总行法务部人员唐勇"的电话和自称"上海松江公安分局何群警官"的电话,称其在上海办理的信用卡存在问题,需要对其掌握的账号进行清查,并向其发送一份电子传真《协查通报》。在"何群警官"的诱导下,自称"郭俊华队长"的人又多次与杨某通话和发送短信;之后自称"孙检察官"和"杨检察长"的人又频繁联系杨某,要求杨某按照他们的指示入住酒店,通过电脑登录至虚假的"最高人民检察院"网站,并让杨某看到对方特意制作的虚假"电子通缉令"后,使杨某对自己掌管的银行账号涉嫌"犯罪"的说法深信不疑。行为人诱导杨某按照指令点击下载相关软件,插入自己持有的单位资金U盾,配合对方执行所谓"清查"程序,直至1.17亿元资金被转走。参见《抽丝剥茧斩魔手——我省公安机关成功侦破全国最大电信诈骗案始末》,载《贵州日报》2016年4月28日,第12版。
[3] 参见《网络犯罪大数据报告及电信网络诈骗犯罪典型案例新闻发布会》,载最高人民法院官网(http://www.court.gov.cn/zixun-xiangqing-200651.html),最后访问日期:2020年3月21日。

实践中,很多实施包括黑客犯罪在内的网络犯罪的行为人只有初中文化程度,其往往是通过购买用于破坏计算机信息系统功能、数据的程序、工具或者获取技术帮助进而实施危相关犯罪的。① 在某种意义上,当今的网络犯罪已经不是"白领犯罪""高科技犯罪",技术门槛日益降低,其原因主要在此。

(五) 犯罪群体集中,地域特点明显

从法院的统计数据来看,大部分网络犯罪案件分布于东南沿海地区,京、沪、津、渝地区法院审结网络犯罪案件合计总量仅占6.81%;福建、浙江、山西等十地利用网络手段实施犯罪的案件占比超过全国平均水平。② 以电信网络诈骗犯罪为例,更是呈现出明显的地域性职业群体特征。例如,第一批整治的地域性职业电信诈骗犯罪重点分布地区共有七个,分别是河北省丰宁县,主要是冒充黑社会性质组织诈骗;福建省龙岩市新罗区,主要从事网络购物诈骗;江西省余干县,主要从事重金求子诈骗;湖南省双峰县,主要从事PS图片敲诈;广东省茂名市电白区,主要是假冒熟人和领导诈骗;海南省儋州市,主要是机票改签诈骗。③

(六) 行为主体年龄集中,低龄化特征突出

从法院的统计数据来看,四分之三的网络犯罪案件被告人年龄在20至40周岁之间,年龄为28周岁的被告人最多。④

在此,有必要提及当前受到高度关注的人工智能犯罪的问题。人工智能(Artificial Intelligence,缩写为AI)这一概念,自1956年由计算机学家约翰·麦卡锡(John McCarthy)在达特茅斯会议上首次正式提出以来,在计算机领域得到了广泛的认可和重视。此次会议上,约翰·麦卡锡将人工智能定义为"就是要让机器的行为看起来就像是人所表现出的智能行为一样",这也是关于"人工智能"较为流行的定义。显而易见,这个定义侧重于强人工智能,即有知觉和有自我意识的机器。但是,当前主流科研集中在弱人工智能(即人造机器所表现出来的智能性)上,而且已经取得了可观成果和广泛应

---

① 不仅黑客犯罪如此,就整个网络犯罪而言,低学历人群数量不断增加,犯罪人文化水平逐渐下降。据统计,2015年被起诉的网络犯罪嫌疑人中,大部分是无业人员,17%是农民,农民工也占了4%。在所有网络犯罪嫌疑人中,86%都是高中及以下学历,其中超过一半只有初中文化程度。参见《网络犯罪嫌疑人激增过半仅初中文化程度》,载南方网(http://it.southcn.com/9/2016-10/18/content_157704586.htm),最后访问日期:2017年11月23日。

② 参见《网络犯罪大数据报告及电信网络诈骗犯罪典型案例新闻发布会》,载最高人民法院官网(http://www.court.gov.cn/zixun-xiangqing-200651.html),最后访问日期:2020年3月21日。

③ 参见《创新打法最大限度挽回群众损失——访公安部刑侦局局长杨东》,载《法制日报》2016年3月22日,第3版。

④ 参见《网络犯罪大数据报告及电信网络诈骗犯罪典型案例新闻发布会》,载最高人民法院官网(http://www.court.gov.cn/zixun-xiangqing-200651.html),最后访问日期:2020年3月21日。

用。未来,关于人工智能、特别是强人工智能的发展或许难以预估;而且立足当下,强人工智能的发展尚需时日。正因为如此,强人工智能犯罪或许会成为计算机网络犯罪的新型样态,但当下与人工智能技术相结合的犯罪,也就是弱人工智能犯罪,尚未突破网络犯罪的特征属性,仍然是网络犯罪的当代变异发展而已。

例如,浙江绍兴警方曾宣称破获了全国首例人工智能犯罪大案,但该案实际上仍然是一起利用信息网络手段侵犯公民个人信息的案件,并非与网络犯罪完全不同的强人工智能犯罪案件。该案所涉及的犯罪链条主要由数据获取、数据撞库、数据销售、数据犯罪四个环节组成。具体而言,以黄某为首的团伙先非法获取网站后台用户数据,分类整理后将数据卖给下线;然后以吴某为代表的制作撞库软件团伙,通过软件验证所盗来的账号密码是否匹配。撞库人员将相关数据与"快啊"打码平台对接,进行批量撞库、匹配,将各类账号与密码匹配成功的账户贩卖给网络诈骗团伙。一般而言,登录网站要求各种各样的验证码,此类输入验证码的环节依靠人工手动输入,传统的打码犯罪亦通常如此。但在本案中,"快啊"打码平台利用人工智能技术自动识别验证码,识别速度快、准确率高,每秒钟可打码 1 000 条以上,准确率超过 98%。① 可见,该案所涉及的人工智能技术实际上就是机器智能,即所谓的弱人工智能,实际上还是一种利用现代信息技术实施的犯罪,与传统网络犯罪相比尚未表现出明显的代际差异。

第二节 网络犯罪的刑事立法与司法应对

刑事法是应对犯罪的重要手段,大体涉及刑事实体法和程序法两大类别。世界主要国家的刑法、刑事诉讼法均制定于 20 世纪,大多在互联网产生之前,甚至是在计算机诞生之前,自然难以考虑到对网络犯罪的有效应对。我国亦是如此。面对与传统犯罪迥异的网络犯罪,以传统犯罪为基准设置的刑事实体法和程序法均呈现出一些困难,亟须解决。新近以来,我国刑事立法和司法解释、规范性文件的制定修改过程,集中体现了与网络犯罪作斗争的刑事立法和司法应对的不断完善和健全。

---

① 参见《绍兴警方实行全链条打击 破获全国首例利用 AI 人工智能犯罪大案》,载法制网(http://www.legaldaily.com.cn/locality/content/2017-09/22/content_7327598.htm),最后访问日期:2020 年 3 月 21 日。

一、网络犯罪的刑事实体立法与司法

为应对日益增长的网络犯罪,世界各国刑法都在不断完善相关规定,以形成打击网络犯罪的高压态势。我国1997年《刑法》制定于接入互联网的初始阶段,网络犯罪的猖獗态势尚未显现,当时的刑法不可能对网络犯罪有过多考虑。为有效应对网络犯罪,我国刑法通过新增罪名、扩充罪状、降低入罪门槛、增加单位犯罪主体等多种方式,不断扩充网络犯罪的范围。其中,有两次集中扩张值得特别关注:一是面对针对计算机信息系统本身的网络攻击破坏活动日益增多,危害愈发严重的情况,2009年《刑法修正案(七)》全面系统完善了危害计算机信息系统安全犯罪的刑法规定,实现了网络犯罪的第一次集中扩张。二是针对传统犯罪日益向互联网迁移,以互联网为手段的新型网络犯罪不断凸显,危害日益严重的情况,2015年《刑法修正案(九)》突出了对网络犯罪的关注,有8个条文直接针对网络犯罪,实现了网络犯罪的第二次集中扩张。值得关注的是,《刑法》第285条、第286条规定的危害计算机信息系统安全犯罪,其规制的对象是针对计算机信息系统本身的网络攻击破坏活动,可以称之为"传统信息网络犯罪";而《刑法修正案(九)》增设的《刑法》第286条之一和第287条之一、之二规定的拒不履行信息网络安全管理义务罪、非法利用信息网络犯罪、帮助信息网络犯罪活动罪,则是在信息网络日益普及的时代背景下,针对犯罪与信息网络交织的情况,通过强化信息网络安全管理义务、前移信息网络犯罪的刑事防线、惩治信息网络犯罪黑色产业链而增设的专门罪名,可以称为"新型信息网络犯罪"。

《刑法》的修改完善,为网络犯罪的有效应对奠定了坚实基础,提供了有效法律依据。各级公检法机关依据刑法规定,依法严惩网络犯罪,切实维护网络安全,对于维护国家安全、社会秩序和人民群众合法权益,发挥了重要作用。但是,刑法关于网络犯罪的规定相对原则化,在查办网络犯罪案件的过程中,各方反映相关定罪量刑标准不易把握,且有一些法律适用问题存在认识分歧,影响了案件办理。鉴此,为保障刑法的正确、统一适用,依法严厉惩治、有效防范网络犯罪,最高人民法院、最高人民检察院等部门,通过制定发布一系列的司法解释、规范性文件、指导性案例,进一步明确了相关网络犯罪的定罪量刑标准和有关法律适用问题。

(一)危害计算机信息系统安全犯罪解释

2011年8月,最高人民法院、最高人民检察院正式对外发布《信息系统安全案件解释》,自2011年9月1日起施行。《信息系统安全案件解释》根据法律规定和立法精神,结合司法实际,对非法获取计算机信息系统数据、非法控制计算机信息系统罪,提供侵入、非法控制计算机信息系统程序、工具

罪,破坏计算机信息系统罪的定罪量刑标准、有关术语范围及法律适用疑难问题作了规定。

(二) 新型信息网络犯罪解释

2019年10月21日,最高人民法院、最高人民检察院正式对外发布《关于办理非法利用信息网络、帮助信息网络犯罪活动等刑事案件适用法律若干问题的解释》(法释〔2019〕15号,简称《信息网络案件解释》),自2019年11月1日起施行。《信息网络案件解释》依照刑法、刑事诉讼法的规定,对拒不履行信息网络安全管理义务罪、非法利用信息网络罪、帮助信息网络犯罪活动罪的定罪量刑标准和相关法律适用问题作了较为全面、系统的规定。

(三) 涉网犯罪司法解释、规范性文件

利用信息网络技术实施的犯罪形式多样,除了危害计算机信息系统安全犯罪、新型网络犯罪以外,更多的是利用互联网实施的涉网犯罪。此类网络犯罪表现形式多样,有的是传统犯罪与信息网络技术结合而成的犯罪形式,如电信网络诈骗、考试作弊网络犯罪;有的则是在信息技术手段之上滋生的新型犯罪形式,如侵犯公民个人信息网络犯罪、"伪基站""黑广播"犯罪。就数量而言,涉网犯罪在整个网络犯罪中占据绝对多数,有的涉网犯罪甚至替代了传统犯罪形式,如淫秽物品犯罪当前主要表现为淫秽电子信息犯罪。基于此,涉网犯罪也成为近年来网络犯罪司法解释、规范性文件的重要关注点。限于篇幅,这里只能择其要者而列之:

(1) 2004年9月,最高人民法院、最高人民检察院联合发布《淫秽电子信息案件解释》,明确了淫秽电子信息犯罪的定罪量刑标准和有关法律适用问题;2010年2月,最高人民法院、最高人民检察院联合发布《淫秽电子信息案件解释(二)》,厘清了网站建立者、直接负责的管理者、电信业务经营者、互联网信息服务提供者、广告主、广告联盟、第三方支付平台等各方在制作、复制、出版、贩卖、传播淫秽电子信息犯罪中应承担的法律责任;2017年11月,最高人民法院、最高人民检察院联合发布《关于利用网络云盘制作、复制、贩卖、传播淫秽电子信息牟利行为定罪量刑问题的批复》,要求对利用网络云盘制作、复制、贩卖、传播淫秽电子信息牟利行为的定罪量刑坚持综合考量,实现罪责刑相适应。

(2) 2010年9月,最高人民法院、最高人民检察院、公安部联合发布《网络赌博犯罪意见》,明确了网上开设赌场犯罪的具体构成条件及其共同犯罪的认定和处罚等有关问题。

(3) 2016年12月,最高人民法院、最高人民检察院、公安部联合发布《电信网络诈骗案件意见》,按照全链条全方位打击、从严从快惩处、最大力度、最大限度追赃挽损的要求,对办理电信网络诈骗等刑事案件适用法律的问题作出全面系统的规定;2021年6月17日又发布《电信网络诈骗案件意见(二)》,进一步明确法律标准,依法严厉惩治;有效打击信息网络诈骗及其关联犯罪。

(4)随着信息网络的普及,非法获取、出售、提供公民个人信息活动大多依托互联网、移动电子设备,通过即时通讯工具、电子邮件等方式实施,互联网日益成为侵犯公民个人信息犯罪的主要领域。2017年5月,最高人民法院、最高人民检察院联合发布《侵犯个人信息案件解释》,明确了侵犯公民个人信息犯罪的定罪量刑标准和有关法律适用问题。

(5)2017年6月,最高人民法院、最高人民检察院联合发布《扰乱无线电通讯秩序案件解释》,明确了"黑广播""伪基站"以及其他扰乱无线电通讯管理秩序犯罪的定罪量刑标准。

(6)近年来,考试作弊违法犯罪活动有一个突出特点,就是运用无线电等信息技术在考试中作弊的现象日益突出。2019年9月,最高人民法院、最高人民检察院联合发布《组织考试作弊案件解释》,明确了组织考试作弊罪,非法出售、提供试题、答案罪和代替考试罪的定罪量刑标准。

(四) 网络犯罪指导性案例

最高人民法院、最高人民检察院发布的指导案例中,均有涉及网络犯罪的案例。而且,2018年12月,最高人民法院发布第二十批共5件依法严惩网络犯罪指导性案例(指导案例102—106号),涵盖破坏计算机信息系统、网上开设赌场等犯罪行为。2017年10月,最高人民检察院发布第九批共6件网络犯罪指导性案例(检例第33—38号),涉及非法获取计算机信息系统数据、破坏计算机信息系统案以及网络诈骗等犯罪行为。2020年3月,最高人民检察院发布第十八批共3件网络犯罪指导性案例(检例第67—69号),分别为我国首例从境外将台湾籍犯罪嫌疑人押解回大陆进行司法审判的电信网络诈骗案、首例撞库打码案、首例全链条打击黑客跨境攻击案。

二、网络犯罪的刑事程序立法与司法

刑事实体法的规定必须通过刑事诉讼程序才能转化为司法实务。如何通过刑事诉讼程序实现对网络犯罪的有效规制,也是必须关注的问题。我国《刑事诉讼法》制定于1979年,首次修正于1996年,当时的法律并未针对网络犯罪在刑事诉讼程序方面作出专门规定。网络犯罪的跨地域性、技术性、分工合作等特点导致传统刑事诉讼程序相关规定存在很多不适应的地方,特别是近年来迅速蔓延的移动互联网犯罪跨境作案频发、团伙关系松散等特点,进一步加剧了传统刑事程序应对网络犯罪的困境,使得相关网络犯罪案件的侦破难、追诉难。从某种意义上讲,沿袭"传统"刑事诉讼程序模式追诉"现代"网络犯罪,形成的局面可能是"人在天上飞,我在地下追"。概括而言,传统刑事诉讼程序规定直接适用于网络犯罪案件呈现出的众多不适应的地方,集中表现在如下几个方面:

(1)案件管辖不明确。计算机网络具有跨地域特性,相应的网络犯罪也存在跨地域特性,与犯罪相关的人员(被害人、嫌疑人)以及相关的资源(银行账户、虚拟身份、网站)等基本要素分布在不同的地方。如在网络赌博、传销等案件中,嫌疑人通过层层发展下线形成金字塔形的组织结构,涉及全国多地,且人数众多。办理此类案件时,由于法律缺乏明确规定,导致有关机关常因管辖问题产生争议。

(2)跨地域取证困难。网络犯罪相关网络数据、银行账户等要素分布在不同地方,动辄涉及全国各地,根据传统取证程序,工作量巨大,且难以有效调取相关证据。特别是,对于涉众型犯罪案件,难以逐一取证认定被害人数、被侵害计算机信息系统数、违法所得等犯罪事实。①

(3)立案前可采取的侦查措施不明。刑事诉讼法对刑事立案前公安机关可以采取的调查措施未作明确规定。然而,大量的网上违法犯罪线索如不经过调查很难确定是否达到立案标准,如网上发布信息声称销售枪支、毒品,未进行调查则无法确定是否存在销售枪支的事实,难以立案。这一问题致使大量网上违法犯罪线索难以进入侦查程序,很多违法犯罪嫌疑人肆无忌惮地发布销售违禁品的信息。

(4)电子数据取证程序有待规范。认定网络犯罪事实都需要电子证据的支撑,但刑事诉讼法对电子数据的提取、固定、出示、辨认、质证等活动缺乏明确的规定。

2012年第二次修改《刑事诉讼法》之时,我国网络犯罪已呈现出蔓延迅速、危害严重的趋势,对此在修法时有所考虑。具体而言,2012年《刑事诉讼法》进一步完善了涉及网络犯罪刑事诉讼程序的相关规定,特别是将电子数据增设为新的证据种类。根据2012年《刑事诉讼法》的规定,《2012年刑诉法解释》对包括电子数据审查判断在内的网络犯罪案件适用刑事诉讼程序的问题作出了相应规定。② 根据《刑事诉讼法》和《2012年刑事诉讼法解释》的

---

① 例如,2011年,某地公安机关侦办一起网络诈骗案件,被骗的万余人分布在全国各地,每位被害人被骗金额100元至2 000元不等,无法对所有被害人逐一取证认定被害人数以及诈骗数额。这一问题严重制约了对网络诈骗等网络侵财犯罪的打击。
② 2018年修改《刑事诉讼法》,主要针对人民检察院侦查职权的调整、刑事缺席审判制度的建立、刑事案件认罪认罚从宽制度的完善和速裁程序的增加以及法律衔接规定的修改等,未涉及网络犯罪程序的相关内容。因此,在网络犯罪刑事诉讼程序方面,2012年《刑事诉讼法》和2018年《刑事诉讼法》的规定没有区别。

规定,一批涉网络犯罪刑事诉讼程序的司法解释、规范性文件得以发布,如《电信网络诈骗案件意见》对电信网络诈骗犯罪的管辖、证据收集与审查判断、涉案财物处理等刑事诉讼程序问题作了专门规定。但是,关于网络犯罪刑事诉讼程序的规定主要集中于以下两部规范性文件,当下,以《刑事诉讼法》为依据,以该两部规范性文件为主干的网络犯罪刑事诉讼程序体系,已经得以初步构建形成:

(一)关于《网络犯罪程序意见》

2014年5月,最高人民法院、最高人民检察院、公安部联合发布《网络犯罪程序意见》,根据法律及有关司法解释的规定,结合侦查、起诉、审判实践,对网络犯罪案件的管辖、初查、跨地域取证、电子数据的取证与审查及其他问题作了系统规定:①明确网络犯罪案件的管辖规则,适应网络犯罪的跨地域特性;②明确网络犯罪案件的初查,以规范网上违法犯罪线索的初查程序;③明确网络犯罪案件的跨地域取证,节约取证资源;④明确对电子数据的收集、移送和审查等程序问题,规范电子数据的收集与运用;⑤明确网络技侦证据材料的移送、涉众型网络犯罪的证据认定等问题,便利网络犯罪案件的办理。

(二)关于《电子数据规定》

2012年《刑事诉讼法》将电子数据规定为新的证据种类以后,电子数据广泛应用于刑事诉讼活动。但是,关于电子数据的收集提取和审查判断,《刑事诉讼法》和相关司法解释、规范性文件仅有原则性规定,可操作性不强。为了进一步统一和细化电子数据证据规则,最高人民法院、最高人民检察院、公安部于2016年9月正式对外发布《电子数据规定》。这是最高人民法院、最高人民检察院、公安部首次就电子数据制定的专门性文件,根据《刑事诉讼法》及有关司法解释的规定,结合侦查、起诉、审判实践,通过30个条文对电子数据的收集与提取、移送与展示、审查与判断等作了全面规定:①一般规定。该部分主要涉及电子数据的界定、收集提取和审查判断电子数据的原则性要求,以及初查过程中收集、提取的电子数据和通过网络在线提取的电子数据的证据资格等内容。②电子数据的收集与提取。该部分主要涉及电子数据的收集、提取方式、电子数据的冻结、电子数据的调取、电子数据的检查、电子数据专门性问题的鉴定等内容。③电子数据的移送与展示。该部分主要涉及电子数据的移送、电子数据的说明、电子数据的补充移送和补正、电子数据的展示等内容。④电子数据的审查与判断。该部分主要涉及电子数据真实性、完整性、合法性、关联性的审查判断,以及电子数据鉴定人的出庭、瑕疵电子数据的补正和非法电子数据的排除等内容。

为规范公安机关办理刑事案件电子数据取证工作,确保电子数据取证质量,提高电子数据取证效率,公安部发布《电子数据取证规则》,自2019年2月1日起施行。该取证规则全面落实《电子数据规定》的相关要求,对公安机关收集提取电子数据、电子数据的检查和侦查实验、电子数据委托检验与鉴定等问题作了进一步细化规定。

2021年1月26日,最高人民法院发布《2021年刑诉法解释》,自2021年3月1日起施行。该司法解释吸收《电子数据规定》的相关条文,要求在刑事审判中对电子数据的真实性、完整性、合法性和关联性进行审查判断。

此外,2021年1月22日,最高人民检察院发布《人民检察院办理网络犯罪案件规定》,对检察机关办理网络犯罪案件涉及的引导取证和案件审查、电子数据的审查、出庭支持公诉、跨区域协作办案、跨国(边)境司法协作等问题作出系统规定。

第三节 网络刑事法学习与研究的重要关注点

近年来,网络犯罪问题日益受到关注,学习和研究网络犯罪成为当前的一个重要课题。与传统法学科目相同,网络犯罪的研习自然也要系统掌握课程基础知识,跟进了解网络犯罪的实务情况,广泛涉猎学术研究成果,关注网络犯罪治理的国际合作。基于网络犯罪不同于传统犯罪的特性,我们在此提示重点关注如下三个方面:

一、了解网络犯罪的技术原理

网络犯罪是犯罪行为与现代信息技术结合的产物。应对技术日新月异的网络犯罪,实现法律规制的"因时而变""因技而变",首要前提是要了解信息技术的发展趋势和基本技术原理,否则一切都无从谈起。司法实践中的多起案件表明,很多犯罪分子也在"学习"并"运用"现代信息技术,实现犯罪手段的不断翻新和成功率的不断提升。研习网络犯罪,如果不"紧跟"犯罪的现代"步伐",适应技术刑事法的发展趋势,而在刑事法学科范围内"画地为牢",注定难以实现预期目标。

现代网络犯罪刑事对策的设定,实际上充分考虑了网络犯罪的技术特性,实现了技术与法律的有机融合,这是研习网络犯罪要高度关注的问题。网络犯罪时代,"动动键盘就能骗钱,追捕依然要千里奔波;戳戳屏幕就可能受骗,追回损失却困难重重"①。解决技术领先与法律滞后之间的矛盾,对瞬息万变、持续增长的网络犯罪加以有效规制,是网络犯罪各项刑事对策制定的基本出发点。要实现"魔高一尺,道高一丈",必须根据技术的发展状况,特别是网络犯罪的技术特征,适时调整刑事法律规范。无论是实体罪刑规范,还是司法管辖、证据规则、诉讼程序等程序规则,都要充分考虑网络犯罪的技术特性,实现规制的现代化。

以电子数据为例,该类证据是计算机信息技术发展的产物,对其收集、提取自然应当符合相关技术标准。同时,电子数据的收集、提取是刑事诉讼的取证活动,自然应当遵从刑事诉讼规则的基本要求。正是因为如此,《电子数据规定》第2条明确要求:"侦查机关应当遵守法定程序,遵循有关技术标准,全面、客观、及时地收集、提取电子数据。"又如,《电子数据规定》第5条在传统证据"三性"的基础上,提出了"电子数据完整性"的概念,并要求采用计算电子数据完整性校验值保护电子数据的完整性。这正是基于技术层面的考量。与物证、书证等传统证据种类不同,电子证据以电子数据形式存在,人们难以见到电子数据本身,通常见到的是电子数据的外在表现形式,如文本、图片等。电子证据有别于传统证据的最主要方面在于其易丢失的特性(如境外主机上的数据、计算机内存的数据,一旦获取之后可能无法再次获取)及其易篡改的特性(侦查机关获取数据后很容易对该数据进行篡改,如果没有规范的工作要求,则难以证明该数据的真实性),因此,应当严格规范收集、提取电子数据的程序,以确保电子证据的真实性(获取数据的过程真实且不会导致数据变更为错误的数据)和完整性(数据在获取之后没被篡改)。可以说,电子数据的完整性是其真实性的要素之一,甚至是最重要的要素。而完整性校验值,是指为防止电子数据被篡改或者破坏,使用散列算法等特定算法对电子数据进行计算,得出的用于校验数据完整性的数据值。实践中要求第一时间计算完整性校验值,并在笔录中注明。当需要验证电子数据是否完整,或是否被增加、删除、修改时,便可以采用同一算法对电子数据再计算一次,将两次所得的值进行比较,如果一致,则证明电子数据没有发生变化,如果不一致,则证明电子数据发生了变化。正是基于如上技术原理,计算电子数据完整性校验值可以用于保护电子数据的真实性。

二、关注网络犯罪的侦查实务

刑事诉讼始于侦查。对于新类型犯罪的研习,应当以相关案件的侦查情

---

① 参见《人民日报评论:网络犯罪日益"现代",维护安全岂能"传统"》,载网易新闻(http://news.163.com/16/0920/17/C1E3UFGQ00014SEH.html),最后访问日期:2017年11月23日。

况作为起点,唯此才能"事半功倍"。网络犯罪亦不例外,侦查处于刑事追诉的最前端,了解侦查环节网络犯罪的情况,才能真正了解网络犯罪的样态和刑事实务中存在的问题,了解"真正的"网络犯罪而非"书本上的"网络犯罪。

例如,关于公民个人信息的数量计算规则,如果不了解侦查环节办理该类案件的情况,就难以理解《侵犯个人信息案件解释》第11条的相关规定。从侦查环节掌握的情况来看,一般公民个人信息的价格相对较低,甚至不会按条计价。例如,徐玉玉被害案涉及的公民个人信息交易中,杜天禹通过植入木马程序的方式,非法侵入山东省2016年普通高等学校招生考试信息平台网站,取得该网站管理权,非法获取2016年山东省高考考生个人信息64万余条,而后以"2 000元/市"的价格按地市出售给陈文辉。此类案件,要求逐一核实计算公民个人信息的数量,甚至要求办案机关电话联系权利人核实公民个人信息的做法,明显不合适。相反,公民个人敏感信息价格通常较高,通常按条计价,逐条认定不存在难题。正是基于此,《侵犯个人信息案件解释》第11条第3款规定:"对批量公民个人信息的条数,根据查获的数量直接认定,但是有证据证明信息不真实或者重复的除外。"据此,由于公民个人一般信息往往是批量出售,可以直接适用这一规则认定;而公民个人敏感信息通常不会批量出售,仍然需要逐一认定。

再如,《扰乱无线电通讯秩序案件解释》第2条第6项将"使用'伪基站'发送诈骗、赌博、招嫖、木马病毒、钓鱼网站链接等违法犯罪信息"、"销毁发送数量等记录的"规定为"情节严重",如果不了解侦查环节相关案件的情况,就难以理解这一规定。"伪基站"犯罪的作案手法和反侦查措施不断升级,出现了"关机自动格式化、发送数据清零"的新型"伪基站"设备。行为人被查处时可以销毁相关数据,完全不留任何发送痕迹。对于此种情形,设置再低的发送数量入罪标准也无济于事。经慎重研究、综合考虑当前广泛使用的"关机自动格式化、发送数据清零"的新型"伪基站"设备,《扰乱无线电通讯秩序案件解释》第2条第6项才作出专门规定。

又如,非法利用信息网络罪的增设,实际上也与当前网络犯罪案件的侦破困境有很大关系。由于网络犯罪的隐蔽性、跨地域性,大量案件中仅能查实犯罪行为的网络活动部分,而难以查实、查全其现实活动部分。比如,发布销售窃听器材、枪支、毒品等违禁品信息进而实施诈骗的案件,被害人未报案,难以获得相关证据,通常较易查清嫌疑人发布此类信息的事实,但难以查实其诈骗的事实;再如在网上设立贩卖枪支网站、招嫖网站,通常较易查实嫌疑人设立网站的事实,但很难查实嫌疑人贩卖枪支、组织卖淫的事实。此外,由于通常嫌疑人、被害人众多,有的案件即使能查实部分犯罪事实,但通常只是嫌疑人实施的犯罪活动的一小部分,不能真实反映嫌疑人犯罪活动造成的危害,甚至难以独立定罪。这也是网络犯罪日益泛滥的重要原因。正是基于此,对网络犯罪应当采取"打早打小"的策略,《刑法修正案(九)》增设非法利用信息网络罪,实现对利用互联网设立违法犯罪活动的网站、通讯群组、发布违法犯罪信息以及为实施违法犯罪活动发布信息行为的刑事规制,正是这一策略在立法上的贯彻落实。

三、掌握涉网络犯罪的前置规范

刑法是其他部门法的保障法,应当把握好其"二次法"的功能,这就要求系统掌握相关犯罪的前置法律规范。而且,与传统的盗窃、杀人等自然犯有所不同,网络犯罪具有明显的行政犯属性。不少网络犯罪的刑法规范相对简单,但其前置的行政规范则相对复杂,只有系统掌握前置规范,才能确保准确适用相关罪名规定,实现对相关犯罪的有效规制。

例如,侵犯公民个人信息罪以"违反国家有关规定"为前提。《侵犯个人信息案件解释》第3条第2款规定:"未经被收集者同意,将合法收集的公民个人信息向他人提供的,属于刑法第二百五十三条之一规定的'提供公民个人信息',但是经过处理无法识别特定个人且不能复原的除外。"这一规定的正当性恰恰在于侵犯公民个人信息罪的前置法律规定。基于大数据发展的现实需要,《网络安全法》在法律层面为个人信息交易和流动留有一定空间,第44条规定,任何个人和组织"不得非法出售或者非法向他人提供个人信息",即不仅允许合法提供公民个人信息,而且为合法出售和交易公民个人信息留有空间。而且,《网络安全法》第42条第1款进一步明确了合法提供公民个人信息的情形,规定:"网络运营者不得泄露、篡改、毁损其收集的个人信息;未经被收集者同意,不得向他人提供个人信息。但是,经过处理无法识别特定个人且不能复原的除外。"据此,经被收集者同意,以及匿名化处理(剔除个人关联),是合法提供公民个人信息的两种情形,不能纳入刑事规制的范围。正是基于此,才形成了《侵犯个人信息案件解释》第3条第2款的规定。

再如,关于网络盗窃虚拟财产的性质,存在不同看法。其中主要的争议在于虚拟财产是否属于"公私财物"。对此问题,如果局限于刑法领域,实际上争论可能会长久持续。盗窃罪通常属于自然犯,但盗窃虚拟财产的案件则带有明显的行政犯色彩,搞清了前置的民事、行政法律关于虚拟财产的属性规定,则可以更为清楚地认识相关盗窃行为的定性。实际上,从前置规定来看,目前关于虚拟财产的财产属性尚不明确。《民法典》第127条规定:"法律对数据、网络虚拟财产的保护有规定的,依照其规定。"目前似未见其他法律的规定。在前置法律依据不明的情况下,具有财产属性并不必然意味着成为刑法上的财物,对相关行为不一定要适用财产犯罪的规定。侵犯商业秘密罪的适用就是例证。同理,可以认为非法获取计算机信息系统数据罪、破坏计算机信息系统罪的对象"数据"同样具有财产属性。正是基于此,目前主流的司法观点对盗窃网络虚财产案件主张适用非法获取计算机信息系统数据罪、破坏计算机信息系统罪等罪名。① 当然,如果未来相关民事法律明确虚拟财产的财产属性,作为其他部门法的保障法的刑法再行跟上,对于盗窃虚拟财产的行为适用盗窃罪等财产犯罪,也属必然。

又如,对于相关网络犯罪现象的规制更要重视发挥前置法的功能。当前,侵犯公民个人信息刑事案件不断增加,此类犯罪的司法适用成效十分明显,充分发挥了强化公民个人信息的保护,维护人民群众个人信息安全以及财产、人身权益的重要作用,应当予以充分肯定。然而,反观这一司法适用效果,一般公民却难以感受到公民个人信息的泄露情况得到了明显好转。这实际上与"刑法先行",忽视与其他部门法协调不无关系。刑法先于其他部门法明确了公民个人信息犯罪的界限,尔后才有对网络公民个人信息保护作出集中规定的《网络安全法》自 2017 年 6 月 1 日起施行。通过刑法积极适用防止侵犯公民个人信息违法犯罪持续蔓延,是不得已而为之的举措,但并非上策。刑法只能治标,尚难治本。而且,当前侵犯公民个人信息罪的司法适用存在相当多的争议,不少与行为之时缺乏前置的公民个人信息保护规范直接相关。当下,应当构建起公民个人信息民事、行政、刑事的全方位保护体系,推进公民个人信息违法犯罪的系统治理。而且,不仅要有效适用公民个人信息的刑法规定,更要重视相关前置规定。与公民个人信息保护发达的国家相比,我国关于公民个人信息的收集、保存、流转、使用等方面的管理亟须加强,特别是要严防内部人员非法出售、提供公民个人信息,切实防止公民个人信息泄露事件的发生,有效切断侵犯公民个人信息违法犯罪的"源头"。只有将刑法作为"保障法",将相关犯罪的前置法"挺在前面",才能真正发挥刑法与其他部门法的"协同作战",实现预期效果。

---

① 在前置法律供给不足,同时确实无法适用非法获取计算机信息系统数据罪、破坏计算机信息系统罪等罪名的情况下,没有使用技术手段而是直接敲诈勒索、抢劫虚拟货币的,也可以考虑通过手段行为予以评价;在极个别法益侵害程度高、社会危害大,手段行为确实难以罚当其罪的情况下,作为例外,可以考虑将行为对象解释为财产性利益,尝试适用财产犯罪定罪处罚。当然,这样一个处理路径实属当下的"权宜之计",系统妥当解决相关问题只能寄希望于民法等前置法的不断完善。

第一编

实体刑法(总论)

第一章 罪刑法定原则

第一节 现代刑法体系中的网络刑法

自20世纪60年代以来,随着社会的发展变化和"风险社会"理论的兴起,自启蒙时代形成的传统刑法开始向现代刑法转变。① 回应社会现实的现代刑法包括交通刑法、经济刑法、麻醉药剂刑法、环境刑法等各个领域,当然随着信息技术的客观发展,网络刑法也成为一个新兴的现代刑法的组成部分。②

一、从传统刑法到现代刑法

从传统刑法到现代刑法最主要的范式变化,即"话术"(Dialekt)的转变,是法兰克福学派学者哈塞默(Hassemer)提出来的,其概念来源于霍克海默(Horkheimer)和阿多诺(Adorno)。传统刑法的话术建立在启蒙时代的社会契约论之上,刑法从自然刑法转变为启蒙后的传统刑法(das klassische Strafrecht)。横向上,个体公民依据社会契约让渡权利,保有自由;纵向上,公民通过社会契约形成国家。因此刑法一方面在纵向上保护社会契约论奠定的基本结构,另一方面横向上也是"公民权利的大宪章"。③ 现代刑法作为预防性刑法,已经采用了大大不同于传统刑法的框架。这种转变是因为,现代社会中出现了现代风险,而刑法作为社会风险管理体系中的一种手段,必须

---

① Vgl. *Prittwitz*, Strafrecht und Risiko, S. 77 ff. , 167 ff. ; ders, StV 1991, 435 (438); *Hassemer*, ZRP 1992, 378 (378 ff.).

② Vgl. *Albrecht*, KritV 1988, 182 (195 f.) ; *Wohlers*, Deliktstypen, S. 36; *Yu*, ZStW 130, 555 (555); *Sieber*, The Emergence of Information Law, in: Eli Lederman/Ron Shapirs (eds.), Law, Information and Information Technology, S. 231-292; *Sieber*, NJW 1989, 2569-2580; *Sieber*, Europäosches Strafrecht, 2. Aufl. S. 439 f. ; *Sieber*, Comcrime Study, S. 193 f;〔德〕乌尔里希·齐白:《全球风险社会与信息社会中的刑法:二十一世纪刑法模式的转换》,周遵友、江溯等译,中国法制出版社2012年,第288页。

③ Vgl. *Hassemer*, ZRP 1992, 378 (379, 380).

要回应新的风险形式。① 这是现代刑法的根本"话术"和逻辑。现代刑法成为社会风险管理体系中的一个组成部分,也即,现代刑法的出发点在于回应社会现实需要,而不是沉陷于前社会的契约理论②或刑法本身的先验理念③中。因此,我们可以认为,现代刑法对传统刑法的发展实现了从报应到预防、从形式到实质的范式转变。④

网络刑法是现代刑法的一个组成部分。网络犯罪不仅仅是一种单一类型的犯罪,它还包括许多新的犯罪现象,这些新现象在实质方面的共同之处在于犯罪与计算机数据和信息之间的关联,以及因特网的全球性和信息技术的巨大作用,其中,"计算机犯罪"和"基于计算机的犯罪"包括所有与计算机数据相关的犯罪,"网络犯罪"包括那些在计算机网络中实施的计算机犯罪,即与全球网络空间相关联的犯罪。⑤ 作为犯罪对象的"网络"在不断扩大,从计算机信息系统到计算机网络,从而完成了从"计算机犯罪"到"网络犯罪"的称谓过渡和内容合一。⑥ 网络犯罪带来的新挑战主要体现在:第一,不同于基于有形物体发展起来的传统法律体系,信息社会中发生的范式转换⑦需要法律体系的关注点从有形物体转移到无形物体特别是信息之上。⑧ 这不仅包括客观的计算机系统数据,也包括主观的公民个人信息。第二,网络犯罪制造了极高的风险。首先,信息社会高度依赖信息技术的安全性和效率,当今时代计算机系统控制着商业、金融、工业生产和公共管理等各种社会生活不可或缺的领域,以及能源、交通和军事等诸多关键基础

---

① Vgl. *Kratzsch*, Verhaltenssteuerung, S. 92f, S. 262 ff; ders, GA 1989, 49; *Wohlers*, Deliktstypen, S. 71-75; *Sieber*, The New Architecture of Security Law, in: Sieber/Mitsilegas/Mylonopoulos/Billis/Knust (eds.), Alternative Systems of Crime Control, S. 22-23.

② Vgl. *Schünemann*, in: Hefendehl/von Hirsch/Wohlers, S. 141; *Hassemer*, ZRP 1992, 378 (383). 批评见, *Engländer*, ZSTW 2015; 127(3), 616 (623); *Amelung*, in: Rechtsgutstheorie, S. 159。

③ Vgl. *Naucke*, Wechselwirkung, S. 35 ff. 批评见, *Amelung*, in: Rechtsgutstheorie, S. 163; *Engländer*, ZSTW 2015; 127(3), 616 (623); *Wohlers*, Deliktstypen, S. 63-65.

④ Vgl. *Albrecht*, KritV 1986, 55 (57)。

⑤ 参见〔德〕乌尔里希·齐白:《全球风险社会与信息社会中的刑法:二十一世纪刑法模式的转换》,周遵友、江溯等译,中国法制出版社 2012 年,第 302 页。

⑥ 参见于志刚:《网络、网络犯罪的演变与司法解释的关注方向》,载《法律适用》2013 年第 11 期。"网络犯罪"与"计算机犯罪"形成种属关系,"计算机犯罪"成为一个下位概念,"网络犯罪"则成为一个更广泛的术语。参见于志刚、吴尚聪:《我国网络犯罪发展及其立法、司法、理论应对的历史梳理》,载《政治与法律》2018 年第 1 期。

⑦ 参见〔德〕乌尔里希·齐白:《全球风险社会与信息社会中的刑法:二十一世纪刑法模式的转换》,周遵友、江溯等译,中国法制出版社 2012 年,第 284 页以下。

⑧ 参见〔德〕乌尔里希·齐白:《全球风险社会与信息社会中的刑法:二十一世纪刑法模式的转换》,周遵友、江溯等译,中国法制出版社 2012 年,第 302 页;于志刚、李源粒:《大数据时代数据犯罪的制裁思路》,载《中国社会科学》2014 年第 10 期。

设施领域。① 同时,单个风险在重要的社会、经济和技术网络都彼此紧密相连的现代"网络社会"中也会得到增强,对某一网络系统的干扰能够引发对其他网络的多米诺骨牌效应,这或许对于金融、能源、运输、管理和防御系统来说是生死攸关的。② 再者,数据可以在网络空间、在全球范围内迅速、大量地传播,网络中的非法内容也会导致重大危险。③ 最后,网络犯罪更便于信息交换、联络、计划、集资、招募、组织以及经济方面的结算、支付和分配,这为更为松散的共同犯罪、有组织犯罪和非法牟利犯罪都提供了极大的便利,也造成了刑事侦查和执法方面的诸多困难。④

刑法通过刑法规范回应社会问题能否取得成就,取决于是否以及在多大程度上,在不违背法治国基本原则的前提下,通过修正传统刑法而提高预防机能。⑤ 1993 年的巴塞尔刑法学会议即明确提出了现代刑法所讨论的核心问题就在于探求这种修正。⑥ 如此,我们也可以对照性地认为,网络刑法所面临的核心问题就是,传统刑法很难充分地解决计算机犯罪环境下出现的诸多法律问题⑦,那么,我们应当如何通过网络刑法体系来实现对现实需求的有效回应呢?

二、网络犯罪与网络刑法的回应

我们可以看到,网络犯罪具有其自身的特征,并且发生了迭代变化。网

---

① 参见〔德〕乌尔里希·齐白:《全球风险社会与信息社会中的刑法:二十一世纪刑法模式的转换》,周遵友、江溯等译,中国法制出版社 2012 年,第 303 页;于志刚:《网络安全对公共安全、国家安全的嵌入态势和应对策略》,载《法学论坛》2014 年第 6 期。

② Vgl. *Sieber*, Straftaten und Strafverfolgung im Internet, S. 44 f, S. 9 f;参见于志刚:《传统犯罪的网络异化研究》,中国检察出版社 2010 年版,第 58—60 页。

③ 参见〔德〕乌尔里希·齐白:《全球风险社会与信息社会中的刑法:二十一世纪刑法模式的转换》,周遵友、江溯等译,中国法制出版社 2012 年,第 302 页;*Sieber*, Straftaten und Strafverfolgung im Internet, S. 44 f, S. 10;于志刚:《全媒体时代与编造、传播虚假信息的制裁思路》,载《法学论坛》2014 年第 2 期;于志刚:《网络"空间化"的时代演变与刑法对策》,载《法学评论》2015 年第 2 期。

④ 参见〔德〕乌尔里希·齐白:《全球风险社会与信息社会中的刑法:二十一世纪刑法模式的转换》,周遵友、江溯等译,中国法制出版社 2012 年,第 303—304 页;*Sieber*, Straftaten und Strafverfolgung im Internet, S. 22 ff;于志刚:《关于出租、倒卖"僵尸网络"行为的入罪化思路》,载《北京联合大学学报(人文社会科学版)》2009 年第 4 期;于志刚主编:《共同犯罪的网络异化研究》,中国方正出版社 2010 年,第 14—20 页;王肃之:《论网络犯罪参与行为的正犯性——基于帮助信息网络犯罪活动罪的反思》,载《比较法研究》2020 年第 1 期;皮勇:《论网络服务提供者的管理义务及刑事责任》,载《法商研究》2017 年第 5 期。

⑤ Vgl. *Stratenwerth*, ZStW 103 (1993), 679 (691 ff.);*Prittwitz*, StV 1991, 435 (437 ff.). 当然,法兰克福学派学者 *Prittwitz* 对此持怀疑态度。

⑥ Vgl. *Stratenwerth*, ZStW 103 (1993), 679 (691 ff.).

⑦ 参见〔德〕乌尔里希·齐白:《全球风险社会与信息社会中的刑法:二十一世纪刑法模式的转换》,周遵友、江溯等译,中国法制出版社 2012 年,第 306 页。

络刑法也已经有所作为,回应这种社会现实。

(一) 网络犯罪特征及其代际演变

网络犯罪的特有特征与传统法律的根本特征是完全对立的。[1] 网络犯罪的"异化"是全方面的。传统犯罪的构成要素出现网络变异,包括虚拟财产和僵尸网络等犯罪对象、通过计算机系统和网络程序而实施犯罪的行为方式、在网络空间大规模延展的网络攻击结果,以及赚取访问和点击等流量和知名度的犯罪目的的全面变异,使传统刑法无法应对网络犯罪的新现象。同时网络犯罪的社会危害性借助网络能够进一步复制、聚焦和扩散,这要求刑法必须改变切入点,通过前置或后置来为刑事制裁寻找恰当的打击点。[2]

我国的网络犯罪主要经历了三个不同阶段的演变过程:第一阶段互联网1.0时期,主要是以计算机为对象的犯罪;第二阶段互联网2.0时期,以计算机为工具的犯罪是当时计算机犯罪的主体部分,其中利用计算机所实施的财产犯罪占了绝大多数,网络替代计算机信息系统上升为犯罪工具,网络因素快速介入几乎所有的传统犯罪之中,传统犯罪开始跃升到网络这一平台之上;第三阶段则是网络作为"犯罪空间"的阶段,相当一些犯罪行为离开了网络,要么根本就无法生存,要么根本不可能爆发出令人关注的危害性[3];网络空间与现实的公共安全、国家安全形成嵌入态势。[4] 德国和欧洲的网络犯罪也经历了历史演变的过程,20世纪60年代的讨论集中于隐私侵害,刑法只是次要角色;70年代起关注焦点转移到经济犯罪上,比如计算机诈骗、计算机操纵、破坏与间谍活动,以及上下游的黑客行为;随后破坏计算机系统完整性、保密性和可靠性的犯罪在经济犯罪中形成了一个特殊的犯罪群,包括黑客和传播恶意软件的行为;80年代起侵犯知识产权的行为初见于计算机领域,并在20世纪末扩展到所有包含数字内容的领域;90年代起儿童色情、仇恨言论、非法赌博广告和恐怖活动宣传等非法内容成为新的关注点;目前攻击和保护计算机信息系统在网络战和网络恐怖主义的问题上逐渐重要起来。[5]

目前,随着网络空间的全球化和信息技术的普及,可以说,各国所面临的网络犯罪现实差异不大。这为网络刑法的比较研究和打击网络犯罪的国际

---

[1] 参见〔德〕乌尔里希·齐白:《全球风险社会与信息社会中的刑法:二十一世纪刑法模式的转换》,周遵友、江溯等译,中国法制出版社2012年,第305页。

[2] 参见于志刚:《网络犯罪与中国刑法应对》,载《中国社会科学》2010年第3期。

[3] 参见于志刚:《网络思维的演变与网络犯罪的制裁思路》,载《中外法学》2014年第4期。

[4] 参见于志刚:《网络安全对公共安全、国家安全的嵌入态势和应对策略》,载《法学论坛》2014年第6期。

[5] 参见〔德〕乌尔里希·齐白:《全球风险社会与信息社会中的刑法:二十一世纪刑法模式的转换》,周遵友、江溯等译,中国法制出版社2012年,第300—301页。

合作都提供了有利前提。作为全球网络空间治理的重要力量,中国的网络刑法体系也具有国际性的意义和影响。

(二) 网络刑法的回应

一般来说,网络刑法体系在应对层出不穷并不断泛化与严重化的网络犯罪之时,因其发展时期尚短、法律技术不够精细和法律滞后性等原因,整体而言是不足的,这从各国网络刑法不断扩张和完善的总体趋势可以得到印证。网络犯罪已成为传统国内刑法面临的重大挑战之一,近些年一些国际的和超国家的机构以及各国立法机构都在尽心尽力地改革实体刑法,以便应对电子数据处理和网络空间带来的各种挑战,但仍存在许多空白点。① 网络刑法总体上处于条文不断增加的状态。我国在 20 多年间,通过立法、立法解释和司法解释的形式,建立并完善了中国的网络刑法体系。无论是新增条款,还是适用已有条文于新的情形,都扩大了网络刑法规范实际覆盖的范围(见下表)。德国早在 1986 年②就通过第二次经济刑法改革增设了一大批计算机刑法的新条文,包括计算机诈骗、伪造文书、非法窃取数据、更改计算机系统数据、损毁计算机系统等多项犯罪。随后又不断增设刑法条款,比较重要的比如 2007 年第 41 次刑法修正案③中,增设了截取数据罪和对计算机数据和系统的预备犯罪,在 2015 年又增设数据窝藏罪④;在 2004 年第 36 次刑法修正案⑤中新增以图像获取方式侵犯高度私密个人生活空间的犯罪;在 2003 年的性犯罪改革⑥中新增了通过信息网络实施的意图对儿童进行性剥削的预备犯罪,在 2015 年⑦又新增了"儿童养成"犯罪的条款。欧盟在 2005 年通过框架决议⑧,在第 2 条至第 7 条规定了 4 种网络犯罪及其加重处罚情形,随后

---

① 参见〔德〕乌尔里希·齐白:《全球风险社会与信息社会中的刑法:二十一世纪刑法模式的转换》,周遵友、江溯等译,中国法制出版社 2012 年,第 306 页;Sieber, Straftaten und Strafverfolgung im Internet, S. 44 f, S. 48.

② BGBl. I 1986, S. 721, Zweites Gesetz zur Bekämpfung der Wirtschaftskriminalität (2. WiKG) vom 15. Mai 1986.

③ BGBl. I S. 1786, das Einundvierzigste Strafrechtsänderungsgesetz zur Bekämpfung der Computerkriminalität (41. StrÄndG) vom 07. 08. 2007.

④ BGBl. I S. 2218, das Gesetz zur Einführung einer Speicherpflicht und einer Höchstspeicherfrist für Verkehrsdaten vom 10. 12. 2015.

⑤ BGBl. I S. 2012, 36. StrÄndG.

⑥ BGBl. I S. 3007, Gesetz zur Änderung der Vorschriften über die Straftaten gegen die sexuelle Selbstbestimmung und zur Änderung anderer Vorschriften.

⑦ BGBl. I S. 10, das Neunundvierzigste Gesetz zur Änderung des Strafgesetzbuches – Umsetzung europäischer Vorgaben zum Sexualstrafrecht vom 21. 01. 2015.

⑧ Rahmenbeschluss 2005/222/JI des Rates vom 24. Februar 2005 über Angriffe auf Informationssysteme.

在2013年颁布的取代框架决议的欧盟指令①中,在第3条至第9条规定了6种犯罪及其处罚,增加了非法截获数据和使用犯罪工具的预备犯罪。国际层面上,2001年《布达佩斯公约》②第二章第2条至第10条规定,签署国有义务对9种犯罪行为予以刑事处罚,其中包括5种技术性犯罪和4种传统犯罪的网络化。③ 而2017年在联合国框架下提出的《联合国合作打击网络犯罪公约草案》④,则在第二章"入罪和执法"第6条至第20条共规定了15种犯罪。可以说,在各个层面上,都体现出网络刑法不断追赶现实犯罪迭代变化而进行相应回应的切实努力。

表1 网络刑法规范

法律	1997年	《刑法》
	2009年	《刑法修正案(七)》
	2015年	《刑法修正案(九)》
	2000年	《关于维护互联网安全的决定》
	2012年	《关于加强网络信息保护的决定》
司法解释	1998年	《非法出版物案件解释》
	2000年	《扰乱电信市场秩序案件解释》
	2004年	《淫秽电子信息案件解释》
	2004年	《破坏公用电信设施案件解释》
	2004年	《侵犯知识产权案件解释》
	2007年	《侵犯知识产权案件解释(二)》
	2007年	《危害军事通信案件解释》
	2009年	《洗钱案件解释》
	2010年	《淫秽电子信息案件解释(二)》
	2010年	《网络赌博犯罪解释》
	2011年	《信息系统安全案件解释》
	2011年	《侵犯知识产权案件意见》
	2011年	《非法集资案件解释》
	2011年	《诈骗案件解释》
	2011年	《破坏广电设施案件解释》

---

① Richtlinie 2013/40/EU Des europäischen Parlaments und des Rates vom 12. August 2013 über Angriffe auf Informationssysteme und zur Ersetzung des Rahmenbeschlusses 2005/222/JI des Rates.
② SEV Nr. 185.
③ 参见于志刚:《缔结和参加网络犯罪国际公约的中国立场》,载《政法论坛》2015年第5期。
④ A/C.3/72/12. 在2017年10月16日的这个草案文本中,使用的术语为"网络犯罪"。在更晚的可见文本中,即2018年2月28日俄罗斯驻英国使馆的网站上公布的草案文本,则使用"信息犯罪"这一术语,见 https://www.rusemb.org.uk/fnapr/6394,最后访问日期:2018年10月5日。

(续表)

司法解释	2013 年	《盗窃案件解释》
	2013 年	《敲诈勒索案件解释》
	2013 年	《虚假恐怖信息案件解释》
	2013 年	《网络诽谤案件解释》
	2016 年	《电信网络诈骗案件意见》
	2017 年	《邪教破坏法律实施案件解释》
	2017 年	《侵犯个人信息案件解释》
	2017 年	《扰乱无线电通讯秩序案件解释》
	2017 年	《卖淫案件解释》
	2018 年	《网络黑恶势力案件意见》
	2018 年	《妨害信用卡管理案件解释》
	2019 年	《信息网络案件解释》
	2019 年	《组织考试作弊案件解释》
	2020 年	《侵犯知识产权案件解释(三)》

我们也应当注意到,尽管总体的趋势是网络犯罪不断更新迭代,层出不穷,而刑法无法回应巨大社会变革所带来的处罚犯罪行为以保护法益的需要,为此,网络刑法一直在不断地发展和完善之中,且今后一定时期内的主要趋势仍然是继续扩张犯罪圈。[①] 但是,在对个别问题的回应上,网络刑法也可能会出现过度犯罪化的问题,其目的性的回应已经超出了正当合法的范围,即为了追求网络刑法打击网络犯罪、保护法益的社会性目的,过分地超出了国家刑罚权的边界,造成了过分限制公民行为自由的后果。因此,网络刑法体系有可能出现"总体不足,个别过度"的状况,我们在讨论网络刑法与罪刑法定原则时,也需注意在这两个方面都应坚持罪刑法定原则,完善网络刑法体系。

第二节 网络刑法与罪刑法定原则

如上所述,网络刑法要回应网络犯罪的新的社会现实和相应的犯罪化需求,但这绝非可恣意而为的。其中,罪刑法定原则作为刑法的基本原则,在受

[①] 参见喻海松:《网络犯罪的态势与刑事对策的调整》,载《法治现代化研究》2018 年第 1 期;喻海松:《网络犯罪的刑事对策与审判疑难问题解析》,载《人民司法(案例)》2018 年第23期。

到网络犯罪现实的冲击的同时,也为网络刑法的发展提供了标尺。

一、罪刑法定原则的根基与内容

罪刑法定原则(nullum crimen, nulla poena sine lege)的根基在于,只能由民选代议机关行使立法权,因此在没有刑事立法的前提下,司法者不能超越其权限而肆意立法,扩大可罚范围。此外刑法的一般预防机能和行为人的刑事责任,都以存在明确的刑法规范、公民知晓明确的刑法规范内容作为前提。① 罪刑法定原则的效果主要包括确定性(或明确性)原则、禁止类推、禁止习惯法、禁止溯及既往。② 在此,针对网络刑法与罪刑法定原则的问题,我们主要讨论禁止类推(nullum crimen, nulla sine lege stricta)和确定性原则(nullum crimen, nulla sine lege certa)。此外,因为在德国,罪刑法定原则源于《德国基本法》第113条,也即反对基于人的危险的行为人刑法和从结果出发的客观归罪,行为刑法的要求应当与确定性原则相结合,作为罪刑法定原则的内容。③

二、网络犯罪对罪刑法定原则的冲击

罪刑法定基本原则无例外的有效性,优先于个案处理中的合目的性。在这种理解下,坚持罪刑法定原则总是会导致个案的处理结果不尽如人意,因为在这些情形中,本来具有刑事可罚性的情形,根据罪刑法定原则不具有可罚性了。也就是说,罪刑法定原则会为了维护国家制度的一般有效性,而导致(有利于行为人)的个案不公(Einzelfallungerechtigkeit)。④ 本书认为,在网络刑法中,首先,网络犯罪与罪刑法定原则的关键矛盾也是同样的,即就某一问题或某一案件而言,具有一定社会危害性并因此具有实质的刑事可罚性的行为,因为要坚持罪刑法定原则的一般有效性,只能排除其具体的刑事可罚性,以维护对国家法律的一般性的信任。虽然从社会现实出发,一些网络犯罪行为确实是造成了危害、具有刑事可罚性,但是从罪刑法定原则出发,我们并不能突破刑法规范体系的一般有效性,为了追求合理处理而损害刑法体系的规范信任。其结果必然是,尊重刑法规范效力,排除对某一情形(本应当)具体的刑事可罚性。

进一步讲,这一矛盾实际上体现为,传统刑法体系不能够有效应对存在新出现的网络犯罪的社会现实,从而产生了对新的网络刑法的需求,和修改

---

① Vgl. *Roxin*, AT, S. 146-148, Rn. 19-25.
② Vgl. *Roxin*, AT, S. 141-143, Rn. 7-11.
③ Vgl. *Leonard Kaiser*, Grenzen der Vorverlagerung, Verlag Dr. Kovač GMBH, 2016, S. 29-40.
④ Vgl. *Jakobs*, AT, S. 67, Rn. 8.

完善传统刑法的必要。就是说,网络刑法的产生和体系建立,就是在解决网络犯罪对刑法罪刑法定原则冲击的过程中应运而生的结果,其理想目标自然就是依照网络刑法、遵循罪刑法定原则,而规范的刑事可罚性恰好对具有危害性的网络犯罪进行了合理正当的制裁,既不过度犯罪化,也不存在犯罪化不足。当然,这种理想状态是无法精确实现的,因此在网络犯罪现实和刑法罪刑法定原则之间的张力,也就是"事实到规范之间"[1]的张力,将是网络刑法体系不断完善和发展的内在动力。因此,本书认为,在网络犯罪现实对刑法罪刑法定原则的冲击面前,发展完善网络刑法体系,回应犯罪化现实需求,已是当代信息社会对刑法的目的性的必然要求。其中,罪刑法定原则能够提供三个方面的标准和要求,即确定性、有效性和效率性。

第一,明确性原则要求刑法规范的表述使用本国语言,并且语言的含义在实际使用中具有一定程度的确定性。在刑法规范中规定对某个行为进行处罚的前提是,具有足够清晰的规范描述。同时也应当避免规范中出现过多的不确定要素,如空白要件、法律外的一般价值原则等。但需要注意,罪刑法定原则在整个刑法体系中所体现出来的尺度的严格性是不同的。也就是说,若将对分则构成要件中的行为描述所体现出来的确定性的尺度,运用到对分则中的法律后果和总则中的归责规定的判断上,那么后者就都会构成违宪的不确定性了。因此,明确性原则的尺度要根据刑法体系中的不同对象进行相应调整。

第二,有效性(Effektivität)要求网络刑法体系能够有效回应网络犯罪的社会现实,在坚持罪刑法定原则和刑法规范的一般有效性、严格禁止类推解释的同时,也能够有效打击制裁有危害性的行为,不会出现坚守刑法规范的形式有效性,却因网络刑法体系的不足而导致实质的可罚性缺失,导致信息网络社会成为"无法之地"的情形。

第三,效率性(Effizienz)要求网络刑法体系以尽可能最优(optimal)的方式回应网络犯罪的社会现实,刑事可罚性范围的确定不会过于宽泛或过于狭窄,刑罚的轻重不会过于失当,刑法的处罚范围越合理越好、越妥当越好。[2]

---

[1] 参见于志刚、吴尚聪:《我国网络犯罪发展及其立法、司法、理论应对的历史梳理》,载《政治与法律》2018年第1期。

[2] 参见 Michael Albrecht, Die Kriminalisierung von Dual – Use – Software, Duncker & Humblot·Berlin, 2014, S. 226, 也参见张明楷:《实质解释论的再提倡》,载《中国法学》2010年第4期;张明楷:《网络诽谤的争议问题探究》,载《中国法学》2015年第3期。

第三节　网络刑法的发展应坚持罪刑法定原则

网络刑法需要回应社会现实中网络犯罪的新挑战,但无论是通过对传统刑法进行解释以适用于形式上网络化了的传统犯罪,抑或是针对新的犯罪形式进行新的网络刑事立法,罪刑法定原则都有相应的要求,而网络刑法的发展必须遵循这些要求。

一、网络刑法发展的内容需求

新的网络犯罪现实,需要通过解释传统刑法规范或者通过新的网络立法来进行回应。网络犯罪对刑法体系的现实挑战在于,基于网络犯罪的现实特征,传统刑法中所处理的基本犯罪类型和构成要件要素发生了"异化"。无论是通过对传统刑法规范的解释适用,抑或是通过立法新增网络刑法规范,都是要正确制裁"异化"的网络犯罪,保护相应的法益和法秩序。从中国和欧洲的网络刑法体系来看,网络刑法对传统刑法的修正主要体现在以下三个方面。

（一）网络刑法增加了新的法益和新的行为方式

在计算机犯罪阶段,对传统刑法的修正多是通过新增网络刑法立法,通过增加新的技术性的法益和行为方式来实现的。例如,我国《刑法》于1997年规定了非法侵入计算机信息系统罪、破坏计算机信息系统罪。而对于利用计算机实施的传统犯罪,我国选择了更倾向于解释传统刑法规范中的某个构成要件要素,来实现相关条款对于网络犯罪的适用这一方式,这多是对于规范性的构成要件要素的解释。但也有国家仍旧选择以新增法条的方式来处理部分犯罪,例如德国1986年新增的计算机诈骗罪、计算机伪造罪、骗取给付罪。对传统刑法的解释适用和对新的网络刑法条文的颁布,都应当坚守罪刑法定原则,在解释时严守规范边界,在立法时设置确定性的条文。

（二）网络刑法采取了前置化保护的现代刑法模式

可以看出,我国在1997年《刑法》中规定了制作、传播破坏性计算机程序罪[①],之后我国在2009年、德国是在2007年,新增了网络刑法中最重要的

[①] 该罪具体内容参见于志刚:《论制作、传播破坏性计算机程序罪》,载《法学家》1997年第5期。

一项预备犯罪,即提供侵入、非法控制计算机信息系统程序、工具罪,这一预备犯罪模式虽然在不同条文中细节上有所差别①,但基本上是类似的。之后,在打击发生在网络空间的网络犯罪阶段,各国虽然仍旧以前置化保护的方式增设网络刑法条文,但立法思路和目标已发生了变化。我国《刑法修正案（九）》规定增设第 287 条之一"非法利用信息网络罪",集中解决网络空间中预备行为的实行化问题。以往都是只解决了特定领域或特定行为的犯罪预备行为,而没有尝试解决整个网络空间的犯罪预备实行行为,非法利用信息网络罪实际上属于一种"兜底性罪名",主要适用于无法以实行行为评价的网络犯罪预备行为,是一次重大突破②,包容性更强③。而德国虽然在儿童性剥削的法条中对此种网络犯罪的前置化已经达到了"预备犯罪的未遂"和"预备犯罪的不可能犯"（§ 176b Abs. 3）的范围,在网络恐怖主义犯罪上也及于"建立犯罪组织或与组织建立或保持联系"的抽象危险阶段（§ 89b i. V. m. § 129a）,在煽动民众危害公共和平或危害国家安全的极端主义宣传犯罪上也以抽象危险犯的方式保护超个人法益（§§ 130, 86, 86a）,但始终是在扩张针对单独地非法利用信息网络进行的犯罪的处罚范围。但是,这种整体化解决的立法技术其实早有示例,无论是在 2001 年《布达佩斯公约》（第 11 条）,还是 2005 年欧盟的框架决议（第 5 条）,或是 2013 年欧盟的指令（第 8 条）,都是整体性地要求对计算机犯罪和利用计算机实施的相关犯罪的教唆、帮助和未遂行为予以犯罪化。前置化保护是扩张刑法的处罚范围,对此,坚持罪刑法定原则意味着立法应遵循确定性原则的要求,在处罚明确的行为以保护法益的范围内前置化,而不是恣意地前置化。

（三）网络刑法改变了传统刑法的归责原则和刑事责任

因为刑法总则条款中的普遍犯罪特征并不像分则具体条文中犯罪要素的描述那样具体清晰,所以分则中设置的犯罪类型往往会暗中加入一些与普遍性归责原则相关的一般条款性的概念。④ 这就为网络刑法条文进行归责

---

① 中国刑法的模式,参见皮勇:《我国网络犯罪刑法立法研究——兼论我国刑法修正案（七）中的网络犯罪立法》,载《河北法学》2009 年第 6 期。德国国内法的客观方面的六种模式,参见 Michael Albrecht, Die Kriminalisierung von Dual-Use-Software, Duncker & Humblot · Berlin, 2014, S. 65-134, 欧盟法律的客观方面的六种模式,参见 Michael Albrecht, Die Kriminalisierung von Dual-Use-Software, Duncker & Humblot · Berlin, 2014, S. 171-194。

② 参见于志刚:《网络空间中犯罪预备行为的制裁思路与体系完善——截至〈刑法修正案（九）〉的网络预备行为规制体系的反思》,载《法学家》2017 年第 6 期。

③ 参见喻海松:《新型信息网络犯罪司法适用探微》,载《中国应用法学》2019 年第 6 期。

④ 比如分则中实施真正不作为犯中的保证人义务,就没有超出《德国刑法典》第 13 条的模糊性。参见 Jakobs, AT, S. 74, Rn. 15. 当《德国刑法典》总则第 13 条中的模糊性,也很可能造成分则中描述的犯罪类型因为违反罪刑法定原则而违宪。不掩盖总则和分则之间的这种差异,才能更好地满足罪刑法定原则。Vgl. Jakobs, AT, S. 89, Rn. 44.

原则和刑事责任的调整提供了前提。与总则相关的犯罪构成要件中的归责原则不仅仅只是确定为了保护法益而禁止某些行为方式,而是意味着为了保护法益要对行为人进行法律强制并限制其自由,这便是归责原则和刑事责任的真正问题。对此不仅是对宽泛的、需要具体化的构成要件的法律适用问题,更是立法者应当制定足够具体的条文,尤其是对于间接的、为自我答责的第三人的后续行为提供条件的前置行为,应当在新增的、清楚表述的构成要件中确定该前置行为的归责原则及其例外情形,而不是将此留给司法解释和适用。[1] 在信息网络社会,网络空间帮助行为与实行行为的关系极大地不同于传统的共同犯罪结构,具有不同于帮助犯的独立性,且其危害性甚至超过实行行为;网络犯罪的新的犯罪主体出现,其行为与其他网络犯罪实行人的自我答责行为发生交织、共同作用而导致网络犯罪结果的发生和对法益的侵害。此时,就需要在分则具体的构成要件中,明确与总则普遍性归责原则相关的新的、具体的归责原则。按照罪刑法定原则的要求,对立法者来说,确定构成要件中新的、具体的归责原则及其例外,不应违反发动刑法制裁的一般合法性要求。[2] 对法律解释来说,若立法者并未在构成要件中明确归责原则,则司法适用中可以补充具体归责原则,只要不违反法定条文,即法律适用不能新增或扩大法定构成要件中的归责范围,而只能补充有利于行为人的归责原则。[3] 目前我们所面临的主要是网络共同犯罪和网络服务商的归责问题。其中,鉴于网络帮助行为的危害性提升和独立性增强,司法途径上已经通过解释分则的相关规定进行帮助行为的正犯化处理,并通过立法新增帮助信息网络犯罪活动罪,将原有的"帮助行为"即"共犯行为",独立为新的"实行行为"即正犯化,认定为侵害法益的实行行为。[4] 立法在分则中,以分则单独规定的形式补充和修正了总则共同犯罪的传统原则。[5]

二、传统刑法对网络犯罪的解释适用

罪刑法定原则要求,法律适用不能够将实体法中犯罪类型中的要素和特征

---

[1] Vgl. *Frisch*, in: Hefendehl/Wohlers/Hirsch, Rechtsgutstheorie, S. 225 ff; *Puschke*, in: Hefendehl (Hrsg.), Grenzenlose Vorverlagerung des Strafrechts?, S. 38.

[2] Vgl. *Frisch*, in: Hefendehl/Wohlers/Hirsch, Rechtsgutstheorie, S. 227, 230 f.

[3] Vgl. *Jakobs*, AT, S. 75, Rn. 16; *Puschke*, in: Hefendehl (Hrsg.), Grenzenlose Vorverlagerung des Strafrechts?, S. 37 f.

[4] 参见于志刚:《共犯行为正犯化的立法探索与理论梳理——以"帮助信息网络犯罪活动罪"立法定位为角度的分析》,载《法律科学(西北政法大学学报)》2017年第3期。反对意见认为,应用和解释总则共同犯罪理论就可以解决网络帮助行为认定的问题,无需在分则单独规定,参见张明楷:《网络时代的刑事立法》,载《法律科学(西北政法大学学报)》2017年第3期。

[5] 修正共同犯罪理论可参见 *Frisch*, Tatbestandsmäßiges Verhalten und Zurechnung des Erfolgs, C. F. Müller, 2012, S. 301 ff。

进行一般化,因为这种一般化会扩大其适用范围,这就是禁止一般化(Generalisirungsverbot),通常也被称为禁止类推(Analogieverbot)。特别是在法律体系明确表明其规定过窄的情况下,这是因为罪刑法定原则不是为了防止刑事处罚缺乏适当的理由,而是为了防止缺乏法律规定而进行处罚。① 对于立法者在条文中根本就不想处罚的行为,类推解释认为司法上也要借用其他规定来处罚。刑法解释禁止使用类推适用来填补法律漏洞,进行规范的"续造"。②

一方面,刑法解释是有规则和边界的,坚持罪刑法定原则,意味着不能为了个案或个别问题的合理解决,而恣意扩张刑法规范的涵摄范围,肆意通过刑法解释进行刑法扩张,以求囊括新的网络犯罪。"在刑事立法难以推进的情况下,进行必要的软性解释是在所难免的。"③目前,对网络犯罪中"技术性"关键词的含义进行解释已不再是我国有权解释关注的重点,而对网络犯罪中"规范性"关键词的含义进行解释成为我国有权解释的中心任务。④ 首先,刑事司法解释宜坚持实质解释的立场,考量行为的实质社会危害性,确保解释结论符合一般人的预期。⑤ 这种实质解释立场,是要分析某一作为解释对象的网络犯罪与传统犯罪的等价性。相当一部分在网络空间发生的传统犯罪,完全可以借助适当扩张解释的方式加以解决,而无需通过网络立法的方式进行入罪化。⑥ 从实质的处罚必要性的价值判断方面,网络时代的刑法解释应当在不逾越"法条用语的可能含义""一般人的预测可能性"的前提下,重点分析网络犯罪的特性以及网络犯罪与传统犯罪的等价性,具有此种等价性的网络犯罪能够被传统刑法规范涵摄,属于刑法解释而不是类推。⑦

---

① Vgl. *Jakobs*, AT, S. 82, Rn. 33.
② 参见周光权:《刑法软性解释的限制与增设妨害业务罪》,载《中外法学》2019 年第 4 期。
③ 周光权:《刑法软性解释的限制与增设妨害业务罪》,载《中外法学》2019 年第 4 期。
④ 参见于志刚:《网络犯罪的发展轨迹与刑法分则的转型路径》,载《法商研究》2014 年第 4 期。
⑤ 参见喻海松:《新型信息网络犯罪司法适用探微》,载《中国应用法学》2019 年第 6 期。
⑥ 参见张明楷:《网络时代的刑事立法》,载《法律科学(西北政法大学学报)》2017 年第 3 期;叶良芳:《科技发展、治理挑战与刑法变革》,载《法律科学(西北政法大学学报)》2018 年第 1 期。
⑦ 参见欧阳本祺:《论网络时代刑法解释的限度》,载《中国法学》2017 年第 3 期。其结论为,刑法解释的内部限度,以网络犯罪的类型化区分及针对不同类型的网络犯罪所确定的刑法解释大致方向为依据。对那些与传统犯罪本质无异的网络犯罪,既可以采用扩大解释方法,也可以采用平义解释方法,关键在于判断网络危害行为能否被涵摄到传统刑法规范的语义范围之内;对那些较传统犯罪呈危害"量变"的网络犯罪,应该采取扩大解释方法,扩张刑法的适用范围,关键在于如何划定扩大解释与类推适用的边界;对那些较传统犯罪呈危害"质变"的网络犯罪,反而应该采用限制解释方法以缩小处罚范围。又如,网络诽谤与有关犯罪相比较,本身就属于情节严重,因此 2013 年《网络诽谤案件解释》关于诽谤行为的解释属于平义解释,但关于情节严重的解释缺陷在于不恰当地缩小了网络诽谤的处分范围。参见张明楷:《网络诽谤的争议问题探究》,载《中国法学》2015 年第 3 期。

那么,刑法解释的方法是什么呢？我们都知道,一般来说主要有三种方法:制定法律时立法者对条文的解释(主观解释,立法者的意愿,"Wille des Gesetzgebers")、从回应当前需要规范问题的体系的前见出发(客观解释,法律的意愿,"Wille des Gesetzes")对条文的解释和立足于颁布当时的规范体系(历史解释,历史的法律的意愿)对条文的解释。① 对于网络犯罪,我们也提出了一些有针对性的观点,为刑法解释提供指引指导和边界限定。

(1)有观点认为"无视法律原义就等于无视罪刑法定",应当坚持"主观的客观解释论",在立法者当初的价值取向和"刑法条文之语言原意解释"的最大射程内来探求刑法规范在现实生活中所具有的规范意义,客观解释不得脱逸立法者与条文语言原意之范围。②

(2)有观点则认为,适度的扩张解释在既有罪刑规范所涵括范围内针对网络犯罪进行拓宽阐释,其与类推的根本区别在于扩张程度是否超出"公民的预测可能性范围"。③ "虚拟财产"就位于语词的核心含义与边缘含义的中间部分,且我国刑法未区分财物与财产性利益,因此将"虚拟财产"解释为"财物",并未超出"财物"这一比较抽象的概念可能具有的含义,因此不构成类推。④ 再如将"电子邮件"解释为"信件"⑤、将专用于赌博的网站解释为赌场⑥,都符合国民前见的适度扩张⑦,但无法将"侵入电脑"解释为"侵入住宅"。⑧ 根据罪刑法定原则,只要在刑法用语可能具有的含义内得出的入罪结论,没有侵害国民的预测可能性,就能够以旧的法条应对新类型的网络犯罪。⑨

---

① Vgl. *Jakobs*, AT, S. 76, Rn. 19.
② 这形成了"网络时代传统刑法概念客观解释"的大趋势,造成刑法扩张适用。参见刘艳红:《网络时代刑法客观解释新塑造:"主观的客观解释论"》,载《法律科学(西北政法大学学报)》2017年第3期。
③ 参见张明楷:《网络时代的刑事立法》,载《法律科学(西北政法大学学报)》2017年第3期;周光权:《刑法软性解释的限制与增设妨害业务罪》,载《中外法学》2019年第4期;叶良芳:《科技发展、治理挑战与刑法变革》,载《法律科学(西北政法大学学报)》2018年第1期。
④ 参见张明楷:《非法获取虚拟财产的行为性质》,载《法学》2015年第3期;陈兴良:《虚拟财产的刑法属性及其保护路径》,载《中国法学》2017年第2期。反对意见则认为,将虚拟财产解释为财物,彻底突破了财物的语言边界,是类推,有悖罪刑法定原则。参见曲新久:《中德比较视角下扩张解释与类推适用的区分》,载梁根林、[德]埃里克·希尔根多夫主编:《中德刑法学者的对话:罪刑法定与刑法解释》,北京大学出版社2013年版,第198页;
⑤ 参见于志刚:《网络"空间化"的时代演变与刑法对策》,载《法学评论》2015年第2期。
⑥ 参见于志刚:《网络开设赌场犯罪的规律分析与制裁思路——基于100个随机案例的分析和思索》,载《法学》2015年第3期。
⑦ 参见叶良芳:《科技发展、治理挑战与刑法变革》,载《法律科学(西北政法大学学报)》2018年第1期。
⑧ 参见张明楷:《网络时代的刑事立法》,载《法律科学(西北政法大学学报)》2017年第3期。
⑨ 参见张明楷:《网络时代的刑事立法》,载《法律科学(西北政法大学学报)》2017年第3期。

（3）另外，以体系解释的方法，如果某个解释与刑法相关条文内容以及刑法的整体精神相协调，即对一个条文的解释能够得到其他条文的印证，一般就不是类推解释。① 例如，对于在网络运行论文检测业务的行为，可以参考刑法体系中其他条文关于"生产"和"经营"的条文，认定其属于破坏生产经营罪中的"生产经营"，对破坏生产经营行为中的"以其他方法"也应当按照同类解释规则，参考其他两种行为类型作出限制性的认定。②

本书认为，这三种方法并不矛盾，而是构成了一个整体，不对规范目的从主观、客观和历史解释的整体出发进行综合认识，刑法解释一定会得出偶然恣意的结论。③ 应当认为立法者意图是客观化地体现在整部刑法典中的，符合体系的解释便应当是符合立法者的意愿，因此以体系性视角进行客观解释，应当可以较为恰当地确定刑法解释的范围。④ 至于从语言学角度看，详细来说，文义是对物（Gegenstände）的语言表达（sprachlicher Ausdruck），是通过一定的意向（Intention）以某种符号来标记所描述的物，因此在这一过程中就对物进行了扩张（Extension），也因此必然在实存的本体世界与规范的法律文本之间存在裂痕与联系，这是语言通过以概念把握实体世界特性（Eigenschaften）的意向过程造成的，这种语言表达因意向而得到的扩张，其范围就是"一般可接受的理解"（"richtig akzeptiertes Verständnis"）⑤，在具体历史条件下、在特定的语言共同体中的一般性理解就是"国民可预测性"⑥，刑法解释不能在意向中选取非意义构成性的特征来扩大语言表达的范围。⑦

另一方面，传统刑法在面对网络刑法，甚至是早期的网络刑法规范在面临新的网络犯罪之时，都有其局限性，显得无力。按传统刑法处罚这些在网络时代的新形式犯罪，前提必须是现行刑法能够涵盖所有新形式的犯罪，否

---

① 参见张明楷：《非法获取虚拟财产的行为性质》，载《法学》2015 年第 3 期；也参见 *Jakobs*, AT, S. 86, Rn. 39。

② 参见刘艳红：《网络时代刑法客观解释新塑造："主观的客观解释论"》，载《法律科学（西北政法大学学报）》2017 年第 3 期；冀洋：《网络时代破坏生产经营罪的司法逻辑》，载《法治研究》2018 年第 1 期。

③ Vgl. *Jakobs*, AT, S. 76, Rn. 19.

④ Vgl. *Jakobs*, AT, S. 76 f, Rn. 19, 20.

⑤ Vgl. *Koch/Rüßmann*, Juristische Begründungslehre, S. 63f, S. 145. 参见 *Jakobs*, AT, S. 83, Rn. 34.

⑥ 语义学上，萨维尼从民族历史传统的角度，将"一般可接受理解"置于语言共同体中，认为其取决于三个因素：(a) 共同体成员在这种情况下极少公开偏离这种行为；(c) 偏离这种行为者会受到其他成员的制裁；(c) 一般认为制裁是合理的。Vgl. *Savigny*, Die Philosophie der normalen Sprache, S. 270.

⑦ 例如，有观点认为，如果非因虚拟财产具有体现财产全部固有属性的"要素"，而只是具有相似的外部特征，就得出结论，认为虚拟财产可以解释为刑法中的财物，已经是用类比代替涵摄，构成类推。参见欧阳本祺：《论虚拟财产的刑法保护》，载《政治与法律》2019 年第 9 期。

则就会出现"无法可依"的问题。① 如果不能及时更新和完善网络刑法以跟上网络犯罪的现实犯罪化需求,而是试图用已有的传统刑法和网络刑法规范去应对不断更新迭代的网络犯罪②,这往往又成为进行扩张解释、扩大刑法条文涵摄范围和导致不确定性的根源。③ 在"作为犯罪工具"的网络犯罪阶段,客观解释论不断扩张传统犯罪构成要件涵摄面,以使之可适用于网络犯罪,其适用范围是一切传统犯罪,包括盗窃罪、诈骗罪、赌博罪、非法经营罪等。④ 对此,罪刑法定原则应当这样去理解:在任何情况下,刑法用语的确定含义排除在犯罪之外的行为不能通过解释路径对应于该行为,即刑法概念的消极对象不可以适用于这个概念。当需要应对的案件事实不可能适用刑法的概念时,就只能修订或创造法律。⑤

【案例】全国首例反向炒信入刑案⑥

2014 年 4 月,在淘宝网经营论文相似度检测业务的被告人董某为谋取市场竞争优势,雇佣并指使被告人谢某,多次以同一账号恶意大量购买北京智齿数汇科技有限公司南京分公司淘宝网店铺的商品,致使平台认定该公司从事虚假交易,并对该店铺作出商品搜索降权的处罚,经该公司申诉后恢复。被处罚期间,消费者无法通过淘宝网搜索栏搜索到该公司淘宝网店铺的商品,严重影响该公司正常经营。一审法院审理认定,该公司因其淘宝网店铺被商品搜索降权处罚而导致的订单交易额损失为 159 844.29 元。对此,一审法院认为,被告人董某、谢某出于打击竞争对手的目的,以其他方法破坏生产经营,二被告人的行为均已构成破坏生产经营罪。二审法院在维持一审法院定罪的基础上,对造成的损失数额予以纠正并进行了量刑调整。

此案的重要争议之一即为,刷单炒信的行为是否属于《刑法》第 276 条规定的"其他方法",适用非法经营罪的构成要件是否有违罪刑法定原则。对该判决的批评意见认为,虽然网络中的虚拟物品或活动的制造以及推广和运

---

① 参见皮勇:《我国网络犯罪刑法立法研究——兼论我国刑法修正案(七)中的网络犯罪立法》,载《河北法学》2009 年第 6 期。
② 这形成了"网络时代传统刑法概念客观解释"的大趋势。参见刘艳红:《网络时代刑法客观解释新塑造:"主观的客观解释论"》,载《法律科学(西北政法大学学报)》2017 年第 3 期。
③ 参见周光权:《刑法软性解释的限制与增设妨害业务罪》,载《中外法学》2019 年第 4 期。
④ 参见刘艳红:《网络时代刑法客观解释新塑造:"主观的客观解释论"》,载《法律科学(西北政法大学学报)》2017 年第 3 期。
⑤ 参见张明楷:《网络时代的刑事立法》,载《法律科学(西北政法大学学报)》2017 年第 3 期。
⑥ 董某某、谢某某破坏生产经营案,江苏省南京市中级人民法院(2016)苏 01 刑终 33 号刑事判决书。

营,属于"生产经营"范畴之内。① 但是,破坏网店经营的行为应与传统的破坏生产经营罪具有等价性,基于"刑法条文语言原意解释"进行同类解释,该罪中的"其他方法"必须是毁坏、残害等物理性的破坏行为,这有利于限定破坏生产经营罪的成立范围,防止类推解释。② 同时,从立法沿革来看,立法者的意图在于维护正常的生产经营秩序以及打击因破坏生产经营活动导致的对财产所有权及其他本权的侵犯,这也可以作为限制类推适用的依据。③

三、新增网络刑法规范

禁止立法者对不确定的行为进行刑事处罚。④ 罪刑法定原则不仅要求刑法解释的确定性,同样也要求立法的确定性。⑤

首先,分则条文的表述应当使用含义能够确定的语词,避免过于模糊的语词。语言的含义是在日常生活中确定的,因此应使用已经形成比较确定的含义的语词。⑥ 多义和空洞都是违反确定性原则的,即法律适用的情形有多种含义或者无法清晰确定某一实体是否落入概念范围。⑦ 对网络刑法来说,一方面很多语词是新出现的,并未经过长期的诠释过程而形成一致、确定的语词含义;但另一方面,网络刑法又具有很强的技术性,而使用的技术性语词能够比较客观地确定其含义。但是,对于"网络空间""在信息网络中实施"诽谤等行为的语词描述来说,这里的技术性语词实际上已经具有很强的规范含义,因此应不同于以往对于"计算机系统"等意义比较确定的技术语词的解释,而应特别关注其规范性意义。⑧ 也就是说,在当前和今后的立法中,保证构成要件中使用语词的确定性的难度将会加大。例如"公民个人信息"的概念在刑法上就没有清楚规定,参考 2012 年《全国人民代表大会常务委员会关于加强网络信息保护的决定》第 1 条"国家保护能够识别公民个人

---

① 参见刘艳红:《网络时代刑法客观解释新塑造:"主观的客观解释论"》,载《法律科学(西北政法大学学报)》2017 年第 3 期。
② 参见欧阳本祺:《论网络时代刑法解释的限度》,载《中国法学》2017 年第 3 期;刘艳红:《网络时代刑法客观解释新塑造:"主观的客观解释论"》,载《法律科学(西北政法大学学报)》2017 年第 3 期;叶良芳:《刷单炒信行为的规范分析及其治理路径》,载《法学》2018 年第 3 期。
③ 参见刘艳红:《网络时代刑法客观解释新塑造:"主观的客观解释论"》,载《法律科学(西北政法大学学报)》2017 年第 3 期;叶良芳:《刷单炒信行为的规范分析及其治理路径》,载《法学》2018 年第 3 期。
④ Vgl. *Jakobs*, AT, S. 78, Rn. 23.
⑤ Vgl. *Jakobs*, AT, S. 79, Rn. 28.
⑥ Vgl. *Leonard Kaiser*, Grenzen der Vorverlagerung, S. 101 f.
⑦ Vgl. *Koch/Rüßmann*, Juristische Begründungslehre, S. 63f, S. 192, S. 195 ff.
⑧ 规范性关键词解释,参见于志刚:《网络犯罪的发展轨迹与刑法分则的转型路径》,载《法商研究》2014 年第 4 期。

身份和涉及公民个人隐私的电子信息"的规定,以及 2013 年最高人民法院、最高人民检察院、公安部联合发布的《关于依法惩处侵害公民个人信息犯罪活动的通知》所明确的公民个人信息包括"公民的姓名、年龄、有效证件号码、婚姻状况、工作单位、学历、履历、家庭住址、电话号码等能够识别公民个人身份或者涉及公民个人隐私的信息、数据资料",我们可以将个人信息划分为两类:一是能够识别公民个人身份的信息;二是涉及公民个人隐私的信息。①

其次,分则中的犯罪类型应当避免不必要的不确定性。② 刑法规范的目的是保护法益,要求刑事立法遵循确定性原则也就意味着,作为通过刑罚制裁特定行为的方式来进行法益保护的规范表达,规范所保护的法益、不法内容和刑罚种类与幅度都应当是确定的。③ 网络犯罪中一个重要的立法和司法解释技术就是预备犯罪实行化。对于计算机数据和系统犯罪的预备行为,2009 年《刑法修正案(七)》增加了提供侵入、非法控制计算机信息系统程序、工具罪,在将侵入行为规定为具体犯罪后,又将侵入行为的预备行为进一步实行化。④ 这一分则条文,即"提供专门用于侵入、非法控制计算机信息系统的程序、工具,或者明知他人实施侵入、非法控制计算机信息系统的违法犯罪行为而为其提供程序、工具,情节严重的",清晰地规定了客观的预备行为的不法内容,即在于"专门用于"实施计算机犯罪的程序、工具本身的危害性,以及提供行为因此而具有的独立的客观危险性。对比《德国刑法典》第 202c 条来看,尽管这一对应预备犯罪的条文规定目的是实施计算机犯罪的计算机程序的构成要件,但因为"目的"只能是行为人的主观目的而不可能是客观上的程序的目的,因此该条是缺乏客观要件的。⑤ 对这一条的改革建议是,将构成要件改为"行为人意图(in der Absicht)实施相关计算机犯罪而制作、获取或传播,能够为实施相关计算机犯罪提供便利的计算机程序"⑥,这样就拆分了原有构成要件,补充了客观要件⑦,从而满足规范的确定

---

① 参见于冲:《侵犯公民个人信息罪中"公民个人信息"的法益属性与入罪边界》,载《政治与法律》2018 年第 4 期;喻海松:《网络犯罪的立法扩张与司法适用》,载《法律适用》2016 年第 9 期。

② Vgl. *Jakobs*, AT, S. 78, Rn. 24, 25.

③ Vgl. *Benjamin Vogel*, Rechtsgut und Bestimmtheitsgebot, ZStW 2016, 128(1), 139-172.

④ 参见志刚:《网络空间中犯罪预备行为的制裁思路与体系完善——截至〈刑法修正案(九)〉的网络预备行为规制体系的反思》,载《法学家》2017 年第 6 期。

⑤ Vgl. *Michael Albrecht*, Die Kriminalisierung von Dual-Use-Software, Duncker & Humblot · Berlin, 2014, S. 72-86, S. 236-239.

⑥ *Sieber*, Straftaten und Strafverfolgung im Internet, Verlag C. H. Beck, 2012, S. 90.

⑦ 也可以主观上降为故意,而在客观上进一步限制为适格性(geeignet)的模式。Vgl. *Michael Albrecht*, Die Kriminalisierung von Dual-Use-Software, Duncker & Humblot · Berlin, 2014, S. 72-86, S. 232-236;*Sieber*, Straftaten und Strafverfolgung im Internet, Verlag C. H. Beck, 2012, S. 91.

性的要求。

再次,行为刑法要求分则确定的犯罪类型中不能仅仅包含行为人主体和结果要素、缺乏行为要素,而需描述确定的行为方式。[1] 对此我们看到,《刑法》第286条之一拒不履行信息网络安全管理义务罪的构成要件为:"网络服务提供者不履行法律、行政法规规定的信息网络安全管理义务,经监管部门责令采取改正措施而拒不改正,有下列情形之一的……"其中,主体和结果都有明确的规定,但作为行为方式的"拒不履行义务"则在理论上存在不作为犯[2]、义务犯[3]和帮助犯[4]等不同解读。其作为刑法行为规范的禁止或命令规范的内容并不明确,仍待补充。[5] 若是认为,从分则条文的规定出发,网络服务商依照危险源监督说产生了保护他人法益不受来自于自己控制领域的危险威胁的义务,则需要刑法教义学首先将网络服务商的运营认定为危险源,同时根据不同类型的服务商的技术控制能力确定其保证人地位,进行限缩解释,进而再因"经责令而拒不改正"的行为进行刑事归责。[6]

最后,新增的网络刑法规范中若增加了具体的归责规定,则不能违反总则中已经存在的刑法一般性归责原则,否则也是违反罪刑法定原则的。[7] 就帮助信息网络犯罪活动罪而言,鉴于网络帮助行为危害性的提升和独立性的增强,直接将其认定为侵害法益的实行行为,以此解决依照总则所规定的帮助行为的主犯认定和罪名独立认定问题。限于罪刑法定原则,正犯化的实质是独立化,表现为在定罪上不依赖实行行为人的犯罪情节,而直接根据自己的犯罪情节进行定罪量刑的刑法评价。[8]

---

[1] Vgl. *Leonard Kaiser*, Grenzen der Vorverlagerung, S. 34, S. 149.
[2] 参见梁根林:《传统犯罪网络化:归责障碍、刑法应对与教义限缩》,载《法学》2017年第2期;李世阳:《拒不履行网络安全管理义务罪的适用困境与解释出路》,载《当代法学》2018年第5期;陈兴良:《快播案一审判决的刑法教义学评判》,载《中外法学》2017年第1期。
[3] 参见周光权:《犯罪支配还是义务违反——快播案定罪理由之探究》,载《中外法学》2017年第1期;周光权:《拒不履行信息网络安全管理义务罪的司法适用》,载《人民检察》2018年第9期。
[4] 参见刘宪权:《论信息网络技术滥用行为的刑事责任——〈刑法修正案(九)〉相关条款的理解与适用》,载《政法论坛》2015年第6期。也有学者认为,通过解释路径,重新解释共同犯罪的成立条件,即使不通过立法增设帮助信息网络犯罪活动罪,也完全能够妥当处理所有的帮助行为。参见张明楷:《网络时代的刑事立法》,载《法律科学(西北政法大学学报)》2017年第3期。
[5] 参见周光权:《网络服务商的刑事责任范围》,载《中国法律评论》2015年第2期;李世阳:《拒不履行网络安全管理义务罪的适用困境与解释出路》,载《当代法学》2018年第5期。
[6] 参见梁根林:《传统犯罪网络化:归责障碍、刑法应对与教义限缩》,载《法学》2017年第2期。
[7] Vgl. *Jakobs*, AT, S. 74, Rn. 16.
[8] 参见于志刚:《共犯行为正犯化的立法探索与理论梳理——以"帮助信息网络犯罪活动罪"立法定位为角度的分析》,载《法律科学(西北政法大学学报)》2017年第3期。

在这里,必须注意到,网络刑法对传统刑法的修正应当满足目的性和正当性的平衡。网络刑法为了回应网络犯罪的社会现实,对已有的传统刑法进行必要修正,这是网络刑法体系的目的性要求,即动用刑法手段,对具有危害性的行为进行处罚,从而保护具有价值的法益,以维护网络信息时代的社会秩序和制度。[①] 同时,这样的目的性并不能保证网络刑法立法和统一的司法解释都是正当合法的,因为刑法有其特殊的内在逻辑,国家动用刑法手段对某种行为进行处罚有其适用边界,也即,网络刑法对传统刑法有目的性的必要修正,即便满足了确定性原则、有效性和效率性的要求,但是在怎样的范围内、以怎样的方式来实现才是正当的,这是需要单独考虑的一个对实证刑法规范的批判问题,我们在罪刑法定原则下不再展开讨论。

[①] 刑法和其他法律制度是国家治理网络的手段之一,网络时代刑法解释的外部限度受制于网络治理模式,与国家公权力在网络治理中的作用大小相关。参见欧阳本祺:《论网络时代刑法解释的限度》,载《中国法学》2017年第3期。

第二章 法　益

第一节　从传统法益到信息法益

随着德日刑法理论的引入，法益概念日渐被国内刑法学界关注和认可，法益侵害性成为阐释犯罪行为处罚的实质根据。网络犯罪不仅可能侵犯传统法益，也伴生了新型的法益形态——信息法益。

一、法益的理论脉络

"法益"一词是从德日等国家引进的刑法概念，这一概念的核心要素在于法律保护性和利益性。比如，有学者认为："所谓法益是指个人或公众的生活利益、社会价值和法律上认可的利益，由于其具有特殊的社会意义因而法律予以保护。"① 类似的观点如："法益是法律上予以肯定评价的属性，比如人的生命、健康的保持或者行政管理的正常进行。"② "所谓法益是法所保护的利益，例如杀人罪的保护法益是人的生命。"③

从刑法教义学出发，学者一般将刑法的目的定位于法益保护，由此确立法益概念的关键地位。对此可从以下三个方面理解：第一，法益对于判断犯罪行为是否成立具有关键意义。如认为，犯罪是针对保护法益的加害行为的类型，现实中加害行为造成了"结果"，犯罪即成立。④ 或认为，由于行为规范是为了保护法益而设定的，因此在判断是否违反行为规范时也必须进行法益的关联判断。⑤ 第二，法益对于犯罪论体系有着重要意义。如

---

① Johannes Wessels, Strafrecht Allgemeiner Teil: die Straftat und ihr Aufbau, 46. Auflage, C. F. Müller, 2016, S. 3.
② Urs Kindhäuser, Strafrecht Allgemeiner Teil, 8. Auflage, Nomos, 2017. S. 38.
③ 〔日〕大谷实：《刑法讲义总论》（新版第4版），成文堂2012年版，第7—8页。
④ 参见〔日〕山口厚：《刑法总论》（第3版），有斐阁2016年版，第45页.
⑤ 参见〔日〕高桥则夫：《刑法总论》（第2版），成文堂2013年版，第11页.

认为构成要件的出发点和指导原则是法益。① 第三,法益对于犯罪化的问题有着指导作用。如认为,为了应对新的犯罪现象,在新设构成要件时,必须事先决定将何种法益作为保护对象。② 我国学者也认为,法益的功能"从早先的消极排除功能,即没有法益侵害或没有社会危害就不应当入罪,蜕变为积极地证立犯罪的功能,即只要有法益侵害或社会危害就有必要做入罪化的处理"③。

我国长期借鉴苏联的犯罪构成体系,将犯罪客体理解为刑法所保护的社会关系,作为构成要件的基础,随着德日等国家相关刑法理论的引进,法益问题的探讨逐渐被重视。传统理论认为:"犯罪客体是我国刑法所保护的、为犯罪行为所侵害的社会关系。"④近年来关于法益的讨论逐渐深入,并和各类具体犯罪结合,日益呈现出替代犯罪客体的趋势。就这一问题,有学者认为:"法益,是指根据宪法的基本原则,由法所保护的、客观上可能受到侵害或者威胁的人的生活利益。其中由刑法所保护的人的生活利益,就是刑法上的法益。"⑤

二、网络犯罪侵犯法益的复杂化

就法益的传统类型,日本的通说是"法益三分说",即刑法所直接保护的利益应当区分为个人利益(个人法益)、社会公共利益(社会法益)、国家自身的利益(国家法益)来进行认识,《日本刑法典》也是据此划分的。⑥ 我国学者也将犯罪行为侵犯的法益分为国家法益、公共法益以及公民个人法益。⑦

随着网络犯罪日益涉及各类犯罪,其侵犯法益的情况也趋于复杂,主要包括以下情形:第一,通过网络方式实施的计算机犯罪、人工智能犯罪等,其所侵犯的法益内容无法为传统法益所涵盖,表现为信息形式的新型法益。第二,通过网络方式实施的传统犯罪,基于信息性使得法益具有全新特征,无法

---

① Vgl. Hans-Heinrich Jescheck/Thomas Weigend, Lehrbuch des Strafrechts Allgemeiner Teil, 5. Auflage, Duncker & Humblot, 1996, S. 256.
② 参见〔日〕日高义博:《刑法总论》,成文堂2015年版,第14页。
③ 劳东燕:《风险社会与功能主义的刑法立法观》,载《法学评论》2017年第6期,第21页。
④ 高铭暄、马克昌主编:《刑法学》(第7版),北京大学出版社、高等教育出版社2016年版,第53页。
⑤ 张明楷:《刑法学(上)》(第5版),法律出版社2016年版,第63页。
⑥ 参见〔日〕大谷实:《刑法讲义总论》(新版第4版),成文堂2012年版,第2页;〔日〕松宫孝明:《刑法各论讲义》(第4版),成文堂2016年版,第6页;〔日〕前田雅英:《刑法各论讲义》(第6版),东京大学出版会2015年版,第3—4页;〔日〕斋藤信治:《刑法各论》(第4版),有斐阁2014年版,第3页。
⑦ 参见张明楷:《刑法学(上)》(第5版),法律出版社2016年版,第88页。

在原有立法和理论框架中得到阐释。比如,关于网络社会中公共信息秩序是否存在的问题,目前学界虽有争论,但是其独立性已经在理论上得到充分的重视和研究。如有学者认为《网络诽谤案件解释》"尝试通过对'公共秩序'的含义作扩大解释,向全面承认网络空间秩序的现实性迈出了一大步"①。第三,有些通过网络方式实施的传统犯罪,虽然在行为方式和危害后果等方面有了新变化,但是所侵犯的法益内容并没有根本性的变化。比如自杀网站设置鼓动他人自杀或者参加网络自杀协议的栏目,属于损害他人生命权利的违法行为,其所侵犯的是(他人的)生命权,虽然以网络的方式实施,但是法益的内容并没有变发生变化。② 本章所讨论的信息法益具体是指前述第一种、第二种情形,即网络犯罪所侵犯的具有信息性质的新型法益。

与学界关于网络犯罪行为如火如荼的探讨相对,网络犯罪所侵犯的法益却未得到充分关注,关于信息法益的专门探讨更是屈指可数。在现有的研究中,有学者指出:"信息作为一种重要的法益似乎已成为一种通识。"③但是以上表述仅是一种事实判断,并未具体解释信息法益的内涵,而且信息虽有承载法益的可能性,但其本身应在犯罪对象范畴探讨,而非法益范畴。有学者提出相对具体的信息法益概念,认为信息法益是基于法律规定,信息权利主体对于信息所享有的受法律保护的各项权益。④ 但是这一界定同样未在刑法理论框架下展开。

在网络社会的运转和发展过程中,节点的存在与连接构成其基本结构,每个节点都是独立的信息存在,每个连接都是信息的流动,从某种意义上讲,信息是网络社会的微观结构与静态结构⑤,网络是网络社会的宏观结构与动态结构。从法益的角度衡量,信息的描述与法益内容相关,网络的描述与法益变动相关。

以信息化为基础的网络化、智能化已经席卷世界,信息已经不仅仅是社会的记录方式,而是逐渐成为社会的存在方式,信息法益的内涵也呈现日渐扩展的趋势。由此,信息法益与传统法益的关系日渐类似于网络犯罪与传统

---

① 于志刚:《网络犯罪的发展轨迹与刑法分则的转型路径》,载《法商研究》2014年第4期,第53页。
② 参见皮勇:《论网络自杀协议犯罪场与控制对策》,载《法学评论》2006年第6期,第129—130页。
③ 高德胜、马海群:《信息犯罪新论》,载《求是学刊》2006年第3期,第96页。
④ 参见皮勇、黄琰:《试论信息法益的刑法保护》,载《广西大学学报(哲学社会科学版)》2011年第1期,第44页。
⑤ 有学者关注到大数据流动中的静态与动态问题,参见于志刚、李源粒:《大数据时代数据犯罪的类型化与制裁思路》,载《政治与法律》2016年第9期,第16页。但是本书认为,应进一步挖掘其结构形态与法益内容之间的关联,完成教义化。

犯罪的关系,信息法益开始在各个类型的传统法益中显现,而非局限于某一类型的法益。信息法益的跨类型保护可以追溯至秘密信息,刑法对于国家秘密、商业秘密等信息的全面保护体现了早期的跨类型信息法益。及至网络社会,信息法益不仅贯穿人身法益与财产法益,更全面涉及国家法益、公共法益与个人法益。

三、信息法益的边界

肯认和保护信息法益的必要性毋庸置疑,但同时也应为信息法益划定合理的保护边界。因为如果放任信息法益概念的抽象化与保护前置化,将会使刑法被过于轻易和频繁地使用,进而成为积极的政策手段,难以维持其稳定性与法律效力。基此,本书认为应当从以下三个方面划定信息法益的保护边界:

第一,基于刑法的谦抑性,一般只有公共信息法益才有必要予以独立保护(信息法益的公共性)。比如,抽象危险犯作为法益保护前置化的重要犯罪形态,德日也多规定于侵犯公共法益(如公共安全)的犯罪中,而未广泛应用于侵犯个人法益的犯罪。危险犯是指将对特定法益造成危险作为构成要件要素的犯罪。① 德国学者认为,抽象的危险犯(abstrakten Gefährdungsdelikte)应与具体的危险犯(konkreten Gefährdungsdelikte)相区分,处罚这一不法行为是基于符合构成要件的行为对特定法益的抽象危险。② 在抽象危险犯罪的情况下,类型化的危险(typische Gefahrlichkeit)是行为受到处罚的原因,其并不依赖具体场合下实际危险的产生。③例如放火罪的法益是公共安全,各国关于放火罪的刑法规定多包含有抽象危险犯的条款。④《日本刑法典》第108条、第109条规定,在通过放火或者决水手段引起了烧损或者浸坏一定客体的结果之时,即可认定成立的犯罪,即为抽象危险犯。⑤

随着信息法益的全面拓展,其可能包括个人法益与公共法益,一般而言,只有更为重要的公共法益才应通过刑法予以保护。这也与我国的入罪标准有关,不同于国外存在违警罪等轻微犯罪,我国纳入刑法规制的犯罪

---

① 〔日〕大谷实:《刑法讲义总论》(新版第4版),成文堂2012年版,第112页。
② Vgl. Hans - Heinrich Jescheck/Thomas Weigend, Lehrbuch des Strafrechts Allgemeiner Teil, 5. Auflage, Duncker & Humblot, 1996, S. 264. 该书中译本表述为"抽象危险犯是行为犯",本书认为该书并未体现这一意思,参见〔德〕汉斯·海因里希·耶赛克、〔德〕托马斯·魏根特:《德国刑法教科书(总论)》,徐久生译,中国法制出版社2001年版,第322页。
③ Vgl. Claus Roxin, Strafrecht Allgemeiner Teil. Band I: Grundlagen. Der Aufbau der Verbrechenslehre, 4. Auflage, C. H Beck, 2006, S. 338.
④ 参见王永茜:《论现代刑法扩张的新手段——法益保护的提前化和刑事处罚的前置化》,载《法学杂志》2013年第6期,第129页。
⑤ 参见〔日〕松宫孝明:《刑法各论讲义》(第4版),成文堂2016年版,第335—336页。

行为通常具有较为严重的法益侵害性,对于仅侵犯个人信息安全的行为通常不必独立作为犯罪处罚,只有侵犯公共信息安全的行为才有必要作为犯罪处罚。

第二,基于刑法的补充性,信息法益应限于其他法律手段无法保护的范围(信息法益的重大性)。换言之,刑法应当在行政法、民法无法对信息法益(信息权利)予以充分保护的情况下才予介入。目前刑法对于信息法益的保护在一定程度上呈现与行政法、民法脱嵌的状况,在民法侵权规则未明、行政法处罚规定缺失的情况下,刑法对于信息安全、信息秩序等法益的过度调整无疑会破坏原有稳定的法律适用层次,不利于法律体系的良性发展。基于此,应重申刑法的补充性,将信息法益限于其他法律无法保护的范围。例如,对于破坏一般通讯设施的行为交由行政法规制即可,但是破坏关键信息基础设施①的行为则应认为其侵犯了信息法益,应作为犯罪处理。

第三,基于法益的平衡,信息法益应有利于增进社会福祉(信息法益的有限性)。对此可以从两个方面理解:一方面是信息风险与信息效益的平衡。"刑法不能直接将科学技术中具有风险的探索活动予以禁止,也不能在科学技术所带来的风险实现以后,追究相关人员的刑事责任。"②对于有利于信息技术发展或对社会能够产生效益的行为(如信息技术研发与应用),即便具有风险性甚至危险性,也不应视为侵犯信息法益的行为。这一原理与过失论中被允许的危险原理有类似之处。另一方面是信息保护与信息流动的平衡。信息流动为网络社会发展所必须,不能因为过分强调信息保护而阻碍社会的发展,但同时网络社会中的信息风险更为巨大,如果不对信息法益予以必要保护,也会导致网络社会的信息流动成为风险流动,最终阻碍网络社会的发展。因此,立足信息风险与信息效益、信息保护与信息流动的平衡,为信息法益划定保护边界是不可或缺的。

基于此,信息法益的独立性和重要性日益凸显,刑法保护的必要性也与日俱增,信息法益保护的前置化是网络犯罪法益保护问题的应然结论。但是基于刑法的谦抑性、刑法的补充性和法益的平衡,应将独立保护的信息法益限于重大的、具有公共性质的法益范围,从而为其划定合理的边界。

---

① 《网络安全法》第31条将关键信息基础设施的范围限定为"国家对公共通信和信息服务、能源、交通、水利、金融、公共服务、电子政务等重要行业和领域,以及其他一旦遭到破坏、丧失功能或者数据泄露,可能严重危害国家安全、国计民生、公共利益的关键信息基础设施"。

② 陈兴良:《风险刑法理论的法教义学批判》,载《中外法学》2014年1期,第110页。

第二节　公共信息安全

一、德日刑法中的公共信息安全

公共信息安全问题在德日刑法中并未得到充分重视,根本原因在于德日刑法是以个人本位为基础制定的,对于信息安全的保护也是基于个人法益保护从而实现公共法益保护。比如德国学者就将计算机犯罪的法益定位于计算机系统和数据的机密性、完整性、可用性(zum Schutz der Vertraulichkeit, der Integrität und der Verfügbarkeit von Computerszstemen und - daten)[1],并未强调公共性的计算机系统。《德国刑法典》第303b条破坏计算机罪也未区分计算机系统的公共性或个人性。与之类似,《日本刑法典》第234条之二以破坏电子计算机等手段妨害业务罪也仅强调了电子计算机的业务相关性。《网络犯罪公约》[2]第2条"非法访问"、第5条"干扰系统"也未对所指向的计算机系统再区分公共性或个人性。

但是基于个人法益保护公共法益,只能保护特定公共领域的计算机信息系统,却难以规制侵害或威胁不特定人计算机信息系统安全或信息安全的行为。最为典型的就是计算机病毒、木马相关犯罪,该类犯罪并非针对特定的计算机信息系统的已然犯罪,更多情况是针对不特定计算机信息系统的未然犯罪。考虑到这一情况,《网络犯罪公约》不得不改变规范模式,在第6条选取"滥用设备"这一表述来规定有关计算机病毒犯罪的条文。《德国刑法典》则是从突破网络犯罪实行行为的角度,从预备犯的层面规定了第202c条预备探知和拦截数据罪。

受到信息安全公共与个人二元结构冲击更为显著的则是日本刑法,肯定受侵害的法益具有社会性(公共性)逐渐成为日本学界的共识。第一,间接肯定信息安全法益的公共性。《日本刑法典》第234条之二以破坏电子计算机等手段妨害业务罪的法益,有学者指出,与其说是对个别经营基础的保

---

[1] Vgl. Ulrich Sieber, Straftaten und Strafverfolgung im Intenet, C. H. Beck, 2012, S. 82.
[2] 《网络犯罪公约》(Convention on Cybercrime)(也称《欧洲委员会网络犯罪公约》)系为应对日益严重的网络犯罪问题,欧洲委员会(Council of Europe, COE)的26个成员国以及美国、加拿大、日本和南非等30个国家的政府官员于2001年11月在布达佩斯共同签署。该公约系全世界第一部针对网络犯罪行为所制定的国际公约,旨在达成成员国之间更大程度的一致性,追求一个旨在保护社会、打击跨国网络犯罪的共同刑事政策。

护,不如说更接近于骚乱罪(第106条)"针对社会法益"的保护。① 此外,《日本刑法典》第258条毁弃公文书等罪、第259条毁弃私文书等罪的文书范围均包括"电磁记录",在间接层面肯定了公私二元结构。对于《日本刑法典》第163条之二至之五有关支付磁卡的电磁记录的犯罪,学者也普遍将其法益理解为对使用支付用卡进行支付的系统的公共信用②,或者卡的真实性及其系统的社会信赖③,肯定法益的社会性。第二,直接肯定信息安全法益的公共性。《日本刑法典》基于《网络犯罪公约》第6条"滥用设备"的规定增设了第19章之二有关非法指令电磁记录(计算机病毒)的犯罪,具体包括第168条之二制作非法指令电磁记录等罪、第168条之三取得非法指令电磁记录等罪。有学者认为,电子计算机的电磁记录被计算机病毒感染,会导致电子计算机损坏或(数据)删除,对此可以从个人法益的角度考虑。"然而,计算机病毒不仅带来个别的计算机损害,也会导致社会一般意义的甚至世界规模的重大损失,因此本节犯罪的法益是公众对计算机、网络安全的信赖,归属于社会法益。"④甚至有学者认为:"计算机病毒的制作、提供,作为对社会法益侵害的犯罪处罚,即不是作为侵犯个人法益的器物损坏罪的预备罪处罚,而是侵犯电脑、系统社会的信赖的行为的抽象危险犯的处罚。"⑤

　　为回应公共信息安全刑法保护的命题,《德国刑法典》采取分设条款的方式对于这两种基本形态予以保护。对于针对不特定人信息安全的危险,其第202c条预备探知和拦截数据罪从预备犯的层面作出规定(并在第303b条破坏计算机罪设置准用条款),将计算机病毒等程序相关犯罪纳入该条的规制范围。针对特定人信息安全的侵害,其第303b条破坏计算机罪针对破坏计算机系统和数据的行为予以规制。值得说明的是,《德国刑法典》2007年修正时在第303b条增设了情节严重条款,包括以下几种情形:"造成重大财产损失;作为职业或者犯罪组织成员继续实施破坏计算机罪;妨碍国民生活上的重大利益或服务供给,或德意志联邦共和国的安全。"⑥上述情节内容也体现了对于公共信息安全的保护。《日本刑法典》的规定较为简略,其于

---

① 参见〔日〕松宫孝明:《刑法各论讲义》(第4版),成文堂2016年版,第174页。
② 参见〔日〕大谷实:《刑法讲义各论》(新版第4版补订版),成文堂2015年版,第493页。
③ 参见〔日〕前田雅英:《刑法各论讲义》(第6版),东京大学出版会2015年版,第366页。
④ 〔日〕大谷实:《刑法讲义各论》(新版第4版补订版),成文堂2015年版,第511页。其他日本学者也多认可该节犯罪法益的社会性,参见〔日〕前田雅英:《刑法各论讲义》(第6版),东京大学出版会2015年版,第406页;〔日〕高桥则夫:《刑法各论》(第2版),成文堂2014年版,第196页;〔日〕山中敬一:《刑法各论》(第3版),成文堂2015年版,第246页;〔日〕中森喜彦:《刑法各论》(第4版),有斐阁2015年版,第240页。
⑤ 〔日〕山中敬一:《刑法各论》(第3版),成文堂2015年版,第678页。
⑥ 我国1997年《刑法》颁行时已经就该类犯罪规定了情节犯,规定时间更早。

2011年增设第19章之二有关非法指令电磁记录(计算机病毒)的犯罪,具体包括制作非法指令电磁记录等罪(第168条之二)和取得非法指令电磁记录等罪(第168条之三),规制造成不特定人信息安全陷入危险的行为。但是对于侵害特定人信息安全的行为,则只能通过第234条之二损坏电子计算机等妨害业务罪等罪名予以间接保护。相比而言,德国基于个人性构建的公共信息安全刑法保护模式更具特色性和体系性。

二、我国刑法中的公共信息安全

公共信息安全的刑法保护应基于公共安全的内容。传统理论认为,社会的公共安全"即不特定或多数人的生命、健康和重大公私财产的安全。所谓'不特定',是相对其他罪危害的'特定'人和物而言,所谓'多数',是相对于其他犯罪一般只危害少数人和物而言"①。也有学者借鉴德日理论,认为:"危害公共安全罪的保护法益,是不特定或者多数人的生命、身体的安全以及公众生活的平稳与安宁"②。不过在移植"平稳与安宁"的表述时应采取慎重的态度。我国刑法和德日刑法的法益体系不同。在德国语境下,安全本身不是法益,与所有其他犯罪构成要件(事实)一样,"安全"只是预先设置的法益保护的伴随现象和后果。③ 而在我国语境下,安全不仅是法益的实体内容,而且是同类犯罪的法益内容,因此在这一问题上传统理论的观点有其合理性。

基于信息可以对公共安全的二元结构进行阐释,即多数人的信息安全与不特定人的信息安全,下文将分别围绕这两个层面展开。

(一) 多数人的信息安全

侵犯多数人信息安全的情形主要指向侵犯个人信息犯罪④,由于个人信息的可识别性,被害主体已经特定化,加之信息主体数量众多,侵犯行为与多数人的信息安全相关联(公众信息安全)。

传统理论认为,侵犯公民个人信息罪侵犯的客体是公民个人的信息自由

---

① 高铭暄、马克昌主编:《刑法学》(第8版),北京大学出版社、高等教育出版社2017年版,第333页。
② 张明楷:《刑法学(下)》(第5版),法律出版社2016年版,第689页。
③ Vgl. Claus Roxin, Strafrecht Allgemeiner Teil. Band I: Grundlagen. Der Aufbau der Verbrechenslehre, 4. Auflage, C. H Beck, 2006, S. 429.
④ 侵犯个人信息犯罪是类罪体系,其核心罪名为《刑法》第253条之一侵犯公民个人信息罪,此外也包括第177条之一第2款窃取、收买、非法提供信用卡信息罪等。侵犯公民个人信息罪的法益问题更为典型,也更受到各方关注,以下讨论结合该罪的理论和实践展开。

和安全。①但是基于数量要素超越个体进行法益评价的问题早已被理论界和实务界所关注。如有观点认为,应分目的、数量两个层次予以考量,其中数量标准可设定为非法获取公民个人信息1万条以上的。②《侵犯公民个人信息解释》第5条第三至五项具体规定了侵犯不同种类个人信息的入罪标准:"(三)非法获取、出售或者提供行踪轨迹信息、通信内容、征信信息、财产信息五十条以上的;(四)非法获取、出售或者提供住宿信息、通信记录、健康生理信息、交易信息等其他可能影响人身、财产安全的公民个人信息五百条以上的;(五)非法获取、出售或者提供第三项、第四项规定以外的公民个人信息五千条以上的"。此外,第六项还规定了数量未达到前述三项规定标准,但是按相应比例合计达到有关数量标准的情形。以上条款实际上肯定了侵犯公民个人信息罪所侵犯的对象不同于《刑法》分则第四章规定的其他犯罪,具有公共属性。

学界也有一些学者超越个人法益的藩篱,关注和讨论侵犯公民个人信息罪法益的公共性,代表性观点主要有以下几种:

第一,公共信息安全说。如有观点认为,侵犯公民个人信息罪的法益具有公共安全性,具体从以下三个方面展开论证:"首先,从犯罪对象与法益的关联性来看,侵犯公民个人信息罪所侵犯的信息不仅是自然人信息,还包括单位信息……其次,从法益重要性的角度分析,只有当某行为侵犯多数公民的信息安全时,其侵害的法益才能被认为具有相当程度的重要性而进入刑法视野,该行为才值得动用刑罚处罚……最后,从法益保护紧迫性的角度考量,网络空间中涉及个人信息的犯罪呈产业化趋势,这必然导致犯罪对象的不特定,而不特定人的安全就是一种公共安全。"③

第二,个人信息的保有说与流转说。这种观点另辟蹊径,未从个人信息的权利主体与法益内涵界定出发,而是求诸个人信息的占有和流转来论述其法益的公共性。其中,个人信息的保有说认为,相关国家机关是提供服务的单位,其职责或业务性质均决定了其可以大量保有公民个人信息,因此公民个人信息一旦泄露势必会损害公权主体及公权(益)关联主体的形象和公信力。基此,"动用刑法手段保护公权及公权(益)关联主体对公民个人信息的保有,将出售、非法提供或者窃取、非法获取相关信息的行为规定为犯罪,是

---

① 参见高铭暄、马克昌主编:《刑法学》(第7版),北京大学出版社、高等教育出版社2016年版,第482页。
② 参见庄晓晶、林洁、白磊:《非法获取公民个人信息犯罪区域性实证分析》,载《人民检察》2011年第9期,第70页。
③ 张阳:《论网络空间中个人信息的刑法保护》,载《中州学刊》2018年第8期,第59页。

顺理成章的"①。个人信息的流转说则认为,侵犯公民个人信息罪保护的是带有公共利益色彩的抽象犯罪客体,具体为公民个人信息的正常流转状态。②

第三,超个人法益次要说。这种观点认为,公民个人信息不仅与个人法益具有现实的关联性,而且与社会公共利益、国家安全均具有重要的关联性,该罪的法益不应仅从个人法益的层面予以理解,而应认识到"'公民个人信息'的超个人法益属性"。然而这种观点认为,"无论如何,'公民个人信息'首先是公民个人法益,然后才是超个人法益属性,二者之间的主次关系不能颠倒"③。

第四,超个人法益核心说。这种观点借鉴德日的法益理论框架,基于侵犯公民个人信息罪法益公共化的现实,将其性质界定为包括个人法益的超个人法益,认为公众对信息网络安全的普遍信赖感值得法律保护。④ 有学者认为,个人法益只是判断超个人法益是否受到侵害的要素,对于个人法益的保护仅是对超个人法益保护所产生的射幸利益。基此,侵犯公民个人信息罪"所保护之法益应该是个人信息安全的社会信赖,也即社会成员对个人信息安全的信赖"⑤。

第五,信息专有权说。这种观点基于信息的社会属性,认为侵犯公民个人信息罪的法益不应仅归于个人法益或公共法益,应同时考量本罪法益的个人性与公共性,将其理解为法定主体的信息专有权。并提出了三点价值:"其一,基于公民个人信息的社会属性,侵犯公民个人信息所产生的危害结果兼具个体性与公共性……其二,以信息专有权为基点,能够通过个人信息类型化的路径,在刑法规范的层面为个人信息流动链条中多方主体及其权利的保护预留足够的规范空间……其三,选择信息专有权作为本罪法益,可以为公民个人信息的流动构建自主型秩序,以公民个体的信息自决为法理基础,为信息安全与信息流动自由之间冲突和解机制的构建,作出有益探索。"⑥

---

① 赵军:《侵犯公民个人信息犯罪法益研究——兼析〈刑法修正案(七)〉的相关争议问题》,载《江西财经大学学报》2011年第2期,第111页。
② 参见王飞:《侵犯公民个人信息罪若干实务问题探析——以犯罪客体为视角》,载《法律适用(国家案例)》2018第18期,第102—108页。
③ 曲新久:《论侵犯公民个人信息犯罪的超个人法益属性》,载《人民检察》2015年第11期,第7页。
④ 参见张勇:《个人信用信息法益及刑法保护:以互联网征信为视角》,载《东方法学》2019年第1期,第61页。
⑤ 参见江海洋:《侵犯公民个人信息罪超个人法益之提倡》,载《交大法学》2018年第3期,第148—154页。
⑥ 敬力嘉:《大数据环境下侵犯公民个人信息罪法益的应然转向》,载《法学评论》2018年第2期,第122—125页。

第六,社会管理秩序说。如有学者认为,刑事立法的初衷并非保护公民个人信息权,其只是社会信息管理的考量内容,公民个人信息的内涵只有基于社会信息管理的视角才能完全阐释。基此,"可以将侵犯公民个人信息罪的法益确立为社会信息管理秩序,并将其作为扰乱社会秩序的一种罪名来进行更为合理的设置"①。

前述几种观点存在一定的理论障碍:其一,个人信息的保有说与流转说实际上导致侵犯公民个人信息罪的法益无法确定,公权(益)关联主体的形象、公信力与个人信息的正常流转状态均无法在法益理论体系框架中寻得恰当的定位,难以发挥法益的机能。此外,保有状态也无法揭示个人信息法益的实质,个人信息法益的评价重心还应回归个人本身,即便"个人"应从公共属性予以考量。其二,超个人法益次要说与超个人法益核心说均基于德日理论中超个人法益的法益范式提出,如前文所述我国的法益理论框架不应套用德日的范式,而且将个人法益与公共法益作出如上划分难以确定各自的边界,这两种观点的同时出现本身也说明了其存在难以确定的问题。其三,信息专有权说采用不讨论个人法益与公共法益的方法,转而用信息专有权的概念予以统摄,无疑会导致信息法益内容的混同,无法基于主体特点发挥法益的解释与批判作用,使得所谓"自主性秩序的构建"易于走向任意性刑法概念的构建,诱发理论的分歧和模糊。其四,个人信息虽然不排除具有社会管理秩序的属性,比如在《刑法》第177条之一第2款窃取、收买、非法提供信用卡信息罪,以及第280条之一使用虚假身份证件、盗用身份证件罪中,法益可能重合,但是第253条之一侵犯公民个人信息罪却不具备这种法益重合性,对其法益还是应基于信息主体进行评价。

因此,公共信息安全说日益受到理论和实践的认可:

第一,从法益平衡的角度,公共信息安全说有利于在保护信息安全与保证信息流动之间取得平衡。网络社会中信息的流动是社会发展的基本需求,同时信息安全的保护也是社会公众的基本诉求,获取信息的权利应受到法律认可和保护。如果认为对每个人、每一条信息的威胁都侵犯了法益,无疑在根本上将刑事立法与网络社会发展对立起来。因此需要基于法益保护的视角确立平衡点,且该平衡点应为刑事立法所确认。公共信息安全说基于法益主体的划分为个人信息的法益保护划定了明显而具体的边界,有利于达到上述平衡,既可以实现对个人信息安全的保护,也能保证信息流动乃至网络社会的发展。

第二,在对个人信息侵害程度有限的情况下,公共信息安全才值得刑法

---

① 凌萍萍、焦冶:《侵犯公民个人信息罪的刑法法益重析》,载《苏州大学学报(哲学社会科学版)》2017年第6期,第71页。

加以保护。"法益"的概念并不是刑法学科所专有的,民法、行政法等学科在一定情况下也会使用这一概念。如民法学科就有学者认为,"民事法益概念的提出"有利于"克服民事权利体系弊端"。① 有观点从超个人法益的角度进行论述:"对个体性利益侵害的制裁与救济,应首先依照民法加以解决,行政法的介入则是其次的,而刑法的干预则是最后性的,即只有当这类行为造成的后果达到一定的严重程度……刑罚权的出现才具有正当性。对于超个体利益侵害的制裁与救济,则无法依照民法寻求救济。"② 虽然超个人法益的概念是否应当移植有待商榷,但是上述对于刑法定位的判断不无道理。在各个部门法中,刑法居于保障法的地位,需要刑法加以保护的法益应为重要的法益。个人信息的法律保护是需要刑法与民法、行政法等部门法相互配合、协调共同完成的任务,如果是对某一公民个人信息的侵犯,一般可以通过民法或行政法的方式加以保护,只有侵犯公共信息安全的情况才应视为侵犯了刑法意义上的法益。

第三,司法解释和司法实践已经认可侵犯公民个人信息罪的法益为公共信息安全。《侵犯个人信息案件解释》第5条所确立的"五十条以上""五百条以上""五千条以上"的构罪标准,已经在正式规范文件中肯定了个人信息安全保护的公共性。司法实践也可为此提供佐证,根据对2014—2016年司法案例的分析,仅3年司法判决的案例中侵犯公民个人信息的数量就达24亿条,即便具体到每一个案件,其平均数量也达389.66万条(表2),其法益被害的公共性十分明显。

表2 侵犯公民个人信息犯罪案件信息数量统计表③

年份	案件数量(个)	个人信息条数(条)	平均数(条/个)
2014年	282	1 627 044 593	5 769 661.7
2015年	266	188 940 481	710 302.6

---

① 参见李岩:《民事法益基本范畴研究》,法律出版社2016年版,第29页。
② 时延安:《以刑罚威吓诽谤、诋毁、谣言?——论刑罚权对网络有害信息传播的干预程度》,载《法学论坛》2012年第4期,第14页。
③ 本表中的数据摘自武汉大学法学院汪习根教授、叶小琴副教授指导,王肃之带队的湖北省第十一届"挑战杯"大学生课外学术科技作品竞赛特等奖社会调查报告《大学生个人信息犯罪被害调查——基于1844份问卷、17例跟踪访谈、5个大数据中心实地走访、650份判决的研究》。感谢武汉大学硕士赵忠东、李双林在案例搜集和分析过程中提供的帮助。截至2016年11月11日,以北大法宝为研究平台,键入"个人信息"进行关键字标题精确检索,并且将筛选条件设定为"一审""判决书""普通案例"和"刑事案由",共命中782项。经人工下载共得到2014—2016年为期3年的共计654份判决书,将重复的和内容缺失的判决予以删除,最后共得到650份有效的判决书。部分刑事判决书没有说明侵犯个人信息的数量,因此未作统计。

（续表）

年份	案件数量(个)	个人信息条数(条)	平均数(条/个)
2016年	78	623 332 152	7 991 437.8
合计	626	2 439 317 226	3 896 672.9

(二) 不特定人的信息安全

侵犯不特定人信息安全的情形并不鲜见，如制作传播计算机病毒等针对不特定计算机信息系统实施的行为，由于对象的不特定性，其指向不特定人的信息安全。即便是造成网络中断等结果，其所针对的也是关键信息基础设施等重要计算机信息系统，最终应受保护的也是不特定人信息系统和信息数据的安全。

1997年《刑法》分则第六章"妨害社会管理秩序罪"第一节"扰乱公共秩序罪"第285条至第287条规定了计算机犯罪，但实质上确立了计算机信息系统及其数据的安全作为法益内涵。有学者区分宏观与微观层面予以阐释："四类纯正计算机犯罪的保护法益从宏观上属于社会管理秩序，从微观上属于计算机信息系统的安全。"①而传统观点一般将《刑法》第285条、第286条所规定的计算机犯罪的侵犯法益概括为计算机信息系统安全(或计算机信息系统及其中数据的安全)、计算机信息系统的安全运行管理制度和计算机信息系统的所有人与合法用户的合法权益。②

此外，《信息网络案件解释》也明确了《刑法》第286条之一拒不履行信息网络安全管理义务罪对公共信息安全的保护。根据《信息网络案件解释》第1条第三项的规定，利用信息网络提供电子政务、通信、能源、交通、水利、金融、教育、医疗等公共服务的单位和个人属于"网络服务提供者"，应履行信息网络安全管理义务，如果拒不履行应承担相应的刑事责任。《信息网络案件解释》第6条规定的以下三种情形也符合《刑法》第286条之一第1款的"有下列情形之一的"："(四)致使信息网络服务、网络设施被用于实施网络攻击，严重影响生产、生活的;(五)致使信息网络服务被用于实施危害国家安全犯罪、恐怖活动犯罪、黑社会性质组织犯罪、贪污贿赂犯罪或者其他重大犯罪的;(六)致使国家机关或者通信、能源、交通、水利、金融、教育、医疗等领域提供公共服务的信息网络受到破坏，严重影响生产、生活的。"上述条款

---

① 米铁男：《基于法益保护的计算机犯罪体系之重构》，载《河南大学学报(社会科学版)》2014年第4期，第63页。
② 参见高铭暄、马克昌主编：《刑法学》(第7版)，北京大学出版社、高等教育出版社2016年版，第532—534页；周光权：《刑法各论》(第三版)，中国人民大学出版社2016年版，第349页；皮勇：《我国网络犯罪刑法立法研究——兼论我国刑法修正案(七)中的网络犯罪立法》，载《河北法学》2009年第6期，第51—52页。

体现了对公共信息安全的保护意蕴。

虽然归属章节的秩序法益与计算机犯罪的安全法益表述上存在差异,但也并非毫无缘由。首先,社会管理秩序也与安全有关。"社会管理秩序,是指由社会生活所必须遵守的行为准则与国家管理活动所调整的社会模式、结构体系和社会关系的有序性、稳定性与连续性。"① 社会管理秩序的内容十分庞杂,包含社会生活各个领域的秩序,诸如国家安全、公共安全、经济秩序、人身与财产权利等均与社会管理秩序有关。② 其次,信息法益的发展具有阶段性。在1997年《刑法》修订时,我国正式接入国际互联网才不过三年,计算机犯罪方兴未艾,网络犯罪更是尚未形成的概念,由此立法只能将重要性日益凸显的"安全"作为计算机犯罪的法益内涵,同时由于难以区分公共安全与个人安全,因此统一归入第六章第一节"扰乱公共秩序罪"中,确立了"两点一面"的立法模式和以行为而非法益为中心的立法路径。③ 对于计算机犯罪的法益划分,有学者指出,可以在犯罪客体或者法益侵害上将该种犯罪分成三大类:"第一是专门侵害国家法益的犯罪,具体是指非法侵入计算机信息系统罪;第二是专门侵害个人法益的犯罪,具体指非法获取计算机信息系统数据、非法控制计算机信息系统罪;第三是涵盖侵害国家法益与个人法益的犯罪,具体指提供侵入、非法控制计算机信息系统程序、工具罪和破坏计算机信息系统罪,这一类犯罪侵害的法益既可以是国家法益,也可以是个人法益。"④然而随着网络社会的变迁,网络犯罪向所有类型的犯罪渗透,侵犯公共法益的网络犯罪日益类型化,讨论公共信息安全的独立性愈发必要。

第一,侵犯不特定人信息安全,且造成严重危害结果。《信息系统安全案件解释》的相关规定体现了这一情形。

《信息系统安全案件解释》第1条规定了非法获取计算机信息系统数据或者非法控制计算机信息系统行为的"情节严重"(第1款)与"情节特别严重"(第2款)的情形,该条第1款第(三)项即为"非法控制计算机信息系统二十台以上的",第2款相应规定了"数量或者数额达到前款第(一)项至第(四)项规定标准五倍以上的"。

《信息系统安全案件解释》第4条规定了破坏计算机信息系统功能、数据或者应用程序行为的"后果严重"(第1款)与"后果特别严重"(第2款)的情

---

① 张明楷:《刑法学(下)》(第五版),法律出版社2016年版,第1030页。
② 参见周光权:《刑法各论》(第三版),中国人民大学出版社2016年版,第335页。
③ 参见王肃之:《在行为与法益之间:我国网络犯罪立法路径的反思与超越》,载《澳门法学》2018年第3期,第236—239页。
④ 米铁男:《基于法益保护的计算机犯罪体系之重构》,载《河南大学学报(社会科学版)》2014年第4期,第63—64页。

形,该条第 1 款前两项为:"(一)造成十台以上计算机信息系统的主要软件或者硬件不能正常运行的;(二)对二十台以上计算机信息系统中存储、处理或者传输的数据进行删除、修改、增加操作的"。第 2 款关于"后果特别严重"的规定,除了第(一)项明确"数量或者数额达到前款第(一)项至第(三)项规定标准五倍以上的"情形外,还规定了以下两种情形:"(二)造成为五百台以上计算机信息系统提供域名解析、身份认证、计费等基础服务或者为五万以上用户提供服务的计算机信息系统不能正常运行累计一小时以上的;(三)破坏国家机关或者金融、电信、交通、教育、医疗、能源等领域提供公共服务的计算机信息系统的功能、数据或者应用程序,致使生产、生活受到严重影响或者造成恶劣社会影响的"。

这两条中,各条第 1 款虽然一定程度上体现了对于公共信息安全的保护,但其尚可在社会管理秩序层面予以解释;但是各条第 2 款因被害对象数量的群体化导致的处罚标准的加重化,实际上体现了对于公共信息安全的具体保护,特别是第 4 条第 2 款另行规定两种具有公共法益属性的"后果特别严重"的情形,已经具体体现了对于侵犯公共信息安全行为的规制。

第二,侵犯不特定人信息安全的危险。早在计算机犯罪阶段,即有学者提出部分计算机犯罪侵犯了公共信息安全。如有学者认为:"随着全社会对计算机及网络使用的广泛化和依赖性的增加,计算机犯罪的社会危害性将变得越来越大,因而也将越来越具有危害公共安全的性质。"[1]因此,"将部分犯罪由'妨害社会管理秩序罪'这一犯罪群调整至危害公共安全罪这一犯罪群,或者在危害公共安全罪一章中设立有关计算机犯罪的独立罪种已经具有必要性和可行性"[2]。

之后学者将该类犯罪聚焦于制作、传播恶性计算机病毒罪的行为上,认为其侵犯了公共信息安全。这种观点具体又有两种不同的具体理解:一种理解认为,故意制作、传播恶性计算机病毒罪的行为侵犯了公共信息安全。如有学者认为:"恶性计算机病毒一旦传播出来,可能危及数量很大、范围极广的计算机系统及通信网络,直接造成重大公私财产损失,或间接危害不特定、多人的生命安全和健康,因此,故意传播恶性计算机病毒的犯罪行为本身已经具有很大的社会危害性,同时也具备危害公共安全罪的共同特征,应在危害公共安全一章

---

[1] 赵秉志、于志刚:《计算机犯罪及其立法和理论之回应》,载《中国法学》2001 年第 1 期,第 151 页。

[2] 于冲:《网络犯罪罪名体系的立法完善与发展思路——从 97 年刑法到〈刑法修正案(九)草案〉》,载《中国政法大学学报》2015 年第 4 期。

独立成罪。"①另一种理解认为,制作、传播计算机病毒的犯罪行为本身即侵犯了公共信息安全。"计算机病毒与其他计算机破坏性程序比较,由于其具有侵害公众利益的特性,所以相比其他破坏性程序,其社会危害性更大,具有危害公共安全的属性。"②就后一种理解,有学者具体给出三点理由:其一,计算机病毒可以侵害公众利益,与其他计算机破坏性程序相比其社会危害性更大,具有危害公共安全的性质。其二,制作、传播计算机病毒应为危险犯,被感染病毒的计算机系统随时都处于危险状态,如果等待计算机病毒发作造成严重后果才予以处罚,不利于实现预防犯罪的刑法目的。其三,制作、传播计算机病毒行为对社会公共安全的危害性并不比破坏公用电信设施行为小。③

前一种理解的妥当之处在于:其一,基于我国入罪标准较高的现实,制作、传播恶性计算机病毒的行为才应认为危害了不特定人信息安全。恶性计算机病毒与普通计算机病毒相比,其传播性、危害性更为显著,对于公共信息安全产生实质威胁。与之相对,制作、传播计算机病毒的行为,通过行政法律予以规制已足。④ 其二,基于网络犯罪刑法理念的折中性,对于信息法益的保护应在谦抑性与预防性之间求得适当的平衡,不应过分扩大刑法调整范围,因此应当作出相对限缩的解释。

因此,即便认可公共信息安全是具有信息内涵的全新法益内容,但必须防止其成为可以随意扩张化和精神化的概念。不应过分扩大公共信息安全的范畴,而应坚守法益重大性、法益公共性的要求,恰当地遵循刑法的谦抑性。

第三节 公共信息秩序

一、公共信息秩序的理论分野

除了公共信息安全的独立化,公共信息秩序也开始逐渐脱离传统公共秩序的法益范畴,日益具备独立的法益内涵,并经历了从司法解释的实体化构

---

① 皮勇:《论我国刑法中的计算机病毒相关犯罪》,载《法学评论》2004年第2期,第51—52页。
② 宋亦青、郝文江:《计算机犯罪的刑事立法缺陷探微》,载《法学杂志》2006年第6期,第61页。
③ 参见黄泽林、陈小彪:《计算机犯罪的立法缺陷与理论回应》,载《人民检察》2005年第09期,第44—45页。
④ 《治安管理处罚法》第29条第(四)项即规定了故意制作、传播计算机病毒等破坏性程序,影响计算机信息系统正常运行的情形。

建到刑事立法的体系化构建的过程,成为亟须关注和研究的新型法益形态。

秩序与法益有着密切的关联。德日学者虽然未直接将秩序作为法益类型化的内容,但是认可二者之间的联系。如德国学者认为,法益应理解为受法律保护的社会秩序的抽象价值。① 或认为,刑法通过保护法益的方式实现公共利益和维护法律秩序。② 日本学者也认为,刑法的目的是通过保护法益来维持社会秩序。③ 因此,国家就必须选择社会中要加以保护的利益,将侵害该种利益的行为作为犯罪予以禁止。这种利益就是刑法上的保护法益或称法益,法益最终是为了维持社会秩序而受到保护的。④ 我国则是在《刑法》中设置独立的章节,具体包括分则第三章"破坏社会主义市场经济秩序罪"和第六章"妨害社会管理秩序罪"。

构建信息法益的前提即是其具有独立性,因此通过网络方式侵犯传统法益的情形并不属于本部分讨论的范围。比如,有学者指出,面对公众的网络裸聊或违背他人意愿进行的裸聊,不仅仅是对道德的违反,还侵害了刑法所保护的个体或公众的情感,侵犯了公共安宁。⑤ 该法益内容并不具有区别于传统法益的独立性,不在信息法益之列。

随着网络社会的现实化,关于公共信息秩序是否独立存在的问题,学界也进行了长久的争论,其缘起于一个司法解释的规定。2013年出台的《网络诽谤案件解释》有两处规定涉及公共秩序的问题。第一,第3条规定:"利用信息网络诽谤他人,具有下列情形之一的,应当认定为刑法第二百四十六条第二款规定的'严重危害社会秩序和国家利益'",其中第(二)项即为"引发公共秩序混乱的"。第二,第5条第2款规定:"编造虚假信息,或者明知是编造的虚假信息,在信息网络上散布,或者组织、指使人员在信息网络上散布,起哄闹事,造成公共秩序严重混乱的,依照刑法第二百九十三条第一款第(四)项的规定⑥,以寻衅滋事罪定罪处罚。"

就开展公共信息秩序(其时学者多使用"网络空间秩序"的表述)讨论的理论前提,学者曾提出两种意见:第一种意见认为,对网络空间秩序法益的保

---

① Vgl. Hans - Heinrich Jescheck/Thomas Weigend, Lehrbuch des Strafrechts Allgemeiner Teil, 5. Auflage, Duncker & Humblot, 1996, S. 257-258.
② Vgl. Johannes Wessels, Strafrecht Allgemeiner Teil: die Straftat und ihr Aufbau, 46. Auflage, C. F. Müller, 2016, S. 3.
③ 参见〔日〕大谷实:《刑法讲义总论》(新版第4版),成文堂2012年版,第41页。
④ 参见〔日〕大谷实:《刑法讲义各论》(新版第4版补订版),成文堂2015年版,第1—2页。
⑤ 参见高巍:《网络裸聊不宜认定为犯罪——与〈"裸聊行为"入罪之法理分析〉一文商榷》,载《法学》2007年第9期,第23页。
⑥ 《刑法》第293条第1款第(四)项规定的情形为在公共场所起哄闹事,造成公共场所秩序严重混乱的。

护属于对社会管理秩序保护。《刑法》分则第六章"妨害社会管理秩序罪"具有兜底性,基本上是将其他章节无法归类的罪名予以规定。① 第二种意见认为,刑法介入网络空间秩序有两个正当性要求,一个要求是以对个人法益的保护为前提,另一个要求是对法益冲突的考量,基于维护秩序的存在本身并不天然具有正当性,只有秩序的存在是以保障公民个体自由与权利为目的时才具有正当性,因此应提倡一元人本的法益观,对公共场所秩序这一集体法益进行人本的具体判断。② 第一种意见不当地否定了公共信息秩序的独立性,未基于公共信息法益独立化的现实进行考量,有公共信息法益不可知论的倾向。第二种意见则是未充分考虑我国公共信息法益的立法和现实,强行移植德日个人本位的法益观,从而不当消解了公共信息法益的理论可能。总之,公共信息秩序的讨论确有必要。

学界基于前述司法解释的规定和案例,围绕网络空间是否可以构成"公共场所",以及网络空间秩序是否为公共秩序进行了讨论,形成三种代表性意见。

第一种意见认为,网络空间可以构成公共场所,公共秩序包括网络空间秩序。其主要理由为:

第一,基于双层社会的形成,网络空间可以构成"公共场所",其秩序可以成为公共秩序。这种意见认为,网络空间已经成为人类生活的"第二空间",各种生活事务可以足不出户地通过网络完成。基于此,"人类社会的'公共秩序'被赋予了全新的含义,它包括网络公共秩序和现实公共秩序两个部分,破坏其中任何的一部分都属于对公共秩序的侵害,刑事法律规则对于公共秩序的保护无疑也应当扩展到网络公共秩序"③。在此语境下,"将诸如大型社交网站的博客、微博等平台理解为公共场所,是符合现实情况的,也是完全符合法理、情理与立法精神的"④。

第二,《网络诽谤案件解释》第 5 条第 2 款系合理的扩大解释。这种意见认为,该款契合了网络空间作为公共空间的现实,而且网络空间也将发挥更为重要的作用,成为更重要的社会公共空间。基于此,《网络诽谤案件解释》第 5 条第 2 款的规定,"将'在公共场所起哄闹事'扩大解释为'在公共空间

---

① 参见苏青:《网络谣言的刑法规制:基于〈刑法修正案(九)〉的解读》,载《当代法学》2017 年第 1 期,第 20 页。

② 参见敬力嘉:《网络空间秩序与刑法介入的正当性》,载赵秉志主编:《刑法论丛》(总第 52 卷),法律出版社 2018 年版,第 105—115 页。

③ 于志刚:《"双层社会"中传统刑法的适用空间——以"两高"〈网络诽谤解释〉的发布为背景》,载《法学》2013 年第 10 期,第 106—107 页。

④ 赵远:《"秦火火"网络造谣案的法理问题研析》,载《法学》2014 年第 7 期,第 87 页。

起哄闹事',既符合现实需要,也不会扩大打击面"①。

第三,《网络诽谤案件解释》第5条第2款没有超出刑法用语的可能含义和国民预测的可能性。对于这一理由,实务部门进行了详细的阐述:"网络社会作为一种特殊的'虚拟空间',实际上也是现实社会的一部分,网络公共秩序也是社会公共秩序的重要组成部分。""公共场所是指属于社会的、公共公有的场所。公共场所既可以包括现实社会真实存在的'车站、码头、民用航空站、商场、公园、影剧院、展览会、运动场'等场所,也可以包括门户网站、面向公众开放的论坛等互联网上开放性的电子信息交流'场所'。将微博、门户网站等开放性的网络公共平台作符合信息社会形势变化的解释,没有超出刑法用语可能具有的含义,也未超出社会民众的预测可能性。"②

第二种意见认为,网络空间无法构成公共场所,公共秩序不包括网络空间秩序。其主要理由为:

第一,"公共场所"概念的扩大不应由司法解释完成。这种意见认为,《刑法》规定的公共场所要求具有现实性,包括公用建筑物、场所及其设施。虽然公共场所具有开放性和非特定性,但是现实性是必不可少的。法律概念,及时对其进行扩大解释,这一过程也不应由司法解释完成,否则即为越权解释。③ 从权限上看,界定网络空间的"公共场所"特性应由立法机关完成,司法解释必须遵守"合法性原则"。④

第二,《网络诽谤案件解释》第5条第2款的思路会导致网络空间罪名适用的泛化。如有学者认为,如果认定网络空间属于公共场所,网络空间秩序属于公共秩序,进而承认其独立的法益地位,不仅在网络上散布虚假信息会构成寻衅滋事罪,诸如聚众扰乱社会秩序罪、聚众扰乱公共场所秩序、交通秩序罪、故意杀人罪、抢劫罪等罪名,都会有构成的理由,可能导致罪名适用泛化。⑤

第三,《网络诽谤案件解释》第5条第2款有偷换概念之嫌,网络空间秩

---

① 张向东:《利用信息网络实施寻衅滋事犯罪若干问题探析》,载《法律适用》2013年第11期,第14页。
② 最高人民检察院法律政策研究室:《〈关于办理利用信息网络实施诽谤等刑事案件适用法律若干问题的解释〉解读》,载《人民检察》2013年第23期,第26页。
③ 参见李晓明:《刑法:"虚拟世界"与"现实社会"的博弈与抉择——从两高"网络诽谤"司法解释说开去》,载《法律科学(西北政法大学学报)》2015年第2期,第122页;张智辉:《试论网络犯罪的立法完善》,载《北京联合大学学报(人文社会科学版)》2015年第2期,第93页。
④ 参见李睿懿:《网络造谣法律规制问题》,载《法律适用》2016年第9期,第20页;李晓明:《刑法:"虚拟世界"与"现实社会"的博弈与抉择——从两高"网络诽谤"司法解释说开去》,载《法律科学(西北政法大学学报)》2015年第2期,第125页。
⑤ 参见孙万怀、卢恒飞:《刑法应当理性应对网络谣言——对网络造谣司法解释的实证评估》,载《法学》2013年第11期,第16页。

序应限于计算机犯罪等范畴,不应扩大至公共秩序。如有学者认为:"空间是场所的上位概念……'公共场所'是公众(不特定人或者多数人)可以在其中活动的场地、处所,或者说是,公众可以自由出入的场所。这里的'自由出入'并不是指言论的自由出入,而是指身体的自由出入。""将公共场所提升为公共空间,将公共场所秩序提升为公共秩序……这已经不是扩大解释,而是用上位概念替换下位概念。"① 对于导致计算机系统及通信网络瘫痪等扰乱网络空间秩序的行为,应按照破坏计算机信息系统罪或编造、故意传播虚假信息罪定罪处罚。②

第三种意见认为,网络空间可以构成公共场所,但是公共秩序不包括网络空间秩序。其主要理由为:

第一,"造成公共秩序严重混乱"系指现实社会公共秩序严重混乱。有观点认为,网络空间的本质属性不是公共属性,而是工具性。网络空间秩序只有对现实社会产生影响才会导致法益侵害,因此对于网络空间秩序的规制仍应归回其现实影响,将现实的公共秩序作为保护法益。③ 也有实务部门认同这一理由:"网络空间是现实社会的组成部分,行为人在信息网络上散布虚假信息,起哄闹事,在导致网络秩序混乱的同时,往往会导致现实社会公共秩序的混乱,甚至引发群体性事件等。对此以寻衅滋事罪定罪处罚,于法有据。"④

第二,网络空间秩序的概念难以确定,无法作为法益内容。有学者认为,寻衅滋事罪中"在公共场所起哄闹事,造成公共场所秩序严重混乱"的规定未对"公共场所"进行明确限定,这为将网络空间解释为公共场所提供了空间,并且未超出国民的预测可能性。然而,网络空间秩序存在概念不明的问题,难以作为法益内容予以保护。秩序往往代表着稳定性、一致性,常以社会规范为依托。而网络空间缺乏一致规则,网络空间秩序概念缺少相应的社会共识基础。⑤

---

① 张明楷:《网络时代的刑事立法》,载《法律科学(西北政法大学学报)》2017 年第 3 期,第 73—74 页。
② 参见周光权:《刑法各论》(第三版),中国人民大学出版社 2016 年版,第 365—366 页。
③ 参见卢恒飞:《网络谣言如何扰乱了公共秩序?——兼论网络谣言型寻衅滋事罪的理解与适用》,载《交大法学》2015 年第 1 期,第 125 页。该文中论者虽然仍认为网络空间秩序不属于公共秩序,但是认可了网络空间属于公共场所。以及段启俊、郑洋:《网络诽谤犯罪若干问题研究》,载《湖南大学学报(社会科学版)》2016 年第 5 期,第 144 页。
④ 最高人民法院刑事审判第三庭:《〈关于办理利用信息网络实施诽谤等刑事案件适用法律若干问题的解释〉的理解与适用》,载《人民司法》2013 年第 21 期,第 24 页。参见廖斌、何显兵:《论网络虚假信息的刑法规制》,载《法律适用》2015 年第 3 期,第 39—40 页。
⑤ 参见姜子倩:《网络造谣行为刑法规制的实证分析》,载《法学论坛》2015 年第 6 期,第 87—89 页。

二、公共信息秩序的展开

基于公共信息秩序的视角,"公共场所"与"公共秩序"的问题应区别开来进行讨论。我国《刑法》分则第六章第一节为"扰乱公共秩序罪",第293条寻衅滋事罪仅是扰乱公共秩序的犯罪之一。因此,网络空间是否构成"公共场所"未必和公共信息秩序是否存在有必然关系,即便网络空间不构成"公共场所",也未必不存在独立的公共信息秩序。在这一问题上,前述第三种观点具有启发意义,以下分别从这两个层面详述。

第一,网络空间可以成为公共空间,但是认定为公共场所存在一定的障碍。空间的范围虽可进行扩大解释,但是对场所的解释却应秉持慎重的态度。《德国刑法典》第123条所规定的场所范围虽然包括个人住宅、经营场所、土地,以及用于公共事务或交通的封闭公共场所,但是无疑均强调其现实性。此外,该条将公共场所置于个人场所之后,体现了个人场所保护的优先性与基础性。与之类似,在《日本刑法典》侵犯住宅的犯罪中,"公共空间"也是第二性的保护对象,作为侵犯住宅犯罪的扩大类型。《日本刑法典》中"场所"一词通常用于表述住宅。关于住宅的意义,日本学说存在以下观点的对立:①是供他人饮食起居的场所;②必须是他人所占据的、用于日常生活的场所;③为他人所占据的场所。虽然通说是第一种观点,但是无论哪种观点都将住宅作为场所看待。[1] 日本学者虽未强调公共空间的场所性,但指出就允许不特定多数人出入的车站(候车室)等公共空间而言,对于平稳状态的出入,其管理者已经作出了概括的承诺。[2] 基此,出入的平稳状态可视为其法益内容,这也间接承认了其场所性。我国虽然对于公共场所独立进行保护(《刑法》分则第六章第293条寻衅滋事罪),并未与个人场所规定于同一章节(《刑法》分则第五章第245条非法侵入住宅罪),但是对于场所也大体采用了类似的观点,强调主体出入的属性。

网络空间虽然具有空间性,但是其属于流动空间,不同于传统意义上的物理空间。流动空间是通过流动运作、分时共享(time-sharing)[3]完成社会实践的实体组织。[4] 网络空间作为网络社会的空间形式,其分时共享结构与网

---

[1] 参见〔日〕大谷实:《刑法讲义各论》(新版第4版补订版),成文堂2015年版,第131页;〔日〕斋藤信治:《刑法各论》(第4版),有斐阁2014年版,第64页;〔日〕山中敬一:《刑法各论》(第3版),成文堂2015年版,第182页;〔日〕高桥则夫:《刑法各论》(第2版),成文堂2014年版,第143页;〔日〕中森喜彦:《刑法各论》(第4版),有斐阁2015年版,第78页。

[2] 参见〔日〕松宫孝明:《刑法各论讲义(第4版)》,成文堂2016年版,第131页。

[3] 分时共享是利用多重程序(Multiprogramming)与多任务处理(multitasking)等技术,使多个用户在同时间内分享相同的信息网络资源。

[4] See Manuel Castells, The Rise of the Network Society, Blackwell Publishing, 2010, p. 442.

络社会的跨时空互动性、去中心化和信息共享密切关联,网络空间基于时间共享所构建起来的多个分离但联系的子空间而建立,其本身并不是集中、实体的空间。因此,网络空间和物理空间在时间要素上相同,在空间要素上相异。物理空间具有时空统一性,时间要素与空间要素是特定存在的,流动空间虽然时间是特定的,但是空间是不特定的。这也决定了网络空间虽然具有空间性,但是不具有现实空间的全部内容。以"公共场所"为例,根据权威解释:"'公共场所'是指具有公共性的特点,对公众开放,供不特定的多数人随时出入、停留、使用的场所,主要有车站、码头、民用航空站、商场、公园、影剧院、展览会、运动场等;'其他公共场所',主要是指礼堂、公共食堂、游泳池、浴池、农村集市等;'公共场所秩序',是指保证公众顺利地出入、使用公共场所以及在公共场所停留而规定的公共行为规则。"[1]作为流动空间的网络空间显然无法具有类似的"供不特定的多数人随时出入、停留、使用"的特性。

值得讨论的是关于网络赌场的问题。《网络赌博犯罪意见》第1条第1款规定:"利用互联网、移动通讯终端等传输赌博视频、数据,组织赌博活动,具有下列情形之一的,属于刑法第三百零三条第二款规定的'开设赌场'行为:(一)建立赌博网站并接受投注的;(二)建立赌博网站并提供给他人组织赌博的;(三)为赌博网站担任代理并接受投注的;(四)参与赌博网站利润分成的。"有学者基于该款规定认为赌场是公共场所,行为人开设赌场即为吸引不特定多数人参与赌博,不应将赌场概念局限于现实空间的场所。[2]而将开设赌博网站解释为开设赌场未超过国民的预测可能性,也未造成国民法感情的不适,因此应予肯定。[3]与之类似,就聚众淫乱罪中的"场所"能否由网络空间构成,学者也提出对其采取扩大解释不会伤害国民的预测可能性。[4]

赌场和公共场所虽然都具有一定的公共性,但是也有诸多不同之处:其一,赌场在我国性质为非法,不存在需要独立保护的公共场所秩序,依照《刑法》第303条第2款开设赌场罪,其评价重心在于开设赌场行为;公共场所则是合法场所,车站、码头、民用航空站等为社会生活所必需,其公共秩序的是应当被保护的法益,因此《刑法》第293条第1款第(四)项评价的重心在于扰乱公共场所秩序的行为。仅基于《网络赌博犯罪意见》第1条第1款的规定不足以肯定赌场的场所性及公共秩序性。其二,基于赌场的非法性,对于开设赌场的行为予以严厉打击不会造成国民法感情的不适。但是公共场所是每个人日常生活的场域,如果对于公共场所和公共场所秩序进行过于扩大

---

[1] 郎胜主编:《中华人民共和国刑法释义》,法律出版社2015年版,第514页。
[2] 参见卢勤忠、钟菁:《网络公共场所的教义学分析》,载《法学》2018年第12期。
[3] 参见于志刚:《网络"空间化"的时代演变与刑法对策》,载《法学评论》2015年第2期。
[4] 参见王明辉、唐煜枫:《"裸聊行为"入罪之法理分析》,载《法学》2007年第8期。

的解释易于引起国民法感情的不适。而现实中《网络诽谤案件解释》第 5 条第 2 款也确实引起了学界的广泛讨论和社会的广泛关注。

基此,在缺乏相关立法的情况下《网络诽谤案件解释》第 5 条第 2 款关于网络空间作为"公共场所"的规定具有探索和实践价值,但同时也面临网络犯罪立法和司法解释的协调问题。从长远来看,及时通过合理的刑事立法明确网络空间和物理空间的法律边界,从而使《网络诽谤案件解释》的权宜之计、平衡之策转化为科学的刑法规则,仍有必要。

在这一前提下,未来设立专门刑法条文规则时不宜从"公共场所"的角度完成网络空间的规范化,而应基于流动空间的视角设立专门的规则。理由如下:其一,作为流动空间的网络空间难以具备公共场所的空间特性。公共场所的空间性是固定的、特定的,网络空间则是时间共享、空间分享的,如果将网络空间界定为"公共场所",则难以在"身体的自由出入"还是"言论的自由出入"等问题上提供实质依据。其二,将网络空间解释为"公共场所"虽然仍可在扩大解释的框架下论述,但是前述第一种意见、第二种意见实际上对此争论激烈,关于其可能超过国民预测可能性的观点也十分有力,在新设立法无需依托既有条文的前提下,建议通过更科学的规则设置解决这一问题。第三,将网络空间解释为"公共场所"有可能引起国民法感情的不适,这在《网络诽谤案件解释》第 5 条第 2 款与《网络赌博犯罪意见》第 1 条第 1 款社会回应的反差中可以得到体现。

第二,肯定公共信息秩序法益的独立性具有合理价值。如果仅基于《网络诽谤案件解释》第 5 条第 2 款的规定探讨公共信息秩序,易于失之片面。以下立法和司法解释条款也应当关注:其一,《刑法》第 291 条之一中的编造、故意传播虚假恐怖信息罪,其犯罪行为系"编造爆炸威胁、生化威胁、放射威胁等恐怖信息,或者明知是编造的恐怖信息而故意传播,严重扰乱社会秩序的";以及编造、故意传播虚假信息罪,其犯罪行为系"编造虚假的险情、疫情、灾情、警情,在信息网络或者其他媒体上传播,或者明知是上述虚假信息,故意在信息网络或者其他媒体上传播,严重扰乱社会秩序的"。其二,《网络诽谤案件解释》第 3 条规定,利用信息网络诽谤他人,具有下列情形之一的,应当认定为《刑法》第 246 条第 2 款规定的"严重危害社会秩序和国家利益",其中第(二)项即为"引发公共秩序混乱的"。以上条款均只称"社会秩序",并未限于"现实社会秩序"或"现实公共秩序"。

关于网络公共秩序和现实公共秩序是何关系,前述第一种意见认为,公共秩序包括网络公共秩序和现实公共秩序两个部分,而第二种意见和第三种意见认为,公共秩序仅指现实公共秩序。实际上网络公共秩序和现实公共秩序不是非黑即白、非此即彼的互斥关系,而是交叉关系。网络社会和现实社会的关系是交融关系而非层次关系,在公共秩序上二者实际也具有相当程度的交叉性,有些网络犯罪侵犯的公共秩序即为现实的公共秩序。此外,有些网络犯罪所侵犯的公共秩序不是传统意义上的公共秩序所能涵盖的(如信息安全管理过程中的公共秩序),是需要独立予以评价的刑法法益,在此称之为公共信息秩序。与传统公共秩序相比,公共信息秩序具有信息性与独立性:

其一,信息性即意味着公共信息秩序必须是网络犯罪所侵犯的具有信息属性的公共秩序,而非传统意义上的公共秩序。由此,在网络上实施捏造、传播虚假事实,以及编造或传播虚假险情、疫情、灾情、警情的行为,如果由此导致网民纷纷跟帖、网络舆情出现危机等情形,则属于侵犯公共信息秩序。如果实施上述行为,导致社会动荡、骚乱等情形,则已经侵犯了现实公共秩序。

这里需要说明,对于公共秩序的理解问题,既有研究在探讨公共信息秩序是否具有独立性时,常常将公共秩序与现实公共秩序混同,从而将问题的讨论错误地引向公共信息秩序是否构成现实公共秩序。应将"公共秩序"(或者称之为"真实公共秩序")作为上位概念,公共信息秩序与现实公共秩序均是其下位概念,只要侵犯了真实公共秩序即造成了法益侵害,只不过因是否限于秩序的信息性而区分为公共信息秩序与现实公共秩序。

其二,独立性即意味着公共信息秩序必须是网络犯罪所侵犯的难以为既有公共秩序所涵盖(如计算机犯罪)的新型公共秩序。前述反对公共信息秩序独立性的观点之一即认为公共信息秩序可以为计算机犯罪等网络犯罪类型所侵犯的社会管理秩序所包含。计算机犯罪本身虽然名为保护秩序,实际上体现的却是对安全的保护,将公共信息秩序纳入其范畴不妥。至于编造、故意传播虚假信息罪,其本身即体现了对公共信息秩序的认可。

通过公共信息秩序的理论构建,可以使其与现实公共秩序形成补集关系而非交集关系,避免网络领域秩序法益交叉的问题。在此基础上,应基于公共信息秩序与现实公共秩序的二元界分,构建新的公共秩序法益体系。

此外,《刑法修正案(九)》新设了第286条之一拒不履行信息网络安全管理义务罪、第287条之一非法利用信息网络罪和第287条之二帮助信息网络犯罪活动罪,对其法益的阐释也为公共信息秩序的体系化提供了契机。

第三章 故 意

信息时代的网络技术飞速发展,给人们的学习、工作和生活带来了巨大的便利。与此同时,网络空间也迅速演化为犯罪空间,给犯罪分子提供了无限的机会。信息技术的每一次跃升,都给网络犯罪的变异创造了可能,同时对传统刑法理论和刑事司法规则乃至立法实践产生了一波又一波的冲击。就实体刑法而言,网络发展带来的刑法应对问题主要集中在网络犯罪中主观罪过难以认定、客观行为要素改变、传统定罪量刑评价模式失衡这三个方面。① 由于任何一个从事中性业务的平台都可以成为网络犯罪的对象、工具或空间,需要探讨的不是中性业务行为是否构成犯罪,而是其在什么情况下具有过错,会构成犯罪。从这个意义讲,明确网络犯罪中主观罪过的特殊性及其认定方式,是刑法在应对网络犯罪时首先需要回答的问题,兼具刑法理论和司法实践意义。

第一节 网络犯罪故意概述

《刑法》第 14 条第 1 款规定:"明知自己的行为会发生危害社会的结果,并且希望或者放任这种结果发生,因而构成犯罪的,是故意犯罪。"由此可知,故意是指,明知自己的行为会发生危害社会的结果,并且希望或者放任这种结果发生的心理态度。犯罪故意由两个因素构成:一是认识因素,即行为人明知自己的行为会发生危害社会的结果;二是意志因素,即行为人希望或放任危害结果的发生。任何犯罪故意都必须同时具备认识因素和意志因素,并且意志因素以认识因素为前提。

根据认识因素和意志因素的不同,犯罪故意又可分为直接故意与间接故意。直接故意的认识因素,是行为人明知自己的行为会发生危害社会的结

---

① 参见于志刚:《论共同犯罪的网络异化》,载《人民论坛》2010 年第 29 期,第 66—68 页。

果。具体而言,包括对行为本身的内容、对自己行为会发生危害社会的结果、对因果关系以及在某些犯罪中对行为对象、特定的主体身份等刑法规定的特定事实有认识。直接故意的意志因素,是行为人希望危害结果的发生,表现为行为人对这种结果的积极追求。但需要注意的是,直接故意的意志因素也有程度上的差异,不能将其中不太强烈的希望等同于放任。在认识的内容上,间接故意与直接故意并无差别,但在认识的程度上,与直接故意可以认识到危害结果必然或可能发生不同,间接故意只能是认识到危害结果可能发生。换言之,在间接故意的场合,其认识结果发生的概率是要小于直接故意的。直接故意与间接故意的主要区别在于意志因素的不同。间接故意的意志因素为放任,即对危害结果的发生虽然不积极追求但也不设法避免,只要行为人并非希望结果不发生,而是在心理上能够接受结果的发生,就属于放任。① 还需注意的是,只有直接故意中有犯罪动机,在间接故意中,犯罪人虽然不存在犯罪目的和犯罪动机,但是存在其他的心理动机和行为目的,如炫技、泄愤报复等。

2000年前后,学者们对于计算机犯罪中主观罪过的内容持不同看法。如有学者认为,计算机犯罪人的主观心理往往是直接故意,一般具有营利目的;有的认为,刑法规定的非法侵入计算机信息系统罪、破坏计算机信息系统罪等"纯正的网络犯罪"只能由故意构成,但包括直接故意和间接故意;有的认为,主观方面既有故意也有过失,一般情况下为故意,但在破坏计算机信息系统罪中,也存在过失的情况,即有违反国家规定的故意,但是对于损害结果是过失。当时,考虑到计算机的高技术性,以及促进计算机行业发展的需要,主流观点认为计算机犯罪的主观罪过应仅为故意而不包括过失,对于计算机技术应用过程中的过失行为,即使造成严重后果,也只能按照其他法律,如民法、行政法追究法律责任,而不能使用刑法这种最后、最严厉的手段。

在计算机技术不断发展、个人电脑逐渐普及的情况下,"计算机犯罪"的概念逐渐被"网络犯罪"所替代,网络不仅是犯罪的目标,还成为犯罪的手段甚至犯罪的空间。在社会互联网化的背景下,技术过失的后果开始向网络公共安全领域扩散,网络过失犯罪有了存在的空间和规制的必要性。虽然理论上已经认可过失也可构成网络犯罪,但在司法实践中,一般认为较为典型的网络犯罪,如以计算机为犯罪对象的非法侵入计算机信息系统罪,非法获取计算机信息系统数据、非法控制计算机信息系统罪,提供侵入、非法控制计算机信息系统程序、工具罪,破坏计算机信息系统罪,以及计算机为犯罪工具的

---

① 参见陈兴良主编:《刑法总论精释》(第3版),人民法院出版社2016年版,第320—323页。

非法利用信息网络罪、帮助信息网络犯罪活动罪等都需要以故意构成。同时,在所有网络犯罪活动中,过失犯罪仅占很小一部分,因此立足于实体法与网络犯罪的现实情况,本章聚焦于网络犯罪中的主观故意展开。

第二节　网络犯罪中主观故意的特殊性

在网络犯罪领域,除继续坚持主观罪过标准外,还需要对网络犯罪中故意的特殊性进行考察,以明晰网络犯罪中的重点与难点问题。

一、网络犯罪中故意类型的极端分化

网络犯罪中故意的特殊性之一表现在:直接故意犯罪和间接故意犯罪两极化。信息时代逐利性的犯罪大量增加,这些犯罪的主观罪过为直接故意;炫耀型犯罪也大量增加,这些犯罪的主观罪过大多为间接故意。在能够获得利益的网络犯罪中,行为人索取或者收受利益的现象不断涌现,行为人积极地希望相关结果出现;而随着信息技术的不断更新换代,因为炫耀的心理做出的危害社会的行为也大量出现,行为人经常是虽然预见到危害后果但抱着无所谓的态度。在传统犯罪中,一般都是同一种犯罪行为中以直接故意犯罪为主流,间接故意犯罪为辅助,不会出现信息时代的新型犯罪中有的显然以直接故意犯罪为主,而有的却是间接故意犯罪与直接故意犯罪平分秋色的情形。如黑客犯罪中,虽然绝大部分大型黑客学校的行为人具有逐利的目的,对于传播黑客技术自然是持积极追求态度的,但是在小规模的传播场域,经常出现行为人仅仅出于炫耀新型技术而不顾后果的现象。这对刑事司法的冲击主要是如何认定放任型的故意,以及在量刑时如何考虑的问题。突出的问题是如何认定行为人对其行为的性质与后果"明知",包括确切知道和可能知道,因为行为人很可能辩解说其并不知道运用新型技术行为的性质与后果。

二、网络空间共犯故意难以单独认定

网络犯罪中故意的特殊性之二表现在:共犯故意难以认定。由于中性技术的出现以及网络空间的虚拟性、对象的不特定性,信息时代网络空间技术帮助行为如果依照传统共犯理论将导致难以认定其帮助故意而不能予以刑事制裁。信息时代的技术中很大一部分属于中性技术,其本身并非专用于网络违法犯罪,此时如何认定其具有帮助故意就成为司法实践中的一大难题。以帮助行为人与实行行为人分离为特征的共同犯罪成为网络犯罪的基本形

态,这使得这一形势更为严峻。

信息时代网络空间的犯罪往往不是独立进行的,尤其是在逐利犯罪中,往往存在环环相扣的上下游犯罪链条。此时,各行为人触犯的罪名可能不同,且证明不同犯罪人之间有主观共谋存在证据难题。如在姚晓杰等11人破坏计算机信息系统案中,公安机关将嫌疑人抓获后发现,"暗夜小组"成员为逃避打击,在作案后串供并将手机、笔记本电脑等作案工具销毁或者进行了加密处理,到案后大多作无罪辩解。为证明11名嫌疑人存在违法犯罪行为,并证明丁虎子(另案处理)与"暗夜小组"成员存在共谋,将其远程控制的计算机的控制权移交给"暗夜小组",公安机关只能对被害单位提供的受攻击IP和近20万个攻击源IP作进一步筛查分析,与丁虎子等人的服务器特征进行比对。在检察机关提前介入,并于2017年11月2日和2018年1月16日两次将案件退回公安机关补充侦查的情况下,才最终形成完整的证据链条,以破坏计算机信息系统罪对姚晓杰等定罪处罚。① 证据的收集与固定是司法实践中办理网络案件时面临的首要难题,需要依靠技术手段的进步与多方主体的配合。

即使能够解决证据收集与固定的难题,也存在更为棘手的司法难题,即上下游犯罪人之间并无清楚明白的犯意联系,其内部往往是自然形成的默契分工关系。网络空间"技术为王"的特点决定了离开了技术支持,绝大多数"傻瓜式"的网络犯罪都无法存在。在伪基站诈骗案件中,如果没有相应的技术和设备支持,此种诈骗不可能大规模泛滥。伴随着信息网络的发展,网络黑灰产业链已经成型,网络犯罪进入了"工业化"时代,公司化、体系化的犯罪成为主流。以网络诈骗产业链为例,上游只负责提供技术支持,中游负责个人信息的获取与数据的清洗,下游编写剧本广撒网进行诈骗,犯罪嫌疑人之间分工明确,不过问其他环节的具体行为。网络空间的共同犯罪不再是传统社会的线性的递进过程,而是呈现出一种复杂的网络化一对多、多对多的关系。②

网络空间犯意联系的片面性、单向性,挑战传统的共同犯意刑法理论和司法规则。片面性意味着犯意信息的传播是不全面的,从其信息表达中,并不知道其具体犯罪类型指向,或者其言语有歧义,并不知该信息的内容是否是犯意;单向性意味着犯意的发送者与接受者之间并无往返互动,往往是一方发出但并不知道另一方是否接受。与传统犯罪中多个犯罪主体之间"通谋"是共同犯罪成立的逻辑起点不同,由于网络空间的虚拟性,隐藏在虚拟身

---

① 参见最高人民检察院检例第69号:姚晓杰等11人破坏计算机信息系统案。
② 参见张明楷:《网络时代的刑事立法》,载《法律科学(西北政法大学学报)》2017年第3期,第68—82页。

份之后的帮助行为人和实行行为人通过网络的资源和信息共享机制,只需要微弱的意思联络,甚至不需要意思联络就能在客观上都参与到犯罪当中。① 网络空间的虚拟性质与行为对象的不特定性、言语的模糊性导致难以确证技术提供者与危害行为实行者存在犯意联系,此时也导致共犯故意难以认定的问题。此外,帮助行为人的独立性和主体性不断增强,在很多情况下,帮助行为人对犯罪的贡献甚至超过实行行为人,规制网络犯罪中的帮助行为成为打击网络犯罪的关键所在。而在打击网络帮助行为的过程中,明确帮助者对实行行为人的行为是否有明知的故意,成为区分罪与非罪、此罪与彼罪的重要标准。②

第三节 网络犯罪中故意的认定方式

网络犯罪中主观罪过的特殊性与犯罪的技术性直接相关,因此认定网络犯罪中的故意可以从技术角度出发,根据技术在其中扮演的作用,分为基于技术特征认定故意与采取其他旁证方法认定故意两种基本思路。

一、根据技术特征认定故意

直接根据技术特征认定行为人的故意主要适用于行为人编写、提供专门用于侵入、非法控制、破坏计算机信息系统的程序、工具的案件。在此种情况下,难点在于如何认定某一程序、工具是否仅能被用于侵入、控制或破坏计算机信息系统。就技术原理而言,很难认定某一程序仅能用于违法犯罪活动,如在技术层面,"特洛伊木马"与远程操控软件具有相似性。因此,对于此处之"专门"的判断,除事实判断外,还需进行规范判断,即根据行业内一般人标准,该程序是否会应用于正常的计算机活动中。而这个一般人标准在规范上的体现是相关管理制度的要求,这些制度既有可能体现为国家相关机关的行政管理规定乃至法律规定,也有可能体现为行业协会制定的行业标准中,如果明显违反了其中的规定、背离了相关要求,则可认定其具有故意。根据《信息系统安全案件解释》第 10 条和《电子数据规定》第 17 条的规定,对是否属于"专门用于侵入计算机信息系统的程序"难以确定的,一般应

---

① 参见于志刚:《虚拟空间中的刑法理论》(第二版),社会科学文献出版社 2018 年版,第 86 页。
② 参见朱军彪、郭旨龙:《网络共同犯罪中"明知"推定的规范协调》,载《北京警察学院学报》2020 年第 4 期,第 11—20 页。

当委托省级以上负责计算机信息系统安全保护管理工作的部门检验,也可由司法鉴定机构出具鉴定意见,或者由公安部指定的机构出具报告。实践中,应重点审查检验报告、鉴定意见对程序运行过程和运行结果的判断,结合案件具体情况,认定涉案程序是否具有突破或避开计算机信息系统安全保护措施,未经授权或超越授权获取计算机信息系统数据的功能。

需要注意的是,对此处的计算机信息系统需要作广义的解释,具备自动处理数据功能的系统都属于计算机信息系统,包括计算机、电视机、固定电话机、手机、网络设备、通信设备、自动化控制设备等。

【案例】徐强破坏计算机信息系统案①(企业的机械远程监控系统属于计算机信息系统)

为了加强对分期付款的工程机械设备的管理,中联重科股份有限公司(以下简称中联重科)投入使用了中联重科物联网GPS信息服务系统,该计算机信息系统由中联重科物联网远程监控平台、GPS终端、控制器和显示器等构成,该系统具备自动采集、处理、存储、回传、显示数据和自动控制设备的功能,其中,控制器、GPS终端和显示器由中联重科在工程机械设备的生产制造过程中安装到每台设备上。中联重科对"按揭销售"的泵车设备均安装了中联重科物联网GPS信息服务系统,并在产品买卖合同中明确约定"买受人未付清全部货款前,产品所有权仍归出卖人所有"的条款。然后由中联重科总部的远程监控维护平台对泵车进行监控,如发现客户有拖欠、赖账等情况,就会通过远程监控系统进行"锁机",泵车接收到"锁机"指令后依然能发动,但不能作业。

2014年5月,被告人徐强使用"GPS干扰器"先后为钟某某、龚某某、张某某名下或管理的五台中联重科泵车解除锁定,使中联重科物联网GPS信息服务系统无法对泵车进行实时监控和远程锁车。法院经审理认为,企业的机械远程监控系统属于计算机信息系统,徐强违反国家规定,对企业的机械远程监控系统功能进行破坏,使计算机信息系统不能正常运行、造成特别严重后果的行为,构成破坏计算机信息系统罪。

【案例】曾兴亮、王玉生破坏计算机信息系统案②(智能手机终端属于计算机信息系统)

被告人曾兴亮与王玉生结伙或者单独使用聊天社交软件,冒充年轻女性与被害人聊天,谎称自己的苹果手机因故障无法登录"iCloud"(云存储),请被害

---

① 参见最高人民法院指导性案例第103号:徐强破坏计算机信息系统案。
② 参见最高人民检察院检例第35号:曾兴亮、王玉生破坏计算机信息系统案。

人代为登录,诱骗被害人先注销其苹果手机上原有的 ID,再使用被告人提供的 ID 及密码登录。随后,曾、王二人立即在电脑上使用新的 ID 及密码登录苹果官方网站,利用苹果手机相关功能将被害人的手机设置修改,并使用"密码保护问题"修改该 ID 的密码,从而远程锁定被害人的苹果手机。曾、王二人再在其个人电脑上,用网络聊天软件与被害人联系,以解锁为条件索要钱财。采用这种方式,曾兴亮与王玉生单独或合伙锁定手机 32 部,索得 12 040 元。法院审理后认定,行为人通过修改被害人手机的登录密码,远程锁定被害人的智能手机设备,使之成为无法开机的"僵尸机"的行为属于对计算机信息系统功能进行修改、干扰,应以破坏计算机信息系统罪定罪处罚。

为更好地指导司法实践,根据技术特征认定行为人是否具有故意,对于危害信息系统安全的犯罪,也就是计算机网络作为犯罪对象的犯罪,2011 年《信息系统安全案件解释》列举了用于违法犯罪用途的计算机程序、工具的典型功能特征,该解释第 2 条规定:"具有下列情形之一的程序、工具,应当认定为刑法第二百八十五条第三款规定的'专门用于侵入、非法控制计算机信息系统的程序、工具':(一)具有避开或者突破计算机信息系统安全保护措施,未经授权或者超越授权获取计算机信息系统数据的功能的;(二)具有避开或者突破计算机信息系统安全保护措施,未经授权或者超越授权对计算机信息系统实施控制的功能的;(三)其他专门设计用于侵入、非法控制计算机信息系统、非法获取计算机信息系统数据的程序、工具。"第 5 条规定:"具有下列情形之一的程序,应当认定为刑法第二百八十六条第三款规定的'计算机病毒等破坏性程序':(一)能够通过网络、存储介质、文件等媒介,将自身的部分、全部或者变种进行复制、传播,并破坏计算机系统功能、数据或者应用程序的;(二)能够在预先设定条件下自动触发,并破坏计算机系统功能、数据或者应用程序的;(三)其他专门设计用于破坏计算机系统功能、数据或者应用程序的程序。"最高人民检察院检例第 68 号便是这一判断方法的典型表现,司法机关在分析行为人开发软件的技术特征后认定其软件没有合法用途,因此以破坏计算机信息系统罪对叶源星等定罪处罚。

【案例】叶源星、张剑秋提供侵入计算机信息系统程序、谭房妹非法获取计算机信息系统数据案[1](开发不具有合法用途的软件可推定具有故意)

被告人叶源星编写了用于批量登录某电商平台账户的"小黄伞"撞库

---

[1] 参见最高人民检察院检例第 68 号:叶源星、张剑秋提供侵入计算机信息系统程序、谭房妹非法获取计算机信息系统数据案。

软件①供他人免费使用。"小黄伞"撞库软件运行时,配合使用叶源星编写的打码软件②可以完成撞库过程中对大量验证码的识别。叶源星通过网络向他人有偿提供打码软件的验证码识别服务,同时将其中的人工输入验证码任务交由被告人张剑秋完成,并向其支付费用。2015年1月至9月,被告人谭房妹通过下载使用"小黄伞"撞库软件,向叶源星购买打码服务,获取某电商平台用户信息2.2万余组。被告人叶源星、张剑秋通过实施上述行为,从被告人谭房妹处获取违法所得共计4万余元。谭房妹通过向他人出售电商平台用户信息,获取违法所得共计25万余元。

在本案中,检察院指出在案电子数据、勘验笔录、技术人员证言、被告人供述等证据相互印证,足以证实"小黄伞"软件具有避开和突破计算机信息系统安全保护措施,未经授权获取计算机信息系统数据的功能;同时"小黄伞"软件用途单一,仅针对某电商平台账号进行撞库和接入打码平台,该程序没有合法用途,属于法律规定的"专门用于侵入计算机信息系统的程序"。

此外,对于利用信息技术进行网络犯罪的行为,也就是网络作为犯罪工具的犯罪中,也可根据技术特征认定行为人是否具有主观故意。典型例子是开发并兜售无效点击软件对于广告竞价排名进行恶意干扰,对广告竞价排名客户预存在账号的广告资金进行无益消耗的行为。这种无效点击,从其名称就可知,就是为了进行网络不正当竞争而研发、传播的,对于故意毁坏财物乃至破坏生产经营的后果,行为人自然是认识到其必然会产生。③

二、采取其他旁证方法推断故意

在不根据技术而根据其他旁证方法推定网络单独犯罪中的故意问题时,由于违法犯罪行为在表现形式上与中性业务行为存在重合,因此最为重要的问题便是行为人对其行为的性质是否"明知"。明知的对象是客观罪行的实质要素;如果该要素是危险,那么行为人明知该危险存在或者将由其行为引发;如果该要素是行为的本质或者伴随情状,那么行为人明知其行为具有该性质或者该情状存在;如果该要素是行为的结果,那么行为人明知其行为将导致该结果。

在具有逐利目的的场合,由于该逐利目的本身是犯罪构成的要素,或者

---

① "撞库"是指黑客通过收集已泄露的用户信息,利用账户使用者相同的注册习惯,如相同的用户名和密码,尝试批量登陆其他网站,从而非法获取可登录用户信息的行为。

② "打码"是指利用人工大量输入验证码的行为。

③ 参见郭旨龙:《论信息时代犯罪主观罪过的认定——兼论网络共犯的"通谋"与"明知"》,载《西部法律评论》2015年第1期,第56—66页。

与该犯罪构成不可分,所以可以用逐利目的或者获利现实来证明其主观故意;而在出于炫耀动机的场合,由于该炫耀动机所指向的内容不一定是相关犯罪的构成要素,所以不能证明其一定出于放任的故意,其也可能出于过于自信的过失。例如,行为人设计出一种信息技术,既可用于无害活动,也可用于有害活动,但其本身的动机是炫耀前种用途,认为他人不能识别其技术的第二种用途,此时就不能认定为放任的故意,而可能认定为过于自信的过失。

其实,对于单独犯罪的故意认定,尤其是直接故意的认定,既有刑事司法实践已经进行了多次探索,积累了客观司法经验,只不过欠缺如何延伸适用于网络犯罪的视野。对于明知的推定首先要借鉴传统犯罪的司法经验,而其中的集中表现之一就是毒品犯罪中的推定。这主要适用于对直接正犯故意的认定。2012年出台《立案追诉标准(三)》第5条第4款规定:"实施走私制毒物品行为,有下列情形之一,且查获了易制毒化学品,结合行为人的供述和其他证据综合审查判断,可以认定其'明知'是制毒物品而走私或者非法买卖,但有证据证明确属被蒙骗的除外:……"第6条第5款规定:"非法买卖制毒物品主观故意中的'明知',依照本规定第五条第四款的有关规定予以认定。"

传统犯罪中"明知"的推定理由,从内容上看,既有虚假伪装行为,又有逃避检查甚至抗拒检查行为;从行为阶段上看,既有事前行为,又有事中行为,也不排除事后行为;从规定形式上看,既有单项列举,又有尾项兜底。信息时代的新型犯罪的故意推定也可以相应参照:在信息时代依靠信息技术实施网络犯罪,具有虚假伪装行为、逃避检查、抗拒检查行为情形之一的,应当推定为"明知";但有证据证明确属不知的除外。当然,这样的总结和"类推"未免抽象和空洞。刑法的生命在于逻辑,也在于经验。从司法实践中总结经验,上升为理论,固然是发现刑法逻辑的重要方式,是延长刑法生命的重要一环;但是,将刑法的逻辑再次结合罪情与司法实践,予以检验和发展,更是刑法生命力的真正意义。需要明确的是,司法实践中进行个案判断时,往往是综合了多个因素判断行为人的主观方面,最高人民检察院《人民检察院办理网络犯罪案件规定》第19条便规定,认定犯罪嫌疑人的主观方面,应当结合犯罪嫌疑人的认知能力、专业水平、既往经历、人员关系、行为次数、获利情况等综合认定。一般而言,需要注重审查以下内容:(1)反映犯罪嫌疑人主观故意的聊天记录、发布内容、浏览记录等;(2)犯罪嫌疑人的行为是否明显违背系统提示要求、正常操作流程;(3)犯罪嫌疑人制作、使用或者向他人提供的软件程序是否主要用于违法犯罪活动;(4)犯罪嫌疑人支付结算的对象、频次、数额等是否明显违反正常交易习惯;(5)犯罪嫌疑人是否频繁采用隐蔽上网、加密通信、销毁数据等措施或者使用虚假身份;(6)其他能够反映犯罪嫌疑人主观方面的内容。

展开而言，对这些需要着重审查的内容的具体判断可从以下伪装、逃避检查、抗拒检查三个角度进行把握：

（1）所谓依靠信息技术实施网络犯罪，具有伪装行为，是指通过技术设定，逃避技术拦截或者验证的行为。例如，"特洛伊木马"就深刻体现了这一罪情。"特洛伊木马"程序具有多种隐藏方式和伪装方法，很多杀毒软件对于最新的变种根本难以察觉，计算机用户不知不觉地就出现了中毒症状。对于这种开发和传播通过逃避、欺骗计算机安全软件技术"审查"的技术的行为人而言，其对行为的性质和后果是"明知"的。这种情形的上位概念应当是技术欺骗行为，也就是利用先进的信息技术，欺骗其他技术或者技术操作者，从而得以实施犯罪或者获得实施犯罪的机会和空间。

（2）所谓依靠信息技术实施网络犯罪，具有逃避检查行为，是指根本不经过通常情况下需要经过的技术拦截或验证，而是"走后门"绕道而行，迂回奔向进攻目标的行为。在软件的开发阶段，程序员常会在软件内创建后门以便可以修改程序中的缺陷。如果后门被其他人知道，或是在发布软件之前没有删除后门，那么它就成了安全风险。如果犯罪行为人直接奔向不为外人所知的"后门"，甚至进入后还实施危害计算机信息系统安全等违法犯罪行为，那么对其行为的性质和后果是明知的。这种情况的上位概念是技术"捡漏"行为，也就是通过先进的信息技术，发现其他技术存在的缺陷，从而得以进攻，或者获得进攻的机会和空间。

（3）所谓依靠信息技术实施网络犯罪，具有抗拒检查行为，是指直接与技术拦截或验证正面相对，通过正面交锋，打败技术拦截或验证而直接奔向犯罪目标的行为。例如，对于信息限制进行"翻墙"，再如，对于wifi密码等要求直接破解的行为。对于这种网络犯罪，其直接故意非常容易得以确证，因为其行为方式就是直接的。这种情况的类型化，就是网络空间技术强制行为。在信息时代，强制行为依然是刑法重点打击的对象。《淫秽电子信息案件解释》第6条规定，实施该解释前5条规定的犯罪，通过使用破坏性程序、恶意代码修改用户计算机设置等方法，强制用户访问、下载淫秽电子信息的，依照《刑法》第363条第1款、第364条第1款的规定从重处罚。这里的技术强制行为的行为人在主观上必然是明知行为的性质和后果的，否则没必要进行此类行为。所以，利用强制下载、访问等信息强制技术进行违法、有害信息的传播、获取等违法犯罪行为的，应当认定为明知的故意。

客观地讲，信息时代的网络攻击、信息传播等犯罪行为，如果有以上技术欺骗、技术"捡漏"、技术强制等情形，原则上就可以认定行为人对行为的性质和后果有明确的认识，至少是有可能的认识，应当认定为司法解释等司法文件中的"明知"。① 需要注意的是,这里的可能性不要求是高度的可能性。虽然《美国模范刑法典》规定,如果行为人意识到作为罪行要素的特定事实存在的高度可能性,应当认定为对此"明知"②,但是,这里的明知不同于我国刑法上直接故意和间接故意中的"明知",而只是直接故意中除去"蓄意"之后的"明知"罪过心理状态中的"明知"。

第四节　网络共同犯罪中的故意推定

网络犯罪中主观故意认定的最大难点在于判断共同犯罪中不同行为人之间是否具有共犯故意。原因在于以帮助行为人与实行行为人分离为特征的共同犯罪已成为网络犯罪的基本形态。当然,也存在网络犯罪的主观故意更易认定的情况,即侦查机关固定的证据中包含行为人之间的聊天记录。在前述叶源星、张剑秋提供侵入计算机信息系统程序、谭房妹非法获取计算机信息系统数据案中,针对张剑秋辩护人提出的张剑秋与叶源星之间没有共同犯罪的主观故意这一辩护意见,检察院指出,聊天记录反映两人曾提及非法获取某电商平台用户信息的内容,能证实张剑秋主观上明知其组织他人打码系用于批量登录该电商平台账号。张剑秋组织他人帮助打码的行为和叶源星提供撞库软件的行为相互配合,相互补充,系共同犯罪。

在应对无法直接确定是否为共犯的网络共同犯罪案件过程中,我国逐渐形成了以(片面)共犯责任为基础、以(帮助行为正犯化)正犯责任为补充,同时强化平台责任的刑事责任体系。所谓的片面共犯,是指两个或两个以上行为人之间,主观上没有相互沟通,仅单方面具有共同犯罪的故意。如开设赌博网站的甲找到电脑高手乙,谎称自己运营的正常网站需要乙帮忙提供资金结算业务,其后乙根据网站资金流动情况与甲向其支付的远高于市场标准的服务费用发现甲的网站是赌博网站,但仍然为甲提供资金结算业务。在此案中,乙与甲的关系便是片面共犯,仅乙单方面有共同犯罪的故意。帮助行为正犯化是指,某一行为本身属于帮助行为,但立法者却将其独立成罪并配置独立的法定刑的情况。网络犯罪"技术为王"的特点决定了作为帮助行为的

---

① "明知"包括明确知道和可能知道,如嫖宿幼女中知道可能是幼女,运输毒品中知道可能是毒品,参见于志刚:《犯罪故意中的认识理论新探》,载《法学研究》2008年第4期,第96—109页。换言之,其表述为"明知"并非确定知道,参见普同山:《多角度证实毒品犯罪的主观明知》,载《人民检察》2011年第20期,第72—73页。

② MPC·C section 2.02(7).

技术提供行为危害性不断凸显,大量存在的"一帮多"行为甚至使帮助行为的危害性超过了实行行为。在此种情况下,依据传统共犯理论难以实现对网络帮助行为的严重社会危害性及其较高独立性的充分评价,因此在司法解释层面与立法层面确立了网络帮助行为正犯化的归责模式。①

在三种不同的刑事责任体系中,帮助行为人的主观认识各有其侧重面,主观认识的不同甚至决定了某一行为是具体的传统犯罪、兜底型网络犯罪或是中性业务行为。其中,在片面共犯(共犯责任)和帮助犯行为正犯化(正犯责任)情形中,均要求帮助者对行为人的行为明知,并规定了相应的推定方式;而在平台责任中,并不需要对行为人行为的明知。

一、片面共犯中"明知"的推定

出于打击网络犯罪的需要,司法解释逐步在实践层面承认了片面共犯,并规定了网络片面共犯中认定帮助人"明知"的情形。涉及网络犯罪的司法解释中,最早规定片面共犯的是2005年最高人民法院、最高人民检察院发布的《赌博案件解释》②,但需要技术支持的其实并不是赌博行为而是开设赌场行为。因此《网络赌博犯罪意见》将网络赌博犯罪规制的重点放在了开设网络赌场上,该司法解释第2条列明了片面共犯成立的具体情况及罪量。同年发布的《淫秽电子信息案件解释(二)》进一步将片面共犯打击的范围从提供技术、结算、广告支持者扩大至网站的建立者和直接管理者。在此情形之下,帮助行为人的独立性空前增强,实行者的主观心态也从"不知道帮助者在帮助他"变成了"不希望帮助者知道自己在帮助他"。在这种"流水线"化的犯罪模式下,一方面要想判断帮助行为人的行为是犯罪的帮助行为还是中性业务行为,唯一的区分点便在于其是否"明知"是赌博网站、淫秽网站或淫秽电子信息;另一方面行为人几乎不可能承认自己是在帮助他人从事犯罪活动,均会以不知情抗辩。因此,唯一的解决思路便是从帮助行为人的客观行为出发推导其主观认识,这也是2010年的两个司法解释均对何为"明知"作出列举式规定的根本原因。

《网络赌博犯罪意见》第2条第3款规定,具有下列情形之一的,应当认定行为人"明知",但是有证据证明确实不知道的除外:(1)收到行政主管机关书面等方式的告知后,仍然实施上述行为的;(2)为赌博网站提供互联网

---

① 参见刘仁文、杨学文:《帮助行为正犯化的网络语境——兼及对犯罪参与理论的省思》,载《法律科学(西北政法大学学报)》2017年第3期,第123—130页。
② 《赌博案件解释》第4条规定:"明知他人实施赌博犯罪活动,而为其提供资金、计算机网络、通讯、费用结算等直接帮助的,以赌博罪的共犯论处。"在被告人杨跃强开设赌场罪一案刑事判决书[(2016)晋0802刑初235号]中,法院认为该条属于片面共犯的规定。

接入、服务器托管、网络存储空间、通讯传输通道、投放广告、软件开发、技术支持、资金支付结算等服务,收取服务费明显异常的;(3)在执法人员调查时,通过销毁、修改数据、账本等方式故意规避调查或者向犯罪嫌疑人通风报信的;(4)其他有证据证明行为人明知的。

《淫秽电子信息案件解释(二)》第8条规定,具有下列情形之一的,应当认定行为人"明知",但是有证据证明确实不知道的除外:(1)行政主管机关书面告知后仍然实施上述行为的;(2)接到举报后不履行法定管理职责的;(3)为淫秽网站提供互联网接入、服务器托管、网络存储空间、通讯传输通道、代收费、费用结算等服务,收取服务费明显高于市场价格的;(4)向淫秽网站投放广告,广告点击率明显异常的;(5)其他能够认定行为人明知的情形。

司法解释对片面共犯中明知的认定依托于具体罪名的展开,即"明知"必须要达到知道行为人犯的是什么罪行才能构成犯罪,且为了对帮助行为人入罪进行进一步限制,对其规定了比实行行为人更高的罪量。对这一阶段司法解释规定的"明知"的推定模式可大致概括为:"对于网络违法犯罪提供技术等帮助,具有受到权威告知而仍然实施、受到社会监督而不作为、服务费明显异常、投放的广告点击量明显异常、规避调查或者帮助相关网络违法犯罪行为人规避调查等情形之一的,应当推定为'明知';但有证据证明确属不知的除外。"

二、共犯行为正犯化中"明知"的推定

共犯行为正犯化具体体到《刑法》条文中便是《刑法》第285条第3款规定的提供非法侵入、控制计算机系统程序、工具罪和《刑法》第287条之二的帮助信息网络犯罪活动罪①,其与片面共犯的区别在于不需要再依托实行行为之罪名。在这两个罪名中,对提供非法侵入、控制计算机信息系统程序工具罪主观方面的讨论较少:一方面该罪的特点决定了帮助行为人提供的技术支持本身就体现出了违法性,与中性业务的区别较为明显,司法实践中对该罪的关注点在于对客观行为与情节严重的认定;另一方面该罪属于典型的以计

---

① 虽然有极少数学者,如张明楷教授和黎宏教授认为帮助信息网络犯罪活动罪只是量刑规则,但学界和实务界大多认为该罪是共犯行为正犯化。参见张明楷:《论帮助信息网络犯罪活动罪》,载《政治与法律》2016年第2期,第2—16页;于志刚:《网络空间中犯罪帮助行为的制裁体系与完善思路》,载《中国法学》2016年第2期,第5—24页;刘艳红:《网络犯罪帮助行为正犯化之批判》,载《法商研究》2016年第3期,第18—22页;黎宏:《电信诈骗中的若干难点问题解析》,载《法学》2017年第5期,第166—180页。

算机为对象的犯罪,常见于网络 1.0 时代,已不是现阶段网络犯罪的主流。① 因此,共犯行为正犯化中关于"明知"的讨论在某种意义上便确定了何为帮助信息网络犯罪活动罪中的"明知他人利用信息网络实施犯罪"。

(一) 帮助信息网络犯罪活动罪中"明知"的规范解读

帮助信息网络犯罪活动罪中"明知"认定的困难在很大程度上影响了帮助信息网络犯罪活动罪在实践中的适用。在规范层面对"明知他人利用信息网络犯罪"作出解读,分析其与前述片面共犯中明知的区别,是正确适用该罪名、激发其司法活力的必由路径。其特殊性主要体现在对象性、独立性与程度性三个方面。

其一,"明知"对象的范围界定。明知他人实施犯罪首先需要回答的问题是,什么是此处所指的"犯罪"。如果要求此处之"犯罪"是符合犯罪构成意义上的犯罪,则本罪的设置几乎没有意义,这不仅在司法实践中难以证明,而且会导致本罪在事实上被空置:首先,若对实行行为有充分了解则可以直接纳入共同犯罪的评价体系之中,没必要再单独设置一个罪名;其次,《刑法》第 287 条之二第 3 款规定"有前两款行为,同时构成其他犯罪的,依照处罚较重的规定定罪处罚",而本罪的最高刑只有 3 年,在竞合之下几乎没有适用空间。但如果与提供侵入、非法控制计算机信息系统程序、工具罪一样,将"明知"的内容解释为"违法犯罪",则会导致该罪沦为口袋罪,将本应由《治安管理处罚法》规制的行为也纳入刑法打击的犯罪。为解决这一问题,有学者提出应该在坚持该犯罪要有构成要件该当性的基础上规定一些例外情况,如帮助对象数量过多,帮助行为人所获资金总额远超数量较大等。② 但是如果依旧需要根据下游犯罪的具体情况来判断是否应该存在例外,不但会削减该罪的独立性,而且在司法实践中依旧无法操作,因为本罪设置的初衷是要使司法机关不需要查清下游所有犯罪就能对法益侵害程度巨大的帮助行为进行处罚。因此,较为可行的解决方式是将该罪中的"犯罪"解释为犯罪行为意义上的犯罪。这样一方面能够弥补该罪适用范围过于狭窄的缺陷;另一方面又不至于使该罪的适用范围无限制地扩张。

其二,"明知"的独立表现。与司法解释规定的片面共犯体系下的"明知"需要知晓实行行为人的具体违法犯罪行为不同,本罪的明知具有较强的独立性,帮助行为人不需要和实行行为人有任何意思联络,不再要求包

---

① 参见李怀胜:《三代网络环境下网络犯罪的时代演变及其立法展望》,载《法学论坛》2015 年第 4 期,第 94—101 页。

② 参见喻海松:《网络犯罪的立法扩张与司法适用》,载《法律适用》2016 年第 9 期,第 9—10 页。

含对具体罪名的主观认识。在司法实践中表现为帮助行为不需要知道其帮助的对象具体在从事何种犯罪行为,例如帮助人以为实行行为人在其架构的服务器上传播淫秽色情信息,但事实上实行行为人在其服务器上从事网络赌博犯罪行为,这种认识上的偏差并不阻碍帮助信息网络犯罪活动罪的成立。

其三,"明知"的程度要求。厘清了"明知"的对象之后,还需明确的是"明知"需要达到何种程度。即是只需要知道自己的提供技术支持等帮助行为可能被他人用来犯罪、确切地知道自己提供的帮助的人中有人在从事犯罪行为,还是需要确切知道具体是哪些人在利用其帮助从事犯罪行为。首先需要排除第一种观点,因为在网络环境中一切技术都有可能被应用于犯罪,该观点过于扩大了本罪的适用范围,会大大加重网络服务提供者的经营成本和风险,不利于维护法的安定性①,也会给网络科学技术的发展带来阻滞等不良后果。② 第二种观点看似合理,但是究其本质不过是第一种观点的另一表述,举个最简单的例子,金融机构明确知道有人利用金融账户洗钱转移赃款、电信企业明确知道有人利用拨打电话实施诈骗,据此将其认定为帮助信息网络犯罪活动罪明显是荒谬的。因此,帮助信息网络犯罪活动罪中的"明知"必须要达到明知某一帮助对象在从事犯罪活动的程度。

(二) 帮助信息网络犯罪活动罪中"明知"的特殊性

至 2019 年 9 月,帮助信息网络犯罪活动罪实施已 4 年,法院仅判处帮助信息网络犯罪活动刑事案件 98 件、247 人。③ 这与该罪设立时众多学者抱有的其可能成为口袋罪的担忧相去甚远,其中一个重要的原因是,在行为人拒不承认明知的情况下司法机关不敢适用该罪名。为回应这一实践难题,2019 年 11 月 1 日生效实施的《信息网络案件解释》第 11 条对帮助信息网络犯罪活动罪中的"明知"进行了推定规定,为他人实施犯罪提供技术支持或者帮助,具有下列情形之一的,可以认定行为人明知他人利用信息网络实施犯罪,但是有相反证据的除外:(1)经监管部门告知后仍然实施有关行为的;(2)接到举报后不履行法定管理职责的;(3)交易价格或者方式明显异常的;(4)提供专门用于违法犯罪的程序、工具或者其他技术支持、帮助的;(5)频繁采用隐蔽上网、加密通信、销毁数据等措施或者使用虚假身份,逃避监管或者规避调查的;(6)为他人逃避监管或者规避调查提供技术支持、帮助的;(7)其他足以认定行为人明知的情形。

---

① 参见周光权:《网络服务商的刑事责任范围》,载《中国法律评论》2015 年第 2 期,第 176 页。
② 参见刘艳红:《网络犯罪帮助行为正犯化之批判》,载《法商研究》2016 年第 3 期,第 22 页。
③ 参见周加海、喻海松:《〈关于办理非法利用信息网络、帮助信息网络犯罪活动等刑事案件适用法律若干问题的解释〉的理解与适用》,载《人民司法》2019 年第 31 期,第 25 页。

不难发现,该条之表述总体上承继了前述司法解释的内容。其差异性主要体现在以下三点:第一是增加了交易方式明显异常、专门提供违法犯罪的程序工具、频繁采用加密措施等可用于推定的行为;第二是将前述推定模式中除外条款的表述从"但有证据证明确属不知的除外"改成了"但是有相反证据的除外";第三是不需再针对某一具体犯罪提供帮助。总体而言,此种解释的目的是为了增加帮助信息网络犯罪活动罪在司法实践中的适用,其"明知"相较片面共犯中的明知而言要求更低。

三、平台责任的承担无需"明知"他人有违法犯罪行为

网络服务提供者承担平台责任的正当性在于网络服务提供者在网络空间日渐突显的"共治"地位与保证人地位,要求其履行特定的事后报告义务和删除义务。[①] 有鉴于此,刑法将网络服务提供者与一般的技术提供者相区分,对其规定了特殊的入罪情形,即网络服务提供者成立犯罪不再依托其平台上存在违法犯罪行为,而是直接对自己提供服务、管理的平台出现的危害后果承担刑事责任,其独立性相较于共犯正犯化进一步加强。[②]《刑法》第286条之一规定,网络服务提供者不履行法律、行政法规规定的信息网络安全管理义务,经监管部门责令采取改正措施而拒不改正,致使违法信息大量传播;致使用户信息泄露,造成严重后果;致使刑事案件证据灭失,情节严重;或有其他严重情节的,才构成犯罪。因此,即使在监管部门责令网络服务提供者改进完善安全措施时,平台上尚未发生违法犯罪行为,而是在之后因存在安全漏洞导致违法信息大量传播或用户信息泄露的,也可构成拒不履行信息网络安全管理义务罪。换言之,在拒不履行信息网络安全管理义务罪中,该罪的可罚性并非来自于他人的违法犯罪行为,而是直接来自于对法律法规规定的安全管理义务的违反,因此理论上该罪不再需要明知他人违法犯罪,对于网络服务提供者明知他人利用其帮助从事犯罪行为的,可以纳入帮助信息网络犯罪活动罪的范畴。

---

① 参见于冲:《"二分法"视野下网络服务提供者不作为的刑事责任划界》,载《当代法学》2019年第5期,第13页。

② 参见于志刚:《网络空间中犯罪帮助行为的制裁体系与完善思路》,载《中国法学》2016年第2期,第22页。

第四章　网络不作为犯罪

信息流动是网络空间犯罪行为的载体①,而作为网络空间信息流动的中枢,网络服务提供者不作为所应承担的刑事责任,应当是网络不作为犯罪研究关注的重点。本章拟以网络服务提供者为核心,展开对网络作为与不作为的区分标准、义务主体以及义务来源的探讨,明确网络不作为犯罪的基本问题。

第一节　网络作为与不作为的区分

一、区分原则

在传统刑法理论中,作为与不作为的区分主要是指作为与不纯正不作为的区分。关于二者的区分标准学说林立,我国学界目前未形成具有显著优势的通说。以行为违反禁止规范还是命令规范为区分标准,是较为传统但并未过时的观点,此外,还存在能量说、因果关系基准说、社会意义说、价值说、最终原因说、义务内容说、介入说、非难重点说、作为优越说等多种观点。② 尽管如此,鉴于不纯正不作为犯区别于作为犯的行为不法结构,对具体行为方式的判断也能达成基本共识,区分积极作为与消极不作为仍具备中心价值。例如,母亲不给婴儿喂母乳将其饿死属于不作为,阻止第三者救助被害人的行为是作为等。

对网络犯罪而言,网络空间作为特殊犯罪场域催生的新行为类型,主要包括对信息的制造、获取、传播与利用。若网络服务提供者积极制造、获取、传播与利用信息以实现特定犯罪目的,应评价为积极的作为;若网络服务提

---

①　参见敬力嘉:《信息网络犯罪规制的预防转向与限度》,社会科学文献出版社 2019 年版,第 24 页。

②　参见张明楷:《外国刑法纲要》(第三版),法律出版社 2020 年版,第 78—79 页。

供者未承担对网络空间信息流动的法定控制职能,事实上促成犯罪行为人利用其提供的网络服务实施犯罪行为并造成危害结果的,应评价为消极的不作为。

关于网络作为与不作为的区分,我国学界集中的关注与探讨肇始于快播案。鉴于该案从一审起诉到宣判横跨《刑法》第286条之一拒不履行信息网络安全管理义务罪从无到有的期间,且该案的一审判决书虽明确认定快播公司构成传播淫秽物品牟利的实行行为,在理据论证时却分别从不作为犯的路径,即快播公司是否应承担网络安全管理义务且实质介入了淫秽物品的传播过程,和帮助犯的路径,即其业务行为是否为中立帮助行为,来论证快播公司实施了传播淫秽物品以牟利这一实行行为,颇为吊诡。本章拟以快播案为例,进一步展开对网络作为与不作为的区分的探讨。

【案例】深圳市快播科技有限公司、王欣等人传播淫秽物品牟利案①

深圳市快播科技有限公司(以下简称"快播公司")通过免费提供QSI (QVOD Server Install,即QVOD资源服务器程序)和QVOD Player(快播播放器程序或客户端程序)的方式,为网络用户提供网络视频服务。任何人(被快播公司称为"站长")均可通过QSI发布自己所拥有的视频资源。具体方法是,"站长"选择要发布的视频文件,使用资源服务器程序生成该视频文件的特征码(hash值),导出包含hash值等信息的链接。"站长"把链接放到自己或他人的网站上,即可通过快播公司中心调度服务器(运行P2P Tracker调度服务器程序)与点播用户分享该视频。这样,快播公司的中心调度服务器在站长与用户、用户与用户之间搭建了一个视频文件传输的平台。为提高热点视频下载速度,快播公司搭建了以缓存调度服务器(运行Cache Tracker缓存调度服务器程序)为核心的平台,通过自有或与运营商合作的方式,在全国各地不同运营商处设置缓存服务器1 000余台。在视频文件点播次数达到一定标准后,缓存调度服务器即指令处于适当位置的缓存服务器(运行Cache Server程序)抓取、存储该视频文件。当用户再次点播该视频时,若下载速度慢,缓存调度服务器就会提供最佳路径,供用户建立链接,向缓存服务器调取该视频,提高用户下载速度。部分淫秽视频因用户的点播、下载次数较高而被缓存服务器自动存储。缓存服务器方便、加速了淫秽视频的下载、传播。

2012年8月,深圳市公安局公安信息网络安全监察分局(以下简称深圳

---

① 参见中华人民共和国最高人民法院刑事审判第一、二、三、四、五庭主办:《刑事审判参考》(总第109集),法律出版社2017年版,第78—92页。

网监)对快播公司进行检查,针对该公司未建立安全保护管理制度、未落实安全保护技术措施等问题,给予行政警告处罚,并责令整改。随后,深圳网监将违法关键词和违法视频网站链接发给快播公司,要求采取措施过滤屏蔽。快播公司于是成立了信息安全组开展了不到一周的突击工作,于8月8日投入使用"110"不良信息管理平台(以下简称"110"平台),截至9月26日,共报送"色情过滤"类别的不良信息15 836个。但在深圳网监验收合格后,信息安全组原有4名成员或离职或调到其他部门,"110"平台工作基本搁置,检查屏蔽工作未再有效进行。2013年8月5日,深圳市南山区广播电视局执法人员对快播公司展开调查,在牛文举在场的情况下,执法人员登录www.kuaibo.com,进入快播"超级雷达"(一种发现周边快播用户观看网络视频记录的应用),很快便找到了可播放的淫秽视频。牛文举现场对此予以签字确认。但快播公司随后仅提交了一份整改报告。10月11日,南山区广播电视局认定快播公司擅自从事互联网视听节目服务,提供的视听节目含有诱导未成年人违法犯罪和渲染暴力、色情、赌博、恐怖活动的内容,对快播公司予以行政处罚。此后,快播公司的"110"平台工作依然搁置,检查屏蔽工作依然没有有效落实。

快播公司直接负责的主管人员王欣、吴铭、张克东、牛文举,在明知快播公司擅自从事互联网视听节目服务、提供的视听节目含有色情等内容的情况下,未履行监管职责,放任淫秽视频在快播公司控制和管理的缓存服务器存储并被下载,导致大量淫秽视频在网上传播。

2013年上半年,北京网联光通技术有限公司(以下简称"光通公司")为解决使用快播播放器访问快播视频资源不流畅的问题,与快播公司联系技术解决方法,双方开展战略合作。根据双方协商,由光通公司提供硬件设备即4台服务器,由快播公司提供内容数据源以及降低网络出口带宽、提升用户体验的数据传输技术解决方案,负责远程对软件系统及系统内容的维护。2013年8月,光通公司提供4台服务器开始上线测试,快播公司为4台服务器安装了快播公司的缓存服务器系统软件,并通过账号和密码远程登录进行维护。2013年11月18日,北京市海淀区文化委员会在行政执法检查时,从光通公司查获此4台服务器。2014年4月11日,北京市公安局海淀分局决定对王欣等人涉嫌传播淫秽物品牟利罪立案。经查,该4台服务器从2013年下半年投入使用,至2013年11月18日被扣押,存储的均为点击请求量达到一定频次以上的视频文件。公安机关从服务器里提取了29 841个视频文件进行鉴定,认定其中属于淫秽视频的文件为21 251个。

2013年年底,为了规避版权和淫秽视频等法律风险,在王欣的授意下,张克东领导的技术部门开始对快播缓存服务器的存储方式进行调整,将原有的完整视频文件存储变为多台服务器的碎片化存储,将一部视频改由多台服务器共同下载,每台服务器保存的均是32M大小的视频文件片段,用户点播时需通过多台服务器调取链接,集合为可完整播放的视频节目。

另查,快播公司的盈利主要来源于广告费、游戏分成、会员费和电子硬件等,快播事业部是快播公司盈利的主要部门。账目显示,快播事业部的主要收入来源于网络营销服务(包括资讯快播、客户端、第三方软件捆绑、VIP服务等),其中资讯快播和第三方软件捆绑是最主要的盈利方式。具体而言,快播公司向欲发布广告的公司收取广告费,用户使用快播播放器时,会有快播资讯窗口弹出,该窗口内除部分新闻外即广告内容;快播公司还向一些软件开发公司收取合作费用,使得用户安装快播播放器的同时捆绑安装一些合作公司软件。快播公司营业收入逐年增长,至2013年仅快播事业部即实现营业收入143 075 083元,其中资讯快播营业收入为70 463 416元,占49.25%,第三方软件捆绑营业收入为39 481 457元,占27.59%。

北京市海淀区人民法院认为:(一)快播公司通过快播资源服务器、用户播放器、中心调度服务器、缓存调度服务器和上千台缓存服务器共同构建起了一个庞大的基于P2P技术提供视频信息服务的网络平台,由此成为提供包括视频服务在内的网络信息服务提供者,因而应当依法承担网络安全管理义务;(二)在案扣押的缓存服务器内存储的内容多达70%为淫秽视频以及执法部门以各种方式开展的监管活动证明快播公司及各被告人主观上均明知快播网络系统内大量存在淫秽视频并介入了淫秽视频传播活动;(三)快播公司采取碎片化存储等方式规避法律风险的行为证明快播公司主观上放任其网络服务系统大量传播淫秽视频属于间接故意;(四)快播公司具备承担网络安全管理义务的现实可能,但其拒不履行网络安全管理义务;(五)快播公司明知其网络系统被用于传播淫秽视频,且通过淫秽视频的传播拉动快播咨询广告或捆绑推广软件的盈利能力,拒不履行监管义务,具有非法牟利目的;(六)技术中立原则通常限于技术提供者,对于实际使用技术的主体需要根据具体行为判断,"避风港"规则的保护对象是合法作品,快播公司出于牟利目的不履行安全管理义务,放任他人利用快播网络大量传播淫秽视频,且自己的缓存服务器也介入传播,应承担法律责任。同时,中立的帮助行为,是指外表上属于日常生活行为、业务行为等不追求非法目的的行为,客观上对他人的犯罪起到促进作用的情形。中立的帮助行为是以帮助犯为视角在共同犯罪中讨论中立性对于定罪量刑的影响,而实行行为不存在"中立性"问题。快播公司的缓存服务器下载、存储并提供淫秽视频传播,属于传播淫秽视频的实行行为,且具有非法牟利的目的,不适用共同犯罪中的中立的帮助行为理论;(七)快播公司以牟利为目的放任淫秽视频大量传播的行为构成传播淫秽物品牟利罪的单位犯罪。判决如下：一、被告单位深圳市快播科技有限公司犯传播淫秽物品牟利罪，判处罚金1 000万元。二、被告人王欣犯传播淫秽物品牟利罪，判处有期徒刑3年6个月，罚金100万元。三、被告人张克东犯传播淫秽物品牟利罪，判处有期徒刑3年3个月，罚金50万元。四、被告人吴铭犯传播淫秽物品牟利罪，判处有期徒刑3年3个月，罚金30万元。五、被告人牛文举犯传播淫秽物品牟利罪，判处有期徒刑3年，罚金20万元。

一审宣判后，被告人吴铭不服，以其行为不构成犯罪为由，向北京市第一中级人民法院提出上诉。

北京市第一中级人民法院经审理认为，上诉人吴铭及原审被告单位快播公司及原审被告人王欣、张克东、牛文举以牟利为目的，在互联网上传播淫秽视频，其行为均已构成传播淫秽物品牟利罪，情节严重，应依法惩处。原审人民法院判决认定的事实清楚、证据确实充分、适用法律正确、量刑适当、审判程序合法，应予维持，遂裁定驳回上诉，维持原判。

关于本案，第一，客观上，快播公司已经成为淫秽视频的实际传播者。调度服务器和缓存服务器的运转是快播公司主观意志的体现，调度服务器和缓存服务器对淫秽视频的下载、存储、上传供用户使用等活动，应视为快播公司介入传播的行为，缓存服务器存储的淫秽视频客观上应当认定为属于快播公司占有之下。

在单纯的P2P传播模式下，对在用户之间建立链接渠道程序的提供者，难以认定是淫秽视频的内容提供者；但在运用缓存服务器提供加速服务的传播模式下，缓存服务器一旦从网络上下载、存储并根据用户需要上传了淫秽视频，快播公司便成为淫秽视频的内容提供者，而不仅仅是技术服务的提供者。

第二，主观上，快播公司及各被告人对介入淫秽视频传播存在明知，而且具有非法牟利目的。构成传播淫秽物品牟利罪要求行为人对传播淫秽物品行为主观上具有明知，且要有牟利目的。本案中，快播公司及各被告人已经具备了以上两个主观要件。具体为：

（1）快播公司及各被告人对已经介入淫秽视频传播活动主观上具有明知。如果说在第一次接受行政处罚并作出整改时，快播公司的经营者、管理者对快播网络服务系统介入淫秽视频传播并导致淫秽视频在互联网上大量传播还存在不知情的可能，那么，在事隔一年之后快播公司再次接受行政处罚并作出整改，而且先后两次整改的内容都是针对快播公司传播淫秽视频这一事实，此时，快播公司的经营者、管理者仍然坚称对此并不知情，显然不足以采信。

(2)快播公司传播淫秽物品具有牟利目的。司法实践中认定以牟利为目的,既包括通过制作、复制、出版、贩卖、传播淫秽物品直接获取对价的目的,也包括通过广告、流量、用户数量等获得间接收入的目的。快播公司和各被告人明知其网络系统上淫秽视频的传播和公司盈利增长之间的因果关系,仍放任其网络系统被用于传播淫秽视频,应当认定为具有非法牟利目的。

二、"消极作为"的实行行为与网络不作为

对于快播公司行为不法的评价,在遵循作为和不作为均为行为样态,无论是以作为还是不作为的方式,都能构成传播的实行行为思路的观点中,最有代表性的一种论点认为,"传播淫秽物品牟利罪罪状表述中的'传播'是一种构成要件行为,它是立法抽象提炼出的行为类型,而不是指具体、单一的动作……即使快播不是原始视频的提供者,不是观看者,不是播放者,也不具有阻止观看、阻止播放的义务,从其是否使信息实现了多数受众的分享(共享)过程看,它的行为性质符合'传播'行为的本义"[1]。快播公司一审判决被认定构成了传播淫秽物品牟利罪,本罪处罚的实行行为即传播淫秽物品以牟利的行为。也就是说,快播公司的不作为不仅是"消极"的作为,而且是"消极"的实行行为。对此,本书无法赞同。

大陆法系包括我国的犯罪论体系是以实行行为为中心构建的[2],实行行为是刑法规范评价的对象。不夸张地说,实行行为承载了近代以来刑法学家们对通过刑法规范的确定性限制国家刑罚权不当扩张的期待。具体的途径则有二:其一,通过对犯罪行为类型的明确归纳,要求以处罚实行行为为原则,以处罚预备行为与帮助行为为例外,将刑法的适用范围限制为对法益侵害最为严重的情形;其二,通过罪责原则的要求,将刑法范围内的实行行为限定为行为人对特定对象进行的法益侵害具备故意或过失责任的情形。

传统工业社会中,刑法的这项角色扮演得很好。然而,面对当今互联网时代具备显著非确定性特征的网络空间,刑法确定性的消极一面,即其滞后性所导致的应对新增多样化风险的不力,在刑事立法层面和司法层面都对刑法确定性的基石,即类型化的实行行为提出了挑战。所谓"消极"的作为,将作为与不作为的区别通过构成要件行为的概念移除,这不可取。行为区分为作为和不作为,其归责路径会因此而大相径庭。德国刑法中即为二者增设了"举止"(Verhalten)的上位概念,避免了在此处用"消极"作为替代不作为的

---

[1] 毛玲玲:《传播淫秽物品罪中"传播"行为的性质认定——"快播案"相关问题的刑事法理评析》,载《东方法学》2016年第2期,第69页。

[2] 参见何荣功:《实行行为研究》,武汉大学出版社2007年版,第27页。

文字游戏所造成的困扰。该论者却认为,"以不作为犯罪理论来支持控罪将陷入'不作为义务来源'的理论泥淖:依据不作为传统理论框架,因无法说明'不作为义务来源'而无法提供充分的论证"①。这明显表露出证明作为义务是一刑事归责的阻碍,因此直接将快播公司的放任行为论证为作为,而将实行行为的功能直接赋予构成要件行为,试图以构成要件的抽象框架来模糊作为与不作为的区分。暂且不论其关于不作为犯罪理论认识的谬误,将实行行为的概念偷换为构成要件行为的论证路径就已欠妥。构成要件诚然只是行为类型,不是具体的行为方式,但为了论证快播应当入罪而强行将构成要件行为混同于实行行为,在当前构成要件定型化功能被解构的背景下,无疑是给国家刑罚权的任意扩张打开了方便之门。构成要件的概念框架成为恣意定罪的正当借口,当然欠妥。

本书认为,快播公司的行为应属不作为形式的传播淫秽物品牟利行为。理由在于:其一,相关司法解释已经对于网络服务提供者以不作为形式实施传播淫秽物品牟利的情形予以确认。《淫秽电子信息案件解释(二)》第4条规定了"以牟利为目的,网站建立者、直接负责的管理者明知他人制作、复制、出版、贩卖、传播的是淫秽电子信息,允许或者放任他人在自己所有、管理的网站或者网页上发布"行为的构罪标准,肯定了上述不作为行为可以成立传播淫秽物品牟利罪。其二,牟利目的作为犯罪目的并不排斥不作为。有学者指出,牟利目的不限于通过获得淫秽物品的对价而实现,利用网络传播淫秽物品时,意图通过广告、流量等获利的,也属于以牟利为目的。② 基于肯定不作为可以兼容牟利目的,可以肯定快播公司的行为具有牟利目的。

三、中立帮助行为与网络不作为

接下来值得考量的,是网络服务提供者的不作为与中立帮助行为的关系。

所谓中立帮助行为,是指从外表来看通常属于无害、与犯罪无关、不追求非法目的的行为,但其客观上又对他人的犯罪行为起到了促进作用的情形。③ 对中立帮助行为的处罚,目前存在两种学说,即全面处罚说和限制处罚说,后者为通说。在后者语境下,肯定探讨中立帮助行为必要性的基本论述认为,"若是只要中立行为人主观上对行为的后果存在预见,事实上对他人的犯罪行为起到了帮助作用,就一概作为帮助犯加以处罚,无疑是要求提供

---

① 毛玲玲:《传播淫秽物品罪中"传播"行为的性质认定——"快播案"相关问题的刑事法理评析》,载《东方法学》2016年第2期,第72页。
② 参见张明楷:《刑法学(下)》(第5版),法律出版社2016年版,第1168页。
③ 参见陈洪兵:《中立行为的帮助》,法律出版社2010年版,第2页。

商品或服务的人对顾客的品行进行审慎的盘查,在不能确保所出售的商品或所提供的服务不会被用于犯罪时,只能停止商品销售和服务的提供,最终必然导致整个社会经济和日常生活交往陷入瘫痪状态,而这显然不是大家愿意看到的"①。

总结归纳相关的诸种主观、客观和折中学说,其目的都是提出限制刑法对中立帮助行为处罚范围的标准。但是具体到网络服务提供者的刑事归责时,中立帮助行为理论对于中立行为的认定并没有以网络服务提供者的类型分化为基础,因此失之泛泛,不具备完全的解释力,学界遵循这一思路的探讨也多囿于对网络服务提供者主观故意的认定②,使对其主观方面的认定成为区分罪与非罪的关键。同时,这样的思路还忽略了一个前置性的问题:能否认为网络服务提供者以不作为的方式实质上构成了对危害后果的"帮助",因此应将其作为刑法中的帮助行为进行刑事归责?本书答案无疑是否定的。下文将快播案的案件事实放在刑法增设拒不履行信息网络安全管理义务罪的背景下,透过本罪对案件进行分析认定,对这一结论进行进一步论证。

在快播案一审判决书的判决理由中,审判长认为,快播公司免费发布QSI软件(即视频资源拥有者使用的媒体资源发布及管理软件)和Qvod Player软件(即播放器软件或客户端软件),使快播资源服务器、用户播放器、中心调度服务器、缓存调度服务器和上千台缓存服务器共同构建了一个庞大的、基于P2P技术提供视频信息服务的网络平台。快播公司是提供包括视频服务在内的网络信息服务提供者,不是单纯的技术提供者。具体来看本罪的行为模式,《刑法》第286条之一第1款规定:"网络服务提供者不履行法律、行政法规规定的信息网络安全管理义务,经监管部门责令采取改正措施而拒不改正,有下列情形之一的……(一)致使违法信息大量传播的;(二)致使用户信息泄露,造成严重后果的;(三)致使刑事案件证据灭失,情节严重的;(四)有其他严重情节的。"考察本条罪状表述,若以帮助行为的进路来理解,则会认为它规定的是网络服务提供者以不履行义务的不作为方式,实际构成了对条文中规定的三种造成严重法益侵害后果之行为,以及其他与之有相当性的行为类型的帮助,因此似乎是以不作为的方式构成了对相应法益侵害的帮助,是不作为的帮助犯,且当然是不纯正不作为的帮助犯。

依此路径,应当进一步考察不纯正不作为帮助犯的性质。不作为犯与共

---

① Thomas Hillenkamp, 32 Probleme aus dem Strafrecht Allgemeiner Teil, 2001, S.170.
② 参见车浩:《谁应为互联网时代的中立行为买单?》,载《中国法律评论》2015年第1期;孙万怀:《慎终如始的民刑推演——网络服务提供行为的传播性质》,载《政法论坛》2015年第1期;刘艳红:《网络犯罪帮助行为正犯化之批判》,载《法商研究》2016年第3期。

犯的交叉领域包括对不作为犯的共犯与不作为的共犯。前者是指对不作为犯的组织犯、教唆犯以及帮助犯;后者则指以不作为的形式实施作为修正的构成要件的共犯,包括不作为的组织、教唆以及帮助犯的情况。① 应当看到,以不作为形式构成的帮助犯,其本质应当属于不纯正不作为犯,应将其作为不纯正不作为犯进行刑事归责探讨。而对于其共犯性质的认定,本书赞同西田典之教授的观点:"首先必须确认的是,不作为共犯,理论上只能是片面共犯。"②因为如果参与者存在共同的犯意,"由他人实施作为行为,有作为义务者实施不作为,那么这仅属于实施犯罪时分工的不同,作为与不作为之间完全可以作出平行评价,应当成立共同正犯"。在缺乏意思联络的场合,在作为者实施侵害行为而不作为者不予防止的情况下,作为者成立正犯,而不作为者仅构成不作为的帮助犯。③

将拒不履行信息网络安全管理义务罪的规定作为共犯责任进行理解,是否真的妥当?本罪的"帮助"是否为帮助犯意义上的帮助?恐怕不然。网络服务提供者很多情形下认识不到自己的不作为具有帮助效果,更加认识不到自己的不作为可能帮助哪些具体的犯罪行为,限于解决"缺乏意思联络"情形下共犯归责问题的片面共犯理论,对网络服务提供者的刑事责任不具备足够的解释力。若将其作为帮助犯进行认定,则本罪成为帮助行为正犯化的规定,并不适宜。对本罪更为恰当的理解,应是认为本罪的"帮助"是不作为的实行行为在事实层面的促进效果,而不是帮助犯意义上的"帮助",不可放在共犯的语境下进行考量,而应从不作为正犯的归责路径进行展开。

第二节　网络不作为犯罪的义务主体

一、网络服务提供者的概念与类型

究其本质,网络的出现为人类社会提供了一种革命性的连接方式,进而将消极的信息接收个体变为积极的信息交互主体,创造了巨量的信息流动。作为流动空间的网络空间,其根基在于连接与交互,承担这个基本功能的是

---

① 在我国刑法语境中,不宜将共同正犯纳入共犯的范畴。参见廖北海:《德国刑法学中的犯罪事实支配理论研究》,中国人民公安大学出版社 2011 年版,第 3 页。
② 〔日〕西田典之:《不作为的共犯》,王昭武译,载《江海学刊》2006 年第 3 期,第 27 页。
③ 参见陈家林:《不作为的共同正犯问题研究》,载《暨南学报(哲学社会科学版)》2007 年第 5 期,第 70 页。

网络服务提供者(Internet Service Providers)。因此,网络服务提供者也是网络不作为犯罪的核心义务主体。从广义的角度看,网络服务提供者是指专营为社会公众提供网络信息通信服务,并保存任何经由其构建的网络空间"收费站"之用户所留下的信息流动轨迹的"守门人"。而所谓的网络服务提供者可以分为不同的类型,传统上,一般根据提供服务内容的不同将网络服务提供者分为两大类:第一类是网络信息内容提供者,指自己组织信息通过网络向公众传播的主体;第二类是网络中介服务提供者,指为传播网络信息提供中介服务的主体。①

随着信息技术的高速发展,网络服务提供者的类型在进一步分化:第一,本属于网络中介服务提供者的网络平台,其功能已远远超出"单纯通道"或技术保障,成为网络空间信息交互的综合平台,网络平台提供者也早已不再有被动性、工具性和中立性的特质,而是具备充分的能力,并且也已经积极参与对平台内信息流动的控制,成为网络空间那只"无形之手"。② 第二,互联网的触角能够延伸的广度在逐步以"摩尔定理"的速度增加,网络服务提供者所能影响法益的层次也必然愈加复杂,法律保护的力度就不能"一刀切"。如果不对法律想要禁止的最终危害进行分类,也就很难对其想要禁止的行为加以分类。③

在基本功能界分的框架下,还应当根据网络服务提供者所需保护法益的重要性作出第二层次的划分。因此,《网络安全法》第三章至第六章中采用了"关键信息基础设施运营者"和"网络运营者"的划分。2019年11月1日生效的《信息网络案件解释》第1条将"网络服务提供者"明确为提供网络接入、域名注册解析等信息网络接入、计算、存储、传输服务,信息发布、搜索引擎、即时通讯、网络支付、网络预约、网络购物、网络游戏、网络直播、网站建设、安全防护、广告推广、应用商店等信息网络应用服务,以及利用信息网络提供的电子政务、通信、能源、交通、水利、金融、教育、医疗等公共服务的单位与个人。该条对接入、计算、存储、传输服务提供者,应用服务提供者以及公共服务提供者的双层次类型划分,充分体现了《信息网络案件解释》在划分网络服务提供者的规范类型时对服务内容与服务重要性标准的综合采纳。

---

① 参见刘文杰:《网络服务提供者的安全保障义务》,载《中外法学》2012年第2期,第398页。

② See Anne Cheung, Rudolf H. Weber, *Internet Governance andthe Responsibility of Internet Service Providers*, Wisconsin International Law Journal , Vol. 26, No. 2, p.406-408.

③ 参见〔美〕道格拉斯·胡萨克:《过罪化及刑法的限制》,姜敏译,中国法制出版社2015年版,第249页。

二、网络服务提供者的中心地位

从一般意义上来说,网络空间具备以下三点独有特性:①多层次性,即存在硬件、软件和内容方能构成;②终端对终端,即其运转不依赖于中心控制系统;③内容的中立性,即互联网上的数据信息不可以被选择性发布。① 网络空间治理中心主体确定为网络服务提供者,符合网络空间的结构特征。

网络的出现,究其本质是为人类社会提供了一种革命性的连接方式,进而将消极的信息接收个体变为积极的信息交互主体,创造了巨量的信息流动。但在利益驱动下,信息网络违法犯罪行为也日益增多。仅 2011 年至 2014 年年底,已被公开并被证实已经泄露的中国公民个人信息就多达 11.27 亿条,内容包括账号密码、电子邮件、电话号码、通信录、家庭住址,甚至是身份证号码等信息。泄露的途径主要有无良商家盗卖、网站数据窃取、木马病毒攻击、钓鱼网站诈骗、二手手机泄密、新型黑客技术窃取等。② 而快播案、徐玉玉案等相关社会热点案件的发生,使社会公众愈加关注以下问题,即如何更好地通过法律手段增强网络服务提供者在相关犯罪风险防控中发挥的作用。作为流动空间的网络空间,其根基在于连接与交互,承担这个基本功能的是网络服务提供者,换言之,它也是网络空间信息流动中的"守门人"。将它的活动纳入法治规范的轨道,即可有效阻断非法的信息传播与获取路径,防控相关犯罪风险。

此外,在网络犯罪案件的侦办过程中,网络服务提供者发挥着不可替代的重要作用。依照传统思路,犯罪行为人是犯罪治理当然的中心对象。只有认定行为人所为之犯罪行为的不法与责任,才能以适用刑法对其进行处罚,从而实现对犯罪的有效治理。但当这个思路适用于网络犯罪时,存在很多现实困难,需要抓住网络服务提供者作为信息流动中介这一关键环节,为其设置法定作为义务,才能实现对犯罪行为的有效认定。此类困难主要体现在:网络空间犯罪主体从线下的自然人变成了网络账户,人机同一性认定存在一定难度,导致对犯罪行为人的认定困难;其次,受害人分布地域极广,存在众多个案单个危害结果轻微但危害范围极广的情形,难以对行为不法进行有效认定;最后,网络犯罪行为人的行为轨迹直接体现为信息的流动轨迹,案件的搜集取证存在相当的技术门槛。而由于自身的技术优势和常态化的业务活动,网络服务提供者对网络空间信息的追踪与获取具备无可取代的优势。因此,为它设置相关的法定作为义务能够有效解决上述难题。因此,面对互联网与当代社会经济发展高度融合的现状与网络犯罪的高发态势,充分

---

① See Andrej Savin, *EU Internet Law*, Eldward Elgar Publishing, 2013, pp. 4-7.
② 参见《首个网络犯罪数据报告发布》,载人民网(http://scitech.people.com.cn/n/2015/0429/c1057-26920246.html),最后访问日期:2020 年 4 月 1 日。

认识到网络服务提供者的关键作用,并以其作为网络犯罪法律治理的核心主体,没有疑义。

此外,虽然为网络服务提供者构建各层次法律责任明晰的归责体系,是对网络空间信息流动进行法律治理的理想目标,但以刑事责任作为考察的中心,是基于中国当前国情作出的应然选择。我国的现状是互联网产业蓬勃发展与法律治理体系僵化且滞后并存。我国当下社会网络空间已经基本形成,互联网已经渗透经济、社会与生活的方方面面。在利益驱动下,网络违法犯罪行为也日益增多,快播案等案件引发了民众对加强网络服务提供者对相关犯罪风险防控法律责任的高度关注。从整体立法体系来看,我国目前已有8部规制网络空间的专门立法(其中包括《网络安全法》《数据安全法》《个人信息保护法》),21部涉及互联网法律规范的相关法律(其中包括《治安管理处罚法》与《民法典》);从刑事立法层面来看,我国已有《刑法》《关于维护互联网安全的决定》以及10部相关司法解释,其中只有《民法典》第1195条[①]对网络服务提供者的侵权责任作出了明确的原则性规定,地方性法规也非常少。[②] 除此之外,目前的互联网专门立法主要由部委规章或者规章以下的规范性文件构成。因此,探讨能否使网络服务提供者在信息网络犯罪中承担刑事责任,便成为应然之选,应以其刑事责任为考察中心,继而明确网络服务提供者基本的法律责任层次。

第三节 网络不作为犯罪的义务来源

一、企业与公民合作义务的普遍增加

如果说现代化一直是一个流动的过程[③],是"时间对空间与社会的

[①] 《民法典》第1195条:"网络用户利用网络服务实施侵权行为的,权利人有权通知网络服务提供者采取删除、屏蔽、断开链接等必要措施。通知应当包括构成侵权的初步证据及权利人的真实身份信息。网络服务提供者接到通知后,应当及时将该通知转送相关网络用户,并根据构成侵权的初步证据和服务类型采取必要措施;未及时采取必要措施的,对损害的扩大部分与该网络用户承担连带责任。权利人因错误通知造成网络用户或者网络服务提供者损害的,应当承担侵权责任。法律另有规定的,依照其规定。"

[②] 参见张平:《互联网法律规制的若干问题探讨》,载《知识产权》2012年第8期,第8—9页。

[③] 参见〔英〕齐格蒙特·鲍曼:《流动的现代性》,欧阳景根译,上海三联书店2002年版,第3—4页。

支配"①,那么技术革新就是最强劲的动力。信息通信技术对现代社会渗透的全面程度是前所未有的,互联网是其最新体现。互联网的出现与蓬勃发展给人类社会带来了两方面重大变革:其一,以互联网为基础的信息公用事业逐渐成为社会的基本结构和象征,信息权利的保护具有愈加重要的独立意义;其二,人类迅速而广泛传播与获取信息的能力飞速提升,导致对信息的传播与获取实现有效控制(regulate)的可能性不断减弱,对由国家权力中心主导的传统保护模式形成冲击。我国逐步构建起的信息网络犯罪刑事立法规范框架,无疑带来了刑事法治运行机制在网络空间的转变,主要体现为企业与公民合作义务的普遍增加,以及监管部门权力边界的扩张。

(一)网络服务提供者合作义务的增加

2016年11月,我国首部网络专门法《网络安全法》获得通过。鉴于网络服务提供者处于对网络信息流动进行前端干预的有利地位,本法第三章和第四章分别为网络运营者,包括网络服务提供者,设置了网络运营安全和网络信息安全的保护义务,第五章也为其不履行相应义务的不作为设置了警告、处分、罚款、吊销营业执照等法律责任。"刑事制裁是法律的终极威慑"②,《刑法修正案(九)》增设了第286条之一拒不履行信息网络安全管理义务罪,对网络服务提供者增设了刑事作为义务,对于我国网络服务提供者而言,这已经成为实际且最严厉法律效力的义务来源,是其法定作为义务体系规制范围的基准,立法者试图以此实现犯罪风险防控的目的。

(二)一般企业与公民合作义务的增加

除了对网络服务提供者赋予特别的合作义务,在网络犯罪风险防控的整体体系下,一般企业与公民的合作义务也在迅速增加。《网络安全法》《电子商务法》《互联网群组信息服务管理规定》《互联网用户公众账号信息服务管理规定》《数据安全管理办法(试行)》《网络安全审查办法》等行政法律法规,以及《刑法修正案(九)》所增设的第287条之一非法利用信息网络罪、第287条之二帮助信息网络犯罪活动罪、第291条之一第2款编造、故意传播虚假信息罪,以及修改之后的第253条之一侵犯公民个人信息罪,事实上给参与网络空间活动的一般企业与公民,包括网络服务提供者,增加了对网络犯罪风险广泛、多层次的管控义务。以帮助信息网络犯罪活动罪为例,本罪实质上为提供技术支持、广告推广、支付结算等网络参与行为的一般主体创设了实质的犯罪风险审查与管控义务。

---

① [美]曼纽尔·卡斯特尔:《网络社会的崛起》,夏铸九、王志弘等译,社会科学文献出版社2001年版,第529页。

② Herbert L. Packer, *TheLimits of the Criminal Sanction*, Stanford University Press, 2008, p.250.

(三) 网络空间监管主体权力边界的扩张

与企业与公民合作义务增加相伴的,是网络空间监管主体权力边界的不断扩张。我国信息网络犯罪的治理主体主要包括三类:第一类是司法主体,包括人民法院与人民检察院;第二类是网络服务提供者;第三类是行政主体,包括国家互联网信息化办公室(简称"网信办")、公共机关的网络安全保卫部门(以下简称"网安部门")等。本书所指称的网络空间监管主体是指第二、三类主体。我国互联网监管模式的基本特征可以总结为:以网安部门为主导、以网络服务提供者为支撑、以网信办为中枢的多头共治。

根据现行《公安部刑事案件管辖分工规定》,网安部门直接管辖的七种刑事案件包括了计算机犯罪与新型网络犯罪。对于网络化传统犯罪,在相关案件的侦查、证据固定、鉴定等过程中,各级网安部门提供最为必要的技术支撑,这也导致网安部门成为网络犯罪案件办理事实上的主导部门,在具体工作中产生了扩张权力边界的较大需求。例如,经过实地调研,网安部门认为在办理案件时,调取银行记录会遇到各种门槛和阻碍,应当予以清除。此外,网安部门还认为,根据《网络安全法》的规定,网络服务提供者应当为网安部门提供"技术接口",留存广泛的日志,而不局限于某一方面的特定内容,以便于它们及时掌握有关用户行为轨迹的所有有价值数据。[①] 与此同时,国家网信部门也承担了协调与执法的重要职能。根据《网络安全法》第8条的规定,国家网信部门负责统筹协调网络安全工作和相关监督管理工作。除了对涉及网络治理的所有职能部门,包括公安局、工商局、商务局以及国安等部门的工作进行协调,在政府职能部门同网络服务提供者就有关案件,比如相关证据的调取等事项的沟通中,国家网信部门也发挥了重要的协调功能,还发挥了确定关键信息基础设施范围、进行网络安全执法状况检查、关停违法网站等重要执法功能。不能忽视的是,国家网信部门负责起草的一系列部门规章,例如《数据安全管理办法(试行)》《网络安全审查办法》等,赋予自身更加广泛的监督检查与执法功能。网络服务提供者的地位则较为复杂,兼具被规制对象、配合义务主体以及治理主体三重属性。

在我国网络空间治理规则初步构建与完善的当下,企业与公民合作义务的增加有其必然性与合理性。但当规则架构使权力主体的规制权力逐步达到新的高度时,我们必须为网络空间预留必要的自由成长空间。本章需要进一步探讨网络服务提供者承担不作为刑事责任的实质根据,以合理限缩网

[①] 《我院刑事法中心博士生团队赴四川调研信息网络犯罪协同治理》,载武汉大学刑事法研究中心网站(http://crimlaw.whu.edu.cn/Plus/m_default/Cms/docDetail.php? ID=324),最后访问日期2019年7月8日。

络服务提供者刑事责任的范围。

二、网络服务提供者保证人地位的争议

(一)保证人地位理论适用于纯正不作为犯的观点争议

"区分网络服务提供者之作为与不作为,以及不作为的义务来源和边界,是网络服务提供者责任划分中最为核心的问题。"[1]《刑法》第 286 条之一拒不履行信息网络安全管理义务罪的规定不仅在我国属于突破性规定,在其他大陆法系国家也无先例,自该罪增设以来,如何对其不作为性质进行阐释,成为理论界和实务界普遍关注的焦点问题。围绕该罪的一些基础性问题,比如拒不履行信息网络安全管理义务行为属于正犯行为(实行行为)还是共犯行为(帮助行为),属于作为还是不作为,属于故意行为、过失行为还是复合罪过(或模糊罪过)行为等,学界均进行了广泛的讨论。[2] 晚近以来,随着讨论的深入以及《信息网络案件解释》的出台,拒不履行信息网络安全管理义务行为的不作为属性日益为学者所认可,但是关于该罪的争议并未就此终结,如何正确阐释网络服务提供者的刑法地位及其不作为性质的争论仍在持续。

一种观点从《刑法》第 286 条之一的规定出发,基于网络服务提供者的法定地位进行阐释。如有学者认为,根据该条的规定,拒不履行信息网络安全管理义务罪是一个纯正不作为的义务犯,其行为形式仅限于不作为。基于理论的共识,纯正不作为之作为义务只能是"法律、法规有明确规定者",即法律、法规已有具体规定且《刑法》明确规定的公民的作为义务,其典型义务类型如纳税义务,如果公民不履行则可能构成逃税罪。拒不履行信息网络安全管理义务罪要求网络服务提供者履行现行有效的信息网络安全管理法律、法规所明确规定的信息网络安全管理的作为和不作为义务。[3] 据此,《刑法》第 286 条之一中网络服务提供者的不作为系真正不作为犯。

另一种观点则是借用德日不作为犯理论中的保证人理论来阐明网络服务提供者的不作为性质。如有学者认为:"保证人学说的巨大优势在于对行为人是否具有保证人地位及能否履行特定的保证义务,可与网络服务提供者在管理、控制网络信息中的地位和作用相匹配、衔接,从而达到在网络服务分

---

[1] 王华伟:《网络服务提供者的刑法责任比较研究》,载《环球法律评论》2016 年第 4 期,第 42—43 页。

[2] 参见王肃之:《网络犯罪原理》,人民法院出版社 2019 年版,第 335—341 页。

[3] 参见谢望原:《论拒不履行信息网络安全管理义务罪》,载《中国法学》2017 年第 2 期,第 241—242 页。

类的基础上,合理界定不同网络服务提供者的刑事责任范围。"①或直接认为应仿照日本,对网络服务提供者从保证人地位层面进行分析。② 特别是随着德日刑法理论在我国的盛行,愈来愈多的学者在保证人理论的框架下进行探讨,将这一原本适用于不纯正不作为犯的理论适用于对网络服务提供者的不作为行为的判断。

在保证人义务类型的层面,诸多学者从危险源管理监督型义务的视角寻找网络服务提供者的不作为责任根据。如有学者认为,在互联网网络服务提供者的不作为犯义务来源于对危险源的监督,进而产生了保护他人法益免受源自其所控制领域危险威胁的义务,具体的义务根据,在于复杂社会系统的秩序有赖于权利人对特定空间和特定控制领域安全的管理。③ 在此视角下,有的学者希望通过类型化的方式探求网络服务提供者的实质义务来源。例如,有观点认为,我国关于网络服务提供者刑事义务的来源仍属于形式义务阶段,司法实践中仅是简单援引相关法律条文,并未深入保证人义务的实质根据中。而在理论上已经抛弃将法律规定直接作为义务来源的形式主义保证人义务认定方法的情况下,直接将法律、法规规定的义务作为网络服务提供者的义务来源有失妥当,因此应当在对于网络服务提供者类型化的前提下进行具体判断,缓存服务提供者和存储服务提供者(不包括接入服务提供者)可能形成基于危险源监督的保证人地位,且需要其主观上明知违法内容存在。④ 有的学者则希望通过关注网络环境的特性,对网络服务提供者的保证人地位进行反思,限缩其刑事责任。如有观点认为,网络媒介具有去中心化与门槛低的特征,其传播的信息具有匿名性和易获取性,因此应基于言论自由的视角,不对网络服务提供者科以过重的不作为刑事责任。⑤

纵观以上讨论,虽然"不作为""保证人"等表述纷纷出现,但是对于相关概念范畴与定位显然是在不同层面上把握的。比如,有的学者是基于形式判断的视角,认为只要立法对于特定主体、特定义务作出规定,那么自应属于纯正不作为犯;与之相反,有学者则是基于实质判断的视角,认为在《刑法》第

---

① 涂龙科:《网络内容管理义务与网络服务提供者的刑事责任》,载《法学评论》2016 年第 3 期,第 70 页。
② 参见李世阳:《拒不履行网络安全管理义务罪的适用困境与解释出路》,载《当代法学》2018 年第 5 期,第 70—71 页。
③ 参见皮勇:《论新型网络犯罪立法及其适用》,载《中国社会科学》2018 年第 10 期,第 137—138 页。
④ 参见王华伟:《网络服务提供者刑事责任的认定路径——兼评快播案的相关争议》,载《国家检察官学院学报》2017 年第 5 期,第 28—30 页。
⑤ 参见刘艳红:《网络时代言论自由的刑法边界》,载《中国社会科学》2016 年第 10 期,第 141—142 页。

286条之一规定义务不具体的情况下,应当基于保证人地位进行具体判断。再如,有的学者对于保证人地位是在理论层面把握的,其基于立法未能明确网络服务提供者作为义务的理论判断,提出借由保证人理论明确网络服务提供者的不作为义务。因此,仅明确拒不履行信息网络安全管理义务的不作为性质,依然未能解决《刑法》第286条之一的适用问题。

(二)保证人地位理论适用于纯正不作为犯的障碍

在将拒不履行信息网络安全管理义务罪理解为纯正不作为犯的前提下,源自德日不真正不作为犯范畴的保证人理论,究竟能否作为我国《刑法》第286条之一具体适用的理论基础?网络服务提供者的不作为义务又该如何进行科学建构?

对于不纯正不作为犯,最为核心的问题即为在不作为并没有明文规定构成要件要素的情况下如何确定作为义务的内容,保证人理论的产生即是为了解决这一问题。为了避免违法性说的缺陷,德国学者那格拉(Nagler)首次提出了保证人理论,该理论认为,只有法律上负有防止结果发生的作为义务的人,即处于保证人地位的人之不作为才符合构成要件,从而将作为义务的判断从违法性阶段转至构成要件阶段。① 其后,阿明·考夫曼(Armin Kaufmann)、亨克尔(Henkel)等则提出将等价性作为一种独立要素的见解,被称为"新保证人理论"。② 然而无论保证人理论如何变迁,其始终是在不真正不作为犯的范畴内展开的。

国内学者对于保证人理论的引入通常也是在不纯正不作为犯的语境下。如有学者指出:"不真正不作为犯实际上是具有作为义务的保证人,利用或放任了起因能够造成法益侵害的客观事实而实现对法益的侵害。"③并对其进行中国语境的解读:"关于在何种情形下始具有'保证人地位',或何种情形可归属于'保证人类型',探讨的就是作为义务的根据,大体相当于我国刑法理论中的'作为义务的来源'。"④由此,"保证人理论是不真正不作为犯领域的核心理论,以保证人理论'跨领域'适用于真正不作为犯,必须论证其适当

---

① 参见陈家林:《外国刑法理论的思潮与流变》,中国人民公安大学出版社、群众出版社2017年版,第196页。
② 参见陈荣飞、肖敏:《不真正不作为犯之等价性理论否定》,载《政治与法律》2013年第2期,第90页。
③ 何荣功:《不真正不作为犯的构造与等价值的判断》,载《法学评论》2010年第1期,第110页。
④ 谢绍华:《先行行为——保证人类型之否定》,载《中国刑事法杂志》2008年第6期,第20页。

性"①。然而在将拒不履行信息网络安全管理义务罪理解为纯正不作为犯的前提下,将保证人理论扩大适用于网络服务提供者的刑事责任则不具有这种适当性,具体表现在两个层面:

于保证人理论的规范前提层面,我国并未同德国一样在《刑法》总则中完成"保证人地位法定化",从而在实质上阻却了保证人理论扩大适用的空间。根据《德国刑法典》第13条的规定,任何人负有防止构成要件结果发生的法定义务,其未履行该防止义务且与作为实现构成要件相当时,方应受到刑事处罚。这一将不纯正不作为犯保证人地位通过刑法典总则条款进行一般规定的形式也即"保证人地位法定化"。与之不同,我国《刑法》总则中并无关于不纯正不作为犯保证人地位的一般规定,对于保证人理论扩大适用缺乏必要的总则规范基础。也即《刑法》没有将保证人之地位立法化,从而没有为不纯正不作为犯与作为犯的等置提供总则依据。②

于网络服务提供者不作为责任的立法条款层面,不作为行为类型已经完成法定化,不必再借助保证人理论辅助判定。我国《刑法》第286条之一拒不履行信息网络安全管理义务罪对于网络服务提供者及其履行"法律、行政法规规定的信息网络安全管理义务"作出规定,与德日刑法典不直接涉及网络服务提供者不作为类型与刑事责任的做法存在差别。由此,前述将保证人理论推广适用至拒不履行信息网络安全管理义务的观点存在问题:对于直接移植保证人理论的观点而言,在我国《刑法》第286条之一已经明文规定了网络服务提供者的不作为义务及其刑事责任的情况下,强行移植保证人理论会导致理论与规范的冲突,其效果只会"南橘北枳"。对于保证人地位法定化的观点,由于我国《刑法》总则与《德国刑法典》的做法不同,并未赋予保证人地位以法定化的空间,对于《刑法》已经明文规定的拒不履行网络安全义务行为进行强行解释难免会导致理论造法的结果,导致犯罪成立要件解释的随意化,与其所寻求的"法定化"目标"南辕北辙"。

在此还需要说明,《刑法》第286条之一拒不履行信息网络安全管理义务罪并非不纯正不作为犯的"法令义务"情形。这关系到法定义务判断的二重性问题。在不纯正不作为犯作为义务产生根据层面,确实涉及法律义务的判断。比如,德国、日本曾经的通说"形式的法义务说"认为,作为义务的产生根据主要有三个方面:一是基于法令(法律)产生的义务,如基于民法产生的亲权者的监护义务;二是基于合同、事务管理产生的义务,如保姆基于其与幼

---

① 姚诗:《真正不作为犯:义务困境与解释出路》,载《政治与法律》2019年第6期,第127页。
② 参见宫厚军:《"保证人说"之演变及其启示》,载《法商研究》2007年第1期,第116页。

儿家长之间的合同产生的保护义务,或者没有义务的人将病人带回自己家里产生的治疗保护义务;三是基于习惯、条理产生的作为义务。① 其中确实出现了对于法定义务的判断,但是需要明确"法令义务"系对于非刑事法律法定义务的判断,而非刑事法定义务的判断,否则便应进行是否构成纯正不作为犯的认定,而非是否构成不纯正不作为犯的认定。在此意义上,法定义务判断具有二重性:第一重判断系在刑事立法层面,判断是否具有明文规定的作为义务,以此判定依照纯正不作为犯还是不纯正不作为犯进行认定;第二重判断系在非刑事立法层面,判断其法定义务是否能够成为不纯正不作为犯的作为义务。因此,前述学者所述"理论上已经抛弃将法律规定直接作为义务来源的形式主义保证人义务认定方法"的情形仅限于非刑事法定义务,且依然是在不纯正不作为犯的语境下。而《刑法》第286条之一已经通过刑事法律直接明确规定了法定义务,显然无法用不纯正不作为犯的"法令义务"进行阐释。

与此相反,在德国的刑事立法与司法实践中,网络服务提供者的刑法地位认定需要借助保证人地位的判定,其根本原因在于刑法典中并无对其作为义务的具体规定,而是在其他法律中作出具体规定。比如,《德国刑法典》并未涉及网络服务提供者的不作为与刑事责任,而是在其他法律中进行具体的规定,最主要的法律即为《电信媒体法》(Telemediengesetz)。《电信媒体法》全面规定了网络服务提供者的义务与责任,特别是该法第5条至第10条为不同类型的网络服务提供者设定作为义务并赋予相应的法律责任,包括2016年7月21日通过的对《电信传媒法》第8条的修改,为网络接入服务提供者创设了免责条款。因此,网络服务提供者的作为义务的确未出现在《德国刑法典》中,而是需要求诸《电信传媒法》等相关法律的判断,网络服务提供者的不作为具有不纯正性。与之类似,《日本刑法典》中也未规定网络服务提供者的不作为犯,其刑事责任的认定也确可基于保证人的视角展开。

由此,运用危险源管理监督型义务阐释网络服务提供者的不作为责任是在建构"空中楼阁"。危险源管理监督型义务是在不纯正不作为犯义务来源判定上的延伸归纳。机能的二分说根据"保障人义务"的"机能"进行分类,将其分为法益保护义务和危险源管理义务。② 其中,危险源管理监督型义务类型又包括对于危险物或者设备、对于人的行为以及对于不可罚的先行行为进行监督等种类。德国学者也认可基于危险源管理监督型义务来设定网络服务提供者的作为义务,如认为可将互联网视为危险源,并对网络服

---

① 参见陈家林:《外国刑法理论的思潮与流变》,中国人民公安大学出版社、群众出版社2017年版,第198页。
② 参见〔日〕高桥则夫:《刑法总论》,成文堂2013年版,第156—157页。

提供者赋予保证人地位。① 但也有学者以更广泛的视角展开对网络服务提供者保证人地位的阐释，并非将危险源管理监督型义务作为唯一义务来源，而是对网络服务提供者来源于法律的保证人义务、来源于先行行为的保证人义务与来源于危险源监督的保证人义务等义务类型进行体系分析。② 但是，如前所述，德国既有保证人地位法定化的总则条款，又无明确网络服务提供者不作为类型与刑事责任的分则条款，因此对该类行为借助保证人理论在不纯正不作为犯的视角下，基于危险源管理监督型义务或者其他义务类型予以阐释均有其空间；而我国既无保证人地位法定化的总则条款，又有明确网络服务提供者不作为类型与刑事责任的分则条款，其作为义务来源、不作为类型已有《刑法》条文明确规定，并无再借助"危险源管理监督型义务"予以确证的必要。

(三) 不纯正不作为犯的可能进路

尽管在将拒不履行信息网络安全管理义务罪理解为纯正不作为犯的前提下，运用保证人地位理论对该罪进行解释适用存在障碍，但也有观点认为，存在将该罪解释为不纯正不作为犯的理论空间。③

根据《刑法》第 286 条之一的规定，网络服务提供者应当履行"法律、行政法规规定的信息网络安全管理义务"。法条的表述和该条罪名的确定，传递的信息是该条设定的刑事作为义务即为"信息网络安全管理义务"，此项义务的法定内涵只能明确到"法律和行政法规规定的、主动监管信息网络安全的义务"的程度，具体内容由相应的法律和行政法规确定。④ 然而，在处于消极司法法地位的刑法框架下，广泛而能动的社会"管理"职能与刑法在社会治理中应有的基本功能相抵触。⑤ 这样的解释所代表的是，将行政管理义务强行提升为刑法规范所确立之刑事作为义务的意图，在立法论层面，这并不具备正当理据。同时，罪刑法定原则对该条设定的刑事作为义务内涵具有确定性(明确性)的基本要求，在教义学层面以之对该条设定的刑事作为义务为"法律和行政法规规定的信息网络安全管理义务"进行衡量，会发现也无法得到解释上的自洽。

---

① Vgl. Eric Hilgendorf/Brian Valerius, Computer- und Internetstrafrecht, 2012, S.72.
② 参见〔德〕乌尔里希·齐白：《网络服务提供者的刑法责任——刑法总论中的核心问题》，王华伟译，载赵秉志主编：《刑法论丛》(总第 48 卷)，法律出版社 2017 年版，第 323—324 页。
③ 参见敬力嘉：《信息网络犯罪规制的预防转向与限度》，社会科学文献出版社 2019 年版，第 164—166 页。
④ 参见王文华：《拒不履行信息网络安全管理义务罪适用分析》，载《人民检察》2016 年第 6 期，第 24—27 页。
⑤ 参见〔英〕安东尼·吉登斯：《社会学(第五版)》，北京大学出版社 2009 年版，第 23 页。

可以说,"任何部门法都没有同刑法一般如此强调法律规范的明确性"①。因为刑法涉及对公民自由最为严厉的限制与剥夺,因此,刑法条文必须清楚地告诉人们什么是被禁止的,以便让大家能够以此约束自己的行为。通过进一步对法律和行政法规的考察,我们遗憾地发现,依据国务院《计算机信息网络国际联网安全保护管理办法》的规定,此义务内涵的解释无法得到明确,反而会产生矛盾。我国互联网领域的基本法——《网络安全法》规定了承担此义务的主体。《网络安全法》第 8 条即明确规定,国务院电信主管部门、公安部门和其他有关机关依照相关法律规定,负责对网络安全的管理和监督,国家网信部门负责统筹协调网络安全工作和相关监督管理工作。也就是说,此义务的适格主体应当是国家法律法规明确赋权的主管部门,而非网络服务提供者。但刑法中此义务的主体已经明确规定为网络服务提供者,这与上述结论产生了明显的冲突。

这充分说明,将"信息网络安全管理义务"这一行政监管义务解释为网络服务提供者的形式作为义务,无法得到解释上的自洽,不能因为网络服务提供者是法定的义务主体,就认为可要求网络服务提供者承担与行政监管部门同等的监管义务,因此,将拒不履行信息网络安全管理义务罪解释为纯正不作为犯并不合理。所谓"履行信息网络安全管理义务",实质上是为明确网络服务提供者的行为类型提供了指引,并不等同于赋予网络服务提供者"信息网络安全管理义务",拒不履行信息网络安全管理义务罪应当属于不纯正不作为犯。

但为何不纯正不作为犯要由《刑法》分则独立规定处罚?这需要从不纯正不作为犯的法理入手,对此进行进一步的论证。基于对德国刑法理论的考察可以认为,从不纯正不作为犯的规范构造看,是否坚持责任原则存在争议。就不纯正不作为犯的理论主张而言,主要有德国著名刑法学家许乃曼教授和罗克辛教授所主张的,以对"造成原因的结果的支配"作为可罚性基础的支配犯理论②,雅各布斯所主张的,纯粹以义务违反作为可罚性基础的彻底规范化的义务犯理论。③ 在后者的理论框架下,若认可本罪为网络服务提供者设定了网络信息安全保护的积极义务,则其自然成立"致使违法信息大量传播""致使用户信息泄露,造成严重后果"和"致使刑事案件证据灭失,造成严重后果",以及其他被刑法所保护的信息专有权被侵犯所应构成之犯罪的不

---

① 张明楷:《明确性原则在刑事司法中的贯彻》,载《吉林大学社会科学学报》2015 年第 4 期,第 26 页。
② Vgl. Claus Roxin, Strafrecht AT, Band 1, 4. Aufl., 2006, S. 716.
③ 参见何庆仁:《德国刑法学中的义务犯理论》,载陈兴良主编:《刑事法评论》(第 24 卷),北京大学出版社 2009 年版,第 252—258 页。

作为正犯。首先,毋庸置疑的是,在规范化的义务犯理论框架下,有责性的判断完全失去了位置。其次,本条规定所独立打击的是网络服务提供者之不作为,对上述三种情形以及与之相当的危害结果发生构成实质帮助的情形进行独立处罚之意义,正在于其可谴责性较正犯低。一味将之作为正犯处罚,一是完全否定了本条存在之必要性,二是完全放弃了刑法教义学对刑罚权恣意发动的内在限制,滑向重刑主义。因此这一进路并不可取,不能作为网络服务提供者刑事责任认定的理论根据。

在前者的理论框架下,《德国刑法典》总则第 13 条①总括性地规定了保证人地位,在作为义务来源实质化的大趋势下,其解释的根本逻辑落脚在保证人对"造成结果的原因的支配"上,并将之视为不纯正不作为犯与作为犯等价的核心。也就是说,就不纯正不作为犯的归责判断而言,其处罚的当然根据是保证人地位及其刑事作为义务的存在,以及行为人对造成结果原因的支配。② 首先,应判断网络服务提供者的保证人地位以及其产生的刑事作为义务。保证人地位是不纯正不作为犯对"造成结果的原因的支配"的来源,亦即可罚性的前提。在我国《刑法》总则并无保证人地位条款的背景下,对不纯正不作为犯作为义务实质来源的解释,除可能违反罪刑法定原则的质疑外,其面临的最大问题在于对保证人地位的解释趋于恣意。该条作为独立的处罚规定,处罚的是网络服务提供者不纯正不作为之实行行为构成帮助,成为网络服务提供者保证人地位的法定来源。其次,判断是否有对"造成结果的原因的支配",要求对行为人的有责性进行判断,这一归责路径是可取的。因为,如果不问行为人对其行为所造成的结果有无认识,只要客观上出现某种结果就让他承担责任,即使纳入"客观处罚条件",也无法改变它作为结果责任的本质属性,是不足取的。

无需展开相关学说综述③,不纯正不作为犯理论发展的总体趋势是由形式的作为义务向实质的作为义务来源进行探索。④ 此实质化趋势主要存在两个方向:

---

① "不防止属于刑法构成要件的结果发生的人,只有当其依法必须保证该结果不发生的义务,且当其不作为与因作为而使法定构成要件的实现相当时,才依法受处罚。"Vgl. Art. 13 StGB, 52. Aufl., Beck-Texte im dtv, 2014.
② 参见敬力嘉:《论拒不履行网络安全管理义务罪——以网络中介服务者的刑事责任为中心展开》,载《政治与法律》2017 年第 1 期,第 65 页。
③ 基本上经历了义务说、因果关系说、违法性说和保证人说四个阶段。参见陈荣飞:《不纯正不作为犯的基本问题研究》,法律出版社 2010 年版,引言第 1 页。
④ 参见黎宏:《不作为犯研究》,武汉大学出版社 1997 年版;[日]日高义博:《不作为犯的理论》,王树平译,中国人民公安大学出版社 1992 年版;许玉秀:《当代刑法思潮》,中国民主法制出版社 2005 年版。

第一个方向是仍将对作为义务的违反作为处罚不纯正不作为犯的唯一正当根据,如《德国刑法典》第13条规定保证人地位的条款,由此产生了不纯正不作为犯适用作为犯构成要件的等价性评价问题。① 依此路径,根据罪责原则,最恰当的解释即为只有犯罪人自身的行为创设了法益侵害的危险,而自身的不作为导致危险实现的,才可以作为不纯正不作为犯进行归责。② 但在目前风险社会背景之下,纯粹的个人责任已经向将风险在个体和社会共同体之间进行合理分配的关联责任转变③,单纯以个体违反作为义务的选择为基础,已经不能完成恰当地刑事归责。比如本章探讨的网络服务提供者不作为帮助的情形,基于对风险控制的需要,刑法已将对相关法益没有保证人地位的网络服务提供者的不作为帮助入罪。若将对不纯正不作为犯的处罚根据定位为"保证人义务的违反+等价性",则只能走向上文突破责任主义原则的恣意解释,而无法有效限定不纯正不作为犯的处罚范围。

第二个方向即将不作为理解为行为的一种样态,从而以归因和归责的进路来探讨不纯正不作为犯的刑事归责。④ 不作为属于行为的一种样态,在不纯正不作为犯刑事归责的意义上,其与作为犯的等价性非常必要,但并非构成要件或主观恶性等的等价,而是指其刑法上的可谴责性应当等价,需要兼具存在论与规范论的基础,才能很好地限制其处罚范围。且由于不纯正不作为犯一般是结果犯,应当将判断其因果关系作为刑事归责的存在论基础,并探讨其归责的规范论基石。

首先,条件说应当是第一层次的判断。通过条件关系的判断模式,假定行为"存在"来判断法益侵害结果是否会发生。这种假定的判断模式其实不是不纯正不作为犯所特有的,其在作为犯的因果关系判断中一样存在。但只有条件说意义上的引起和被引起关系,当然还不能说不作为与法益侵害结果之间具有因果联系。此时始,便会体现出作为犯与不纯正不作为犯刑事归责路径的区别。罗克辛曾经说过:"相当性理论是不完整的客观归责理论。"⑤在客观归责理论中,所谓的"法规范目的"实质是刑罚目的,即刑事政策的目的考量;所谓的"法不允许的风险",即根据刑事政策报应或预防的目

---

① 参见何荣功:《不真正不作为犯的构造与等价值的判断》,载《法学评论》2010年第1期。
② 参见何荣功:《实行行为研究》,武汉大学出版社2007年版,第90—110页。
③ 参见〔英〕艾伦·诺里:《刑罚、责任与正义——关联批判》,杨丹译,中国人民大学出版社2009年版,第273—282页。
④ 参见孙运梁:《从因果支配走向客观归责——不纯正不作为犯的归因与归责》,载《法学评论》2016年第2期。
⑤ Claus Roxin, Strafrecht AT, Band 1, 4. Aufl., 2006, S. 57.

的考量,对犯罪行为的构成要件符合性作实质解释。① 这实质上消解了定型化构成要件对刑法处罚范围的限制作用,并不足取,不纯正不作为犯的刑事归责仍应以相当因果关系说为标准。基于责任主义的要求,刑法规范对行为人予以归责的基础在于以社会共同体达成的价值共识为标准,行为人选择违反该标准而为法益侵害的行为。而不作为的行为性体现为行为人的"控制",即支配。那么正如罗克辛在其影响巨大的《刑法教科书》中的表达,许乃曼提倡的对于结果原因拥有支配,是不纯正不作为犯与作为犯等置的共同上位规则。以往罗克辛认为义务犯(其中包括不作为犯)中不存在支配,但现在主张义务犯的行为人存在对犯罪行为的控制支配(Kontrollherrschaft)。②

当然,无论是保护支配还是监督支配③,其仍无法完成刑事责任的认定。正如上文所述,刑事责任的认定需要依据社会共同体的价值基准进行判断,具象的、可以依赖的价值基准即宪法中的基本权利,而各部门法是对宪法的具体适用,因此还需要结合刑法规范中附有法律责任的法律义务,来确定不纯正不作为犯的作为义务,作为其刑事归责的判定标准。对于保护重大集体法益的不纯正不作为犯,如拒不履行信息网络安全管理义务罪,在用分则罪名确立网络服务提供者保证人地位的基础上,结合法律和行政法规,根据刑罚规范确定性(明确性)的要求,应厘清"信息网络安全管理义务"的具体内涵与类型。而对于网络服务提供者总体的刑事归责原则,应当以条件说、对原因的支配关系、一次规范中附有法律责任的作为义务,顺次、立体地进行不纯正不作为犯的刑事归责判定。此外需要注意的是,认可不作为"帮助犯"之后与其他犯罪产生竞合的问题,不能简单根据《刑法》第286条之一的规定从一重处罚,需要避免产生重复评价的问题。

---

① 参见许玉秀:《主观与客观之间——主观理论与客观归责》,法律出版社2008年版,第13页。
② 参见〔德〕罗克辛:《德国刑法学总论》(第2卷),王世洲等译,法律出版社2013年版,第540页。
③ 参见〔德〕贝恩德·许乃曼:《论不真正不作为犯的保证人地位》,陈晰译,载李晓明主编:《刑法与刑事司法》(总第2卷),法律出版社2013年版,第69页。

第五章 共 犯

第一节 网络共犯的发展与规范演变

一、网络共犯的发展

传统犯罪参与行为有着相对清晰的参与结构,即以正犯为中心,要求行为共同性与意思联络性的金字塔式的阶层结构。具体表现在以下方面:第一,正犯行为具有支配性。共同犯罪体系中正犯行为对于犯罪整体具有支配作用,共犯[①]行为因对于正犯行为的加功而对犯罪行为整体具有意义。第二,犯罪行为具有共同性。即无论是正犯的实行行为,还是共犯的帮助行为、教唆行为,均指向共同的犯罪行为,行为的共同性始终存在。即便理论上存在完全犯罪共同说、部分犯罪共同说、行为共同说等争议,共同行为始终是讨论犯罪参与行为的普遍基础。在此意义上,传统的犯罪参与体系是以正犯为中心、为上位角色而构建。第三,意思联络具有普遍性。即成立共同犯罪不仅需要正犯与共犯的实行行为,还需要具有意思联络,否则只能成立相应的单独犯罪,而无法成立共同犯罪。

在网络犯罪参与行为的早期阶段,其仅在共犯表现方式上呈现出独特的状况,犯罪形态与传统犯罪并无实质区别。如有学者注意到,网络共同犯罪行为人之间可能并不相识甚至从未会面,犯罪人之间往往是单纯的技术配

[①] 与共同犯罪相关的一个重要概念是"共犯",我国刑法没有"共犯"概念,但是理论上和司法实践中经常使用"共犯"概念。在最广泛的意义上,共犯是指共同犯罪;个别场合共犯与共同犯罪人相同,理论和实务上同时用"共犯"指称"共同犯罪人"。一些司法解释所言"以共犯论",常常包含以上两种意思。参见曲新久:《刑法学》,中国政法大学出版社 2009 年版,第 145 页。

合,只是通过网络联络而共同实施某一犯罪行为或者形成犯罪集团。① 这并不影响犯意联络的认定,因为:"刑法共同犯罪中的意思联络也并非得经过双方接触与商谈才能形成,只要双方的意思借助某种渠道得到沟通即可。"② 对此有学者指出:"网络共同犯罪可以宽泛地指两人以上利用计算机和网络技术在网络(主要是互联网)上实施的共同故意犯罪行为。其本质属性与传统共同犯罪并无二致。"③ 这一论断在网络犯罪参与行为演变的早期阶段是适当的。

网络社会的发展深刻地改变着犯罪形态,网络犯罪的参与结构正在发生根本性的改变:网络犯罪并不存在具有中心性的行为,行为共同性与意思联络性也日趋消解,呈现链式的扁平结构。有学者对此指出:"(网络犯罪)其组织结构也从具备严格等级制度的传统金字塔形和辐辏形,演变到网络空间里的网状形、聚合射线形和链条形的结构类型。"④ 也有学者用"犯罪协作"来概括网络犯罪中产业化的有组织的犯罪方式,即多个行为人基于产业化合作方式,而非共同犯罪的方式。⑤ 比如,"电信网络诈骗犯罪内部有细致的产业化分工,有专门的犯罪群体以设立用于违法犯罪活动的网站、发布违法犯罪信息为生,以独立主体身份与下游犯罪人进行非法交易,是犯罪链上的独立环节,不符合共同犯罪的构成条件"⑥。

网络犯罪参与行为的结构变化具体表现在以下方面:第一,没有中心性的"正犯行为"。由于网络社会的去中心性(扁平化),犯罪行为产生了相应的变化,在网络犯罪产业链中,参与主体并非为了同一犯罪目的而分别加功,而是为了各自的目的而分工合作,不存在对于产业链存在整体支配地位的"正犯行为",或者说各主体的行为均系正犯行为。第二,行为的共同性消解。在网络社会跨时空互动性的影响下,行为交互日趋碎片化、交融化,网络

---

① 参见赵秉志、于志刚:《计算机犯罪及其立法和理论之回应》,载《中国法学》2001年第1期,第156页;于志刚:《论传统刑法与虚拟空间的冲突和衔接》,载《浙江社会科学》2004年第1期,第120页;张俊霞:《网络共同犯罪若干疑难问题探讨》,载《河北法学》2007年第11期,第190页;张阳:《空间失序与犯罪异化:论虚拟空间的犯罪应对》,载《河南社会科学》2018年第5期,第67页。
② 王志远:《网络共犯问题对我国共犯制度模式的挑战》,载赵秉志主编:《刑法论丛》(总第23卷),法律出版社2010年版,第224页。
③ 刘守芬、丁鹏:《网络共同犯罪之我见》,载《法律科学(西北政法学院学报)》2005年第5期,第98页。
④ 栗向霞:《论有组织犯罪的信息化和网络犯罪的有组织化》,载《河南社会科学》2016年第11期,第39页。
⑤ 参见时延安:《网络规制与犯罪治理》,载《中国刑事法杂志》2017年第6期,第20—21页。
⑥ 皮勇:《论新型网络犯罪立法及其适用》,载《中国社会科学》2018年第10期,第135页。

犯罪参与行为的范围出现差异,难以基于传统的共同犯罪行为整体进行评价。比如,"帮助行为"是针对大量或不特定主体实施的,而"实行行为"是针对单一或特定主体实施的。也即学者指出的:"网络中的主流犯罪模式是'一对多'的关系,帮助行为面对的往往是不特定的多数人……正因为存在这种一对多的关系,使得原本处于从属地位和帮助地位的链接行为出现了社会危害性的聚拢、集聚、强化作用。"①第三,意思联络性的消解。网络社会的空间结构是分布式的,信息交互以必要性为目标,而非以整体性为目标,在网络犯罪产业链中,行为人只是各自实施相应的行为,其既无需了解下游(或上游)犯罪行为的具体内容,也无须同其他犯罪主体进行意思联络与达成犯罪合意。

以侵犯个人信息犯罪的参与行为为例:第一,非法提供用于获取个人信息的木马程序等工具往往是针对不特定主体提供的,并非针对特定主体,犯罪行为的共同性不存在。第二,非法提供个人信息的主体并不需要对非法利用个人信息的方式(如用于诈骗、盗窃等下游犯罪还是用于合法目的)具有明知,也无需与非法利用主体进行意思联络。第三,非法获取、非法提供个人信息行为通常侵犯公共信息安全,非法利用个人信息行为可能侵犯个人人身安全、财产安全等,对其评价的行为类型并不相同,不存在居于中心地位的唯一"正犯行为"。与之类似,侵犯计算机信息系统安全的犯罪参与行为也存在上述情形。

二、网络共犯的规范演变

基于网络共犯结构的变化,相关规定也经历了从司法解释到刑事立法的规则发展过程。

(一)司法解释的回应

基于网络共犯的新结构,相关司法解释确立了不同的规则,以适应对不同类型行为的规制需要。

第一,以共同犯罪论处。即对于网络犯罪参与行为,在司法解释中规定按照相应犯罪的共犯论处,其典型表述为"以共同犯罪论处"。主要包括以下条款:其一,《淫秽电子信息案件解释》第7条规定:"明知他人实施制作、复制、出版、贩卖、传播淫秽电子信息犯罪,为其提供互联网接入、服务器托管、网络存储空间、通讯传输通道、费用结算等帮助的,对直接负责的主管人员和其他直接责任人员,以共同犯罪论处"。其二,《网络诽谤案件解释》第8条规定:"明知他人利用信息网络实施诽谤、寻衅滋事、敲诈勒索、非法经营等

---

① 于志刚:《网络犯罪与中国刑法应对》,载《中国社会科学》2010年第3期,第119页。

犯罪,为其提供资金、场所、技术支持等帮助的,以共同犯罪论处"。其三,《电信网络诈骗犯罪意见》第4条第3项规定,明知他人实施电信网络诈骗犯罪,具有该条所列提供服务、帮助特定情形的,以共同犯罪论处,但法律和司法解释另有规定的除外。

第二,按照共同犯罪处罚,但设置独立的构罪标准。即一方面承认该网络犯罪参与行为系共犯行为,同时为其规定了不同于正犯的独立构罪标准,其典型表述为"以共同犯罪处罚"。主要包括以下条款:其一,《淫秽电子信息案件解释(二)》第7条规定,明知是淫秽网站,以牟利为目的,通过投放广告等方式向其直接或者间接提供资金,或者提供费用结算服务,符合该条所列特定情形的,对直接负责的主管人员和其他直接责任人员,依照《刑法》第363条第1款的规定,以制作、复制、出版、贩卖、传播淫秽物品牟利罪的共同犯罪处罚,并规定了每一情形的独立构罪标准。其二,《网络赌博犯罪意见》第2条规定,明知是赌博网站,具有该条所列提供服务、帮助特定情形的,属于开设赌场罪的共同犯罪,依照《刑法》第303条第2款的规定处罚,并规定了每一情形的独立构罪标准。其三,《信息系统安全案件解释》第9条规定,明知他人实施《刑法》第285条、第286条规定的行为,具有该条所列提供程序工具、帮助特定情形的,应当认定为共同犯罪,依照《刑法》第285条、第286条的规定处罚,并规定了每一情形的独立构罪标准。

第三,按照独立的犯罪行为认定,且设立具体的构罪标准。其典型表述为"以(罪名)定罪处罚"。主要包括以下条款:《淫秽电子信息案件解释(二)》第3条规定,利用互联网建立主要用于传播淫秽电子信息的群组,成员达30人以上或者造成严重后果的,对建立者、管理者和主要传播者,依照《刑法》第364条第1款的规定,以传播淫秽物品罪定罪处罚。第6条规定,电信业务经营者、互联网信息服务提供者明知是淫秽网站,为其提供互联网接入、服务器托管、网络存储空间、通讯传输通道、代收费等服务,并收取服务费,符合该条所列特定情形的,对直接负责的主管人员和其他直接责任人员,依照《刑法》第363条第1款的规定,以传播淫秽物品牟利罪定罪处罚。

(二)刑事立法的回应

鉴于网络犯罪参与行为的发展,其参与范围已经不限于传播淫秽物品罪等特定传统犯罪,而是呈现独立化、类型化的发展趋势,《刑法修正案(九)》增设了第287条之二帮助信息网络犯罪活动罪、第287条之一非法利用信息网络罪,通过刑事立法将网络犯罪参与行为作为独立的犯罪处罚。

第一,帮助信息网络犯罪活动行为。《刑法》第287条之二将其规定为明知他人利用信息网络实施犯罪,为其犯罪提供互联网接入、服务器托管、网络存储、通讯传输等技术支持,或者提供广告推广、支付结算等帮助的行为。从行为类型看,该条承继了前述司法解释第三种规则类型,对参与网络犯罪的提供技术支持或帮助行为予以独立规制,而非认定为共同犯罪。

第二,非法利用信息网络行为。《刑法》第287条之一将其规定为利用信息网络实施下列行为之一:其一,设立用于实施诈骗、传授犯罪方法、制作或者销售违禁物品、管制物品等违法犯罪活动的网站、通讯群组的;其二,发布有关制作或者销售毒品、枪支、淫秽物品等违禁物品、管制物品或者其他违法犯罪信息的;其三,为实施诈骗等违法犯罪活动发布信息的。从行为类型看,该条同样承继了前述司法解释第三种规则类型,并且扩展了该行为类型。此外,《刑法》第287条之一也规定了独立的罪刑规则。

三、网络共犯规范演变的理论立场

关于网络犯罪的司法和立法回应,基于不同的理论立场有不同的解读。不少学者从共犯的立场将其理解为"共犯行为正犯化",另有观点认为正犯立场可以提供更为合理的解释,即理解为"正犯行为共犯化"。以上立场的分歧也影响了后续对网络正犯与共犯、网络预备犯与共犯之间的关系的判断。

第一,共犯行为正犯化立场。关于如何理解网络犯罪参与行为的刑法理论地位,共犯立场成为有力的主张。有学者基于传统犯罪的网络变异,提出预备行为实行化和共犯行为正犯化的理论观点。[①] 在该理论体系中,不仅共犯行为正犯化,预备行为实行化也可从共犯立场予以理解,如在对共同犯罪预备行为的评价上,传统的共犯责任同单独犯罪预备行为的责任认定一样,同样依赖于实行行为的性质,面临共犯责任评价不足的困境,《淫秽电子信息案件解释(二)》第3条的规定即是将特定网络空间共同犯罪的预备行为直接以正犯责任评价。[②]

根据共犯立场,网络犯罪参与行为的入罪属于"共犯行为正犯化",从司法解释规定到立法规定体现了从共犯到正犯的发展,即对于网络共犯行为从"司法的正犯化"转向"立法的正犯化"。[③] 该说认为,在司法解释阶段,对于网络犯罪参与行为的规定分为三种模式:第一种模式为共犯所从属的正犯必须达到构成犯罪所要求的罪量,包括《网络赌博犯罪意见》第4条、《信息系

---

① 参见于志刚:《网络犯罪与中国刑法应对》,载《中国社会科学》2010年第3期,第125—126页。
② 参见于志刚:《网络空间中犯罪预备行为的制裁思路与体系完善——截至〈刑法修正案(九)〉的网络预备行为规制体系的反思》,载《法学家》2017年第6期,第62页。
③ 参见刘仁文、杨学文:《帮助行为正犯化的网络语境——兼及对犯罪参与理论的省思》,载《法律科学(西北政法大学学报)》2017年第3期,第124页。

统安全案件解释》第7条、《网络诽谤案件解释》第8条等的规定;第二种模式为共犯从属的正犯不必达到自身构成犯罪所要求的罪量,包括《网络赌博犯罪意见》第2条、《淫秽电子信息案件解释(二)》第7条、《信息系统安全案件解释》第9条等的规定;第三种模式为直接将共犯行为视为独立的实行行为,且不要求正犯达到其本身的罪量,包括《淫秽电子信息案件解释(二)》第3条至第6条等的规定。在立法阶段,《刑法修正案(九)》所增设的《刑法》第287条之二帮助信息网络犯罪活动罪是网络共犯行为正犯化理论的典型实践(或"立法对于网络犯罪帮助行为的整体性回应"),《刑法》第287条之一非法利用信息网络罪集中解决网络空间预备行为的实行化问题。①

第二,正犯行为共犯化立场。如有观点认为基于网络社会的再构,网络犯罪参与行为的结构不符合共犯要求。网络犯罪参与行为之间是链式的扁平结构(非中心化的结构),而非共同犯罪之间金字塔式的阶层结构(中心化的结构)。纵观网络犯罪参与行为的再构以及刑法回应历程,应从正犯立场而非共犯立场理解该类行为。亦即网络犯罪参与行为的正犯性来自其行为类型本身,而非共犯性的转化。

认为"共犯行为正犯化"的观点实际上反向地理解了"正犯行为共犯化"的网络共犯规制路径。司法解释和立法的配合方式为:"借助司法文件相对'短平快'的特点,司法为立法'铺路'和互相配合,司法层面以司法解释等手段先行探索,待理论成熟、时机具备之后再通过立法的形式予以最终确认。"②但是,"刑事司法解释中也并没有被最高司法机关明确承认的'帮助行为正犯化'条款,它更多只是学者们过度扩张解释的产物"③。考察从司法解释到刑事立法对网络犯罪参与行为的规定,实际情况是基于网络犯罪参与行为的再构,通过司法解释暂时作为共犯予以认定处罚(即"正犯行为共犯化"),及至立法修改时将其回归正犯予以规定。

对此可从实务部门对于司法解释的解读中进一步明确。其一,以共同犯罪论处的情形。如就《网络诽谤案件解释》第8条规定,实务部门指出:"追

---

① 参见于志刚:《共犯行为正犯化的立法探索与理论梳理——以"帮助信息网络犯罪活动罪"立法定位为角度的分析》,载《法律科学(西北政法大学学报)》2017年第3期,第83—87页;刘仁文、杨学文:《帮助行为正犯化的网络语境——兼及对犯罪参与理论的省思》,载《法律科学(西北政法大学学报)》2017年第3期,第125—126页;于志刚:《网络空间中犯罪预备行为的制裁思路与体系完善——截至〈刑法修正案(九)〉的网络预备行为规制体系的反思》,载《法学家》2017年第6期,第63页。

② 于志刚、吴尚聪:《我国网络犯罪发展及其立法、司法、理论应对的历史梳理》,载《政治与法律》2018年第1期,第71页。

③ 王华伟:《网络语境中帮助行为正犯化的批判解读》,载《法学评论》2019年第4期,第138页。

究提供资金、场所、技术支持等帮助行为人的刑事责任,要求其主观上必须是'明知'。一是行为人主观上明知他人利用信息网络实施诽谤、寻衅滋事、敲诈勒索、非法经营等犯罪;二是明知的内容必须是实施某一种具体犯罪行为,而不是笼统地知道他人可能会从事违法犯罪活动。"①亦即在立法缺乏对于网络犯罪参与行为正犯规定的情况下认定为其他犯罪的共犯,但是要求其他犯罪存在,而无法规制该其他行为不构成犯罪的情形。其二,按照共同犯罪处罚,但设置独立的构罪标准的情形。如就《淫秽电子信息案件解释(二)》第 7 条规定,实务部门指出:"明知是淫秽网站,以牟利为目的,通过投放广告等方式向其直接或者间接提供资金,或者提供费用结算服务的行为,属于制作、复制、出版、贩卖、传播淫秽物品牟利罪的帮助行为,应当以共同犯罪论处。""考虑到该类行为与一般的直接传播淫秽物品的行为有所区别,本条设置了独立的定罪量刑标准。"②亦即对于实际上具有类型化犯罪意义的行为设置独立的量刑标准,同时基于司法解释不能创设罪名的原则,"借用"其他罪名并对行为范围进行相应的限定。至于按照独立的犯罪行为认定,且设立具体的构罪标准的情形,则更为直接地体现了这一意蕴。因此,司法解释先于立法对网络犯罪参与行为予以回应,是"正犯行为共犯化",而非"共犯行为正犯化",正犯立场才是解读其行为性质的应然立场。③

第二节　网络正犯与共犯

　　传统视角下正犯与共犯在理论体系中有着鲜明的位阶次序,然而随着犯罪参与结构日益从金字塔式的阶层结构转向链式的扁平结构,网络共犯与正犯之间的关系与地位发生了微妙的变化,就如何对其进行刑法评价形成了共犯行为论、正犯行为论的分野,并有不同的具体观点,其主要围绕《刑法》第 287 条之二帮助信息网络犯罪活动罪及前述司法解释的规定,基于帮助信息网络犯罪活动行为的性质判断展开论述。

---

　　① 最高人民检察院法律政策研究室:《〈关于办理利用信息网络实施诽谤等刑事案件适用法律若干问题的解释〉解读》,载《人民检察》2013 年第 23 期,第 27 页。
　　② 陈国庆、韩耀元、吴峤滨:《〈关于办理利用互联网、移动通讯终端、声讯台制作、复制、出版、贩卖、传播淫秽电子信息刑事案件具体应用法律若干问题的解释(二)〉理解与适用》,载《人民检察》2010 年第 5 期,第 68 页。
　　③ 参见王肃之:《论网络犯罪参与行为的正犯性——基于帮助信息网络犯罪活动罪的反思》,载《比较法研究》2020 年第 1 期,第 170—173 页。

一、共犯行为论

共犯行为论依然强调网络犯罪参与行为的共犯属性，通过传统理论的扩大适用或者创设新的共犯解释规则对其进行评价。如认为对网络犯罪参与行为的刑法规制总体上应当坚持共犯路径为主、其他路径为辅的观念[①]，或在维持意思联络的前提下对其进行较为缓和的理解。[②] 在共犯行为论的视角下具体形成了中立帮助行为说、正犯化的帮助行为说和量刑规则独立的帮助行为说三种观点。

（一）中立帮助行为说

关于中立帮助行为，一般认为是指其行为外观上不具有刑事违法性，但是客观上对于犯罪行为具有促进作用，且行为人对此具有认识的行为（日常行为等）。"中立帮助行为"理论概念的提出并非基于网络犯罪参与行为的发展，其可以溯源至德国刑法理论。德国学者指出，对于日常行为（Alltägliche Handlungen），通说不将其排除在帮助行为外，而是判断支持者的认识和意愿（Wissen und Wollen des Unterstützers）。[③] 日本学者在讨论中立帮助行为时，也未将其一概排除在共犯行为之外。[④]

学者基于对帮助信息网络犯罪活动行为中的"提供互联网接入、服务器托管、网络存储、通讯传输等技术支持"，以及"提供广告推广、支付结算等帮助"表述的解读，将其理解为中立的帮助行为。具体有两种观点：扩张的观点认为，技术支持或帮助的行为一般由专业人员有偿提供，除了专门为犯罪活动提供帮助的情形外，该服务通常针对所有的互联网用户而非仅针对犯罪行为人提供，因此具有典型的中立性信息网络服务的外部行为样态。[⑤] 限缩的观点认为，由于对象的广泛性和业务的中立性，只有违反相关行业规范，深度参与他人犯罪活动，提供针对特定对象专门用于犯罪活动的技术支持或帮助的行为，才可能成立帮助信息网络犯罪活动罪或者诈骗等罪的共犯。[⑥]

---

① 参见杨彩霞：《多元化网络共犯行为的刑法规制路径体系之重构》，载《法学家》2019年第2期，第38页。
② 参见吕翰岳：《互联网共同犯罪中的意思联络》，载《法学评论》2017年第2期，第154页。
③ Vgl. Urs Kindhäuser, Strafrecht Allgemeiner Teil, 8. Auflage, 2017. S. 382.
④ 参见〔日〕高桥则夫：《刑法总论（第2版）》，成文堂2013年版，第471—473页。
⑤ 参见刘宪权：《论信息网络技术滥用行为的刑事责任——〈刑法修正案（九）〉相关条款的理解与适用》，载《政法论坛》2015年第6期，第100页。
⑥ 参见陈洪兵：《帮助信息网络犯罪活动罪的限缩解释适用》，载《辽宁大学学报（哲学社会科学版）》2018年第1期，第114页。

支持该说的主要从两个方面论述理由:第一,中立帮助行为理论有利于限缩刑事责任的扩张。如有学者认为,中立帮助行为理论强调网络服务提供者作为一般性经营活动主体的地位,强调技术行为的中立性以及对于利益、风险的权衡比较,可以限制网络服务提供者刑事责任的不当扩张。① 第二,日本的"Winny 案"中对于中立帮助行为的处断规则应予借鉴。该案中,行为人金子勇开发、多次改良了文件共享软件 Winny,并依次放到互联网上公开,向不特定多数的人提供下载服务。有两名正犯(均另案处理),利用该软件,将属于著作权法保护对象的游戏软件和电影置于向互联网用户公开发布的状态,构成侵犯著作权的犯罪行为。一审判决金子勇成立帮助犯,二审则否认了其犯罪意图,认定不构成帮助犯。有学者基于此认为,日本对于传统的中立帮助行为的可罚性采取限缩的解释态度,以维护公民的安定感和日常交易的稳定性,而拒不履行信息网络安全管理义务罪、帮助信息网络犯罪活动罪则是走向了全面可罚化的道路,不利于社会稳定和新兴网络技术的发展。②

此外,部分学者在讨论中立帮助行为的过程中未将范围限定于帮助信息网络犯罪活动行为,而是扩展至拒不履行信息网络安全管理义务行为。如认为平台类网络服务提供者在得知其运营的网络空间具有不健康的淫秽色情内容后,如果能够及时清理而未清理,可成立帮助犯。③

与之相对,反对该说的也从两个方面予以论述:第一,网络服务提供者中立的帮助行为的"中立性"存疑。如有学者认为,在我国《刑法》已经将网络服务提供者拒不履行信息网络安全管理义务行为犯罪化的情况下,其行为已经不再具有中立性。④ "中立帮助行为有其特殊性,即行为在促进他人犯罪的同时,行为本身还具有正常业务行为或者日常活动的一面"。⑤ 中立帮助行为的通常情形为特定经营者明知他人的犯罪意图,而且知道其经营行为会对他人的违法犯罪行为具有帮助或者促进作用,依然为其提供饭菜、运输、贩卖工具等。⑥ 在这一情景下,行为者本身进行的是正当业务行为,只是因该

---

① 参见王华伟:《网络服务提供者刑事责任的认定路径——兼评快播案的相关争议》,载《国家检察官学院学报》2017年第5期,第14页。
② 参见刘艳红:《网络中立帮助行为可罚性的流变及批判——以德日的理论和实务为比较基准》,载《法学评论》2016年第5期,第49页。
③ 参见张伟:《中立帮助行为探微》,载《中国刑事法杂志》2010年第5期,第29页。
④ 参见谢望原:《论拒不履行信息网络安全管理义务罪》,载《中国法学》2017年第2期,第254页。
⑤ 陈洪兵:《论中立帮助行为的处罚边界》,载《中国法学》2017年第1期,第208页。
⑥ 参见车浩:《谁应为互联网时代的中立行为买单?》,载《中国法律评论》2015年第1期,第49页。

正当业务行为客观上为他人的犯罪行为提供了支持,且自身对此存在明知,所以需要考察其刑事责任,并且基于正当业务性不对责任范围作扩大理解。而帮助信息网络犯罪活动行为虽然也要求具有"明知",但是该行为并不存在这种中立性。根据《刑法》第 287 条之二的规定,其行为范围即是为他人利用信息网络实施犯罪"提供互联网接入、服务器托管、网络存储、通讯传输等技术支持","或者提供广告推广、支付结算等帮助",与他人犯罪范围具有相关性,不存在此处的正当业务行为,其全部行为均被刑法予以否定评价。

第二,日本的"Winny 案"不应从中立帮助行为层面考量。如有学者认为,二审并不是以中立行为为由提出该案和一般帮助行为成立要件不同的,因此该案不应被理解为中立行为的判例,而应被认定为之前几乎未被讨论过的向不特定多数主体提供帮助的判例。① 日本学者多从中立帮助行为角度来看待"Winny 案",但是在结论上有所分歧。肯定的观点认为,提供 Winny 软件的行为可以帮助正犯实施违反著作权法的行为,其成立帮助犯无疑②;否定的观点认为,Winny 软件系"价值中立的软件",成立帮助犯必须存在超过一般可能性的具体侵害利用状况,且提供者认识、容认该状况。(日本)最高裁判所最终认为,不能认定行为人"认识、容认通常情况下利用其软件侵害他人著作权的高度盖然性",认定不存在帮助犯的故意。③ 然而制作、提供 Winny 软件的行为与帮助信息网络犯罪活动行为不同,前者可能具有中立性。从本质上看,Winny 软件并非专门用于犯罪或专门为了犯罪而制作、提供,利用该软件的用户可用在网上检索感兴趣的电影、音乐和游戏等文件,并从共享文件夹中下载,其本质为 P2P 软件④,可用于合法或非法用途。与之不同,帮助信息网络犯罪活动行为是为信息网络犯罪活动提供技术支持或者帮助,并非为合法或非法活动提供技术支持或者帮助,无法类比"Winny 案"的情形。对此,德国学者也指出,提供专门用于犯罪的辅助工具(tatspezifischer Hilfsmittel)不适用中立帮助行为理论。⑤

---

① 参见储陈城:《限制网络平台帮助行为处罚的理论解构——以日本 Winny 案为视角的分析》,载《中国刑事法杂志》2017 年第 6 期,第 58—59 页。
② 参见〔日〕高桥则夫:《刑法总论(第 2 版)》,成文堂 2013 年版,第 473 页。
③ 参见〔日〕前田雅英:《刑法总论讲义(第 6 版)》,东京大学出版会 2015 年版,第 380—381 页。
④ P2P 即 Peer-to-Peer,P2P 软件的工作原理是网络用户之间直接传输数据,而非通过服务器传输数据。
⑤ Vgl. Urs Kindhäuser, Strafrecht Allgemeiner Teil, 8. Auflage, 2017. S. 384.

(二) 正犯化的帮助行为说

一般认为,帮助行为正犯化①是指我国《刑法》分则条文直接将某种帮助行为规定为正犯行为,并为其设置独立的法定刑。② 也有学者将其视为狭义的帮助行为正犯化,认为广义的帮助行为正犯化泛指《刑法》分则中所有帮助行为的入罪化,即对于违法、犯罪行为的帮助行为,通过新增罪名或者修正罪名的形式予以入罪化的一种立法模式。③ 实际上所谓"广义的帮助行为正犯化"已经进入犯罪行为立法化的理论范围,因此本章仅在狭义的层面讨论。

由于传统共犯理论难以有效地阐释帮助信息网络犯罪活动行为,有学者提出从帮助行为正犯化的角度,将该行为作为正犯化的帮助行为进行阐释。其认为,《刑法》第287条之二帮助信息网络犯罪活动罪属于立法论上帮助行为正犯化的典型代表。④ "对于技术帮助、金融服务、广告宣传等三种帮助行为统一规定了独立的罪名和法定刑,实现了共犯行为的高度独立化,将司法上、理论上的'共犯行为的正犯化'通过立法予以实现,原有的'帮助行为'即'共犯行为'通过立法独立为新的'实行行为'即正犯化。"⑤在其理论中,虽然认可帮助信息网络犯罪活动行为的正性,但是前提是共犯关系的存在,只是由于帮助行为(共犯行为)的法益侵害程度更为严重以及行为人在共犯关系中地位的提升,立法才对其予以正犯化。

反对的观点则基于我国理论和立法对其提出反思:第一种观点认为,不应盲目沿用帮助行为正犯化理论,而应回归我国双层区分制参与体系。如有学者认为,对网络犯罪帮助行为予以正犯化是盲目照搬德日共犯理论的结果,即对我国双层区分制参与体系(参与类型与参与程度分属两个不同层次)的无视与偏离,以及对德日单层区分制参与体系(参与类型与参与程度统合在一个层面)的全盘接受与全面应用。应基于网络犯罪帮助行为的真实

---

① 也有学者认为,帮助信息网络犯罪活动罪的设立,与其说是"共犯正犯化"不如说是"从犯主犯化"。"从犯主犯化"意味着原属从犯的帮助行为在共同犯罪中的作用受到刑法更为严厉的否定评价和处罚,其在共同犯罪中的作用评价由处于次要或辅助的"从犯"向"主犯"靠近。参见张勇、王杰:《网络帮助行为的犯罪化与非犯罪化》,载《苏州大学学报(哲学社会科学版)》2017年第3期,第62页。
② 参见张明楷:《论帮助信息网络犯罪活动罪》,载《政治与法律》2016年第2期,第3页。
③ 参见于冲:《帮助行为正犯化的类型研究与入罪化思路》,载《政法论坛》2016年第4期,第165页;孙运梁:《帮助信息网络犯罪活动罪的核心问题研究》,载《政法论坛》2019年第2期,第88—89页。
④ 参见王华伟:《网络语境中帮助行为正犯化的批判解读》,载《法学评论》2019年第4期,第131页。
⑤ 于志刚:《共犯行为正犯化的立法探索与理论梳理——以"帮助信息网络犯罪活动罪"立法定位为角度的分析》,载《法律科学(西北政法大学学报)》2017年第3期,第88—89页。

地位进行评价,如行为人起主要作用亦可以评价为主犯,实现刑罚个别化。① 第二种观点认为,《刑法》第 287 条之二帮助信息网络犯罪活动罪在规范结构上不同于帮助行为正犯化。该罪在主观罪过及客观范围层面与相关的信息网络犯罪均存在区别,二者实际上属于犯罪协作关系而非共犯关系。与之不同,对于正犯化了的共犯行为,尽管设置了独立的罪名与罪刑规则,但是其与正犯之间的共犯关系并未改变。比如,《刑法》第 358 条第 4 款协助组织卖淫罪,其行为系"为组织卖淫的人招募、运送人员"或者"其他协助组织他人卖淫行为";与之相对,《刑法》第 358 条第 1 款组织卖淫罪,其行为系"组织他人卖淫",二者之间的共犯关系依然存在。②

(三) 量刑规则独立的帮助行为说

帮助犯的量刑规则理论是学者基于对传统共犯结构的坚持而提出的,以期对《刑法》第 287 条之二帮助信息网络犯罪活动罪作出契合传统理论的阐释。根据这一理论,条文对帮助犯设置了独立的法定刑并不意味着帮助犯的正犯化,从我国《刑法》分则的相关规定来看,分则条文对帮助犯设置独立法定刑时,存在帮助犯的绝对正犯化、帮助犯的相对正犯化以及帮助犯的量刑规则独立三种情形。《刑法》第 287 条之二只是帮助犯的量刑规则,论者提出三点理由:首先,为他人犯罪提供互联网技术支持的行为依然是帮助行为,其成立犯罪以正犯实施了符合构成要件的不法行为为前提。其次,教唆他人实施上述帮助行为的,不成立教唆犯,仅成立帮助犯;单纯帮助他人实施帮助行为,而没有对正犯结果起作用的,不受处罚。最后,对于实施本款行为构成犯罪的行为人不得依照我国《刑法》第 27 条的规定从轻、减轻处罚或者免除处罚,只能直接按照《刑法》第 287 条之二第 1 款的法定刑处罚。③

也有学者从主观和客观两方面来论述:"(帮助信息网络犯罪活动行为)客观上,行为人必须是为'其犯罪'即被帮助的他人的'犯罪'提供互联网接入、服务器托管、网络存储、通信传输等技术支持或者提供广告推广、支付结算等帮助……主观上,行为人必须'明知他人利用信息网络实施犯罪'。"④据此,其认为帮助信息网络犯罪活动行为依然未摆脱帮助行为的从

---

① 参见刘仁文、杨学文:《帮助行为正犯化的网络语境——兼及对犯罪参与理论的省思》,载《法律科学(西北政法大学学报)》2017 年第 3 期,第 128—129 页;罗世龙:《网络帮助行为的刑事归责路径选择》,载《甘肃政法学院学报》2018 年第 4 期,第 138 页。
② 参见王肃之:《论网络犯罪参与行为的正犯性——基于帮助信息网络犯罪活动罪的反思》,载《比较法研究》2020 年第 1 期,第 180 页。
③ 参见张明楷:《论帮助信息网络犯罪活动罪》,载《政治与法律》2016 年第 2 期,第 5 页。
④ 黎宏:《论"帮助信息网络犯罪活动罪"的性质及其适用》,载《法律适用》2017 年第 21 期,第 35 页。

属地位。

反对的学者则从两方面对这一理论提出商榷:第一,帮助信息网络犯罪活动行为具有独立性。如有学者指出,明知他人可能要实施诈骗等犯罪而提供技术帮助,即使他人后来没有实施犯罪,也不排除构成帮助信息网络犯罪活动行为的可能性,其犯罪既遂形态应当不依赖于他人的犯罪形态。① 第二,将独立罪刑条款解释为帮助犯的量刑规则不符合刑法原理。有学者认为,《刑法》条文设置独立的法定刑以行为成立独立犯罪为前提,帮助信息网络犯罪活动罪也不例外,该类行为独立于被帮助的网络犯罪行为,并非是对《刑法》总则共犯规定的补充。否则,不仅会使《刑法》总则设立的犯罪一般原理被分则架空,也违反了刑法解释的体系规则、正犯与共犯相区分的基本原理。② 对帮助信息网络犯罪活动罪而言,并不存在独立的"信息网络犯罪活动罪",信息网络犯罪的量刑区间可能轻至拘役、管制,重至无期徒刑、死刑。如果认为帮助信息网络犯罪活动罪系量刑规则独立的帮助行为,那么也就意味着突破了《刑法》对于共同犯罪设置的处罚规则,以学理解释超越了立法解释的权限,可能具有相当程度的教义学风险。③

二、正犯行为论

由于共犯行为论的观点存在前述问题,有学者继而从正犯行为论的视角寻求网络犯罪参与行为的处罚依据,并形成了累积犯说与独立的犯罪参与行为说。

(一)累积犯说

有学者基于累积犯的构造进行阐释,认为网络空间存在大量信息失序类犯罪行为,由于危害结果超过传统犯罪,应逐步进行累积犯化的设置。规范的首次引入可以追溯至《网络诽谤案件解释》第 2 条第(一)项关于诽谤行为"情节严重"的如下规定:"同一诽谤信息实际被点击、浏览次数达到五千次以上,或者被转发次数达到五百次以上"。④ 论者将这一理论引入网络犯罪参与行为的讨论,认为网络社会的发展形成了具有"积量构罪"构造的新型

---

① 参见于志刚:《共犯行为正犯化的立法探索与理论梳理——以"帮助信息网络犯罪活动罪"立法定位为角度的分析》,载《法律科学(西北政法大学学报)》2017 年第 3 期,第 89 页。
② 参见刘艳红:《网络犯罪帮助行为正犯化之批判》,载《法商研究》2016 年第 3 期,第 20 页。
③ 参见王肃之:《论网络犯罪参与行为的正犯性——基于帮助信息网络犯罪活动罪的反思》,载《比较法研究》2020 年第 1 期,第 180 页。
④ 参见张阳:《空间失序与犯罪异化:论虚拟空间的犯罪应对》,载《河南社会科学》2018 年第 5 期,第 69—70 页。

网络犯罪①,即利用信息网络大量实施低危害性行为,累积的危害后果或者危险已达到应处刑罚的严重程度。就传统犯罪而言,我国刑法所规定的犯罪绝大部分采取"单量构罪"结构,罪状描述的是单次危害行为引起一个严重危害后果或重大危险;与之不同,帮助信息网络犯罪活动罪是具有"积量构罪"特征,其不能独立引起下游违法犯罪的危害后果,单次危害行为的危害量底限低,具有"海量积数×低量损害"的"积量构罪"罪行构造。②

但就是否可以基于行为的叠加证成网络犯罪参与行为的正犯性,持共犯观点的学者有不同的理解,认为共犯行为单数内部多次实施行为的不法程度可以实现叠加,不法含量(罪量)可以进行汇总性判断③,即共犯行为也不排斥行为的叠加。

也有观点对于累积犯说提出反思,认为累积犯系指每个单独行为自身的危险性程度较低,难以产生法益侵害,但是如果该类行为大量实施最终会导致法益侵害,因而需要通过刑法加以规制。④ 累积犯最初的适用领域为环境犯罪,用于阐释"对环境法益的威胁所具备的这种共害和复杂累积的特质"⑤,之后开始向其他侵犯社会法益的犯罪领域扩展。但是累积犯并非抽象危险犯,对此有学者指出:"决定累积犯立法的诸因素中重要的是行为的大数量而不再是个别行为的侵害程度,而相当程度的典型性危险却是设立抽象危险犯在事实层面或统计学意义上的核心要求。"⑥累积犯的前述特质决定了这一理论在解释帮助信息网络犯罪活动行为上存在障碍:第一,帮助信息网络犯罪活动行为未必具有行为的累积性。累积犯强调行为的累积,即对于多个同类行为进行累积评价,从而确立其法益侵害性与入罪的必要性。而帮助信息网络犯罪活动行为未必表现为累积形式,可能表现为一个行为。比如通过提供跨网站的"广告联盟"形式为他人进行广告推广的行为,其提供行为显然应评价为一个行为,但是无疑对复数主体进行了广告推广。第二,累

---

① 其认为"新型网络犯罪"包括拒不履行信息网络安全管理义务罪、非法利用信息网络罪和帮助信息网络犯罪活动罪。

② 参见皮勇:《论新型网络犯罪立法及其适用》,载《中国社会科学》2018 年第 10 期,第 126—138 页。

③ 参见王华伟:《网络语境中的共同犯罪与罪量要素》,载《中国刑事法杂志》2019 年第 2 期,第 83 页。

④ 参见张志钢:《论累积犯的法理——以污染环境罪为中心》,载《环球法律评论》2017 年第 2 期,第 162 页;王姝、陈通:《我国刑法对法益保护前置化问题研究》,载赵秉志主编:《刑法论丛》(总第 51 卷),法律出版社 2018 年版,第 163 页。

⑤ 参见李川:《二元集合法益与累积犯形态研究——法定犯与自然犯混同情形下对污染环境罪"严重污染环境"的解释》,载《政治与法律》2017 年第 10 期,第 50 页。

⑥ 张志钢:《论累积犯的法理——以污染环境罪为中心》,载《环球法律评论》2017 年第 2 期,第 167 页。

积犯理论难以解释帮助信息网络犯罪活动行为的犯罪参与地位。帮助信息网络犯罪活动行为独立规制的必要性与其在网络犯罪参与关系中的地位密切相关,尽管不应从共同犯罪的角度评价,但是脱离这一关系讨论帮助信息网络犯罪活动行为的可罚性无疑难以确保评价的全面性和客观性。①

(二) 独立的参与行为说

晚近以来,有学者提出独立的参与行为说,即认为参与网络犯罪并不必然要通过共犯予以评价,可以对该参与行为进行独立评价。其先例在于上游犯罪与下游犯罪之间的协作关系。例如非法制造、买卖、运输、邮寄、储存枪支、弹药、爆炸物罪,根据《刑法》第 125 条的规定,其中的贩卖、邮寄行为,显然对于他人实施犯罪具有帮助作用,但是从犯罪类型考察,该罪与其他犯罪(如故意杀人罪、抢劫罪等)并无正犯与共犯的关系,故作为独立的正犯处罚。更为典型的是洗钱罪,根据《刑法》第 191 条的规定,洗钱行为对于上游犯罪与帮助信息网络犯罪活动罪同样具有"明知",但是其"为掩饰、隐瞒其来源和性质"所实施的洗钱行为却在主观罪过与客观范围层面与上游犯罪不同,只能作为独立的正犯处罚。此外,侵犯公民个人信息犯罪与下游犯罪之间的关系也开始被关注,如有学者将设立、修改《刑法》第 253 条之一侵犯公民个人信息罪的动机归于抑制侵犯公民个人信息的下游犯罪,特别是抑制网络电信诈骗犯罪的继续蔓延。② 帮助信息网络犯罪活动行为也属于这一情形,理由包括三点:

第一,行为的参与性。一方面,由于网络犯罪不断向传统犯罪渗透,"信息网络犯罪"日益成为几乎包括所有犯罪的罪群概念,而非一罪(或类罪)概念,帮助信息网络犯罪活动行为难以依托罪群进行评价,只能进行独立的行为类型判断。另一方面,帮助信息网络犯罪活动行为也需要参与相关的信息网络犯罪。帮助信息网络犯罪活动行为和相关的信息网络犯罪之间是协作犯罪关系,而非共同犯罪关系。亦即二者的关系不是"共犯—正犯"的中心化犯罪结构,不属于以正犯为中心的同一犯罪;二者在犯罪产业链中形成了犯罪协作关系,具有去中心化的结构,是基于各自的主观罪过和客观行为参与到犯罪产业链中的不同犯罪。

第二,"明知"的认识要素性。《刑法》第 287 条之二对帮助信息网络犯罪活动行为规定了"明知他人利用信息网络实施犯罪"的条件,但是这仅是对于认识要素而非意志要素的要求。故意的成立要求认识到该当客观构成

---

① 参见王肃之:《论网络犯罪参与行为的正犯性——基于帮助信息网络犯罪活动罪的反思》,载《比较法研究》2020 年第 1 期,第 180—181 页。

② 参见江海洋:《侵犯公民个人信息罪超个人法益之提倡》,载《交大法学》2018 年第 3 期,第 152 页。

要素的事实和该当主观构成要素的事实（认识要素），并且行为人要将该种认识转化为自己行为的动机（意志要素）。① "明知他人利用信息网络实施犯罪"仅是对于帮助信息网络犯罪活动行为作出的扩大规定，并不要求该类行为促进他人利用信息网络实施犯罪的有效实现。换言之，实施帮助信息网络犯罪活动行为的主体，明知他人利用信息网络实施犯罪，即便仅是为了自己利益的实现而非他人非法目的的达成，也符合该行为类型。

第三，刑事处罚的独立性。一方面，该条的量刑区间具有确定性，而关联犯罪的刑罚具有不确定性（信息网络犯罪的处罚天差地别）。另一方面，《刑法》第287条之二的刑罚条款是双层结构，而非单层结构，即不同于其他犯罪的共犯行为（特别是正犯化的共犯行为）仅比照对应正犯设置"量刑规定"的单层结构，而是同其他独立犯罪一样设置了"量刑规定+竞合规定"的双层结构。② 特别是"竞合规定"的设置，明确其成为可以和其他犯罪产生竞合，而这一情形显然是共犯行为的处罚规定无法涵盖的。③

第三节 网络预备犯与共犯

传统意义上预备犯通常是与正犯相对而言的，作为特殊的行为形态予以探讨，并作为例外情形予以处罚。然而随着网络犯罪参与行为结构的变迁，为他人预备、聚合性的预备行为日益典型化，使得对其作一般性处罚的必要性日益凸显。特别是《刑法》第287条之一非法利用信息网络罪增设后，学者围绕是否将预备行为与共犯行为进行关联分析展开讨论，有学者对比非法帮助信息网络犯罪活动行为正犯化的帮助行为说，基于共犯预备论提出将该类行为作为实行化的预备行为；也有学者从预备行为和正犯行为的关系角度，基于正犯预备论提出实质的预备行为说；还有学者基于独立正犯的角度，从正犯行为论的角度提出累积犯说和独立的参与行为说。

一、共犯预备论

共犯预备论的观点具体可表述为"实行化的预备行为说"，是将非法利用信息网络行为理解为实行化的预备行为，并参考共犯的视角予以阐释。如

---

① 参见〔日〕大谷实：《刑法讲义总论（新版第4版）》，成文堂2012年版，第152—156页。
② 《刑法》第287条之二刑罚条款的具体规定及分析参见本书第八章第三节的相关内容。
③ 参见王肃之：《论网络犯罪参与行为的正犯性——基于帮助信息网络犯罪活动罪的反思》，载《比较法研究》2020年第1期，第183—184页。

将法益侵害性严重的原因归于预备行为借助网络特性实现"一对多"的预备:第一,网络空间预备行为针对的是性质不重大而数量众多的法益,既包括针对多个受害人实施的情形,也包括针对同一受害人反复实施的情形;既包括自己多次实施的情形,也包括帮助多人实施的情形。第二,网络空间预备行为可以同时针对不同的法益,不再限于一种特定的犯罪行为,无论是网络程序、工具、技术、方法等条件的获取、违法犯罪信息的发布,还是网络犯罪平台的提供。① 持该观点的其他学者也认为,非法利用信息网络罪,既针对自己未来实施的行为,又针对他人未来实施的行为,体现了从打击为自己预备的行为到打击为他人预备的行为的转变。②

在《刑法》分则立法层面表现为从类罪的预备行为实行化立法转向整体犯罪的预备行为实行化立法。类罪的预备行为实行化立法具体体现在《刑法修正案(七)》增设的提供侵入、非法控制计算机信息系统程序、工具罪,是在将本身作为犯罪预备的侵入行为实行化以后,又将其预备行为进一步实行化的实践。整体犯罪的预备行为实行化立法具体体现在《刑法修正案(九)》增设的第 287 条之一非法利用信息网络罪,集中解决了网络空间中预备行为的实行化问题。③ 基于这一视角,非法利用信息网络行为被理解为整体犯罪实行化的预备行为,作为犯罪预备向犯罪未遂转化、共犯责任向正犯责任转化的集中体现。这一观点可概括为"实行化的预备行为说"。

反对观点则认为,实行化的预备行为说虽然注意到了非法利用信息网络行为侵犯法益的复杂性和犯罪参与性,但是也存在值得商榷之处:第一,非法利用信息网络行为难以在共犯框架下进行完整的评价。非法利用信息网络行为指向的是"违法犯罪",后者并不必然成立刑法意义上的犯罪行为,更难以依托共同犯罪理论进行有效的阐释。因为非法利用信息网络行为指向的是"违法犯罪",其关联行为未必是犯罪行为,无法具备进行共犯评价的基础。第二,未具体阐明非法利用信息网络行为侵犯的法益。犯罪行为所侵犯的法益应当有具体的内涵与范围,即便是侵犯复杂法益的情形,虽然法益数量为复数,但是也应有具体明确的内涵。然而这一观点认为,非法利用信息网络行为指向的是"性质不重大而数量众多的法益",一方面未明确法益的具体内涵,另一方面也混淆了法益与对象的范畴。第三,突破了犯罪预备与

---

① 参见于志刚:《网络空间中犯罪预备行为的制裁思路与体系完善——截至〈刑法修正案(九)〉的网络预备行为规制体系的反思》,载《法学家》2017 年第 6 期,第 59—60 页。

② 参见郭旨龙:《预防性犯罪化的中国境域——以恐怖主义与网络犯罪的对照为视角》,载《法律科学(西北政法大学学报)》2017 年第 2 期,第 144—145 页。

③ 参见于志刚:《网络空间中犯罪预备行为的制裁思路与体系完善——截至〈刑法修正案(九)〉的网络预备行为规制体系的反思》,载《法学家》2017 年第 6 期,第 62—63 页。

犯罪未遂的界限。在犯罪形态中,犯罪预备是为了犯罪进行工具、条件等方面的准备但未着手实施犯罪的情形,犯罪未遂是已经着手实施犯罪但是因意志以外的因素未达犯罪目的的情形,二者在犯罪形态上具有互斥性,而该观点违反了这一原理。①

二、正犯预备论

正犯预备论的观点具体可表述为"实质的预备行为说",认为赋予预备犯刑事责任的正当化根据在于其"可能针对重大法益造成侵害的危险",并基于这一视角阐释非法利用信息网络行为。如有学者认为,针对侵害国家安全、社会公共安全等重大法益的犯罪,我国刑法提前刑事处罚的时点,将一些犯罪的预备行为类型化并上升为具有独立犯罪构成要件的实质预备犯,如《刑法修正案(九)》增设的准备实施恐怖活动罪以及非法利用信息网络罪。②

反对的观点则认为,实质的预备行为说难以充分阐释非法利用信息网络行为的性质。原因在于:第一,非法利用信息网络行为难以契合实质预备犯中法益性质的要求。如前所述,实质预备犯要求预备行为所对应的实行行为具有侵害国家安全、社会公共安全等重大法益的性质,然而非法利用信息网络行为虽然与公共信息秩序有关,但是显然难以直接危及国家安全、社会公共安全等重大法益。第二,采取实质的预备行为说会面临"违法犯罪"的解释障碍。非法利用信息网络行为包含"为实施诈骗等违法犯罪活动发布信息"的表述,如果基于文义解释将一般违法活动的预备行为也纳入其中,则与实质预备行为的法益重大性要求相悖。③ 基于这一矛盾,持实质预备行为说观点的学者将非法利用信息网络行为中的"违法"解释为"刑事违法",而非一般意义上的行政违法或违反其他法律的情形。但是照此理解则会导致对《刑法》条文作出不符合原意的限缩解释,其妥当性有待商榷。④

三、正犯行为论

正犯行为论基于《刑法》第 287 条之一非法利用信息网络罪行为的形态和类型特点,追寻其独立处罚的正当性依据,具体包括累积犯说和独立的参

---

① 参见王肃之:《网络犯罪原理》,人民法院出版社 2019 年版,第 409—410 页。
② 参见商浩文:《预备行为实行化的罪名体系与司法限缩》,载《法学评论》2017 年第 6 期,第 168 页;姜金良:《法益解释论下非法利用信息网络罪的司法适用——基于〈刑法修正案(九)〉以来裁判文书样本的分析》,载《法律适用》2019 年第 15 期,第 39 页。
③ 参见阎二鹏:《预备行为实行化的法教义学审视与重构——基于〈中华人民共和国刑法修正案(九)〉的思考》,载《法商研究》2016 年第 5 期,第 64 页。
④ 参见王肃之:《网络犯罪原理》,人民法院出版社 2019 年版,第 411 页。

与行为说两种观点。

(一) 累积犯说

累积犯说基于对实质预备行为说的反思,借鉴累积犯理论阐释非法利用信息网络行为。该说认为,实质预备行为说存在两方面的障碍:第一,不满足实质预备犯的下游实行犯条件。一方面,非法利用信息网络行为主观违法要素指向的目的行为包含"违法活动",并非"为了犯罪";另一方面,非法利用信息网络行为并非都对下游行为发挥预备作用,如"发布有关制作违禁物品、管制物品"的信息不具有"准备工具、制造条件"的预备作用,"为实施诈骗活动发布信息"则属于已经着手的实行行为。第二,不具有侵害重大法益的抽象危险。非法利用信息网络罪行为的下游行为侵犯的不都是"重大法益",而且其位于《刑法》分则第六章"妨害社会管理秩序罪"第一节"扰乱公共秩序罪"中,所属章节的法益也并非均具有重大性。①

累积犯说认为,非法利用信息网络行为和帮助信息网络犯罪活动行为一样,具有积极型的"积量构罪"构造,二者都不能独立引起下游违法犯罪的危害后果,单次危害行为的危害量底限低,具有"海量积数×低量损害"的"积量构罪"罪行构造。同时,由于非法利用信息网络行为的危害基量底限低,情节要件类型化不足,为了防止被不当扩张适用,有必要将该罪的下游行为限定为《刑法》分则规定的危害行为。②

另有观点认为,累积犯说难以完成对于非法利用信息网络行为的充分阐释。原因在于:第一,积累理论难以说明非法利用信息网络行为的法益侵害。累积犯理论中的"累积"系指行为的累积,即单一数量的行为无法造成法益侵害的结果,众多数量的行为累积才会造成法益侵害的结果。然而非法利用信息网络行为构成犯罪的要求是"情节严重",也包括实施一次行为造成严重后果的情形。第二,未重视基于犯罪参与地位说明非法利用信息网络行为。累积犯理论以其自身的行为累积为出发点进行独立的刑法评价,忽视了对于网络犯罪参与体系的考量。虽然非法利用信息网络行为和关联的"违法犯罪"之间并非一一对应的关系,但是如果没有和"违法犯罪"之间的关联也就没有对该类行为予以独立规制的必要。比如(出于"恶搞"等目的)自行发送 5 000 条欺骗信息与基于犯罪参与目的发送 5 000 条诈骗信息相比,显然后者才具有典型的非法利用信息网络性质。因此,对其评价既不应套用一一对应的共犯理论,也不应简单地以单独犯罪行为的认定规则进行判

---

① 参见皮勇:《论新型网络犯罪立法及其适用》,载《中国社会科学》2018 年第 10 期,第 128—129 页。

② 参见皮勇:《论新型网络犯罪立法及其适用》,载《中国社会科学》2018 年第 10 期,第 144 页。

断,在此层面上,虽然实行化的预备行为说在结论上有待商榷,但是一定程度上考虑了非法利用信息网络行为的犯罪参与性。①

(二) 独立的参与行为说

晚近以来,有学者提出独立的参与行为说,即正确认定非法利用信息网络行为的性质,既需要根据行为的独立属性进行判断(独立性),也需要结合其在网络犯罪参与体系中的地位予以理解(参与性),其理由包括三点。

第一,法益侵害的独立性,该类行为所侵犯的法益具有双重属性:其一,法益内容具有公共性,即仅具有指向不特定人人身或者财产安全的可能性,非对具体个人人身或者财产安全造成实体侵害或者紧迫危险。其二,法益内容难以具备重大性,非法利用信息网络行为难以直接造成危害国家安全、公共安全的结果或危险,其关联的"违法犯罪"行为甚至可能无法构成犯罪。其三,该类行为中,无论用于实施违法犯罪活动的网站、通讯群组还是相关信息,显然离不开信息网络的合法管理,均与公共信息秩序有关。基于此应将该类行为侵犯的法益理解为公共信息秩序,这一法益内涵既强调了公共属性与信息属性,也基于非法利用信息网络罪所在的"扰乱公共秩序罪"的类罪规定,指明了所侵犯的法益与国家安全、公共安全等法益具有间接的关联性。

第二,行为的独立性。其一,成立预备行为需要有与之对应的实行行为,然而非法利用信息网络行为缺乏相应的实行行为,并非实行化的预备行为。一方面,非法利用信息网络行为的部分具体类型已经到达着手实行阶段,而非犯罪预备阶段。另一方面,非法利用信息网络行为难以归于特定的犯罪行为类型。现实中非法利用信息网络所发布的信息内容不乏具有跨犯罪行为类型的情形。比如,行为人建立了网站或通讯群组,并将其建设为非法交易的"重要平台",毒品信息、枪支信息、淫秽物品信息均由其在该网站或通讯群组中发布,就此情形难以依托特定的犯罪行为对非法利用信息网络行为进行判断,更无法成为特定犯罪行为的预备行为。

其二,对于网络犯罪参与行为,我国采取了以实行行为入罪的方式,不同于德日以预备行为入罪的方式。比如,《德国刑法典》第 202 条 c 预备探知和拦截数据罪,规定了预备实施第 202 条 a 或者第 202 条 b 规定的行为:其一,(准备)允许访问数据的密码或者其他安全代码②;其二,制作目的在于实施前述行为的计算机程序,通过取得、出售、提供、传播或其他方式使自己或

---

① 参见王肃之:《网络犯罪原理》,人民法院出版社 2019 年版,第 412 页。
② 此类数据类似于我国刑法中的"身份认证信息",其处罚参照《信息系统安全案件解释》第 1 条第 1 款的规定。

他人取得访问权限。而这些行为对应我国《刑法》中第253条之一侵犯公民个人信息罪、第285条第2款非法获取计算机信息系统数据罪以及第3款提供侵入、非法控制计算机信息系统程序、工具罪。由此,不同于德国的附属评价模式(预备犯),我国对于网络犯罪参与行为通常采取独立评价的模式。之所以产生上述区别,既与我国和德国刑事立法关于入罪标准的分歧有关,也与我国采取一元的刑事立法模式有关。在我国语境下,对于非法利用信息网络行为宜进行独立的实行行为评价。

第三,行为的参与性。《刑法》第287条之一"违法犯罪"表述的意义并不在于确立"预备行为"的"实行行为",而在于确立非法利用信息网络行为的前提条件。如前所述,自行发送五千条欺骗信息与基于犯罪参与目的发送五千条诈骗信息相比,显然后者才需要通过非法利用信息网络行为进行评价。实际上刑法中不少犯罪行为均以相关行为的违法性为前提,比如第358条组织卖淫罪、强迫卖淫罪、协助组织卖淫罪等罪名,显然以存在违法的卖淫行为为前提,并不能以卖淫行为不是犯罪行为为由否认其刑事可罚性。与之类似,非法利用信息网络行为以与"违法犯罪"相关联作为其成立犯罪的前提条件,这也是该类行为缘何既具有独立性也具有参与性的恰当理论解释。①

第四节 网络必要共犯

随着网络社会的发展,网络犯罪参与行为的结构有着非中心化的发展趋势,但是仍有相当比例的网络共犯保持着传统结构。比如,通过网络方式实施的教唆行为也要求对象具有特定性,如果接受教唆信息的群体不特定就难以认定教唆行为,可以考虑将之理解为"煽动"行为。② 此外,只是实施方式的网络化,并不影响教唆行为的性质。如对于通过特定网站教唆他人自杀的行为,有学者指出:"如果网站对教唆、怂恿他人自杀的信息和自杀方法信息等有害信息不履行法律规定的责任,对社会造成恶劣影响的,应当依法予以取缔或者关闭,并追究其他法律责任。"③

---

① 参见王肃之:《网络犯罪原理》,人民法院出版社2019年版,第413—419页。
② 参见刘守芬、丁鹏:《网络共同犯罪之我见》,载《法律科学(西北政法学院学报)》2005年第5期,第105页。
③ 皮勇:《论网络自杀协议犯罪场与控制对策》,载《法学评论》2006年第6期,第129—130页。

必要共犯的网络化形态更为典型,这在一定程度上与必要共犯强调参与行为之间的关联,具有原生的互联结构有关。必要(的)共犯与任意(的)共犯相对,二者是共同犯罪的重要分类之一。如有论著指出:"任意的共犯,是指一人可以实施的犯罪,由二人以上共同实施的情况。""必要的共犯,是指刑法分则所规定的,必须由二人以上共同实行的犯罪。"①但是就必要共犯的类型,学界则存在不同的意见:一种观点为两分说,这一观点源于德日刑法理论对必要共犯的解释,一般认为包括集团犯和对向犯。② 在集合犯(集团犯)的情况下,来自一方的参与人的行为共同追求同一目标;在会合犯(对向犯)的情况下,参与人的行为虽然指向同一目标,但是并非来自相同的一方。③ 德日刑法理论在必要共犯的类型上并不特别强调集团犯类型的具体划分,如有日本学者指出:"所谓集团犯(集合犯、多众犯),是指内乱罪、骚乱罪之类的,在构成要件上,以指向同一目标的多数人的共同行为为必要的犯罪。一般是着眼于其集团性的群众心理,根据参与的程度、形态设置阶段,对参与人进行处罚。"④另一种观点为三分说,这一观点强调我国刑事立法与刑法理论的结合,突出集团犯罪和聚众犯罪的区别,如有学者将其类型分别概括为聚众共同犯罪和集团共同犯罪,或直接以聚合犯指称其上位类型。⑤ 本章也基于对向犯、集团犯和聚众犯的必要共犯形态这一区分展开。

一、网络对向犯

网络共同犯罪也存在对向犯的情形。对向犯有事实的对向犯和片面的对向犯之分⑥,网络犯罪参与行为中同样存在事实的对向犯和片面的对向犯(只处罚一方行为的情形)。比如,《日本刑法典》中制作非法指令电磁记录等罪(第168条之二)与取得非法指令电磁记录等罪(第168条之三)即为事实的对向犯⑦;《日本刑法典》第134条泄露秘密罪是以存在泄露秘密之对方

---

① 参见张明楷:《刑法学(上)》(第5版),法律出版社2016年版,第386页。
② 参见〔日〕大谷实:《刑法讲义总论(新版第4版)》,成文堂2012年版,第393页;〔日〕曾根威彦:《刑法原论》,成文堂2016年版,第517—518页;〔日〕高桥则夫:《刑法总论(第2版)》,成文堂2013年版,第407页。
③ Vgl. Hans-Heinrich Jescheck/Thomas Weigend, Lehrbuch des Strafrechts Allgemeiner Teil, 5. Auflage, 1996, S. 697-698.
④ 〔日〕大谷实:《刑法讲义总论(新版第4版)》,成文堂2012年版,第393—394页。
⑤ 参见张明楷:《刑法学(上)》(第5版),法律出版社2016年版,第387—389页。
⑥ 参见〔日〕山口厚:《刑法总论(第3版)》,有斐阁2016年版,第356—358页;〔日〕曾根威彦:《刑法原论》,成文堂2016年版,第518—519页;〔日〕关哲夫:《讲义刑法总论》,成文堂2015年版,第398—400页。
⑦ 参见〔日〕山中敬一:《刑法各论(第3版)》,成文堂2015年版,第681页。

为条件的"必要的共犯",即片面的对向犯①。我国《刑法》中也均存在两种情形,第253条之一侵犯公民个人信息罪既处罚非法提供行为,也处罚非法获取行为,为事实的对向犯;第285条第3款提供侵入、非法控制计算机信息系统程序、工具罪仅处罚非法提供行为,为片面的对向犯。

二、网络集团犯

我国《刑法》第26条第2款规定:"三人以上为共同实施犯罪而组成的较为固定的犯罪组织,是犯罪集团。"根据该款规定,犯罪集团应当具备三个条件:"第一,必须由三人以上组成;第二,为了共同进行犯罪活动;第三,有较为固定的组织形式。"②网络犯罪集团也以具备前述条件为前提。以网络诈骗犯罪集团为例,《电信网络诈骗案件意见》第4条规定,"三人以上为实施电信网络诈骗犯罪而组成的较为固定的犯罪组织,应依法认定为诈骗犯罪集团"。

但是并非所有的网络有组织犯罪均应按照网络集团犯罪认定。比如对于"网络水军"③,有观点认为网络公关公司通过雇人发帖、炒作热点事件等形式实施有组织化的诽谤行为,特别是集团化的网络诽谤行为应纳入诽谤罪的打击半径之内从重处罚④。与之相对,有观点认为:"'网络水军'的组织结构与普通集团犯罪有本质区别,其成员间关系极端松散,几乎都只存在与上级的单线联系,且这一联络也并不紧密,仅任务派送、结算而已。""各人仅以各人行为取酬,与他人无涉,不构成所谓共犯,也不应全部作为犯罪主体。"⑤目前后一种观点为主流,即认为成立《刑法》第26条规定的犯罪集团,需为了共同实施犯罪活动,但是"网络水军"成员的行为虽然可能具有违法性(且单次行为的违法性较低),却在很多情况下难以成立犯罪,无法认定集团犯罪的成立。因此,对该类行为打击的重点应在于组织者的行为,未必所有参与人员均能从共同犯罪层面进行评价。

三、网络聚众犯

网络聚众犯罪行为的认定主要需要把握主观层面与客观层面的问题。

---

① 参见〔日〕松宫孝明:《刑法各论讲义(第4版)》,成文堂2016年版,第147页;〔日〕高桥则夫:《刑法各论(第2版)》,成文堂2014年版,第158页。
② 郎胜主编:《中华人民共和国刑法释义》,法律出版社2015年版,第29页。
③ "网络水军"指受雇佣在网络上发布特定信息的群体,其通常通过发帖、评论等方式赞颂或者攻击他人。
④ 参见于冲:《网络诽谤行为的实证分析与刑法应对——以10年来10个网络诽谤案例为样本》,载《法学》2013年第7期,第153页。
⑤ 张巍:《"网络水军"侮辱、诽谤行为的刑法规制》,载《人民检察》2014年第10期,第72页。

第一,在主观层面为意思联络的认定。由于网络社会的跨时空互动性,信息传递的形式日趋简化,网络聚众行为的意思联络无需经过传统聚众行为的复杂过程,对该类行为是否构成聚众犯罪,学者有不同的观点。

否定说认为,网络聚众行为缺乏必要的意思联络,难以成立犯罪。如有学者提出,网络聚众行为由于缺乏主观上完整的意思联络和交流,犯罪行为整体显得不够明确,其他行为人是否接受行为人倡议和创造的条件,完全是由自己本人决定的,在我国没有规定"共谋共犯"的情况下,依照罪刑法定原则只能作为无罪处理。[1]

肯定说认为,网络聚众行为可以具备意思联络,但是理由不同。一种观点认为,网络聚众犯罪行为的意思联络具有单向性,必须突破现行《刑法》中共同犯罪的规定,肯定共同犯罪可以基于单向的意思联络而成立。其理由在于:"因为行为人提出倡议或者创造条件后,行为人对自己的行为可能帮助或者教唆他人实施犯罪只有不确定的、模糊的认识,其他行为人可能接受也可能拒绝倡议和条件,其他行为人没有与倡议者和创造条件者进行意思的沟通,而是按自己的意图决定是否参加犯罪。"[2]另一种观点对之提出商榷,认为核心问题不在于意思沟通的单向性或双向性,而在于意思联络的具体和明确程度:"这种合意形式所表现出的特征仍然没有超出意思联络的固有内涵,即:行为人(倡议者、发起者)知道和其他人一同实施犯罪,知道自己行为的性质及共同行为的性质,并概括地了解行为与后果之间的因果关系。"[3]据此,其认为网络聚众犯罪行为的意思联络并未突破既有理论。

肯定说中后一种观点较为妥当。网络聚众行为的意思联络是客观存在的,而且意思联络的双向性与单向性判断并非主动和被动的判断。比如合同的成立,要先有要约,再有承诺,总有先发出意思表示的一方。在网络聚众犯罪中,虽然在行为人发出倡议后,其与其他行为人的意思联络日益简化,但是其他行为人"承诺"实施犯罪的意思是可以判断的,在参与网络犯罪的范围内认定行为人与其他行为人的意思联络并未突破既有理论。

第二,在客观层面为跨空间聚众行为的认定。由于网络社会的跨时空互动性,在不同地点的行为人可以于同一时间实施共同的聚众行为,如何评价其地点的分离和行为的共同成为问题。有观点认为:"尽管网络用户分布在不同的物理空间,但作为其'手臂'的数据信息已经聚于一处或者其功能已

---

[1] 参见张俊霞:《网络共同犯罪若干疑难问题探讨》,载《河北法学》2007年第11期,第197页。
[2] 皮勇:《论网络"聚众"性犯罪及其刑事立法》,载《人民检察》2004年第2期,第22页。
[3] 刘守芬、丁鹏:《网络共同犯罪之我见》,载《法律科学(西北政法学院学报)》2005年第5期,第103页。

经指向一处,如果符合聚众犯罪的其他条件,那么物理地点的差异性不应该影响行为的性质,亦即此时的多个网络行为发生地应该被解释为同一空间、同一地点。"① 本书认为,虽然应当肯定网络聚众行为的行为性,但是这一观点的说理不妥。网络社会的空间属性是流动空间,同一时间的空间部分是分散的,其行为可以聚合为流动空间中的聚众行为,整体进行刑法评价,但是难以解释为在同一地点实施,反而是在每一个地点实施。因此,应以流动空间的视角把握网络聚众行为,即在流动空间中三人以上在主客观相一致的情况下实施了特定行为,从而确立网络聚众行为的评价基础。

此外,也需要注意把握网络聚众行为的刑法边界,即不应将需要当事人身体直接介入的犯罪纳入其中。比如,关于通过网络方式群体实施裸聊等行为能否评价为聚众淫乱行为,学者有不同观点。一种观点认为,在能同时容纳多人的视频聊天室进行裸聊的行为,如果同时具备了聚众淫乱罪的其他构成条件,可以认定为聚众淫乱罪,以顺应社会的发展,对既有范畴进行合理解释。② 另一种观点认为,聚众淫乱行为仅限于身体淫乱活动,数人在不同地点网上裸聊的,不成立聚众淫乱罪。③ 后一种观点较为妥当,与猥亵行为不同,淫乱行为需要行为人身体的直接介入,由于互联网的缺场性,仅通过网络方式可以实施猥亵行为,但是难以实施淫乱行为,聚众形式亦是如此。在此意义上,网络犯罪行为的边界适用于各类具体行为,无论是单独形式还是聚众形式。

---

① 米铁男:《网络犯罪的形式评价问题研究》,载《东方法学》2017 年第 5 期,第 73 页。
② 参见王明辉、唐煜枫:《"裸聊行为"入罪之法理分析》,载《法学》2007 年第 8 期,第 49—50 页。
③ 参见张明楷:《刑法学(下)》(第 5 版),法律出版社 2016 年版,第 1077 页。

第二编

实体刑法(分论)

第六章 以信息网络为目标的犯罪

第一节 非法侵入计算机信息系统罪

一、概述

《刑法》第 285 条第 1 款规定,违反国家规定,侵入国家事务、国防建设、尖端科学技术领域的计算机信息系统的,处 3 年以下有期徒刑或者拘役。

20 世纪 90 年代开始,计算机逐渐普及。为了保护计算机信息系统的安全,促进计算机的应用和发展,保障社会主义现代化建设的顺利进行,国务院于 1994 年发布了《计算机信息系统安全保护条例》(以下简称《条例》),在《条例》的第 4 条强调,要重点维护国家事务、经济建设、国防建设、尖端科学技术等重要领域的计算机信息系统的安全。考虑到侵入这些关键领域的计算机信息系统可能给国家安全和利益造成重大损害,1997 年《刑法》增设了非法侵入计算机信息系统罪。考虑到单位逐渐成为本罪的常见主体,《刑法修正案(九)》在第 285 条第 4 款增加了单位犯罪的相关规定。

二、保护法益

本罪要保护的法益是国家重要领域和要害部门的计算机信息系统安全。随着计算机技术的发展和普及,国家的一些重要部门和重要领域都建立起了计算机信息系统,这些重要的计算机信息系统一旦被非法侵入,其中的某些重要数据、敏感信息就会被泄露,除了对系统本身造成损坏,还会给国家造成严重的政治、经济损失,甚至危及人民的生命和财产安全,因此必须对此类行为进行严厉打击。本罪设立时立法关注的核心并不在于对计算机信息系统的保护,而是为了维护国家安全,对计算机信息系统的保护只是因为它作为一种载体的属性,因此,当时的计算机信息系统安全还没有作为一种单独的法益在立法上得以关注。① 现在本罪考虑的也主要是保护关系国家安全、社会秩序和公共利益的重要计算机信息系统的安全。②

三、行为

本罪的行为是行为人违反国家规定,在没有合法权限的情况下有意识地侵入国家事务、国防建设、尖端科学技术领域的计算机信息系统的整体或其任一部分而违反刑法规范的行为。侵入的主要表现形式有技术攻击、利用漏洞、利用社会工程学骗取密码等。只要有非法侵入行为,即具备本罪的行为要件,一旦侵入即构成既遂。

四、行为对象

本罪的行为对象是国家重点保护的计算机信息系统,即国家事务、国防建设、尖端科学技术领域的计算机信息系统,包括关系到国计民生的民航、电力、铁路、银行或者其他经济管理、政府办公、军事指挥控制、科研等领域的计算机信息系统。根据《信息系统安全案件解释》第11条的规定,"计算机信息系统"是指具备自动处理数据功能的系统,包括计算机、网络设备、通信设备、自动化控制设备等。考虑到信息技术的进一步发展,终端设备更为多样化,因此应在罪刑法定的范围内对计算机信息系统做一定的扩张解释,手机以及物联网(Internet to Things,简称IOT)设备,如联网的传真机、打印机等都可认定为此处的计算机信息系统。对于是否属于《刑法》第285条规定的"国家事务、国防建设、尖端科学技术领域的计算机信息系统"难以确定的,应当委托省级以上负责计算机信息系统安全保护管理工作的部门检验。司法机关根据检验结论,并结合案件具体情况作出认定。

五、行为主体

本罪的主体是一般主体,即达到刑事责任年龄,具有刑事责任能力的人都是本罪主体。由于实施本罪需要具备一定的计算机专业知识和计算机操作能力,本罪的实行人一般都具有较高的文化水平或技术能力,但也可能是偶然非法获悉登录方式,并无专业水平之人。根据《信息系统安全案件解释》第8条的规定,以单位名义或者单位形式实施本罪的,应当追究其直接负责的主管人员和其他直接责任人员的刑事责任。

---

① 参见于志刚:《传统犯罪的网络异化研究》,中国检察出版社2010年版,第80页。
② 参见喻海松:《网络犯罪二十讲》,法律出版社2018年版,第25—26页。

六、罪量（数额和情节）

国家事务、国防建设、尖端科学技术领域的计算机信息系统传输、处理、存储着大量有关国家政治、经济、军事和尖端科技的机密，这些系统一旦被非法侵入，涉及国家安全和利益的秘密就会被泄露，这将造成难以估量的损失。因此原则上侵入一个计算机信息系统即可构成本罪。

七、罪责

本罪的主观构成要件是故意，即行为人明知自己没有权限访问国家事务、国防建设、尖端科学技术领域的计算机信息系统而故意非法侵入这些系统。行为人的动机和目的可以是多种多样的，如炫耀技术、报复泄恨、好奇、谋取不正当利益，但不论是出于何种目的，都不影响本罪的构成。由于这些重要计算机信息系统一般都会采取较为严格的保密措施，过失侵入这些重要系统的可能性较低，过失侵入的，并不构成本罪。但需要注意的是，如果无意闯入后，经警示仍不退出，亦应视为故意非法侵入。[①]

八、罪与非罪

本罪为行为犯，并不要求行为人侵入计算机信息系统后导致一定的危害后果。因此单纯的恶作剧或者炫耀行为，如非法侵入某政府网站后什么都没做也应该认定为本罪。正如有的学者所言，非法侵入计算机信息系统，犯罪人虽然从表面上看不一定获得利益，被侵入的计算机信息系统也不一定发生变化，这种行为似乎没有造成什么危害，但是事实上成功地侵入计算机系统势必使得整个计算机信息系统的安全系统需要进行重新构置，耗费的人力物力甚大。同时，计算机信息系统所有者可能遭受难以估量的心理和物质上的资料安全性损害。[②]

侵犯计算机信息系统的行为构成本罪的关键在于，其侵入的系统能否被认定为本条所明确规定的国家事务、国防建设和尖端科学技术领域的计算机信息系统。因为侵犯这些重要系统的行为使国家事务、国防建设和尖端科学技术这些领域受保护的秘密超出了限定的授权接触范围，并且行为人不能证明上述秘密未被不能知悉的人（包括入侵者本人和其他人）知悉，而对于一般的系统则没有这么高的保护要求。

---

① 参见曲新久主编：《刑法学》（第 5 版），中国政法大学出版社 2016 年版，第 481 页。
② 参见孙铁成：《计算机与法律》，法律出版社 1998 年版，第 52 页。

九、此罪与彼罪

(一)想象竞合

根据 2007 年最高人民法院《关于审理危害军事通信刑事案件具体应用法律若干问题的解释》(法释〔2007〕13 号)第 6 条第 3 款的规定,违反国家规定,侵入国防建设、尖端科学技术领域的军事通信计算机信息系统,尚未对军事通信造成破坏的,依照《刑法》第 285 条的规定定罪处罚;对军事通信造成破坏,同时构成《刑法》第 285 条、第 286 条、第 369 条第 1 款规定的犯罪的,依照处罚较重的规定定罪处罚。

(二)后续行为的认定

对于行为人侵入系统后又实施其他犯罪行为的情况,对后续行为与之前的非法侵入行为如何处理存在一定争议。根据现有学说和判例,总体上可分为两种情况处理:

1.后续行为的犯意产生于侵入行为之前,在这种情况下,侵入行为其实是后续行为的手段行为,此时应当认定为牵连犯,从一重罪论处。

【案例】贾志攀编造、故意传播虚假恐怖信息案①

2008 年 5 月 29 日 20 时许,被告人贾志攀在西安欧亚学院宿舍楼内,利用所掌握的计算机知识,通过自己的电脑,控制了西安欧亚学院学校机房的网络服务器,对陕西省地震局网站进行网络攻击。在破解了陕西省地震局网站的用户名和密码后,贾志攀侵入该网站信息发布页面,并于当日 20 时 53 分发布了自己编造的标题为"今晚 23:30 陕西等地有强烈地震发生"的虚假信息。检察院以编造、故意传播虚假恐怖信息罪对贾志攀提起公诉。法院审理认为,贾志攀为了发布虚假的地震信息,攻击陕西省地震局,在破解了陕西省地震局网站的用户名和密码后,其侵入该网站信息发布页面的行为已经构成非法侵入计算机信息系统罪。但是,其非法侵入计算机信息系统的行为,是编造、发布虚假恐怖信息的手段行为,与编造、发布虚假恐怖信息的犯罪行为之间存在目的和手段的牵连关系,属于牵连犯。在刑法理论和司法实践中,对于牵连犯的处罚,一般采取"从一重罪"进行处罚的原则。因为编造、故意传播虚假恐怖信息罪的法定刑比非法侵入计算机信息系统罪的法定刑重,故在本案中应以编造、故意传播虚假恐怖信息罪对被告人贾志攀进行定罪量刑。

---

① 参见高伟、刘民利、张鹏:《编造并发布虚假地震信息构成编造、故意传播虚假恐怖信息罪》,载《人民司法》2009 年第 6 期,第 14—15 页。

2. 后续行为的犯意产生于侵入行为之后,此时前后两种行为分别是在两个独立的犯罪意图支配下实施的,两行为侵犯两法益,因此成立两个单独的犯罪,应该实行数罪并罚。

十、处罚

根据《刑法》第 285 条第 1 款的规定,犯本罪的,处 3 年以下有期徒刑或者拘役。根据《刑法》第 285 条第 4 款的规定,单位犯本罪的,对单位判处罚金,并对其直接负责的主管人员和其他直接责任人员,依照第 1 款的规定处罚。

第二节 非法获取计算机信息系统数据罪

一、概述

《刑法》第 285 条第 2 款规定,违反国家规定,侵入第 1 款规定(国家事务、国防建设、尖端科学技术领域)以外的计算机信息系统或者采用其他技术手段,获取该计算机信息系统中存储、处理或者传输的数据,情节严重的,处 3 年以下有期徒刑或者拘役,并处或者单处罚金;情节特别严重的,处 3 年以上 7 年以下有期徒刑,并处罚金。

进入 21 世纪后,随着信息技术的迅猛发展与经济水平的提高,计算机走进千家万户。与此同时,针对计算机信息系统及网络系统的新型危害行为不断增加,威胁了计算机信息系统的安全,大量用户的权益受损。有部门提出对一些不法分子利用技术手段非法侵入 1997 年《刑法》第 285 条以外的计算机信息系统,窃取他人账号、密码等信息的严重违法行为也应当予以犯罪化。[1] 为有效应对这些情况,基于惩治和预防计算机信息犯罪的需要,2009 年的《刑法修正案(七)》将非法获取计算机信息系统数据的行为规定为犯罪,作为《刑法》第 285 条的第 2 款的部分。[2] 2015 年的《刑法修正案(九)》考虑到单位成为本罪的常见主体,增加了《刑法》第 285 条第 4 款,将单位犯罪纳入本罪打击范围。

---

[1] 参见高铭暄:《中华人民共和国刑法的孕育诞生和发展完善》,北京大学出版社 2012 年版,第 513 页。
[2] 参见赵秉志主编:《刑法修正案最新理解适用》,中国法制出版社 2009 年版,第 140 页。

二、保护法益

本罪保护的法益是计算机信息系统的安全,其目标指向对计算机信息系统内的数据予以保护。本罪名的产生与互联网产业的持续健康发展密切相关,反映了司法实践中侵害计算机信息系统数据行为的严峻性。本罪名的增设加大了刑法对计算机信息系统中数据的保护,扩大了侵害计算机信息系统中数据行为的制裁面,有助于实现对计算机信息系统数据的保护,可以将大部分非法获取计算机信息系统数据的犯罪行为纳入其打击范围。①

三、行为

本罪的行为表现为行为人违反国家规定,侵入国家事务、国防建设、尖端科学技术领域以外的普通计算机信息系统,或者采用其他技术手段,获取这些计算机信息系统中存储、处理或者传输的数据。"侵入"指的是行为人在没有权限、没有获得访问许可的情况下,违背计算机信息系统控制人的意愿,进入到其无权访问的除国家事务、国防建设和尖端科学技术领域之外的计算机信息系统中,常见的方式是利用他人网上认证信息进入计算机信息系统,或者在系统中植入木马、后门程序,获取存储、处理或传输的信息数据。但必须引起注意的是,行为人超出授权范围登录计算机信息系统,或在合法进入系统后进行非法越权操作的行为也应认定为"侵入"。

【案例】卫梦龙、龚旭、薛东东非法获取计算机信息系统数据案②

被告人卫梦龙曾于2012年至2014年在北京某大型网络公司工作,被告人龚旭供职于该大型网络公司运营规划管理部,两人原系同事。被告人薛东东系卫梦龙商业合作伙伴。因工作需要,龚旭拥有登录该大型网络公司内部管理开发系统的账号、密码、Token令牌(计算机身份认证令牌),具有查看工作范围内相关数据信息的权限。但该大型网络公司禁止员工私自在内部管理开发系统查看、下载非工作范围内的电子数据信息。2016年6月至9月,经事先合谋,龚旭向卫梦龙提供自己所掌握的该大型网络公司内部管理开发系统的账号、密码、Token令牌。卫梦龙利用龚旭提供的账号、密码、Token令牌,违反规定多次在异地登录该大型网络公司内部管理开发系统,查询、下载该计算机信息系统中储存的电子数据。后卫梦龙将非法获取的电子数据交由薛东东通过互联网出售牟利,违法所得共计37 000元。

---

① 参见于志刚、于冲:《网络犯罪的罪名体系与发展思路》,中国法制出版社2013年版,第32页。

② 参见最高人民检察院检例第36号。

法院审理认为,本案中,被告人龚旭将自己因工作需要掌握的本公司账号、密码、Token 令牌等交由卫梦龙,由其登录该公司内部管理开发系统获取数据,虽不属于通过技术手段侵入计算机信息系统,但内外勾搭擅自登录公司内部管理开发系统下载数据,明显超出正常授权范围。超出授权范围使用账号、密码、Token 令牌登录系统,也属于侵入计算机信息系统的行为。因此,行为人实施非法侵入并下载获取计算机信息系统中存储的数据的行为,构成非法获取计算机信息系统数据罪。

所谓"采用其他技术手段",主要是指假冒或者设立虚假网站,或者利用网关欺骗技术,行为人并不需要进入他人的计算机信息系统就可获取其他计算机信息系统中处理、传输的数据信息。所谓"假冒"网站,一般指冒充国家机关、金融系统已建立的网站;"设立"虚假网站一般是指以国家机关、金融系统的名义建立并不存在的网站;"网关欺骗"技术是通过 ARP 欺骗技术建立假网关,让被它欺骗的个人电脑向假网关发送数据从而实现窃取。[①] "获取"指的则是占有或拥有特定数据,表现为把数据复制、下载或导出,存于个人电脑、移动硬盘和私人电子邮箱中的行为。

四、行为对象

本罪的行为对象是计算机信息系统中存储、处理或者传输的数据。根据欧洲理事会《网络犯罪公约》第 1 章对有关术语的定义,"计算机数据"是指"任何有关事实、信息或概念以能在计算机信息系统中进行处理的表现形式,包括能确保计算机执行某项功能的程序"。但对于计算机信息系统中"存储、处理或者传输的数据",究竟指的仅仅是系统中从外部采集而输入系统的身份信息等"数据",还是包括系统运行过程中自行产生的痕迹、记录等"数据",学界存在争议。从现有法条中对数据"存储、处理或者传输"的限定词来看,似乎只包含前者。然而,从云时代的角度来看,这种解释过于狭窄,实践中甚至出现了以上这两类数据根本无法涵盖的"第三类数据",诸如网页浏览痕迹、下载记录、关键词搜索记录等信息数据,这些数据虽然在本质上无法归属于计算机信息系统数据的范畴,但它们恰恰才是"大数据"的重要部分,将来甚至有可能是最核心的组成部分。[②] 因此,随着技术的发展,应对本罪中的"数据"做较为广义的解释,而不应局限于外部输入的身份信息等数据,当然脱离计算机信息系统存放的计算机数据,即具备数据存储功能

---

① 参见黄太云:《〈刑法修正案(七)〉解读》,载《人民检察》2009 年第 6 期,第 5—21 页。
② 参见于志刚、郭旨龙:《网络刑法的逻辑与经验》,中国法制出版社 2015 年版,第 37—38 页。

的电子设备、硬盘、光盘、U盘、记忆棒、存储芯片等存储介质中的计算机数据不是本罪的行为对象。

五、行为主体

本罪的主体是一般主体,达到刑事责任年龄、具有刑事责任能力的自然人都是本罪主体。根据《系统安全解释》第8条的规定,以单位名义或者单位形式实施本罪的,应当追究其直接负责的主管人员和其他直接责任人员的刑事责任。

六、罪量(数额与情节)

本罪以情节严重为要件。《信息系统安全案件解释》第1条根据数据的重要性程度不同,对非法获取计算机信息系统数据罪的入罪标准予以合理区分①:非法获取计算机信息系统数据,获取支付结算、证券交易、期货交易等网络金融服务的身份认证信息10组以上;获取网络金融服务的身份认证信息以外的身份认证信息500组以上;违法所得5 000元以上或者造成经济损失1万元,或有其他情节严重的情形的,应当认定为《刑法》第285条第2款规定的"情节严重"。数量或者数额达到前述规定标准5倍以上或有其他情节特别严重的情形的,应当认定为《刑法》第285条第2款规定的"情节特别严重"。

七、罪责

本罪在主观上是故意,即行为人明知自己无权获取特定计算机信息系统中存储、处理、传输的数据,但仍希望通过侵入或者采用其他技术手段获取其中的数据。本罪要求"违反国家规定",但是行为人并不需要明确自己的行为违反的是哪一国家规定,只要知道自己进入了本来无权进入的计算机信息系统即可。本罪仅要求"获取",因此犯罪行为人主观上对于行为对象有占有、希望得到的意愿,便可确定其为故意,而不需要对其后的处理行为有所认识。

八、罪与非罪

是否构成本罪,应当注意把握如下四个关键性要件:一是"违反国家规定";二是"侵入"或者"采用其他技术手段";三是"获取该计算机信息系统中

---

① 参见于志刚、郭旨龙:《信息时代犯罪定量标准的体系化构建》,中国法制出版社2013年版,第108—116页。

存储、处理或者传输的数据";四是"情节严重"。这四个要件分别指向以下四个方面:一是刑法保护的法益;二是犯罪所采用的手段或路径;三是犯罪行为具体的目标;四是行为危害程度大小。对于何为本罪所指向的"违反国家规定",一种观点认为指的是国家通过宪法、法律、行政法规和部门规章等规范性文件建立起来的一整套制度体系而非某一具体条文;另一种观点则认为按照《刑法》第 96 条的规定,指的是违反全国人大及其常委会制定的法律和决定,国务院制定的行政法规、规定的行政措施、发布的决定和命令。根据罪刑法定原则,后一种观点更为合理。具体到本罪,违反国家规定主要指的是违反《网络安全法》《关于维护互联网安全的决定》《计算机信息系统安全保护条例》等法律、行政法规建立起来的计算机信息系统安全保护制度。①

九、此罪与彼罪

(一) 本罪与非法侵入计算机信息系统罪

本罪与非法侵入计算机信息系统罪最主要的区别在于行为对象不同,非法侵入计算机信息系统罪的行为对象是国家事务、国防建设、尖端科学技术领域的计算机信息系统;而本罪侵入或者采用其他技术手段进入的是上述三个重要领域之外的其他计算机信息系统。此外,非法侵入计算机信息系统罪是行为犯,只要求侵入行为;而本罪属于结果犯,要求除侵入之外还要实施窃取数据的行为,并且要达到情节严重的程度。

(二) 本罪与盗窃罪

对于盗窃虚拟财产的行为该定何罪,学界存在一定的争议,本书认为应区分不同形态的"虚拟财产"分别加以讨论。如果侵入他人计算机信息系统窃取财物的,如盗窃他人网络银行账户中的现金的,应以盗窃罪论处;如果既窃取数据又窃取财物的,应数罪并罚。对于窃取他人账户"积分""金币"在电商网上出售的行为,法院认为应以非法获取计算机信息系统数据罪而非盗窃罪论处。② 对于窃取网络虚拟财产的,如网络游戏中的宝物、兵器、财富等,通说仍主张以本罪论处。

(三) 本罪与掩饰、隐瞒犯罪所得罪

根据《信息系统安全案件解释》第 7 条第 1 款的规定,明知是非法获取计算机信息系统数据犯罪所获取的数据,而予以转移、收购、代为销售或者以其

---

① 参见孙玉荣:《非法获取计算机信息系统数据罪若干问题探讨》,载《北京联合大学学报(人文社会科学版)》2013 年第 2 期,第 116—120 页。
② 参见《浙江首例非法获取计算机信息系统数据罪案今审结》,载中国新闻网(http://www.chinanews.com/it/news/2009/11-06/1952102.shtml.),最后访问日期:2021 年 6 月 5 日。

他方法掩饰、隐瞒,违法所得5 000元以上的,应当依照《刑法》第312条第1款的规定,以掩饰、隐瞒犯罪所得罪定罪处罚。

【案例】岳曾伟等人非法获取计算机信息系统数据案①

被告人岳曾伟伙同王梁,雇佣十余人盗售他人某游戏账号内的游戏金币以牟利。岳曾伟伙同王梁先后多次以一个游戏账号及密码5.5~7元不等的价格从张翊处购得8.2万余个游戏账号及密码。岳曾伟购买账号和密码后,安排被告人张高榕、谢云龙、陈奕达等人使用购得的账号及密码进入游戏操作系统,窃取其中的游戏金币7.9亿余个,再通过网络游戏交易平台等方式将窃得的"金币"进行出售。岳曾伟等人在该网站交易1.1万余次,销售金额72万余元。作案过程中,张高榕、谢云龙负责从账号内盗取游戏金币,张高榕亦负责对岳曾伟所雇人员进行考勤,二人分别从岳曾伟处得报酬1.1万元和1.6万元;陈奕达负责在网络游戏交易平台上出售游戏金币,从岳曾伟处得到报酬1.3万元。一审法院以被告人岳曾伟犯掩饰、隐瞒犯罪所得罪,判处有期徒刑5年,并处罚金5万元;被告人张高榕犯掩饰、隐瞒犯罪所得罪,判处有期徒刑2年,缓刑3年,并处罚金2万元;被告人陈奕达犯掩饰、隐瞒犯罪所得罪,判处有期徒刑2年,缓刑3年,并处罚金2万元;被告人谢云龙犯掩饰、隐瞒犯罪所得罪,判处有期徒刑1年6个月,缓刑2年,并处罚金1万元。

检察院提起抗诉认为:原审被告人岳曾伟等人的行为构成盗窃罪和非法获取计算机信息系统数据罪,应择一重罪,以盗窃罪论处。市检察院支持抗诉,但另提出对行为人应以非法获取计算机信息系统数据罪论处。市中级人民法院认为,原审被告人岳曾伟雇佣原审被告人张高榕、谢云龙和陈奕达等人利用购得的游戏账号、密码,侵入他人游戏空间盗售游戏金币,其犯罪目的是盗售他人游戏金币牟利,其实施的主要犯罪行为亦是肆意侵入他人计算机信息系统,窃取游戏金币并出售,并非收购游戏账号、密码的行为,根据主客观相一致原则,原审被告人岳曾伟等人的行为应构成非法获取计算机信息系统数据罪,一审法院认定原审被告人岳曾伟等人的行为构成掩饰、隐瞒犯罪所得罪,未能全面评价原审被告人岳曾伟等人所实施的犯罪行为,亦与原审被告人岳曾伟等人犯罪意图不符,故市检察院提出的抗诉意见成立,应以非法获取计算机信息系统罪论处。

---

① 参见《岳曾伟等人非法获取计算机信息系统数据案——侵入他人网络游戏空间窃取游戏金币的行为性质认定》,载最高人民法院中国应用法学研究所编:《人民法院案例选》(2014年第4辑),人民法院出版社2016年版,第32—38页。

(四) 共同犯罪

根据《信息系统安全案件解释》第9条第1款的规定,明知他人实施非法获取计算机信息系统数据的行为,具有为其提供用于破坏计算机信息系统功能、数据或者应用程序的程序、工具,违法所得5 000元以上或者提供10人次以上;为其提供互联网接入、服务器托管、网络存储空间、通讯传输通道、费用结算、交易服务、广告服务、技术培训、技术支持等帮助,违法所得5 000元以上;通过委托推广软件、投放广告等方式向其提供资金5 000元以上情形之一的,应当认定为共同犯罪。数量或者数额达到第1款规定标准5倍以上的,应当认定为"情节特别严重"。

十、处罚

根据《刑法》第285条第2款的规定,犯本罪,情节严重的,处3年以下有期徒刑或者拘役,并处或者单处罚金;情节特别严重的,处3年以上7年以下有期徒刑,并处罚金。根据《刑法》第285条第4款的规定,单位犯本罪的,对单位判处罚金,并对其直接负责的主管人员和其他直接责任人员,依照第2款的规定处罚。

第三节 非法控制计算机信息系统罪

一、概述

根据《刑法》第285条第2款的规定,违反国家规定,侵入第1款规定(国家事务、国防建设、尖端科学技术领域)以外的计算机信息系统或者采用其他技术手段,对该计算机信息系统实施非法控制,情节严重的,处3年以下有期徒刑或者拘役,并处或者单处罚金;情节特别严重的,处3年以上7年以下有期徒刑,并处罚金。

考虑到僵尸网络有愈演愈烈之势,利用僵尸网络可以进行DDOS攻击、窃取机密信息、发送垃圾邮件、实施网络钓鱼等一系列行为,同时攻击者又可以借助僵尸网络帮助自己隐藏,使其不易被发现,《刑法修正案(七)》将非法控制计算机信息系统的行为规定为犯罪,作为《刑法》第285条第2款的一部分;《刑法修正案(九)》增加了《刑法》第285条第4款,将单位犯罪纳入本罪的打击范围。

二、保护法益

本罪保护的法益主要是国家对网络秩序的管理与对计算机信息系统的保护。本罪的立法有利于打击目前社会上使用"肉鸡""僵尸"之类的网络病毒程序控制大范围的计算机信息系统的犯罪活动。

三、行为

本罪的行为表现为行为人违反国家规定,侵入国家事务、国防建设,尖端科学技术领域以外的普通计算机信息系统,或者采用其他技术手段,对该计算机信息系统实施非法控制。"非法控制"指的是非法使他人计算机信息系统执行其发出的指令。从形式上看,所谓"非法控制",可以从两个方面来理解:一是使用技术手段非法控制,具体是指利用信息科学技术手段破解计算机信息系统的内部安全机制,对计算机信息系统进行非法控制;二是使用非技术手段非法控制,是指利用信息科学技术以外的手段对计算机信息系统进行非法控制。但法条的具体表述与逻辑表明,此处的"非法控制"仅仅指第一种技术控制手段,应理解为用"侵入"或者"其他技术手段"加以控制,而不是指采用暴力等手段加以控制。第一种控制类型是目前打击的重点,主要针对的是利用木马侵入等技术手段控制大量的"肉鸡"和操纵僵尸网络的行为。[①]

本罪最为常见的行为模式是行为人利用网站漏洞将木马植入网站,在用户访问网站时利用客户端漏洞将木马移植到用户计算机上,或在互联网上传播捆绑有木马的程序或文件,当用户连接到互联网时,这个程序就会报告其IP地址以及预先设定的端口,行为人收到这些信息后,再利用这个潜伏的程序,就可任意地修改用户计算机信息系统的参数设定、复制文件、窥视硬盘中的内容等,从而达到控制用户计算机的目的。[②] 在实践中,在计算机信息系统硬件的生产、制造过程中直接植入木马程序的案件也屡见不鲜。在此类案件中,行为人一般是计算机信息系统中某一硬件的生产者或者生产者的合作厂商,在生产阶段便将木马预先植入消费者的终端设备中。与通过网站漏洞植入木马的行为相比,此类行为的隐蔽性更强,消费者和一般的杀毒软件都无法发现,因此其危害性也更大,除可能会侵犯消费者的隐私、个人信息等法益外,还会降低产品的社会评价,引发消费者与厂家的矛盾冲突。

[①] 参见于志刚:《传统犯罪的网络异化研究》,中国检察出版社2010年版,第58页。
[②] 参见黄太云:《〈刑法修正案(七)〉解读》,载《人民检察》2009年第6期,第5—21页。

【案例】吴某等 19 人非法控制计算机信息系统、侵犯公民个人信息案①

2017年11月至2019年8月底,深圳云某科技有限公司(以下简称"云某公司")实际控制人吴某等人在与多家手机主板生产商合作过程中,将木马程序植入手机主板内。装有上述主板的手机出售后,吴某等人通过之前植入的木马程序控制手机回传短信,获取手机号码、验证码等信息,并传至公司后台数据库,后由该公司商务组人员联系李某理、管某辉等人非法出售手机号码和对应的验证码。其间,云某公司以此作为公司主要获利方式,通过非法控制 330 余万部手机获取相关手机号码及验证码数据 500 余万条,出售这些数据后获利 790 余万元。这些信息被陈某峰等人购买后用于平台用户注册、"拉新"、"刷粉"、积分返现等用途。

2020年11月18日,新昌县人民法院以非法控制计算机信息系统罪分别判处吴某等 5 名被告人有期徒刑 2 年至 4 年 6 个月不等,并处罚金;以侵犯公民个人信息罪分别判处陈某峰、管某辉等 14 名被告人有期徒刑 6 个月至 3 年 6 个月不等,并处罚金。

四、行为对象

本罪的行为对象是国家事务、国防建设、尖端科学技术领域之外的计算机信息系统。受到入侵并被控制的计算机信息系统被称为"肉鸡"或"僵尸",由这些受控制的计算机组成的网络系统被称为"僵尸网络",这些计算机就成为行为人控制下的傀儡。

五、行为主体

本罪的主体为一般主体,只要达到刑事责任年龄、具备刑事责任能力的自然人都可以成为本罪的主体。根据《信息系统安全案件解释》第 8 条的规定,以单位名义或者单位形式实施本罪的,应当追究其直接负责的主管人员和其他直接责任人员的刑事责任。一般情况下实施本罪要求有较强的技术能力,但是随着大量"傻瓜式"木马程序与培训教程的出现,绝大多数会使用计算机的人都可以通过这些程序工具控制计算机信息系统。

六、罪量(数额与情节)

本罪以情节严重为要件。根据《信息系统安全案件解释》第 1 条的规

---

① 参见《充分发挥检察职能 推进网络空间治理典型案例》,载中华人民共和国最高人民检察院官网(https://www.spp.gov.cn/xwfbh/wsfbh/202101/t20210125_507452.shtml),最后访问日期:2020 年 6 月 1 日。

定,非法控制计算机信息系统 20 台以上;违法所得 5 000 元以上或者造成经济损失 1 万元以上;或者有其他情节严重的情形的,应当认定为《刑法》第 285 条第 2 款规定的"情节严重"。数量或者数额达到前述规定标准 5 倍以上或有其他情节特别严重的情形的,应认定为《刑法》第 285 条第 2 款的"情节特别严重"。

七、罪责

本罪的主观方面表现为直接故意,即行为人清楚地知道自己的行为违反了国家规定,知道自己的行为是在控制其他计算机信息系统并追求这种结果。此外,明知是他人非法控制的计算机信息系统,而对该计算机信息系统的控制权加以利用的,依照本罪定罪处罚。本罪不可由间接故意或者过失构成,原因在于僵尸网络往往是多层级的,后感染的计算机大概率是被先感染的计算机感染的,其中一些先被感染的用户知道自己的计算机已被感染。如果认为本罪可以由间接故意甚至是过失构成,那么这些先感染的计算机信息系统的所有人、控制人便可能因为对僵尸网络的形成有贡献而构成本罪的从犯,这种解释模式不但过于扩大了本罪的打击范围,而且会弱化对真正犯罪人的威慑。刑法不能成为信息技术发展、应用的障碍,如果把因过失而导致严重后果的行为也纳入刑法打击的范围,将使新信息技术的开发、应用受到严重影响。①

八、罪与非罪

是否构成本罪,可从"违反国家规定""侵入"或"采用其他技术手段""对该计算机信息系统实施非法控制"和"情节严重"等方面进行把握,其中对于本罪中的"侵入"和"控制"应做实质解释,既包括无权限进入特定系统,也包括进入系统后超越权限操作并控制的行为。即使进入系统时有合法授权,在进入系统后超越权限的行为也可以认定为"侵入",从而构成本罪。

【案例】安邦非法控制计算机信息系统案②(进入系统后越权操作属于侵入)

2018 年 1 月至 7 月,被告人安邦在某科技有限公司担任服务器运维管理人员期间,利用其负责维护搜索服务器的工作便利,超越权限,以技术手段在公司服务器上部署"挖矿"程序,通过占用计算机信息系统硬件及网络资源

---

① 参见皮勇:《网络犯罪比较研究》,中国人民公安大学出版社 2005 年版,第 49 页。
② 参见北京市第一中级人民法院(2020)京 01 刑终 58 号刑事裁定书。

获取比特币、门罗币等虚拟货币,后将部分虚拟货币出售并获利10万元。一审法院认为,被告人安邦违反国家规定,采用技术手段对计算机信息系统实施非法控制,情节特别严重,其行为已构成非法控制计算机信息系统罪。

安邦不服,认为鉴定意见不够准确,其没有非法侵入行为,不能因为其编写的"挖矿"程序在服务器中存在创建目录、删除目录的行为就认为其行为属于非法控制计算机信息系统的行为,应改判其无罪。二审法院审理认为,安邦在合法进入公司服务器后,操作运行服务器的权限仅限于明确授权范围,但其却超越权限,违反公司的意志,基于非法获利目的,利用公司授予的职权便利擅自在多台服务器中增加程序目录,部署"挖矿"程序,占用百度公司服务器运算资源,该行为即属于采用技术手段非法控制计算机信息系统的违法行为。鉴于安邦非法控制计算机信息系统的数量已超过100台,其行为不仅构成非法控制计算机信息系统罪,且属于情节特别严重。因此安邦的前述上诉理由及其辩护人的相关辩护意见缺乏法律依据,不能成立。

九、此罪与彼罪

(一)本罪与非法侵入计算机信息系统罪

本罪与非法侵入计算机信息系统罪的主要区别在于对象不同,非法侵入计算机信息系统罪的行为对象是国家事务、国防建设、尖端科学技术领域的计算机信息系统;而本罪侵入或者采取其他技术手段控制的是上述三个重要领域之外的其他计算机信息系统。

(二)本罪与破坏计算机信息系统罪

非法控制计算机信息系统表现为非法地全部或者部分控制计算机系统,它与《刑法》第286条破坏计算机信息系统罪第1款和第3款规定的"对计算机信息系统功能进行删除、修改、增加、干扰""故意制作、传播计算机病毒等破坏性计算机程序"等行为有一定重合。本罪与破坏计算机信息系统罪的区别在于,本罪要求"情节严重",而后者必须要造成"严重后果"。在我国刑法中,"情节严重"兼含主客观方面的内容,包含造成"严重后果"的情形,如果行为人非法控制他人计算机信息系统,且造成严重后果的,同时构成破坏计算机信息系统罪和本罪,按照择一重罪处罚的定罪原则,以破坏计算机信息系统罪定罪处罚。因此,本罪在大多数情况下只适用于结果犯之外的情节犯,即没有使计算机信息系统无法正常运行的情况。①

最高人民法院指导案例 145 号"张竣杰等非法控制计算机信息系统案"便揭示了这一点。最高人民法院指出,通过植入木马程序的方式非法获取网站服务器的控制权限,进而通过修改、增加计算机信息系统数据,向相关计算机信息系统上传网页链接代码的,未造成系统功能实质性破坏或者不能正常运行的,不应当认定为破坏计算机信息系统罪,应当认定为《刑法》第 285 条第 2 款"采用其他技术手段"非法控制计算机信息系统的行为。这一指导案例的发布对于遏制破坏计算机信息系统罪的口袋化趋势,厘清本罪与破坏计算机信息系统罪的界限均具有重要意义。即并非所有涉及网络流量的案件均以破坏计算机信息系统罪定罪处罚,一般认为,"流量劫持"②行为可认定为破坏计算机信息系统罪,而类似于该案的"设置黑链"③行为如未造成计算机信息系统无法运行,则以本罪定罪处罚。

【案例】张竣杰等非法控制计算机信息系统案④

自 2017 年 7 月开始,被告人张竣杰、彭玲珑、祝东、姜宇豪经事先共谋,为赚取赌博网站广告费用,在马来西亚吉隆坡市租住的 Trillion 公寓 B 幢902 室内,相互配合,对存在防护漏洞的目标服务器进行检索、筛查后,向目标服务器植入木马程序(后门程序)进行控制,再使用"菜刀"等软件链接该木马程序,获取目标服务器后台浏览、增加、删除、修改等操作权限,将添加了赌博关键字并设置自动跳转功能的静态网页上传至目标服务器,提高赌博网站广告被搜索引擎命中的概率。截至 2017 年 9 月底,被告人张竣杰、彭玲珑、祝东、姜宇豪链接被植入木马程序的目标服务器共计 113 台。公诉机关以破坏计算机信息系统罪对四人提起公诉。所有被告人及其辩护人均对指控的主要事实予以承认,但被告人张竣杰、彭玲珑、祝东及其辩护人提出,各被告人的行为仅是对目标服务器的侵入或非法控制,非破坏,应定性为非法侵入计算机信息系统罪或非法控制计算机信息系统罪,不构成破坏计算机信息系统罪。

法院经审理后认为,被告人张竣杰、彭玲珑、祝东、姜宇豪虽对目标服务器的数据实施了修改、增加的侵犯行为,但未造成相应计算机信息系统功能实质

---

① 参见皮勇:《我国新网络犯罪立法若干问题》,载《中国刑事法杂志》2012 年第 12 期,第 44—49 页。

② "流量劫持"的典型方式是采取修改 DNS 即域名解析服务器的方法,使对特定域名的访问由原 IP 地址转入篡改后的指定 IP 地址,导致用户无法访问原 IP 地址对应的网站或访问虚假网站,以此实现对网络流量的"劫持"。

③ "设置黑链",是指行为人利用木马病毒等手段侵入相关网站,然后在该网站中加入隐藏链接,借助该网站来提升链接网站在搜索引擎中的排名和影响力。

④ 参见最高人民法院指导案例 145 号。

性的破坏,或不能正常运行,也未对相应计算机信息系统内有价值的数据进行增加、删改,其行为不属于破坏计算机信息系统犯罪中的对计算机信息系统中存储、处理或者传输的数据进行删除、修改、增加的行为,应认定为非法控制计算机信息系统罪。

【案例】李丙龙破坏计算机信息系统案①

被告人李丙龙为牟取非法利益,预谋以修改大型互联网网站域名解析指向的方法,劫持互联网流量访问相关赌博网站,获取境外赌博网站广告推广流量提成。2014年10月20日,李丙龙冒充某知名网站工作人员,采取伪造该网站公司营业执照等方式,骗取该网站注册服务提供商信任,获取网站域名解析服务管理权限。次日,李丙龙通过其在域名解析服务网站平台注册的账号,利用该平台相关功能自动生成了该知名网站二级子域名部分DNS(域名系统)解析列表,修改该网站子域名的IP指向,使其链接至自己租用境外虚拟服务器建立的赌博网站广告发布页面。经司法鉴定,李丙龙的行为造成该知名网站2014年10月21日19时至23时长达四小时左右无法正常发挥其服务功能,案发当日仅邮件系统电脑客户端访问量就从12.3万人次减少至4.43万人次。

法院经审理认为,修改域名解析服务器指向,强制用户偏离目标网站或网页进入指定网站或网页,是典型的域名劫持行为。行为人使用恶意代码修改目标网站域名解析服务器,目标网站域名被恶意解析到其他IP地址,无法正常发挥网站服务功能,符合《刑法》第286条第1款的规定,构成破坏计算机信息系统罪。李丙龙的行为符合"造成为五万以上用户提供服务的计算机信息系统不能正常运行累计一小时以上""后果特别严重"的情形。因此,结合量刑情节,判处李丙龙有期徒刑5年。

(三)本罪与掩饰、隐瞒犯罪所得罪

根据《信息系统安全案件解释》第7条的规定,明知是非法控制计算机信息系统犯罪所获取的计算机信息系统控制权,而予以转移、收购、代为销售或者以其他方法掩饰、隐瞒,违法所得5 000元以上的,应当依照《刑法》第312条第1款的规定,以掩饰、隐瞒犯罪所得罪定罪处罚。

(四)共同犯罪

根据《信息系统安全案件解释》第9条的规定,明知他人实施非法控制计

---

① 参见最高人民检察院检例第33号。

算机信息系统的行为,具有为其提供用于破坏计算机信息系统功能、数据或者应用程序的程序、工具,违法所得 5 000 元以上或者提供 10 人次以上;为其提供互联网接入、服务器托管、网络存储空间、通讯传输通道、费用结算、交易服务、广告服务、技术培训、技术支持等帮助,违法所得 5 000 元以上;通过委托推广软件、投放广告等方式向其提供资金 5 000 元以上情形之一的,应当认定为共同犯罪。数量或者数额达到前款规定标准 5 倍以上的,应当认定为"情节特别严重"。

十、处罚

根据《刑法》第 285 条第 2 款的规定,犯本罪,情节严重的,处 3 年以下有期徒刑或者拘役,并处或者单处罚金;情节特别严重的,处 3 年以上 7 年以下有期徒刑,并处罚金。根据《刑法》第 285 条第 4 款的规定,单位犯本罪的,对单位判处罚金,并对其直接负责的主管人员和其他直接责任人员,依照第 2 款的规定处罚。

第四节　提供侵入、非法控制计算机信息系统程序、工具罪

一、概述

根据《刑法》第 285 条第 3 款的规定,提供专门用于侵入、非法控制计算机信息系统的程序、工具,或者明知他人实施侵入、非法控制计算机信息系统的违法犯罪行为而为其提供程序、工具,情节严重的,依照第 2 款的规定处罚。

随着计算机的普及,网络犯罪产业链逐渐形成,有技术能力者不一定亲自从事具体的违法犯罪行为,而是提供用于具体犯罪的程序、工具,自己躲在幕后。为了有效打击这种危害性极大的网络犯罪帮助行为,2009 年《刑法修正案(七)》增设了提供侵入、非法控制计算机信息系统程序、工具罪,作为《刑法》第 285 条第 3 款。考虑到单位成为本罪的常见主体,2015 年的《刑法修正案(九)》将单位犯罪纳入本罪打击范围,作为第 285 条的第 4 款。

二、保护法益

本罪保护的法益是计算机信息系统的安全。网络空间是一个"技术为王"的空间,最早的网络犯罪主要表现为少部分网络技术精英实施的各类网络攻击行为,因此,早期网络空间的技术性是阻隔普通犯罪人实施网络犯罪的天然鸿沟,一般人不具备实施网络犯罪的专门信息和网络技术。但是,随着网络社会的发展,出现了大量向一般公众提供用于实施网络犯罪技术支持行为,使得一般公众实施网络犯罪成为可能。网络时代的便捷通信促成了一对多帮助的实现。行为人只需将实施相应犯罪的方法、技术、程序等信息发布到网上,很快便会有难以计数的个体获得该信息,而在获得该信息的同时,其也就跨越了网络犯罪的技术门槛,网络犯罪的帮助行为可以给大范围的潜在犯罪人提供实施犯罪的资源,而这种给法益带来的大范围危险和现实损害是单一的网络犯罪实行行为所难以企及的。[①] 因此,本罪的设置将刑法打击前移,通过对犯罪链前端提供技术支持的行为进行规制的方式来实现对网络安全的保护。

三、行为

本罪的行为方式包括两种情形。

(一) 提供专门用于侵入、非法控制计算机信息系统的程序、工具

根据《信息系统安全案件解释》第 2 条的规定,"专门用于侵入、非法控制计算机系统的程序、工具"指的是:具有避开或者突破计算机信息系统安全保护措施,未经授权或者超越授权获取计算机信息系统数据的功能;具有避开或者突破计算机信息系统安全保护措施,未经授权或者超越授权对计算机信息系统实施控制的功能;或其他专门设计用于侵入、非法控制计算机信息系统、非法获取计算机信息系统数据的程序、工具。最高人民检察院检例第 68 号"叶源星、张剑秋提供侵入计算机信息系统程序,谭房妹非法获取计算机信息系统数据案"(参见本书第三章第三节相关内容)便适用了这一解释,认定叶源星编写的"小黄伞"撞库软件为专门用于侵入、非法控制计算机信息系统的程序、工具。另外,需注意,此处的"提供"既包括有偿提供,也包括免费提供,既包括向特定人提供,也包括向不特定人提供,如将其放到网上供人免费下载使用。因为此种"专门"工具只能作为入侵或非法控制之

[①] 参见于志刚:《网络空间中犯罪帮助行为的制裁体系与完善思路》,载《中国法学》2016年第 2 期,第 5—24 页。

用,本身具有违禁性,所以对"提供"应作扩张解释。①

（二）明知他人实施侵入、非法控制计算机信息系统的违法犯罪行为而为其提供程序、工具

此类行为中的提供,必须是向已知图谋实施特定违法犯罪的人提供,且所提供的程序、工具被用于特定的违法犯罪活动。但此种行为模式下,并不要求提供的"程序、工具"是专门用于侵入、非法控制计算机信息系统的程序、工具,即该程序、工具可以有合法用途,但在此处被用于非法用途。

四、行为对象

本罪的行为对象是所有计算机信息系统,既包括国家事务、国防建设、尖端科学技术领域的计算机信息系统,也包括除此之外的计算机信息系统。随着物联网建设逐渐铺开,所有由计算机及其相关的和配套的设备、设施构成的,按照一定的应用目标和规则对信息进行采集、加工、存储、传输、检索等处理的人机系统都可视为本罪的行为对象,包括智能手表、智能眼镜等。

五、行为主体

本罪的行为主体是一般主体,即任何提供专门用于侵入、非法控制计算机信息系统的程序、工具的自然人。单位犯本罪的,对单位判处罚金,并对其直接负责的主管人员和其他直接责任人员,依照《刑法》第285条第3款的规定处罚。

六、罪量(数额与情节)

根据《信息系统安全案件解释》第3条的规定,提供侵入、非法控制计算机信息系统的程序、工具,具有下列情形之一的,应当认定为《刑法》第285条第3款规定的"情节严重":(1)提供能够用于非法获取支付结算、证券交易、期货交易等网络金融服务身份认证信息的专门性程序、工具5人次以上的;(2)提供第(1)项以外的专门用于侵入、非法控制计算机信息系统的程序、工具20人次以上的;(3)明知他人实施非法获取支付结算、证券交易、期货交易等网络金融服务身份认证信息的违法犯罪行为而为其提供程序、工具5人次以上的;(4)明知他人实施第(3)项以外的侵入、非法控制计算机信息系统的违法犯罪行为而为其提供程序、工具20人次以上的;(5)违法所得5 000元以上或者造成经济损失1万元以上的;(6)其他情节严重的情形。数量或者数额达到第(1)项至第(5)项规定标准5倍以上或有其他情节特别严重的情

---

① 参见曲新久主编:《刑法学(第5版)》,中国政法大学出版社2016年版,第484页。

形的,应当认定为"情节特别严重"。

七、罪责

本罪的在主观上表现为故意,但是否包括间接故意存在一定争议。出于以下两个原因,应当认为本罪的故意既包括直接故意,也包括间接故意:第一,法条中并无针对犯罪动机和犯罪目的的法定表述,而且从目前的司法实践来看,其也并未将本罪视为非法定的目的犯,因此将本罪限定为直接故意犯罪缺乏法律依据,也不符合司法实践现状。第二,完全有可能出现行为人在明知自己的提供行为可能会造成危害计算机信息系统安全的后果,但依然放任该危害后果发生的情况。①

八、罪与非罪

判断本罪是否成立的关键点在于某一程序、工具是否专门用于侵入、非法控制计算机信息系统。行为人如果提供的是病毒、木马或后门程序,则可以认定为本罪;如果提供的程序、工具既有可能用于正常用途,也有可能用于违法犯罪,则要看行为人是否明知他人要实施侵入、非法控制计算机信息系统的行为,如果明知,则即使其提供的程序、工具并非专门用于侵入、非法控制计算机信息系统也可成立本罪。

九、此罪与彼罪

(一)本罪与具体实行行为

提供侵入、非法控制计算机信息系统程序、工具的行为,本质上是一种帮助行为,但是在《刑法》中被实行化为独立的提供侵入、非法控制计算机信息系统程序、工具犯罪。在此种模式中,被实行化的帮助行为和实行行为被规定在同一类罪名之下,两者针对同一犯罪客体,在法益侵害性上具有同质性,在行为的内涵和外延上是一种并列关系,在适用上是相互排斥的关系。因此,在定罪量刑时直接适用实行化后的独立罪名,不再适用《刑法》总则中关于共同犯罪的规定。此种帮助行为实行化模式的优点是:(1)实现对帮助行为的刑法直接评价,即使由于某种具体情形导致实行行为自身不构成犯罪,也可以对具有较大社会危害性的帮助行为定罪处罚;(2)在立法上将帮助行为直接规定法定刑,可以对司法权进行一定的限制,避免量刑畸轻。②

---

① 参见孙中梅、赵康:《试论提供用于侵入、非法控制计算机信息系统的程序、工具罪的实然适用与应然展望》,载《中国检察官》2012年第1期,第36—38页。
② 参见于志刚:《传统犯罪的网络异化研究》,中国检察出版社2010年版,第118页。

(二)本罪与破坏计算机信息系统罪

本罪与破坏计算机信息系统罪中的故意制作、传播计算机病毒等破坏性程序,影响计算机信息系统正常运行,导致严重后果的行为模式的区别主要有二:第一,本罪提供的程序、工具主要是用于侵入、控制计算机信息系统而非破坏性程序;第二,成立本罪不需要影响计算机信息系统的正常运行,即使用户没有感知也可成立本罪。

十、处罚

根据《刑法》第285条第2、3款的规定,犯本罪,情节严重的,处3年以下有期徒刑或者拘役,并处或者单处罚金;情节特别严重的,处3年以上7年以下有期徒刑,并处罚金。根据《刑法》第285条第4款的规定,单位犯本罪的,对单位判处罚金,并对其直接负责的主管人员和其他直接责任人员,依照上述规定处罚。

第五节 破坏计算机信息系统罪

一、概述

根据《刑法》第286条的规定,违反国家规定,对计算机信息系统功能进行删除、修改、增加、干扰,造成计算机信息系统不能正常运行,后果严重的,处5年以下有期徒刑或者拘役;后果特别严重的,处5年以上有期徒刑。违反国家规定,对计算机信息系统中存储、处理或者传输的数据和应用程序进行删除、修改、增加的操作,后果严重的,依照第1款的规定处罚。故意制作、传播计算机病毒等破坏性程序,影响计算机系统正常运行,后果严重的,依照第1款的规定处罚。单位犯上述罪的,对单位判处罚金,并对其直接负责的主管人员和其他直接责任人员,依照第1款的规定处罚。

在1997年《刑法》修改时,公安部向立法机关提交的立法建议中提出设立八种网络犯罪行为,但是立法机关考虑到刑法应有的谦抑性,对此持谨慎态度,最终采纳的只有两种,本罪便是其中之一。[①] 考虑到本罪可能造成的巨大损害,立法机关在设置本罪时便将起刑点规定为"五年以下有期徒刑或拘役",并通过解释不断扩大本罪的适用。2015年《刑法修正案(九)》中回应了本

---

① 参见于志刚:《传统犯罪的网络异化研究》,中国检察出版社2010年版,第62页。

罪没有单位犯罪的漏洞,增加了相关的规定,作为《刑法》第 286 条第 4 款。

二、保护法益

本罪保护的法益究竟是国家对计算机信息系统安全的管理秩序,还是计算机信息系统的正常功能和安全,存在一定的争议。① 本罪设立时,由于计算机尚未普及,计算机信息系统主要由国家或者关键领域掌握,因此将本罪置于妨害社会管理秩序罪一章中的扰乱公共秩序罪一节。从这个角度看,认为本罪保护的法益是国家对计算机信息系统安全的管理秩序有一定合理性。但是随着计算机走进千家万户,智能手机已经成为我们生活中不可分割的一部分,如果依然认为本罪保护的法益是国家对秩序的管理而非计算机信息系统的安全本身,这将会导致本罪的适用过于狭隘,人民的权益无法得到保障。因此,应将本罪保护的法益认定为计算机信息系统的正常功能和安全。本罪专门用于制裁对计算机信息系统的正常功能、安全造成严重影响和破坏的犯罪。

三、行为

本罪有三种不同的行为模式。

（一）违反国家规定,对计算机信息系统功能进行删除、修改、增加、干扰,影响计算机信息系统正常运行,后果严重的

所谓计算机信息系统,是指由计算机及其相关的和配套的设备含网络、设施构成的,按照一定的应用目标和规则,对信息进行采集、加工、存储、传输、检索等处理的人机系统。破坏计算机信息系统的方法,包括对功能进删除、修改、增加、干扰等具体行为。其中,"删除"是指通过技术手段使计算机信息系统丧失实现某一或某些功能的能力;"修改"指的是部分或全部改变计算机信息系统的功能,或者用其他功能不同的程序代替原程序;"增加"指的是通过技术手段在原有的计算机信息系统之上添加其所没有的功能;"干扰"则是指通过技术手段使计算机信息系统无法正常运行,其功能无法正常发挥。

【案例】付宣豪、黄子超破坏计算机信息系统案②(修改计算机信息系统,使其无法正常运行)

被告人付宣豪、黄子超等人租赁多台服务器,使用恶意代码修改互联网用户路由器的 DNS 设置,进而使用户登录"2345.com"等导航网站时跳转至

---

① 参见俞小海:《破坏计算机信息系统罪之司法实践分析与规范含义重构》,载《交大法学》2015 年第 3 期,第 140—154 页。
② 参见最高人民法院指导案例第 102 号。

其设置的"5w.com"导航网站,被告人付宣豪、黄子超等人再将获取的互联网用户流量出售给杭州久尚科技有限公司(系"5w.com"导航网站所有者),违法所得合计754 762.34元。法院经审理认定,通过修改路由器、浏览器设置、锁定主页或者弹出新窗口等技术手段,强制网络用户访问指定网站的"DNS劫持"行为,属于破坏计算机信息系统,后果严重的,构成破坏计算机信息系统罪;并可根据造成不能正常运行的计算机信息系统数量、相关计算机信息系统不能正常运行的时间,以及所造成的损失或者影响等,认定其是"后果严重"还是"后果特别严重"。

徐强破坏计算机信息系统案则是典型干扰计算机信息系统,使其无法正常运行的案例(参见本书第三章第三节相关内容)。

(二)违反国家规定,对计算机信息系统中的数据和应用程序进行删除、修改、增加,后果严重的

破坏计算机信息系统中的数据和应用程序,是指对计算机信息系统中实际处理的一切有意义的文字、符号、声音、图像等内容的组合,以及用户按计算机数据库授予的子模式的逻辑结构、书写方式进行数据操作运算的程序予以全部或一部删除、修改或者增加。需要注意,此种行为模式并没有"造成计算机信息系统不能正常运行"这一要件,只要达到后果严重的程度即可。在实践中,司法机关源于现实罪情压力和司法需求,对于这一罪名的保护范围予以有意无意地强行扩张或者错误理解,以"计算机信息系统功能"被悄然替换为"计算机信息系统数据"为基础,将"数据"一词的外延由"数据库中的数据"等扩展到"一切数据",从而满足了一个司法需求:由于所有针对计算机信息系统和网络实施的行为都会生成数据记录,其都属于对于"数据"进行的增加和修改。由此,"破坏计算机信息系统罪"成为一个无所不能装的大口袋,成为网络时代的口袋罪,这是我们需要警惕的。[1]最高人民检察院检例第34号"李骏杰等破坏计算机信息系统案"便反映了司法实践中对《刑法》第286条第2款的"数据"进行了过于宽泛的解释,删除评价是否使得购物网站不能正常运行值得进一步思考。

【案例】李骏杰等破坏计算机信息系统案[2]

被告人胡榕原系某市公安局民警,其利用职务之便,将获取的公民个人

---

[1] 参见于志刚:《口袋罪的时代变迁、当前乱象与消减思路》,载《法学家》2013年第3期,第63—78页。
[2] 参见最高人民检察院检例第34号。

信息分别出售给被告人黄福权、董伟、王凤昭。2011年5月至2012年12月,被告人李骏杰在工作单位及自己家中,单独或伙同他人通过聊天软件联系需要修改中差评的某购物网站卖家,并从被告人黄福权等处购买发表中差评的该购物网站买家信息300余条。李骏杰冒用买家身份,骗取客服审核通过后重置账号密码,登录该购物网站内部评价系统,删改买家的中差评347个,获利9万余元。

法院认为:购物网站评价系统是对店铺销量、买家评价等多方面因素进行综合计算分值的系统,其内部储存的数据直接影响到搜索流量分配、推荐排名、营销活动报名资格、同类商品在消费者购买比较时的公平性等,是整个购物网站计算机信息系统整体数据的重要组成部分。侵入评价系统删改购物评价,其实质是对计算机信息系统内存储的数据进行删除、修改操作的行为。这种行为危害到计算机信息系统数据采集和流量分配体系运行,使购物网站注册商户及其商品、服务的搜索受到影响,导致购物网站商品、服务评价功能无法正常运作,侵害了购物网站所属公司的信息系统安全和消费者的知情权。行为人因删除、修改某购物网站中差评数据违法所得25 000元以上,构成破坏计算机信息系统罪,属于"后果特别严重"的情形,因此以破坏计算机信息系统罪判处李骏杰有期徒刑5年。

(三)故意制作、传播计算机病毒等破坏性程序,影响计算机信息系统正常运行,后果严重的

根据《信息系统安全案件解释》第5条的规定,本罪中的"计算机病毒等破坏性程序"是指:(1)能够通过网络、存储介质、文件等媒介,将自身的部分、全部或者变种进行复制、传播,并破坏计算机系统功能、数据或者应用程序的程序;(2)能够在预先设定条件下自动触发,并破坏计算机系统功能、数据或者应用程序的程序;(3)其他专门设计用于破坏计算机系统功能、数据或者应用程序的程序。在具体案件中,对于是否属于"计算机病毒等破坏性程序"难以确定的,应当委托省级以上负责计算机信息系统安全保护管理工作的部门检验。司法机关根据检验结论,并结合案件具体情况进行认定。

四、行为对象

本罪的行为对象是包括计算机、网络设备、通信设备、自动化控制设备在内的具备自动处理数据功能的计算机信息系统,以及计算机信息系统内存储、处理或者传输的数据和应用程序。根据公安部《关于对破坏未联网的微型计算机信息系统是否适用〈刑法〉第286条的请示的批复》(公复字〔1998〕7号),未联网的微型计算机也属于本罪的行为对象。

【案例】李森、何利民、张锋勃等人破坏计算机信息系统案①(空气检测站点的采样器也属于计算机信息系统)

被告人李森、张锋勃多次进入西安市长安区环境空气自动监测站(以下简称"长安子站")内,用棉纱堵塞空气采样器的方法,干扰该站内环境空气质量自动监测系统的数据采集功能。被告人何利民明知李森等人的行为而没有阻止,只是要求李森把空气污染数值降下来。被告人李森还多次指使被告人张楠、张肖采用上述方法对长安子站自动监测系统进行干扰,造成该站自动监测数据多次出现异常,多个时间段内监测数据严重失真,影响了国家环境空气质量自动监测系统的正常运行。法院认为:长安子站系国控环境空气质量自动监测站点,产生的监测数据经过系统软件直接传输至监测总站,通过环保部和监测总站的政府网站实时向社会公布,参与计算环境空气质量指数并实时发布。空气采样器是环境空气质量监测系统的重要组成部分。PM10、PM2.5监测数据为环境空气综合污染指数评估中最重要的两项指标,被告人用棉纱堵塞空气采样器的采样孔或拆卸空气采样器的行为,必然造成空气采样器内部气流场的改变,造成监测数据失真,影响对环境空气质量的正确评估,属于对计算机信息系统功能进行干扰,造成计算机信息系统不能正常运行的行为,构成破坏计算机信息系统罪。

五、行为主体

本罪的主体为一般主体,所有达到刑事责任年龄、具备刑事责任能力的的自然人都可以成为本罪的主体,当然由于本罪对技术能力有一定的要求,实践中犯此罪的自然人一般都具有一定的技术背景。《刑法修正案(九)》增加了单位犯罪的相关规定,因此以单位名义或者单位形式实施危害计算机信息系统安全犯罪,可以追究单位和直接负责的主管人员、其他直接责任人员的刑事责任。

六、罪量(数额与情节)

根据《信息系统安全案件解释》第4条第1款的规定,本罪第1、2款规定的"后果严重"指的是:(1)造成10台以上计算机信息系统的主要软件或者硬件不能正常运行的;(2)对20台以上计算机信息系统中存储、处理或者传输的数据进行删除、修改、增加操作的;(3)违法所得5 000元以上或者造成经济损失1万元以上的;(4)造成为100台以上计算机信息系统提供域名解

---

① 参见最高人民法院指导案例第104号。

析、身份认证、计费等基础服务或者为 1 万以上用户提供服务的计算机信息系统不能正常运行累计 1 小时以上的;(5)造成其他严重后果的。"后果特别严重"指的是:(1)数量或者数额达到前述第(1)项至第(3)项规定标准 5 倍以上的;(2)造成为 500 台以上计算机信息系统提供域名解析、身份认证、计费等基础服务或者为 5 万以上用户提供服务的计算机信息系统不能正常运行累计 1 小时以上的;(3)破坏国家机关或者金融、电信、交通、教育、医疗、能源等领域提供公共服务的计算机信息系统的功能、数据或者应用程序,致使生产、生活受到严重影响或者造成恶劣社会影响的;(4)造成其他特别严重后果的。

根据《信息系统安全案件解释》第 6 条第 1 款的规定,本罪第 3 款规定的"后果严重"指的是:(1)制作、提供、传输本解释第 5 条第(1)项规定的程序,导致该程序通过网络、存储介质、文件等媒介传播的;(2)造成 20 台以上计算机系统被植入本解释第 5 条第(2)、(3)项规定的程序的;(3)提供计算机病毒等破坏性程序 10 人次以上的;(4)违法所得 5 000 元以上或者造成经济损失 1 万元以上的;(5)造成其他严重后果的。"后果特别严重"指的是:(1)制作、提供、传输本解释第 5 条第(1)项规定的程序,导致该程序通过网络、存储介质、文件等媒介传播,致使生产、生活受到严重影响或者造成恶劣社会影响的;(2)数量或者数额达到前款第(2)项至第(4)项规定标准 5 倍以上的;(3)造成其他特别严重后果的。

七、罪责

本罪在主观方面是故意,即行为人明知自己的行为会对计算机信息系统或者计算机信息系统内存储、处理或者传输的数据和应用程序造成破坏,而故意对计算机信息系统采取删除、修改、增加、干扰,对系统中的数据和应用程序进行删除、修改、增加或者故意制作或传播计算机病毒等破坏性程序,希望使计算机信息系统不能正常运行或出现其他严重后果。

八、罪与非罪

本罪在近些年来频繁引起争议的原因在于信息时代下,几乎所有的日常生活都与计算机信息系统相关联。在刑法不能涵盖所有的计算机犯罪时,司法机关只能寄希望于本罪,因此本罪的司法功能在近几年更加凸显出拓展和庞杂的发展趋势;审视从 2000 年的最高人民法院公报案例到近几年的最高人民法院指导案例、最高人民检察院检例,会发现不仅《刑法》第 286 条第 2 款本身的功能在不断扩张,向整个刑法典所保护的法益蔓延,甚至超出刑法典所涵摄的法益范畴。而且本罪的起点刑为 5 年以下有期徒刑,因此同时触犯多个罪名,进行想象竞合时,经常以破坏计算机信息系统罪定罪处罚。

现阶段我国的网络犯罪制裁体系还存在缺漏,对于一些犯罪行为无法进行打击,但并不能因此违背罪刑法定原则,通过不断扩展《刑法》第 286 条第 2 款的方式将这些行为纳入刑法打击中。

九、此罪与彼罪

(一)共同犯罪

根据《系统安全解释》第 9 条的规定,明知他人实施破坏计算机信息系统行为,而为其提供用于破坏计算机信息系统功能、数据或者应用程序的程序、工具,违法所得 5 000 元以上或者提供 10 人次以上的;为其提供互联网接入、服务器托管、网络存储空间、通讯传输通道、费用结算、交易服务、广告服务、技术培训、技术支持等帮助,违法所得 5 000 元以上的;通过委托推广软件、投放广告等方式向其提供资金 5 000 元以上的,以本罪的共同犯罪论处。

(二)本罪与其他破坏型犯罪

本罪的特点是以"技术操作"的方式对计算机信息系统实施破坏,如增加或删除系统数据,而不包括使用物理方式对计算机设备进行破坏,如打砸、拆卸计算机。因此,通过物理性手段暴力破坏计算机则不成立本罪,而成立其他的破坏型犯罪,如故意毁坏财物罪;如果足以危害公共安全,甚至可以构成破坏公用电信设施罪。①

十、处罚

根据《刑法》第 286 条的规定,犯破坏计算机信息系统罪,后果严重的,处 5 年以下有期徒刑或者拘役;后果特别严重的,处 5 年以上有期徒刑。单位犯罪的,对单位判处罚金,并对其直接负责的主管人员和其他直接责任人员,依照第 1 款的规定处罚。

---

① 参见曲新久主编:《刑法学》(第 5 版),中国政法大学出版社 2016 年版,第 485 页。

第七章 以信息网络为手段的犯罪

第一节 组织、领导传销活动罪

一、概述

根据《刑法》第 224 条之一组织、领导传销活动罪的规定,组织、领导以推销商品、提供服务等经营活动为名,要求参加者以缴纳费用或者购买商品、服务等方式获得加入资格,并按照一定顺序组成层级,直接或者间接以发展人员的数量作为计酬或者返利依据,引诱、胁迫参加者继续发展他人参加,骗取财物,扰乱经济社会秩序的传销活动的,处 5 年以下有期徒刑或者拘役,并处罚金;情节严重的,处 5 年以上有期徒刑,并处罚金。

20 世纪 90 年代初期,一些国外直销公司开始进入中国。当时我国正处于社会主义市场经济发展的初级阶段,市场发育程度较低,有关管理法规不够完善,直销逐渐发展成为各种形式的传销活动。一些不法单位和个人打着"快速致富"的旗号,诱骗群众参与传销,利用虚假宣传、组成封闭人际网络、收取高额"入门费"等手段敛取钱财,还有一些人利用传销从事价格欺诈、推销假冒伪劣产品等违法犯罪活动,不仅干扰正常的经济秩序,严重损害人民群众的利益,还严重影响我国的社会稳定。针对上述情况,1998 年 4 月,国务院《关于禁止传销经营活动的通知》明确指出,传销经营不符合我国现阶段的国情,已造成严重危害,对传销经营活动必须坚决予以禁止。2005 年 8 月,国务院常务会议通过《禁止传销条例》,以行政法规的形式进一步明确禁止传销活动,加大打击力度。

同时,根据 2001 年 4 月最高人民法院《关于情节严重的传销或者变相传销行为如何定性问题的批复》的规定,传销犯罪主要涉及非法经营罪,如果同时构成其他罪,则从一重罪论处。其后,2003 年最高人民检察院法律政策研究室《关于 1998 年 4 月 18 日以前的传销或者变相传销行为如何处理的答复》再次确认了前述内容。但是把传销犯罪定性为非法经营罪,有着很大的局限性,在司法实践中存在认定和处理障碍。

2009 年 2 月 28 日,第十一届全国人大常委会第七次会议通过了《刑法修正案(七)》,在《刑法》第 224 条后增加一条,作为第 224 条之一,明确规定了组织、领导传销活动罪。2009 年 10 月 14 日,最高人民法院、最高人民检察院《关于执行〈中华人民共和国刑法〉确定罪名的补充规定(四)》根据《刑法修正案(七)》第 4 条,规定了"组织、领导传销活动罪"罪名。

2010 年最高人民检察院、公安部《立案追诉标准(二)》第 78 条对组织、领导传销活动案立案追诉标准作了规定。

2013 年最高人民法院、最高人民检察院、公安部《传销案件意见》根据《刑法》和有关司法解释的规定,结合司法实践,进一步明确了本罪的有关法律适用问题。

二、保护法益

本罪中,行为人的行为既侵犯了公民的财产所有权,又侵犯了市场经济秩序和社会管理秩序。由于行为人要求参加者以缴纳费用或者购买商品、服务等方式获得加入资格,并按照一定顺序组成层级,直接或者间接以发展人员的数量作为计酬或者返利依据,因此,组织、领导传销活动在本质上是一种牟取非法经济利益的行为。由于传销活动具有隐蔽性、传销网络具有扩张性,组织、领导传销活动也极大危害了正常的市场经济秩序,威胁着稳定的社会环境,侵犯多个法益。

三、行为

根据刑法规定,本罪的客观行为表现为以下几个方面:

(一)以推销商品、提供服务等经营活动为名,要求参加者以缴纳费用或者购买商品、服务等方式获得加入资格

这是传销组织诱骗成员取得传销资格常采用的一种引诱方式和必经程序。一些不法分子利用一些群众急于发家致富的心情,以加入组织推销商品就可获得高额回报或者以特许加盟、地区代理等许诺为诱饵,或者以为会员提供网络空间、帮助开办网上店铺、为会员经营提供金融服务、帮助会员制定创业计划等为名,引诱不明真相的群众成为传销组织会员。在美好前景的诱惑下,一些不明真相的群众交纳了所谓购买商品、服务的费用。实际上这些费用就是参加传销活动的"入门费",只有交费才能取得发展下线的资格。这里的"以推销商品、提供服务等经营活动为名",一针见血地戳穿了传销组

织者们在发展成员时,其所谓推销商品、提供服务只是哄骗群众加入传销组织的道具,而收取费用才是他们真正目的的欺骗实质。这里的"要求参加者以缴纳费用或者购买商品、服务等方式获得加入资格",揭穿了取得传销资格的两种途径:对于"拉人头"传销,"缴纳费用",直接交钱即可取得资格,购买商品、推销服务等名目是多余的;对于那些对传销还心存疑惑的群众来说,以"购买商品、服务等方式"为由更容易打消他们的顾虑。但无论哪一种入会方式,均以交钱为取得传销资格的必要条件。从实际查处的案件情况看,"入门费"一般按人头计算,费用从一两千元到上万元不等。

(二)按照一定顺序组成层级

这是传销组织的结构特点。传销组织不论规模大小,在组织结构上都有一个共同的特点,就是呈底大尖小的金字塔形结构。在传销组织中,一般以加入的顺序、发展人员的多少或者"业绩"的高低分成不同的层级。每一个人都有一定的级别,只有发展一定数量的下线以后才能升级。下级必须服从上级,上下级等级森严。上线和下线之间严格单线联系,不同级别人员间不允许往来,传销人员只知道自己的上线,组织者往往是幕后策划、遥控指挥者,在本地获取的钱财也都迅速转入外地个人账户。传销组织并不是一个遵循自愿、平等原则的松散的经济组织,而是结构严密、内部封闭的非法组织。

(三)直接或者间接以发展人员的数量作为计酬或者返利依据,引诱、胁迫参加者继续发展他人参加

这是传销组织的计酬方式特点。传销组织按照发展人头的多少将成员分成不同的等级,还通过提成或者淘汰等方式建立了强烈的激励和惩罚机制,按照传销组织的要求行动并卓有成效地发展下线,就可以获得大量收入,否则就会被淘汰。参加者通过发展人员,再要求被发展者不断发展其他人员加入,形成上下线关系,以下线发展的人数多少为依据计算和给付上线报酬,并按照"五级三阶制"等方式进行分红。根据这种计酬方法,参与人员大约需要发展15名下线才能实现收支相抵,否则不仅没有收入,还要向传销组织缴纳伙食费,甚至在自己的下线发展的人数超过自己时可能被淘汰出传销组织。"引诱、胁迫参加者继续发展他人参加",这是传销组织在发展过程中经常采用的手段。由于传销行为常遭到政府有关部门的查禁,传销的欺骗性也逐渐被其成员识破,成员要求退还"入门费"、退出传销组织的事常常发生。于是,很多传销组织都有自己的"打手""执法队"。一旦传销参与人员来到传销公司,传销组织就会对其采取全方位的监控。对于中途反悔的传销人员,传销组织往往安排人员盯梢、监视,甚至进行非法拘禁、绑架、杀害。这些惩罚措施成为保证传销组织生存的重要手段。传销组织的维系依赖于新

成员不断加入,这样才会使人员链和资金链不致断裂。由于采用复式计酬的方法,每个上线不仅从自己的下线缴纳的资金中获得提成,也从所有间接下线处滚雪球似地获得提成。而实际上,传销获得的资金只够支付一定级别上线的报酬,处于传销金字塔底层的多数人员如果不能发展到足够的下线人员,连"入门费"都拿不回来。因此,处于金字塔形结构最低层级的传销人员只有拼命发展下线,才能解套。但是,每个人能够发展的下线数量是有限的,所以传销组织最终走向崩溃只是时间早晚问题。

(四)骗取财物

这是传销活动的最本质特征。传销活动的一切行为都是为了骗取钱财。为了让参与人员死心塌地进行传销,在采取温情攻势的同时,传销组织者都要通过上课对参与人员进行洗脑。上课的内容包括以所谓"营销学""成功学""人际关系学"等歪理邪说鼓动参与人员的发财欲望;以貌似科学的"经济学原理"和高明的"营销策略",使大家对传销的性质丧失正确认识;以所谓传销"成功"者现身说法等形式刺激参与人员的暴富心态;以所谓"传销是善意欺骗,是为了让被骗的人也能发财"的谎言,使参与人员丧失对欺诈的道德负疚感,最后完全信服于荒唐的理念,以欺骗等方式发展自己的亲友、同学、同事加入传销。他们利用普通群众的求富心理,鼓吹发财;对于大学生,则将发财包装为"自我实现"。他们利用大家渴望致富的心理,编造或套用"网络倍增""消费联盟""共销入股""滚动促销"等时尚的市场营销名堂;以工作、做生意可获高额回报为诱饵,鼓吹"可以将石头当成金子卖","参加传销,就可以坐在家里点钱","不需要权力、技术和大量资金,只凭一张嘴以及勤快的手脚,任何人都可以迅速致富"。这些极富诱惑力的鼓动,使许多不明真相的群众千里迢迢加入传销组织。为了蛊惑参与人员,传销组织通过单调的环境降低人的感觉敏锐性;通过封闭的环境避开外界信息,使参与人员丧失判断力,无法认清传销的欺诈本质,轻易接受传销理念;通过高强度、高频率的刺激加强记忆效果,制造狂热氛围,影响参与人员的心理感受,使其逐渐进入一种痴迷状态,不能控制地沉湎于传销发财的梦幻之中。通过这种方式灌输的传销理念根深蒂固,具有类似于宗教理念的心理驱动力,使参与人员产生强烈的按照传销理念行动的愿望。

(五)扰乱经济社会秩序

这是传销活动的多重社会危害。一是瓦解社会伦理体系,破坏社会稳定基础。传销组织利用亲情、友情,教唆参与者以"善意的谎言"诱骗亲朋好友参与传销,骗局揭露后,直接导致人与人、人与社会之间的信任度严重下降。由于每个被骗者又成为骗人者,涉入传销的人员既不信任他人,也不被他人信任,从而瓦解了以亲情、友情、诚信维系的社会伦理体系,并把金钱和欺骗作为其社会生活的基本指导原则,最终导致整个社会信任互利机制的破裂。二是侵犯公私财产,破坏社会主义市场经济秩序和金融管理秩序。传销组织利用几何倍增原理发展人员,发展速度快,涉及人员多,骗取了大量资金。大部分被骗参与传销者被传销害得倾家荡产,血本无归。与一般诈骗活动随机选择对象,诈骗得手就迅速结束不同,传销的被骗者为了挽回自己的资金损失,会迅速甚至自觉地转变为骗人者,并有目的地首先选择自己的亲人、朋友、同事等下手行骗,具有很强的传染性,短期之内可以在较大范围内迅速传播,导致一系列的被骗事件。传销的组织者、领导者在短期内就能聚敛巨量社会财富,而将广大社会成员置于贫困境地。而且,"拉人头"传销作为一种虚拟的经济活动,不存在商品或者服务的等价交换,不会使社会财富增值,传销资金只在传销人员之间转移,最后汇聚于少数人之手,使巨量民间资金脱离金融监管,隐藏着很大的金融风险。三是引发治安案件乃至刑事案件,侵犯公民人身权利,破坏社会治安秩序。在传销猖獗的地区,特别是经济不发达的地区或者城乡结合部,聚集了大量的传销人员。这些人结伴出行、喊口号、唱歌,甚至打架斗殴、嫖娼等,影响了周围群众的生活,也给出租房屋、外来人口管理带来冲击。传销引发的刑事犯罪也越来越多:一些传销组织者为了防止传销网络崩溃,非法拘禁想脱离的被骗人员,甚至为了防止被骗人员逃跑而杀人灭口;一些被骗人员生活无着,有的沦落街头,靠乞讨、卖淫维持生活,有的参与盗窃、抢劫、绑架等犯罪活动;被骗人员为了追讨被骗资金追杀传销组织者等案件也日渐增多。四是影响社会稳定。由于传销违法犯罪具有很强的传播性,极易复制,每一个被骗参与传销者都是从事传销违法犯罪的"潜在火种",会促生一系列诈骗犯罪。而且参加传销者多为希望摆脱贫困、改变命运的弱势群体,如农民、失业下岗人员、无业青年等,传销骗局一旦败露,反应必然非常强烈,极易引发群体性事件。甚至一些传销人员在被洗脑后成为传销组织最忠实的守护者和打手,或者因为达不到预想目的而迁怒于政府和社会,怂恿大批受害者聚集闹事。

【案例】叶经生等组织、领导传销活动案①

2011年6月,被告人叶经生等人成立宝乔公司,先后开发"经销商管理系统网站""金乔网商城网站"(以下简称"金乔网"),以网络为平台,或通过招商会、论坛等形式,宣传、推广金乔网的经营模式。

金乔网的经营模式是:①经上线经销商会员推荐并缴纳保证金成为经销

---

① 参见最高人民检察院检例第41号。

商会员,无须购买商品,只需发展下线经销商,根据直接或者间接发展下线人数获得推荐奖金,晋升级别成为股权会员,享受股权分红。②经销商会员或消费者在金乔网经销商会员处购物消费满120元以上,向宝乔公司支付消费金额10%的现金,即可注册成为返利会员参与消费额双倍返利,可获一倍现金返利和一倍的金乔币(虚拟电子货币)返利。③金乔网在全国各地设立省、地区、县(市、区)三级区域运营中心,各运营中心设区域代理,由经销商会员负责本区域会员的发展和管理,享受区域范围内不同种类业绩一定比例的提成奖励。

2011年11月,被告人叶青松经他人推荐加入金乔网,缴纳三份保证金并注册了三个经销商会员号,因发展会员积极,经金乔网审批成为浙江省区域总代理,负责金乔网在浙江省的推广和发展。

截至案发,金乔网注册会员3万余人,其中注册经销商会员1.8万余人,在全国各地发展省、地区、县三级区域代理300余家,涉案金额1.5亿余元。其中,叶青松直接或间接发展下线经销商会员1 886人,收取浙江省区域会员保证金、参与返利的消费额10%现金、区域代理费等共计3 000余万元,通过银行转汇给叶经生。叶青松通过抽取保证金推荐奖金、股权分红、消费返利等提成的方式非法获利70余万元。

2012年8月28日、2012年11月9日,浙江省松阳县公安局分别以叶青松、叶经生涉嫌组织、领导传销活动罪移送浙江省松阳县人民检察院审查起诉。因叶经生、叶青松系共同犯罪,松阳县人民检察院作并案处理。

2013年3月11日,浙江省松阳县人民检察院以被告人叶经生、叶青松犯组织、领导传销活动罪向松阳县人民法院提起公诉。

2013年8月23日,浙江省松阳县人民法院作出一审判决:以组织、领导传销活动罪判处被告人叶经生有期徒刑7年,并处罚金150万元。以组织、领导传销活动罪判处被告人叶青松有期徒刑3年,并处罚金30万元。扣押和冻结的涉案财物予以没收,继续追缴二被告人的违法所得。

二被告人不服一审判决,提出上诉。叶经生的上诉理由是其行为不构成组织、领导传销活动罪。叶青松的上诉理由是量刑过重。浙江省丽水市中级人民法院经审理认定,原判事实清楚,证据确实、充分,定罪准确,量刑适当,审判程序合法,驳回上诉,维持原判。

随着互联网技术的发展,各类社交软件、语音视频聊天室等社交平台作为新的营销方式被广泛运用。传销组织在手段上借助互联网不断翻新,打着"金融创新"的旗号,以"资本运作""消费投资""网络理财""众筹""慈善互助"等为名从事传销活动。常见的表现形式有:组织者、经营者注册成立电子商务企业,以此名义建立电子商务网站。以网络营销、网络直销等名义,变相收取"入门费",设置各种返利机制,激励会员发展下线,上线从直接或者间接发展的下线的销售业绩中计酬,或以直接或者间接发展的人员数量为依据计酬或者返利。这类行为不管其手段如何翻新,只要符合传销组织骗取财物、扰乱市场经济秩序本质特征的,应以组织、领导传销活动罪论处。

司法机关办理组织、领导传销活动犯罪案件,要紧扣传销活动骗取财物的本质特征和构成要件,收集、审查、运用证据。特别要注意针对传销网站的经营特征与其他合法经营网站的区别,重点收集涉及"入门费"、设层级、"拉人头"等传销基本特征的证据及企业资金投入、人员组成、资金来源去向、网站功能等方面的证据,揭示传销犯罪没有创造价值,经营模式难以持续,用后加入者的财物支付给先加入者,通过发展下线牟利骗取财物的本质特征。

本案中,组织者或者经营者利用网络发展会员,要求被发展人员以缴纳或者变相缴纳"入门费"为条件,获得提成和发展下线的资格。通过发展人员组成层级关系,并以直接或者间接发展的人员数量作为计酬或者返利的依据,引诱被发展人员继续发展他人参加,骗取财物,扰乱经济社会秩序的,以组织、领导传销活动罪追究刑事责任。

四、行为对象

本罪的行为对象是传销活动。2005年国务院《禁止传销条例》第7条明确了传销活动的范围:(1)组织者或者经营者通过发展人员,要求被发展人员发展其他人员加入,对发展的人员以其直接或者间接滚动发展的人员数量为依据计算和给付报酬(包括物质奖励和其他经济利益,下同),牟取非法利益的;(2)组织者或者经营者通过发展人员,要求被发展人员交纳费用或者以认购商品等方式变相交纳费用,取得加入或者发展其他人员加入的资格,牟取非法利益的;(3)组织者或者经营者通过发展人员,要求被发展人员发展其他人员加入,形成上下线关系,并以下线的销售业绩为依据计算和给付上线报酬,牟取非法利益的。这里,第(1)项规定的是"拉人头"式传销;第(2)项规定的是收取"入门费"式传销;第(3)项规定的是"团队计酬"式传销。《刑法》第224条之一将"拉人头"式传销和收取"入门费"式传销纳入刑事打击范畴,对"团队计酬"式传销未作规定。

有鉴于此,《传销案件意见》对"团队计酬"行为如何处理思路进行了明确,包括两个方面:一是明确了"团队计酬"式传销活动的含义,即传销活动的组织者或者领导者通过发展人员,要求传销活动的被发展人员发展其他人员加入,形成上下线关系,并以下线的销售业绩为依据计算和给付上线报酬,牟取非法利益。二是明确以销售商品为目的、以销售业绩为计酬依据的单纯的"团队计酬"式传销活动,不作为犯罪处理,对其可由市场监管部门依照《禁止传销条例》予以行政处罚;形式上采取"团队计酬"方式,但实质上属于"以发展人员的数量作为计酬或者返利依据"的传销活动的,应当以本罪定罪处罚。

五、行为主体

本罪的主体为特殊主体,即传销活动的组织者和领导者。根据《立案追诉标准(二)》第78条的规定,传销活动的组织者、领导者,是指在传销活动中起组织、领导作用的发起人、决策人、操纵人,以及在传销活动中担负策划、指挥、布置、协调等重要职责,或者在传销活动实施中起到关键作用的人员。

《传销案件意见》对"传销活动的组织者、领导者"进一步作了具体规定,将其细化为五类人员:一是在传销活动中起发起、策划、操纵作用的人员,如在传销组织中负责发起、策划、操纵的"董事长"类人员。二是在传销活动中承担管理、协调等职责的人员,如具体负责传销活动整体开展的"总经理"类人员,以及承担具体职责、组织开展传销业务的"部门主管"类人员。三是在传销活动中承担宣传、培训等职责的人员,如在传销组织中传授传销方法、灌输传销理念的"宣教"类人员。四是曾因组织、领导传销活动受过刑事处罚,或者一年以内因组织、领导传销活动受过行政处罚,又直接或者间接发展参与传销活动人员在15人以上且层级在三级以上的人员。主要是考虑到这类犯罪分子屡教不改,受过处罚后继续重操旧业,主观恶性较大,有必要予以从严惩处。五是其他对传销活动的实施,对传销组织的建立、扩大等起关键作用的人员,如在传销组织中承担资金结算、财务管理等其他重要职责,对传销活动实施起关键作用的人员。

同时,《传销案件意见》还明确以单位名义实施组织、领导传销活动犯罪的,对于受单位指派,仅从事劳务性工作的人员,一般不予追究刑事责任。这是因为根据《刑法》第224条之一和第231条的规定,单位可以成为组织、领导传销活动罪的犯罪主体,在定罪处罚时,应对其直接负责的主管人员和其他直接责任人员追究刑事责任,对于受单位指派仅从事劳务性工作的人员,一般不予追究刑事责任。

六、罪量(数额与情节)

(一)立案追诉标准

根据《立案追诉标准(二)》第78条的规定,组织、领导的传销活动人员在30人以上且层级在三级以上的,对组织者、领导者,应予立案追诉。

对于如何确定本罪的立案追诉标准,有两种意见。一种意见认为,刑法没有对本罪中组织、领导的传销活动的人员数量、层级数量作限制性规定,这些情形与认定传销活动的组织者、领导者似无必然联系,建议按照《立案追诉标准(二)》中关于行为犯的标准,重申刑法规定即可。另一种意见认为,对于组织、领导传销活动不能笼统而论,有必要对组织、领导的传销活动的人数和层级进行界定,尽可能明确加以刑事打击的传销活动的规模,强化立案追诉标准的可操作性,加强对基层办案的指导。经研究,《立案追诉标准(二)》采纳了第二种意见。考虑到本罪系涉众型经济犯罪,出于打击涉众犯罪要"打早、打小"的实践需要,同时兼顾类罪平衡,避免刑事打击面的扩大等因素,根据刑法条文规定,《立案追诉标准(二)》主要从组织、领导的传销活动的人员数量,以及组织、领导的传销活动的层级上进行量化。

实践中,我国的传销组织几乎都是按照"五级三阶制"发展的。所谓"五级",是指奖金制度的五个级别,即 E 级会员、D 级推广员、C 级培训员、B 级代理员、A 级代理商;所谓"三阶",是指加入者晋升的阶段,即从 E 级会员升为 C 级培训员为第一个阶段,从 C 级培训员升为 B 级代理员为第二个阶段,从 B 级代理员升为 A 级代理商为第三个阶段。"五级三阶制"带有很强的欺骗性,会员入门需缴纳高额"入门费",或者购买与高额"入门费"等价的"道具商品",此后其等级晋升和奖金计算主要取决于发展"下线"的人数,传销组织就这样呈几何级数倍增的形式不断扩散。

从公安机关打击传销犯罪和侦办案件的情况来看,按照"五级三阶制"发展的传销组织中,发展层级达到三级以上,即公安机关发现传销组织存在"C"级头目(主任、家长、寝室长)时,该传销组织的社会危害性已经相当明显。这时,"C"级头目虽不是传销活动的最大受益者,但已经是传销活动的组织者、领导者,负责其下线的人员调配、食宿安排等职责,应当纳入刑事打击的范围。同时,从公安机关掌握的情况来看,能够形成一定组织形态的传销组织,其发展人数大都在 30 人以上。特别是近年来加大对传销活动打击力度后,许多传销组织往往化整为零,分解成所谓"项目组""小团队"开展活动,还有的传销的组织者、参与者之间是单线联系,侦破案件和收集证据难度大。市场监管部门反映,如果没有公安机关的介入配合,仅依靠市场监管部门的手段和力量,很难查实传销组织的人员数量,也无从进行行政处罚。因此,为有效打击形成规模的传销活动,遏制传销活动的发展和蔓延,对组织、领导的传销活动的人员数量不宜作太高要求,以 30 人作为数量标准基本符合执法的实际情况。

《传销案件意见》第 1 条在《立案追诉标准(二)》规定的基础上对传销组织层级及人数的认定作了进一步明确,包括四个方面:

一是明确传销组织内部参与传销活动人员在 30 人以上且层级在三级以

上的,应当对组织者、领导者追究刑事责任。同时,根据《传销案件意见》第7条的规定,这里的"层级"和"级",系指组织者、领导者与参与传销活动人员之间的上下线关系层次,而非组织者、领导者在传销组织中的身份等级;对传销组织内部人数和层级数的计算,包括组织者、领导者本人及其本层级在内。这主要考虑到,实践中有意见认为《立案追诉标准(二)》规定的"组织、领导的传销活动人员在30人以上且层级在三级以上",是指组织者、领导者本人发展的传销活动人员达到三十人且层级达到三级以上(不包括本人本级),否则不能对组织者、领导者定罪处罚。"两高"、公安部经研究认为,上述意见没有准确理解和把握《刑法》和《立案追诉标准(二)》规定的原意。根据《刑法》第224条之一的规定,只要实施了组织、领导以推销商品、提供服务等经营活动为名,要求参加者以缴纳费用或者购买商品、服务等方式获得加入资格,并按照一定顺序组成层级,直接或者间接以发展人员的数量作为计酬或者返利依据,引诱、胁迫参加者继续发展他人参加,骗取财物,扰乱经济社会秩序的传销活动,即构成犯罪,属行为犯。《立案追诉标准(二)》的规定为了强化立案追诉标准可操作性,从传销活动人数和层级的角度作出界定,明确加以刑事打击的具有一定社会危害性的传销活动的规模。不能将其理解为是对组织者、领导者直接或者间接发展的传销活动人员人数和层级的要求,否则既不符合《刑法》关于组织、领导传销活动罪是行为犯的规定,也不利于执法办案中侦查取证、打击传销违法犯罪活动。为统一认识、避免歧义,《传销案件意见》进一步明确传销组织内部参与传销活动人员(包括组织者、领导者本人)在30人以上且层级(包括组织者、领导者本级)在三级以上的,即应对组织者、领导者追究刑事责任。

二是明确组织、领导多个传销组织,单个或者多个组织中的层级已达三级以上的,可将在各个组织中发展的人数合并计算;明确组织者、领导者形式上脱离原传销组织后,继续从原传销组织获取报酬或者返利的,原传销组织在其脱离后发展人员的层级数和人数,应当计算为其发展的层级数和人数。这主要考虑到,实践中,有的传销活动的组织者、领导者大幅度提高"入门费"门槛,在传销活动人员尚未达到立案追诉标准规定的人数和层级时即获利"出局",然后另行组建团伙,继续发展人员;有的则在"出局"后,仍从原传销组织继续发展的人员和收取的传销费用中获取报酬或者返利。上述"强制出局""化整为零"等犯罪手段以逃避打击为目的,实质上仍在组织、领导传销活动和发展传销人员,客观上推动了传销活动的复制、传播和蔓延,具有很大的社会危害性。因此,《传销案件意见》对多个传销组织人数的合并计算和脱离原传销组织后层级数和人数的继续计算问题作了规定,有利于统一执法尺度,加大打击力度。

三是明确办理组织、领导传销活动刑事案件中,确因客观条件的限制无法逐一收集参与传销活动人员的言词证据的,可以结合依法收集并查证属实的缴纳、支付费用及计酬、返利记录、视听资料、传销人员关系图、银行账户交易记录、互联网电子数据、鉴定意见等证据,综合认定参与传销的人数、层级数等犯罪事实。这主要考虑到,实践中,传销组织为逃避法律制裁,结构日趋严密,活动日趋隐蔽,有的传销组织加入门槛不断提高,下线人员不断减少,上下线之间单线联系;还有的网络传销活动中参与人员使用虚假身份,上下线之间互不相识,缴纳费用没有实物凭证,这都使侦破案件和收集证据的难度不断加大,给打击传销活动带来一定困难。因此,为有效打击传销犯罪,《传销案件意见》第1条第4款明确了办理组织、领导传销活动刑事案件的证据收集标准,即结合言词证据和书证、鉴定意见、视听资料、电子数据等其他证据综合认定传销组织的规模,进一步加强执法办案过程中收集证据的可操作性。

需要说明的是,在《传销案件意见》研究起草过程中,还有意见认为"组织、领导的传销活动人员在三十人以上"的标准过高,与当前传销组织出现的小规模分散聚集、裂变式发展,通过提高入门费门槛减少人员规模等新情况不相适应,建议将标准降低到"二十人以上"。"两高"、公安部经研究认为,针对当前打击传销违法犯罪活动出现的新情况新问题,《传销案件意见》在《立案追诉标准(二)》规定的基础上,通过进一步明确传销组织层级数及人数的认定,统一证据收集标准,明确组织者、领导者的认定处理以及明确本罪"情节严重"的认定,可以进行有效应对和解决,不宜再降低人数标准,以避免不当扩大刑事打击面。

(二)"情节严重"标准

为加大对组织、领导传销活动犯罪的刑事打击力度,严惩涉及人员众多、涉案金额巨大、社会影响恶劣的传销活动中的组织者、领导者,《传销案件意见》第4条明确了本罪"情节严重"的认定标准,规定了五种应当认定为"情节严重"的情形。

第一种为"组织、领导的参与传销活动人员累计达一百二十人以上的"情形。这主要考虑到当前传销组织主要采取两倍或三倍倍增模式发展下线人员:当以两倍倍增模式发展时,发展至第七层,参与传销活动人员数量即出现突破性增长,总人数达到127人,即 $1+2+4+8+16+32+64=127$;当以三倍倍增模式发展时,发展至第五层,参与传销活动人员数量即出现突破性增长,总人数达到121人,即 $1+3+9+27+81=121$。此时,传销组织的层级数和人数均已远远超过立案追诉标准(层级数约为立案追诉标准的两倍,人数约为立案追诉标准的四倍),传销组织的规模正处于几何级数增长的时间节点,已经具有极大的社会危害性,有必要予以从严惩处。

第二种为"直接或者间接收取参与传销活动人员缴纳的传销资金数额累计达二百五十万元以上的"情形。这主要考虑到组织、领导传销活动犯罪的主要目的是骗取财物,涉案资金数额大小是判断其社会危害性的重要标准之一。从司法实践反映的情况来看,目前传销活动根据类型的不同,要求参与传销活动人员缴纳的"入门费"从几百元至十几万元不等,资金数额相差悬殊。将收取资金数额累计达250万元作为"情节严重"的数额标准,兼顾各类型的传销活动,也与第一种情形的社会危害性相当。

第三种为"曾因组织、领导传销活动受过刑事处罚,或者一年以内因组织、领导传销活动受过行政处罚,又直接或者间接发展参与传销活动人员累计达六十人以上的"情形。这主要考虑到与《传销案件意见》第2条第1款第4项的规定相衔接,加大对屡教不改、重操旧业的传销活动组织者、领导者的打击力度,遏制这类犯罪分子复制、传播、扩散传销活动的势头。

第四种为"造成参与传销活动人员精神失常、自杀等严重后果的"情形。这主要考虑到传销活动中组织者、领导者能在短期内聚敛巨额社会财富,而被骗参与传销活动人员往往被害得倾家荡产、生活无着,甚至造成精神失常、自杀等严重后果,这种情况下对组织者、领导者从严惩处才能体现罪刑相适应原则,有效防范传销活动对人身安全、家庭和谐、社会稳定产生的负面影响。

第五种为其他情节严重的情形。

【案例】时某祥等15人组织、领导传销活动案①

2017年12月,时某祥谋划成立亚泰坊传销组织,委托深圳华某未来科技有限公司实际负责人赵某宝等在互联网上搭建亚泰坊传销平台。2018年上半年,时某祥等人通过召开会议、路演、聊天群等方式公开宣传平台奖励制度,在宣传过程中假借国家"一带一路"政策,虚构海外投资项目,在无任何实际经营活动的情况下,谎称境外金融公司授权平台发行亚泰坊币,可信度高、收益高。投资者如要投资亚泰坊币,需要通过上线会员推荐并缴纳会费,才能成为亚泰坊平台的会员。会员按照推荐发展的顺序形成上下层级关系,可发展无限层级,以直接或间接发展下线会员的投资提成作为主要收益方式。同时,时某祥安排组织成员在境外某数字资产交易平台上线亚泰坊币进行公开交易,并用收取的会费控制亚泰坊币在平台上的交易价格,制造投

---

① 参见《充分发挥检察职能 推进网络空间治理典型案例》,载中华人民共和国最高人民检察院官网(https://www.spp.gov.cn/spp/xwfbh/wsfbh/202101/t20210125_507452.shtml),最后访问日期:2021年10月3日。

资亚泰坊币可以赚钱的假象。

截至 2018 年 6 月 11 日,亚泰坊平台共有会员账号 41 万余个、会员层级 108 层,收取会费共计 6.3 亿余元。此外,2018 年 4 月,时某祥套用亚泰坊平台组织架构,发展"码联天下"传销平台会员,涉案金额共计 1.8 亿余元。

2018 年 10 月 20 日,江苏省盐城市公安局直属分局以时某祥等 15 人涉嫌组织、领导传销活动罪,移送盐城经济技术开发区人民检察院审查起诉;2019 年 1 月 15 日,以深圳华某未来科技有限公司涉嫌组织、领导传销活动罪补充移送审查起诉。2019 年 2 月 21 日,盐城经济技术开发区人民检察院对时某祥等 15 人及深圳华某未来科技有限公司以组织、领导传销活动罪提起公诉。2019 年 11 月 8 日,盐城经济技术开发区人民法院作出一审判决,以组织、领导传销活动罪分别判处时某祥、赵某宝等 15 名被告人有期徒刑 2 年至 6 年 10 个月不等,并处罚金;判处深圳华某未来科技有限公司罚金 30 万元;对扣押、冻结的违法所得予以没收、上缴国库。宣判后,时某祥等 12 人提出上诉。2020 年 4 月 23 日,盐城市中级人民法院裁定,准许上诉人时某祥等 4 人撤回上诉,驳回其他上诉人的上诉,维持原判。

本案在打击组织、领导传销活动犯罪中具有典型意义:

一是依法严厉打击以金融创新为名实施的新型网络犯罪。近年来,随着区块链技术、虚拟货币的持续升温,一些犯罪分子打着金融创新的旗号,假借国家对外政策,实施违法犯罪活动,迷惑性很强,危害性巨大。检察机关办理此类案件,要坚持"穿透式"审查理念,结合行为方式、资金流向、盈利模式等,分析研判是否符合国家法律规定,准确区分金融创新与违法犯罪。构成犯罪的,依法严厉打击。

二是准确认定传销活动行为本质。随着网络技术的发展,传销活动借助网络技术,作案更加便捷,传播速度更快。但归根结底,传销的本质特征没有变,仍然是要求参加者以缴纳会费或购买商品、服务等方式获得加入资格,并按照一定顺序组成层级,直接或者间接以发展人员的数量作为计酬或者返利依据。检察机关在办理此类案件时,要揭开"网络""技术"外衣,认清行为特征,依法准确认定传销犯罪。

三是提高风险防范意识,谨防各类投资陷阱。在层出不穷的新技术、新概念、新渠道面前,广大群众切忌盲目跟风。要深入学习国家法律和相关政策,充分了解投资项目,合理预期未来收益,合理控制投资风险,谨慎作出投资决定,远离传销组织和非法集资活动,一旦发现上当受骗,应立即退出、及时报案。

七、罪责

本罪的责任形式为故意,即行为人明知自己组织、领导传销活动会扰乱社会经济秩序,并且希望或者放任这种结果的发生。

八、罪与非罪

司法实践中,需要注意把握的是本罪与直销活动中多层次计酬的界限。

根据 2005 年国务院《直销管理条例》第 3 条的规定,直销是指直销企业招募直销员,由直销员在固定营业场所之外向最终消费者推销产品的经销方式。由此可知,我国目前允许的直销模式,仅限于"直销企业—直销员—最终消费者"三个环节。虽然本罪的"拉人头"传销和直销活动中的多层次计酬都采用多层次计酬的方式,但是二者仍有很大不同:一是从是否缴纳入门费上看,多层次计酬的销售人员在获取从业资格时没有被要求缴纳高额入门费,而"拉人头"传销中,参与人不缴纳高额"入门费"或者购买与高额"入门费"等价的"道具商品",是根本得不到入门资格的。二是从经营对象上看,多层次计酬以销售产品为导向,商品定价基本合理,而且还有退货保障,而"拉人头"传销根本没有产品销售,或者只是以价格与价值严重背离的"道具商品"为幌子,且不许退货,主要是以发展"下线"人数为主要目的。三是从人员的收入来源上看,多层次计酬主要根据从业人员的销售业绩和奖金,而"拉人头"传销主要取决于发展的"下线"人数多少和新入会成员的高额"入门费"。四是从组织存在和维系的条件看,多层次计酬直销公司的生存与发展取决于产品销售业绩和利润,而"拉人头"传销组织则直接取决于是否有新成员以一定倍率不断加入。

九、此罪与彼罪

司法实践中,需要注意把握的是本罪与非法经营罪的界限。

非法经营罪是指违反国家规定,从事非法经营活动,扰乱市场秩序,情节严重的行为。

(一) 犯罪主体

本罪打击的是传销活动的组织者和领导者,而非法经营罪则没有此限定。但是当两者发生竞合时,在不能证明犯罪数额达到非法经营罪的追诉标准时,对于组织、领导者,应当定本罪;如果是其他人员,则只能在证明犯罪数额达到非法经营罪的追诉标准时适用非法经营罪。当然,在司法实务中已经出现了部分传销活动的组织、领导者按本罪定罪处罚,而其他人员按照非法经营罪定罪处罚,结果反而后者的处罚更为严厉的矛盾情形。这是不同的证据体系造成的矛盾,即不能充分证明传销活动的组织者和领导者的犯罪数额,但能充分证明其他人员的犯罪数额已经达到非法经营罪的入罪情节,并不是法条之间存在矛盾。

(二)行为方式

现在的传销行为往往以"拉人头"、收"入门费"为主要牟利手段,并没有正常的市场交易活动。非法经营罪的前提是扰乱市场秩序,而且必须有正常的经营活动,真实的商品、标的。

(三)入罪情形

就刑法原文来看,本罪是典型的行为犯。而近几年的关于行为犯配套的司法解释的立法趋势是越来越尊重立法原意,如最高人民法院、最高人民检察院《妨害信用卡管理案件解释》。由此可见,立法原意是增加打击非法传销活动的力度和实现刑事手段的提前介入。与之相对,非法经营罪是一种情节犯,需要计算相应的非法经营额和违法所得数额。因此,以非法经营罪追究传销犯罪的刑事责任,在犯罪形态上必然无法将那些准备进行传销犯罪(如为了开展传销而成立传销组织)或者已经着手但尚未达到"情节严重"程度的行为,纳入刑法惩治的范围。因此,对于早期的组织和领导行为,在不能证明其犯罪数额达到非法经营罪的追诉标准时,应当适用本罪,如果能够证明犯罪数额达到非法经营罪的追诉标准,可以考虑从一重罪予以认定。

十、处罚

根据《刑法》第224条之一的规定,犯本罪的,处5年以下有期徒刑或者拘役,并处罚金;情节严重的,处5年以上有期徒刑,并处罚金。根据《刑法》第231条的规定,单位犯本罪的,对单位判处罚金,并对其直接负责的主管人员和其他直接责任人员,依照上述规定处罚。

第二节　开设赌场罪

一、概述

根据《刑法》第303条第2款的规定,开设赌场的,处5年以下有期徒刑、拘役或者管制,并处罚金;情节严重的,处5年以上10年以下有期徒刑,并处罚金。组织中华人民共和国公民参与国(境)外赌博,数额巨大或者有其他严重情节的,依照前述规定处罚。

1979年《刑法》并没有明确规定开设赌场的行为属于赌博罪。1979年《刑法》第168条规定:"以营利为目的,聚众赌博或者以赌博为业的,处三年以下有期徒刑、拘役或者管制,可以并处罚金。"但司法实践中则把开设赌场作为"聚众赌博"的行为之一。

1997年《刑法》明确了开设赌场的行为属于赌博罪。1997年《刑法》第303条规定:"以营利为目的,聚众赌博、开设赌场或者以赌博为业的,处三年以下有期徒刑、拘役或者管制,并处罚金。"

2006年《刑法修正案(六)》则将开设赌场行为规定为单独的犯罪,并设定了重于赌博罪的法定刑。修订后的《刑法》第303条第2款规定:"开设赌场的,处三年以下有期徒刑、拘役或者管制,并处罚金;情节严重的,处三年以上十年以下有期徒刑,并处罚金。"

鉴于近年来跨境赌博违法犯罪严重,致使大量资金外流,严重损害国家形象和经济安全,2020年《刑法修正案(十一)》对《刑法》第303条作了第二次修订,进一步调整开设赌场罪的刑罚配置,同时增加境外赌场人员组织、招揽我国公民出境赌博犯罪,进一步提高了开设赌场罪的法定刑。

2007年11月最高人民法院、最高人民检察院《关于执行〈中华人民共和国刑法〉确定罪名的补充规定(三)》确定了"开设赌场罪"的罪名。

2005年最高人民法院、最高人民检察院《赌博案件解释》对赌博罪和本罪有关法律适用问题作了规定。2008年最高人民检察院、公安部《立案追诉标准(一)》第44条对开设赌场案立案追诉标准作了规定。2010年《网络赌博犯罪意见》针对利用互联网、移动通讯终端等传输赌博视频、数据,组织网络赌博等犯罪行为,进一步明确了法律适用标准。2020年最高人民法院、最高人民检察院、公安部《跨境赌博案件意见》对办理跨境赌博犯罪案件的有关法律适用问题作了规定。

二、保护法益

本罪中,行为人的行为侵犯了社会主义社会风尚。

三、行为

根据《赌博案件解释》第2条的规定,以营利为目的,在计算机网络上建立赌博网站,或者为赌博网站担任代理,接受投注的,属于《刑法》第303条规定的"开设赌场"。

《网络赌博犯罪意见》在《赌博案件解释》规定的基础上,将"利用互联网、移动通讯终端等传输赌博视频、数据,组织赌博活动"的"开设赌场"行为细化为四种情形:一是建立赌博网站并接受投注的,主要是指行为人是赌博网站的建立者和管理者,直接参与赌博网站的建设和网络赌博活动的组织。二是建立赌博网站并提供给他人组织赌博的。当前网络赌博违法犯罪活动出现专业化、集团化、规模化的特点,建立网站、出租网站、组织赌博、广告宣传等各个环节分工细密,犯罪活动猖獗。有的行为人建立赌博网站后,不参与赌博活动的组织,也未抽头渔利,而是将赌博网站出租给他人收取租金,其行为实质是为他人组织网络赌博提供平台,也应属于"开设赌场"。三是为赌博网站担任代理并接受投注的。实践中为赌博网站担任代理的情况比较复杂,有总代理,有一级、二级、三级代理等,有的代理接受投注的注数、赌资和人数很多,有的却不多,但无论担任哪一级代理,无论接受投注的注数、赌金和人数多少,只要为赌博网站担任代理并接受投注,就属于"开设赌场"。四是参与赌博网站利润分成的。有的行为人并不直接参与赌博网站的建设和网络赌博活动的具体组织,也不作为代理人,而是作为赌博网站的投资者或参股人,通过注资、入伙、参股等方式从赌博网站分成获利,其行为为赌博网站提供了资金来源,有必要作为"开设赌场"予以刑事打击,以铲除赌博网站存在和发展的经济条件。

需要注意的是,当前赌博网站屡打不绝,网络赌博蔓延泛滥的主要原因是利益驱动,网络赌博活动已形成由互联网接入、服务器托管、投放广告、软件开发、技术支持、资金支付结算等各个环节构成的利益链条。部分电信业务经营者、互联网信息服务提供者、广告主、广告经营者、广告发布者、软件开发公司、第三方支付平台等有关主体,受各自经济利益驱动,不履行法定职责,对赌博网站或网络赌博活动采取放任态度或实施帮助行为,一定程度上起到了推波助澜的作用。因此,打击网络赌博的重要方面是要切断通过网络赌博获利的利益链条,只有切断赌博网站的利益链条,才能有效遏制网络赌博泛滥的趋势,构建打击网络赌博的长效机制。实践中,赌博网站的运行经营通常由以下四个环节构成:一是赌博网站程序代码的开发、技术维护等技术支持环节。一般来说,赌博网站的管理者并不自行开发赌博网站的代码,而是雇佣专门的公司开发或者从专门的公司购买或租用代码并由专门公司提供技术维护。二是赌博网站的托管和接入环节,包括提供互联网接入、服务器托管、网络存储空间、通讯传输通道等,通过这一环节赌博网站接入互联网。三是赌博网站的推广环节,经营赌博网站的重要环节是通过赌博网站推广发展会员。推广活动通常分为两种方式:(1)投放广告,如在其他网站、报刊上刊登广告、提供网站链接等;(2)雇佣他人发展会员,通过雇佣他人发展会员,并按照其发展的会员数量支付费用,这种情况下受雇者自身并不参与赌博,而是通过为赌博网站发展会员获利。四是支付结算环节,网络赌博活动最终都通过各种资金支付结算渠道实现赌资的收付流转。上述四个环节通常由不同的团伙或者公司负责，形成分工合作、环环相扣、利益均沾的利益链条。有鉴于此，《网络赌博犯罪意见》对网上开设赌场犯罪的共同犯罪行为作了专门规定，包括三种情形：一是为赌博网站提供互联网接入、服务器托管、网络存储空间、通讯传输通道、投放广告、发展会员、软件开发、技术支持等服务的行为；二是为赌博网站提供资金支付结算服务的行为；三是为赌博网站投放与网址、赔率等信息有关的广告或者为赌博网站投放广告累计达一定数额的行为。

四、行为对象

本罪的行为对象是赌场。实践中，网上开设赌场犯罪由于组织规模庞大、参赌人数众多、涉案金额巨大，有时难以逐一追查每一参赌人员，加之网络赌博的相关证据主要体现为互联网上的数据，将账户、投注点数等数据都一一对应到现实生活中的参赌人和投注资金较难操作，给司法机关认定案件带来了困难。因此，需要注意以下三个方面的认定问题：

（一）参赌人数的认定问题

《网络赌博犯罪意见》规定，"赌博网站的会员账号数可以认定为参赌人数，如果查实一个账号多人使用或者多个账号一人使用的，应当按照实际使用的人数计算参赌人数"。这主要考虑到网络犯罪具有虚拟性，要求对每个会员账号或每个代理的下线都逐一落实到人进行核查不具可操作性，以赌博网站的会员账号数作为认定参赌人数的依据具有一定的合理性。但是对能够核查到人的，如有一个账号多人使用或者多个账号一人使用的情况，则应以实际使用的人数为认定依据。

（二）赌资数额的认定问题

《网络赌博犯罪意见》针对赌资数额的认定问题，从三个层次作了规定：

第一，"赌资数额可以按照在网络上投注或者赢取的点数乘以每一点实际代表的金额认定"。这在《赌博案件解释》中已有相关规定。因为在网络赌博中，"点数"相当于现场赌博中的筹码，用这一计算方法计算网络赌博中投注的款物数额和赌博赢取的款物数额，能够客观反映并准确计算网络赌博中真实的投注数额和赢取数额。

第二，"对于将资金直接或间接兑换为虚拟货币、游戏道具等虚拟物品，并用其作为筹码投注的，赌资数额按照购买该虚拟物品所需资金数额或者实际支付资金数额认定"。目前，在网络赌博活动中除以"点数"作为筹码外，还出现了以虚拟货币、游戏道具等虚拟物品作为筹码的新形式。这些虚拟物品的实质与"点数"相同,计算其实际代表的金额应区分两种情况:一是如果虚拟物品的价格是确定的,则按照购买该虚拟物品所需资金数额认定;二是如果虚拟物品的价格不确定,比如虚拟物品自身价格不停变动,则按照购买该虚拟物品实际支付资金数额认定。

第三,"对于开设赌场犯罪中用于接收、流转赌资的银行账户内的资金,犯罪嫌疑人、被告人不能说明合法来源的,可以认定为赌资。向该银行账户转入、转出资金的银行账户数量可以认定为参赌人数。如果查实一个账户多人使用或多个账户一人使用的,应当按照实际使用的人数计算参赌人数"。由于网络赌博规模庞大,逐一核实每笔资金是否为赌资不具有操作性,考虑到开设赌场的犯罪嫌疑人、被告人一般使用专门的银行账户接收、流转赌资,而不会通过其日常生活使用的银行账户接收、流转赌资,因此对于有证据证明其用于接收、流转赌资的银行账户,如果犯罪嫌疑人、被告人不能说明其中资金的合法来源,可以认定为赌资,也即对于开设赌场犯罪嫌疑人、被告人账户中的资金来源采取举证责任倒置。需要说明的是,实践中这一规定的适用范围应严格限定为开设赌场犯罪的嫌疑人、被告人,不能将其扩大适用于其他参赌人员,因为一方面参赌人员不属于本罪的犯罪主体,另一方面很多参赌人员可能通过其日常生活使用的银行账户进行投注。另外,向该银行账户转入、转出资金的银行账户数量可以认定为参赌人数,这是因为有些赌博网站并不留存投注记录,每一场赌博结束后所有数据立即消失,唯一可认定的证据是银行账户的相关记录。但是对能够核查到人的,如有一个账号多人使用或者多个账号一人使用的情况,则应以实际使用的人数为认定依据。

(三)网站代理的认定问题

《网络赌博犯罪意见》规定,"有证据证明犯罪嫌疑人在赌博网站上的账号设置有下级账号的,应当认定其为赌博网站的代理"。《网络赌博犯罪意见》第1条规定,为赌博网站担任代理并接受投注的属于"开设赌场"。如何认定为赌博网站担任代理,实践中有的要求抓获三名代理的下线才能认定其为赌博网站代理,但囿于网络赌博的跨地域性、虚拟性,很多情况下难以满足上述要求,但是赌博网站中的上下线关系是比较明确的,通过网站上的数据证实其账号设置有下级账号的,则可以证明其有下线,进而认定其为赌博网站的代理。这一规定有助于遏制赌博网站以金字塔形组织结构发展赌博业务。

五、行为主体

本罪的犯罪主体是一般主体,凡达到刑事责任年龄、具备刑事责任能力的自然人均可构成本罪。

六、罪量(数额与情节)

(一)网上开设赌场犯罪的定罪量刑标准

1. 网上开设赌场构成本罪的入罪标准

根据刑法规定,本罪是行为犯,行为人实施了利用互联网、移动通讯终端等传输赌博视频、数据,组织赌博活动的开设赌场行为,即应依法以本罪定罪处罚。

2. 网上开设赌场构成本罪"情节严重"的适用标准

《赌博案件解释》规定了聚众赌博构成赌博罪的认定标准,《刑法修正案(六)》将"开设赌场"从赌博罪中分立出来规定为单独的犯罪,并增设一档"情节严重"的量刑档次,因此《网络赌博犯罪意见》参照聚众赌博构成赌博罪的认定标准,明确了网络赌博构成本罪"情节严重"的认定标准,以加强在司法实践中的可操作性,具体包括八项。

第一项是抽头渔利数额累计达到3万元以上的。所谓"抽头渔利"是指行为人组织网络赌博活动,从他人赌博赢取的财物中按照一定比例抽取费用,如抽取赢家的5%或者10%,这里抽头渔利的数额标准掌握在聚众赌博构成赌博罪的抽头渔利数额标准的6倍。

第二项是赌资数额累计达到30万元以上的。赌资数额的多少直接反映了网络赌博规模的大小,一定程度上也体现了网络赌博活动社会危害性的大小。赌资数额既包括赌博网站建立者、网络赌博组织者参赌的资金数额,也包括各级代理和其他参赌人参赌的资金数额。根据《网络赌博犯罪意见》第3条的规定,赌资数额可以按照在网络上投注或赢取的点数乘以每一点实际代表的金额认定,对于开设赌场犯罪中用于接收、流转赌资的银行账户内的资金不能说明合法来源的,可以认定为赌资。这里赌资的数额标准掌握在聚众赌博构成赌博罪的赌资数额标准的6倍。

第三项是参赌人数累计达到120人以上的。当前网络赌博的组织形式主要是由境外赌博集团通过逐层发展股东、总代理、代理、会员,形成庞大的金字塔形组织结构,一个赌博网站经常涉及全国数万人甚至数十万人。由于总体规模庞大,参赌人数众多,这里的参赌人数数量标准也掌握在聚众赌博构成赌博罪的参赌人数数量标准的6倍。

第四项是建立赌博网站后通过将网站提供给他人组织赌博,违法所得数额在3万元以上的。该项主要针对为他人组织网络赌博提供平台的行为人,如将赌博网站出租给他人收取租金,违法所得数额在3万元以上的即属于开设赌场"情节严重",其数额标准与抽头渔利数额标准保持一致。

第五项是参与赌博网站利润分成,违法所得数额在3万元以上的。该项主要针对赌博网站的投资者或参股人,如参与赌博网站利润分成,违法所得数额在3万元以上的即属于开设赌场"情节严重",其数额标准与抽头渔利数额标准相同。

第六项是为赌博网站招募下级代理,由下级代理接受投注的。网络赌博蔓延泛滥的主要原因之一是赌博网站通过逐级发展下线的方式组成庞大的金字塔形结构,由上级代理不断招募下级代理,代理级别越高,其下的参赌人数增加速度越快。根据《网络赌博犯罪意见》第1条第1款的规定,为赌博网站担任代理并接受投注的构成本罪,因此有必要将发展代理人的上一级代理人的行为直接认定为"情节严重",也即将"为赌博网站招募下级代理,由下级代理接受投注的"行为直接认定为"情节严重",以加强对赌博网站高层级人员的打击。

第七项是招揽未成年人参与网络赌博的,该项规定旨在体现对未成年人的特殊保护,加大对招揽未成年人参与网络赌博行为的处罚力度。

第八项是其他情节严重的情形。

【案例】洪小强、洪礼沃、洪清泉、李志荣开设赌场案①

2016年2月14日,被告人李志荣、洪礼沃、洪清泉伙同洪某1、洪某2以福建省南安市英都镇阀门基地旁一出租房为据点(后搬至福建省南安市英都镇环江路大众电器城五楼的套房),雇佣洪某3等人,运用智能手机、电脑等设备建立聊天群[群昵称为"寻龙诀",经多次更名后为"(新)九八届同学聊天"]拉拢赌客进行网络赌博。洪某1、洪某2作为发起人和出资人,负责幕后管理整个团伙;被告人李志荣主要负责财务、维护赌博软件;被告人洪礼沃主要负责后勤;被告人洪清泉主要负责处理与赌客的纠纷;被告人洪小强为出资人,并介绍了陈某某等赌客加入聊天群进行赌博。该赌博聊天群将启动资金30万元分成100份资金股,并另设10份技术股。其中,被告人洪小强占资金股6股,被告人洪礼沃、洪清泉各占技术股4股,被告人李志荣占技术股2股。

参赌人员加入聊天群,通过第三方支付将赌资转至庄家(昵称为"白龙账房""青龙账房")的账号计入分值(1元相当于1分)后,根据"PC蛋蛋"等竞猜游戏网站的开奖结果,以押大小、单双等方式在群内投注赌博。该赌博群24小时运转,每局参赌人员数十人,每日赌注累计达数十万元。截至案发时,该团伙共接受赌资累计达3 237 300元。赌博群运行期间共分红2次,其中被告人洪小强分得36 000元,被告人李志荣分得6 000元,被告人洪礼沃

---

① 最高人民法院指导案例第105号。

分得12 000元,被告人洪清泉分得12 000元。

江西省赣州市章贡区人民法院于2017年3月27日作出(2016)赣0702刑初367号刑事判决:①被告人洪小强犯开设赌场罪,判处有期徒刑4年,并处罚金5万元。②被告人洪礼沃犯开设赌场罪,判处有期徒刑4年,并处罚金5万元。③被告人洪清泉犯开设赌场罪,判处有期徒刑4年,并处罚金5万元。④被告人李志荣犯开设赌场罪,判处有期徒刑4年,并处罚金5万元。⑤将四被告人所退缴的违法所得共计66 000元以及随案移送的6部手机、1台笔记本电脑、3台台式电脑主机等供犯罪所用的物品,依法予以没收,上缴国库。宣判后,四被告人均未提出上诉,判决已发生法律效力。

法院生效裁判认为,被告人洪小强、洪礼沃、洪清泉、李志荣以营利为目的,通过邀请人员加入聊天群的方式招揽赌客,根据竞猜游戏网站的开奖结果,以押大小、单双等方式进行赌博,并利用聊天群进行控制管理,在一段时间内持续组织网络赌博活动的行为,属于《刑法》第303条第2款规定的"开设赌场"。被告人洪小强、洪礼沃、洪清泉、李志荣开设和经营赌场,共接受赌资累计达3 237 300元,应认定为《刑法》第303条第2款规定的"情节严重",其行为均已构成开设赌场罪。

本案中,行为人以营利为目的,通过邀请人员加入聊天群的方式招揽赌客,通过竞猜游戏网站的开奖结果等方式进行赌博,设定赌博规则,利用聊天群进行控制管理,在一段时间内持续组织网络赌博活动的行为,属于《刑法》第303条第2款规定的"开设赌场"。同时,行为人共接受赌资累计达300余万元,属于开设赌场罪"情节严重"的情形,按照《刑法修正案(十一)》之前的规定应当处3年以上10年以下有期徒刑,并处罚金。

【案例】张某勇、张某明等25人开设赌场案①

2018年6月底,张某勇、张某明经共谋后,以"厦门市崇毅投资咨询有限公司"的名义,设立"易淘货栈"手机APP网购平台,对外名义上是销售茶叶、红酒、玉石等商品,实际上则是开设网络赌场。张某勇、张某明各占股50%,公司下设四个市场部门,每个部门下设经理或主管、业务组长及业务员,分别按不同比例、按月或季度进行抽成。

公司招聘60余名业务员,使用年轻女性照片作为头像,通过网络即时通信工具招揽客户,以"购物即能赚钱""商城有转购活动"为由,吸引客户到

---

① 参见《充分发挥检察职能 推进网络空间治理典型案例》,载中华人民共和国最高人民检察院官网(https://www.spp.gov.cn/spp/xwfbh/wsfbh/202101/t20210125_507452.shtml),最后访问日期:2021年12月13日。

"易淘货栈"手机APP网购平台进行购物,该平台提前将商品销售价格调整为进价的10倍至40倍。在客户下单后,诱导客户以其所购的商品作为筹码进行"转购升级",即以押大小的方式进行赌博,并按正规发售的彩票"重庆时时彩"开奖结果同步确定输赢,5—10分钟开奖一次。客户如果赌赢,可将商品退货并按原购买价格的1.6倍提领现金,赌输只可得到所下单的商品,且不能选择退货。2018年9月3日,公安机关查获该赌博平台。该平台运行2个多月间,涉案赌资共计810余万元。

2018年11月23日,福建省厦门市公安局思明分局以张某勇等25人涉嫌开设赌场罪,移送厦门市思明区人民检察院审查起诉。针对犯罪嫌疑人在侦查阶段拒不认罪,辩解系新型网络购物模式、不具有开设赌场的主观故意的情况,检察机关通过对网站推广方式、运营模式、盈利手段和利益分配等方面的甄别分析,认定行为实质为吸引客户购买商品作为筹码参与赌博。2019年1月7日,厦门市思明区人民检察院以开设赌场罪对张某勇等25人提起公诉。同年1月24日,厦门市思明区人民法院作出一审判决,以开设赌场罪分别判处张某勇、张某明等25名被告人拘役4个月至有期徒刑3年8个月不等,并处罚金。

本案对打击开设赌场犯罪具有典型意义:一是准确认定网络赌博本质,依法严惩新型网络开设赌场犯罪。近年来,网络赌博犯罪日益多发隐蔽,手段花样翻新。犯罪分子通过搭建网络赌博平台,打着网上购物、网络游戏等"幌子",接受投注,吸引社会公众参与赌博。此类犯罪模式新颖,隐蔽性更强,赌客参与便利,危害性更大。要透过犯罪行为表象,通过对其运营模式、盈利手段、资金流向等的分析,认定赌博、开设赌场犯罪本质,依法从严惩处;敦促涉案人员主动退赃,不让犯罪分子从犯罪活动中获利,有力遏制网络赌博犯罪活动。

二是树立正确的价值观、财富观,远离网络赌博。赌博是社会毒瘤。广大民众要坚持勤劳致富、依法致富的理念,切勿心存幻想参与赌博。在面对层出不穷的网络赌博形式和营销手段时,要擦亮双眼,分清正规的购物、游戏平台与以购物、游戏为名的赌博网站,区分正常娱乐活动和聚众赌博的界限。一旦误入歧途,轻则遭受财产损失,重则倾家荡产,甚至可能构成犯罪。

三是加强对网站软件的监管。相关部门要加强对购物网站、游戏平台等各类APP软件、小程序的日常监管,网络平台要加强技术管控,准确识别新型违法犯罪形式,及时处理举报线索,防止互联网为犯罪分子所利用,侵害社会公众利益,败坏社会风气。

(二)网上开设赌场犯罪共同犯罪的定罪量刑标准

1. 构成本罪的入罪标准

《网络赌博犯罪意见》第2条规定了三项入罪标准:

一是为赌博网站提供互联网接入、服务器托管、网络存储空间、通讯传输通道、投放广告、发展会员、软件开发、技术支持等服务,收取服务费数额在2万元以上的。这主要考虑到本罪是行为犯,只要实施开设赌场的行为即构成犯罪,如果抽头渔利或违法所得在3万元以上即属于"情节严重",因此共同犯罪的数额标准应略低于3万元,结合赌博网站的实际营利模式,这里以2万元作为起刑点。

二是为赌博活动提供资金支付结算服务,收取服务费数额在1万元以上或者帮助收取赌资20万元以上的。对于为赌博活动提供资金结算服务的帮助行为,《网络赌博犯罪意见》规定了"收取服务费数额"和"帮助收取赌资数额"两个标准。这主要考虑到第三方支付平台一般收取1%至7%不等的服务费,1万元的服务费大约对应收取赌资20万元~40万元,服务费1万元与赌资20万元的社会危害性基本相当。

三是为10个以上赌博网站投放与网址、赔率等信息有关的广告或者为赌博网站投放广告累计100条以上的。目前,境内互联网上仍存在很多为境外赌博网站提供网址链接、公布赔率的外围网站。这些外围网站投放广告的行为客观上为境外赌博网站突破网络封堵提供了帮助。对于投放广告这一帮助行为,既可以按照上述第一项适用收取服务费的数额标准,也可以适用赌博网站个数和投放广告条数的数量标准。这一规定有助于遏制目前互联网上赌博网站广告泛滥的趋势。

2. 构成本罪"情节严重"的适用标准

《网络赌博犯罪意见》规定了网上开设赌场犯罪共同犯罪"情节严重"的定罪处罚标准,与入罪标准之间掌握为5倍的倍数关系。

【案例】陈庆豪、陈淑娟、赵延海开设赌场案[①]

2016年6月,北京龙汇联创教育科技有限公司(以下简称"龙汇公司")设立,负责为龙汇网站的经营提供客户培训、客户维护、客户发展服务,幕后实际控制人周熙坤。周熙坤利用上海麦曦商务咨询有限公司聘请讲师、经理、客服等工作人员,并假冒上海哲荔网络科技有限公司等在智付电子支付有限公司的支付账户,接收全国各地会员注册交易资金。

---

① 最高人民法院指导案例第146号。

龙汇网站以经营"二元期权"交易为业,通过招揽会员以"买涨"或"买跌"的方式参与赌博。会员在龙汇网站注册充值后,下载安装市场行情接收软件和龙汇网站自制插件,选择某一外汇交易品种,并选择1M(分钟)到60M不等的到期时间,下单交易金额,并点击"买涨"或"买跌"按钮完成交易。买定离手之后,不可更改交易内容,不能止损止盈,若买对涨跌方向即可盈利交易金额的76%~78%,若买错涨跌方向则本金全亏,盈亏情况不与外汇实际涨跌幅度挂钩。龙汇网站建立了等级经纪人制度及对应的佣金制度,等级经纪人包括SB银级至PB铂金三星级六个等级。截至案发时,龙汇网站在全国约有10万会员。

2017年1月,陈庆豪被周熙坤聘请为顾问、市场总监,从事日常事务协调管理,维系龙汇网站与高级经纪人之间的关系,出席"培训会""说明会"并进行宣传,发展会员,拓展市场。此前,2016年1月,陈淑娟在龙汇网站注册账号,通过发展会员一度成为PB铂金一星级经纪人,下有17 000余个会员账号。2016年2月,赵延海在龙汇网站注册账号,通过发展会员一度成为PB铂金级经纪人,下有8 000余个会员账号。经江西大众司法鉴定中心司法会计鉴定,2017年1月1日至2017年7月5日,陈淑娟从龙汇网站提款180 975.04美元,赵延海从龙汇网站提款11 598.11美元。2017年7月5日,陈庆豪、陈淑娟和赵延海被抓获归案。陈庆豪归案后,于2017年8月8日退缴35万元违法所得。

江西省吉安市中级人民法院于2019年3月22日作出(2018)赣08刑初21号刑事判决,以被告人陈庆豪犯开设赌场罪,判处有期徒刑3年,并处罚金50万元,驱逐出境;被告人陈淑娟犯赌博罪,判处有期徒刑2年,并处罚金30万元;被告人赵延海犯赌博罪,判处有期徒刑1年10个月,并处罚金20万元;继续追缴被告人陈淑娟和赵延海的违法所得。宣判后,陈庆豪、陈淑娟提出上诉。江西省高级人民法院于2019年9月26日作出(2019)赣刑终93号刑事判决,以上诉人陈庆豪犯开设赌场罪,改判有期徒刑2年6个月,并处罚金50万元,驱逐出境;上诉人陈淑娟犯开设赌场罪,判处有期徒刑2年,并处罚金30万元;被告人赵延海犯开设赌场罪,判处有期徒刑1年10个月,并处罚金20万元;继续追缴陈淑娟和赵延海的违法所得。

法院生效裁判认为,根据国务院2017年修订的《期货交易管理条例》第1条、第4条、第6条规定,期权合约是指期货交易场所统一制定的、规定买方有权在将来某一时间以特定价格买入或者卖出约定标的物的标准化合约。期货交易应当在法定期货交易场所进行,禁止在期货交易场所之外进行期货交易。未经国务院或者国务院期货监督管理机构批准,任何单位或者个人不得以任何形式组织期货交易。简言之,期权是一种以股票、期货等品种的价格为标的,在法定期货交易场所进行交易的金融产品,在交易过程中需完成买卖双方权利的转移,具有规避价格风险、服务实体经济的功能。

龙汇网站"二元期权"的交易方法是下载市场行情接收软件和龙汇网站自制插件,会员选择外汇品种和时间段,点击"买涨"或"买跌"按钮完成交易,买对涨跌方向即可盈利交易金额的76%~78%,买错涨跌方向则本金即归网站(庄家)所有,盈亏结果与外汇交易品种涨跌幅度无关,实则是以未来某段时间外汇、股票等品种的价格走势为交易对象,以标的价格走势的涨跌决定交易者的财产损益,交易价格与盈亏幅度事前确定,盈亏结果与价格实际涨跌幅度不挂钩,交易者没有权利行使和转移环节,交易结果具有偶然性、投机性和射幸性。因此,龙汇网站"二元期权"与"押大小、赌输赢"的赌博行为本质相同,实为网络平台与投资者之间的对赌,是披着期权外衣的赌博行为。

被告人陈庆豪在龙汇公司担任中国区域市场总监,从事日常事务协调管理,维护公司与经纪人关系,参加各地"说明会""培训会"并宣传龙汇网站"二元期权",发展新会员和开拓新市场,符合《网络赌博犯罪意见》第2条规定的明知是赌博网站,而为其提供投放广告、发展会员等服务的行为,构成开设赌场罪,其非法所得已达到《网络赌博犯罪意见》第2条规定的"收取服务费数额在2万元以上的"5倍以上,应认定为开设赌场"情节严重"。但考虑到其犯罪事实、行为性质、在共同犯罪中的地位作用和从轻量刑情节,对其有期徒刑刑期予以酌减,对罚金刑依法予以维持。陈淑娟、赵延海面向社会公众招揽赌客参加赌博,属于为赌博网站担任代理并接受投注行为,且行为具有组织性、持续性、开放性,构成开设赌场罪,并达到"情节严重"。原判认定陈淑娟、赵延海的罪名不当,二审依法改变其罪名,但根据上诉不加刑原则,维持一审对其量刑。

"二元期权"交易的名义,在法定期货交易场所之外利用互联网招揽"投资者",以未来某段时间外汇品种的价格走势为交易对象,按照"买涨""买跌"确定盈亏,买对涨跌方向的"投资者"得利,买错的则本金归网站(庄家)所有,盈亏结果不与价格实际涨跌幅度挂钩的,本质是"押大小、赌输赢",是披着期权交易外衣的赌博行为,对相关网站应当认定为赌博网站。

七、罪责

本罪在主观上为故意。虽然网上开设赌场犯罪一般具有营利目的,但刑法没有作明确规定。

需要注意的是,网上开设赌场犯罪共同犯罪的行为人主观上应明知是赌博网站,而为其提供服务或者帮助。《网络赌博犯罪意见》专门规定了应当认定共同犯罪行为人主观上"明知"的四种情形。司法实践中,在利益链条的层层分成过程中,各中间环节往往通过声称自己"不明知",以逃避打击并牟取暴利。对此,实践中存在两种情形:一种情形是有关主体确实不知道,只是疏于管理;另一种情形则是虽然明知,但放任或者允许上述行为的发生,而司法机关又难以获得其明知的证据。这导致刑事打击遇到障碍。因此,有必要明确规定应当认定行为人主观上"明知"的情形。具体来说包括以下四种。

第一种情形是收到行政主管机关书面等方式的告知后,仍然为赌博网站提供服务或帮助的,即公安机关等行政主管机关,告知电信业务经营者、互联网信息服务提供者、广告主、广告经营者、广告发布者、软件开发公司、第三方支付平台等有关主体某一网站是赌博网站后,其仍实施提供服务或帮助行为的,应当认定为"明知"。

第二种情形是为赌博网站提供互联网接入、服务器托管、网络存储空间、通讯传输通道、投放广告、软件开发、技术支持、资金支付结算等服务,收取服务费明显异常的,即上述有关主体如果收取服务费明显偏离市场价格,不符合市场规律的,也应当认定为"明知"。比如在有的赌博案件中,第三方支付平台从一般的支付活动中收取1.5%的费用,而从网络赌博活动中则收取7%的费用,也有的第三方支付平台为了吸引赌博集团从其平台支付并从中获利,大幅降低从网络赌博活动中收取的服务费比例。

第三种情形是在执法人员调查时,通过销毁、修改数据、账本等方式故意规避调查或者向犯罪嫌疑人通风报信的,即上述有关人员对公安机关等执法人员,采取妨害调查取证或对抗侦查的行为,如删除有关日志信息的,应当认定为"明知"。

第四种情形是其他有证据证明行为人明知的。

同时,考虑到司法实践中的情形比较复杂,可能存在虽然具有上述各种情形,但有证据证明行为人确实不知道的情况,《网络赌博犯罪意见》规定了例外原则,即有证据证明确实不知道的除外。

八、罪与非罪

司法实践中,需要注意把握的是本罪与棋牌室等娱乐场所的正常经营活动的界限。

随着人民生活水平提高,生活方式和观念发生变化,棋牌室等娱乐场所日益增多,利用棋牌室等娱乐场所开设赌场、聚众赌博的行为相应增多,如何正确区分棋牌室等娱乐场所的正常经营行为和违法犯罪行为问题越发突出。

《赌博案件解释》第 9 条规定:"不以营利为目的,进行带有少量财物输赢的娱乐活动,以及提供棋牌室等娱乐场所只收取正常的场所和服务费用的经营行为等,不以赌博论处。"作此原则规定的目的,主要是为了保护群众正当的娱乐活动和经营者正当的经营活动,避免实践中可能产生的打击面过大的问题,维护社会的和谐、稳定。根据这一规定,"提供棋牌室等娱乐场所只收取正常的场所和服务费用的经营行为",不仅不构成犯罪,而且也不构成违法。但在实际执行过程中,对于哪些属于正常经营活动,多少数额的费用算"正常的场所和服务费用"等问题还存在一定争议。

本书认为,棋牌室等娱乐场所的正常经营行为和开设赌场犯罪行为的相同之处在于,都提供了固定的场所和用具,都针对不特定的对象,都收取了费用。要正确区分二者,需要综合考虑以下几个因素:一是看收取服务费的方式。正常经营行为应该是收取固定费用。开设赌场则一般根据赌博人员参赌获利金额以"抽水"提成的方式收钱。二是看收取服务费的金额。正常经营行为收取固定费用,应该符合物价部门审核批准的项目和标准。如果虽然收取固定费用,但明显高于正常收费的,则有可能属于变相"抽水"提成,可考虑认定为开设赌场。至于多少数额的费用算"正常的场所和服务费用",只能由有关行政执法机关作出具体规定。三是看提供的娱乐用具。正常经营行为一般只提供扑克、麻将、象棋等常规普通的娱乐用具,不提供兑换筹码服务。如果提供老虎机等赌博工具,或者要求兑换筹码才能进场的,可考虑认定为开设赌场。四是看经营者是否设定赌博方式,是否自己或者雇请专人参赌。正常经营行为一般不设定娱乐或者赌博方式,经营者也不参与娱乐或者赌博。

【案例】谢检军、高垒、高尔樵、杨泽彬开设赌场案①

2015 年 9 月至 2015 年 11 月,向某在杭州市萧山区活动期间,分别伙同被告人谢检军、高垒、高尔樵、杨泽彬等人,以营利为目的,邀请他人加入其建立的聊天群,组织他人在聊天群里采用抢红包的方式进行赌博。其间,被告人谢检军、高垒、高尔樵、杨泽彬分别帮助向某在赌博红包群内代发红包,并根据发出赌博红包的个数,从抽头款中分得好处费。

浙江省杭州市萧山区人民法院于 2016 年 11 月 9 日作出(2016)浙 0109 刑初 1736 号刑事判决:①被告人谢检军犯开设赌场罪,判处有期徒刑 3 年 6 个月,并处罚金 25 000 元。②被告人高垒犯开设赌场罪,判处有期徒刑 3 年 3 个月,并处罚金 2 万元。③被告人高尔樵犯开设赌场罪,判处有期徒刑 3 年

---

① 最高人民法院指导案例第 106 号。

3个月,并处罚金15 000元。④被告人杨泽彬犯开设赌场罪,判处有期徒刑3年,并处罚金1万元。⑤随案移送的四被告人犯罪所用工具手机6部予以没收,上缴国库;尚未追回的四被告人犯罪所得赃款,继续予以追缴。宣判后,谢检军、高尔樵、杨泽彬不服,分别向浙江省杭州市中级人民法院提出上诉。浙江省杭州市中级人民法院于2016年12月29日作出(2016)浙01刑终1143号刑事判决:①维持杭州市萧山区人民法院(2016)浙0109刑初1736号刑事判决第一项、第二项、第三项、第四项的定罪部分及第五项没收犯罪工具、追缴赃款部分。②撤销杭州市萧山区人民法院(2016)浙0109刑初1736号刑事判决第一项、第二项、第三项、第四项的量刑部分。③上诉人(原审被告人)谢检军犯开设赌场罪,判处有期徒刑3年,并处罚金25 000元。④原审被告人高垒犯开设赌场罪,判处有期徒刑2年6个月,并处罚金2万元。⑤上诉人(原审被告人)高尔樵犯开设赌场罪,判处有期徒刑2年6个月,并处罚金15 000元。⑥上诉人(原审被告人)杨泽彬犯开设赌场罪,判处有期徒刑1年6个月,并处罚金1万元。

法院生效裁判认为,以营利为目的,通过邀请人员加入微信群,利用微信群进行控制管理,以抢红包方式进行赌博,设定赌博规则,在一段时间内持续组织赌博活动的行为,属于《刑法》第303条第2款规定的"开设赌场"。谢检军、高垒、高尔樵、杨泽彬伙同他人开设赌场,均已构成开设赌场罪,且系情节严重。谢检军、高垒、高尔樵、杨泽彬在共同犯罪中地位和作用较轻,均系从犯,原判未认定从犯不当,依法予以纠正,并对谢检军予以从轻处罚,对高尔樵、杨泽彬、高垒均予以减轻处罚。杨泽彬犯罪后自动投案,并如实供述自己的罪行,系自首,依法予以从轻处罚。谢检军、高尔樵、高垒到案后如实供述犯罪事实,依法予以从轻处罚。谢检军、高尔樵、杨泽彬、高垒案发后退赃,二审审理期间杨泽彬的家人又代为退赃,均酌情予以从轻处罚。

实践中,聊天群抢红包是大家过节时或者在社交场合经常参与的娱乐活动,适当应景的抢红包能为节日助兴,不属于违法犯罪行为。但本案中,行为人以营利为目的,通过邀请人员加入聊天群,利用聊天群进行控制管理并从中抽头渔利,在一段时间内持续组织赌博活动的行为,应当认定为《刑法》第303条第2款规定的"开设赌场"。

九、此罪与彼罪

(一)本罪与赌博罪的界限

两罪的界限主要体现在客观行为不同。

赌博罪是指以营利为目的,聚众赌博或者以赌博为业的行为,包括两种行为方式。第一种是以营利为目的而聚众赌博的行为。其中"以营利为目的"是指参与赌博的人是以获取金钱或者财物为目的。"聚众赌博"是指较多的人纠集在一起进行赌博的行为。为了在实践中准确把握"聚众赌博"的具体含义,《赌博案件解释》规定,以营利为目的,有下列情形之一的,属于《刑法》第303条规定的"聚众赌博":(1)组织3人以上赌博,抽头渔利数额累计达到5 000元以上的;(2)组织3人以上赌博,赌资数额累计达到5万元以上的;(3)组织3人以上赌博,参赌人数累计达到20人以上的;(4)组织中华人民共和国公民10人以上赴境外赌博,从中收取回扣、介绍费的。第二种是以赌博为业的行为。所谓以赌博为业,是指嗜赌成性,以赌博为常业,靠赌博营利,或者虽有正当谋生手段,但以赌博为兼业,长期在业余时间从事赌博,输赢数额大大超过正当收入,这种人俗称赌棍。在实践中,以下情形可以视为以赌博为业:专门从事赌博活动,并以赌博所得作为主要生活来源;多次参加赌博活动,赌博所得超过其合法收入;经常赌博,屡教不改。

(二)本罪与组织参与国(境)外赌博罪的界限

2020年《刑法修正案(十一)》增设组织参与国(境)外赌博罪,将组织中华人民共和国公民参与国(境)外赌博,数额巨大或者有其他严重情节的行为规定为犯罪。

开设赌场罪与组织参与国(境)外赌博罪的界限在于:一是犯罪主体不同。前者是一般主体。后者是特殊主体,即是组织、召集中国公民参与国(境)外赌博的组织者。既包括犯罪集团的情况,也包括比较松散的犯罪团伙,还可以是个人组织他人参与国(境)外赌博的情况;组织者可以是一个人,也可以是多人;可以有比较严格的组织结构,也可以是为了进行一次赌博行为临时纠结在一起。实践中,常见的组织者主要有国(境)外赌场经营人、实际控制人、投资人;国(境)外赌场管理人;受国(境)外赌场指派、雇佣的人,在境外赌场包租赌厅、赌台的人等。二是行为方式不同。后者的行为人实施了组织中国公民参与国(境)外赌博的行为,包括直接组织中国公民赴国(境)外赌博,或者以旅游、公务的名义组织中国公民赴国(境)外赌博,或者以提供赌博场所、提供赌资、设定赌博方式等组织中国公民赴国(境)外赌博,或者利用信息网络、通讯终端等传输赌博视频、数据,组织中国公民参与国(境)外赌博。三是入罪要件不同。后者必须达到数额巨大或者有其他严重情节。"数额巨大",主要是指赌资数额巨大,可能造成大量外汇流失的情形。"有其他严重情节",是指赌资虽未达到数额巨大,但接近数额巨大的条件,有其他严重情节的情形,比如抽头渔利的数额较多,参赌人数较多,组织、胁迫、引诱、教唆、容留未成年人参与赌博,强迫他人赌博或者结算赌资等情形。

十、处罚

根据《刑法》第 303 条第 2 款的规定,犯本罪的,处 5 年以下有期徒刑、拘役或者管制,并处罚金;情节严重的,处 5 年以上 10 年以下有期徒刑,并处罚金。

第三节 洗钱罪

一、概述

根据《刑法》第 191 条洗钱罪的规定,为掩饰、隐瞒毒品犯罪、黑社会性质的组织犯罪、恐怖活动犯罪、走私犯罪、贪污贿赂犯罪、破坏金融管理秩序犯罪、金融诈骗犯罪的所得及其产生的收益的来源和性质,有下列行为之一的,没收实施以上犯罪的所得及其产生的收益,处 5 年以下有期徒刑或者拘役,并处或者单处罚金;情节严重的,处 5 年以上 10 年以下有期徒刑,并处罚金:(1)提供资金账户的;(2)将财产转换为现金、金融票据、有价证券的;(3)通过转账或者其他支付结算方式转移资金的;(4)跨境转移资产的;(5)以其他方法掩饰、隐瞒犯罪所得及其收益的来源和性质的。单位犯前款罪的,对单位判处罚金,并对其直接负责的主管人员和其他直接责任人员,依照《刑法》第 191 条第 1 款的规定处罚。

顾名思义,洗钱就是把"肮脏的钱洗干净",把非法收入合法化的过程,洗钱罪是对隐瞒或者掩饰犯罪收益的各种犯罪活动的总称。目前,本罪已经成为一种严重的国际犯罪。洗钱犯罪的社会危害性主要表现在三个方面:第一,洗钱行为使犯罪分子的赃款得以转移,逃避法律的制裁;第二,犯罪分子将所得赃款洗净之后,获得了丰厚的收益,这也同时加强了其实施犯罪的经济能力;第三,非法资金进入经济领域会给正常的经济秩序造成严重的侵害。正是由于洗钱犯罪具有如此严重的社会危害性,当今世界上许多国家都制定了有关控制洗钱犯罪的法律,将洗钱规定为一种经济犯罪行为予以打击。1988 年 12 月 19 日在维也纳通过的《联合国禁止非法贩运麻醉药品和精神药物公约》是国际社会第一个有关跨国洗钱犯罪的国际公约。我国的反洗钱立法是随着国内洗钱犯罪行为的不断出现以及适应国际社会惩治洗钱犯罪的形势而逐步建立和完善起来的。1990 年 12 月 28 日全国人大常委会《关于禁毒的决定》第 4 条规定:"……掩饰、隐瞒出售毒品获得财物的非法性质和来源的,处七年以下有期徒刑、拘役或者管制,可以并处罚金。犯前款罪事先通谋的,以走私、贩卖、运输、制造毒品罪的共犯论处。"这一规定虽然也是关于"洗钱"犯罪的规定,但其对象仅限于毒品犯罪。

为了遏制洗钱犯罪,防止罪犯逃避法律制裁,同时也为了有利于追缴犯罪所得,我国在1997年修订《刑法》时,明确规定了本罪,将其上游犯罪规定为毒品犯罪、黑社会性质的组织犯罪和走私罪。

2001年,为了适应打击恐怖犯罪的需要,《刑法修正案(三)》对本罪作了第一次修订,将本罪的上游犯罪由三种增加到四种,增加了恐怖活动犯罪。

2006年,为了更好地履行我国承担的国际义务,有利于打击犯罪,《刑法修正案(六)》对本罪作了第二次修订,将本罪的上游犯罪在原来规定的毒品犯罪、黑社会性质的组织犯罪、恐怖活动犯罪和走私犯罪四种犯罪的基础上,又增加了贪污贿赂犯罪、破坏金融管理秩序犯罪、金融诈骗犯罪三类犯罪,具体罪名达到几十种;同时,根据司法实践,明确将"协助将财产转换为有价证券"的行为列为洗钱行为方式之一。

2020年,为使有关部门严格执法,有效预防、遏制洗钱违法犯罪提供充足的法律保障,《刑法修正案(十一)》对本罪作了第三次修订,将"自洗钱"行为明确为犯罪,同时完善有关洗钱行为方式,增加地下钱庄通过"支付"结算方式洗钱等。

1997年12月11日最高人民法院《关于执行〈中华人民共和国刑法〉确定罪名的规定》、1997年12月25日最高人民检察院《关于适用刑法分则规定的犯罪的罪名的意见》根据1997年《刑法》第191条规定确定了"洗钱罪"的罪名。

2009年最高人民法院《洗钱案件解释》对本罪定罪量刑标准及有关法律适用问题作了规定。2010年《立案追诉标准(二)》第48条对洗钱案立案追诉标准作了规定。

二、保护法益

本罪中,行为人的行为不仅侵犯了国家正常的金融管理秩序,而且还侵犯了社会管理秩序,妨害正常的司法活动。从司法的角度看,洗钱犯罪的目的是掩饰、隐瞒犯罪所得的来源和性质。在洗钱过程中,赃款赃物被转来转去,其真实来源被掩盖,去向变得无影无踪。这无疑为犯罪和赃款赃物的追查追缴设置了障碍,实际上成为一种"犯罪屏障",严重妨碍司法机关对犯罪活动的追究。而且,洗钱犯罪的成功无疑会使相关犯罪活动更加猖獗,为了获取更多非法利益,犯罪分子会不断实施这些犯罪,这就将给正常社会秩序造成更大的危害。从金融管理秩序的角度看,洗钱往往借助于合法的金融网络使得大笔的"黑钱"被"洗净"。这不仅侵害了金融管理秩序而且也严重破坏了公平竞争规则,阻碍了市场经济主体之间的自由竞争,破坏了经济秩序。

三、行为

根据刑法规定,本罪的客观行为表现为掩饰、隐瞒毒品犯罪、黑社会性质的组织犯罪、恐怖活动犯罪、走私犯罪、贪污贿赂犯罪、破坏金融管理秩序犯罪、金融诈骗犯罪的所得及其产生的收益的来源和性质的行为。

掩饰,是指行为人以捏造事实或者其他弄虚作假的手法进行掩盖。隐瞒,是指行为人把事实真相掩盖起来不让其他人知道。一般而言,掩饰行为比隐瞒行为更具有主动性,掩饰行为表现为主动采取各种方式对毒品犯罪、黑社会性质的组织犯罪、恐怖活动犯罪、走私犯罪、贪污贿赂犯罪、破坏金融管理秩序犯罪、金融诈骗犯罪的所得及其产生的收益的来源和性质进行遮掩、粉饰,使他人误认为是合法所得;而隐瞒行为则相对具有被动性,通常表现为司法机关向行为人查询有关犯罪所得及其收益的来源和性质时,行为人明知真实情况而故意不予说明,甚至制造假象干扰调查活动。掩饰、隐瞒的手段和方式尽管多种多样,但是其实质都是为了掩盖事实真相,逃避执法司法机关追查。

根据刑法规定,洗钱的具体表现形式有以下五种:

(1)提供资金账户。这主要是指为犯罪分子开设银行资金账户或者将现有的银行资金账户提供给犯罪分子使用。

(2)将财产转换为现金、金融票据、有价证券。这既包括将实物转换为现金、金融票据、有价证券,也包括将现金、金融票据、有价证券进行互相转换,还包括将一种现金(如人民币)转换为另一种现金(如美元),将一种金融票据(如外国金融机构出具的金融票据)转换为另一种金融票据(如我国金融机构出具的金融票据),以及将一种有价证券(如股票)转换为另一种有价证券(如债券)。

(3)通过转账或者其他支付结算方式转移资金。所谓转账,一般是指利用支票、银行本票、银行汇票、商业汇票等金融票据或者书面或电话委托,将违法所得从一个账户转往另一个账户,以掩饰、隐瞒其非法来源和性质。所谓其他支付结算方式,包括通过地下钱庄或者汇兑、委托收款,以及用电子资金划拨等方法。

(4)跨境转移资产。这是指各种将非法资金汇往境外,将非法资产向境外转移,以掩饰、隐瞒其非法来源和性质的行为,在实践中主要是将资产转移往那些金融监管比较宽松的国家或地区,或者严格实行银行保密法、保密程度较高的国家或地区。

(5)以其他方法掩饰、隐瞒犯罪所得及其收益的来源和性质。

同时,根据《洗钱案件解释》第2条的规定,具有下列情形之一的,可以认定为《刑法》第191条第1款第5项规定的"以其他方法掩饰、隐瞒犯罪所得及其收益的来源和性质":

(1)通过典当、租赁、买卖、投资等方式,协助转移、转换犯罪所得及其收益的。实践中通过商品买卖进行洗钱主要表现为以犯罪所得购买贵重金属、古玩字画、房产等大宗贵重物品以及利用进出口贸易进行跨境洗钱活动等。

(2)通过与商场、饭店、娱乐场所等现金密集型场所的经营收入相混合的方式,协助转移、转换犯罪所得及其收益的。现金密集型行业主要是指零售、服务等行业,这类行业现金流量大,难以监管,不时掺入的犯罪财产与合法收入一同申报纳税而难以被发现,故易为洗钱犯罪所用。现代意义上的洗钱概念即渊源于此。

(3)通过虚构交易、虚设债权债务、虚假担保、虚报收入等方式,协助将犯罪所得及其收益转换为"合法"财物的。虚构交易与前述真实交易有所不同,前者侧重掩饰、隐瞒,后者侧重转移、转换。虚构交易主要体现为通过空壳公司等在无真实交易的情况下虚买虚卖、自买自卖或者以高价购买低价物品,将赃钱合法转移给同伙。虚设债权、虚假担保与虚构交易道理相通。虚假担保在实践中主要表现为以犯罪所得作抵押、质押取得银行合法贷款,贷款到期不还贷,抵押物、质押物交由银行变卖受偿。

(4)通过买卖彩票、奖券等方式,协助转换犯罪所得及其收益的。实践中通过购买彩票、奖券等方式的洗钱主要有三种表现形式:一是协助购买他人已经中彩、中奖的票券;二是协助以犯罪所得去购买彩票、奖券,并事实上中奖、中彩;三是协助用犯罪所得去购买彩票、奖券,但未能中奖、中彩。该三种形式均为对犯罪所得及其收益的转移、转换行为,故均应以洗钱犯罪论处。

(5)通过赌博方式,协助将犯罪所得及其收益转换为赌博收益的。这主要有三个方面的考虑:一是赌场是一个较为典型的洗钱场所,性质上非法并不意味着实践中不存在;二是当前国内存在不少通过境外赌场、网上赌场洗钱的情形;三是洗钱并不意味着非得把黑钱洗白(合法化),公约文件强调对洗钱的三个不同阶段(放置、分层、混同)均需打击。

(6)协助将犯罪所得及其收益携带、运输或者邮寄出入境的。为逃避金融监测、监管,通过人体、所携行李或者交通工具偷运犯罪所得出入境,或者利用国际邮件夹带现金将赃款邮寄出入境,正日益成为重要的洗钱手段。

(7)通过前述以外的方式协助转移、转换犯罪所得及其收益的。

以上行为并不要求同时具备,只要行为人实施了上述行为之一,即可构成犯罪。

四、行为对象

本罪的行为对象是特定对象,即只能是毒品犯罪、黑社会性质的组织犯罪、恐怖活动犯罪、走私犯罪、贪污贿赂犯罪、破坏金融管理秩序犯罪、金融诈骗犯罪的所得及其产生的收益。

"毒品犯罪",是指《刑法》分则第六章第七节规定的各种有关毒品的犯罪。"黑社会性质的组织犯罪",是指以黑社会性质的组织为主体所实施的各种犯罪。"恐怖活动犯罪",是指恐怖组织实施的各种犯罪。"走私犯罪",是指《刑法》分则第三章第二节规定的各种走私犯罪。"贪污贿赂犯罪",是指《刑法》分则第八章规定的所有犯罪。"破坏金融管理秩序犯罪"和"金融诈骗犯罪"包括《刑法》分则第三章第四节和第五节中规定的所有犯罪。"犯罪的所得及其产生的收益",是指由上述七类犯罪行为所获取的非法利益以及利用该非法利益所产生的经济利益。

需要注意的是,"黑社会性质的组织犯罪所得及其产生的收益",是指黑社会性质组织及其成员实施的各种犯罪所得及其产生的收益,包括黑社会性质组织的形成、发展过程中,该组织及组织成员通过违法犯罪活动或其他不正当手段聚敛的全部财物、财产性权益及其孳息、收益。

五、行为主体

本罪的犯罪主体是一般主体,自然人和单位均可构成本罪。

六、罪量(数额与情节)

根据刑法规定,本罪是行为犯,即行为人主观上认识到是《刑法》第191条规定的七类上游犯罪的所得及其产生的收益,并实施该条第1款规定的洗钱行为,从而掩饰、隐瞒犯罪所得及其收益的来源和性质,构成犯罪的,应依法以本罪定罪处罚。

司法实践中,洗钱数额在 10 万元以上的,或者洗钱数额在 5 万元以上,且具有下列情形之一的,可以认定为"情节严重":(1)多次实施洗钱行为的;(2)曾因洗钱行为受过刑事追究的;(3)拒不交代涉案资金去向或者拒不配合追缴工作,致使赃款无法追缴的;(4)造成重大损失或者其他严重后果的。

七、罪责

本罪在主观上为故意,即行为人主观上认识到是毒品犯罪、黑社会性质的组织犯罪、恐怖活动犯罪、走私犯罪、贪污贿赂犯罪、破坏金融管理秩序犯罪、金融诈骗犯罪的所得及其产生的收益,而以非法手段掩饰、隐瞒其来源和性质。

主观上认识到是《刑法》第191条规定的上游犯罪的所得及其产生的收益,包括知道或者应当知道。其中,"知道"是指根据犯罪嫌疑人、被告人的供述,证人证言等证据,可以直接证明犯罪嫌疑人、被告人知悉、了解其所掩饰、隐瞒的是《刑法》第191条规定的上游犯罪的所得及其产生的收益;"应当知道"是指结合查证的主、客观证据,可以证明犯罪嫌疑人、被告人知悉、了解其所掩饰、隐瞒的是《刑法》第191条规定的上游犯罪的所得及其产生的收益。

认定主观认知应当结合犯罪嫌疑人、被告人的身份背景、职业经历、认知能力及其所接触、接收的信息,与上游犯罪嫌疑人、被告人的亲属关系、上下级关系、交往情况、了解程度、信任程度,接触、接收他人犯罪所得及其收益的情况,犯罪所得及其收益的种类、数额,犯罪所得及其收益的转换、转移方式,交易行为、资金账户的异常情况,以及犯罪嫌疑人、被告人的供述及证人证言等主、客观因素,进行综合分析判断。对于犯罪嫌疑人、被告人的供述和辩解,要结合全案证据进行审查判断。

根据《洗钱案件解释》第1条的规定,具有下列情形之一的,可以认定被告人明知系犯罪所得及其收益,但有证据证明确实不知道的除外:(1)知道他人从事犯罪活动,协助转换或者转移财物的;(2)没有正当理由,通过非法途径协助转换或者转移财物的;(3)没有正当理由,以明显低于市场的价格收购财物的;(4)没有正当理由,协助转换或者转移财物,收取明显高于市场的"手续费"的;(5)没有正当理由,协助他人将巨额现金散存于多个银行账户或者在不同银行账户之间频繁划转的;(6)协助近亲属或者其他关系密切的人转换或者转移与其职业或者财产状况明显不符的财物的;(7)其他可以认定行为人明知的情形。

主观上认识到是《刑法》第191条规定的上游犯罪的所得及其产生的收益,是指对上游犯罪客观事实的认识,而非对行为性质的认识。误以为某一上游犯罪的所得及其产生的收益是该条规定的其他上游犯罪的所得及其产生的收益的,不影响主观认知的认定。

八、罪与非罪

判断某一洗钱行为是否构成洗钱犯罪,一般应考察以下两个方面的因素:

(1)行为人主观上是否明知是毒品犯罪、黑社会性质的组织犯罪、恐怖活动犯罪、走私犯罪、贪污贿赂犯罪、破坏金融管理秩序犯罪、金融诈骗犯罪的所得及其产生的收益,为掩饰、隐瞒其来源和性质,实施了故意掩饰、隐瞒其性质和来源的行为。如果行为人是在不明知的情况下过失或者无意地实施了掩饰、隐瞒上述上游犯罪的违法所得及其收益的来源和性质的行为,不构成洗钱犯罪。

(2)洗钱行为对象的性质。行为人掩饰、隐瞒来源和性质的对象是否属于毒品犯罪、黑社会性质的组织犯罪、恐怖活动犯罪、走私犯罪、贪污贿赂犯罪、破坏金融管理秩序犯罪、金融诈骗犯罪的所得及其产生的收益,直接影响到本罪的构成与否,如果不是上述对象,即不构成本罪。

九、此罪与彼罪

司法实践中,需要注意把握的是本罪与掩饰、隐瞒犯罪所得、犯罪所得收益罪的界限。包括两个层次:

(1)《刑法》第191条规定的本罪与《刑法》第312条规定的掩饰、隐瞒犯罪所得、犯罪所得收益罪是特别规定与一般规定的关系。掩饰、隐瞒犯罪所得、犯罪所得收益罪包含传统的窝藏犯罪和普通的洗钱犯罪,本罪是针对为毒品犯罪、黑社会性质的组织犯罪、恐怖活动犯罪、走私犯罪、贪污贿赂犯罪、破坏金融管理秩序犯罪、金融诈骗犯罪等严重犯罪洗钱的行为所作的特别规定。同时符合《刑法》第191条和第312条规定的,优先适用第191条特别规定。

(2)《刑法》第191条规定的洗钱犯罪与《刑法》第312条规定的普通洗钱犯罪的区分关键在于上游犯罪的不同。明知是犯罪所得及其产生的收益而予以窝藏、转移、收购、代为销售或者以其他方法掩饰、隐瞒的,应当依法认定为掩饰、隐瞒犯罪所得、犯罪所得收益罪。其中,明知是毒品犯罪、黑社会性质的组织犯罪、恐怖活动犯罪、走私犯罪、贪污贿赂犯罪、破坏金融管理秩序犯罪、金融诈骗犯罪的所得及其产生的收益,并实施《刑法》第191条第1款规定的洗钱行为,从而掩饰、隐瞒犯罪所得及其收益的来源和性质的,应当依法认定为本罪。

十、处罚

根据《刑法》第191条第1款的规定,犯本罪的,没收实施上游犯罪的所得及其产生的收益,处5年以下有期徒刑或者拘役,并处或者单处罚金;情节严重的,处5年以上10年以下有期徒刑,并处罚金。根据《刑法》第191条第2款的规定,单位犯本罪的,对单位判处罚金,并对其直接负责的主管人员和其他直接责任人员,依照前述规定处罚。

第四节　网络非法集资犯罪

一、概述

(一)网络非法集资的概念与特征

1. 概念

网络非法集资,是指在网络上实施的非法集资行为。所谓非法集资,根据 2022 年 2 月最新发布的《非法集资案件解释》,是指违反国家金融管理法律规定,向社会公众(包括单位和个人)吸收资金的行为。

2. 特征

非法集资行为需同时具备非法性、公开性、利诱性、社会性四个特征,即①非法性:未经有关部门依法许可或者借用合法经营的形式吸收资金;②公开性:通过网络、媒体、推介会、传单、手机短信等途径向社会公开宣传;③利诱性:承诺在一定期限内以货币、实物、股权等方式还本付息或者给付回报;④社会性:向社会公众即社会不特定对象吸收资金。

(二)网络非法集资的几种模式简介

1. P2P 网贷平台非法集资

P2P 网贷平台非法集资,指的是 P2P 网络借贷平台(以下简称"P2P 网贷平台")从事非法集资活动。理论及实务界尚未对 P2P 网贷平台的概念形成一致看法。从 P2P 英文原意即"peer to peer lending"来看,P2P 网络借贷指个体(包含自然人、法人及其他组织)到个体之间点对点的,通过互联网平台实现的直接借贷的网络借款模式。P2P 小额借贷是可将极小额度的资金汇聚起来,借贷给有资金需求人群的一种商业模式。具体而言,网络信贷公司(第三方公司、网站)作为中介平台,一端是有资金需求的借款者(也称需求方、资产端),其可在平台上发放借款标;而另一端则是拥有闲置资金并渴望增值的投资者(也称出借方、资金端),其可进行竞标,向借款者放贷。借贷双方可自由竞价,最终由网贷平台撮合成交并收取手续费。在 P2P 网络借贷过程中,资料准备与资金给付、合同订立等手续全部通过网络实现。比起传统借贷 P2P 网络借贷门槛低、效率高且更为方便快捷,因此自 2007 年第一家 P2P 网贷平台拍拍贷成立以来,P2P 网贷平台一直受到社会各界的持续关注与追捧,平台数量也在过去的近十年间飞速增加。与此同时,我国监管环境却较为宽松,因此许多 P2P 网贷平台逐渐背离初衷,发生异化,如自我融资、资金池、庞氏骗局、伪平台等花样百出,进而大规模 P2P 网贷平台爆雷事件此起彼伏,严重危害我国互联网金融安全与秩序。正因如此,2022 年《非法集资案件解释》新增了"网络借贷"为非法吸收资金的方式,剑指包含 P2P 在内的各类网络借贷平台之非法集资行为。

2. 私募基金非法集资

在 P2P 网贷平台爆雷潮逐渐走到尾声时,私募基金的非法集资风险逐步升高。私募基金和 P2P 网贷一样,都是金融创新的产品。私募基金,又称为私募投资基金,是与公募基金相对的概念,是依照《公司法》或者《合伙企业法》等法律成立的实体企业,其主要是通过非公开方式向少数特定机构和特定自然人募集投资者,募集对象一旦出资即成为基金的股东或者合伙人。募集资金一般交由私募基金管理公司投资运用。

相对于公募基金而言,私募基金存在以下特点:(1)募集非公开,募集资金只能以非公开的方式。(2)募集对象少,其募集对象是特定的机构或者个人。私募基金销售与赎回都是基金管理人私下与投资者协商进行,禁止利用任何大众传媒进行广告宣传,且禁止一般性广告和公开劝诱。(3)募集对象须为合格投资者。私募基金的投资者不是一般社会公众,而必须是符合法定要求、具有风险识别和风险识别能力的合格投资者。(4)审批豁免,机构的设立和项目基金的发起仅需登记备案。而公募基金的设立需证监会审批且信息披露制度严格。

2019 年年底,北京市朝阳区人民检察院发布《金融检察白皮书》,其统计数据显示,金融犯罪中,非法吸收公众存款案仍然是金融犯罪的"重灾区",占同期金融犯罪案件总量八成以上,而且案件类型逐渐呈现多元化趋势,以 P2P、私募基金为犯罪手段的案件增长较快。① 近两年来,假借"创新"名义在网络上实施的金融犯罪层出不穷。《非法集资案件解释》第 2 条第 9 项规定之"以委托理财、融资租赁等方式非法吸收资金的"方式,其中就包含了本书所要介绍的网络私募基金非法集资行为。

3. 消费返利非法集资

近年来,一些第三方平台打着"创业""创新"的旗号,以"购物返本""消费等于赚钱""你消费我还钱"为噱头,承诺高额甚至全额返还消费款、加盟费等,以此吸引消费者、商家投入资金。

2018 年 4 月 12 日,中国银行保险监督管理委员会、工业和信息化部、公

---

① 参见《北京朝阳区:发布〈金融检察白皮书〉》,载中华人民共和国最高人民检察院官网(https://www.spp.gov.cn/spp/dfjcdt/201912/t20191219_450601.shtml),最后访问日期:2021 年 3 月 4 日。

安部、商务部、中国人民银行、国家市场监督管理总局联合提示,此类"消费返利"不同于正常商家返利促销活动,存在较大风险隐患。(1)高额返利难以实现。返利资金主要来源于商品溢价收入、会员和加盟商缴纳的费用,多数平台不存在与其承诺回报相匹配的正当实体经济和收益,资金运转和高额返利难以长期维系。(2)资金安全无法保障。一些平台通过线上、线下途径,以"预付消费""充值"等方式吸收公众和商家资金,大量资金由平台控制,存在转移资金、卷款跑路的风险。(3)运营模式存在违法风险。一些平台虚构盈利前景、承诺高额回报,授意或默许会员、加盟商虚构商品交易,直接向平台缴纳一定比例费用,谋取高额返利,平台则通过此方式达到快速吸收公众资金的目的。部分平台还采用传销的手法,以所谓"动态收益"为诱饵,要求加入者缴纳"入门费"并"拉人头"发展人员加入,靠发展下线获取提成。平台及参与人员的上述行为具有非法集资、传销等违法行为的特征。此类平台运作模式违背价值规律,一旦资金链断裂,参与者将面临严重损失。①

由于消费返利非法集资行为往往更多涉及组织、领导传销活动罪,因此在此仅作简介。但值得注意的一点是,2022年《非法集资案件解释》新增了第13条以处理这几项罪名的竞合问题:"通过传销手段向社会公众非法吸收资金,构成非法吸收公众存款罪或者集资诈骗罪,同时又构成组织、领导传销活动罪的,依照处罚较重的规定定罪处罚。"

4. 虚拟币交易非法集资

2022年《非法集资案件解释》首次将虚拟币交易作为非法吸收资金之方式纳入解释予以规制。②

二、我国刑法对网络非法集资犯罪的规制

虽然"非法集资"的概念为广大民众所熟知,且在官方文件、司法解释和新闻媒体中,"非法集资"一词被普遍运用,但我国刑法的罪名体系中,非法集资并不是一个独立的个罪名,也不是章罪名和类罪名。③ 但这并不意味着非法集资行为不受刑法拘束。虽然不存在专门的"非法集资罪",但是可用"非法集资犯罪"的概念指代非法集资活动可能构成的一系列犯罪。

为了打击非法集资犯罪,规范统一法律适用,最高人民法院先后于2010年12月以及2011年8月出台了《非法集资案件解释》和《关于非法集资刑事

---

① 参见《防范"消费返利风险"谨防利益受损》,载中国人民银行官网(http://www.pbc.gov.cn/rmyh/105208/3518544/index.html),最后访问日期:2021年3月4日。

② 由于该解释颁布之时离定稿日十分接近,故本节最后一部分对此类型犯罪行为仅作简要介绍,再版时再作修订与补充。

③ 参见王新:《非法吸收公众存款罪的规范适用》,载《法学》2019年第5期,第104页。

案件性质认定问题的通知》(法释〔2011〕26号),此后,最高人民法院、最高人民检察院、公安部又在2014年3月、2019年1月联合颁布了《2014年非法集资案件意见》和《2019年非法集资案件意见》,加上2022年《非法集资案件解释》,铸成了我国打击非法集资犯罪的司法解释体系。根据上述司法解释,"非法集资犯罪"是一个罪名体系,分别包括:

《刑法》第176条非法吸收公众存款罪;

《刑法》第192条集资诈骗罪;

《刑法》第160条欺诈发行证券罪;

《刑法》第174条第1款擅自设立金融机构罪;

《刑法》第179条擅自发行股票、公司、企业债券罪;

《刑法》第224条之一组织、领导传销活动罪;

《刑法》第225条非法经营罪。

在实践中,绝大多数非法集资行为会被认定为非法吸收公众存款罪或是集资诈骗罪。本节将重点介绍此二罪名。

(一)非法吸收公众存款罪

《刑法》第176条规定:"非法吸收公众存款或者变相吸收公众存款,扰乱金融秩序的,处三年以下有期徒刑或者拘役,并处或者单处罚金;数额巨大或者有其他严重情节的,处三年以上十年以下有期徒刑,并处罚金;数额特别巨大或者有其他特别严重情节的,处十年以上有期徒刑,并处罚金。单位犯前款罪的,对单位判处罚金,并对其直接负责的主管人员和其他直接责任人员,依照前款的规定处罚。有前两款行为,在提起公诉前积极退赃退赔,减少损害结果发生的,可以从轻或者减轻处罚。"

1. 概述

本罪是指违反金融管理法规,非法吸收公众存款,或者变相吸收公众存款,扰乱金融秩序的行为。

2. 构成要件

(1)主体

本罪的主体是一般主体。年满16周岁、具有辨认控制能力的自然人。《刑法修正案(十一)》对本罪新增了单位犯罪主体,即单位实施非法集资犯罪活动,全部或者大部分违法所得归单位所有的,应当认定为单位犯罪。

(2)行为

本罪的行为是非法吸收公众存款或者变相吸收公众存款。所谓非法吸收公众存款,是指未经中国人民银行许可,向社会不特定对象吸收资金,出具凭证,承诺在一定期限内还本付息的活动。所谓变相吸收公众存款,是指未经中国人民银行批准,不以吸收存款的名义,向社会不特定对象吸收资金,但承诺履行的义务与吸收公众存款的性质相同,即都是还本付息的活动。[①]

根据《非法集资案件解释》第1条的规定,违反国家金融管理法律规定,向社会公众(包括单位和个人)吸收资金的行为,同时具备下列四个条件的,除刑法另有规定的以外,应当认定为《刑法》第176条规定的非法吸收公众存款或者变相吸收公众存款:"(一)未经有关部门依法许可或者借用合法经营的形式吸收资金;(二)通过网络、媒体、推介会、传单、手机信息等途径向社会公开宣传;(三)承诺在一定期限内以货币、实物、股权等方式还本付息或者给付回报;(四)向社会公众即社会不特定对象吸收资金。"以上四点被学界归纳为本罪的"四性",即非法性、公开性、利诱性和社会性。

根据《2014年非法集资案件意见》第3条的规定,下列情形不属于《非法集资案件解释》第1条第2款规定的针对特定对象吸收资金的行为,应当认定为向社会公众吸收资金(即行为具备"社会性"条件):(1)在向亲友或者单位内部人员吸收资金的过程中,明知亲友或者单位内部人员向不特定对象吸收资金而予以放任的;(2)以吸收资金为目的,将社会人员吸收为单位内部人员,并向其吸收资金的。

(3)客体

本罪的客体是公众存款。此处所谓公众存款,是指不特定的存款人存入银行或者其他金融机构以获取利息的资金。

(4)罪责

本罪在主观上是故意。行为人明知是非法吸收公众存款的行为而有意实施。

(5)罪量

本罪的罪量要素是扰乱金融秩序。此处可依据2022年《非法集资案件解释》第3条之规定,以判断行为是否达到"扰乱金融秩序"、应当依法追究刑事责任之程度:(1)非法吸收或者变相吸收公众存款数额在100万元以上的;(2)非法吸收或者变相吸收公众存款对象150人以上的;(3)非法吸收或者变相吸收公众存款,给存款人造成直接经济损失数额在50万元以上的;(4)非法吸收或者变相吸收公众存款数额在50万元以上或者给存款人造成直接经济损失数额在25万元以上,同时具有下列情节之一的:①曾因非法集资受过刑事追究的,②二年内曾因非法集资受过行政处罚的,③造成恶劣社会影响或者其他严重后果的。

[①] 参见国务院1998年7月13日颁布的《非法金融机构和非法金融业务活动取缔办法》(国务院[1998]247号令)第4条。

3. 认定

(1) 公众存款之认定

值得注意的是，从规范意义和立法旨趣上看，《刑法》第 176 条明确将本罪的行为对象界定为"公众存款"，可以看出，立法者最初设立本罪是为了保护银行吸收存款的业务。存款是银行最基本和最主要的资金来源，若行为人违反国家法律法规规定，从事非法吸收公众存款的行为，则是与银行争夺公众资金，既会严重侵害银行的生命线，更会破坏国家金融管理秩序。但我国在强化保护商业银行存款业务的过程中，对本罪对象的解读从"存款"逐渐扩大为"资金"。

最早将本罪行为对象解读为"资金"的国家层面法律文件是 1998 年国务院《非法金融机构和非法金融业务活动取缔办法》，其中第 4 条规定，非法吸收公众存款，是指未经中国人民银行批准，向社会不特定对象吸收资金，出具凭证，承诺在一定期限内还本付息的活动；变相吸收公众存款，是指未经中国人民银行批准，不以吸收公众存款的名义，向社会不特定对象吸收资金，但承诺履行的义务与吸收公众存款性质相同的活动。随后，从 1999 年中国人民银行下发的《关于取缔非法金融机构和非法金融业务活动中有关问题的通知》到 2010 年最高人民法院《非法集资案件解释》，都沿用了"资金"这一解释。

针对司法实践中不断扩大处罚的趋势，为了削减本罪成为打击非法集资犯罪的"口袋罪"之危险，刑法学界就存款与资金之间的关系进行了探讨。有学者认为，"存款"是指存入金融机构并可以为其利用的货币资金或是有价证券，是吸收存款的金融机构信贷资金的主要来源，即仅仅包括被吸入金融机构的信贷资金。[1] 有学者采广义说，认为存款不仅包括以信用方式聚集起来的信贷资金，还包括未吸入金融机构、尚处于存款人手中的资金，即潜在的存款。[2] 还有学者认为，对于本罪的"存款"，应当从《商业银行法》中找寻其对应概念，即仅仅指特定的活期存款，它是商业银行的本职业务，除了经特许设立的商业银行，任何单位和个人都不得从事吸收公众存款的业务。[3]

晚近有学者指出，司法机关在处理涉及非法吸收公众存款的刑事案件时，首先应该辨别资金与存款之间的不同法律关系，考察资金是否属于存款。

---

[1] 参见刘家琛主编：《刑法（分则）及配套规定新释新解（上）》（第四版），人民法院出版社 2006 年版，第 896 页。

[2] 参考赵秉志主编：《新千年刑法热点问题研究与适用（下卷）》，中国检察出版社 2001 年版，第 805 页。

[3] 参见姜涛：《非法吸收公众存款罪的限缩适用新路径：以欺诈和高风险为标准》，载《政治与法律》2013 年第 8 期。

若客户资金根本不可能与金融机构建立起存款法律关系,则因不符合存款的属性而排除适用本罪之可能性。同时,为了防止过于缩小本罪之适用,也可从资金流向入手,将客户准备与银行建立储蓄法律关系,只是基于高额回报的利诱而被集资人"截流"的资金纳入本罪的适用范围。①

(2)变相吸收公众存款的认定

在现实生活中,非法吸收公众存款或者变相吸收公众存款的表现形式是多种多样、花样百出的。总体而言,所谓"非法吸收公众存款",大致包含两种情况:一是行为人不具有吸收存款的主体资格而吸收公众存款,破坏金融秩序;二是行为人具有吸收存款的主体资格,但是,其吸收公众存款所采用的方法是违法的。如有的银行和其他金融机构为争揽储户,违反中国人民银行关于利率的规定,采用擅自提高利率的方式吸收存款,进行恶意竞争,破坏国家的利率政策,扰乱金融秩序。对后一种情况,《商业银行法》已具体规定了行政处罚,一般不宜作为犯罪处理。但如果在吸收存款的过程中有其他犯罪行为,例如有《刑法》第187条规定的行为,应当依法追究刑事责任。而"变相吸收公众存款",是指行为人不以存款的名义而是通过其他形式吸收公众资金,从而达到吸收公众存款的目的的行为。如有些单位和个人,未经许可成立各种基金会吸收公众的资金,或者以投资、集资入股等名义吸收公众资金,但并不按正常投资的形式分配利润、股息,而是以一定的利息进行支付。

基于上述种种原因,《非法集资案件解释》第2条对各种多发易发的非法吸收公众存款行为作出了分类,根据其发生领域和行为特点具体列举了10种应当以本罪定罪处罚之情形及兜底条款:"实施下列行为之一,符合本解释第一条第一款规定的条件的,应当依照刑法第一百七十六条的规定,以非法吸收公众存款罪定罪处罚:(一)不具有房产销售的真实内容或者不以房产销售为主要目的,以返本销售、售后包租、约定回购、销售房产份额等方式非法吸收资金的;(二)以转让林权并代为管护等方式非法吸收资金的;(三)以代种植(养殖)、租种植(养殖)、联合种植(养殖)等方式非法吸收资金的;(四)不具有销售商品、提供服务的真实内容或者不以销售商品、提供服务为主要目的,以商品回购、寄存代售等方式非法吸收资金的;(五)不具有发行股票、债券的真实内容,以虚假转让股权、发售虚构债券等方式非法吸收资金的;(六)不具有募集基金的真实内容,以假借境外基金、发售虚构基金等方式非法吸收资金的;(七)不具有销售保险的真实内容,以假冒保险公司、伪造保险单据等方式非法吸收资金的;(八)以网络

---

① 参见王新:《非法吸收公众存款罪的规范适用》,载《法学》2019年第5期,第113页。

借贷、投资入股、虚拟币交易等方式非法吸收资金的;(九)以委托理财、融资租赁等方式非法吸收资金的;(十)利用民间'会''社'等组织非法吸收资金的;(十一)其他非法吸收资金的行为。"

(3)共犯之认定

根据前引《2014年非法集资案件意见》第4条的规定,为他人向社会公众非法吸收资金提供帮助,从中收取代理费、好处费、返点费、佣金、提成等费用,构成非法集资共同犯罪的,应当依法追究刑事责任。能够及时退缴上述费用的,可依法从轻处罚;其中情节轻微的,可以免除处罚;情节显著轻微、危害不大的,不作为犯罪处理。

(4)数额认定

在认定非法吸收公众存款案件中,往往会遇到行为人在非法吸收公众存款时,同时存在正常的贷款与民间借贷之情形。此时不能因行为人实施了非法吸收公众存款行为,就将其正常的贷款与民间借贷金额也认定为其犯罪数额,而应当将相应正常借贷部分予以排除。

(5)将非法吸收来的款项用于正当生产经营活动时的认定

一种常见的情形是,行为人吸收公众存款后,将非法吸收来的款项用于货币、资本经营以外的正当生产经营活动。就此种情形能否以本罪论处,存在肯定说与否定说的争论,而《非法集资案件解释》则采取了折中的态度:"非法吸收或者变相吸收公众存款,主要用于正常的生产经营活动,能够在提起公诉前清退所吸收资金,可以免予刑事处罚;情节显著轻微危害不大的,不作为犯罪处理。"

(6)涉案财物的追缴和处置

根据前引《2014年非法集资案件意见》第5条的规定,向社会公众非法吸收的资金属于违法所得。以吸收的资金向集资参与人支付的利息、分红等回报,以及向帮助吸收资金人员支付的代理费、好处费、返点费、佣金、提成等费用,应当依法追缴。集资参与人本金尚未归还的,所支付的回报可予折抵本金。将非法吸收的资金及其转换财物用于清偿债务或者转让给他人,有下列情形之一的,应当依法追缴:(1)他人明知是上述资金及财物而收取的;(2)他人无偿取得上述资金及财物的;(3)他人以明显低于市场的价格取得上述资金及财物的;(4)他人取得上述资金及财物系源于非法债务或者违法犯罪活动的;(5)其他依法应当追缴的情形。

(7)单位犯罪的认定

由于《刑法修正案(十一)》新增了本罪的单位犯罪主体,因此在其后出台的2022年《非法集资案件解释》新增了第14条以规定单位犯罪的处理方式。其中指出,"单位实施非法吸收公众存款、集资诈骗犯罪的,依照本解释规定的相应自然人犯罪的定罪量刑标准"来认定某单位是否构成本罪。

4. 处罚

根据《刑法》第176条第1款之规定,犯本罪的,处3年以下有期徒刑或者拘役,并处或者单处罚金;数额巨大或者有其他严重情节的,处3年以上10年以下有期徒刑,并处罚金;数额特别巨大或者有其他特别严重情节的,处10年以上有期徒刑,并处罚金。第2款规定,单位犯前款罪的,对单位判处罚金,并对其直接负责的主管人员和其他直接责任人员,依照前款的规定处罚。第3款为《刑法修正案(十一)》新增,即有前两款行为,在提起公诉前积极退赃退赔,减少损害结果发生的,可以从轻或者减轻处罚。

《刑法修正案(十一)》在原有刑法的基础上,加大了刑罚的威慑和预防力度。首先,其将非法吸收公众存款罪的法定最高刑由10年有期徒刑提高到15年;其次,增加"数额特别巨大或者有其他特别严重情节"作为"十年以上有期徒刑"的量刑档次;再次,取消了罚金比例幅度限制,将罚金裁量权下放到司法机关;最后,新增加"在提起公诉前""积极退赔可以从轻或者减轻处罚"的拟制自首的量刑情节。

(二)集资诈骗罪

根据《刑法》第192条的规定,以非法占有为目的,使用诈骗方法非法集资,数额较大的,处3年以上7年以下有期徒刑,并处罚金;数额巨大或者有其他严重情节的,处7年以上有期徒刑或者无期徒刑,并处罚金或者没收财产。单位犯前款罪的,对单位判处罚金,并对其直接负责的主管人员和其他直接责任人员,依照前款的规定处罚。

1. 概述

本罪是指以非法占有为目的,使用诈骗方法非法集资,数额较大的行为。《刑法修正案(十一)》对本罪新增了单位犯罪主体,即单位实施非法集资犯罪活动,全部或者大部分违法所得归单位所有的,应当认定为单位犯罪。

2. 构成要件

(1)主体

本罪的主体是一般主体,即年满16周岁,具有辨认控制能力的自然人及单位。

(2)行为

本罪的行为是使用诈骗方法非法集资。所谓诈骗方法,是指虚构集资用途,以虚假的证明文件和高回报率为诱饵,骗取非法集资款。[①] 所谓非法集

---

① 参见陈兴良:《规范刑法学》(第四版),中国人民大学出版社2017年版,第788页。

资,是指单位或者个人,违反法律、法规,向社会公众募集资金的行为。①

值得注意的是,如果根据《非法集资案件解释》的规定,似乎只要客观行为属于非法吸收或者变相吸收公众存款,并具有非法占有目的,就以集资诈骗罪论处。有部分学者据此认为,在非法集资犯罪体系中,最基本的行为就是非法集资行为,而前述非法吸收公众存款罪是该罪名体系中的基础罪名,集资诈骗罪是该体系中的加重罪名。两个罪名都是以集资作为载体或者手段,因此,区分非法吸收公众存款罪与集资诈骗罪的关键并不在于客观行为,而在于是否存在主观上的"以非法占有为目的"。

有学者驳斥了上述观点,指出"非法吸收公众存款罪,并不以行为人实施诈骗行为为前提。换言之,只有使用诈骗方法非法集资,才能成立集资诈骗罪"②。该学者进一步指出,集资诈骗罪与诈骗罪有着相同的构造。就集资诈骗而言,只要某种行为足以使对方陷入"行为人属于合法募集资金""行为人属正当募集资金""行为人的集资获得了有权机关的批准""出资后会有回报"等认识错误,并进而导致对方"出资",则该行为即属于集资诈骗罪中的"诈骗方法"。

(3)客体

本罪的客体是非法集资款。即通过非法方法向社会募集的资金。

(4)罪责

本罪的罪责形式是故意,并且具有非法占有的目的。此处"故意",是指明知是诈骗集资款的行为而有意实施的主观心理状态。"非法占有目的"是认定本罪的关键之一,也是司法实践中难点所在。《非法集资案件解释》第7条对"以非法占有为目的"作出了解释,"使用诈骗方法非法集资,具有下列情形之一的,可以认定为'以非法占有为目的':(一)集资后不用于生产经营活动或者用于生产经营活动与筹集资金规模明显不成比例,致使集资款不能返还的;(二)肆意挥霍集资款,致使集资款不能返还的;(三)携带集资款逃匿的;(四)将集资款用于违法犯罪活动的;(五)抽逃、转移资金、隐匿财产,逃避返还资金的;(六)隐匿、销毁账目,或者搞假破产、假倒闭,逃避返还资金的;(七)拒不交代资金去向,逃避返还资金的;(八)其他可以认定非法占有目的的情形"。

(5)罪量

本罪的罪量要素是数额较大。根据《非法集资案件解释》的规定,"数额较大"即个人进行非法集资诈骗,数额在 10 万元以上,或单位进行集资诈

---

① 参见张明楷:《刑法学(下册)》(第五版),法律出版社 2016 年版,第 798 页。
② 张明楷:《刑法学(下册)》(第五版),法律出版社 2016 年版,第 796 页。

骗,数额在 50 万元以上。

3. 认定

(1) 非法占有目的之认定

尽管《非法集资案件解释》第 7 条已经列举了"以非法占有为目的"的具体情形,但在认定过程中尚存在一些细节问题需要阐明。

第一,从"明知没有归还能力"向"明显不成比例"的转变及把握。在《非法集资案件解释》出台之前,《全国法院审理金融犯罪案件工作座谈会纪要》曾将"非法占有目的"解释为"明知没有归还能力"。鉴于实践中反映"明知没有归还能力"不易掌握,因此《非法集资案件解释》第 7 条第 2 款第 1 项将之修改为"集资后不用于生产经营活动或者用于生产经营活动与筹集资金规模明显不成比例",故该项规定实际上是对"明知没有归还能力"的具体化。2022 年《非法集资案件解释》沿用了该表述。

但有观点认为,"明显不成比例"依旧是不够明确的表述,实际操作上仍然存在困难。但其实,实践中的情况较为复杂,将比例具体化虽更为便于实践操作,但同时也过于绝对;现在的表述虽稍显原则,但将集资规模与生产规模联系起来,通过比例关系进行分析判断更具科学性和包容性。

第二,对"肆意挥霍"的认定,应当把握"度"和"性质"两个问题。首先是度的问题。如果行为人将大部分资金用于投资或生产经营活动,而将少量资金用于个人消费或挥霍的,不应仅以此认定具有非法占有的目的。其次是性质问题。"挥霍"通常指的是消费性支出。实践中存在一些"挥霍性投资"的情形,对此需要具体情况具体分析。如行为人仅将投资行为作为对外宣传等行骗手段,投资行为纯属消耗性的,行为人也不指望从该投资行为获取收益的,可以视为"挥霍"。①

第三,对"逃匿"的认定。以往的司法文件均使用的是"逃跑"一词,而自 2010 年《非法集资案件解释》起,以后的所有文件均使用"逃匿"一词,该词包含了逃跑和藏匿的双重意蕴,旨在突出行为人逃避刑事追究的一面,避免不加区分地将各种逃跑的情形一概作集资诈骗处理。而且,逃匿必须与携款联系起来进行综合分析。逃匿可能出于躲债、筹资等多种原因,只有携款潜逃的,才足以说明行为人具有拒绝返还集资款的主观目的。

除此以外,《非法集资案件解释》第 7 条第 3 款还明确了非法占有目的的认定原则,"集资诈骗罪中的非法占有目的,应当区分情形进行具体认定。行为人部分非法集资行为具有非法占有目的的,对该部分非法集资行为所涉集

---

① 参见刘为波:《集资诈骗罪中"非法占有目的"要件的认定》,http://www.govgw.com/show-m.asp? id=26895,最后访问日期:2021 年 1 月 20 日。

资款以集资诈骗罪定罪处罚;非法集资共同犯罪中部分行为人具有非法占有目的,其他行为人没有非法占有集资款的共同故意和行为的,对具有非法占有目的的行为人以集资诈骗罪定罪处罚"。这是考虑到非法集资犯罪活动往往时间较长,犯罪分子在非法集资之初不一定具有非法占有目的;非法集资犯罪活动参与实施人员众多,部分共犯不一定具有非法占有目的的犯意联络。那么根据上述司法解释,对于非法占有目的产生于非法集资过程当中的,应当只对非法占有目的支配下实施的非法集资犯罪以集资诈骗罪处理,对于之前实施的行为,应以其他非法集资犯罪处理,实行数罪并罚;对于共同非法集资犯罪案件,应当只对具有非法占有目的的犯罪人以集资诈骗罪处理;对于不具有非法占有目的犯意联络的犯罪人,应对其参与实施的全部事实以其他非法集资犯罪处理。

(2)数额之认定

根据《非法集资案件解释》第8条第3款的规定,集资诈骗的数额以行为人实际骗取的数额计算,案发前已归还的数额应予扣除。行为人为实施集资诈骗活动而支付的广告费、中介费、手续费、回扣,或者用于行贿、赠与等的费用,不予扣除。行为人为实施集资诈骗活动而支付的利息,除本金未归还可予以折抵本金外,应当计入诈骗数额。

4. 处罚

《刑法》第192条规定,犯本罪的,处3年以上7年以下有期徒刑,并处罚金;数额巨大或者有其他严重情节的,处7年以上有期徒刑或者无期徒刑,并处罚金或者没收财产。单位犯前款罪的,对单位判处罚金,并对其直接负责的主管人员和其他直接责任人员,依照前款的规定处罚。

本罪为《刑法修正案(十一)》所修订,其将处"五年以下""五年以上十年以下""十年以上"三个量刑幅度修改为"三年以上七年以下"和"七年以上"两个量刑幅度,取消罚金比例幅度限制。最为引人注意的是,修正案改变以前在该节最后规定单位犯罪的做法,直接在新条文中明确规定单位构成集资诈骗的内容,将规制重点放在自然人通过控制公司、企业实施非法集资犯罪,预防群体性事件的出现。

三、典型网络非法集资:P2P网贷平台非法集资

P2P网贷平台非法集资是最为典型的,也是近年来最为常见的网络非法集资活动。

(一)P2P网贷平台非法集资的现状与成因

1. P2P网贷平台非法集资的现状

2007年,上海成立了第一家P2P网贷平台拍拍贷,此后P2P在中国的发展迎来了春天,一家家 P2P 平台如雨后春笋般冒出并爆发式增长。根据网贷之家从 2014 年开始发布的历年中国网贷行业年报的不完全统计,正常运营 P2P 平台数量从 2010 年的 10 家增长至 2017 年的 1 931 家,最高峰为 2015 年的 2 595 家,而从 2016 年起,平台数量已呈下降趋势。从 2010 年开始至 2017 年,网络借贷行业的成交量一直呈逐年递增趋势。2017 年全年网络借贷行业成交量达到了 28 048.49 亿元,相比 2016 年全年成交量(20 638.72 亿元)增长了 35.9%。在 2017 年,网络借贷行业历史累计成交量突破 6 万亿元大关。[1] 但值得注意的是,在 2017 年网络借贷行业总成交量前 100 的平台中,包括"善林财富"在内的多家平台当时已出现问题,P2P"爆雷"开始引起了社会关注。而 2018 年,576 家 P2P 网贷平台接连爆雷,数量达 2017 年的 2.58 倍,相当于平均每天 1.7 家平台出现提现困难、老板跑路等问题。面对"爆雷潮",中央加大了对 P2P 网贷平台的整治力度,2019 年上半年爆雷平台数量仅为 2018 下半年总数的 12.4%[2],当时 P2P 平台面临着或转型或退出的抉择。从 2019 年开始,各地纷纷出台 P2P 平台良性退出指引,至今,P2P 清退进入了深水区,越来越多的网贷平台选择良性退出。2020 年 12 月 8 日中国银保监会主席郭树清表示,过去 14 年里先后有 1 万多家 P2P 上线,高峰时同时有 5000 多家运营,年交易规模约 3 万亿元,坏账损失率很高。近年来,通过持续清理整顿,到 2020 年 11 月中旬实际运营的 P2P 网贷机构已经全部归零。其实,在经历 2018 年的"爆雷潮"后,各个地方省市对非法集资、集资诈骗的处置力度不可谓不大,基本堵上了增量的大门,但对存量的处置、爆雷平台风险的化解依然存在诸多挑战和障碍,对存量的处置以及爆雷平台的处置相对较慢。2021 年,国务院颁布了《防范和处置非法集资条例》,P2P 进入了集中处置期。[3]

2. P2P 网贷平台非法集资的成因

造成 P2P 平台屡屡爆雷、涉嫌非法集资的成因大致有以下几点。

(1)监管存在漏洞

P2P 的概念与模式是从国外引进的,在征信体系和监管制度并不完善的中国大地上野蛮生长。虽然目前国家已加大力度清理和整顿 P2P 网贷平台,但在较长的一段时间内,对 P2P 的监管存在漏洞,使得其利用平台本身

---

[1] 参见《P2P 爆雷地图:浙江上海问题平台数量多》,载经济观察网(http://www.eeo.com.cn/2018/0721/332978.shtml),最后访问日期:2021 年 1 月 20 日。

[2] 参见《超 50%P2P 平台风险降低 腾讯安全发布〈2019 上半年科技金融安全报告〉》,载第一财经网(https://www.yicai.com/news/100279159.html),最后访问日期:2021 年 1 月 20 日。

[3] 参见《郭树清在 2020 年新加坡金融科技节上的演讲:关注新型"大而不能倒"风险》,载第 1 财经网(https://www.yicai.com/news/100868424.html),最后访问日期:2022 年 3 月 11 日。

从事非法集资的风险极高。

首先，P2P网贷平台的注册门槛极低，资金成本小，监管上缺乏合理的准入门槛和有效审查机制。许多并不具有金融行业相关从业资质的非专业人员、团队也可建立平台并从事相关工作。

其次，对借款者身份的审核流于形式。由于法律上并未明确规定 P2P 网贷平台须对借款者、投资者等注册人员的身份信息履行实质审查义务，在实践中，对借款者身份的审核往往流于形式。甚至部分平台根本不存在任何审查业务流程，借款者仅凭自己填写和提供的身份证信息、学历信息、从业信息、收入证明等材料即可获取平台合格借款者资格。这就出现了后文提及的不合格借款者导致的非法集资风险。

再次，对资金的使用和监管存在极大漏洞。第一，投资者流向平台的资金易沉淀形成资金池。P2P 网贷平台非法集资中的一个很大问题是平台形成资金池，平台经营者对筹集的资金在出借之前拥有完全的自主支配权，缺乏第三方机构的资金监管。甚至某些平台虽引入与第三方支付机构合作的模式对资金予以监管，但大部分情况下，该资金账户却是以公司名义甚至是P2P 平台的经营者个人名义开设的，对此账户内大量资金的流进流出却无任何监管措施。这就导致了资金易沉淀，且无从知晓资金的具体用途。第二，对借款者资金的使用情况缺乏监测机制和信息披露机制。许多经营者将资金池内的资金用以个人生活性消费或是投资到股市、房地产，不仅投资者的风险会极大增高，而且一旦造成资金链断裂，后果将不可设想。尽管央行在后期出台了相关规定整治资金池问题，但 P2P 网贷平台仍可通过虚构借款项目、制造资金需求等方法转移资金至个人账户中。第三，信息披露不完善。在 P2P 网贷平台运营过程中，由于其运营数据（包括但不限于平台的坏账率、资产负债率等财务指标以及资金流向、业务结算等数据）并不对社会及借贷双方公开，信息披露不完善也使得风险极大升高。

最后也最重要的是，法律法规不完善，难以从法制层面予以有力监管。第一，在 2018 年"爆雷潮"发生时，我国并不具备成文的、系统的规范与监管 P2P 网贷平台的金融法律法规，导致事前无从进行有效防范。并且，在 2021 年《防范和处置非法集资条例》颁布之前，我国虽然在非法集资活动打击处置方面颁布了各种形式的法律法规、部门规章和司法解释，但存在重刑事轻行政的问题，尤其对于诸如 P2P 网贷平台这种互联网金融创新的新生产物，行政监管处置法规体系非常不完善，因而行政机构一直采取被动监管模式处置，不仅事前无法有效监测预警，而且事发后金融主管部门对金融公司的调查没有相关的法律依据，调查起来束手束脚，一时也难以形成有效牵制，待到刑事司法处置时往往为时已晚。第二，P2P 行业也无全国统一的行业自律监管制度。第三,从刑事法律角度来看,非法集资犯罪由七个罪名组成,但实践中往往多以非法吸收公众存款罪和集资诈骗罪打击 P2P 网贷平台的非法集资行为,且此二罪名的具体适用也存在各种争议。争议的根源,可能是金融学理论与刑法理论"脱节"所致。并且,作为涉众型经济犯罪的 P2P 网贷非法集资,追赃挽损其实是打击此类犯罪的关键一环,在刑罚适用上应更注重财产刑与资格刑,但从我国《刑法修正案(十一)》之前可适用的罪名及实际判例来看,其多以自由刑为主。这就使得投资者的损失更难以弥补,且犯罪行为人甚至可能在自由刑执行完毕后,重操旧业或是东山再起,造成对此类犯罪行为、此类犯罪人的打击和防范效果不佳之后果。①

(2)民间融资渠道缺乏与非理性投资者大量存在

中小企业融资难是我国长期存在的问题。大型商业银行垄断我国资本市场,发放贷款时须综合考虑贷款者实力,则中小企业往往难以符合其各种要求。在正常融资需求得不到满足的情况下,往往新型的融资方式会成为资金紧缺的中小企业的"救命稻草"。除此以外,随着国民经济水平的不断提高,社会闲散资金逐年增加,人们往往想将手中的"闲钱"用以投资生钱。当然 P2P 在中国野蛮生长,也离不开投资者的不当"热捧"。如前所述,成为 P2P 平台注册投资者的门槛低,且审查流于形式,这就使得大量未受过良好投资教育,并不具备足够投资能力的"草根"成了投资者。在高收益的驱动下,大量投资者在未充分了解风险、相对方信用和平台运营情况时,就争先恐后地纷纷"入套"。与此同时,平台也抓住了投资者趋利的心理,不断着重宣传收益率、回报率,加大营销力度,甚至以"拉新用户给奖励"的方式扩大投资者人群规模,如此,非理性投资者的数量如滚雪球般增长。

而大量非理性投资者将引发"良币驱逐劣币"的局面,纵使市场上仍存在理性投资者,但为了迎合大量非理性的、偏好短期投资的投资者,P2P 网贷平台甚至"创新性"地出台了许多"天标""秒标"产品,同时也催生了"秒客"这一群体。"秒客"会在平台内大量发布"天标""秒标"产品,于短时间内募集大量资金后即卷款跑路,从而导致平台的资金供应不足,易造成挤兑风险;如果平台"借新还旧"以维持资金运营,又会陷入"庞氏骗局",从而恶性循环直至资金链完全断裂、平台倒闭。那些理性选择投资标的的投资者,或是有正常贷款需求的偏向于中长期贷款的中小企业,也会因此受到牵连,导致投资款不能兑付。

---

① 《刑法修正案(十一)》加大了相关犯罪的财产刑之处罚力度,但其施行之时间点已距离"爆雷潮"有 3 年之久,无法溯及既往,截至目前,P2P 也已进入集中处置期,只能说是"悟已往之不谏,知来者之可追"吧。

(3) 缺乏良好的风险防控机制

风险防控是扼制非法集资犯罪的关键一环。在事前,P2P 网贷平台本应建立风险防范机制,在事后,应有完备的应急处置机制。平台本应及时评估平台风险,审核借款者资格,建立风险应急预案与配套的处置措施,但往往因为监管不力、人员不专业等种种问题,风险防控并不为大量以追逐利益为目的的 P2P 网贷平台所重视。这也是存在隐患的星星之火在无任何阻力的情况下能迅速发展为燎原之势的关键原因所在。

(二) P2P 网贷平台非法集资的模式与案例

2013 年 11 月 25 日,在由银监会牵头举行的九部委处置非法集资部际联席会议上,当时的 P2P 监管部门央行就曾经对 P2P 网络借贷行业非法集资行为作出了清晰界定,P2P 平台的以下三类行为涉嫌非法集资:

1. 理财—资金池模式

理财—资金池模式指 P2P 网贷平台根据借款需求设计、包装"理财产品"并向投资者发售,之后将投资者资金存入平台设立的中间账户,形成所谓的资金池,再寻找有借款需求的客户的模式。具体而言,此种模式下,投资者实际是用贷出资金变相购买了平台所谓的"理财产品",而在其资金进入中间账户后、平台经营者将"理财产品"卖出前的这段时间差内,资金沉淀形成了"资金池"。

2015 年,国务院下属的中国人民银行等十部门发布的《关于促进互联网金融健康发展的指导意见》(以下简称《指导意见》)明确指出,P2P 网贷平台不得"构建资金池"。2016 年国务院办公厅出台的《互联网金融风险专项整治工作实施方案》规定"P2P 网络借贷平台应守住法律底线和政策红线,落实信息中介性质,不得设立资金池,不得发放贷款,不得非法集资,不得自融自保"。同年,银监会联合工信部、公安部和国家互联网信息办公室发布了《网络借贷信息中介机构业务活动管理暂行办法》,明确规定 P2P 网贷平台不得设立资金池:"网络借贷信息中介机构……不得直接或间接归集资金,不得非法集资……"2018 年,中国人民银行、银保监会、证监会和国家外汇管理局联合印发了《关于规范金融机构资产管理业务的指导意见》指出,金融机构应当做到每只资产管理产品的资金单独管理、单独建账、单独核算,不得开展或者参与具有滚动发行、集合运作、分离定价特征的资金池业务。目前,官方一直未对"资金池"作出统一定论。P2P 行业内将资金池定义为"资金先于信息的流动,是指投资人借款后、借款人收款前,或借款人还款后,投资人收款前,该笔资金需先流入 P2P 平台的账户并有一段时间的汇聚期"。①

---

① 罗振辉:《P2P 借贷的资金池问题及解决思路》,载《中国律师》2015 年第 8 期。

由于监管存在漏洞,"资金池"内的资金可被 P2P 网贷平台随意操控甚至挪作他用,而投资者实际丧失了对资金的使用权以及资金投资方向的具体把握,潜在风险十分大。该类模式往往涉嫌非法吸收公众存款罪。

【案例】杨卫国等人非法吸收公众存款案①

浙江望洲集团有限公司(以下简称望洲集团)于 2013 年 2 月 28 日成立,被告人杨卫国为法定代表人、董事长。自 2013 年 9 月起,望洲集团开始在线下进行非法吸收公众存款活动。2014 年,杨卫国利用其实际控制的公司又先后成立上海望洲财富投资管理有限公司(以下简称望洲财富)、望洲普惠投资管理有限公司(以下简称望洲普惠),通过线下和线上两个渠道开展非法吸收公众存款活动。其中,望洲普惠主要负责发展信贷客户(借款人),望洲财富负责发展不特定社会公众成为理财客户(出借人),根据理财产品的不同期限约定 7%~15% 不等的年化利率募集资金。在线下渠道,望洲集团在全国多个省、市开设门店,采用发放宣传单、举办年会、发布广告等方式进行宣传,理财客户或者通过与杨卫国签订债权转让协议,或者通过匹配望洲集团虚构的信贷客户借款需求进行投资,将投资款转账至杨卫国个人名下 42 个银行账户,被望洲集团用于还本付息、生产经营等活动。在线上渠道,望洲集团及其关联公司以网络借贷信息中介活动的名义进行宣传,理财客户根据望洲集团的要求在第三方支付平台上开设虚拟账户并绑定银行账户。理财客户选定投资项目后将投资款从银行账户转入第三方支付平台的虚拟账户进行投资活动,望洲集团、杨卫国及望洲集团实际控制的担保公司为理财客户的债权提供担保。望洲集团对理财客户虚拟账户内的资金进行调配,划拨出借资金和还本付息资金到相应理财客户和信贷客户账户,并将剩余资金直接转至杨卫国在第三方支付平台上开设的托管账户,再转账至杨卫国开设的个人银行账户,与线下资金混同,由望洲集团支配使用。因资金链断裂,望洲集团无法按期兑付本息。截止到 2016 年 4 月 20 日,望洲集团通过线上、线下两个渠道非法吸收公众存款共计 64 亿余元,未兑付资金共计 26 亿余元,涉及集资参与人 13 400 余人。其中,通过线上渠道吸收公众存款 11 亿余元。

法庭经审理认为,望洲集团以提供网络借贷信息中介服务为名,实际从事直接或间接归集资金,甚至自融或变相自融行为,本质是吸收公众存款。判断金融业务的非法性,应当以现行刑事法律和金融管理法律规定为依据,不存在被告人开展 P2P 业务时没有禁止性法律规定的问题。望洲集团的行为已经扰乱金融秩序,破坏国家金融管理制度,应受刑事处罚。

---

① 最高人民检察院检例第 64 号。

2018年2月8日,杭州市江干区人民法院作出一审判决,以非法吸收公众存款罪,分别判处被告人杨卫国有期徒刑9年6个月,并处罚金50万元;判处被告人刘蓓蕾有期徒刑4年6个月,并处罚金10万元;判处被告人吴梦有期徒刑3年,缓刑5年,并处罚金10万元;判处被告人张雯婷有期徒刑3年,缓刑5年,并处罚金10万元。在案扣押冻结款项分别按损失比例发还;在案查封、扣押的房产、车辆、股权等变价后分别按损失比例发还。不足部分责令继续退赔。宣判后,被告人杨卫国提出上诉后又撤回上诉,一审判决已生效。本案追赃挽损工作仍在进行中。

2. 不合格借款者模式

不合格借款者模式,指P2P网贷平台经营者未尽到借款者身份真实性核查义务,客观上为不合格借款者提供了非法吸收资金的途径。

所谓的不合格借款者,多是利用P2P网贷平台发布一系列虚假的借款信息,或是在同一或不同平台上注册多个虚假身份并发布虚假借款项目(又称"借款标"),承诺低风险高收益,引诱投资者投标并注入资金,用于投资房地产、股票、债券、期货等市场,有的直接将非法募集的资金高利贷出赚取利差的人。这些借款者的行为涉嫌非法吸收公众存款罪或集资诈骗罪。

【案例】徐慧集资诈骗案①

2009年,徐慧成立温州大展投资控股有限公司,通过乐贷通P2P网络贷款平台方式,进行网络贷款撮合经营活动,并通过网络媒介进行宣传,向被害人承诺高额收益和保本付息。但2014年6月18日,该公司才取得"民间借贷撮合业务、理财产品推介"的经营许可。期间,徐慧曾大量以他人名义发布虚假标的,至2015年4月,徐慧利用上述网贷平台骗取他人大量资金,并全部注入由其控制的个人账户,由徐慧使用这些账户对外支出,案发后,徐慧又拒不交代借款标的上借款者和抵押物的信息。2015年,徐慧因犯集资诈骗罪被判处有期徒刑十年。

一审判决后,徐慧上诉称:原判未能注意到P2P网络借贷平台的特征,不合格借款者导致的非法集资风险,P2P网络借贷平台未尽核查义务,不成立集资诈骗罪。

在二审审理时,法院认为:徐慧虚构借款标的,将筹集的款项直接归于自己支配,应当认定其对相关款项具有非法占有的主观故意;其以资金借贷撮合的名义进行实质上的其本人融资,利用乐贷通P2P网络贷款平台,并通过

---

① 参见浙江省温州市中级人民法院(2016)浙03刑终1896号刑事裁定书。

网络媒介向社会宣传,并承诺高额收益和保某等向不特定公众进行非法集资,应当认定为使用诈骗方法进行非法集资,除此以外其他因素并不影响本案集资诈骗罪的定性。

3. 庞氏骗局模式

庞氏骗局模式中,最为典型的就是 P2P 网贷平台经营者通过平台发布虚假借款信息,并不断借新还旧,将从新的投资者处募集的资金,偿还给已届借款期限的旧投资者并对其支付利息和短期回报,以此制造出资金仍在正常运作、低风险高收益的假象,进而骗取更多人来投资。以此方式,P2P 平台经营者可在短期内募集大量资金后用于自己生产经营,有的经营者甚至卷款潜逃。此类模式涉嫌非法吸收公众存款和集资诈骗。

我国庞氏骗局模式的 P2P 网贷平台非法集资,最为著名的就是 e 租宝案。e 租宝案是"钰诚系"下属的金易融网络科技有限公司以其主打的 A2P 模式创新及高超的宣传手段,在不具有银行业金融机构资质的前提下,建立"e租宝""芝麻金融"互联网平台发布虚假的融资租赁债权及个人债权项目,以承诺还本付息为诱饵,向社会公众吸纳资金的案件。2017 年 9 月 12 日,北京市第一中级人民法院对 e 租宝案作出依法判决,将此案定性为"集资诈骗、非法吸收公众存款案"。① 由于虚假融资项目无法产生真实收益,为了保持资金不干涸,e 租宝必须"借新还旧",不断发布新项目。"钰诚系"通过占用 e 租宝资金,建造了近百亿元的资金池,资金除少部分用于支付投资者本息、维持正常运营外,大部分被"钰诚系"占用。e 租宝主要依靠虚假融资租赁项目或者与承租公司签订虚假借款协议,非法购买企业数据形成虚假项目后在 e 租宝网站发布,吸纳投资者资金。②

【案例】安徽钰诚控股集团、丁宁等集资诈骗、非法吸收公众存款案(e 租宝案)③

经审理查明,被告单位安徽钰诚控股集团成立于 2013 年 5 月,被告单位钰城国际控股集团成立于 2015 年 5 月,实际控制人均为被告人丁宁。2014 年 6 月,丁宁收购金易融公司,对该公司互联网平台进行升级改造后,更名为

---

① 参见罗煜、宋科、邱志刚:《互联网金融中的非法集资典型案例解析》,中国金融出版社 2019 年版,第 40—50 页。
② 参见周绪平、王蓉:《网络融资平台集资风险的刑法规制研究——以 P2P 网络借贷平台为例》,载万春、李雪慧主编:《检察调研与指导》(总第 29 辑),中国出版集团研究出版社 2019 年版,第 18 页。
③ 参见北京市第一中级人民法院(2016)京 01 刑初 140 号刑事判决书。

e租宝平台上线运营;2015年2月丁宁收购英途财富公司,将该公司的芝麻金融平台上线运营。此后,丁宁决定由其控制的钰诚融资租赁公司为二平台提供融资租赁债权及个人债权项目;金易融公司、安信惠鑫公司及下属数百家销售公司分别负责e租宝的线上、线下运营;英途财富公司、英途世纪分公司分别负责芝麻金融平台的线上、线下运营,另使用国际融资担保有限公司、增益(天津)商业保理有限公司等多家公司名义,在平台上宣传为投资提供担保、保理。上述公司均没有独立的人事、财政权,由二被告单位实际控制、管理,对外以钰诚集团名义宣传。

被告单位安徽钰诚控股集团于2014年6月至2015年4月间,被告单位钰诚国际控股集团于2015年5月至12月间,在没有银行金融机构资质的前提下,利用e租宝平台、芝麻金融平台发布的虚假的融资租赁债权项目及个人债权项目,包装成"e租年享""年安丰裕"等年化收益9%至14.6%的理财产品进行销售,以承诺还本付息为诱饵,通过电视台、网络、散发传单等途径向社会公开宣传,先后吸收115万余人资金共计762亿元,其中重复投资金额为164亿余元,二被告单位集资后,除部分集资款用于返还集资本息,以及支付员工工资、房租、广告宣传费用、收购线下销售公司和担保公司等运营成本外,其余大部分集资款在丁宁的授意下肆意挥霍、随意赠予他人,以及用于走私等违法犯罪活动,造成集资款损失共计380亿元。

被告人丁宁作为二被告单位的实际控制人,在进行决策的同时,与高层管理人员被告人丁甸、张敏、彭力等人负责指挥、管理集资活动,被告人雍磊、侯松、徐辉负责制作虚假的债权项目,被告人刘曼曼、朱志敏、刘静静按照丁宁、丁甸等人指示,负责收取、支付、调动集资款,被告人王之焕、谢洁、路涛、张平等人分别负责在e租宝、芝麻金融平台发布虚假的债权项目,被告人谢洁、杨翰辉、姚宝燕、杨晨、丁如强等人负责通过媒体、推介会等途径向社会公开进行利诱性宣传,并通过被告人齐松岩、杨翠致、路涛、丁如强等人分别管理的线下销售公司,同步开展线上、线下集资活动,被告人李倩倩、张传彪、宗静、刘田田、王磊、高俊俊等人分别负责项目审核、人员招聘、业务督导、人事管理、平台维护、提供个人名义债权等事项。

经司法审计,二被告单位集资后可查实的集资款用途主要有:384亿余元用于返还集资利息,12.3亿余元用于向提供虚假债权项目的中间人支付好处费,20亿余元用于发放员工工资、提成,12亿余元用于支付办公场所房租、购买办公设备,4.8亿余元用于支付广告宣传费用,29.76亿余元用于与云南景成集团有限公司(以下简称景成集团)合作支出,23.33亿余元调往国外"投资",31.68亿余元用于收购负债公司、不良债权等支出,12亿余元由被告人丁宁"赠予"被告人张敏、王之焕、谢洁、姚宝燕、彭力、雍磊、高俊俊等人,4.91亿余元用于购买珠宝、玉器、字画、奢侈品等财物,9.2亿余元用于购买境内外房产、飞机、车辆,2998万余元用于走私贵重金属支出。

案发后,全国涉案各省、自治区、直辖市公安机关共同进行资产追缴工作,已经庭审质证并确认权属的资产有:冻结资金109.4亿余元、美元8031万元;扣押现金9.18亿余元、美元6927元、新加坡币3859元;查封房产6套;扣押机动车6辆;扣押黄金136930克;扣押玉石、金银制品、摆件、字画、手表、箱包、首饰、衣物等物品1076件;冻结被告单位以23亿元购买的德宏南亚通用航空有限公司、瑞丽市景成地海温泉度假中心有限公司股权。本案非法集资数额特别巨大,涉案资金去向繁多,权属确定工作复杂,其他资产追缴及权属确定工作仍在进一步进行中,继续追缴的涉案资产将移送执行机关,变价后与已追缴资产按同等原则发还集资参与人。

针对各被告单位诉讼代表人,各被告人及其辩护人提出有关定罪与量刑的辩解及辩护意见,一审法院北京市第一中级人民法院认为:

对于被告人丁宁所提e租宝、芝麻金融平台的经营模式没有违反法律规定的辩解,经查:我国《商业银行法》第11条明确规定,未经国务院银行业监督管理机构批准,任何单位和个人不得从事吸收公众存款等商业银行业务。在案证据证明,二被告单位对平台运营、为平台提供债权项目、销售产品、提供担保、保理的多家公司进行实际控制,上述公司不具有银行业金融机构的从业资质,但丁宁仍组织、指挥涉案平台及公司,利用虚假的债权项目向社会公众进行利诱性宣传,吸收巨额资金,事实上从事了商业银行吸收公众存款的业务,其行为违反了我国金融管理法律规定,破坏了正常的金融秩序,属于非法集资行为,丁宁的相关辩解缺乏事实及法律依据,法院不予采纳。

对于被告单位安徽钰诚控股集团、钰诚国际控股集团的诉讼代表人,被告人丁宁、丁甸等人及其各自辩护人所提被告单位及丁宁、丁甸等人不具有非法占有集资款的主观故意的辩解及辩护意见,经查:二被告单位及相关被告人使用虚假的债权项目,在e粒宝、芝麻金融平台上以高息回报向社会公众集资,累计吸收集资款共计762亿余元,被告单位将其中473亿余元用于维持平台运营,具体包括归还集资本息、支付虚假项目好处费、收购线下销售公司及担保保理公司、支付广告宣传和推广费用、支付办公场所的租赁及装修费用,支付员工工资等,由于脱离真实债权项目,此类资金使用无法产生收益,只是被告单位维系集资骗局所投入的成本;被告单位所谓的生产经营活动主要有收购不良债权和在缅甸地区投资,所用资金在集资款总额中所占比重很小,也缺乏可行性论证程序,均凭丁宁个人意志随意支出,多数投资明显高于市场价格,具有极强的盲目性,且投资项目缺乏后续经营、管理,导致相关投资不能产生有效收益;同时,经司法审计,被告单位其他融资租赁业务的利润、实体工厂经营收益远低于其集资规模,不具有偿付集资本息的可能性;此外,在丁宁的决策下,被告单位将26亿余元集资款用于挥霍性支出,包括购买私人飞机、别墅、豪车、珠宝以及赠予张敏、王之焕、彭力、谢洁、姚宝燕等人,上述款项不仅数额极高,且大幅超出被告单位的生产经营收益,属于丁宁肆意挥霍集资款的方式;案发后,丁宁等被告人对部分集资款不能说明去向,以致巨额资金去向不明,直接造成集资参与人财产利益损失。综上,被告单位对于e租宝、芝麻金融平台所吸收的巨额集资款缺乏还本付息的意愿与能力,只能采取大量上线虚假债权项目等手段持续吸收后续资金,维持集资骗局。丁宁、丁甸决定以非法集资方式,指挥、管理集资行为,使用、支配集资款,上述行为足以反映出二被告单位及相关被告人所具有的非法占有目的,符合集资诈骗罪的法律规定,故相关辩解及辩护意见缺乏事实依据,法院不予采纳。

法院认为,被告单位安徽钰诚控股集团、钰诚国际控股集团以非法占有为目的,使用诈骗方法进行非法集资,其行为已构成集资诈骗罪,被告人丁宁、丁甸、张敏、彭力作为二被告单位非法集资中直接负责的主管人员,以非法占有为目的,积极参与组织、策划、实施使用诈骗方法非法集资,其行为均已构成集资诈骗罪。

法院判决如下:被告单位钰诚国际控股集团有限公司犯集资诈骗罪,判处罚金18亿元;被告单位安徽钰诚控股集团犯集资诈骗罪,判处罚金1亿元;被告人丁宁犯集资诈骗罪,判处无期徒刑,剥夺政治权利终身,并处罚金1亿元。

(其余被告人及罪名略)

4. 平台自融模式

平台自融模式,指P2P网贷平台的实际经营者利用集资款进行自我融资。具体而言,P2P平台经营者在自己的网贷平台上发布借款需求,并将募集的资金用于自身生产经营。该模式下的平台经营者充当了集资者的角色,其设立平台的目的就是为了集资,平台沦为其实施非法集资犯罪的工具。P2P平台自融的情形多种多样,有的是完全虚构融资项目,将所融得的资金挥霍或者占为己有,属于典型的集资诈骗;有的虽然虚构融资项目,但将融得的资金投资到其他项目或者投资到自己或关联方的实体企业,可能涉嫌非法吸收公众存款罪。上述最高人民检察院检例第64号杨正国等人非法吸收公众存款案中,被告人也存在自融的行为。

四、私募基金非法集资

(一)私募基金非法集资的现状与成因

根据我国《私募投资基金监督管理暂行办法》之规定,私募投资基金(以下简称"私募基金"),是指以非公开方式向投资者募集资金设立的投资基金。与公募基金相比,由于政府对私募基金的监管相对宽松,私募基金的投资方式更为灵活、高效,我国的私募基金自20世纪90年代以来得到迅猛发展。2006年12月30日渤海产业投资基金在天津设立,标志着我国私募基金取得了合法身份。截至2022年1月末,我国私募基金的管理规模已突破20万亿[①];而2015年,私募基金的实缴规模仅为4.05万亿元[②],其增速和增量着实惊人。

从私募基金的非公开、对象特定等特征来看,私募基金在其诞生之初便伴随着非法集资犯罪之风险,而哪怕是在资本市场高度繁荣的发达国家亦然。截至2020年6月,在公开的裁判文书网上可查询到的涉及私募基金的刑事司法文书约六百多篇。其实与P2P网贷平台一样,私募基金也是金融创新的产物,其涉及非法集资,往往也与监管不力、民间融资渠道缺乏、投资者非理性等原因密切相关。只不过,与P2P网贷平台不同的一点是,前者在发展的过程中可谓"野蛮生长",但私募基金虽然比起公募基金而言存在审批豁免,但也必须取得工商行政管理机构注册,并按照《私募投资基金管理人登记和基金备案办法(试行)》要求向中基协登记备案。这就使得私募基金的准入门槛总体高于P2P网贷平台,一定程度上能极大降低非法集资风险。

(二)私募基金非法集资的类型

私募基金非法集资的类型可分为两种:一种是创新型非法集资,另外一种是虚假私募型非法集资。

1. 创新型

所谓创新型的私募基金非法集资,指合法成立的私募基金在运营过程中越过合规边界,作出一些"创新"举措,从而转化为非法集资。根据《私募投资基金监督管理暂行办法》中对私募基金的推介方式、募集对象等方面的规定,私募合规需要具备以下五个行为标准:(1)以非公开的方式募集;(2)向合格投资者募集;(3)不得承诺投资本金不受损失或者承诺最低收益;(4)向累计不超过法律规定数量的投资者发行;(5)登记备案。如果合法成立的私

---

① 参见《私募基金管理规模突破20万亿元》,载东方财富网(http://fund.eastmoney.com/a/202202212283421032.html),最后访问日期:2022年3月11日。

② 参见《朝阳财富中国私募基金2015年度报告》,载新浪财经(https://finance.sina.com.cn/money/smjj/smyj/2016-01-19/doc-ifxnrahr8537803.shtml),最后访问日期:2022年3月11日。

募基金在运营过程中,突破上述规定,则涉嫌非法集资。

如在桂某非法吸收公众存款案中,2011年4月至9月,桂某担任南京匹亿股权投资管理有限公司(以下简称匹亿公司)私募顾问、助理私募经理期间,未经有权机关批准,与他人共同以匹亿公司和天津硕华兑中股权投资基金管理有限公司江苏分公司代理销售天津硕华兑中股权投资基金管理有限公司(以下简称"天津硕华公司")的"精煤1号"等私募基金产品为由,通过发放宣传单、电话推销等方式,并承诺给予投资者固定的高额回报,为天津硕华公司向郑某甲、陆某、朱杰等不特定社会公众非法吸收资金共计400万元。南京市秦淮区人民法院认为桂某的行为构成非法吸收公众存款罪。① 本案中,桂某的行为即违反了私募基金"以非公开的方式募集""向合格投资者募集""不得承诺投资本金不受损失或者承诺最低收益"的规定,同时具有了非法集资犯罪的非法性、公开性、社会性和利诱性之特征,因而是创新型私募基金非法集资的典型。

2. 虚假私募型

所谓虚假私募型的私募基金非法集资,指那些借私募基金合法之名,行非法集资之实的私募机构。其成立之初便是利用市场监管漏洞,假借私募基金的合法形式实施非法吸收公众存款或是集资诈骗之行为。这一类问题较为复杂,需要采用"穿透式"的思维予以研究。"穿透式"思维来源于私募基金领域穿透式监管。穿透式监管的本质是透过金融产品的表面形态,看清金融业务和行为的实质,将资金来源、中间环节与最终投向穿透连接起来,按照"实质重于形式"的原则甄别金融业务和行为的性质,根据产品功能、业务性质和法律属性明确监管主体和适用规则,从而对金融机构的业务和行为实施全流程监督和管理。因此,穿透实际上是穿透账户、人员身份、关联公司、真实交易和资金走向等金融交易的全过程。

如朱某、上海天蔓投资管理有限公司等非法吸收公众存款案中,法院认为,上诉人朱某等人为了规避合伙制基金的人数限制,成立多家有限合伙企业吸收资金,即使从表面上看有的合伙企业的人数没有突破50人的人数限制,但实际吸收资金总的人数已远远超过人数上限。我国《私募投资基金募集行为管理办法》明确规定,私募只能面对特定的合格投资者,合格投资者是指具备相应风险识别能力和风险承担能力,金融资产不低于300万元或最近3年个人年收入不低于50万元的个人以及净资产不低于1 000万元的机构,且投资于单只私募基金的金额不低于100万元。本案中,上诉人朱某等人通过第三方中介和银行理财经理在吸收资金时根本没有了解投资人的财

---

① 参见南京市秦淮区人民法院(2014)秦刑二初字第142号刑事判决书。

产信息,其集资行为指向根本没有针对性,相反在募集对象的选择上具有普遍性,没有因人而异,只要愿意出资都加以接受,投资人和上诉人之间的关系也仅仅具有利益联系性,明显符合社会性特征。① 因此,朱某构成非法吸收公众存款罪。

五、虚拟币交易非法集资

(一) 虚拟币概述

1. 虚拟币概述

虚拟币(亦即本书第七章第十节"网络财产性犯罪"中所述之"信息货币"),是一个与真实货币相对的概念,指在虚拟空间中特定社群内可以购买商品和服务的货币。从广义上而言,它包括:①网络空间里的游戏币;②门户网站或者即时通讯工具服务商发行的专用货币,用于购买本网站内的服务,如腾讯公司的Q币;③互联网上的虚拟货币,如比特币(Bitcoin)。本节所述之虚拟币,仅指上述最后一种情形,即互联网上的虚拟货币。

就最为知名的比特币而言,其由创始人中本聪于2008年提出,2009年诞生,是一种基于去中心化,采用点对点网络与共识主动性,开放源代码,以区块链作为底层技术的虚拟加密货币。与传统的货币极为不同的是,它并不依靠特定货币机构(如中央银行)发行,而依据特定算法,通过计算机运算获得。通过特定程序大量的运算生产比特币的过程,俗称"挖矿"。

2. 我国官方对虚拟币的态度

对于比特币等虚拟货币,我国官方的态度可从2013年12月3日中国人民银行、工业和信息化部、中国银监会、中国证监会、中国保监会五部门联合发布的《关于防范比特币风险的通知》窥得:"比特币应当是一种特定的虚拟商品,不具有与货币等同的法律地位,不能且不应作为货币在市场上流通使用。"该通知强调,金融机构和支付机构不得开展与比特币相关的业务,还提出加强对比特币互联网站的管理,要求提供比特币登记、交易等服务的互联网站应当在电信管理机构备案,并"切实履行反洗钱义务,对用户身份进行识别,要求用户使用实名注册,登记姓名、身份证号码等信息"。此后,中央又陆续发布了一系列文件,强调了虚拟货币为特定的虚拟商品,不具有与货币等同的法律地位,金融机构和支付机构不得开展与虚拟货币相关的业务,任何平台不得从事法定货币与代币、"虚拟货币"相互之间的兑换业务,不得买卖或作为中央对手方买卖代币或"虚拟货币"、不得为代币或"虚拟货币"提供定价、信息中介等服务。

---

① 参见上海市第一中级人民法院(2017)沪01刑终1793号刑事判决书。

(二) 虚拟币交易非法集资

随着时间的推移,越来越多的虚拟货币进入大众的视野,如狗狗币、莱特币等。不少虚拟货币的价格一路水涨船高,引得更多的人进入币圈炒作。与此同时,也有不少不法分子打着"金融创新""区块链"的旗号,通过发行所谓"虚拟货币""虚拟资产""数字资产"等方式吸收资金,侵害公众合法权益。2022年《非法集资案件解释》首次将虚拟币交易作为非法吸收资金的方式之一纳入司法解释予以打击。

大体而言,虚拟币非法集资可以分为以下几种:

1. 加密货币类非法集资

此类行为虽然标的确实为基于真实的区块链技术的虚拟货币,如比特币、以太币等加密货币,但由于该业务缺乏监管,常常在吸引投资者参与交易后,出现融资主体携款跑路的现象。其行为大致可包含违法设立虚拟货币交易所和违规代理国外虚拟货币交易所业务等。

2. ICO(即首次代币发行)类非法集资

即融资主体通过代币的违规发售、流通,向投资者筹集比特币、以太币等所谓虚拟货币。2017年,中国人民银行、中央网信办、工业和信息化部、国家工商总局、中国银监会、中国证监会和中国保监会联合发布了《关于防范代币发行融资风险的公告》指出:"代币发行融资是指融资主体通过代币的违规发售、流通,向投资者筹集比特币、以太币等所谓'虚拟货币',本质上是一种未经批准非法公开融资的行为,涉嫌非法发售代币票券、非法发行证券以及非法集资、金融诈骗、传销等违法犯罪活动。"该公告要求任何组织和个人应当立即停止从事ICO。

3. 变相ICO类非法集资

随着各地ICO项目逐步完成清退,又出现了一种以发行迅雷"链克"(原名"玩客币")为代表,名为"以矿机为核心发行虚拟数字资产"(IMO)的模式,存在风险隐患,值得警惕。2018年1月,中国互联网金融协会发布了《关于防范变相ICO活动的风险提示》,以迅雷"链克"为例,指出发行企业实际上是用"链克"替代了对参与者所贡献服务的法币付款义务,本质上是一种融资行为,是变相ICO。其同时呼吁,广大消费者和投资者应认清相关模式的本质,增强风险防范意识,理性投资,不要盲目跟风炒作。

4. 庞氏骗局类虚拟货币非法集资

这种行为的行为人所吸引公众投资、发行的虚拟货币并非真正基于区块链技术,或其单位没有实体经营、未取得金融管理部门许可,在此情况下通过虚构事实、隐瞒真相向社会公众发售代币,面向不特定的社会公众吸收资金。其以区块链之名行非法集资、传销、诈骗之实,实质是"借新还旧"的庞氏骗局,其资金运转难以长期维系。近几年最为轰动的"普洱币案"是这一类非法集资犯罪的典型。

【案例】赵俪茹集资诈骗案①

2016年3月以来,上诉人赵俪茹与张某路伙同叶某等以深圳丰汇国际彩宝有限公司(以下简称"丰汇公司")、深圳普银区块链有限公司(以下简称"普银公司")的名义,在未取得任何金融管理部门的相关许可下,通过互联网、微信等媒体对社会上不特定投资人进行公开宣传,声称该公司拥有一大批普洱茶(已扣押),聘请对茶叶价值无鉴定资质的北京华力必维文化服务有限公司对该批普洱茶的一小部分样品茶进行"参考评估",对外宣称公司将拿出价值10亿元的普洱茶,通过普洱茶的资产数字化运作,创立"普洱币",宣称"普洱币"不是纯虚拟的数字货币,而是具有资产绑定的数字货币,1枚"普洱币"对应价值1元的普洱茶,与普银公司发售的"普洱币"数量相对应会有对等价值普洱茶作为商品,投资者随时可以提取对应的普洱茶,投资者可以在聚币网上对普洱币进行交易兑现,投资人通过普洱币的升值获利。

经查,"普洱币"的价格变动是由普银公司派员使用投资款进行操盘,以达到将每枚普洱币从0.5元升抬高至10元的目的的。当"普洱币"涨至10元一枚时,普银公司将进行第一次物理拆分,即使投资者持有的普洱币扩大10倍,普银公司对外宣传会投资10倍的普洱茶以作补充。在聚币网上普洱币的价格又会从10元一枚回归到1元一枚,普银公司继续使用投资款对聚币网上的"普洱币"价格进行操盘,以此拉高每枚普洱币的价格,吸引更多的人购买"普洱币"。普银公司对投资人承诺,公司会根据投资人持有的"普洱币"的数量按照1:1的比例相应增加普洱茶的库存量,用于"普洱币"的兑付。

普银公司为了向社会上吸收更多的资金,收购深圳前海齐融金融服务有限公司的趣钱网P2P平台,从2016年8月份开始在趣钱网P2P平台上发布了"代币茶票""上市茶票"和"数字资产"三款融资产品,吸引社会上不特定投资人进行投资,非法吸收公众存款:

经查,"代币茶票"是一款保本付息的产品,投资期限分为:1、3、6个月,投资回报固定为年化利率8%至15%不等,按月支付。"上市茶票"是"代币茶票"的一款衍生产品,趣钱网会按照投资者持有的"代币茶票"的总数量的20%,给投资者申购"上市茶票"配额。投资者按照要求在北京东方雍和

---

① 参见广东省高级人民法院(2021)粤终630号刑事裁定书。

国际产权交易中心进行入金购买"上市茶票",并在该交易中心进行交易。"数字资产"是投资者通过 P2P 平台趣钱网上操作,选择购买宁红柑红茶和雪山古树茶两款产品后,可以将相对应的数字资产通过普银钱包转换成相对应的普洱币,然后在聚币网进行交易,或者在普银区块链接商城里行权。

上诉人赵俪茹与张某路实际控制丰汇公司、普银公司、齐融公司(趣钱网),经审计,普银公司通过发行"普洱币"的方式累计吸收约 2742 名投资人共计投资款 5.8 亿元;通过"趣钱网"发行"代币茶票""上市茶票"和"数字资产"的形式累计吸收约 4412 名投资人共计投资款 2.8 亿元。目前,投资人约 2.3 亿元投资款无法兑付。

经审理,法院认为,上诉人赵俪茹以非法占有为目的,未经国家有关金融管理部门依法批准,伙同他人使用诈骗方法非法集资,数额巨大,其行为已构成集资诈骗罪。

第五节 网络恐怖主义犯罪

一、概述

近年来,网络犯罪比例已大幅提高,开始出现新的攻击方式。例如,黑客病毒、植入木马程序、智能远端操控等。随之而来的网络安全问题也相伴而生,世界范围内利用网络作为工具侵害个人隐私信息、侵犯知识产权等网络违法犯罪时有发生,网络电信诈骗、网络恐怖主义(Cyber terrorism)等已成为全球之公害。就如同全球化现象带给世界各国的正面及负面影响一般,网络虽然让人们的生活更加便利,但信息的分享和传播也更加迅速,潜在的安全危机也不容忽视。网络恐怖主义犯罪是一种高科学技术条件下的新型恐怖主义活动。恐怖分子利用暴恐音视频①作为宣传恐怖主义的重要方式,歪曲宗教教义、煽动极端主义思想、鼓吹暴力恐怖意识形态,网络等新兴媒体、智能手机 APP 等现代信息化传播手段,为暴恐思想传播提供了便利条件。

---

① 暴恐音视频是含有宣扬暴力恐怖、宗教极端、民族分裂等内容的音视频,具体包括:(1)含有煽动"圣战""伊吉拉特"等宗教极端思想,主张以暴力手段危害他人生命和公私财产安全、破坏法律实施等内容的音视频;(2)含有传授制造、使用炸药、爆炸装置、枪支、管制器具、危险物品实施暴力恐怖犯罪方法、技能等内容的音视频;(3)含有破坏民族团结、煽动分裂国家、破坏国家统一等内容的音视频;(4)其他涉及暴力恐怖、宗教极端、民族分裂内容的音视频。

网络恐怖主义是在人类进入网络时代后产生的新现象。目前,国际恐情不断演进,反恐形势仍然严峻。尤其是网络与信息技术的迅猛发展成为助力恐怖主义滋长与蔓延的重要原因之一。互联网已成为暴恐分子宣扬宗教极端思想、挑拨民族矛盾的重要渠道,成为发布血腥恐怖图片、教授制暴技术的重要途径。暴恐分子充分利用互联网传播速度快、传播范围广、传播方式隐蔽等特性,制作发布暴恐有害信息,尤其是利用视频、社交软件和社区论坛等互联网应用程序和各类移动存储介质制作传播暴恐音视频,粉饰、美化暴恐活动,对收看者进行蛊惑、洗脑、煽动,严重危及国家与社会安全。恐怖主义还在进一步向网络空间渗透,与网络的结合更加紧密,其网络化趋势更加凸显,成为人类社会面临的新的重大威胁。网络恐怖主义煽动在境外、行动在境内,恐怖音视频的制作在境外、传播在境内。恐怖组织滥用全球化、信息化的科技成果,不断通过网络传播暴力极端思想和制暴技术,成为国际安全领域最棘手难题之一。有学者统计,当今世界大多数的恐怖活动通过网络组织或直接发生在网络领域。

(一)网络恐怖主义的定义

"网络恐怖主义"作为术语最早出现于20世纪80年代后期,但是直到90年代才随着相关研究的深入而广为人知。[1] 具体而言,1986年美国加利福尼亚州安全与情报研究所研究员巴里·科林(Barry C. Collin)率先提出"网络恐怖主义"的术语,并且对其进行了初步的定义,但当时这一术语并没有得到人们的足够关注。[2] 直到1996年,科林在研究的基础上进一步对于恐怖分子发动网络恐怖袭击的方式进行了细致的表述和分析,认为网络恐怖主义就是网络与恐怖主义二者结合的产物,"网络恐怖主义"这一术语才开始出现在学术文章和报道当中。随着互联网的逐渐发展和普及,网络黑客行为逐渐增加,对于社会正常秩序造成了严重的负面影响,人们开始担心网络攻击行为对于社会的影响。尤其是震惊世界的美国"9·11"事件之后,包括"网络恐怖主义"在内的相关术语开始频繁出现在国际话语体系当中。

当前,网络恐怖主义呈现两种表现形态,一种是将网络作为辅助工具的工具型网络恐怖主义;另一种是将网络作为攻击目标的目标型网络恐怖主义。工具型网络恐怖主义是指为了实现恐怖主义的政治主张和行为等意识形态目的,通过计算机网络进行的违法犯罪活动。例如,反侦查、筹资、通联和宣传等行为活动。目标型网络恐怖主义是指意图实现其政治主张和行为

---

[1] 参见朱永彪、任彦:《国际网络恐怖主义研究》,中国社会科学出版社2014年版,第4—5页。

[2] 参见盘冠员、章德彪:《网络反恐大策略》,时事出版社2016年版,第12页。

等意识形态目的,针对网络信息系统、网络空间实施的恐怖袭击,意图制造社会恐慌、危害公共安全、侵犯人身财产等违法犯罪活动。当前,工具型网络恐怖主义活动异常活跃,从未来发展来看,目标型网络恐怖主义威胁可能更加突出,袭击重点将是金融行业、商业系统,以及高度网络化、智能化管理的水、电、气等供应控制系统,油气管道、客运中心、航空机场枢纽和车站码头管理系统等。虽然恐怖主义问题逐步得到世界各国的关注,反恐国际立法也有了稳步发展,但有关"恐怖主义"的定义以及其认定标准却未能在世界范围内达成共识。同样,"网络恐怖主义"作为与"恐怖主义"密切相关的术语概念,当前对于其定义仍众说纷纭。

1. 国外对于"网络恐怖主义"的定义

英国《2000年反恐怖主义法案》被认为是世界上第一部规定了网络恐怖主义的法律,其认为网络恐怖主义不单单是以计算机程序、网络系统为袭击目标的恐怖活动,也包括利用网络实施恐怖活动的各个准备阶段的行为。具体而言,网络恐怖主义可以定义为:由特定组织或个人发起的,以网络为主要手段和活动空间的,旨在破坏国家或者国际政治稳定、经济安全和社会秩序的,有预谋、以制造轰动效应为目的的恐怖活动,是恐怖主义向信息技术领域扩张的产物。[①]

英国的多萝西·丹宁(Dorothy Denning)教授认为,网络恐怖主义是以计算机、互联网以及储存在其中的数据为基础进行非法网络攻击或以非法网络攻击为威胁,对国家或公民进行胁迫或强制,以便实现其政治目的或社会目的的行为。网络恐怖主义攻击应当具有对于公民人身和财产的暴力,至少应当达到使公民因足以导致的伤害而产生恐惧的程度。[②] 按照丹宁教授的定义,网络恐怖主义必须要超越虚拟信息世界本身,而要对信息技术、信息数据之外的,包括公民人身和公私财产在内的实体世界产生实际影响,并且这种影响应当至少达到使人恐惧的程度,一般性的干扰、骚扰则难以被认定为网络恐怖主义。

美国的威廉·塔福亚(William L. Tafoya)教授认为,网络恐怖主义是一类通过应用高科技来删除重要基础设施的数据或使其瘫痪进而引起严重后果,以此来恐吓民众并实现其政治、宗教或意识形态的目的的行为。这一定义更为明确地指出了网络恐怖主义实施者行为的目的性以及其实施网络恐怖主义行为以实现其目的的途径——使民众产生惊惧和恐慌,令社会处

[①] 参见王丹娜:《网络恐怖主义与网络反恐》,清华大学出版社2020年版,第5页。
[②] See Dorothy Denning, *Cyberterrorism: Testimony Before the Special Oversight Panel on Terrorism*, Committee on Armed Service, U. S. House of Representatives, 2000, https://stealth-iss.com/documents/pdf/CYBERTERRORISM.pdf.

于恐怖氛围之中。

德国的乌尔里希·齐白(Ulrich Sieber)教授认为,网络恐怖主义包括以恐怖主义为目的而使用互联网的三类行为,即利用互联网对计算机系统实施破坏性攻击、通过互联网向公众传播非法恐怖主义内容、以计算机为基础进行策划与支援恐怖活动的其他行为。[1] 此种定义将网络恐怖主义行为的范围从前述要求对实体世界产生实在影响,扩大到以互联网为工具、媒介从而助推相关恐怖主义思想的传播以及恐怖主义活动的实施,相当于将网络恐怖主义当中互联网的地位从单一的网络恐怖主义活动的对象和受体扩大到实施恐怖主义的媒介和工具这一领域,所包含的行为内容相较于前一种也更为广泛。

联合国反恐执行工作组(United Nations Counter-Terrorism Implementation Task Force,简称CTITF)在2009年发布的名为《打击利用互联网进行恐怖主义活动》(*Countering the Use of the Internet for Terrorist Purposes*)的工作报告中,以列举的形式界定了网络恐怖主义活动:(1)利用互联网远程篡改计算机系统信息或干扰计算机系统之间的数据流动从而实施恐怖主义攻击;(2)利用互联网信息来源进行恐怖主义活动;(3)利用互联网传播与推进恐怖主义目的有关的内容;(4)利用互联网支持致力于追求或支持恐怖主义行为的社区和网络。[2] 这一界定更加广泛,实际上将利用互联网进行的传播、资助、支持恐怖主义的行为以及针对互联网及计算机系统本身的恐怖主义攻击行为都纳入网络恐怖主义的范畴中来。

2. 国内对于"网络恐怖主义"的定义

我国法律并没有直接明确网络恐怖主义的定义,2008年公安部反恐局编印的《公民安全防范手册》将"网络恐怖袭击活动"界定为"利用网络散布恐怖信息、组织恐怖活动、攻击电脑程序和信息系统等"。

我国《反恐怖主义法》第3条规定"本法所称恐怖主义,是指通过暴力、破坏、恐吓等手段,制造社会恐慌、危害公共安全、侵犯人身财产,或者胁迫国家机关、国际组织,以实现其政治、意识形态等目的的主张和行为。本法所称恐怖活动,是指恐怖主义性质的下列行为:(一)组织、策划、准备实施、实施造成或者意图造成人员伤亡、重大财产损失、公共设施损坏、社会秩序混乱等严重社会危害的活动的;(二)宣扬恐怖主义,煽动实施恐怖活动,或者非法

---

[1] 参见皮勇:《全球化信息化背景下我国网络恐怖活动及其犯罪立法研究——兼评我国〈刑法修正案(九)(草案)〉和〈反恐怖主义法(草案)〉相关反恐条款》,载《政法论丛》2015年第1期,第69页。

[2] See United Nations Counter-Terrorism Implementation Task Force Working Group, *Report on Countering the Use of the Internet for Terrorist Purposes*, 2009, pp. 5-19.

持有宣扬恐怖主义的物品,强制他人在公共场所穿戴宣扬恐怖主义的服饰、标志的;(三)组织、领导、参加恐怖活动组织的;(四)为恐怖活动组织、恐怖活动人员、实施恐怖活动或者恐怖活动培训提供信息、资金、物资、劳务、技术、场所等支持、协助、便利的;(五)其他恐怖活动"。网络恐怖主义作为恐怖主义的一种形态,在我国法律框架内自然应当与《反恐怖主义法》中的有关规定相一致,即网络恐怖主义的表现形式、手段等与前述规定具有一致性或相当性。

针对网络恐怖主义的定义问题,我国学者也从不同层面展开了研究,例如:

高铭暄、李梅容认为,"网络"表明,行为人基于计算机或电子手段来实施恐怖行为,不论是通过破坏计算机系统本身,还是利用计算机作为渠道,它都是用来攻击"真实"世界的物理基础设施,是恐怖主义的表现形式之一。网络恐怖主义是恐怖主义的一种,但并不是每一个干涉计算机系统的行为都应界定为网络恐怖主义,一些干预可能仅仅是网络犯罪,而不是恐怖主义。[1]

范明强认为,网络恐怖主义从概念上说有两个基本含义:一是指恐怖分子以网络为技术手段从事恐怖活动的组织、管理和指挥;二是指恐怖分子以网络为攻击对象,或窃取情报,或破坏网络系统,或故意制造网络恐慌,或散布恐怖谣言,进行恐怖宣传,等等。[2]

朱永彪、任彦认为,网络恐怖主义的定义可以用三段式的总结予以归纳,网络恐怖主义是恐怖主义与网络(包括移动通信网络)的结合及其在网络上的延伸,具体是指利用网络为工具或把网络作为攻击对象的恐怖主义,其目的是利用网络为其恐怖活动服务。[3]

王志祥、刘婷认为,网络恐怖主义犯罪应当包括两类:一是网络恐怖袭击,即对控制关键基础设施的计算机系统和储存重要数据的互联网程序实施袭击;二是网络空间利用,即利用网站、网络软件等实施煽动、招募、筹资、策划、培训等恐怖活动。[4]

3. 本书对于"网络恐怖主义"的定义

本书认为,网络恐怖主义是恐怖主义与互联网相结合的产物,是恐怖主义在网络上的延伸,因此网络恐怖主义具有"恐怖主义"和"互联网"的双重

---

[1] 参见高铭暄、李梅容:《论网络恐怖主义行为》,载《法学杂志》2015年第12期,第2页。
[2] 参见范明强:《社会学视野中的恐怖主义》,解放军出版社2005年版,第67页。
[3] 参见朱永彪、任彦:《国际网络恐怖主义研究》,中国社会科学出版社2014年版,第49页。
[4] 参见王志祥、刘婷:《网络恐怖主义犯罪及其法律规制》,载《国家检察官学院学报》2016年第5期,第9页。

性。一方面,网络恐怖主义是恐怖主义在科技发展过程中与高科技结合形成的新型恐怖主义(或者说是恐怖主义的一种新形式),但其本质仍属于恐怖主义,其恐怖主义内核不因涉及领域的不同而产生实质性变化。因此,网络恐怖主义仍然是要"制造社会恐慌、危害公共安全、侵犯人身财产,或者胁迫国家机关、国际组织,以实现其政治、意识形态等目的"。另一方面,网络恐怖主义是互联网时代的产物,网络恐怖主义活动的进行与互联网直接相关。学界对于网络恐怖主义的界定存在狭义与广义之分,前者认为网络仅仅是网络恐怖主义攻击的目标对象,后者认为网络在网络恐怖主义活动中除了作为攻击对象外还有辅助工具之作用。从我国《反恐怖主义法》第 3 条之规定来看,我国一贯将恐怖主义袭击活动和与恐怖主义袭击相关的准备活动等关联活动一律视为恐怖主义活动,因此网络恐怖主义活动也不应当限于针对网络进行恐怖主义袭击的行为,其应当将利用网络进行的宣扬、辅助、煽动恐怖主义等主张和行为一并包含在内,故而采用广义的界定较为合理。

因此,本书认为,网络恐怖主义是指恐怖活动组织或人员基于政治目的或意识形态等其他特定目的,将网络或与网络连接的计算机系统作为实施恐怖攻击的对象或将网络作为辅助恐怖活动的载体,从而达到制造社会恐慌、人员伤亡或公私财产损失等严重社会危害的主张和行为。

(二) 网络恐怖主义的发展概况

一般认为,1968 年是现代恐怖主义的起点。所谓"现代恐怖主义"是一种具有"政治性"的跨国性、职业性、组织性、多样性的暴力恐怖活动,其在手段残忍性、方式隐蔽性以及实施范围上都有所提高,不但给普通民众的生命财产安全造成重大损失,而且给世界向往和平生活的人们带来恐怖阴影和心灵的创伤。在随后的三十余年中,恐怖主义势力日渐猖獗,随着具有高科技知识的人员加入恐怖组织,恐怖分子的袭击目标逐渐开始向核电站、能源要塞、互联网以及计算机系统等转移。在美国"9·11"事件后,现代恐怖主义走向新的顶峰。

网络技术、网络应用的普及给人类的生活带来诸多变化。同时,随着网络在人类生活中重要性的日益增强,类似"电子珍珠港""网络战""网络犯罪""网络恐怖主义"等新词开始进入人们的视野。网络发展的历史,经历了面向终端计算机网络、多个主机互联实现计算机和计算机之间通信的局域网、不同计算机之间实现互联的广域网和互联网、宽带综合业务数字网四个阶段。如果说,传统的恐怖主义不仅仅反映在使用大规模杀伤性武器的倾向性上,也体现在对更深层的权力空间进行争夺上,那么,网络恐怖主义的发展是在以前恐怖主义没有涉及也无暇涉及的领域进行争夺。特别是网络空间作为虚拟和现实的结合,成为网络恐怖主义更加关注的领域。

在 Web 1.0 时代的网络恐怖主义,其主要通过网站单向发布、传播恐怖信息,同时发起小规模的黑客攻击。在这个阶段网络恐怖主义攻击的来源主要是具有恐怖主义倾向的个别黑客,恐怖组织规模和恐怖行动策划等都不成熟。Web 2.0 时代的网络恐怖主义,依托社交媒体进行网络恐怖传播和较广泛的网络攻击。在这个阶段,社交网站、新媒体等实现的互动式传播不仅能让恐怖组织发布信息,更能让受众参与整个过程,交流自己的感受、分享经验,恐怖组织的网络攻击技术和能力大为提高。Web 3.0 时代的网络恐怖主义,利用网络传播恐怖意识形态的能力进一步提高,网络恐怖主义攻击也开始进入综合协调阶段,恐怖分子具有专门的网络技术力量和先进的黑客技术,网络恐怖主义与网下恐怖主义实现了更深和更广的结合。随着网络技术的进一步提升,特别是智能手机等移动终端的发展,物联网、云计算、可穿戴设备等的广泛普及,Web 3.0 时代网络恐怖主义的特征也将逐渐显现。包括"伊斯兰国"等在内的恐怖组织正在从第二个阶段向第三个阶段演变过程中,在诸多不确定因素影响下,其未来发展尚无法预测。[1]

(三)网络恐怖主义的要素

互联网改变了人类社会生产生活和思维方式,对人类社会的发展进步起到了重大影响和推动作用,并形成了网络这一社会活动的新空间。网络是一把双刃剑,在为人类提供各种便利的同时,也为恐怖主义提供了滋生发展的温床。有观点认为,网络恐怖主义一般含有两个方面的要素:第一,恐怖分子发动袭击必须与网络相结合。网络是网络恐怖分子滋生的温床,恐怖分子通过一定的黑客技术手段就可以达到发动恐怖袭击的目的,造成巨大的灾害。离开网络平台,网络恐怖分子将无计可施,无法达到发动网络恐怖袭击的目的。第二,恐怖分子发动袭击必须针对网络。网络恐怖分子区别于一般恐怖分子的最主要特点就在于前者可以足不出户发动恐怖袭击,没有人肉炸弹,没有流血伤亡,但是所造成的灾害绝对不亚于传统恐怖袭击所造成的轰动效应。[2]

也有观点认为,网络恐怖主义作为一种特殊类型的恐怖主义,其在某些构成要素上应有特殊性,具体体现在以下几个方面:

(1)行为体。网络恐怖主义行为体应该是非国家组织或个人,但也有可能是国家。如同现在国家恐怖主义一样,国家发动的相关网络行为,同样可以看作国家恐怖主义。

---

[1] 参见王丹娜:《网络恐怖主义与网络反恐》,清华大学出版社 2020 年版,第 38—41 页。

[2] 参见张琼、刘璐:《试论网络恐怖主义的特征及对策》,载《科技信息》2009 年第 10 期,第 209 页。

(2)结果。网络恐怖主义结果指恐怖主义活动所造成的损害,如造成人员伤亡,制造恐怖气氛等。

(3)动机(目的)。网络恐怖主义的动机是非常重要的,有结果而没有相关动机的恐怖活动是不能被称为某种恐怖活动的。认定网络恐怖分子袭击,必须根据其目的和影响,而不仅仅是根据攻击的方式。其动机通常是为了引发网络或网络化的各社会控制系统的瘫痪,或对之施加控制,从而利用这一点为其政治目的或社会目的服务。

(4)手段、工具。网络恐怖主义手段、工具指采取网络为直接武器(手段)或最终武器,如宣传极端思想、鼓动恐怖袭击,或者有意传播恐怖主义知识,即使没有发动直接的恐怖主义行动,但同样是网络恐怖主义。最终武器是指用网络以外的手段破坏网络,而把网络作为最终武器,如直接用暴力手段(如爆炸等)破坏网络设施等。①

(四)网络恐怖主义的特点

1. 犯罪手段的多元化

网络恐怖主义导致暴恐极端主义思想比以往任何时间节点都更容易传播扩散,其至比生化袭击武器的破坏力还强大。其手段可能表现为:第一,利用即时通讯工具向他人传播、教授"圣战"及制作爆炸装置技术音视频信息,有的则是在用户群内发布相关网络链接地址。"三股势力"人员利用网络即时通讯工具勾连、传播宗教极端思想,煽动策划暴恐活动动向十分突出。② 第二,恐怖分子利用网络进行宣传动员、网络攻击、资金转移、内部联系、人员招募、危险品购置、"独狼"行动策划实施、情报获取与知识传递等活动。第三,暴恐分子频繁变更网络发布平台。例如,"东伊运"将恐怖音视频作为煽动极端主义主要手段,频繁变更发布网络平台的域名网站。新域名服务器一般设立在境外部分反华欧美国家,恐怖组织利用境外互联网购买或出售物品是其网络恐怖活动的重要表现。第四,翻墙登录敌对网站,转发境外谣言信息。重点地区人员使用"翻墙"软件登录境外敌对网站,也有人将境外"东突"反宣视频上传至国内网站。③ 第五,暴恐视频发布数量不断增多、内容多样。暴恐音视频和电子书发布屡见不鲜,恐怖分子策划煽动恐怖袭击的气焰十分嚣张。如新疆拜城县"2·17"暴恐案中,团伙成员多次聚集在主犯出租屋内聚众观看恐怖音视频,逐渐形成极端主义思想,随即进行制爆试

---

① 参见朱永彪、任彦:《国际网络恐怖主义研究》,中国社会科学出版社 2014 年版,第 19—20 页。

② 参见钟晨赫:《恐怖活动案件侦查权研究》,中国人民公安大学 2017 年硕士学位论文。

③ 参见谭佳宁:《打击网络恐怖主义的国际法问题研究》,西南政法大学 2017 年硕士学位论文。

爆活动,预谋实施"圣战"直至案发。

2. 行为方式的隐蔽性

与传统恐怖活动相比,网络恐怖活动更加"无形"。其主要原因在于:第一,从利用境内网站、网盘等公开传播,转向利用境外即时通信工具传播链接地址,利用私密网盘、通讯群组、关系圈子和加密传输等方式传播,并不断更新和升级版本,依靠网络的虚拟和隐蔽特性,恐怖组织更易隐藏其中而难被察觉,这加大了侦查部门的监测难度。第二,暴恐分子媒体制作与传播技术日益娴熟,并转向以更隐蔽的方式传播网络暴恐音视频。据统计,大量已发暴恐案件都与恐怖音视频有关,90%的涉案人员都交代曾经观看过恐怖音视频,可见暴恐分子受恐怖音视频"洗脑"十分严重。"基地""伊斯兰国"组建了专门的媒体部门或宣传团队,这些音视频主要通过加密传输、多渠道存储分享等方式传入中国境内。与以往在境内网上公开传播不同,暴恐分子开始利用通讯群组、圈子等非公开隐蔽渠道传播相关链接地址,并且不断更新版本以增加监测难度。第三,恐怖音视频大肆宣扬"圣战"等极端主义思想,暗中传授暴恐犯罪技能,已成为催生境内暴恐活动的重要"思想根源"。网上暴恐音视频成为暴恐活动的"训练教材",也是国家安全和公共安全的心腹大患。加之网络空间无远弗届,恐怖组织可在世界任何角落从事不法活动。据相关报道,每年恐怖组织利用网上赌球、网上博彩业等洗钱、筹集资金达数亿美元。更重要的是,大量暴恐音视频随之流传到社会,通过手机储存卡、U盘、二手手机等在人际间相互传播,并积极拓展新的传播渠道,继续谋求网络生存空间,侦查部门更加难以发现和及时阻断。

3. 意识形态的煽动性

一方面,恐怖组织不仅可像过去一样运用网络进行宣传、攻击关键基础设施或从事其他犯罪行为,更可通过"启发"与"激进化"手段促成"孤狼式"恐怖攻击。网络恐怖主义的现实威胁,最大特点是通过"激进化"的方式"启发"潜在支持者。"启发"意指具有宗教、种族或社会背景的人士,其原已具有某种程度的攻击倾向或反社会性格,在接受媒体宣传、暗示或煽动后,获得执行恐怖主义的指导。网络科技与社群媒体的兴起即成为"启发"的绝佳平台,因为不需要人际间的实体互动,更不必加入恐怖组织,只要借由网络社群灌输观念,即可产生"激进化"的效果。而"激进化"通常是指采取一种被主流社会拒绝的宗教观,并以此将暴力合理化,以便促使社会与政治现况的改变。由于网络恐怖活动无须耗费大量时间和金钱招募人员,其训练门槛低,恐怖组织更易招揽及保留追随者。另一方面,从网络暴恐音视频内容分析来看,当前的"启发"与"激进化"不再通过组织"面对面"聚会的形式,而是多转为通过"线下"论坛、影音网站及网络社群进行,这成为恐怖主义的最新形态。此类音视频呈现出系列化、多语种的发展趋势,内容涉及煽动"圣战"、教授制枪制爆、炫耀鼓吹实力、招募人员等,且往往在境内发生恐怖案事件后第一时间发布,进行声援、吹捧"战果"。其与境内形势的连接更紧密,时效性和煽动性更强。通过借助信息传播的影响力,任何恐怖袭击事件抑或网络恐怖活动本身,均能通过网络宣传推波助澜而引起更大关注,更助其宣扬极端主义理念。

(五)网络恐怖主义的新动向

1. 网络恐怖主义成为威胁世界安全与稳定的新方式

网络恐怖主义作为"互联网+"版本的代表,是现代科技革命背景下恐怖主义活动的新型表现形式。一方面,网络恐怖主义作为新兴的恐怖主义表现形式是传统违法犯罪的延伸和扩充。由于网络恐怖主义所牵涉的范围十分广泛,加之网络科技本身存在的局限,黑客病毒、程序安全漏洞、恶意系统程序、电脑蠕虫等恐怖袭击手段不断变化翻新。当某些系统及程序漏洞获得修补的同时,尚有更多新安全软件待问世,也会随之出现更多新的漏洞,各种变化皆使得网络恐怖主义比传统恐怖主义更加难以被发现。另一方面,与传统恐怖主义相比,网络恐怖主义具有"非现实破坏性"、随意性、突发性和低成本性,恐怖活动组织的隐蔽性、制造恐怖结果的超时空性,以及与传统恐怖主义的关联性等。恐怖活动组织与人员利用网络信息技术,以进一步达到扩散极端主义主张。例如,在网络空间开展宣传暴恐极端主义思想、制传暴恐音视频、招募补充人员、募集筹集经费、传授恐怖活动技能、远程数据破坏或实施网络恐怖袭击等犯罪行为。

2. 科学技术成为助推网络恐怖主义滋生发展的新动力

网络恐怖主义通过各种科学技术手段,能够用最小的代价在网络虚拟空间制造恐怖氛围,甚至能够制造比传统恐怖活动影响更大的网络空间和现实空间的双重灾难。一方面,全球信息化背景下,恐怖活动组织与人员的制爆规模、技术水平及爆炸装置种类威力不断升级。恐怖组织利用网络技术手段,通过特定网络渠道获取信息,或在恐怖主义袭击后宣布负责,或为恐怖组织成员提供培训资料和犯罪方案,从而构建了方便组织内外信息传递的线上、线下的运作模式。随着网络恐怖主义肆虐及现代信息技术的快速发展,境内外涉恐违法犯罪人员利用各种非法渠道,传递被封堵的境外网站链接,利用"网盘"等存储空间中的极端信息,进行宣传煽动、秘密勾连和策划指挥,网络恐怖主义新动向已成"白热化"发展态势。另一方面,在科学技术发展影响之下,暴恐音视频成为暴恐分子从事民族分裂、宗教极端和暴恐活动的最主要诱因。从国内来看,据统计,在暴恐音视频的传播影响之下,"三股势力"案件中涉案人员基本都曾下载观看传播恐怖音视频,暴恐团伙受暴恐音视频影响作案的占到70%以上,北京"10·28"、昆明"3·01"等案件作案暴徒均直接受到过暴恐音视频的毒害。近年来,制作发布的暴恐音视频数量虽持续减少,但拉拢大学生参加"圣战"、煽动对我国海外利益目标实施袭击的内容增多。从国际上看,"伊斯兰国"等恐怖组织持续煽动全球穆斯林袭击"异教徒",不断在网络社交平台发布暴恐音视频和电子书,散播宗教极端思想,煽动全球穆斯林群众用石头、刀、卡车等一切可能的方式袭击"异教徒",声称将持续在人口密集场所发动袭击。"伊斯兰国"等恐怖组织还加大通过网络传授制枪制爆、毒气等方法的力度,并企图将电子设备改造成爆炸装置实施暴恐行动。

3. "暗网"恐怖活动成为网络恐怖主义更加隐蔽的新表现

恐怖分子的"暗网"加密渠道降低了制造恐怖事件的成本和技术门槛,大大提高了恐怖分子的行动能力,缩短了恐怖活动行为周期。"暗网"背景下的恐怖主义存在狭义说和广义说之分。一方面,广义的"暗网"也被扩大解释为所有使用了特殊软件或特殊配置的加密传输信息,从而导致政府监管部门无法有效管控的网络通讯和联络方式。除"Tor"网络(The Onion Router,俗称"洋葱路由器")等隐蔽网络外,还包括非标准协议加密网络通信(如翻墙工具)、虚拟专用网络(如 VPN 在线代理网络)、加密即时通信软件。特别是翻墙工具和 VPN 代理网络主要被用于穿透国家网络关防,访问被封锁的境外网站和网络服务,加密即时通信软件也经常被违法犯罪人员用作秘密通联的特殊渠道。另一方面,狭义的"暗网"特指通过专门的隐蔽通信工具在互联网上搭建隐蔽网络,其中使用最广泛的就是"Tor"网络,其他典型的网络包括 I2P(Invisible Internet Project,即"隐形网计划")等,不同的网络空间彼此互不相通。架设在"暗网"上的网站采取特殊措施对真实位置进行深度隐藏,只允许本网络用户访问,普通互联网上的用户和搜索引擎则无法访问和查询该网站信息。据统计,目前全球"Tor"网络上每天约存在5.7万个网站地址。网站数量占据前三位的类别主要涉及"色情"、"毒品"和"政治"类话题。此外,还存在大量制造假钞、武器、黑客类网站。"伊斯兰国"等恐怖组织与人员将一些网络在线活动转向"暗网",利用其进行恐怖主义犯罪活动,进一步增大了"暗网"的社会危害性。

(六)我国网络恐怖主义相关法律规范

当前我国并没有专门针对网络恐怖主义问题进行立法规制,对其规制主要体现在《国家安全法》《反恐怖主义法》《刑法》《网络安全法》等法律中。

《国家安全法》第25条从宏观上对网络恐怖主义进行了原则性的规定:"国家建设网络与信息安全保障体系,提升网络与信息安全保护能力,加强网络和信息技术的创新研究和开发应用,实现网络和信息核心技术、关键基础设施和重要领域信息系统及数据的安全可控;加强网络管理,防范、制止和依法惩治网络攻击、网络入侵、网络窃密、散布违法有害信息等网络违法犯罪行为,维护国家网络空间主权、安全和发展利益。"

《反恐怖主义法》第 18 条规定"电信业务经营者、互联网服务提供者应当为公安机关、国家安全机关依法进行防范、调查恐怖活动提供技术接口和解密等技术支持和协助"。第 19 条规定"电信业务经营者、互联网服务提供者应当依照法律、行政法规规定,落实网络安全、信息内容监督制度和安全技术防范措施,防止含有恐怖主义、极端主义内容的信息传播;发现含有恐怖主义、极端主义内容的信息的,应当立即停止传输,保存相关记录,删除相关信息,并向公安机关或者有关部门报告。网信、电信、公安、国家安全等主管部门对含有恐怖主义、极端主义内容的信息,应当按照职责分工,及时责令有关单位停止传输、删除相关信息,或者关闭相关网站、关停相关服务。有关单位应当立即执行,并保存相关记录,协助进行调查。对互联网上跨境传输的含有恐怖主义、极端主义内容的信息,电信主管部门应当采取技术措施,阻断传播"。第 21 条规定"电信、互联网、金融、住宿、长途客运、机动车租赁等业务经营者、服务提供者,应当对客户身份进行查验。对身份不明或者拒绝身份查验的,不得提供服务"。这些规定均是《反恐怖主义法》对于网络恐怖主义活动进行反制的体现。

我国刑法对于网络恐怖主义活动也进行了较为全面的规定。当网络恐怖主义活动是针对互联网及相关联的计算机系统进行攻击时,"非法侵入计算机信息系统罪""非法获取计算机信息系统数据、非法控制计算机信息系统罪""提供侵入、非法控制计算机信息系统程序、工具罪""破坏计算机信息系统罪"便可以对相关网络恐怖主义行为进行打击。当网络恐怖主义活动是以互联网为工具进而对恐怖活动加以辅助时,"组织、领导、参加恐怖组织罪""洗钱罪""煽动民族仇恨、民族歧视罪""编造、故意传播虚假恐怖信息罪""宣扬恐怖主义、极端主义、煽动实施恐怖活动罪""准备实施恐怖活动罪""帮助恐怖活动罪""扰乱无线电通信管理秩序罪""拒不履行信息网络安全管理义务罪""侵犯公民个人信息罪""非法利用信息网络罪""帮助信息网络犯罪活动罪"等便可以对相关网络恐怖主义行为进行打击和惩罚。

以下主要介绍我国刑法对网络恐怖主义犯罪的规制及认定。

二、我国刑法对网络恐怖主义犯罪的规制

(一)非法侵入计算机信息系统罪

1. 概念

非法侵入计算机信息系统罪指自然人或单位违反国家规定,侵入国家事务、国防建设、尖端科学技术领域的计算机信息系统的行为。

2. 本罪的认定

非法侵入计算机信息系统罪保护的法益是国家事务、国防建设、尖端科学技术领域的计算机信息系统的安全。本罪客观行为表现为违反国家规定,侵入国家事务、国防建设、尖端科学技术领域的计算机信息系统的行为。"侵入"是指未取得有关部门合法的授权批准而对于计算机系统进行访问或数据拦截等行为。所谓"计算机信息系统"指具备自动处理数据功能的系统,包括计算机、网络设备、通信设备、自动化控制设备等。① 司法机关对于计算机信息系统是否属于"国家事务、国防建设、尖端科学技术领域的计算机信息系统"难以确定的,应当委托省级以上负责计算机信息系统安全保护管理工作的部门检验。司法机关应当根据检验结论,并结合案件具体情况来进行认定。②

本罪为故意犯罪,过失侵入国家事务、国防建设、尖端科学技术领域的计算机信息系统的行为不构成本罪。从犯罪主体来看,自然人或单位均可构成本罪。

网络恐怖主义分子在非法侵入国家事务、国防建设、尖端科学技术领域的计算机信息系统后,往往要进一步对于包括国家秘密在内的数据实施截留、窃取、破坏等活动,构成其他犯罪的,按照刑法的相关规定定罪处罚。

3. 本罪的处罚

根据《刑法》第 285 条第 1 款的规定,犯本罪的,处 3 年以下有期徒刑或者拘役。第 4 款规定,单位犯本罪的,对单位判处罚金,并对其直接负责的主管人员和其他直接责任人员依照前述规定处罚。

(二) 非法获取计算机信息系统数据、非法控制计算机信息系统罪

1. 概念

本罪是指违反国家规定,侵入国家事务、国防建设、尖端科学技术领域以外的计算机信息系统或者采用其他技术手段,获取该计算机信息系统中存储、处理或者传输的数据,或者对该计算机信息系统实施非法控制,情节严重的行为。

2. 本罪的认定

本罪是对《刑法》第 285 条第 1 款规定的非法侵入计算机信息系统罪的补充,其保护的法益是国家事务、国防建设、尖端科学技术领域以外的普通计算机信息系统的安全。构成本罪,犯罪行为至少应达到"情节严重"的程度。

---

① 参见《信息系统安全案件解释》第 11 条。
② 参见《信息系统安全案件解释》第 10 条。

本罪的客观行为表现为侵入普通计算机信息系统或者采用其他技术手段,获取该计算机信息系统中存储、处理或者传输的数据,或者对该计算机信息系统实施非法控制的行为,行为对象是国家事务、国防建设、尖端科学技术领域以外的普通计算机信息系统。具体而言,本罪行为可分为两种类型:

第一种是侵入计算机信息系统或者采用其他技术手段,获取该计算机信息系统中存储、处理或者传输的数据。网络恐怖主义分子利用信息技术手段对计算机信息系统的密码进行破解、盗取等,进而成功进入其本来无权进入的计算机信息系统中,对该计算机信息系统中存储、处理或者传输的数据实施获取、读取、复制、向外传输等行为以将之用于恐怖主义目的,如非法获取支付结算等网络金融服务的身份认证信息用于恐怖主义活动资金流转,非法获取水利设施、核电站等关键设施数据用于恐怖主义活动策划和实施等。

第二种是对计算机信息系统实施非法控制。所谓非法控制,既可以在排除有权控制人的控制的情况下实施,也可以在不排除有权控制人的控制的情况下实施,有权控制人是否可以实际控制计算机信息系统不影响本罪的认定。网络恐怖主义分子利用计算机系统漏洞,编写木马文件等电脑病毒程序,通过直接发送或网络传播(如在网站中植入木马病毒程序)等多种形式对计算机信息系统进行非法控制,进而控制被侵入的计算机信息系统,实施信息窥视、网络攻击等,以实现恐怖主义目的。例如,网络恐怖主义分子非法控制大量计算机信息系统以网络攻击的方式,对政府、金融机构等关键机构的计算机信息系统进行网络攻击,进而使其计算机信息系统完全瘫痪或无法正常运行从而影响社会生活正常运转,达到恐怖主义目的。

3. 本罪的处罚

根据《刑法》第285条第2款的规定,犯本罪的,处3年以下有期徒刑或者拘役,并处或者单处罚金;情节特别严重的,处3年以上7年以下有期徒刑,并处罚金。第4款规定,单位犯本罪的,对单位判处罚金,并对其直接负责的主管人员和其他直接责任人员依照前述规定处罚。

(三)提供侵入、非法控制计算机信息系统程序、工具罪

1. 概述

本罪是指自然人或单位提供专门用于侵入、非法控制计算机信息系统的程序、工具,或者明知他人实施侵入、非法控制计算机信息系统的违法犯罪行为而为其提供程序、工具,情节严重的行为。

2. 本罪的认定

本罪保护的法益为计算机信息系统的安全。

本罪客观上表现为提供专门用于侵入、非法控制计算机信息系统的程序、工具,或者明知他人实施侵入、非法控制计算机信息系统的违法犯罪行为

而为其提供程序、工具的行为,行为对象是包括国家事务、国防建设、尖端科学技术领域计算机信息系统在内的计算机信息系统。

本罪的客观行为在情节上应当达到"情节严重"。

3. 本罪的处罚

根据《刑法》第 285 条第 3 款的规定,犯本罪的,处 3 年以下有期徒刑或者拘役,并处或者单处罚金;情节特别严重的,处 3 年以上 7 年以下有期徒刑,并处罚金。第 4 款规定的,单位犯本罪的,对单位判处罚金,并对其直接负责的主管人员和其他直接责任人员依照前述规定处罚。

(四)破坏计算机信息系统罪

1. 概述

本罪指违反国家规定,对计算机信息系统功能进行删除、修改、增加、干扰,造成计算机信息系统不能正常运行,或违反国家规定,对计算机信息系统中存储、处理或者传输的数据和应用程序进行删除、修改、增加的操作,或故意制作、传播计算机病毒等破坏性程序,影响计算机系统正常运行,后果严重的行为。

2. 本罪的认定

本罪保护的法益为计算机信息系统的安全。

本罪客观行为上表现为三种形式:

第一种类型是违反国家规定,对计算机信息系统功能进行删除、修改、增加、干扰,造成计算机信息系统不能正常运行,后果严重的行为。

第二种类型是违反国家规定对计算机信息系统中存储、处理或者传输的数据和应用程序进行删除、修改、增加的操作,后果严重的行为。该种行为类型中"后果严重"以及"后果特别严重"的认定与第一种相同。

第三种类型是故意制作、传播计算机病毒等破坏性程序,影响计算机系统正常运行,后果严重的行为。所谓"破坏性程序"是指对计算机信息系统的功能或计算机信息系统中存储、处理或传输的数据等进行未授权地获取、删除、增加、修改、干扰及破坏等的应用程序。破坏性程序的典型代表是计算机病毒,其指的是编制者在计算机程序中插入的破坏计算机功能或者数据、能影响计算机使用、能自我复制的一组计算机指令或者程序代码。计算机病毒具有传播性、隐蔽性、感染性等特点,对计算机信息系统破坏极大,危害性巨大。

本罪在主观上表现为故意。过失对计算机信息系统功能进行删除、修改、增加、干扰,造成计算机信息系统不能正常运行,或过失违反国家规定对计算机信息系统中存储、处理或者传输的数据和应用程序进行删除、修改、增加的操作,或过失制作、传播计算机病毒等破坏性程序,影响计算机系统正常运行的行为均不能构成本罪。

3. 本罪的处罚

根据《刑法》第 286 条的规定,犯本罪的,处 5 年以下有期徒刑或者拘役;后果特别严重的,处 5 年以上有期徒刑。单位犯本罪的,对单位判处罚金,并对直接负责的主管人员和其他直接责任人员,依照自然人犯本罪的规定进行处罚。

(五)拒不履行信息网络安全管理义务罪

1. 概述

本罪指网络服务提供者不履行法律、行政法规规定的信息网络安全管理义务,经监管部门责令采取改正措施而拒不改正,致使违法信息大量传播,或致使用户信息泄露、造成严重后果,或致使刑事案件证据灭失、情节严重,或有其他严重情节的行为。

本罪是真正不作为犯。

2. 本罪的认定

在客观上,本罪表现为:

(1)行为人不履行法律、行政法规规定的信息网络安全管理义务。

全国人大常委会 2016 年 11 月通过了《网络安全法》,该法第 9 条规定:"网络运营者开展经营和服务活动,必须遵守法律、行政法规,尊重社会公德,遵守商业道德,诚实信用,履行网络安全保护义务,接受政府和社会的监督,承担社会责任。"第 10 条规定:"建设、运营网络或者通过网络提供服务,应当依照法律、行政法规的规定和国家标准的强制性要求,采取技术措施和其他必要措施,保障网络安全、稳定运行,有效应对网络安全事件,防范网络违法犯罪活动,维护网络数据的完整性、保密性和可用性。"这是法律上对于信息网络安全管理义务的总括性规定。同时,《网络安全法》第三章规定了网络运行安全的相关义务、第四章规定了网络信息安全的相关义务,这是法律对于信息网络安全管理义务的进一步细化规定。

(2)经监管部门责令采取改正措施而拒不改正。根据《信息网络案件解释》的规定,所谓"监管部门责令采取改正措施",是指网信、电信、公安等依照法律、行政法规的规定承担信息网络安全监管职责的部门,以责令整改通知书或者其他文书形式,责令网络服务提供者采取改正措施。认定"经监管部门责令采取改正措施而拒不改正",应当综合考虑监管部门责令改正是否具有法律、行政法规依据,改正措施及期限要求是否明确、合理,网络服务提供者是否具有按照要求采取改正措施的能力等因素进行判断。

(3)客观上导致了以下结果之一:

其一,致使违法信息大量传播。根据《互联网上网服务营业场所管理条例》第 14 条的规定,"违法信息"指涵盖以下内容的信息:反对宪法确定的基本原则的;危害国家统一、主权和领土完整的;泄露国家秘密,危害国家安全或者损害国家荣誉和利益的;煽动民族仇恨、民族歧视、破坏民族团结,或者侵害民族风俗、习惯的;破坏国家宗教政策,宣扬邪教、迷信的;散布谣言,扰乱社会秩序、破坏社会稳定的;宣传淫秽、赌博、暴力或者教唆犯罪的;侮辱或者诽谤他人,侵害他人合法权益的;危害社会公德或者民族优秀文化传统的;含有法律、行政法规禁止的其他内容的。网络恐怖分子往往利用互联网非法传播煽动民族仇恨、民族歧视、破坏民族团结的信息,以及歪曲宗教教义、煽动违法暴力行为等的信息,这类信息完全属于"违法信息"的范畴。

其二,致使用户信息泄露、造成严重后果。根据2013年9月1日起施行的《电信和互联网用户个人信息保护规定》,所谓"用户个人信息"是指电信业务经营者和互联网信息服务提供者在提供服务的过程中收集的用户姓名、出生日期、身份证件号码、住址、电话号码、账号和密码等能够单独或者与其他信息结合识别用户的信息以及用户使用服务的时间、地点等信息。"公民个人信息"也属于前述用户个人信息的范畴。

其三,致使刑事案件证据灭失、情节严重。电子数据属于刑事案件中证据的一种类型,包括但不限于网页、博客、微博、朋友圈、贴吧、网盘等网络平台发布的信息,电子邮件、即时通信、通讯群组等网络应用服务的通信信息,用户注册信息、身份认证信息、电子交易记录、通信记录、登录日志等信息,以及文档、图片、音视频、数字证书、计算机程序等电子文件。

其四,有其他严重情节的。

本罪的主体为网络服务提供者。根据《信息网络案件解释》的规定,网络服务提供者指的是提供网络接入、域名注册解析等信息网络接入、计算、存储、传输服务,或者信息发布、搜索引擎、即时通讯、网络支付、网络预约、网络购物、网络游戏、网络直播、网站建设、安全防护、广告推广、应用商店等信息网络应用服务,或者利用信息网络提供的电子政务、通信、能源、交通、水利、金融、教育、医疗等公共服务的单位和个人。

在主观上,本罪表现为故意,过失不能构成本罪。

3. 本罪的处罚

根据《刑法》第286条之一的规定,犯本罪的,处3年以下有期徒刑、拘役或者管制,并处或者单处罚金。单位犯本罪的,对单位判处罚金,并对直接负责的主管人员和其他直接责任人员,依照自然人犯本罪的规定进行处罚。有前两款行为,同时构成其他犯罪的,依照处罚较重的规定定罪处罚。

(六)非法利用信息网络罪

1. 概述

本罪是指利用信息网络设立用于实施诈骗、传授犯罪方法、制作或者销售违禁物品、管制物品等违法犯罪活动的网站、通讯群组,或者发布有关制作,或者销售毒品、枪支、淫秽物品等违禁物品、管制物品或者其他违法犯罪信息,或者为实施诈骗等违法犯罪活动发布信息,情节严重的行为。

2. 本罪的认定

本罪的客观限于三种行为:

(1)利用信息网络设立用于实施诈骗、传授犯罪方法、制作或者销售违禁物品、管制物品等违法犯罪活动的网站、通讯群组的行为;

(2)利用信息网络发布有关制作,或者销售毒品、枪支、淫秽物品等违禁物品、管制物品或者其他违法犯罪信息;

(3)利用信息网络为实施诈骗等违法犯罪活动发布信息的行为。

3. 本罪的处罚

根据《刑法》第287条之一的规定,犯本罪的,处3年以下有期徒刑或者拘役,并处或者单处罚金。单位犯本罪的,对单位判处罚金,并对直接负责的主管人员和其他直接责任人员,依照自然人犯本罪的规定进行处罚。有前两款行为,同时构成其他犯罪的,依照处罚较重的规定定罪处罚。

(七)帮助信息网络犯罪活动罪

1. 概述

本罪是指明知他人利用信息网络实施犯罪,为其犯罪提供互联网接入、服务器托管、网络存储、通讯传输等技术支持,或者提供广告推广、支付结算等帮助,情节严重的行为。

2. 本罪的认定

(1)本罪在客观方面表现为:①行为人为他人的犯罪提供互联网接入、服务器托管、网络存储、通讯传输等技术支持;②行为人为他人的犯罪提供广告推广、支付结算等帮助。

(2)本罪的主观方面

本罪的主观为故意,且需行为人明知他人利用信息网络实施犯罪。

具体而言,对帮助信息网络犯罪活动罪主观明知的认定,应当结合一般人的认知水平和行为人的认知能力,相关行为是否违反法律的禁止性规定,行为人是否履行管理职责、是否逃避监管或者规避调查、是否因同类行为受过处罚,以及行为人的供述和辩解等情况进行综合判断。在现实司法实践中,通常表现为经监管部门告知后仍然实施有关行为,接到举报后不履行法定管理职责,交易价格或者方式明显异常,提供专门用于违法犯罪的程序、工具或者其他技术支持、帮助,频繁采用隐蔽上网、加密通信、销毁数据等措施或者使用虚假身份,逃避监管或者规避调查,或者为他人逃避监管或者规避调查提供技术支持、帮助等行为。

3. 本罪的处罚

根据《刑法》第 287 条之二的规定,犯本罪的,处 3 年以下有期徒刑或者拘役,并处或者单处罚金。单位犯本罪的,对单位判处罚金,并对直接负责的主管人员和其他直接责任人员,依照自然人犯本罪的规定进行处罚。有前款行为,同时构成其他犯罪的,依照处罚较重的规定定罪处罚。

(八)组织、领导、参加恐怖组织罪

1. 概述

本罪是指组织、领导、参加恐怖组织,危害公共安全的行为。

2. 本罪的认定

客观上,犯罪分子通过现代信息技术工具,采用互联网发布、互联网通信等方式来进行对于恐怖组织人员的鼓动、招募、召集、培训以及后续相关恐怖活动的组织、策划、准备实施等相关行为。具体而言,在网络恐怖活动的实施中,所谓组织恐怖组织行为通常表现为恐怖分子发起、建立恐怖组织,利用互联网现代技术发布相关恐怖组织公告,对持有相同或相似恐怖主义、极端主义理念的人员进行招募、聚集,公布组织内规程以及鼓动人员加入恐怖组织。在此过程中互联网作为恐怖分子之间相互识别、相互认证、创设社交空间和发布的平台发挥作用。所谓领导恐怖组织行为,通常表现为恐怖组织头目通过互联网制定和发布组织的内部规范、行动指南、恐怖活动策划(包括时间、地点、参加人员、手段、目标、分工等)以及日常管理命令等信息。恐怖组织头目以此实现对恐怖组织人员的命令和领导,进行总体决策、指挥、管理,进而起到控制恐怖组织全局的目的。所谓参加恐怖组织行为,包括通过互联网接收恐怖活动指令、实现人员串联、为恐怖活动进行准备等行为,也包括通过互联网对指定的互联网用户、服务器等进行网络攻击进而实现恐怖目的的行为。

根据参加恐怖组织的程度不同,"参加恐怖组织"分为"积极参加"与"其他参加"两种情况。所谓"积极参加"指的是:(1)纠集他人共同参加恐怖活动组织的;(2)多次参加恐怖活动组织的;(3)曾因参加恐怖活动组织、实施恐怖活动被追究刑事责任或者二年内受过行政处罚,又参加恐怖活动组织的;(4)在恐怖活动组织中实施恐怖活动且作用突出的;(5)在恐怖活动组织中积极协助组织、领导者实施组织、领导行为的;(6)其他积极参加恐怖活动组织的情形。而不存在组织、领导行为同时也不属于积极参加恐怖组织的恐怖犯罪分子,可以认定为"其他参加"。[①]

本罪主观上表现为故意,同时要求行为人明知是实施恐怖活动的组织而

---

① 参见《恐怖活动案件意见》第 1 条。

加以组织、领导或参加其中,具体而言要综合案件情况来具体判断,对于被欺骗而对特定重点目标实施互联网远程攻击、劫持等恐怖活动的行为人,不能认定为犯此罪。

3. 本罪的处罚

根据《刑法》第 120 条的规定,组织、领导恐怖活动组织的,处 10 年以上有期徒刑或者无期徒刑,并处没收财产;积极参加的,处 3 年以上 10 年以下有期徒刑,并处罚金;其他参加的,处 3 年以下有期徒刑、拘役、管制或者剥夺政治权利,可以并处罚金。犯前款罪并实施杀人、爆炸、绑架等犯罪的,依照数罪并罚的规定处罚。

【案例】王某某 1 组织、领导恐怖组织、间谍案①

被告人王某某 1,化名楼开文、齐心。因本案于 2002 年 7 月 16 日被监视居住,同年 12 月 5 日被逮捕。

广东省深圳市人民检察院以深检刑一诉字(2003)第 13 号起诉书指控被告人王某某 1 犯组织、领导恐怖组织罪、间谍罪向广东省深圳市中级人民法院提起公诉。

广东省深圳市人民检察院指控,1996 年始,被告人王某某 1 以撰写、出版书籍,在互联网上发表文章等方式,宣扬其暴力、恐怖思想,提出了"恐怖平衡""暴力平衡"等主张,宣扬实施暗杀、绑架、爆炸、破坏机场、公路、桥梁以及使用邮包炸药等恐怖行为。

王某某 1 积极在境内外网罗、发展赞同其暴力恐怖主张的人员,形成了以其本人为首,以谢某(已判刑)及张某(另案处理)、朱某某(另案处理)等人为骨干的恐怖组织。

1998 年 1 月,王某某 1 化名楼开文(CORWIN HINPING LAU)从广东省珠海市非法入境,先后在广州、南京、上海、杭州、蚌埠等地与范某某、冯某某、韩某某、倪某某、王某某(均另案处理)等人会面,向他们宣扬其暴力恐怖主张,促使上述人员参加其组织并发展成员。

王某某 1 要求倪某某设法搞到枪支,唆使其进行绑架活动。

王某某 1 将谢某发展为恐怖组织成员,任命其为"特种行动指挥部总指挥";任命张某为"行动组"组长,并派遣其回国,伺机活动。

2001 年 3 月,王某某 1 写信给原台湾当局某高层官员,声称要在大陆境内炸毁公路、桥梁等,要求提供暴力恐怖活动资金。

1998 年下半年,王某某 1 通过互联网与谢某频繁联系,策划向谢某提供

---

① 参见深圳市中级人民法院(2003)深中法刑一初字第 41 号刑事判决书。

枪支、弹药,指使其对有关人员实施暗杀,在国庆典礼上进行枪击、爆炸等恐怖活动。

1999年4月19日,谢某按照王某某1的旨意,在广东省深圳市布吉镇接取枪支、弹药等物品并交付托运,后其托运的"五六"式冲锋枪2支、"五四"式手枪2支、"五六"式步枪子弹240发、"五一"式手枪子弹120发等物被查获。

2001年2月至6月间,王某某1两次到泰国与朱某某等人会面,密谋策划爆炸中华人民共和国驻泰王国大使馆,并两次到泰国北部地区进行实地考察,筹划在泰国北部建立暴力恐怖训练基地。

......

广东省深圳市中级人民法院认为,公诉机关指控被告人王某某1犯间谍罪和组织、领导恐怖组织罪的事实清楚,证据确实、充分,应予确认。

王某某1与台湾地区间谍情报机关达成秘密协议,接受其提供的经费和派遣的任务,为其刺探情报,介绍关系人,王某某1的行为已构成间谍罪;王某某1散播和推行其暴力恐怖主张,积极发展组织成员,策划、指挥实施非法运输枪支弹药、暗杀、绑架、爆炸等暴力恐怖行为,筹建暴力恐怖训练基地,组织、领导暴力恐怖犯罪组织,其行为又构成组织、领导恐怖组织罪,均应依法惩处。

王某某1否认构成指控的犯罪、辩护人提出上述指控证据不够充分的意见,与法院开庭查明的事实和证据不符,不予采纳。

被告人王某某1犯间谍罪,判处无期徒刑,剥夺政治权利终身;犯组织、领导恐怖组织罪,判处有期徒刑10年,剥夺政治权利3年。数罪并罚,决定执行无期徒刑,剥夺政治权利终身。

网络空间的出现为恐怖组织宣扬恐怖思想和煽动公众提供了一个便利的平台,使得信息传播的方式发生了颠覆性的改变。相较于传统的大众媒介,如报纸、电视、广播等,互联网具有传播速度快、范围广、成本低、信息量大、个性化和交互性强的特点,并且人人可以成为发声者,极大地改变了传统社会的传媒机制。[①] 本案中,被告人王某某1以撰写、出版书籍,在互联网上发表文章等方式,宣扬其暴力、恐怖思想,提出了"恐怖平衡""暴力平衡"等主张,宣扬实施暗杀、绑架、爆炸、破坏机场、公路、桥梁以及使用邮包炸药等恐怖行为,其利用互联网为传播媒介宣扬恐怖主义思想以对持有相同或相似恐怖主义、极端主义理念的人员进行招募、聚集,为典型的组织恐怖组织行为,是广义的网络恐怖主义行为的一种体现。其积极在境内外网

[①] 参见潘新睿:《网络恐怖主义犯罪的制裁思路》,中国法制出版社2017年版,第31页。

罗、发展赞同其暴力恐怖主张的人员,在短时间内便形成了以自己为头目的恐怖组织,主要就是充分利用了互联网传播速度快、范围广、成本低、信息量大、个性化和交互性强的特点,这使得该恐怖主义犯罪团伙快速扩张,形成一定规模。王某某1通过互联网与谢某频繁联系,策划向谢某提供枪支、弹药,指使其对有关人员实施暗杀,在国庆典礼上进行枪击、爆炸等恐怖活动,本质上是通过互联网方式对于恐怖组织人员实施部署和控制、对恐怖活动进行操控和策划的行为,实质上是领导恐怖组织的行为。其以互联网为媒介,欲以凭借互联网高度的虚拟性、隐秘性对于恐怖活动的策划部署以及自己恐怖组织领导者身份进行掩藏,增大了公安机关侦测的难度,以使恐怖活动的进行更加隐蔽和顺畅,这也是网络恐怖主义相较于传统恐怖主义更加危险的特征之一。

(九) 帮助恐怖活动罪

1. 概述

本罪是指以金钱、财物等资助恐怖活动组织、实施恐怖活动的个人,或者资助恐怖活动培训,或者为恐怖活动组织、实施恐怖活动或者恐怖活动培训招募、运送人员的行为。

2. 本罪的认定

在网络恐怖主义中,本罪客观上通常表现为通过互联网资助恐怖活动组织、实施恐怖活动的个人,或者为恐怖活动组织、实施恐怖活动或者资助恐怖活动培训招募人员等行为,具体而言包括利用互联网非法发布招募信息、协助联络恐怖组织加入者等帮助性行为。通过互联网技术手段非法为恐怖活动犯罪所得及其产生的收益进行转账或者通过其他结算方式协助资金转移,协助将资金汇往境外的,若行为人事先有通谋,则以相关恐怖活动犯罪的共同犯罪论处。

本罪仅限于以金钱、财物等资助恐怖活动组织、实施恐怖活动的个人,或者资助恐怖活动培训,或者为恐怖活动组织、实施恐怖活动或者恐怖活动培训招募、运送人员的行为,以其他方式对恐怖组织、恐怖活动进行帮助的,以相应恐怖犯罪的共犯认定。

本罪主体既可以是自然人,同时也可以是单位。

本罪的主观要件是故意,行为人应当明知恐怖活动、恐怖组织、恐怖活动培训等的属性。

3. 本罪的处罚

根据《刑法》第120条之一的规定,犯本罪的,处5年以下有期徒刑、拘役、管制或者剥夺政治权利,并处罚金;情节严重的,处5年以上有期徒刑,并处罚金或者没收财产。单位犯前两款罪的,对单位判处罚金,并对其直接负责的主管人员和其他直接责任人员,依照第 1 款的规定处罚。

【案例】马胜利帮助恐怖活动案①

被告人马胜利(曾用名马龙),男,1983 年 8 月 11 日生于云南省巍山县,回族,中专文化,农民,家住巍山县永建镇。2011 年 9 月 27 日,因犯运送他人偷越国境罪被云南省勐腊县人民法院判处有期徒刑二年,2012 年 5 月 11 日刑满释放。2016 年 9 月 17 日因本案被巍山县公安局刑事拘留,同年 10 月 1 日被逮捕。

云南省大理白族自治州人民检察院以大州检公诉刑诉[2017]56 号起诉书指控被告人马胜利犯帮助恐怖活动罪,于 2017 年 4 月 27 日向云南省大理白族自治州中级人民法院提起公诉。

大理白族自治州人民检察院起诉指控,2016 年 7 月 26 日,被告人马胜利使用"马龙师傅"的社交账号与被新疆阿瓦提县公安局以分裂国家案列为网上追捕对象的境外涉恐人员玉××·吐尔洪所使用社交账号"Nazira2016",在即时通讯软件通联中确认相互身份,并商定由马胜利向其提供资金帮助。2016 年 7 月 30 日至 7 月 31 日,马胜利使用自己开户的云南省农村信用社银行卡通过手机网银转账的方式,先后向"Nazira2016"提供的两个银行账户进行转账 14 次,每次 1 000 元,因账户与姓名不符,未转账成功。后马胜利通过社交帐号转账的方式,两次向玉××·吐尔洪所使用账号"Nazira2016"转款,8 月 1 日 16 时 23 分,对方成功接收 1 000 元。经查证,玉××·吐尔洪多次煽动并帮助他人出境,且使用账号"Nazira2016"收款成功后,使用该款项向其他多名涉恐关系人员提供通讯等资金帮助。

云南省大理白族自治州中级人民法院经审理认为,被告人马胜利无视国家法律,明知对方是实施恐怖活动的人员而为其提供经费,其行为已触犯《中华人民共和国刑法》第 120 条之一的规定,构成帮助恐怖活动罪。公诉机关起诉指控的罪名成立,应予支持。被告人马胜利曾因犯运送他人偷越国境罪被判处有期徒刑,在刑罚执行完毕五年内再犯本罪,属累犯,应当从重处罚。马胜利在 2016 年 9 月 2 日交代了其向玉××·吐尔洪打款的情况,但未如实交代自己的犯罪事实,且公安机关在 2016 年 8 月 5 日就已经掌握了马胜利向境外可疑人员汇款的情况,因此,马胜利关于其行为应该是自首的辩解,与查明的事实及在案的证据相悖,自首不能成立。其虽然提出有检举揭发他人非法经营的行为,但未经查证属实,不能认定有立功表现。被告人马胜利客观上通过微信转账的方式向涉恐人员玉××·吐尔洪提供了 1 000 元的资金

---

① 参见云南省大理白族自治州中级人民法院(2017)云 29 刑初 58 号刑事判决书。

帮助,虽然辩解曾向玉××·吐尔洪借过款,此次向其提供1 000元系还款,但无其他证据相印证,辩解不能成立。被告人马胜利与玉××·吐尔洪一伙涉恐人员认识时间长,交往次数多,曾因帮助他们偷越国境被判刑,刑满释放后又因帮助他们租房被公安机关查处。被告人马胜利对玉××·吐尔洪的思想、行为有明确的认知,且其与玉××·吐尔洪之间转账成功后即立即删除相关信息,据此足以认定其明知玉××·吐尔洪属从事恐怖活动的人员。被告人马胜利及其辩护人关于不明知玉××·吐尔洪是涉恐人员的辩解和辩护意见不予采纳。

法院作出判决如下:一、被告人马胜利犯帮助恐怖活动罪,判处有期徒刑2年,并处罚金3 000元。二、扣押在案的手机一部依法没收。

在互联网高速发展的时代,互联网的使用已经超越了传统的个人电脑端使用的范围,包括手机、平板电脑等在内的移动端也被人们广泛使用,并且使用的人数、范围、频率都呈现上升的趋势。可以说,互联网的使用已经伴随着智能型移动通讯设备的升级换代而成为人们生活中可以随时随地使用的互联互通的方式。加之我国移动支付、互联网金融等金融领域的发展,网络恐怖主义同样随着互联网尤其是移动互联网的发展产生了新的变化。在本案中,被告人马胜利在明知对方是恐怖分子的情况下仍然为其提供资金支持,属于典型的帮助恐怖活动行为,已经构成了犯罪。被告人最初使用的资助方式为传统的银行账户转账方式,但这种转账方式要求账户与姓名相一致,导致被告人以银行转账的方式实现帮助恐怖活动的企图未能实现。而后被告人选择了更加具有隐秘性和直接性的移动终端应用上的资金转账方式,最终成功向恐怖分子转账。这也体现出了互联网金融、移动支付相较于传统的资金流转方式具有更强的隐蔽性、更大的监管难度,这也是恐怖分子利用互联网实施相应的恐怖活动犯罪的重要原因之一,同样也是以帮助恐怖活动罪为代表的恐怖主义犯罪发展的新趋势,值得警惕。

(十)准备实施恐怖活动罪

1. 概述

本罪是指为实施恐怖活动准备凶器、危险物品或其他工具,组织恐怖活动培训或者积极参加恐怖活动培训,为实施恐怖活动与境外恐怖活动组织或者人员联络,或为实施恐怖活动进行策划或者其他准备行为。

2. 本罪的认定

本罪在客观上表现为:

第一,为实施恐怖主义活动准备凶器、危险物品或其他工具。单纯持有上述物品不一定构成本罪,只有在出于实施恐怖活动目的而准备上述物品时才能以本罪处理。

第二,组织恐怖活动培训或者积极参加恐怖活动培训。所谓恐怖活动培训指的是,针对被培训者灌输恐怖主义意识形态和思想,以提高体能、增强杀伤能力为目的进行的,以使被培训者适应恐怖活动的要求的非法培训。

第三,为实施恐怖活动与境外恐怖活动组织或人员联系。所谓境外恐怖活动组织,指的是在我国国境之外的恐怖组织以及其非法设立在我国境内的分支机构。在认定上通常要综合判断其总部位置、组织和人员活动范围等情况。

第四,为实施恐怖活动进行策划或者其他准备。

本罪实际上是将为实施恐怖活动做准备的部分行为,即部分犯罪预备行为作为实行犯处理,是我国刑法将保护法益前置以织密反恐法网的典型体现。

在网络恐怖主义活动中,准备实施恐怖活动罪的行为人通常利用互联网技术进行恐怖活动培训,以视频等多媒体方式向被培训者灌输恐怖主义、极端主义思想,传授杀人、爆炸、放火等严重暴力犯罪的犯罪方法,以及犯罪之后逃避侦查、隐匿行踪等手段,危害极大。同时,准备实施恐怖活动罪的行为人也会通过互联网尤其是"暗网"进行非法联系,进而与境外恐怖主义势力勾结串通,对我国国家安全和社会治安造成严重威胁。

3. 本罪的处罚

根据《刑法》第120条之二的规定,实施以上行为的,处5年以下有期徒刑、拘役、管制或者剥夺政治权利,并处罚金;情节严重的,处5年以上有期徒刑,并处罚金或者没收财产。有前款行为,同时构成其他犯罪的,依照处罚较重的规定定罪处罚。

(十一)宣扬恐怖主义、极端主义、煽动实施恐怖活动罪

1. 概述

本罪是指以制作、散发宣扬恐怖主义、极端主义的图书、音频视频资料或者其他物品,或者通过讲授、发布信息等方式宣扬恐怖主义、极端主义的,或者煽动实施恐怖活动的行为。

2. 本罪的认定

本罪客观上表现为以制作、散发宣扬恐怖主义、极端主义的图书、音频视频资料或者其他物品,或者通过讲授、发布信息等方式宣扬恐怖主义、极端主义或者煽动实施恐怖活动的行为。实施宣传制作、散发恐怖主义、极端主义的图书、音频视频资料或者其他物品的行为,也应当按照本罪定罪处罚。例如,公司企业明知某视频资料是宣扬恐怖主义、极端主义的仍然进行制作的,以及书店明知是宣扬恐怖主义、极端主义的图书仍予上架销售的行为。

在网络恐怖主义活动中,恐怖分子利用互联网上传和下载宣扬恐怖主义、极端主义或煽动实施恐怖活动的音频视频资料,这类音频视频资料通过"云存储"等技术传播和扩散开来。更有恐怖分子利用"暗网"难以被发现的特点大肆开办宣扬恐怖主义、极端主义或煽动实施恐怖活动的网站以供他人阅览和传播。还有网络恐怖分子以电脑病毒等方式控制终端个人电脑,以篡改电脑设置、删改电脑内存文件等方式将宣扬恐怖主义、极端主义或煽动实施恐怖活动的图画、音频视频资料等电子文件加以展示,以达到宣扬恐怖主义的目的。

本罪并非恐怖主义犯罪的预备犯,而是我国根据当前和未来的反恐形势和需要进行规制的一类抽象危险犯。因此,本罪规制的此种宣传、煽动不要求达到真正使人接受恐怖主义、极端主义的程度,更不要求被宣传、被煽动者真正实施恐怖主义犯罪,只要其宣扬的内容足以让一般人对其生命、身体、财产安全等感到不安即可。

3. 本罪的处罚

根据《刑法》第120条之三的规定,实施上述行为的,处5年以下有期徒刑、拘役、管制或者剥夺政治权利,并处罚金;情节严重的,处5年以上有期徒刑,并处罚金或者没收财产。

【案例】张星海宣扬恐怖主义、极端主义案①

被告人张星海,男,1991年4月6日出生,汉族,文化程度小学,无业,暂住东莞市,户籍所在地为广东省连州市。因本案于2016年10月19日被羁押并被刑事拘留,同年11月25日被逮捕。

广东省东莞市人民检察院以东检刑一诉〔2017〕155号起诉书指控被告人张星海犯宣扬恐怖主义罪,于2017年8月31日向广东省东莞市中级人民法院提起公诉。广东省东莞市中级人民法院依法组成合议庭,于2017年9月21日公开开庭审理了本案。现已审理终结。

广东省东莞市人民检察院指控:2016年年初,被告人张星海通过其使用的一部小米牌手机和一部黑莓牌手机上网访问即时聊天软件等应用程序,发现有人在网上发布暴力恐怖视频和图片,遂予以下载并保存。2016年2月至2016年10月期间,张星海先后将其下载的部分暴力恐怖视频和图片上传至其号码为13×××59的个人云空间,供他人观看。破案后,公安机关从张星海的上述小米牌手机内提取到五段暴力恐怖视频,内容为武装分子对他人实施割头或者枪决(经审查,上述视频均系暴力恐怖宣传品);公安机关还采用远程勘验提取方法,从张星海的个人云空间提取到总时长182分钟的六段暴力

---

① 参见广东省东莞市中级人民法院(2017)粤19刑初220号刑事判决书。

恐怖视频、图片及文章,内容为恐怖组织集体枪毙人质、对人质割头、宣扬恐怖战争(经审查均为暴力恐怖宣传品)。

为支持公诉,公诉机关向法庭提供了现场勘验材料、小米牌手机、暴力恐怖视频及被告人张星海的供述等证据。

公诉机关认为,被告人张星海无视国法,通过发布暴力恐怖视频、图片和文章的方式宣扬恐怖主义,其行为已触犯《刑法》第120条之三的规定,应当以宣扬恐怖主义罪追究其刑事责任。提请法院依法判处。

法庭上,被告人张星海对起诉书指控的事实没有提出异议,未向法庭提交证据。

经审理查明:2016年年初,被告人张星海通过其使用的一部小米牌手机和一部黑莓牌手机上网访问即时通讯软件等应用程序,发现有人在网上发布暴力恐怖视频和图片,遂予以下载并保存。2016年2月至2016年10月期间,张星海先后将其下载的部分暴力恐怖视频和图片上传至其号码为13×××59的个人云空间,供他人观看。破案后,公安机关从张星海的上述小米牌手机内提取到五个暴力恐怖视频(共计时长4分8秒),还从张星海的个人云空间提取到暴力恐怖图片、文章及九个暴力恐怖视频(共计时长15分19秒),经审查,上述视频、图片均涉及以极度血腥残忍的手段危害他人生命,宣扬宗教极端思想,属于典型的暴力恐怖宣传品。

经审查,被告人张星海所发布的视频、图片不但涉及以极度血腥残忍的手段危害他人生命,且宣扬宗教极端思想,歪曲宗教教义,主张"宗教至上",因此,张星海的行为不但宣扬恐怖主义,还宣扬极端主义,应当以宣扬恐怖主义、极端主义罪追究其刑事责任。

广东省东莞市中级人民法院认为,被告人张星海无视国法,发布暴力恐怖视频、图片和文章,宣扬恐怖主义和极端主义,其行为已构成宣扬恐怖主义、极端主义罪,依法应予惩处。公诉机关指控被告人张星海的犯罪事实清楚,证据确实充分,但指控罪名不当,法院予以纠正。鉴于被告人张星海归案后如实供述自己的罪行,依法对其从轻处罚。依照《刑法》第120条之三、第67条第3款、第64条之规定,判决如下:一、被告人张星海犯宣扬恐怖主义、极端主义罪,判处有期徒刑2年3个月,并处罚金5 000元。二、随案移送的手机2部,予以没收,上缴获国库。①

一审宣判后,被告人张星海提起上诉。广东省高级人民法院经审理认为,上诉人张星海发布涉及暴力恐怖主义、极端主义内容的音视频、图片和文

---

① 参见北大法宝网(https://www.pkulaw.com/pfnl/a25051f3312b07f31d2348e5b3e632b4b2b0c3f6118e8bcbdfb.html? keyword=%E5%BC%A0%E6%98%9F%E6%B5%B7),最后访问日期:2022年1月20日。

字,宣扬恐怖主义和极端主义,其行为已构成宣扬恐怖主义、极端主义罪,依法应予惩处。上诉人张星海的上诉理由经查不能成立,不予采纳。原判认定事实清楚,证据确实、充分,定罪准确,量刑适当。审判程序合法。裁定驳回上诉,维持原判。

本案中,被告人张星海个人云空间来宣扬恐怖主义思想,配以文字、图片、音频、视频等方式加以传播,这正是利用了互联网传播的广泛性和快速性的特点,危害极大。在当前云技术等新兴网络储存技术逐渐发展壮大的背景下,我国境内还出现了以网盘等为存储介质进行云存储以便宣扬恐怖主义、极端主义、煽动实施恐怖活动的案件。如2020年5月16日,新乡市获嘉县公安局民警工作中发现有网民涉嫌在网络上发帖兜售疑似暴恐音视频。经查,犯罪嫌疑人崔某某于2月份从他人处购买暴恐音视频存放在其云网盘并发布销售信息,后通过微信向多人售卖传播暴恐音视频其行为已触犯《刑法》第120条之规定,涉嫌宣扬恐怖主义;6月3日,崔某某因涉嫌宣扬恐怖主义罪被获嘉县公安局刑事拘留;7月27日,崔某某因涉嫌宣扬恐怖主义罪被获嘉县人民检察院批准逮捕,并依法移送审查起诉。

(十二)编造、故意传播虚假恐怖信息罪

1. 概述

本罪是指编造爆炸威胁、生化威胁、放射威胁等恐怖信息,或者明知是编造的恐怖信息而故意传播,严重扰乱社会秩序的行为。

2. 本罪的认定

本罪的行为包括两类:一是无中生有、自己编造,二是明知是他人编造的恐怖信息而故意继续加以传播。

本罪的行为必须达到严重扰乱社会秩序或造成严重后果程度。根据最高人民法院《关于审理编造、故意传播虚假恐怖信息刑事案件适用法律若干问题的解释》第2条,所谓"严重扰乱社会秩序"指的是:(1)致使机场、车站、码头、商场、影剧院、运动场馆等人员密集场所秩序混乱,或者采取紧急疏散措施的;(2)影响航空器、列车、船舶等大型客运交通工具正常运行的;(3)致使国家机关、学校、医院、厂矿企业等单位的工作、生产、经营、教学、科研等活动中断的;(4)造成行政村或者社区居民生活秩序严重混乱的;(5)致使公安、武警、消防、卫生检疫等职能部门采取紧急应对措施的;(6)其他严重扰乱社会秩序的。

随着恐怖活动的逐渐发展,恐怖分子可以为了实现恐怖目的,故意传播虚假恐怖信息以混淆视听,导致恐怖信息真假难辨,形成"佯攻"的情况,使得安全机关在处理相关问题时陷于高度紧张甚至疲惫,其可以进而实行进一步的恐怖活动。在网络恐怖主义活动中,恐怖分子利用互联网发布恐怖信息,使得社会民众产生巨大恐惧。由于恐怖信息真假难辨,社会民众的恐惧会进一步加强,恐怖分子的恐怖目的进一步得以实现。

3. 本罪的处罚

根据《刑法》第 291 条之一的规定,犯本罪的,处 5 年以下有期徒刑、拘役或者管制;造成严重后果的,处 5 年以上有期徒刑。根据最高人民法院《关于审理编造、故意传播虚假恐怖信息刑事案件适用法律若干问题的解释》第 4 条的规定,所谓"造成严重后果"指的是:(1)造成 3 人以上轻伤或者 1 人以上重伤的;(2)造成直接经济损失 50 万元以上的;(3)造成县级以上区域范围居民生活秩序严重混乱的;(4)妨碍国家重大活动进行的;(5)造成其他严重后果的。

编造、故意传播虚假恐怖信息,严重扰乱社会秩序,同时又构成其他犯罪的,择一重罪处罚。

【案例】德国收到基地组织"恐怖"预告后提高预警等级①

2009 年 9 月 18 日,德国内政部称,德国大选为恐怖分子们提供了特殊的宣传与活动的"机会"。当天基地组织公开的视频也强调了这一点。因此德国安全部门已提高了恐怖威胁的等级:加强安全警备,尤其在机场和火车站都加强了警力。

在这段视频中,一名男子表示如果德国在大选后不改变其目前的阿富汗政策,不考虑从阿富汗撤军,那么基地组织有可能对德国发起恐怖袭击。他还号召居住在德国的穆斯林在大选后 2 周之内都不要前往公共场所,暗示恐怖袭击可能会在此期间发生。该男子还对德国总理默克尔以及她支持伊拉克及阿富汗战争的行为进行了多次批评。默克尔在大选中的竞争对手——德国社会民主党也遭到该男子的谴责。

【案例】基地组织扬言恐袭纽约地铁十余年②

2017 年,就在美国"9·11"恐袭事件将届 16 周年之时,"9·11"恐袭事件主谋基地组织再度扬言要发动另一波恐怖袭击,并称将以美国铁路系统为主要攻击目标。其中,纽约地铁每天搭乘人次频繁、安全检查松懈,被基地组织描述为"很简单就可达目的"的恐怖袭击。对此,纽约市警表示,纽约十几

---

① 参见《收到基地组织"恐怖"预告 德国提高预警等级》,载中国日报网(http://www.chinadaily.com.cn/hqgj/2009-09/19/content_8712272.htm),最后访问日期:2021 年 6 月 1 日。

② 参见《世界日报:纽约地铁成恐袭箭靶 市警:已做好准备》,载中国新闻网(https://www.chinanews.com/hr/2017/08-14/8304075.shtml),最后访问日期:2021 年 6 月 1 日。

年来一直都是恐怖组织扬言的攻击目标,已做好戒备。

中东媒体研究院(The Middle East Media Research Institute)当地时间2017年8月11日提出报告,显示由基地组织的杂志报道,详细介绍如何在缺乏安检的大众交通运输系统中造成大规模破坏。报告指出,"该预告中强调要造成火车出轨,只要利用简单材料就可达目的,针对铁路的恐怖攻击也很难被预测,却可达到大面积交通瘫痪和影响西方国家经济等成果"。在基地组织的预告中,虽然指的是美国铁路,却将纽约地铁作为"特写场景",似乎预示纽约地铁将是下一个攻击目标。

当地民众表示,每次恐怖组织说要攻击纽约,他们听到后感觉这是心理战,但还是十分担心。他们期望纽约市警针对威胁进行训练,可以让市民在威胁真正来临之前可以安心。

【案例】基地组织称将在英格兰与美国世界杯对战时发动恐怖袭击[①]

早在2010年南非世界杯抽签结束后不久,基地组织就通过视频宣布,2010年6月12日英格兰与美国之战将成为他们的重点攻击目标。"全球直播的美国对英格兰的比赛,球场里都是球迷。突然爆炸声响彻天空,整个体育场被炸翻,几百具尸体堆在地上……"这是基地分子在网上的"预言"。

此前两个月有媒体报道,由于收到了基地组织的恐怖袭击"预告",英格兰与美国这场比赛的门票面临滞销的困境。不过随着世界杯的临近以及英美球迷团的相继抵达,这样的困境已经不在。如今,另外2/3没有拿到门票的英美球迷却成为南非警方的大问题,如果他们因为进不了球场而流落街头,更容易成为恐怖分子袭击的对象。

英国军情五处警告说,与基地组织有关系的恐怖分子,可能购买救护车和警车,利用这些车辆发动自杀式爆炸袭击。英国军情五处恐怖活动联合分析中心的一份报告说,使用救护车和警车发动自杀式爆炸袭击,是恐怖组织成员在伊拉克和以色列常用的手段,他们可能计划在南非采用这一"战术"。

恐怖组织一般具有一定的政治诉求和宗教极端诉求,其实施恐怖袭击实质上是其营造恐怖气氛、进行打击报复等的手段,其目的实质上就是令某一国或某一地区陷入恐慌、骚乱等,以实现其非法乃至非人道的诉求。

[①] 参见《基地组织称将袭击英格兰与美国世界杯对战》,载腾讯新闻(https://news.qq.com/a/20100612/000109.htm),最后访问日期:2021年6月1日。

因此,只要是能够营造恐怖气氛的行为,都符合恐怖组织自身利益诉求,这就包括实际实施恐怖袭击和以恐怖袭击信息相威胁引起恐怖气氛,等等。在新闻媒体将恐怖袭击加以报道后,恐怖袭击的恐怖性被世界人民所知,此后恐怖组织的相关威胁便会起到十分显著的效果,尤其是在现实发生过恐怖袭击的国家和地区。这种通过网络发布的虚假恐怖信息,传播更快、范围更广,其实质上也是恐怖组织进行恐怖渲染的重要组成部分,也确实会使得人们产生恐惧和不安,达到恐怖组织预期的效果,必须加以重视和防范。

三、小结

网络空间不是法外之地,维护网络安全是总体国家安全观的重要组成部分。网络恐怖主义是影响国际和平与安全的新威胁,防范和打击网络恐怖主义已成为国际社会的共识,也已成为各国共同努力的目标。在全球防范和打击网络恐怖主义的格局中,中国坚持自己的立场、原则,积极探索、倡导、实践防范和打击网络恐怖主义的规范、治理方法与合作模式,发挥了一个负责任大国的作用。打击网络恐怖主义是国际社会当前面临的迫切任务和挑战,各国需要提高应对网络恐怖主义的能力,其中也包括提升民众网络反恐意识。中国互联网络信息中心(CNNIC)发布的第 49 次《中国互联网络发展状况统计报告》显示,截至 2021 年 12 月,我国网民规模达 10.32 亿,较 2020 年 12 月增长 4296 万,互联网普及率达 73.0%。可以说,在国际社会反恐的这场持久战中,网民是网络反恐的重要力量,争取得到网民的支持,就是对网络反恐工作的重大保障。

网络恐怖主义及其犯罪的治理,需要通过国际法治和国内法治两个层面来开展,其中,国际法制度的实施最终还是要通过转化或吸收的方式依靠国内法来实现。当前,无论是从法律、政策还是从安全角度出发,网络空间都还是一个没有形成全球共同规范的未知领域,无论是其权威、透明度还是责任都不是很清晰。预防和打击网络恐怖主义犯罪行为的国内法制度应尽快完善。中共十八届四中全会提出,要加强互联网领域立法,完善网络信息服务、网络安全保护、网络社会管理等方面的法律法规,依法规范网络行为,强化针对破坏网络安全等重点问题治理。2020 年 11 月,世界互联网大会组委会发布《携手构建网络空间命运共同体行动倡议》,提出要深化打击网络犯罪、网络恐怖主义国际合作。必须认识到,防范和打击网络恐怖主义需要全球"负责任"的国家共同努力,坚持反恐国际合作才是解决这一问题的根本出路。中国是负责任的大国,全力推进全球反恐国际合作。

我国应当充分发挥刑事法律在网络反恐中的重要作用,坚持以总体国家安全观为指导,采取有效措施,全面推进网络空间法治化。

第一,在刑事立法层面,为有效应对恐怖主义,实现预防和惩治恐怖活动的法律化、制度化、常态化,并与国际接轨,全国人大常委会于2015年12月27日颁布了《反恐怖主义法》。执法部门在应对网络恐怖主义犯罪等新型犯罪时,应以《反恐怖主义法》《网络安全法》和《刑法》为根本指导。其中,《刑法修正案(九)》仍然以保护计算机系统和数据为主,并重点打击利用计算机和网络实施的相关犯罪。其增设了一系列罪名,具体包括:增设了网络服务商违反义务的犯罪,第286条之一规定了"拒不履行信息网络安全管理义务罪";增设利用信息网络实施其他犯罪和帮助他人利用信息网络实施犯罪的规定,第287条之一规定了"非法利用信息网络罪";第287条之二规定了"帮助信息网络犯罪活动罪"等。刑法出现了扩张的内在动因与现实需求,并以"风险社会"和预防犯罪作为刑事立法政策调整的背景,表现为帮助行为的正犯化、预备行为的实行行为化、过失危险行为的犯罪化以及行政犯和义务犯的增设等,彰显了中国依法打击一切形式的恐怖主义行为的信心和决心。本书认为,可增设包括利用网络进行犯罪或以袭击网络为目标的高科技恐怖主义犯罪罪名,即有关网络恐怖主义的罪名,并配置适当的法定刑。

第二,在刑事打击层面,依法打击网络恐怖主义、涉恐音视频等违法犯罪活动。集中打击网络恐怖主义特别是传播暴恐音视频等违法犯罪行为。开展集中打击,集中梳理一批涉恐怖音视频案件线索,查明情况、固定证据,及时依法打击处理,以免造成现实危害。要扩大战果,顺线追踪、深挖幕后和现实暴恐活动,务求连根拔起、一网打尽。打击网络恐怖主义还应当严格贯彻落实《国家安全法》《反间谍法》《国家情报法》等法律法规,必须实现打击违法犯罪与执行法律政策的有机统一。

第三,在刑事执法层面,执法部门应当用好用足现有的法律规定和最高人民法院、最高人民检察院、公安部出台的《暴力恐怖案件意见》,重点打击首要分子、骨干成员,对情节较轻、危害不大、未造成严重后果,且悔过的初犯、偶犯及其他情节显著轻微的,采取治安处罚、社区矫正、教育转化、重点人员管控等政策措施,积极争取教育挽救大多数。在深入开展严厉打击暴力恐怖活动专项行动的同时,讲究法律政策和工作方式方法。把握宗教极端违法犯罪与正常宗教活动的本质区别,既要精准打击网络恐怖活动组织与人员的违法犯罪行为,又要依法保护少数民族群众的合法权益。综合运用多种手段,坚决铲除网络暴恐活动滋生蔓延的土壤,坚决把暴恐违法犯罪分子的嚣张气焰打压下去,全力确保取得良好的政治效果、法律效果和社会效果。

第六节　网络色情犯罪[*]

一、网络色情犯罪的基本现状

(一) 概述

本书所称网络色情犯罪,主要分为卖淫和淫秽两大类,分别对应《刑法》第六章第八节的"组织、强迫、引诱、容留、介绍卖淫罪"和第九节"制作、贩卖、传播淫秽物品罪"。根据实施这两大类犯罪的手段或目的,在网络色情犯罪的"产业链"和"生态"下,还涉及牵连犯、竞合犯、帮助犯等关联犯罪,如帮助信息网络犯罪活动罪、非法利用信息网络罪等互联网技术犯罪及猥亵类、色情诈骗类等犯罪。

色情犯罪与互联网技术的结合,催生出特有的犯罪特点,主要体现为色情内容表现形式增多,犯罪手段和犯罪空间逐渐网络虚拟化,新的犯罪环节和角色逐渐增多并呈现专业化,犯罪规模和危害性扩大导致打击难度增加。

(二) 网络色情的特征

1. 呈现形式

传统的色情内容主要以文字、图片、图文结合的漫画或视频等形式呈现,其传播依赖于物理载体的传递,这在一定程度上限制了传播速度和广度。随着互联网技术的发展和普及,色情内容以电子数据作为载体,在保留传统形式的基础上,衍生出色情音视频、色情游戏等新呈现形式。

2. 传播途径或方式

网络电子化后的色情内容,克服了传统形式不便携、难复制、储存难度大、传播效率低等物理限制后,具有极强的传播性,主要体现为:(1) 传播速度快。以 4G 网络为例,下载速率能达到 100Mbps～150Mbps,上传的速度能达到 20Mbps～40Mbps,一张色情图片不足一秒时间即可完成上传或下载,速度之快,可见一斑,更何况 5G 网络速度是 4G 的 100 倍。(2) 传播范围广。全国性甚至全球性的互联网络,为色情犯罪提供一键触发、由点及面的犯罪便利。(3) 传播途径和方式多。网络色情犯罪分子主要通过网站(包括提供渠道的论坛、提供内容的网站或组织卖淫的平台)、色情软件(直接提供色情

---

[*] 感谢研究助理:李晓怡、谢子仟、眭艺、苏姗、鲜明颖。

直播或视频等内容的软件)、社交软件(包括正常业务平台和"约炮""援交"等网络黑产平台)、自媒体等多种途径传播色情内容。(4)传播准度高。利用大数据分析技术和平台聚合同类用户的特性,可将色情内容精准地送达有需求的个人,实现高质量的客户转化。

(三)网络色情犯罪的发展趋势

1. 从PC端到移动端

高速发展的移动通信网络为用户上网提供了极大的便利,用户的社会交流、信息传递、内容浏览等活动更多是在移动客户端完成的。网络用户流量向移动端转移的趋势形成了强大的推动力,将大多互联网产业从PC端推向移动端,网络色情黑产也不例外。

2. 从境内转向境外

早在2009年,网络色情犯罪就已形成犯罪分子利用境外淫秽网站向境内渗透的局面。因境内扫黄打非雷厉风行,犯罪分子为逃避刑事追责,将大批境内淫秽网站迁至境外,托管、租用境外服务器并由境外人员提供技术维护,甚至加入境外支付联盟获取经济利益,此种内外勾结合作经营的现象十分突出。

3. 网络色情直播行业兴起

网络直播打赏经济的盛兴,为网络色情黑产提供了攫取利益的"契机"。因早期以色情图文或视频为主营业务的变现效率低,不少犯罪分子借助打赏经济的东风,大力发展网络色情直播,利用直播平台强大的聚合用户的功能,赚得盆满钵满。色情直播平台经营色情业务的形式主要有四种:一是主播进行色情直播表演;二是平台或主播在直播间播放AV等色情内容;三是主播利用直播间、粉丝运营群组或微博昵称、头像发布联系方式等方式,将用户引流至第三方平台传播色情内容;四是用户通过昵称、头像或发表评论、弹幕等方式,将其他用户引流至第三方平台传播涉黄信息。网络色情直播引起的直播行业乱象,增大了网络直播监管的难度。2017年,全国扫黄打非办和公安部指导治理了直播造人的斗鱼TV、裸露主播隐私部位的熊猫TV,打掉类似老虎直播、狼友直播、月光宝盒、peepla等大型涉黄网络直播平台。

4. 从单纯线上到线上线下结合

网络色情平台逐渐与线下的卖淫行业无缝对接,呈现出O2O的经营模式,网络色情平台不仅承担传播色情内容的纯线上功能,还承担宣传卖淫女、招揽嫖客等向线下引流的功能。此种经营模式主要被应用于卖淫类犯罪,具体体现如下:

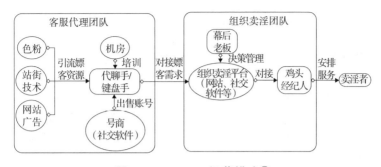

图 7.6-1　O2O 经营模式①

5. 从单独运营到聚合平台

互联网平台聚合资源的能力,使得网络色情产业链条化成为可能,尤其是在暴利的驱动下,多种类型的"业务"告别单打独斗的传统犯罪模式,实现多元化的同流合污。大型的网络色情平台聚合了提供互联网接入、域名注册、主机托管、虚拟空间租赁等技术业务,提供费用结算、客服代理等服务业务,以及衍生出色情诈骗、洗钱走账、网络赌博等犯罪业务。为掩人耳目,其还可能同时经营网络直播、视频播放、社区交友等正常业务。这种盘根错节的业务结构,给网络监管带来极大的挑战。

(四)网络色情犯罪的参与者

1. 平台运营者

平台运营者通常包括色情网站或软件的负责人(经营决策)、管理者(管控协调)、技术人员(研发维护)和业务员(沟通、推广、销售等),在实践中通常以团伙的形式出现,共同运营平台、开展网络色情业务。在 O2O 的犯罪模式中,平台运营者还需负责管控线下的卖淫人员,实现线上嫖客资源向线下的引流。

2. 上游工具开发者

实施网络犯罪,关键在于网络技术,这使得在网络色情黑产链条中,上游工具的开发具有打破壁垒的开源性作用,为各种犯罪手段提供现实可能性。上游工具的开发实际就是技术帮助,根据色情犯罪环节可分为三种:一是犯罪准备,为色情平台提供源代码开发、互联网接入、域名注册、主机托管、虚拟空间租赁等技术帮助;二是犯罪实行,为色情平台提供云转码工具、病毒侵入

---

① 色粉,指专门负责在网上发布色情信息吸引顾客的工作人员;站街,和传统的站街女相似,指利用摇一摇、漂流瓶等功能在网络上吸引顾客的人;号商,指掌握各大网站账号的卖家;代聊手、键盘手,指专门负责通过聊天,将上钩客户转化为嫖客的工作人员;机房,指键盘手的培养团队;散键盘,指没有专门的"机房",自己单独工作的"陪聊"。

并控制计算机系统等帮助传播色情信息的技术;三是犯罪掩护,为色情平台提供马甲、链接跳转等规避监管的技术手段。上游工具的技术极大地助长了网络色情犯罪的气焰,有关部门需严打此类犯罪分子。

3. 非法结算平台

第三方支付平台为网络色情犯罪平台提供支付、结算服务,在整个利益链中起到了"输血供电"的作用,可以说一定程度上激活了黑产的经济动力。为此,公安机关对一些与淫秽色情网站同流合污的第三方支付平台,坚决依法查处打击。

4. 广告代理商

在流量为王的互联网时代,广告宣传是增加流水的关键,为此网络平台愿意出高价委托专业服务团队进行宣传推广。为顺应互联网的经济原理,网络色情平台告别传统自带喇叭式的自卖自夸宣传,在色情黑产链条中催生了专门为其提供宣传推广服务的广告代理商。而这些代理商正是促进色情内容广泛传播的"中坚力量",成为扫黄打非运动的重点对象。

5. 网络用户

"没有买卖就没有杀害",网络用户基于性幻想、猎奇等心理而对色情内容产生的源源不断的需求,是催生、刺激网络色情犯罪的原罪。正因所有的色情内容都是为了迎合用户需求,网络色情犯罪本质上是一种服务型的犯罪,即网络用户的习惯、喜恶将影响甚至决定网络色情犯罪的模式和手段,网络色情犯罪向移动端转移的趋势就是最好的例证。因此,影响和改变网络用户的上网习惯,是根源性地遏制网络色情犯罪的方法,但同时也是最困难的办法。这种方法在未成年网络用户保护中可见一斑,如国外社交网站通过年龄验证,对未成年人屏蔽色情暴力等内容。

(五)网络色情犯罪的特征

1. 复合性

传统的色情类犯罪主要侵害良好的社会管理秩序,同时可能伴随侵害人身自由。在色情犯罪网络化后,其侵害的法益具有复合性,在传统法益的基础上还包含清朗的网络环境、用户的身心健康等,根据犯罪手段的特征,还存在侵犯他人经营秩序、经济利益等情形。

2. 隐匿性

"在互联网中,没人知道你是一条狗"的网络特性,为网络色情犯罪提供了天然的屏障,加之技术手段的掩护,许多犯罪行为水过无痕、难以溯源。隐匿性主要体现为以下四点:一是行为隐匿。为规避监管,网络色情产业创设了许多行业黑话用于宣传推广和沟通交流,已知的有色粉、代聊、键盘手、出台等行话,不加以说明的情况下很难识别其对应的犯罪行为;二是内容隐匿。

为应对 AI 人工智能，犯罪分子将直白的色情内容转化为代码或链接，并通过多次跳转的方式加大侦查追踪的难度。三是人员隐匿。以团伙犯罪为例，其成员散落各地、无固定结构、互不相识，利用虚拟身份通过网络进行勾结，即使在网上检测到犯罪行为，较难定位到具体个人，即使定位到某一成员，也只是看到冰山一角，很难顺藤摸瓜将团伙一网打尽。四是证据隐匿。互联网的虚拟特性，本就为取证增加了难度，加之犯罪跨区域性、产业链条化、平台聚合化，这共同导致证据链的各零部件散落在不同地域、不同服务器中，且一旦风吹草动就面临证据销毁的风险。

3. 易发性

小规模的网络色情犯罪技术门槛较低，只要会发消息，就能完成诸如介绍卖淫罪、传播淫秽物品罪等犯罪。在检索到的网络色情案例中，个人犯罪的数量有所上升，犯罪工具通常只有电脑或手机。这意味着任何一个拥有电脑或手机的人均是具有实施网络色情犯罪能力的人。

二、网络淫秽物品类犯罪的构成与适用

淫秽物品类犯罪主要包括制作、复制、出版、贩卖、传播淫秽物品牟利罪，为他人提供书号出版淫秽书刊罪，传播淫秽物品罪，组织播放淫秽音像制品罪和组织淫秽表演罪。

（一）基础犯罪构成

1. 制作、复制、出版、贩卖、传播淫秽物品牟利罪

根据《刑法》第363条第1款的规定，本罪是指以牟利为目的，制作、复制、出版、贩卖、传播淫秽物品的行为。为免行文赘述，以下将用传播来概称其他行为。

（1）对象

根据《刑法》第367条的规定，所谓淫秽物品，是指具体描绘性行为或者露骨宣扬色情的诲淫性的书刊、影片、录像带、录音带、图片及其他淫秽物品。其中"具体描绘性行为"，是指较详尽、具体地描写性行为的过程及其心理感受；"露骨宣扬色情"则是指公然地、不加掩饰地宣扬色情淫荡形象，例如着力表现人体生殖器官，或其他足以挑起普通人性欲、对观看者形成性刺激甚至会使其腐化堕落的文字和画面。① 而有关人体的解剖生理知识、生育知识、疾病防治知识和其他有关性知识、性道德、性社会等自然科学和社会科学作品，以及具有色情内容的有艺术价值的文学、艺术作品等均非淫秽物品。

---

① 参见郎胜主编：《〈中华人民共和国刑法〉理解与适用》，中国民主法制出版社2015年版，第680—681页。

综上,判断内容或信息是否构成淫秽物品时,应综合考量性描写在整个内容中的占比、描写的方式是否具体直接,以及性描写的尺度是否为该"作品"所要表达的思想与艺术价值所必需。

(2)法益

本罪侵犯的法益是社会道德风尚及国家对文化生活的管理制度。人类社会的发展,使人们产生了性的羞耻感情,性行为是一种极具私密性的行为,已然成为人类社会的共识与秩序。① 传播淫秽物品将原本私密的有关性的信息公开化,完全违背了人类对性行为公开化的羞耻感情,妨害了社会风俗理念,亦损害了性领域范畴现有的社会秩序与国家对文化生活的管理制度。

(3)客观要件

本罪包含制作、复制、出版、贩卖、传播淫秽物品五种客观行为,任一行为均可构成本罪。"制作"是指生产、录制、编写、翻译、绘画、印刷、刻印、摄制、洗印等行为。"复制"是指通过翻印、翻拍、复印、复写、复录等方式对已有的淫秽物品进行重复制作的行为。"出版"是指编辑、印刷、发行淫秽书刊的行为。"贩卖"是指销售淫秽物品的行为,包括批发、零售、倒卖等。"传播"是指通过播放、出租、出借、承运、邮寄等方式致使淫秽物品流传的行为。②

(4)主体和主观要件

本罪的主体是一般主体,既可以是自然人,也可以是单位。

本罪系以牟利为目的的故意犯罪,即明知是淫秽物品而故意传播,在意志上表现为希望或放任,例如制作、传播、贩卖的主观心态通常是积极主动的,而将淫秽物品置于他人可接触的范围并任由他人观看、放映的主观心态则是消极放任的。至于行为人是否已经实际取得了利益、获利多少,并不影响本罪的成立,可作为量刑的情节加以考虑。③

根据《刑法》第363条第2款的规定,如果明知他人是用于出版淫秽书刊而提供书号,则属于本条第1款所规定的出版淫秽物品的共犯。此外,本罪要求行为人主观上有牟利的目的,对不具有牟利目的,且制作、复制淫秽音像制品供自己观看的,可以予以批评教育或者治安处罚,不作为犯罪处理。

(5)罪责

本罪量刑的主要依据是涉案淫秽物品的数量、传播次数、违法所得金额

---

① 参见张明楷:《刑法学》(第4版),法律出版社2011年版,第1027页。
② 参见郎胜主编:《〈中华人民共和国刑法〉理解与适用》,中国民主法制出版社2015年版,第675页。
③ 参见李少平等主编:《中华人民共和国刑法案典(下)》,人民法院出版社2016年版,第2031页。

等因素,最高人民法院《关于审理非法出版物刑事案件具体应用法律若干问题的解释》,对构成制作、复制、出版、贩卖、传播淫秽物品牟利罪的"情节严重""情节特别严重"的情况,作了具体的解释。具体内容如下:

	入罪标准	情节严重	情节特别严重
犯罪情节	(1)制作、复制、出版淫秽影碟、软件、录像带50至100张(盒)以上,淫秽音碟、录音带100至200张(盒)以上,淫秽扑克、书刊、画册100至200副(册)以上,淫秽照片、画片500至1 000张以上的	(1)制作、复制、出版淫秽影碟、软件、录像带250至500张(盒)以上,淫秽音碟、录音带500至1 000张(盒)以上,淫秽扑克、书刊、画册500至1 000副(册)以上,淫秽照片、画片2 500至5 000张以上的	其数量(数额)达到情节严重规定的数量(数额)5倍以上的
	(2)贩卖淫秽影碟、软件、录像带100至200张(盒)以上,淫秽音碟、录音带200至400张(盒)以上,淫秽扑克、书刊、画册200至400副(册)以上,淫秽照片、画片1 000至2 000张以上的	(2)贩卖淫秽影碟、软件、录像带500至1 000张(盒)以上,淫秽音碟、录音带1 000至2 000张(盒)以上,淫秽扑克、书刊、画册1 000至2 000副(册)以上,淫秽照片、画片5 000至10 000张以上的	
	(3)向他人传播淫秽物品达200至500人次以上,或者组织播放淫秽影像达10至20场次以上的	(3)向他人传播淫秽物品达1 000至2 000人次以上,或者组织播放淫秽影像达50至100场次以上的	
	(4)制作、复制、出版、贩卖、传播淫秽物品,获利5 000元至10 000元以上的	(4)制作、复制、出版、贩卖、传播淫秽物品,获利30 000元至50 000元以上的	
刑罚	处3年以下有期徒刑、拘役或者管制,并处罚金	处3年以上10年以下有期徒刑,并处罚金	处10年以上有期徒刑或者无期徒刑,并处罚金或者没收财产

2. 制作、复制、出版、贩卖、传播淫秽物品牟利罪与其他淫秽物品类犯罪的构成要件之区别

《刑法》第九节制作、贩卖、传播淫秽物品罪侵犯的法益都是一致的,各个罪名的区别主要在于客观方面的具体行为类型和定罪量刑标准不同。

(1) 传播淫秽物品罪

因传播淫秽物品的行为本身具有社会危害性,即使不以牟利为目的,也具有刑事可罚性,为此特设此罪。本罪与传播淫秽物品牟利罪的区别在于:第一,行为人是否具有牟利的主观目的,不具有牟利目的的,可能构成传播淫秽物品牟利罪;第二,"情节严重"是传播淫秽物品罪罪与非罪的界限,也是传播淫秽物品牟利罪量刑的加重情节。无牟利目的的,传播淫秽物品的数量需达到传播淫秽物品牟利数量的两倍,符合两项传播淫秽物品牟利罪入罪标准,或造成其他严重后果的才可能构成犯罪。①

(2) 组织播放淫秽音像制品罪

"组织播放"是指召集多人播放淫秽电影、录像等音像制品的行为。播放淫秽音像制品,实质上也是一种传播淫秽物品的方式,鉴于互联网技术未普及的时代,组织播放淫秽物品的活动频繁且危害严重,为明确责任以打击此类活动,刑法针对这种行为特设独立罪名。为区分罪与非罪的界限,刑法规定主要是为了惩治"组织播放"者,只向个别人播放或者是仅仅参与观看等行为不构罪。这里所说的"音像制品",除淫秽的电影、录像外,还包括淫秽的幻灯片、录音带、激光唱片等。②

(3) 组织淫秽表演罪

本罪犯罪主体是淫秽表演的组织者,既可以是专门从事淫秽表演的组织者,类似"穴头",也可以是为招揽生意而组织表演的正规商业活动经营者。表演者不构成本罪。明知他人组织淫秽表演,仍为其提供场所或者其他便利条件的,按照组织淫秽表演罪的共犯处理;为组织淫秽表演活动卖票或者进行其他服务性活动的,应根据实际情况,区别对待,对于犯罪团伙、集团的成员应当按共犯处理,对于犯罪分子雇用的服务员,一般可不按照犯罪处理。本罪客观方面是,行为人实施了组织淫秽表演的行为。行为人所雇用的演员以及观众的多少,一般并不影响本罪的构成,而应作为犯罪的情节考虑。③

(二) 制作、复制、出版、贩卖、传播淫秽物品牟利罪的犯罪行为网络化

在互联网技术发展背景下,为应对淫秽物品类犯罪呈现出的新形势、新特点,最高人民法院、最高人民检察院在 2004 年 9 月、2010 年 2 月联合颁布实施了《淫秽电子信息案件解释》《淫秽电子信息案件解释(二)》等文件,针对在司法实

---

① 参见《淫秽电子信息案件解释》第 3 条的规定。
② 参见郎胜主编:《〈中华人民共和国刑法〉理解与适用》,中国民主法制出版社 2015 年版,第 678 页。
③ 参见郎胜主编:《〈中华人民共和国刑法〉理解与适用》,中国民主法制出版社 2015 年版,第 679 页。

践中因淫秽物品类型、互联网信息传播速度、犯罪行为方式发生变化而产生的新问题,作出了一系列规定。

1. 互联网时代淫秽物品新形式——淫秽电子信息

随着互联网、移动通讯终端的升级迭代,淫秽物品的载体突破传统有形物的边界,开始变得多样化,表现为在线电影、直播、动画、即时音视频通讯、电子刊物、文章、短信息、电子图片等非实物的信息。

2. 侵害的法益

网络技术的进步,使得淫秽物品的存储数量、传播速度呈几何倍数式增长,与传统淫秽类犯罪相比,往往会造成更严重的损害后果,除此之外,本罪犯罪行为的网络化,也使得受损法益的内容发生扩张。

从宏观角度看,本罪犯罪行为的网络化,侵害了清朗的网络环境。互联网作为技术发展的产物已然成为一个与现实社会互相独立的虚拟空间,网络空间突破了物理空间的限制,是一个公开的、理论上任意主体都可能接触的环境。网络世界参与者身份的隐蔽性,使得主体实施行为前更少进行理性思考,清朗健康的网络环境也更容易被破坏。从微观角度来看,本罪犯罪行为的网络化,也会引发更多互联网平台利益受损的后果。互联网平台是互联网环境中的重要主体,是为消费者和经营者提供交换价值的场所,当平台用户利用平台实施本罪的犯罪活动时,一方面可能会导致正规经营的平台的流量被引流至色情平台,另一方面也会增加平台因存在色情内容受到行政处罚,被封杀以及商誉受损的风险。

3. 客观要件

互联网时代,本罪的犯罪行为也有了新的表现形式:(1)利用聊天室、论坛、即时通信软件、电子邮件等方式实施制作、复制、出版、贩卖、传播淫秽电子信息;(2)明知是淫秽电子信息而在自己所有、管理或者使用的网站或者网页上提供直接链接;(3)明知他人实施制作、复制、出版、贩卖、传播淫秽电子信息犯罪,为其提供互联网接入、服务器托管、网络存储空间、通讯传输通道、费用结算等帮助。具体的行为方式则可能表现为对电子信息的合成、分拆、压缩、下载、上传、张贴、发送、发布等。①

4. 主体

互联网音视频平台、平台经营者、平台公会等活动组织者、第三方支付平台、电信运营商、普通用户均可能成为此类犯罪的犯罪主体。

5. 主观要件

制作、复制、出版、贩卖、传播淫秽物品牟利罪是故意犯罪,只有明知是淫

---

① 参见人民法院出版社编:《解读最高人民法院司法解释(含指导性案例)刑事卷》,人民法院出版社2019年版,第1076页。

秽电子信息而自行或放任他人将淫秽电子信息置于自己经营管理的网络空间、不履行断开链接及删除等义务的行为才可能构成犯罪。鉴于互联网海量信息与网络空间的联结特性,且现有技术亦无法达到全面过滤的效果,判定行为人是明知还是因疏于管理等原因确实不知情,是司法实践中的难点。鉴于此,《淫秽电子信息案件解释(二)》根据刑法理论明确了"明知"的认定标准,形成了四种具体情形和一条兜底条款:(1)行政主管机关书面告知后仍然实施上述行为的;(2)接到举报后不履行法定管理职责的(接到有关人员或单位的举报信息,不履行《电信条例》《互联网信息服务管理办法》的规定和法定职责);(3)为淫秽网站提供互联网接入、服务器托管、网络存储空间、通讯传输通道、代收费、费用结算等服务,收取服务费明显高于市场价格的;(4)向淫秽网站投放广告,广告点击率明显异常的;(5)其他能够认定行为人明知的情形,但有证据证明行为人确实不知道的除外。

此外,本罪还要求行为人还要有牟利的目的,互联网时代对"牟利"的认定并不局限于传统的因制作、传播、买卖物品本身而获得的非法收益,还包括提高流量、增加广告收入等。

(三)网络传播淫秽物品犯罪的司法认定

根据近年中国裁判文书网公布的案例,常见的网络传播淫秽物品犯罪行为表现形式主要有运营淫秽色情网站或 APP、色情直播、网络淫秽视频聊天、利用社交群组售卖淫秽音视频信息、利用云盘传播淫秽音视频信息。不同表现形式的行为在司法实践中凸显的问题有所不同。

1. 运营含有淫秽色情内容的网站

行为人通过设立、购买、运营音视频平台,在平台上以自行存储或外链他人淫秽色情链接的形式投放淫秽色情信息,再以向用户销售卡密、收取会员费或投放广告赚取广告费等方式谋取经济利益,是一种常见的运营模式,该模式中难点是关于淫秽电子信息数量、传播次数、违法所得金额的认定问题。

(1)淫秽电子信息数量、传播次数、违法所得金额的认定

传播淫秽物品类犯罪中,淫秽物品数量、淫秽电子信息点击量系是否构罪、是否构成"情节严重"的关键标准。因"点击"行为是浏览网页的必要步骤,各网站公示或后台记录的点击量也没有统一标准,所以网站对板块点击量的统计与单个淫秽电子信息点击量的统计可能存在重复计算,公布的点击量可能虚高,由此导致"实际被点击数"的大小常会成为案件审理过程中的争议点。司法实践中有的案例对实际点击数重复计算的部分进行了过滤,但也有案例显示,即使平台上含有正常内容,法院仍直接将平台的收入总额一揽子作为违法所得金额进行计算,而不采用实际点击量作为定罪量刑的计量标准。

【案例】彭波传播淫秽物品牟利案①（"实际点击数量"的认定）

北京新浪阅读信息技术有限公司出具的后台"点击"列表证实，涉案淫秽电子小说《纵横乡野都市：狂猛小三爷》一书的全部章节"点击"为1 431 348次，公诉机关据此认定该小说网络点击数为1 431 348次。鉴于网络销售平台对于全部章节点击数的计数标准过于宽泛，难以作为网络淫秽小说社会危害性的判定标准。北京市海淀区人民法院认为，《纵横乡野都市：狂猛小三爷》作为一本书籍，其内容具有连贯性，应当将整部书籍作为一个整体看待，不能将各个章节作为独立个体……在本案中，应当是《纵横乡野都市：狂猛小三爷》一书的总点击次数，而非各个章节的点击数。该总点击次数可通过该全部章节点击数1 431 348除以章节数103章得出，据此，该小说实际点击次数为13 897次。

【案例】陈某某等人贩卖淫秽物品牟利案②（违法所得金额的认定）

被告人陈某某、周某某等有预谋地通过在境外架设服务器，自行开发App接入淫秽色情直播源（也仍可观看正常的卫视直播或视频）。平台招揽用户购买会员卡密（类似于手机充值卡），购买后可通过平台提供的链接观看淫秽视频。经查该手机APP网络平台自创立以来共贩卖卡密207.97万张（已使用卡密196.2万张），从后台服务器下载视频1 624个，经鉴定，其中1 563个视频属于淫秽视频。本案主犯的辩护人提出："涉案网络平台可以播放正规视频和卫视直播，不应将平台收入资金全部认定为违法所得；本案应以淫秽电子信息被点击的次数作为定案依据，通过各类视频或者直播的点击数占比来准确计算违法所得的数额"。嘉兴市南湖区人民法院认为：虽然平台也有不含淫秽内容的影视栏目但仍是以观看淫秽色情直播或者视频为主吸引用户购买卡密，上诉人明知平台具有播放淫秽视频等功能而向用户贩卖卡密，用户一旦付费成功便获得了相应的观看淫秽视频的权利，至于用户是否实际使用上述功能并不影响上诉人通过该平台贩卖淫秽物品牟利这一事实的认定，故应以平台贩卖卡密收入的资金认定本案的违法所得而非以淫秽视频点击次数定案。一审认定4名被告人（其他犯罪嫌疑人另案处理）构成贩卖淫秽物品牟利罪，判处被告人陈某某有期徒刑13年，并处罚金200万元；判处被告人周某某有期徒刑12年，并处罚金160万元；判处被告人郭某某有期徒刑10年，并处罚金100万元；判处被告人叶某某有期徒刑3年，缓

---

① 参见北京市海淀区人民法院(2015)海刑初字第513号刑事判决书。
② 公安部公布的"2018'打黄打非'十大案例之一——浙江嘉兴'4·05'特大网络传播淫秽物品牟利一案，参见《浙江嘉兴中院二审宣判一起特大贩卖淫秽物品案》，载《人民法院报》2020年4月2日，第3版。

刑4年,并处罚金2.5万元。判决后,4名被告人均提起上诉。嘉兴市中级人民法院二审维持原判。

本书认为,该案中,若涉案平台中仅有淫秽视频需要卡密才能播放(非淫秽内容无需卡密),用户购买卡密后就已获得了相应金额的淫秽视频,淫秽视频的贩卖行为已完成,用户是否实际观看对犯罪的构成没有影响。法院直接将售卖的点卡金额等同于"违法所得",是符合规定和逻辑的。若部分非淫秽内容也需要付费,则依照刑法有利于被告人的原则,应按比例扣除合法内容部分的收费,或以淫秽视频实际点击量作为计量标准更为妥当。

(2)网站日常管理人员是否构成犯罪、是否构成共犯

实践中,除网站主办及运维人员外,网站往往还有数名网友无偿或有偿地担任版主、贴吧管理员,提供有偿或者无偿的"服务工作",工作内容常常包含删除、整理帖子,管理网友日常签到等活动。这些"版主、管理员"彼此之间往往互不相识,对于淫秽色情网站的此类人员是否构成犯罪,司法实践中往往也有不同观点。一种意见认为,行为人之间在现实社会中并不认识,并无犯意联络;另一种意见认为,网络时代的犯意联络产生了新的方式,只要满足以下条件即可认定构成共同犯罪,第一,每个行为人均认识到并不是自己一人在实行犯罪行为(即使在现实生活中可能并不认识对方)。第二,每个行为人的犯罪行为均指向同一犯罪事实,与犯罪结果之间均存在因果关系,即使行为人在现实社会互不认识,但他们在实施网络行为时存在共同的犯罪故意,构成共同犯罪。本书认为第二种意见更合理。

【案例】段帅全等传播淫秽物品案①

2008年12月至2009年6月间,被告人段帅全、陈观亮、徐剑迪、王啸雷、张连财在"赤裸中国"网站从事网络管理工作。经勘验并鉴定,在"赤裸中国"网站内提取大量淫秽图片及淫秽视频文件。其中:被告人段帅全自2009年1月至6月间,在"赤裸中国"网站使用"美图区主管"的管理账户,通过筛查主题帖和回复帖,监督"美图区"下设子版块版主的工作情况等方式,对"美图区"进行日常管理工作。被告人徐剑迪、王啸雷等人以前述管理方式对该网站其他版块进行日常管理。北京市石景山区人民法院认定被告人段

---

① 参见国家法官学院、中国人民大学法学院编:《中国审判案例要览:2011年刑事审判案例卷》,中国人民大学出版社2013年版,第26页。

帅全等人利用互联网传播淫秽电子信息、情节严重,构成传播淫秽物品罪,属于共犯。

2. 利用网络云盘等新型数据载体传播、贩卖淫秽音视频信息

网络云盘是近年来互联网技术飞速发展的产物,只要连接到互联网,用户输入账号密码信息就可以查看、管理、编辑云盘中的文件。因其具有储存容量大、使用不受时空限制、极具便捷性等特点,利用网络云盘犯罪成为近年来淫秽类网络犯罪的常用手段。在利用云盘的一般犯罪中,犯罪分子利用云盘储存容量大的特性,将大量淫秽内容存放到云盘,并将链接和密码发给用户以供浏览。但因云盘的相对封闭性,其具有数量多但传播范围窄的特点。对此,犯罪分子又"钻研"出直接销售存有淫秽内容的云盘账号型犯罪。司法实践中,对于行为人销售含有淫秽电子信息的云盘账号是否可等同于贩卖淫秽物品、是否应依据云盘存储视频数量作为传播的淫秽电子信息数量进行认定等问题存在不同的观点。

【案例】李某传播淫秽物品牟利案

根据内蒙古自治区巴林右旗人民检察院、赤峰市红山区人民检察院公布的案例,法院查明:2015年3月,犯罪嫌疑人李某用自己的社交账号联系了一个名为"A爱我就大声说出来"的保健品销售商,该销售商称,每20元就可以买一个可以观看淫秽视频的账户和密码。这样李某在此保健品销售商处,共购买了15个账户和密码,并在朋友圈内将这个15个账户和密码,以80元、100元不等的价格分别卖给其好友,共牟利900元,后被公安机关发现并抓获。公安机关根据社交账号仅找到其中一名购买者。据该购买者称,在互联网上登录360云盘后,通过输入其购买的账号和密码,就可自行点击观看视频、文档、图片等淫秽物品,其共观看20余部黄色电影。经鉴定该360云盘内共储存有"淫秽视频"达4 000多个。但仅允许在线观看,不能复制、下载。[1]

---

[1] 参见《行为人为了牟利贩卖传播淫秽物品的账号和密码,构成传播淫秽物品罪——李某传播淫秽物品牟利案》,载 http://www.faxin.cn/lib/cpal/AlyzContent.aspx? isAlyz = 1&gid = C1370759&userinput=%E7%BD%AA%E5%AB%8C%E7%96%91%E4%BA%BA%E6%9D%8E%E6%9F%90%E7%94%A8%E8%87%AA%E5%B7%B1%E7%9A%84%E5%BE%AE%E4%BF%A1%E5%8F%B7%E8%81%94%E7%B3%BB%E4%BA%86%E4%B8%80%E4%B8%AA%E5%BE%AE%E4%BF%A1%E5%8F%B7%E4%B8%BA%E2%80%9CA%E7%88%B1%E6%88%91%E5%B0%B1%E5%A4%A7%E5%A3%B0%E8%AF%B4%E5%87%BA%E6%9D%A5%E6%B0%9D%E5%A5%B3%E4%BA%BA%E6%9D%8E%E6%9F%90%E2%80%9D%E6%8E%A5%E8%BF%9B%E6%88%91%E4%BA%86%E4%B8%80%E4%B8%AA%E5%90%8D%E4%B8%BA%E2%80%9D%E2%80%9CA%20%E7%88%B1%E6%88%91%E5%B0%B1%E5%A4%A7%E5%A3%B0%E8%AF%B4%E5%87%BA%E6%9D%A5%EF%BC%8C%E5%A3%B0%E8%AF%B4%E7%94%B7%E6%80%A7%E5%81%A5%E5%BA%B7%E7%94%A8%E5%93%81%EF%BC%8C%E5%8F%AF%E4%BB%A5%E7%94%A8%E5%85%8D%E8%B4%B9%E7%9A%84%E9%AB%98%E6%B8%85%E7%89%88%E2%80%9D,最后访问日期:2021年3月3日。

第一种观点认为,李某贩卖含有淫秽色情视频的云盘账号密码也属于贩卖行为,被告人可能构成贩卖、传播淫秽物品牟利罪,且因云盘内存储的淫秽视频达四千多个属于情节特别严重。第二种观点认为,在本案的交易模式之下,卖方为买方提供淫秽视频的观看途径,然而,买方的行为仅限于在线观看,无法取得所观看的视频文件或者其复制件,并且,在交易结束后,可能因为政策或者技术上的原因导致买方无法再观看视频,故被告人之行为不属于传统意义上的贩卖。李某涉嫌传播淫秽物品牟利罪,且因云盘内存储的淫秽视频达四千多个属于情节特别严重。第三种观点认为,李某发展的注册会员为 15 人,违法所得仅 900 元,尚未达到该罪的立案追诉标准,依据现有证据,仅能证明李某仅向一人传播 20 余部淫秽视频,获利 85 元,按第二种意见,其行为将被处以 10 年以上有期徒刑,但依据《淫秽电子信息案件解释》第 1 条中"视频文件二十个以上的"属于情节特别严重的规定,根据有利于被告人的解释原则,应认定李某有传播淫秽物品牟利的行为,但不宜认定为情节特别严重。①

2017 年最高人民法院、最高人民检察院发布了《关于利用网络云盘制作、复制、贩卖、传播淫秽电子信息牟利行为定罪量刑问题的批复》,该批复指明:"对于以牟利为目的,利用网络云盘制作、复制、贩卖、传播淫秽电子信息的行为,在追究刑事责任时,鉴于网络云盘的特点,不应单纯考虑制作、复制、贩卖、传播淫秽电子信息的数量,还应充分考虑传播范围、违法所得、行为人一贯表现以及淫秽电子信息、传播对象是否涉及未成年人等情节,综合评估社会危害性,恰当裁量刑罚,确保罪责刑相适应",对利用云盘销售、传播淫秽物品的定罪量刑情节认定作出一定的指引。

3. 网络色情直播

网络色情直播常见的获利途径主要包括直播打赏、将观看色情直播的观众通过各种即时通讯软件予以留存后再通过通讯软件向其贩卖其他淫秽物品,或提供其他正当或不正当的、线上或线下的服务,以谋取经济利益。其中,直播打赏获得的钱款往往由直播平台、家族长(与公会相似,是主播的组织者,为主播提供运营服务)、主播进行分成。不同主体涉嫌的罪名及刑事责

---

① 参见《行为人为了牟利贩卖传播淫秽物品的账号和密码,构成传播淫秽物品罪——李某传播淫秽物品牟利案》,载 http://www.faxin.cn/lib/cpal/AlyzContent.aspx? isAlyz = 1&gid = C1370759&userinput = % E7% BD% AA% E5% AB% 8C% E7% 96% 91% E4% BA% BA% E6% 9D% 8E% E6% 9F% 90% E7% 94% A8% E8% 87% AA% E5% B7% B1% E7% 9A% 84% E5% BE% AE% E4% BF% A1% E5% 8F% B7% E8% 81% 94% E7% B3% BB% E4% BA% 86% E4% B8% 80% E5% BE% AE% E4% BF% A1% E5% 8F% B7% E5% 8F% AB% E2% 80% 9CA% E7% 88% B1% E6% 88% 91% E5% B0% B1% E8% A4% A5% E5% A3% B0% E8% AF% B4% E2% 80% 9D,最后访问日期:2021 年 3 月 3 日。

任的认定,是这类模式犯罪中的难点问题。

(1)色情直播平台经营者的刑事责任——构成组织淫秽表演罪或制作、复制、出版、贩卖、传播淫秽物品牟利罪

司法实践中存在争议的问题主要有两点,其一,色情直播平台的经营者构成制作、复制、出版、贩卖、传播淫秽物品牟利罪还是组织淫秽表演罪;其二,色情直播主播是否构成组织淫秽表演罪,即主播自己能否"组织"自己,进行淫秽表演。

对于色情直播平台的经营者构成制作、复制、出版、贩卖、传播淫秽物品牟利罪或是组织淫秽表演罪的问题,最高人民法院认为:当传播的内容仅仅是视频流时,不应将此认定为传播淫秽视频,否则组织播放淫秽的电影、录像等音像制品的行为也属于传播淫秽视频,刑法实际上是专门规定了组织播放淫秽音像制品罪,与复制、出版、贩卖、传播淫秽物品牟利罪相比是轻罪,根据从一重处断原则,应当以传播淫秽物品罪定罪处罚,明显与司法实践的做法不符①,故色情直播内容只有被固定为可反复观看的音视频文件内容进行传播的,才属于制作、复制、出版、贩卖、传播淫秽物品牟利罪。还有一种观点认为,当色情信息通过直播展现出来时,视频信息存在于网络之中,并可以通过技术手段及时拍摄、记载或复制而具有客观的现实形态,所以不能说其完全没有依附的载体,否则互联网上进行的很多行为都将失去法律评价的基础。两种观点的差别在于,直播过程中产生的色情信息是否属于淫秽物品的范畴,而实践中采纳两种观点的案例都存在。

【案例】某某、卢天祥组织淫秽表演案②

被告人某某出资购买"一点直播"平台用于经营网络直播(该平台既有黄播也有绿播),聘请被告人宋飞飞等人担任该平台的客服,负责为客户充值、为直播女认证以及统计直播女收入并制作表格提供给某某。之后,某某通过社交软件方式发展被告人卢天祥等人为该平台家族长,并商定由上述家族长组织直播女在"一点直播"平台进行淫秽表演,某某则按照直播女为平台所创收益的70%至80%不等的比例向上述家族长及直播女支付提成。郴州市中级人民法院认为,某某购买"一点直播"平台,发展为组织直播女进行淫秽表演的平台,聘请客服负责结算,发展家族长招募、组织直播女在该平台进行实时淫秽表演,而并非在网络上传播已制作完成的淫秽图文、音像资料,依法应当以组织淫秽表演罪追究其刑事责任。某某作为一点直播平台的

---

① 参见胡云腾主编:《网络犯罪刑事诉讼程序意见暨相关司法解释理解与适用》,人民法院出版社2014年版,第231页。
② 参见湖南省郴州市中级人民法院(2019)湘10刑终102号刑事裁定书。

组织者,系主犯,应当对其平台下所有家族中的涉黄直播活动负责,被判处有期徒刑7年,并处罚金20万元。

【案例】胡志辉等人传播淫秽物品牟利案①

2017年3月至7月期间,被告人胡志辉伙同被告人沈威在武汉市洪山区马湖新村53栋4单元301室,以其注册的武汉市聚客云商信息技术有限公司在网络上研发、运营、管理"Partylive"直播平台手机APP,平台直播采取家族管理制,招揽女性开设色情直播间。被告人鲜国鑫负责该平台技术支撑及服务器维护,被告人高龙、尹鹏负责该平台日常监管。经鉴定,送检的13张录制的该平台直播视频光盘中,全部视频文件均为淫秽视频。据部分视频证据统计,淫秽直播期间点击数达28 507次,该直播平台网站注册会员数共207 035人,网站充值共计6 028 338元。另查明,本案中的"Partylive"直播平台存在普通直播和私密直播两种形式;私密直播即淫秽视频直播,需要用户付费观看。因此该直播平台是以淫秽视频直播为主要内容进行牟利的违法平台,该平台网站的充值金额均应计入违法所得。本案中涉案平台的注册会员已超过5 000人,网站违法所得已超过25万元,应当认定为"情节特别严重",武汉市洪山区人民法院认定被告人胡志辉、鲜国鑫等人传播淫秽物品牟利罪,分别判处有期徒刑5年至11年,并处罚金3万元至8万元。

(2)直播平台"家族长"及"主播"的刑事责任

类似公会、家族长等单纯的直播行为组织者涉嫌组织淫秽表演罪,单纯被组织、安排进行直播活动的主播不构成组织淫秽表演罪,主播有其他违法行为的,依照法律规定进行处罚,司法实践中对此基本不存在争议。

【案例】山东济宁"12·15"制作传播淫秽物品牟利案(因涉案人数众多,其他嫌疑人已另案处理,此处仅摘录个别案件)②

2017年12月开始,济宁市公安局历经10个多月侦破此案。经查,"蜜汁直播""小魔女""浅深"等12个直播平台从事传播淫秽物品牟利活动,已形成"会员—主播—家族长—管理成员—股东—最高管理成员"六层完整的层级,高峰期近百名主播同时在线,每个主播观看会员少则几百人,多则数千

---

① 参见湖北省武汉市洪山区人民法院(2018)鄂0111刑初413号刑事判决书。
② 参见江苏省徐州市鼓楼区人民法院(2018)苏0302刑初232号刑事判决书,(2018)苏0302刑初235号刑事判决书。

人,最多一次有24万余人观看某主播淫秽表演。① 目前仅公开了部分案件的判决书,以赖某某、陈某某组织淫秽表演、传播淫秽物品牟利案为例,被告人赖某某为牟取非法利益,在"屋播"直播平台注册成立"Ty"家族,担任家族长,后招募邹某、陈某等人加入其家族,在"屋播"直播平台做主播,并利用"屋播"APP的直播功能,多次组织其家族成员在该平台进行淫秽色情表演。赖某某及其主播从"屋播"平台获利104 463元,其中赖某某获利22 384元。

被告人陈某某经赖某某介绍,为牟取非法利益,加入赖文胜任家族长的"屋播"直播平台"Ty"家族,成为该家族主播。后陈某某在位于福建省武平县岩前镇新丰宾馆201室,使用昵称为"Ty小迷妹"的屋播账号多次进行淫秽色情直播,并通过该直播平台收受观众礼物获利。直播期间,被告人陈某某诱惑意欲观看淫秽色情视频的观众,让其通过刷礼物的方式赠送"一个跑车"(折算131.4元),后进入由陈某某创建的聊天群。陈某某在群中发布视频24部,经鉴定,其中23部视频文件属于淫秽物品。江苏省徐州市鼓楼区人民法院认定赖某某实施了组织主播进行淫秽色情直播的行为,构成组织淫秽表演罪;进行淫秽直播的主播陈某某在聊天群贩卖淫秽视频的行为,构成传播淫秽物品牟利罪。

(3)色情直播主播的刑事责任——是否构成组织淫秽表演罪

直播行业中亦有部分主播系独立安排自己的直播活动,对于主播是否能"组织自己",也存在两种观点。一种观点认为,组织行为仅限于以他人为对象的,策划表演过程,纠集、招募、雇用表演者,寻找、租用表演场地,招揽观众等组织演出的行为。也有一种观点认为,组织行为的对象也可以是组织者自己,主播也可构成组织淫秽表演罪。

【案例】万平、杨创组织淫秽表演、传播淫秽物品案②

2019年5月起,被告人万平、杨创经事先预谋,以牟利为目的,在"卡哇伊"平台上进行网络直播,以"刷跑车有福利"等言语招揽观众,将充值赠送虚拟礼物的观众拉入指定社交群组,并向其发布平台收费频道虚拟房间密码,后在湖南省益阳市赫山区梓山湖公馆一栋13058室内,通过"卡哇伊"平台收费频道虚拟房间进行淫秽表演。此外,被告人万平以赠送福利为名将赠送了虚拟礼物的一名观众拉入聊天群,该群文件内有其上传的40部视频,经

---

① 参见《深挖六层级铲出黄毒瘤——山东济宁破例12·15跨境特大网络传播淫秽物品牟利案》,载 https://baijiahao.baidu.com/s? id=1609105678615960094&wfr=spider&for=pc,最后访问日期:2021年3月3日。

② 参见上海市长宁区人民法院(2019)沪0105刑初1249号刑事判决书。

鉴定,其中28部为淫秽视频。上海市长宁区人民法院判决被告人万平犯组织淫秽表演罪,判处拘役5个月,并处罚金3 000元;犯传播淫秽物品谋利罪,判处有期徒刑7个月,并处罚金3 000元。决定执行有期徒刑7个月,并处罚金6 000元。被告人杨创犯组织淫秽表演罪,判处拘役5个月,并处罚金3 000元。

4. 网络淫秽视频聊天

常见的网络淫秽视频聊天有三种形式:

第一种是点对点式网络淫秽视频聊天,由于这是私密空间内的个人行为,是否成立违法犯罪,尚未有法律作出明确规定,各地网警在办理网络淫秽视频聊天案件中执法力度也各不相同,有的对此处以治安管理行政处罚,有的以涉嫌传播淫秽物品罪或聚众淫乱罪立案侦查(如2005年北京市石景山区家庭主妇张某某组织网络淫秽视频聊天一案,张某某被以聚众淫乱罪立案侦查,最后检察机关经过反复研究,撤回了聚众淫乱罪的起诉),但认为作为公共权力的刑罚不宜介入私人的社交领域,是主流司法、学术观点。①

第二种是网上公共会议式的,即在一个公共场所集体互相进行淫秽表演。会议厅形式的网络淫秽视频聊天通常不牟利,参与人员也通常不固定,无严格的组织者。虽然通常有人主持,会议室的管理员可以指定任何人主持,但会议室的管理员不一定参与淫秽表演活动。任何人均可免费注册自己的号码,并登录到任意会议室。建设者或者管理员可以设定权限或密码,只有知道密码的人才能登录会议室。也有视频表演的会议室是任何人均可自愿登录的(只要脱衣服即可,如果不脱衣会被踢出)。②关于此种情形的淫秽视频聊天行为的定罪量刑,存在如下不同观点:有观点认为,该行为构成传播淫秽物品牟利罪或者传播淫秽物品罪;也有观点认为,该行为构成聚众淫乱罪;还有观点认为,该行为构成组织淫秽表演罪。

第三种是"点对多"付费单聊式,有组织地对不特定群体提供付费单聊服务。行为人有预谋地专门实施付费单聊服务,即"以收费裸聊"为业,谋取不正当的经济利益。这种模式下,既含有无组织的纯个人行为,也含有有预谋、有组织的行为。其中,对于无组织的付费单聊行为,若认为行为人可以"组织"自己实施淫秽表演,有可能构成组织淫秽表演罪;对于有组织

---

① 参见胡云腾主编:《网络犯罪刑事诉讼程序意见暨相关司法解释理解与适用》,人民法院出版社2014年版,第231—234页。

② 参见胡云腾主编:《网络犯罪刑事诉讼程序意见暨相关司法解释理解与适用》,人民法院出版社2014年版,第231—234页。

的付费单聊活动,通常认为组织者可能构成组织淫秽表演罪,表演者不构罪。

在免费会议厅形式的淫秽视频聊天中,存在多种人员角色:建设者,负责开设会议室并需要交纳一定费用,费用往往根据会议室大小的不同而有所区分;管理员,建设者不一定是管理员,很多情况下建设者不是管理员,会议室是由其他人管理的;主持人,负责在会议室内主持活动,管理员不一定是主持人(也可能不存在主持人);参与者。

在有组织的付费单聊形式的网络淫秽视频聊天中,通常也存在如下人员角色:组织者,其建设视频聊天网站(通常位于境外),从手机支付中收取费用;观看者,其通过手机注册付费,可以付费购买"鲜花""春药糖"等虚拟物品;表演者,其与观看者聊天,根据观看者赠送其"鲜花""春药糖"等虚拟物品的数量从组织者处提取费用。

最高人民法院观点认为,建设者、管理员、主持人都应当被认定为网络淫秽视频聊天的组织者,应当以组织淫秽表演罪定罪处罚。同色情直播一样,网络淫秽视频聊天是实时视频传输,并不具有反复观看的可能性,故不具备传播淫秽物品(牟利)罪罪质所要求的社会危害性,对此种行为不宜按照传播淫秽物品牟利罪(传播淫秽物品罪)处理,但实践中亦有相反裁判意见。网络淫秽视频聊天亦不符合聚众淫乱罪的构成,聚众淫乱罪主要表现为群奸群宿、跳全裸舞或进行性交以外的其他性变态活动,如兽奸等。可见,聚众淫乱以多人进行身体之间有接触的性行为或变相性行为为前提,而网络淫秽视频聊天的行为不符合这一特性。需要注意的是,虽然法律确实未明确规定聚众淫乱以身体接触为前提。但是,从民众的通常认识出发,"淫乱活动"应当理解为有身体接触,虚拟空间中的聚众网络淫秽视频聊天由于未发生身体接触,将之解释为"淫乱",似不符合民众的一般预期。而且,从处罚力度角度而言,聚众淫乱罪的法定刑为"五年以下有期徒刑、拘役或者管制",而组织淫秽表演罪的法定刑为"三年以下有期徒刑、拘役或者管制""三年以上十年以下有期徒刑",故适用组织淫秽表演罪似更能加大惩治力度。因此,聚众网络淫秽视频聊天的行为不应认定为聚众淫乱罪,认定为组织淫秽表演罪更为合适。[1]

---

[1] 参见胡云腾主编:《网络犯罪刑事诉讼程序意见暨相关司法解释理解与适用》,人民法院出版社2014年版,第231—234页。

【案例】重庆访问科技有限公司等单位及郑立等人组织淫秽表演案①

2008年9月,被告人郑立与被告人戴泽焱商议合作建立视频聊天网站,并要求被告人刘峻松制作FLASH视频聊天软件后上传至其设立的视频聊天网站平台。同年12月10日,被告单位重庆市聚乐网络有限公司、重庆彩蓝科技有限公司、重庆访问科技有限公司签订《视频聊天项目合作协议》,约定由重庆彩蓝科技有限公司、重庆访问科技有限公司合作经营视频聊天网站(收费型为一对一聊天室形式),并负责网站的日常运营及管理,重庆市聚乐网络有限公司负责视频聊天系统的开发及持续维护更新,并有权分享自行推广全部收入的65%。此后,郑立、戴泽焱、刘峻松在原有网站www.27by.com的基础上,又建立了www.10ve65.com等网站并进行推广,上述网站均指向郑立管理的同一个后台数据库。被告人何佳等人负责招募并管理专职、兼职女主播小姐,网民在上述网站上注册成为会员后,须充值2元进入聊天室与女主播聊天,然后在网站上充值购买K币,按照女主播的要求用K币购买虚拟礼物,根据虚拟礼物价值的大小,女主播会提供不同程度的淫秽表演。3个被告单位和5名被告人通过组织淫秽表演牟利。截至2009年6月,通过上述网站注册的用户记录达5 703 830条,进入上述网站聊天室的网民向郑立、戴泽焱在网站上提供的银行账户汇款达232 320笔,金额达14 931 089.39元。法院认定3个被告单位和5名被告人的行为均已构成组织淫秽表演罪。

5. 通过社交群组销售、传播淫秽物品

网络的普及使得社交群组也成了当下淫秽色情产业沟通、实施违法买卖、传播行为的主阵地,除贩卖、传播行为的行为人可能构成犯罪外,司法实践中也存在将仅对群成员进行组织管理,并未直接实施传播淫秽电子信息的群管理人员认定为犯罪的案例。

【案例】胡刚、彭波传播淫秽物品案②

被告人胡某利用互联网建立主要用于传播淫秽电子信息的聊天群

---

① 参见《网络公司为组织网上淫秽表演的行为提供便利条件的,成立组织淫秽表演罪的共同犯罪》,载法信网(http://www.faxin.cn/lib/cpal/AlyzContent.aspx? isAlyz = 1&gid = C1285912&userinput=%E9%87%8D%E5%BA%86%E8%AE%BF%E9%97%AE%E7%A7%91%E6%8A%80%E6%9C%89%E9%99%90%E5%85%AC%E5%8F%B8%E7%AD%89%E5%8D%95%E4%BD%8D%E5%8F%8A%E9%83%91%E7%AB%8B%E7%AD%89%E4%BA%BA%E7%BB%84%E7%BB%87%E6%B7%AB%E7%A7%BD%E8%A1%A8%E6%BC%94%E6%A1%88%E7%BB%84%E7%BB%87%E6%B7%AB%E7%A7%BD%E8%A1%A8%E6%BC%94%E7%BD%AA%E5%85%B1%E5%90%8C%E7%8A%AF%E7%BD%AA%E7%9A%84%E7%AB%8B%E6%A1%88%E6%A0%87%E5%87%86&c=BJ01.202006005&id=A%BB%84%E7%BB%87%E6%B7%BB%84%E7%BB%87%E6%B6%B7%AB%E7%A7%BD%E8%A1%A8%E6%BC%94%E7%BD%AA%E5%85%B1%E5%90%8C%E7%8A%AF%E7%BD%AA&gid=C1285912&userinput=%E9%87%8D%E5%BA%86%E8%AE%BF%E9%97%AE%E7%A7%91%E6%8A%80%E6%9C%89%E9%99%90%E5%85%AC%E5%8F%B8%E7%AD%89%E5%8D%95%E4%BD%8D%E5%8F%8A%E9%83%91%E7%AB%8B%E7%AD%89%E4%BA%BA%E7%BB%84%E7%BB%87%E6%B7%AB%E7%A7%BD%E8%A1%A8%E6%BC%94%E6%A1%88),最后访问日期:2021年7月20日。

② 参见陕西省勉县人民法院(2017)陕0725刑初27号刑事判决书。

组,担任该群组的直接管理者,多次在群组中传播图片、视频等淫秽电子信息,亲自或通过他人吸纳群成员达160余人。被告人彭某明知其所加入的群是主要用于传播淫秽电子信息的不法群组,仍然主动担任该群组的管理者,并积极吸纳其他成员加入。二被告人的行为均构成传播淫秽物品罪。公诉机关指控二被告人的犯罪事实成立。在共同犯罪中,被告人胡某起主要作用,系主犯。被告人彭某起次要作用,系从犯。对于从犯,依法应从轻处罚。

6. 网络色情游戏

网络游戏虽然并未成为传播淫秽物品的"主战场",但是随着网络游戏的普及,司法实践中也出现了通过网络游戏传播淫秽电子信息的案例。因国家对游戏实行版号管理制度,各大应用平台也会对应用上架进行审核,故市面上出现的淫秽类游戏大多为小制作的"非法游戏",具体表现形式是,在游戏画面中嵌入淫秽色情的内容(常表现为动态的画面或者视频),并在售卖淫秽游戏的过程中以"福利"的形式另行向购买者赠送淫秽物品。

【案例】刘丙锐制作、复制、出版、贩卖、传播淫秽物品牟利案①

2017年被告人刘某某以398元的价格在其开设的网上店铺里售卖游戏"上古卷轴5"的游戏补丁,安装了该补丁后,游戏中会增加一个使游戏人物实施性行为的功能。为吸引买家好评,刘某某向给其好评的卖家赠送102个淫秽小视频的网盘链接。法院认定被告人刘某某构成贩卖、传播淫秽物品牟利罪,判处有期徒刑3年,缓刑3年,并处罚金2 000元。

(四) 网络传播淫秽物品犯罪的处罚

1. 罪数

实施制作、复制、出版、贩卖、传播任一行为的,即可成立制作、复制、出版、贩卖、传播淫秽物品牟利罪,同时实行前述行为的,也只认定一罪,不实行数罪并罚。

2. 量刑

(1) 制作、复制、出版、贩卖、传播淫秽物品牟利罪

《淫秽电子信息案件解释》《淫秽电子信息案件解释(二)》分别对制作、复制、出版、贩卖、传播淫秽电子信息的定罪量刑情节予以明确,淫秽电子信息数量、点击率、会员数、违法所得是定罪量刑的量化标准。

---

① 参见河南省鹤壁市中级人民法院 (2018) 豫06刑终170号刑事判决书。

犯罪情节	入罪标准	以牟利为目的,利用互联网、移动通讯终端制作、复制、出版、贩卖、传播淫秽电子信息,具有下列情形之一的	以牟利为目的,利用互联网、移动通讯终端制作、复制、出版、贩卖、传播内容含有不满14周岁未成年人的淫秽电子信息,具有下列情形之一的	以牟利为目的,网站建立者、直接负责的管理者明知他人制作、复制、出版、贩卖、传播的是淫秽电子信息,允许或者放任他人在自己所有、管理的网站或者网页上发布,具有下列情形之一的
		(1)—(4)制作、复制、出版、贩卖、传播淫秽电影、表演、动画等视频文件20个以上的;音频文件100个以上的;电子刊物、图片、文章、短信息等200件以上的;淫秽电子信息,实际被点击数达到10 000次以上的	(1)—(4)制作、复制、出版、贩卖、传播淫秽电影、表演、动画等视频文件10个以上的;淫秽音频文件50个以上的;淫秽电子刊物、图片、文章等100件以上的;淫秽电子信息,实际被点击数达到5 000次以上的	(1)数量或者数额达到中间列第(1)项至第(6)项规定标准5倍以上的
		(5)以会员制方式出版、贩卖、传播淫秽电子信息,注册会员达200人以上的	(5)以会员制方式出版、贩卖、传播淫秽电子信息,注册会员达100人以上的	
		(6)利用淫秽电子信息收取广告费、会员注册费或者其他费用,违法所得10 000元以上的	(6)利用淫秽电子信息收取广告费、会员注册费或者其他费用,违法所得5 000元以上的	
		(7)数量或者数额虽未达到第(1)项至第(6)项规定标准,但分别达到其中两项以上标准一半以上的	(7)数量或者数额虽未达到第(1)项至第(6)项规定标准,但分别达到其中两项以上标准一半以上的	(2)数量或者数额分别达到中间列第(1)项至第(6)项两项以上标准2倍以上的
		(8)造成严重后果的	(8)造成严重后果的	(3)造成严重后果的
	加重情节	实施上述行为,数量或者数额达到左侧列第(1)项至第(6)项规定标准五倍以上的,应当认定为《刑法》第363条第1款	实施上述行为,数量或者数额达到中间列第(1)项至第(7)项规定标准5倍以上的,应当认定为《刑法》第363条第1款	实施上述的行为,数量或者数额达到中间列第(1)项至第(7)项规定标准25倍以上的,应当认定为《刑法》第363条第1

(续表)

犯罪情节	加重情节	规定的"情节严重";达到规定标准25倍以上的,应当认定为"情节特别严重"	规定的"情节严重";达到规定标准25倍以上的,应当认定为"情节特别严重"	款规定的"情节严重";达到规定标准100倍以上的,应当认定为"情节特别严重"
	数量累计	一年内多次实施制作、复制、出版、贩卖、传播淫秽电子信息行为未经处理,数量或者数额累计计算构成犯罪的,应当依法定罪处罚		
刑罚		犯本罪的,处3年以下有期徒刑、拘役或者管制,并处罚金;情节严重的,处3年以上10年以下有期徒刑,并处罚金;情节特别严重的,处10年以上有期徒刑或者无期徒刑,并处罚金或者没收财产 对于以牟利为目的,实施制作、复制、出版、贩卖、传播淫秽电子信息犯罪的,人民法院应当综合考虑犯罪的违法所得、社会危害性等情节,依法判处罚金或者没收财产。罚金数额一般在违法所得的1倍以上5倍以下		

关于淫秽电子信息数量的认定,最高人民法院认为,只要单个视频或图片符合淫秽电子信息的构成要件、能给观看者带来淫秽性刺激,对于淫秽音、视频、图片量的计算应按照其自然个数来累计,无需考虑视频长短、与其他相关视频、图片的关联关系(例如组图、由长视频拆分的短视频)。但可在量刑时考虑文件大小、影响范围、违法所得等因素予以调整。①

关于境外淫秽网络点击数的认定,对于服务器在境内的淫秽网站,司法机关可通过鉴定直接查明;对于服务器在境外的淫秽网站,无法查获服务器的,最高人民法院认为应首先考虑通过文件数量、违法所得数额等标准定罪量刑,如无法适用前述标准,则可通过该网站上显示的点击数认定实际被点击数。②

为对低龄未成年进行特殊保护,《淫秽电子信息案件解释(二)》对淫秽电子信息内容中含有不满14周岁未成年人的定罪量刑标准在《淫秽电子信息案件解释》的基础上下调了一半。因虚构内容也能满足不法分子对幼童实施性侵害的特殊心理需求,淫秽电子信息形式既包含真人视频、图片,也包括动画、文章等虚构性的作品。判定淫秽电子信息内容中是否涉及不满14周岁的未成年人,应采用一般人的标准,但有证据证明其中的内容不涉及未满14岁未成年的除外。③

---

① 参见胡云腾主编:《网络犯罪刑事诉讼程序意见暨相关司法解释理解与适用》,人民法院出版社2014年版,第222页。
② 参见胡云腾主编:《网络犯罪刑事诉讼程序意见暨相关司法解释理解与适用》,人民法院出版社2014年版,第223页。
③ 参见胡云腾主编:《网络犯罪刑事诉讼程序意见暨相关司法解释理解与适用》,人民法院出版社2014年版,第221页。

当前利用互联网制作、复制、出版、贩卖、传播淫秽电子信息案件高发的原因之一,就是有部分人员受到巨大经济利益驱动,为犯罪活动推波助澜。为了规制这一行为,切断利益链,《淫秽电子信息案件解释(二)》设置了独立的定罪量刑标准。

对于电信业务经营者、互联网信息服务提供者而言,明知是淫秽网站,为其提供互联网接入、服务器托管、网络存储空间、通讯传输通道、代收费等服务,并收取服务费,具有如下情节之一的,视为构成犯罪:(1)为5个以上淫秽网站提供上述服务的;(2)为淫秽网站提供互联网接入、服务器托管、网络存储空间、通讯传输通道等服务,收取服务费数额在2万元以上的;(3)为淫秽网站提供代收费服务,收取服务费数额在5万元以上的;(4)造成严重后果的。数量或者数额达到前述第(1)项至第(3)项规定标准5倍以上的视为"情节严重";达到规定标准25倍以上的,应当认定为"情节特别严重"。

对于其他直接负责的主管人员和直接责任人员而言,明知是淫秽网站,以牟利为目的,通过投放广告等方式向其直接或者间接提供资金,或者提供费用结算服务,具有下列情形之一的,视为构成犯罪:(1)向10个以上淫秽网站投放广告或者以其他方式提供资金的;(2)向淫秽网站投放广告20条以上的;(3)向10个以上淫秽网站提供费用结算服务的;(4)以投放广告或者其他方式向淫秽网站提供资金数额在5万元以上的;(5)为淫秽网站提供费用结算服务,收取服务费数额在2万元以上的;(6)造成严重后果的。数量或者数额达到前述第(1)项至第(5)项规定标准5倍以上的视为"情节严重",达到规定标准25倍以上的,应当认定为"情节特别严重"。

(2)传播淫秽物品罪

根据《刑法》第364条第1款,传播淫秽的书刊、影片、音像、图片或其他淫秽物品,情节严重的,处2年以下有期徒刑、拘役或者管制。

犯罪情节	入罪标准	不以牟利为目的,利用互联网或者移动通讯终端传播淫秽电子信息,具有下列情形之一的	利用互联网、移动通讯终端传播内容含有不满十四周岁未成年人的淫秽电子信息,具有下列情形之一的	网站建立者、直接负责的管理者明知他人制作、复制、出版、贩卖、传播的是淫秽电子信息,允许或者放任他人在自己所有、管理的网站或者网页上发布,具有下列情形之一的	利用互联网建立主要用于传播淫秽电子信息的群组,有如下情形之一的,建立者、管理者和主要传播者视为构成犯罪

(续表)

犯罪情节	入罪标准				
	(1) 数量达到如下规定标准 2 倍以上： ① 制作、复制、出版、贩卖、传播淫秽电影、表演、动画等视频文件 20 个以上的 ② 制作、复制、出版、贩卖、传播音频文件 100 个以上的 ③ 制作、复制、出版、贩卖、传播电子刊物、图片、文章、短信息等 200 件以上的 ④ 制作、复制、出版、贩卖、传播淫秽电子信息，实际被点击数达到 10 000 次以上的 ⑤ 以会员制方式出版、贩卖、传播淫秽电子信息，注册会员达 200 人以上的 利用聊天室、论坛、即时通信软件、电子邮件等方式，实施上述行为的，依照《刑法》第 364 条第 1 款的规定，以传播淫秽物品罪定罪处罚	(1) 数量达到如下规定标准 2 倍以上： ① 制作、复制、出版、贩卖、传播淫秽电影、表演、动画等视频文件 10 个以上的 ② 制作、复制、出版、贩卖、传播淫秽音频文件 50 个以上的 ③ 制作、复制、出版、贩卖、传播淫秽电子刊物、图片、文章等 100 件以上的 ④ 制作、复制、出版、贩卖、传播的淫秽电子信息，实际被点击数达到 5 000 次以上的 ⑤ 以会员制方式出版、贩卖、传播淫秽电子信息，注册会员达 100 人以上的	(1) 数量达到如下规定标准 10 倍以上： ① 制作、复制、出版、贩卖、传播淫秽电影、表演、动画等视频文件 10 个以上的 ② 制作、复制、出版、贩卖、传播淫秽音频文件 50 个以上的 ③ 制作、复制、出版、贩卖、传播淫秽电子刊物、图片、文章等 100 件以上的 ④ 制作、复制、出版、贩卖、传播的淫秽电子信息，实际被点击数达到 5 000 次以上的 ⑤ 以会员制方式出版、贩卖、传播淫秽电子信息，注册会员达 100 人以上的	(1) 成员达 30 人以上的
	(2) 数量分别达到上述规定标准两项以上的	(2) 数量分别达到上述规定标准两项以上的	(2) 数量分别达到上述规定标准两项以上标准 5 倍以上的	
	(3) 造成严重后果的	(3) 造成严重后果的	(3) 造成严重后果的	(2) 造成严重后果的

(3) 组织播放淫秽音像制品罪

《刑法》第 364 条第 2 至 4 款规定,组织播放淫秽的电影、录像等音像制品的,处 3 年以下有期徒刑、拘役或者管制,并处罚金;情节严重的,处 3 年以上 10 年以下有期徒刑,并处罚金。制作、复制淫秽的电影、录像等音像制品组织播放的,依照第 2 款的规定从重处罚。向不满 18 周岁的未成年人传播淫秽物品的,从重处罚。

有如下情节的,视为构成犯罪:组织播放淫秽的电影、录像等音像制品达 15 至 30 场次以上;造成恶劣社会影响的。

(4) 组织淫秽表演罪

组织进行淫秽表演的,处 3 年以下有期徒刑、拘役或者管制,并处罚金;情节严重的,处 3 年以上 10 年以下有期徒刑,并处罚金。

以策划、招募、强迫、雇用、引诱、提供场地、提供资金等手段,组织进行淫秽表演,有如下情形之一的,视为构成犯罪:(1) 组织表演者进行裸体表演的;(2) 组织表演者利用性器官进行淫秽性表演的;(3) 组织表演者半裸体或者变相裸体表演并通过语言、动作具体描绘性行为的;(4) 其他组织进行淫秽表演应予追究刑事责任的情形。①

三、网络卖淫犯罪的构成与适用

(一) 基础犯罪构成

卖淫类犯罪主要包括组织卖淫罪,强迫卖淫罪,协助组织卖淫罪,引诱、容留、介绍卖淫罪,引诱幼女卖淫罪。

1. 组织卖淫罪

组织卖淫是指"以招募、雇佣、纠集等手段,管理或者控制他人卖淫"的行为。②

(1) 传统法益

本罪侵犯的法益是良好的社会风化和治安管理秩序。③ 组织的对象必须是多人,而不是一个人。根据《卖淫案件解释》,多人是指组织三人以上。除此以外,本罪的"他人",既包括妇女,也包括男性。④

---

① 参见《立案追诉标准(一)》第 86 条。
② 参见《卖淫案件解释》第 1 条。
③ 参见周强总主编,李少平等主编:《中华人民共和国刑法案典(下)》,人民法院出版社 2016 年版,第 2008 页。
④ 参见全国人大常委会法制工作委员编:《中华人民共和国刑法释义:含刑法修正案八》(第 5 版),法律出版社 2011 年版,第 623 页。

(2) 客观行为

组织卖淫罪的客观行为是组织他人卖淫,即"主要是指通过纠集、控制一些卖淫的人员进行卖淫,或者以雇佣、招募、容留等手段,组织、诱骗他人卖淫"[1]的行为,通常伴随从中牟利的行为,但本罪不以牟利作为构成要件。要认定本罪,行为人必须实施了组织行为,至于其本人是否参与卖淫、嫖娼,并不影响本罪的构成。这里所说的"组织",通常表现为以下两种形式:一是行为人设置卖淫场所,或者以发廊、旅店、饭店、按摩房、出租屋等为名设置变相卖淫场所,招募一些卖淫人员在此进行卖淫活动;二是行为人自己没有开设固定的场所,但利用本身从事服务行业等便利条件,组织、操纵他所控制的卖淫人员有组织地进行卖淫活动。[2] 刑法意义上的卖淫,是指以营利为目的,为不特定他人提供性交服务或肛交、口交等进入式性服务。公安部曾出具批复,将手淫等非进入式而是接触式的色情服务认定为卖淫[3],各地法院存在援引此批复将手淫认定为卖淫的司法实践。但鉴于刑法的谦抑性原则,手淫等非进入式性服务目前不宜认定为卖淫。

(3) 犯罪主体

本罪的犯罪主体必须是卖淫活动的组织者。也就是开设卖淫场所的"老鸨"或者以其他方式组织他人卖淫的人,可以是几个人,也可以是一个人,关键要看其在卖淫活动中是否起组织者的作用。这里所说的组织者,有的是犯罪集团的首要分子,有的是临时纠合在一起进行组织卖淫活动的不法分子,有的是纠集、控制几个卖淫人员从事卖淫活动的个人。[4]

(4) 主观要件

本罪是故意犯罪,行为人组织他人卖淫的行为必须出于故意。

2. 组织卖淫罪与其他卖淫类犯罪的构成要件之区别

在卖淫类犯罪中,犯罪主体、主观要件均为一般主体和故意,区别在于侵害的传统法益和客观行为的不同。

(1) 强迫卖淫罪

本罪侵害的传统法益为他人的人身权利(尤其是性的不可侵犯的权利)以及良好社会风尚、社会治安管理秩序。客观方面表现为,行为人采取暴

---

[1] 全国人大常委会法制工作委员会刑法室编著:《〈中华人民共和国刑法〉释义及实用指南》,中国民主法制出版社2011年版,第568—569页。

[2] 参见全国人大常委会法制工作委员会刑法室编著:《〈中华人民共和国刑法〉释义及实用指南》,中国民主法制出版社2011年版,第569页。

[3] 公安部2001年2月28日《关于对同性之间以钱财为媒介的性行为定性处理问题的批复》(公复字〔2001〕4号)。

[4] 参见全国人大常委会法制工作委员会刑法室编著:《〈中华人民共和国刑法〉释义及实用指南》,中国民主法制出版社2011年版,第569页。

力、威胁或者其他手段,违背他人意志,迫使他人卖淫的行为。这里所说的"强迫",既包括直接使用暴力手段或者以暴力相威胁,也包括使用其他非暴力的逼迫手段,如以揭发他人隐私或者以可能使他人某种利害关系遭受损失相威胁,或者通过使用某种手段和方法,形成精神上的强制,在别无出路的情况下,违背自己的意愿从事卖淫活动。强迫的对象,既可以是没有卖淫习性的人,也可以是由于某种原因不愿卖淫的有卖淫恶习的人①。

(2) 协助组织卖淫罪

本罪侵害的传统法益为良好社会风尚、社会治安管理秩序。客观方面表现为,为组织卖淫的人招募、运送人员或者实施其他协助行为。这里所规定的"招募",是指协助组织卖淫者招雇、征招、招聘、募集人员,但本身并不参与组织卖淫活动的行为;"运送"是指为组织卖淫者提供交通工具接送、输送所招募的人员的行为。"其他协助组织他人卖淫行为"是指在组织他人卖淫的活动中,起协助、帮助作用的其他行为,如为"老鸨"充当保镖、打手,为组织卖淫活动看门望哨或者管账等。协助组织他人卖淫活动,也是组织他人卖淫活动的一个环节,但其行为的性质、所起的作用与组织卖淫者具有很大的不同,不宜笼统地以组织卖淫罪的共犯处理②。协助组织卖淫行为实质是帮助行为,根据帮助犯的定罪规则,需以所帮助之犯罪既遂作为定罪前提,但考虑到协助组织卖淫的行为具有独立的危害性,其危害性甚至可能超过组织卖淫正犯,因此不宜将其认定为帮助犯进而适用从轻、减轻等情节。本罪名是帮助行为正犯化,即使所帮助的组织卖淫行为未既遂,也可构成本罪。特别需要强调的是,本罪在主观方面要求"明知",不明知组织卖淫行为而实际协助了组织卖淫的,行为人不构成本罪。为遏制实践中一揽子将人抓走的扩大打击现象,最高人民法院和最高人民检察院明确,在具有营业执照的会所、洗浴中心等经营场所担任保洁员、收银员、保安员等,从事一般服务性、劳务性工作,仅领取正常薪酬,且无协助组织卖淫行为的,不认定为协助组织卖淫罪。③

(3) 引诱、容留、介绍卖淫罪

本罪侵害的传统法益为良好社会风尚、社会治安管理秩序。客观方面表现为三个方面。第一,"引诱"他人卖淫,即行为人为了达到某种目的,以金钱诱惑或通过宣扬腐朽生活方式等手段,诱使没有卖淫习性的人从事卖淫活动的行为。第二,"容留"他人卖淫,即行为人故意为他人从事卖淫、嫖娼活

---

① 全国人大常委会法制工作委员会刑法室编著:《〈中华人民共和国刑法〉释义及实用指南》,中国民主法制出版社 2011 年版,第 569 页。

② 全国人大常委会法制工作委员会刑法室编著:《〈中华人民共和国刑法〉释义及实用指南》,中国民主法制出版社 2011 年版,第 570 页。

③ 参见《卖淫案件解释》第 4 条。

动提供场所的行为。这里规定的"容留"既包括在自己所有的、管理的、使用的、经营的固定或者临时租借的场所容留卖淫、嫖娼人员从事卖淫、嫖娼活动,也包括在流动场所,如运输工具中容留他人卖淫、嫖娼。第三,"介绍"他人卖淫,即为卖淫人员与嫖客寻找对象,并在他们中间牵线搭桥的行为,即人们通常所说的"拉皮条"。另外,应当注意的是,引诱、容留、介绍他人卖淫是一个选择性规定,这三种行为只要实施了其中一种行为,即可构成犯罪。但如果兼有这三种行为,一般不实行数罪并罚。① 因不满14周岁的幼女,正在处于心理和生理上的发育时期,且缺少必要的自我保护意识和自我控制能力,特别容易受到侵害,《刑法》特设引诱幼女卖淫罪将幼女作为重点保护对象。本罪存在入罪门槛,从人数方面,引诱1人可构罪,容留、介绍2人可构罪;从对象方面,容留、介绍未成年人、孕妇、智障人员、患有严重性病的人可构罪;从明知方面,一年内因引诱、容留、介绍卖淫行为被行政处罚,又实施容留、介绍卖淫的可构罪;从牟利方面,非法获利1万元以上的可构罪。②

(二)卖淫犯罪网络化的趋势与特征

卖淫犯罪网络化,是指随着互联网的发展,卖淫犯罪的场所从传统物理空间逐渐转移到虚拟网络空间,犯罪行为与互联网技术相结合进而衍生出新型的犯罪手段或犯罪环节。组织卖淫罪、协助组织卖淫罪和介绍卖淫罪三个卖淫类犯罪存在明显的网络化趋势和特征。

1. 组织卖淫行为网络化

网络化是刑事犯罪在互联网时代的特征之一,卖淫类犯罪也不例外。在组织卖淫罪中,不少犯罪分子采取动态管理方式,即不建立固定的卖淫窝点,而是利用现代化的交通与通信设施,指挥、控制着多人从事卖淫活动。这种动态管理模式,将组织卖淫行为化整为零,或者将分散的单个卖淫行为组织起来,既能扩大卖淫的范围,又便于逃避公安机关的追查。这类没有固定场所的组织卖淫行为,依然明显地体现出组织者的管理、控制行为,即卖淫者并非作为单个个体而存在,而是受制于组织者,随时接受他们的指令去办事,有一定的组织性和纪律性。③ 为应对组织卖淫罪中"组织"行为的网络虚拟化,最高人民法院和最高人民检察院强调,是否设置固定场所不影响组织卖淫行为的认定。④

---

① 全国人大常委会法制工作委员会刑法室编著:《中华人民共和国刑法释义及实用指南》,中国民主法制出版社2011年版,第571页。
② 参见《卖淫案件解释》。
③ 参见周峰等:《〈关于审理组织、强迫、引诱、容留、介绍卖淫刑事案件适用法律若干问题的解释〉的理解与适用》,载《人民司法(应用)》2017年第25期。
④ 参见《卖淫案件解释》第1条。

组织卖淫罪的重点在于"卖淫"二字,所有犯罪行为均围绕卖淫行为展开,这决定了组织卖淫罪在互联网时代呈现出线上与线下互通联结的特点,即互联网的常见业态模式——O2O模式(Online To Offline):以社交软件、网站甚至云端网盘等线上平台为依托,实现组织管理职能并完成信息在组织者、卖淫者和嫖娼者之间的传递,继而发展线下的卖淫活动。

【案例】王成勇组织卖淫,陈晋强、杨远明等协助组织卖淫案①(以社交群组为依托)

2019年5月开始,王成勇利用社交群组组织卖淫活动。其中,王成勇负责招募、管理卖淫女,雇佣杨远明在其指定的卖淫窝点负责望风,王成勇与社交群组内的经纪人负责与业务人员交换嫖客与卖淫女信息,安排卖淫活动的时间、金额、收款方式等。陈晋强作为业务人员,负责为卖淫组织招募嫖客、发送卖淫女信息供嫖客挑选,并雇佣陈周晓、范世斌等人(另案处理)在广州市海珠区、天河区等地派发色情卡片招募嫖客。广州市海珠区人民法院判决王成勇犯组织卖淫罪,判处有期徒刑10年,并处罚金50万元;陈晋强、杨远明、陈周晓犯协助组织卖淫罪,判处有期徒刑1年9个月至1年1个月不等的有期徒刑,各并处罚金。

【案例】杨旭诉陈佳组织卖淫案②(以网站为依托)

2011年下半年,陈佳出资注册域名,租赁境外服务器,创建名为"上海某网"的论坛网站,并先后雇佣杨旭、滕飞在泰国负责网站管理。该网站提供色情图片及视频、提供卖淫女卖淫信息、卖淫场所信息,并通过发布验证帖、接受虚假举报等方式对卖淫女、卖淫场所的卖淫行为进行控制。至案发,该论坛招募会员共计310余万人,总浏览量达23亿余次,违法所得共计600余万元。上海市第一中级人民法院认定陈佳犯组织卖淫罪,判处有期徒刑11年,剥夺政治权利3年,并处罚金6万元;滕飞、杨旭、刘海英犯协助组织卖淫罪,判处有期徒刑6年至1年4个月不等刑期,并处罚金3万元到3000元不等。

组织卖淫团伙借助互联网的技术力量打破了物理空间的限制,从传统的区域性犯罪发展演变为跨省市甚至跨境的大规模犯罪。此类跨地域犯罪中,"鸡头""经纪人"等组成的招嫖团队和"代聊手""键盘手"等组成的代聊客服团队分散内外各地,以卖淫组织平台为依托共享卖淫女和嫖客资源,形

---

① 参见广州市海珠区人民法院(2020)粤0105刑初257号刑事判决书。
② 参见上海市第一中级人民法院(2016)沪01刑终1048号刑事裁定书。

成庞大复杂的犯罪网络。但在犯罪规模扩大的同时,卖淫团伙的组织者数量与传统组织相比却在下降,表现为以少数控制大多数的特点。其原因在于犯罪网络化后,组织者对卖淫者的人身控制从传统的物理控制转变为借由互联网对人的身份、意志的控制。

【案例】公安部公布的《2014年公安机关打击黄赌犯罪典型案例》(借助互联网技术实施跨地域犯罪)①

"成人奶妈"网站组织卖淫案。2014年6月下旬,公安部部署北京市公安机关对某"成人奶妈"网站涉嫌组织介绍卖淫案立案侦查。经3个多月的缜密侦查,9月下旬,公安部组织北京、河北、广东、湖北、江西等地公安机关联合实施抓捕行动,一举捣毁2个组织介绍"成人奶妈"卖淫及传播淫秽视频的犯罪团伙,抓获陈某、何某等15人,已移送起诉3人。自2013年9月以来,陈某伙同他人租用境外服务器建立"奶妈论坛"等网站,采取会员制经营,组织多名奶妈,由客服人员管理,向多个省、市的200余名成人会员提供喂奶、卖淫及传播网上淫秽视频活动。

江苏南通张某等人利用网络组织卖淫案。2014年6月,江苏省南通市公安机关工作中发现张某等人利用网络组织卖淫的线索,立即立案侦查。自2013年11月以来,张某等人利用聊天工具在网上招徕嫖客,为扩大"经营",该团伙采取"传销模式"发展成员,在该市多家星级、连锁酒店内组织卖淫700余次,非法获利50余万元。

郭某等团伙利用网络组织卖淫案。2014年2月,浙江省海宁市公安局在工作中发现有人利用网络聊天工具进行"网络招嫖",即抽调精干警力成立专案组开展侦查。经深挖排查,摸清了一个以郭某为首、涉及11个省、市的网络招嫖团伙的组织架构。在公安部协调指挥下,先后在辽宁、内蒙古、江西、湖北、广东、重庆等地抓获97人,其中依法逮捕23人。自2013年10月以来,郭某、王某、耿某等经事先商定利益分成方式,由代聊人员通过网聊工具在全国范围发布招嫖信息,组织妇女到指定地点进行卖淫活动,从中非法获利,涉及卖淫嫖娼案件近千起。

河北石家庄"6·10"利用网络组织卖淫案。2014年4月下旬,河北省石家庄市公安局根据工作中发现线索,对赵某等利用网络组织卖淫案立案侦查。在前期缜密侦查基础上,6月上旬,石家庄市公安局治安支队组织行动,一举打掉以赵某、张某等为首的两个组织、介绍卖淫犯罪团伙,摧毁7个

---

① 参见《公安部公布2014年打击黄赌毒犯罪二十大案例》,载中国法院网(Https://www.chinacourt.org/article/detail/2014/12/id/1525302.shtml),最后访问日期:2021年10月10日。

网络聊天群,抓获涉案人员45名。自2014年3月以来,赵某、张某等在互联网创立"梦幻"聊天群等,招募会员及部分妇女,组织卖淫活动,从中抽头渔利。现赵某、张某等9人已被移送起诉。

【案例】"9·15"跨国组织卖淫案①

该团伙首犯李某、刘某龙以长沙明日今晨科技有限公司为遮掩,自2015年起依次搭建SZ、OK、AA、AK、CH 5个社交群组卖淫平台,陆续组织安排100余名团伙成员长期隐匿在马来西亚多处窝点,通过互联网平台指挥其进行操作,并与招嫖平台相互勾连,组织招募大批从事卖淫服务的女子在广州、深圳、长沙等地进行卖淫招嫖活动。

团伙管理运营人员,有幕后老板、助理、取现人、存现人、开卡人等多种不同角色。团伙内部对分工不同的人员有特殊的称呼,比如管理"小姐"的叫"钟房",招揽嫖客的叫"业务"等。团伙成员的具体分工是:幕后老板负责全面指挥该团伙的运作及发展方向,并与各卖淫平台股东按持股比例分配违法所得;助理协助老板处理团伙内部全部事务,包括操纵境外四个卖淫平台财务对账转款,为该团伙成员发放工资,招募团伙成员及从事卖淫服务的女子等;取现人则与境外财务直接对接,指挥财务将违法所得转入"取现银行卡"取现并将现金交给老板、助理或存现人;存现人需要将违法所得通过银行转账给老板时,由其负责到银行柜台进行现金转账,实现取现和存现的隔离;开卡人在马来西亚找当地的外国人,诱骗他们来中国办银行卡,这些以外国人名义办的银行卡,就被作为该团伙"取现银行卡"。

2017年下半年,腾讯守护者计划安全团队通过大数据风控能力,发现了一些账号的异常网上行为模式,随即将这一情况反馈给公安机关。2017年9月22日,深圳市公安局接公安部交办的专案线索,要求对一境外组织卖淫犯罪团伙进行侦查。犯罪线索与深圳市公安局正在侦办的罗湖"尊龙"网络平台组织妇女卖淫案等3宗案件恰好重合。2017年10月6日,深圳市公安局组织成立专案组进行立案侦查。2017年12月上旬,公安部治安局派员率专案组赴境外开展工作。2017年12月12日,在中国驻马来西亚大使馆的协调下,马来西亚警方对主要犯罪嫌疑人李某等进行拘捕。同时,公安部指挥广东、湖南等地警方同步展开收网,共抓获犯罪嫌疑人349名,冻结扣押涉案资金及财物合计3 000余万元。2018年1月6日,公安部率深圳公安局152名押解警力乘坐专机赴马来西亚,将该犯罪团伙的65名犯罪嫌疑人顺利押返深圳。

---

① 参见《启迪特大跨境组织卖淫网:百余人运营年营业额过亿》,载网易新闻《https://www.163.com/news/article/DE3FSPJV0001875P.html》,最后访问日期:2021年7月20日。

2. 协助组织卖淫行为网络化

传统的协助组织卖淫行为,系为组织卖淫者招募、运送人员或者充当打手、保镖等线下操作的行为。协助组织卖淫罪网络化后,逐渐衍生出新型的犯罪手段,协助行为从线下转到线上。根据司法案例,已出现如下多种协助组织卖淫行为:(1)协助提供技术。为卖淫活动交易平台制作网站页面、搭建论坛结构、联系租赁境外服务器,并负责网站安全维护。(2)协助推广。协助网站管理,如收费发布卖淫女招嫖信息、收费发布包含卖淫等色情内容的娱乐场所信息。(3)充当客服代理。作为卖淫女的客服在网上寻找嫖客,由此衍生出"代聊手""键盘手"等新兴的犯罪角色。(4)协助数据管理。负责制作用于和嫖客联系以及组织内部联系的社交工具账号、搜集、整理和分析筛选嫖客数据。

【案例】朱国正等涉组织卖淫罪案[①](协助手段的互联网化)

2010年8月,李某出资注册网站域名,杨某、朱某负责整个网站管理运营,创建名为"爱上海"论坛的网站,用以为卖淫活动提供互联网交易平台。聘请林某负责制作网站页面、维护网站安全等,聘请陈某等人协助管理。组织招募兼职女性从事卖淫活动,收费发布包含卖淫等色情内容的娱乐场所信息,同时对卖淫女的卖淫行为制定规则,实施监督管理。至案发,该论坛招募会员共计485 771人,违法所得共计4 384 883.11元。李某、杨某、朱某犯组织卖淫罪,判处有期徒刑10年,剥夺政治权利3年,并处罚金5万元。林某、陈某犯协助组织卖淫罪,判处有期徒刑3年,缓刑3至4年,并处罚金2万元。

3. 介绍卖淫罪网络化

所谓介绍卖淫,是指为卖淫人员和嫖娼人员提供沟通撮合、牵桥搭线的居间服务,其本质上是一种传递信息的行为。而互联网作为信息传递的高效途径,为介绍卖淫活动提供了极大的犯罪便利,导致犯罪涉及面更深、更广、更稳。更深,体现为通过社交软件将招嫖信息送达具体的个人,甚至利用大数据非法搜集公民个人信息等方式,将招嫖信息发送给浏览色情网站、使用约炮、援交等色情软件的用户,深度挖掘潜在嫖客;更广,体现为通过各大社交软件、网站平台广泛地发布招嫖信息;更稳,体现为通过社交群组、援交等色情软件建立嫖客圈,甚至给嫖客提供VIP的专人介绍服务,以此来维系稳固的嫖客群体。除此之外,介绍卖淫者还呈现出团体化、专业化的特征,例如成立专门的代聊公司、设立"机房"等组织来培训代聊手或键盘手,为卖淫者

---

① 参见上海市第二中级人民法院(2014)沪一中刑终字第341号刑事裁定书。

提供一体化的介绍引荐服务。实践中存在如下利用网络介绍卖淫的行为：①通过社交软件或"陌陌站街"等招嫖软件招嫖并促成交易；②利用社交群组、论坛作为网上交流平台为卖淫女发布卖淫招嫖信息；③帮助刊登含有淫秽图片及广告词的招嫖信息。

【案例】权力、刘桂萍引诱、容留、介绍卖淫案①（利用网站介绍卖淫）

2017年9月，刘桂萍与李健商议利用信息网络发布招嫖信息的方式居中介绍卖淫。李健个人出资在天津58同城、天津娱乐网、天津列表网、天津丝足网、天津体验网、天津逍遥网等网站帮助刘桂萍刊登含有淫秽图片及广告词的招嫖信息，留下刘桂萍的联系方式以招揽嫖客。刘桂萍自行联系了卖淫女子李某乙，并通过李健在互联网发布的招嫖信息搭识四名卖淫女子王某乙、周某某、梁某某、赵某甲。天津市第一中级人民法院认定刘桂萍犯容留、介绍卖淫罪，判处有期徒刑3年6个月，并处罚金5万元；被告人李健犯介绍卖淫罪，判处拘役4个月，并处罚金1万元。

由此可见，组织卖淫罪、协助卖淫罪和介绍卖淫罪已经高度网络化，总体呈现出如下特点：①突破地域限制，危害范围广。在网络上进行招嫖、招妓，通过整合卖淫信息进行地域匹配，使得卖淫活动突破地域限制。②隐秘性强，改变了以实体场所为载体的传统经营模式，取而代之的是社交群组、网站等平台，甚至是一对一私聊模式。其中还产生了大量的内行话，为警方侦破卖淫活动增加了困难。③组织分工进一步细化。因卖淫规模的扩大，出现了"代聊手""键盘手"及其他专门联系嫖客、妓女的客服人员，与以往的"鸡头"包揽一切有极大的不同。④人身管理性质较弱，网络化卖淫的组织性逐渐虚拟化，更多的是整合卖淫信息，寻找嫖客促成交易，而不是传统对卖淫女进行人身强制管控。

（三）司法判例的立场

1. 此罪与彼罪

（1）组织卖淫罪与协助组织卖淫罪之争

协助组织卖淫罪是帮助行为的正犯化，倘若没有此罪，则协助行为应认定为组织卖淫罪的共犯行为，因此，协助组织卖淫罪与组织卖淫罪，尤其是与组织卖淫罪的帮助犯，具有天然的易混淆性。两个罪名的区别在于，是否直接参与对卖淫者的卖淫活动进行安排、调度、指挥等组织行为，凡直接参与的行为人均应以组织卖淫罪论处，并根据组织行为的作用大小认定主从犯。例

---

① 参见天津市第一中级人民法院（2019）津01刑终67号刑事裁定书。

如,前一案例中,被告人林某和陈某虽负责制作、开发、管理组织卖淫的网站,但对卖淫活动无直接的组织参与行为,仅构成协助组织卖淫罪。但以下案例中,被告人纪文峰不仅负责创建卖淫店社交群组,还在群里负责管理卖淫女请假等事宜,构成组织卖淫罪。

【案例】杨恩星等组织卖淫案①(为卖淫店创设社交工具工作群并办理卖淫女请假事宜,属管理卖淫活动的组织卖淫行为)

自2015年10月起,被告人杨恩星在网上发布招嫖信息,招聘卖淫女从事卖淫活动。被告人纪文峰起初为杨恩星招聘的卖淫女,后与杨恩星发展成为情人关系,遂开始在卖淫活动中担任客服。2016年5月,杨恩星使用假身份证租赁房屋,与被告人逄锦敏合伙经营,招聘卖淫女卫某某、明某、刘某某等人,从事组织卖淫犯罪活动。该二人约定各自享有华宇新村店一半的股份且该店所有收益由二人均分。该店规定了明确的卖淫项目及价格、卖淫所得分成方式。杨恩星负责在网上发布招嫖信息、客服、记账、招聘和管理卖淫女等工作,逄锦敏负责接送嫖客、给出租车司机结账、招聘卖淫女、望风等现场管理工作,纪文峰担任华宇新村店客服,主要负责接听嫖客电话、指引嫖客前往指定地点嫖娼、创建该卖淫店工作社交群组、面试卖淫女等工作。山东省青岛市黄岛区人民法院判决三被告人均构成组织卖淫罪。逄锦敏和纪文峰辩称其实施的是协助组织行为,但法院认为逄锦敏系卖淫店老板,而纪文峰在组织卖淫活动中直接参与对卖淫者的卖淫活动进行安排、调度、指挥等组织行为,二人均应认定为组织卖淫罪。

对此,最高人民法院刑四庭张建英法官和山东省青岛市黄岛区人民法院侯风、王德法官评论参考案例时认为:协助组织卖淫行为属于帮助犯,帮助犯与主行为实施者即实行犯是按照分工不同划分的,即帮助犯不实施主行为,两者的本质区别在于行为人在组织卖淫活动过程中的分工,而不是作用大小。在组织卖淫活动中,凡是对卖淫者的卖淫活动直接进行管理、控制的行为人,体现为以招募、雇佣、强迫、引诱、容留等手段,管理、控制多人从事卖淫,核心是策划、指挥、管理、控制、安排、调度等组织行为,应当构成组织卖淫罪。而协助组织卖淫罪中行为人所实施的行为不能是组织行为,不与卖淫行为发生直接联系,只能是在外围保障卖淫活动顺利进行的辅助行为。根据刑法和《卖淫案件解释》的规定,协助组织卖淫罪的客观行为主要表现为:以招

---

① 参见中华人民共和国最高人民法院刑事审判第一、二、三、四、五庭:《刑事审判参考》(总第115集),法律出版社2019年版。

工为名,通过广告、互联网等方式,协助诱骗、招募妇女卖淫,但本身不参与组织卖淫活动;提供交通工具,为组织卖淫者接送、转移卖淫人员,只收取相应运输费用;充当保镖,看家护院、望风放哨;充当打手,协助强迫妇女卖淫;为组织卖淫者充当管账人等。

在司法实践中,对于将组织他人卖淫场所中的"老板"认定为组织者是没有异议的,但对于经理、领班等其他管理人员能否认定为组织者存在争议。我们认为,在整个卖淫组织中,出资者、指挥者固然属于组织卖淫者,经理、领班等其他管理人员也实施具体的管理行为,只是其地位和作用相对于出资者、指挥者来说较小,但只要与卖淫人员之间存在管理与被管理的关系,而不是实施单纯的帮助行为,其实质上就实施了组织卖淫罪的实行行为,故也应将这部分管理人员的管理行为认定为组织卖淫行为。

本案中,被告人纪文峰在卖淫场所中担当客服的角色,主要负责接听嫖客电话、指引嫖客前往指定地点嫖娼,还负责创建该卖淫店工作群、面试卖淫女、办理卖淫女请假事宜等工作。这些行为中,前者即接听嫖客电话、指引嫖客前往嫖娼的地点、面试卖淫女等属于协助组织卖淫行为;但后者即建立包括杨恩星、逄锦敏还有卖淫女在内的工作群、准许卖淫女请假等行为,却属于组织卖淫行为,因为这些行为已经超出了协助组织卖淫的行为范畴,而属于组织卖淫中的管理行为。在这种情况下,应当综合全案分析纪文峰行为的本质特征。纪文峰是卖淫店合伙人杨恩星的情人,组织卖淫活动是杨恩星的唯一经济来源,纪文峰的日常花费均由杨恩星提供,纪文峰实际是在杨恩星的指使下,与逄锦敏分工负责共同管理卖淫活动,因此,组织卖淫活动并从中牟取利益是其实施所有行为的目的。在其实施组织卖淫行为时,虽然同时实施了性质上属于协助组织卖淫的行为,但两类行为是密切相关的。也就是说,行为人基于同一犯罪目的(组织卖淫),同时实施两类行为,分别触犯了不同罪名,但行为之间具有牵连关系的,属于牵连犯,应当从一重罪处断,即按照组织卖淫罪来定罪处罚。

(2)协助组织卖淫罪与介绍卖淫罪之争

介绍卖淫的行为与协助组织卖淫行为,均具有促成卖淫活动的作用,但在传统的犯罪中,介绍卖淫主要是在卖淫者和嫖客之间沟通撮合、牵桥搭线,而协助组织卖淫主要是招募、运送卖淫者或充当打手、保镖,前者侧重于促成卖淫合意,主要向卖淫者提供介绍服务;后者侧重于促成卖淫行为,主要向组织者提供协助,二者在客观方面具有明显的区别,不易发生混淆。但随着互联网的发展,出现了新型的犯罪手段,导致两罪名存在混淆适用的现象。

如通过网站发布卖淫招嫖广告的犯罪手段,从效果上看均具有促成卖淫的作用,因而在适用罪名时存在争议。在林某介绍卖淫案中,通过网络发布卖淫招嫖信息的行为被定性为介绍卖淫罪,但在任某某、徐某组织卖淫、协助组织卖淫案中,被告人却被认定为协助组织卖淫罪,然而法院对此并未作出详细论证说理。经分析,前者是为卖淫女发布卖淫信息后,由嫖客与卖淫女沟通卖淫事宜,后者是为卖淫组织发布招嫖信息,由发布者与嫖客联系并招揽至卖淫场所。因此,通过网络发布卖淫招嫖信息的罪名适用,关键在于判断是为卖淫者提供服务还是为组织提供协助。

【案例】任克龙、徐勋组织卖淫、协助组织卖淫案①(网站发布招嫖广告构成协助组织卖淫罪)

根据被告人祁某某的供述,徐勋和李少华是2016年2月左右来到"丽晶休闲会所"做营销的,即在外面招揽嫖客来会所消费,为公司提供客源。营销方式是在网上发布广告,将自己的电话号码留在网上,嫖客会主动联系,通过这种网络宣传招揽嫖客至"丽晶休闲会所"接受性服务。湖北省武汉东湖新技术开发区人民法院认定被告人徐勋和李少华构成协助组织卖淫罪,分别判处有期徒刑1年6个月,并处罚金2万元和有期徒刑2年,并处罚金3万元。

(3)介绍卖淫罪与非法利用信息网络罪之争

【案例】林庆介绍卖淫案②(首个通过互联网发布招嫖卖淫信息被定介绍卖淫罪案例)

早在《刑法修正案(九)》新增非法利用信息网络罪之前,2002年就出现了首个将利用互联网发布卖淫招嫖信息的行为认定为介绍卖淫罪的案例。

被告人林庆于2000年12月至2001年5月间,通过家中电脑,在互联网上多次为卖淫女石某某、郭某某发布卖淫信息,介绍石某某、郭某某从事卖淫活动,致使多人到郭某某、石某某处进行嫖娼活动。事后林某分别从石某某和郭某某处得到好处费2 000余元。北京市第一中级人民法院认为,被告人虽然在行为方式方面,因未与特定的"嫖客"直接接触而与传统的介绍卖淫行为有所不同,但其通过互联网为不特定的"嫖客"提供信息,起到了介绍卖淫的实际作用,其行为性质并无不同,故应认定构成介绍卖淫罪。而根据《刑法》第359条的罪状规定,介绍卖淫罪当属行为犯。对于行为犯既、未遂的判断,应以法定的

---

① 参见湖北省武汉东湖新技术开发区人民法院(2016)鄂0192刑初532号刑事判决书。
② 《中国刑事审判指导案例》总第27辑,2002年4月。

犯罪行为是否完成作为区分标准，并不要求发生特定的结果，更不需要特定目的的实现。在本案中，被告人林庆利用家中电脑登录互联网上的黄色网站，并发布卖淫女信息，这些信息通过信号传输，使凡登录该网站的人都能接收到卖淫女的信息。随着他发布信息行为的完成，林庆介绍卖淫的行为亦已完成，并不存在因其意志以外的原因而导致犯罪停止在未完成形态上的情况。被告人林庆被认定构成介绍卖淫罪，判处有期徒刑6年，并处罚金15 000元。

上述案例中，法院认为通过互联网向不特定嫖客发布卖淫招嫖信息的行为实际起到了介绍卖淫的居间作用，因此将其定为介绍卖淫罪，并以信息发布成功作为认定既遂的标准。

而根据《刑法》第287条之一第3款之规定，"为实施诈骗等违法犯罪活动发布信息的"构成非法利用信息网络罪，而《卖淫案件解释》第8条第2款进一步明确，"利用信息网络发布招嫖违法信息，情节严重的，以非法利用信息网络罪定罪处罚"。依据这两条规定不难看出，上述通过互联网发布卖淫招嫖信息的行为，亦涉嫌非法利用信息网络罪。这种情况下，《卖淫案件解释》通过交叉类法条竞合的择一重罪原则来处理，即"同时构成介绍卖淫罪的，依照处罚较重的规定定罪处罚"。①

【案例】储盛峰非法利用信息网络案②

2017年2月起，被告人储盛峰建立"松江同乐网络信息分享群"主群、二群、三群及"松江信息分享群"，用于卖淫女与嫖客联系，并向加入"松江同乐网信息分享群"主群、二群、三群的卖淫女收取每月每群100元的群费。在此期间，杨某某通过"松江同乐网络信息分享群"与卖淫女许某某结识并进行卖淫招嫖活动。至案发，"松江同乐网络信息分享群"主群、二群、三群及"松江信息分享群"群成员分别达487人、500人、500人以及100人。上海市松江区人民法院认为，被告人储盛峰利用信息网络发布卖淫嫖娼违法活动信息，构成非法利用信息网络罪，判处有期徒刑1年3个月，并处罚金5 000元。

网络的发展颠覆了许多传统的犯罪行为，使得许多新的行为方式成为可能，所以在利用信息网络发布卖淫招嫖信息的案子中，存在罪名适用的争议。上述案例中，被告人建立信息分享社交工具群供卖淫女和嫖客联系，并对群内的卖淫女收取群费，此种行为突破传统直接向嫖客发送卖淫信息的介绍模

---

① 中华人民共和国最高人民法院刑事审判第一、二、三、四、五庭：《中国刑事审判指导案例》（总第27辑），法律出版社2002年版。
② 参见上海市松江区人民法院（2017）沪0117刑初1938号刑事判决书。

式,通过建立群组,向嫖客提供社交工具账号、昵称、图片等足以定位到具体卖淫女的信息,实际上起到了介绍卖淫的作用,客观上符合介绍卖淫罪的构成要件,应否以较重的介绍卖淫罪定罪处罚?值得探讨的是,介绍卖淫必须具有促成卖淫合意的主观故意,否则不构成介绍卖淫罪。该案中被告人仅系为了收费而建立社交群组,是否促成卖淫不在其建群的意图范围内,其无任何推荐、撮合、洽谈的行为,因此不构成介绍卖淫罪。

(4)组织卖淫罪、协助组织卖淫罪、介绍卖淫罪之争

网络代聊,系卖淫类犯罪网络化催生的新型犯罪手段,从事网络代聊的犯罪分子在行业内被称为"代聊手""键盘手",其通常为组织或卖淫者对外提供招揽嫖客的客服服务,根据其行为特性,可能被认定为组织卖淫罪、协助组织卖淫罪或介绍卖淫罪。但在立法和司法层面对此并无明确的认定规则,因此出现了同案不同判的现象。

【案例】张顶、伍哲组织卖淫、协助组织卖淫案①(代聊手被定组织卖淫罪)

2017年2月至3月间,同案犯刘欣使用社交工具作为联络方式,联系被告人张顶、伍哲作为"代聊手",散布招嫖信息并招揽嫖客,并选定中山市坦洲镇友情酒店、豪日酒店、汇昌酒店等作为卖淫场所,安排被告人崔青芝招募的卖淫者入住上述酒店房间与嫖客进行性交易。性交易完成后,由卖淫女将收取的嫖资自留一半后以红包或转账的方式上交给刘欣,刘欣再将剩余的嫖资与张顶、伍哲、崔青芝等人按约定分成。中山市中级人民法院认为,在本案的组织卖淫活动中,上诉人张顶、伍哲作为"代聊手",组织"站号手"及"键盘手",通过在社交工具上"站位"发布招嫖信息,负责招揽嫖客的业务并从中牟利,该事实有同案犯刘欣的供述、被告人的供述、从事卖淫活动的社交工具聊天记录等证据予以证实,足以认定。显然,上诉人张顶、伍哲与同案犯刘欣分工明确,利益分配清晰,也参与了组织卖淫活动中的组织管理环节,其两人的行为均符合组织卖淫罪的构成要件。

【案例】羊云霞、李伟风组织卖淫,李兴梅、李伟强等协助组织卖淫罪案②("代聊手"被定协助组织卖淫罪)

2018年至2019年5月17日期间,被告人羊云霞、李伟风经预谋后,采用社交工具联系等手段纠集卖淫人员,雇佣"代聊手"招揽嫖娼人员,并通过制定统一的卖淫服务、价格、分成比例、流程等方式,组织人员在苏州市吴江区

---

① 参见广东省中山市中级人民法院(2018)粤20刑终66号刑事裁定书。
② 参见江苏省苏州市中级人民法院(2020)苏05刑终171号刑事裁定书。

新港天城小区、尚苑宾馆、安江宾馆等地从事卖淫活动。被告人李兴梅等人在明知被告人羊云霞、李伟风组织他人卖淫的情况下，分别与被告人羊云霞通过社交工具联系，充当"代聊手"并招揽嫖娼人员，从中获利。被告人陈迪在明知被告人羊云霞、李伟风组织他人卖淫的情况下，伙同被告人孔消消充当"代聊手"并通过招揽嫖娼人员，从中获利。江苏省苏州市中级人民法院认定被告人羊云霞、李伟风构成组织卖淫罪，原审被告人李兴梅等人、陈迪、孔消消构成协助组织卖淫罪。

【案例】余金山、李亚美、聂东洋等引诱、容留、介绍卖淫罪案①（"代聊手"被定为介绍卖淫罪）

自2017年7月至2018年6月22日，被告人余金山先后伙同被告人李亚美、聂东洋、陈金鹏、张小宇与孙某飞（另案处理）等人，分工合作、相互配合，以网络招嫖的方式介绍叶某某、鲜某某等多名卖淫人员在广东省佛山市、惠州市、东莞市等地进行性交易。其中，被告人李亚美负责联络卖淫人员，向卖淫人员收取50%的嫖资，扣除一定比例提成后将剩余嫖资通过第三方支付方式转账给被告人余金山；被告人余金山负责沟通联系涉案人员、购买用于网络招嫖的社交工具账号、利用虚拟定位软件以及社交工具发布招嫖广告、聘请"键盘手"或者自己充当"键盘手"向嫖客推介招嫖信息等工作；2018年4月至5月，被告人张小宇受被告人聂东洋聘请，充当"键盘手"，负责向嫖客推介招嫖信息等工作。截至2018年6月22日，被告人余金山非法获利47万余元，被告人李亚美非法获利31万余元，被告人陈金鹏非法获利5.4万余元，被告人聂东洋非法获利1.9万余元，被告人张小宇非法获利3000余元。广东省佛山市中级人民法院认定上诉人李亚美、陈金鹏及原审被告人余金山、聂东洋、张小宇介绍他人卖淫，构成介绍卖淫罪。

2. 罪数②③

（1）关于既组织卖淫，又强迫卖淫，如何定罪的问题。行为人既有组织卖淫行为，又有强迫卖淫行为的，依照组织、强迫卖淫罪定罪处罚。

（2）关于组织卖淫活动并有引诱、容留、介绍卖淫行为的定罪问题。一种情况是对被组织卖淫的人有引诱、容留、介绍卖淫行为的，依照处罚较重的规定处罚。一般情况下，组织卖淫罪的处罚重于引诱、容留、介绍卖淫

---

① 参见广东省佛山市中级人民法院（2019）粤06刑终999号刑事裁定书。
② 参见江苏省苏州市中级人民法院（2020）苏05刑终171号刑事裁定书。
③ 参见周峰等：《〈关于审理组织、强迫、引诱、容留、介绍卖淫刑事案件适用法律若干问题的解释〉的理解与适用》，载《人民司法（应用）》2017年第25期。

罪,但引诱的对象是不满 14 周岁的幼女时,则存在引诱幼女卖淫罪重于组织卖淫罪的可能,即组织卖淫未达到情节严重时,其法定刑幅度为 5 年以上 10 年以下有期徒刑,而引诱幼女卖淫罪的法定刑幅度为 5 年以上(15 年以下)有期徒刑,此时,引诱幼女罪的处罚重于组织卖淫罪。应依照引诱幼女罪定罪处罚,组织卖淫行为作为犯罪情节考虑。如果组织卖淫犯罪达到"情节严重",因其法定最高刑为无期徒刑,应当以组织卖淫罪一罪定罪处罚。另一种情况是,对被组织卖淫者以外的其他人实施引诱、容留、介绍卖淫行为的,则仍应当分别定罪,实行数罪并罚。

(3)引诱、容留、介绍卖淫罪的罪名确定。应当根据行为人实施的具体行为确定罪名。如行为人既引诱又容留又介绍卖淫的,定引诱、容留、介绍卖淫罪,只实施其中两项或一项行为的,以行为性质定罪,如引诱、容留卖淫罪,引诱、介绍卖淫罪,容留、介绍卖淫罪,引诱卖淫罪,容留卖淫罪,或者介绍卖淫罪。

(4)行为人既引诱他人卖淫,又引诱幼女卖淫的定罪问题。依照《卖淫案件解释》第 8 条第 5 款的规定,以引诱幼女卖淫罪和引诱卖淫罪并罚。

(5)犯组织或强迫卖淫罪,并有杀害、伤害、强奸、绑架等犯罪行为的,依照数罪并罚的规定处罚。

3. 罪责

(1)组织、强迫卖淫罪

根据《刑法》第 358 条,犯本罪的,处 5 年以上 10 年以下有期徒刑,并处罚金;情节严重的,处 10 年以上有期徒刑或者无期徒刑,并处罚金或者没收财产。组织、强迫未成年人卖淫的,从重处罚。

组织卖淫罪的情节严重为如下任一情形:①卖淫人员累计达 10 人以上的;②卖淫人员中未成年人、孕妇、智障人员、患有严重性病的人累计达 5 人以上的;③组织境外人员在境内卖淫或者组织境内人员出境卖淫的;④非法获利 100 万元以上的;⑤造成被组织卖淫的人自残、自杀或者其他严重后果的;⑥其他情节严重的情形。[①]

强迫卖淫罪的情节严重为如下任一情形:①卖淫人员累计达 5 人以上的;②卖淫人员中未成年人、孕妇、智障人员、患有严重性病的人累计达 3 人以上的;③强迫不满 14 周岁的幼女卖淫的;④造成被强迫卖淫的人自残、自杀或者其他严重后果的;⑤其他情节严重的情形[②]。

(2)协助组织卖淫罪

根据《刑法》第 358 条,犯本罪的,处 5 年以下有期徒刑,并处罚金;情节

---

① 参见《卖淫案件解释》第 2 条。
② 参见《卖淫案件解释》第 6 条。

严重的,处 5 年以上 10 年以下有期徒刑,并处罚金。有如下任一情形的,可认定为情节严重:①招募、运送卖淫人员累计达 10 人以上的;②招募、运送的卖淫人员中未成年人、孕妇、智障人员、患有严重性病的人累计达 5 人以上的;③协助组织境外人员在境内卖淫或者协助组织境内人员出境卖淫的;④非法获利 50 万元以上的;⑤造成被招募、运送或者被组织卖淫的人自残、自杀或者其他严重后果的;⑥其他情节严重的情形。

(3) 引诱、容留、介绍卖淫罪

根据《刑法》第 359 条,犯本罪的,处 5 年以下有期徒刑、拘役或者管制,并处罚金;情节严重的,处 5 年以上有期徒刑,并处罚金。有如下任一情形的可认定为情节严重:①引诱 5 人以上或者引诱、容留、介绍 10 人以上卖淫;②引诱 3 人以上的未成年人、孕妇、智障人员、患有严重性病的人卖淫,或者引诱、容留、介绍 5 人以上该类人员卖淫的;③非法获利 5 万元以上的;④其他情节严重的情形。

(4) 罚金标准

犯组织、强迫、引诱、容留、介绍卖淫罪的,应当依法判处犯罪所得 2 倍以上的罚金。共同犯罪的,对各共同犯罪人合计判处的罚金应当在犯罪所得的 2 倍以上。对犯组织、强迫卖淫罪被判处无期徒刑的,应当并处没收财产①。

四、网络色情犯罪之关联犯罪

通过互联网实施网络色情犯罪,因使用互联网的行为本身亦可能构成犯罪,所以往往会涉及牵连犯罪、竞合犯罪和帮助犯罪的情形(下称"关联犯罪")。牵连犯罪可分为以网络色情犯罪为目的和手段两种情形,竞合犯罪可分为想象竞合和法条竞合,而帮助犯罪主要指为网络色情犯罪提供技术或网络客服代理等协助。随着互联网发展的稳定,网络色情的关联犯罪行为已逐渐类型化甚至专业化、行业化,与网络色情犯罪相融合共同构成网络黑产链条。本书根据行为类型来讨论关联犯罪。

(一) 为实施网络色情犯罪而侵入计算机系统

【案例】刘子祥、鄢锐非法获取计算机信息系统数据、非法控制计算机信息系统案②(为推广卖淫招嫖信息而侵入服务器)

2016 年初至 2017 年 4 月,被告人刘子祥接受被告人鄢锐的委托在互联网上发布卖淫招嫖类信息。刘子祥为实现推广卖淫招嫖类信息的目的,利用

---

① 参见《卖淫案件解释》第 13 条。
② 参见宁波市海曙区人民法院(2017)浙 0203 刑初 835 号刑事判决书。

"黑客"技术非法侵入并远程控制"宁波影像网"等 20 余个网站服务器,向被侵入、控制的服务器上传载有违法信息的脚本文件(俗称"寄生虫")。鄢锐明知刘子祥通过非法手段来实现信息推广,仍累计向刘子祥支付广告费等费用 13 500 元。宁波市海曙区人民法院认定被告人刘子祥、鄢锐构成非法控制计算机信息系统罪,判处有期徒刑 9 个月,并处罚金 5 000 元。

利用网络发布卖淫招嫖信息,触犯介绍卖淫罪、非法利用信息网络罪,但在上述案例中,被告人为发布卖淫招嫖信息而实施了侵入和控制计算机系统的行为,同时又触犯了非法控制计算机信息系统罪,属于典型的牵连犯罪,原则上应择一重罪处罚。三个罪名中,介绍卖淫罪的量刑最高,该案原则上应以介绍卖淫罪定罪处罚。但该案行为人并未实际实施推广,未产生介绍卖淫的实际危害,且被告人系刚成年的初犯、偶犯,法院为平衡量刑了而定轻罪。

【案例】荣超传播淫秽物品牟利罪案①(为传播淫秽物品牟利而侵入服务器)

被告人荣超利用含淫秽内容的网站"地狱之爱"论坛 mysql 数据库以及从网上下载的论坛 PHP 网页源程序组合成完整的论坛网站,并对论坛的部分标志图片进行了修改,上传到网页服务器。2004 年 3 月 27 日,被告人荣超购买了域名 51mm.org,并将该域名指向网页服务器的 IP,供上网用户进行浏览,并提供会员注册服务,从而建立了"性福天堂"网站。"性福天堂"是一种论坛性质的淫秽网站,被告人荣超在该网站(www.51mm.org)中设立的版区中有亚洲美女区、欧美贴图区等 11 个淫秽版区。2004 年 5 月 18 日,被告人荣超利用天津市民政局低保网页服务器的 SQL 漏洞,侵入该服务器中,并上传后门程序,控制了该服务器。随后将"性福天堂"网站程序及域名均转至该服务器内。自 2004 年 3 月 27 日"性福天堂"网站建立至案件告发被关闭,被告人荣超建立的网站共发展会员 63 863 名;利用 FTP 站点对外进行传播的电影中含淫秽电影 427 个;在天津市民政局低保网页服务器上有淫秽电影 139 个,淫秽图片文件 1 912 个、长篇淫秽小说 7 篇、色情淫秽小说 8 篇,原创小说 10 篇;部分淫秽电子信息的点击量为 11 万余次;通过传播淫秽电子信息牟利 1 750 余元。湖北省汉口市中级人民法院认定,被告人荣超以牟利为目的,明知是淫秽物品而制作、复制进行传播,其行为构成制作、复制、传播淫秽物品牟利罪。

本案中被告人荣超实施了设立色情网站、侵入天津市民政局低保网页的行为,但其侵入该网站的主观目的是为了传播淫秽色情网站中的信息牟

---

① 参见湖北省汉江市中级人民法院(2004)汉刑初字第 055 号刑事判决书。

利,属于牵连犯,从重罪传播淫秽物品牟利罪处罚。

(二)为网络色情犯罪提供技术帮助服务

【案例】段文燚帮助信息网络案①(明知他人建立黄色网站向其提供色情电影源码)

2016年底,被告人段文燚通过社交工具群认识了付斌(已判决),付斌向被告人段文燚提出需要制作黄色网站的域名,段文燚告知付斌域名为avtaobao比较出名,为此付斌在网上购买www.avtaobao.com的域名,段文燚又以300元的价格出售给付斌其自己制作的观看色情电影的源码,通过该源码可以直接观看第三方黄色网站上的色情视频。之后,付斌利用该源码搭建黄色网站,段文燚将该源码放入付斌准备的服务器上,并给付斌搭建的网站进行优化和调整。后该色情网站被公安机关查获,经鉴定在该网站有可观看的淫秽视频共计7 675部。贵州省桐梓县人民法院认定:被告人段文燚犯帮助信息网络犯罪活动罪,判处有期徒刑10个月,缓刑1年,并处罚金5 000元。

根据《刑法》第287条之一第1款第1项之规定,"设立用于实施诈骗、传授犯罪方法、制作或者销售违禁物品、管制物品等违法犯罪活动的网站"构成非法利用信息网络罪,本案被告人明知他人设立黄色网站还向其提供观看色情电影的源代码,并帮助其调整优化黄色网站,既存在他人利用信息网络实施犯罪的事实,行为人实施的帮助行为亦达到了情节严重的程度,涉嫌帮助信息网络犯罪活动罪和传播淫秽物物品罪的共犯,属于牵连犯,依法应从一重罪定罪,故将其认定为帮助信息网络犯罪活动罪。

(三)利用信息网络实施网络色情犯罪

【案例】钱富非法利用信息网络罪案②(在社交工具群组发布卖淫招嫖信息)

2019年11月份开始,被告人钱富在东莞市长安镇通过其个人社交账号在"广东地区休闲娱乐交流群""东莞大佬群"等43个社交群组(群组成员数累计约1.7万人)发布招聘失足妇女的违法信息,欲招聘失足妇女并为其联系嫖客,从事介绍卖淫违法犯罪活动,但未果,后于同年11月20日在长安镇被公安机关抓获,当场缴获作案手机1部。钱富被定非法利用信息网络罪,判处有期徒刑7个月,并处罚金3 000元。

---

① 参见贵州省桐梓县人民法院(2019)黔0322刑初255号刑事判决书。
② 参见广东省东莞市第二人民法院(2020)粤1972刑初1036号刑事判决书。

上述案例中，被告人为实施介绍卖淫犯罪，预先发布招聘卖淫女和招嫖的信息，但此时被告人并无卖淫女的资源，客观上不能发生牵线搭桥的居间介绍效果，不构成介绍卖淫罪。但其使用互联网发布此类色情违法信息的行为，仍构成非法利用信息网络罪。

【案例】陈园园、高志非法利用信息网络罪案①（在朋友圈发布淫秽视频剪辑及广告）

被告人高志于2019年3月期间，为销售淫秽视频，通过账号×××（昵称"瑶瑶"）添加好友1 046个，并在社交软件发布淫秽视频剪辑及广告，向好友宣传其销售淫秽视频的信息，招募销售淫秽视频代理。截至案发，被告人高志在其社交软件内共发布淫秽视频剪辑2 524条。被告人高志招募被告人陈园园为代理，收取代理费88元，每月收取资源费15元。陈园园、高志犯非法利用信息网络罪，判处罚金1 000元。

上述案例中，被告人高志实施了发布淫秽色情信息的违法行为，并且招募代理人员，收取代理费用，扩大前述淫秽色情信息的传播，可能构成传播淫秽物品牟利罪或者传播淫秽物品罪，估计法院考虑到朋友圈可传播的视频仅有10—15秒，且作为广告发送的视频内容可能多为暗示性画面，全部认定为淫秽电子信息量刑过重，另因各种原因无法查明完整淫秽视频销量（或传播量过低），故认定二人构成非法利用信息网络罪。

【案例】张聘等帮助信息网络犯罪活动罪案②（明知是黄色网站仍为其提供资源及技术支持）

2016年12月，被告人朱远兵在互联网上设立"淘女吧"黄色网站；2018年2月，被告人朱远兵在互联网上设立"萝莉楼"黄色网站，两个网站均可以会员注册、充值方式浏览、下载网站内淫秽物品。被告人张聘明知"淘女吧"为黄色网站，仍为其提供资源、脚本采集、维护等技术支持，非法获利800余元。法院判定被告朱远兵构成传播淫秽物品牟利罪，被告人张聘明知他人利用信息网络实施犯罪，仍为其犯罪提供技术支持，情节严重，其行为已构成帮助信息网络犯罪活动罪。

上述案例中，被告人张聘明知是黄色网站，仍为其设立了提供资源、脚本

---

① 参见江苏省盐城市盐都区人民法院（2019）苏0903刑初234号刑事判决书。
② 参见江苏省淮安市淮阴区人民法院（2019）苏0804刑初503号刑事判决书。

采集、维护等技术支持,构成传播淫秽物品牟利罪的共犯与帮助信息网络犯罪活动罪两个罪名的想象竞合。按照刑法的规定,想象竞合本应择一重罪,即认定其构成传播淫秽物品牟利罪的共犯,但估计法院考虑到认定二者有传播淫秽物品的共同故意存在难度,且被告人张聘获利极少,为实现罪责刑相适应,认定被告人张聘构成帮助信息网络犯罪活动罪。

(四)利用网络色情内容实施其他犯罪

【案例】杨某某强制侮辱案①(在社交群组中发布他人裸照)

2017年5月,被告人杨海华与被害人在游戏中以夫妻相称,并向被害人索要了多张含有被害人各隐私部位的裸照。2017年10月,被害人不愿再与杨海华联系,便将杨海华拉黑,但杨海华一直纠缠被害人,均遭到拒绝。2017年11月10日早上,被告人杨海华为了恐吓、报复被害人,在一个47人(含被告人及被害人)的游戏社交群组中(群成员以男性为主)先后两次将其私自持有的10多张被害人裸照连同被害人正面生活照一起发送至其与被害人共同所在的社交群组中,并配上"好好看看这就是冰儿"的文字说明,侮辱被害人。广东省深圳市宝安区人民法院认定,被告人杨海华具有如实供述自己罪行的从轻处罚情节,以强制侮辱罪判处被告人杨海华有期徒刑1年,二审维持原判。

本案中,被告人将暴露被害人性器官的照片发送至以男性为主的社交群组中传播,一方面容易引发相关人员的性联想和性冲动,有侵犯社会公序良俗和道德风尚的后果;另一方面,群成员还能结合被害人的正面照片、昵称辨认被害人的真实身份,严重侵害了被害妇女的隐私权和性羞耻心,构成传播淫秽物品罪、侮辱罪、强制侮辱罪的想象竞合。考虑到主观上,本案被告人的行为目的主要是损害被害人人格尊严与身体权利而非传播淫秽物品,客观上,本案中的"裸照"性质上更应被视作被告人胁迫、侮辱被害人的工具,外加强制侮辱罪的量刑处罚重于侮辱罪,根据刑法关于想象竞合犯择一重罪处罚的原理,本案仍然应当依照《刑法》第237条所规定的强制侮辱罪予以定罪处罚。

【案例】骆某猥亵儿童案②(要求未满14周岁的儿童通过即时聊天软件发送裸照)

2017年1月,被告人骆某使用化名,通过社交软件将13岁女童小羽加为好友。聊天中得知小羽系初二学生后,骆某仍通过言语恐吓,向其索要裸照。

---

① 参见广东省深圳市中级人民法院(2018)粤03刑终1143号刑事判决书。
② 参见最高人民检察院检例第43号。

在被害人拒绝并在好友列表中将其删除后,骆某又通过小羽的校友周某对其施加压力,再次将小羽加为好友。同时骆某还虚构"李某"的身份,注册另一社交软件账号并添加小羽为好友。之后,骆某利用"李某"的身份在聊天中对小羽进行威胁恐吓,同时利用周某继续施压。小羽被迫按照要求自拍裸照 10 张,通过社交软件传送给骆某观看。后骆某又以在网络上公布小羽裸照相威胁,要求与其见面并在宾馆开房,企图实施猥亵行为。因小羽向公安机关报案,骆某在依约前往宾馆途中被抓获。一审认定被告人骆某强迫被害女童拍摄裸照,并通过社交软件获得裸照的行为不构成猥亵儿童罪。但被告人骆某以公开裸照相威胁,要求与被害女童见面,准备对其实施猥亵,因被害人报案未能得逞,该行为构成猥亵儿童罪,系犯罪未遂,判处有期徒刑 1 年。检察院对此提起抗诉,二审法院认为,骆某强迫被害人按要求自拍裸照的行为已构成猥亵儿童罪既遂,依法应当从重处罚,最终,认定原审被告人骆某犯猥亵儿童罪,判处有期徒刑 2 年。

猥亵儿童罪是指以淫秽下流的手段猥亵不满 14 周岁儿童的行为。刑法没有对猥亵儿童的具体方式作出列举,需要根据实际情况进行判断和认定。实践中,只要行为人主观上以满足性刺激为目的,客观上实施了猥亵儿童的行为,侵害了特定儿童人格尊严和身心健康的,就应当认定构成猥亵儿童罪。网络环境下,以满足性刺激为目的,虽未直接与被害儿童进行身体接触,但是通过网络软件,以诱骗、强迫或者其他方法要求儿童拍摄、传送暴露身体的不雅照片、视频,行为人通过画面看到被害儿童裸体、敏感部位的,是对儿童人格尊严和心理健康的严重侵害,与实际接触儿童身体的猥亵行为具有相同的社会危害性,应当认定构成猥亵儿童罪。①

【案例】宋某传播淫秽物品、敲诈勒索案②(以发布他人私密视频为由进行敲诈勒索)

2006 年 12 月,被告人宋某与高某通过互联网聊天相识,2007 年 7 月宋某用手机拍摄了二人在宾馆发生性行为的视频片段。2008 年 3 月,宋某因高某提出断绝不正当关系而恼怒,为报复高某,于 3 月 13 日、3 月 16 日两次将拍摄的视频片段上传到互联网,注明高某的姓名、住址、单位,并将该视频网址告诉了高某的多名亲属。经鉴定,该视频片段系淫秽物品,网上点击达 3 万余次。高某及其丈夫知道此事后,要求宋某删除视频片段,宋某乘机向高

---

① 参见最高人民检察院检例第 43 号。
② 参见中华人民共和国最高人民法院刑事审判第一、二、三、四、五庭:《刑事审判参考》第 1 集(总第 78 集),法律出版社 2011 年版。

某索要100万元现金。高某报警后,宋某被抓获。公诉机关以宋某犯传播淫秽物品罪和敲诈勒索罪向法院提起公诉。法院认定:被告人宋某犯传播淫秽物品罪,判处有期徒刑8个月;犯敲诈勒索罪(未遂),判处有期徒刑2年。二罪并罚,决定执行有期徒刑2年6个月。

对本案的处理曾有三种不同的意见。第一种意见认为宋某的行为构成敲诈勒索(未遂)罪。因侦查机关未分清敲诈故意产生前后淫秽视频被点击数,敲诈故意产生前,淫秽视频被点击数是否达到刑法处罚标准(2万次)存疑,按照疑罪从无的原则,宋某的行为不构成传播淫秽物品罪。宋某产生敲诈故意后,淫秽视频片段上网成为敲诈勒索的要挟手段,被点击数应在敲诈勒索罪中予以评价。第二种意见认为宋某的行为构成传播淫秽物品罪和敲诈勒索(未遂)罪,应该数罪并罚。宋某的行为应分为两个阶段,前一阶段为报复他人,将淫秽视频上网;后一阶段,以不删除淫秽视频为要挟,向他人索要数额巨大的财物。其基于两个不同的犯罪故意,实施两种不同的犯罪行为,侵害两种不同的客体,构成了两个不同的犯罪。两个独立的犯罪间没有处断一罪的情形,应该数罪并罚。虽然宋某的行为触犯了侮辱罪,但因为侮辱罪是告诉才处理的案件,而受害人没有告诉,所以不必对该罪予以审判。第三种意见认为,宋某的行为触犯传播淫秽物品罪、侮辱罪和敲诈勒索(未遂)罪,其中,传播淫秽物品罪和侮辱罪属想象竞合犯。对宋某如何定罪量刑要看受害人高某是否自诉,如高某自诉宋某侮辱罪,则对宋某以侮辱罪和敲诈勒索罪并罚;如高某明确表示放弃自诉,则对宋某以传播淫秽物品罪和敲诈勒索罪并罚。

法院认为宋某的行为可以分为两个阶段,前一阶段,宋某因保持不正当关系的要求被拒绝,为报复他人,将有损他人人格的淫秽视频上网传播,公然贬损他人的人格、名誉,情节严重,符合侮辱罪的构成要件。同时宋某侮辱犯罪的方法是将被鉴定为淫秽物品的视频片断上网传播,被点击数达3万余人次,情节严重,侵犯了出版、音像制品管理秩序,又符合传播淫秽物品罪的构成要件。宋某出于一个犯罪目的,实施了一个行为,分别触犯侮辱罪和传播淫秽物品罪两个不同罪名,成立了想象竞合犯。后一阶段,以给钱后才删除淫秽视频要挟他人,敲诈他人财产,这是基于新的犯罪故意实施新的犯罪行为,符合敲诈勒索罪的构成要件。需要说明的是,淫秽视频上网传播是宋某实施敲诈的筹码,淫秽视频被点击数并不是敲诈勒索罪的构成要件和量刑情节,宋某产生敲诈故意后淫秽视频被点击的次数并未纳入敲诈勒索犯罪中评价,淫秽视频被点击了3万余次都是传播淫秽物品犯罪造成的严重后果。前后两个阶段相对独立,是基于不同的犯罪故意实施的不同的犯罪行为,侵害了不同法益,应该分别进行刑法评价,对敲诈勒索罪单独处理后与他罪并罚。

传播淫秽物品罪和侮辱罪构成竞合,虽然侮辱罪是重罪,但由于侮辱罪是亲告罪,且被害人并未提出自诉,而法律、司法解释并未对犯亲告重罪同时触犯非亲告轻罪如何处理作出规定,故对宋某以传播淫秽物品罪和敲诈勒索罪并罚①。

【案例】陈江、陈柯成诈骗罪案②(以提供色情服务为由进行敲诈勒索)

2012年11月,被告人陈江(昵称"七天""影子"等)预谋假借"视频裸聊"为幌子开设网站骗取钱财。被告人陈江了解到要开设此类网站,首先要找一个网络支付平台接口用于收取资金,便通过网络与被告人陈柯成(昵称"文丑""玫瑰")等人预谋,由被告人陈柯成向被告人陈江提供网络支付平台接口并帮助维护网站。涉案网站中被骗受害人的钱财即是通过该支付接口进入被告人陈柯成在该网络支付平台上的注册账号,后被告人陈江又在网上购买了户名为刘彩琴、谢欣玲的两张银行卡,用于将网络支付平台账号中的资金套现。网站建成后,被告人陈江分层招募多名"主播""主播代理""站长",分工负责,以提供"视频裸聊"、成为会员可上门服务、交纳押金等为幌子,骗取被害人向网站投入资金。二被告人犯罪期间,两张银行卡共从网络支付平台接收资金 1 488 908 元。据此,法院依照《刑法》第 266、265、264 条判决:一、被告人陈江犯诈骗罪,判处有期徒刑 11 年 6 个月,罚金 5 万元。被告人陈柯成犯诈骗罪,判处有期徒刑 12 年 6 个月,罚金 5.5 万元。二审法院最终维持原判。

本案中,被告人以裸聊为幌子,吸引被害人在网站充值,客观上并未实施组织淫秽表演或传播淫秽物品的行为,也未发生损害国家文化管理秩序、良好道德风尚的后果,故仅成立诈骗罪。

第七节　刷单炒信的刑法评价③

一、导言

近年来,随着网络在我国的不断发展和普及,以网络为平台的电子商务

---

① 参见祝北平、曹恩双:《亲告罪和非亲告罪竞合的刑法处罚》,载《人民司法·案例》2009年第18期。
② 参见江苏省南京市中级人民法院(2014)宁刑二终字第147号刑事裁定书。
③ 本节内容来自《刷单炒信的刑法适用与解释理念》一文,发表于《中国刑事法杂志》2018年第6期。

也呈现了井喷式的增长。各种类型的电子商务,如 B2B(Business to Business)、C2C(Consumer to Consumer)、B2C(Business to Consumer)等,在我国迅速蓬勃壮大起来。根据中国互联网络信息中心(CNNIC)发布的数据,截至 2020 年 3 月,中国网民数量已达到了 9.04 亿,网络普及率为 64.5%,其中网络购物用户规模达 7.10 亿,占网民整体的 78.6%。① 此外,按照我国商务部的统计,2018 年全国电子商务交易总额为 31.63 万亿元,同比增长 8.5%,电子商务就业人员达到 4 700 万人。② 由此可见,电子商务在我国的经济发展中占据了越来越举足轻重的地位。

然而,伴随着电商时代的来临,在电子商务运行环节中所出现的非法刷单现象也愈演愈烈,严重威胁了电子商务市场的诚信环境。而且,目前这种非法刷单的行为已经从个体操作模式"升级"成为了平台运行模式,这意味着非法刷单行为在更大范围内以效率更高、协作化程度更强的方式进行,其给电子商务的健康发展乃至整个社会的诚信基础带来的消极影响不可估量。按照国内某电商平台提供的数据,2016 年,其通过技术手段识别信用炒作相关网站 179 个,发现社交软件专门从事信用炒作的群组 5 060 个。③

简单来说,所谓的刷单就是指在电子商务中进行虚假交易或对商品作出虚假评价,以此为手段进一步谋取非法利益。刷单只是一种手段行为,在互联网经济时代,它与许多违法行为都有可能产生交集。从目前情况来看,以下三种刷单现象较为典型:第一,通过虚构交易和好评的方法,提升商户的信誉数值,从而促成更多交易机会,谋取不当利益;第二,通过刷单来骗取一些互联网公司的补贴或者返利(如积分),这在打车、外卖等行业体现得尤为明显;第三,在较为极端的情况下,出于打击竞争对手的目的,通过为他人恶意刷单来使对方遭受降低评级的处罚。

此前,第二类和第三类的刷单行为都已经有刑事处罚的案例。例如,有多名司机因为刷单骗取高额补贴而被法院认定构成诈骗罪。④ 此前,还有不法分子通过疯狂刷单 14 亿元换取 7 亿多电商平台的积分,牟取非法暴利 671

---

① 参见中国互联网络信息中心(CNNIC):《第 45 次中国互联网络发展状况统计报告》,第 19、39 页。
② 参见商务部电子商务和信息化司:《中国电子商务报告 2018》,中国商务出版社 2019 年版,第 1、6 页。
③ 参见《2016 阿里巴巴平台治理年报》,第 5 页。
④ 参见陈鑫:《恶意刷单套取补贴 滴滴打车司机因犯诈骗罪被判刑》,载中国新闻网(http://www.chinanews.com/business/2016-05-19/7875473.shtml),最后访问日期:2018 年 3 月 20 日;《网约车司机刷单骗 1 万补贴获诈骗罪 被拘役 5 个月》,载搜狐网(https://www.sohu.com/a/125751236_119038),最后访问日期:2021 年 5 月 15 日。

万余元,最终也被判处诈骗罪。① 再如,在"恶意刷单反向炒信案"中,被告人通过大量下单并迅速取消订单的方式使竞争对手受到降权处罚并遭受了较大的经济损失。最终,这一反向刷单者被法院以破坏生产经营罪定罪处罚。② 以上第二种类型的非法刷单行为构成诈骗罪没有太大疑义,而第三种类型的非法刷单行为实际上也较为罕见。而第一种类型的非法刷单行为在现实生活中最为常见多发,俗称"刷单炒信"。

此前,对于这种违法行为主要通过行政处罚或行业处罚来加以规制,但是业内人士大多认为这种惩治力度无法有效遏制刷单炒信行为继续蔓延,③因此,这种行为是否构成犯罪以及构成何种犯罪的问题就摆在了我们面前。

【刷单炒信入刑第一案】

被告人李某某通过创建"零距网商联盟"(前身为"迅爆军团")http://5sbb.com 网站和利用语音聊天工具建立刷单炒信平台,吸纳电商卖家注册账户成为会员,并收取 300 元至 500 元不等的保证金和 40 元至 50 元的平台管理维护费及体验费,并通过制定刷单炒信规则与流程,组织会员通过该平台发布或接受刷单炒信任务。会员在承接任务后,通过与发布任务的会员在电商网上进行虚假交易并给予虚假好评的方式赚取任务点,使自己能够采用悬赏任务点的方式吸引其他会员为自己刷单炒信,进而提升自己卖家店铺的销量和信誉,欺骗买家。其间,被告人李某某还通过向会员销售任务点的方式牟利。2013 年 2 月至 2014 年 6 月,被告人李某某共收取平台管理维护费、体验费及任务点销售收入至少 30 万元,另收取保证金共计 50 余万元。另查明,http://5sbb.com 网站不具备获得增值电信业务经营许可的条件。法院认为,被告人李某某违反国家规定,以营利为目的,明知是虚假的信息仍通过网络有偿提供发布信息等服务,扰乱市场秩序,且属情节特别严重,遂依据相关法律规定,以非法经营罪定罪处罚。④

---

① 参见安伟光:《购买"白号"虚假刷单 14 亿获 7 亿积分 8 人团伙一审获刑》,载检察日报网(http://news.jcrb.com/jxsw/201705/t20170504_1749107.html),最后访问日期:2018 年 3 月 20 日。
② 参见《淘宝上恶意刷单损害竞争对手商誉 被判入罪》,载腾讯网(https://news.qq.com/a/20161228/014782.htm),最后访问日期:2018 年 3 月 20 日。
③ 例如,目前已经出现了一些涉案流水金额上亿元的组织刷单炒信案件。参见《杭州公布反不正当竞争"百日执法"行动典型案例》,载搜狐网(https://www.sohu.com/a/256789583_100009597),最后访问日期:2021 年 5 月 15 日;贾兴鹏、杨迪:《刷单炒信渐成电商毒瘤 淘宝每年查获虚假交易卖家超过 100 万家》,载人民网(http://finance.people.com.cn/n1/2017/0111/c1004-29014029.html),最后访问日期 2018 年 4 月 19 日。
④ 参见《网购刷单第一案组织者获刑 5 年 9 个月》,载搜狐网(https://www.sohu.com/a/150643517_267106),最后访问日期:2021 年 5 月 15 日。

虽然这一判决受到多方肯定,但是目前理论和实务界对刷单炒信的内部行为结构并没有予以清楚呈现,对其法益侵害的特殊性也尚未进行深入分析,在具体法律适用问题上更是有值得商榷之处。有鉴于此,本文将从以上这几个方面展开论述,以求为刷单炒信行为的刑法规制找到恰当的方案。在此基础上,本文进一步超越个案的局限,探讨在日益复杂的网络社会中刑法解释论的发展趋势和走向,也在更宽阔的视野中展望刷单炒信的多元治理策略。

二、刷单炒信的内部结构与法益侵害

(一) 内部结构

事实上,在中国的电子商务中,刷单炒信现象已经存在多年。以某电商平台为例,有学者将刷单炒信的发展历程总结为五代:第一代刷单炒信行为由卖家自己完成,即卖家注册多个账户与自己进行虚假的交易;第二代刷单炒信开始借助电脑软件来职业化地完成;第三代刷单炒信则是通过两方刷单卖家的合作来完成,他们通过网络或信息手段互相给对方刷单;第四代刷单炒信则是发生在多方刷单卖家之间,他们形成一个群组,灵活配对、互相刷单;第五代刷单炒信则完全在专门的第三方刷单平台上进行。① 随着刷单炒信的迭代发展,其侦测难度也不断升高。时至今日,刷单炒信行为的内部结构已颇为复杂,尤其是当其实现平台化运作之后,内部的主体更多元,分工也越发细致。总的来说,刷单炒信流程中的核心主体是刷单平台运营者、发单者和刷单者这三方。②

刷单炒信平台运营者一般通过建立以网站或其他通讯群组为载体的网络平台,将其他参与刷单炒信主体组织在一起。在建立平台之余,刷单炒信平台运营者一般还会制定相应的炒信规则和流程,同时通过不断宣传吸纳刷单者和发单者参与进来,以此从中牟利。例如,在"网购刷单第一案"中,被告人就是通过建立一个名为"零距网商联盟"的网站来组织炒信。在该平台中,会员可以发布或接受刷单炒信任务,完成一定任务即赚取相应的"任务点",而被告人运营的炒信平台则提供培训等相关支持服务,同时在接单与发单流程中提成"任务点"获利。③ 可见,在这种刷单炒信的模式中,平台运营

---

① See Yu Zhang, Jing Bian, Weixiang Zhu, "Trust fraud: A crucial challenge for China's e-commerce market", in 12 Electronic Commerce Research and Applications (2013), pp. 301-302.
② 在这三方主体之外,快递行业也常常与之产生关联。因为,在刷单炒信中常常需要邮寄空包服务的辅助。
③ 参见《网购刷单第一案组织者获刑 5 年 9 个月》,载新华网(http://news.xinhuanet.com/fortune/2017-06/21/c_1121180506.htm),最后访问日期:2020 年 5 月 20 日。

者是联结各方的核心纽带,发挥着关键的作用。

发单者则主要是电商平台中的卖家,他们的目的在于通过刷高信用记录,博取更多的交易机会从而谋取非法利益。在电商平台中,存在着无数的卖家和产品,面对如此数量庞大的商品或服务,卖家的信用数值无疑是消费者最终选择是否购买的重要参考标准。但是,这里潜存的一个问题是,那些刚刚起步的卖家由于没有前期积累的销售记录与用户评价,可能需要面对长期无人问津的困境。为了摆脱这种困局,许多卖家寄希望于这种不正当的方式快速为店铺积累"人气"。而且在现实情况中,这些卖家也常常会收到刷单平台发来的灰色广告。即使是那些体量较大、经营时间较长的卖家,有时出于竞争压力也会选择刷单这一不正当手段。一方面,发单者群体显然具有清楚无疑的可谴责性,因为没有需求就不会有供给,发单者的不正当需求是刷单产业链无法被真正根除的基本原因;但是另一方面,在这个所谓"流量为王"的喧嚣大环境里,发单者也有着某种现实的无奈感。

刷单者群体的成分构成则更复杂,各种类型的主体都可能有。但是,据相关专业人士介绍,目前,刷单者群体中70%的人年龄在20—24岁,且大部分是在校大学生。① 在校大学生大多还没有固定收入,且对互联网和网购都较为熟悉,经过不当引导,刷单便成为了他们赚取"外快"的手段。刷单者的主要任务就是按照发单人的要求和刷单平台运营者的指导,依照较为固定的流程和方法②,在发单人那里虚假下单,并作出好评,最终从刷单平台运营者那里获取报酬。然而事实上,在这个灰色产业链中,作为散户的接单者在很多时候既是违法者也是受害人之一。因为,为了加入刷单平台,接单者在多数情况下需要支付数十元到上百元不等的"手续费"或"保证金"。而有的时候由于种种原因(例如,因为接单利润太低而中途退出、刷单平台卷款逃跑或被关停等),接单者可能连初始注册费都没挣回来就已经退出了。

(二)法益侵害

刷单炒信作为一种伴随电子商务发展而出现的新型违法形态,其法益侵害性也与以往的经济犯罪行为明显不同。

首先,这种行为直接损害的是一种新型的法益,即电子商务的信用评价机制。信用评价机制是电子商务的灵魂。在一个陌生而匿名的虚拟空间中,电子商务平台中的商品和服务质量是无法实地验证的,此时如果没有诚信作为基础,交易几乎无法达成。在电商平台成千上万的商品面前,卖家的

---

① 参见张刘涛:《阿里诉刷单平台索赔216万,称"百万刷手"多为在校大学生》,载澎湃新闻(https://www.thepaper.cn/newsDetail_forward_1619430),最后访问日期:2020年5月20日。
② 按照内部人士的介绍,每一次刷单对连接到卖家界面的搜索路径、页面停留时间、与其他卖家的对比等都有着详细的要求,以此来逃避监管。

信用评价无疑直接地影响消费者的购买决策。然而,如果电商平台中的信用评价机制由于造假而失去公信力,那么绝不仅仅是损害了个别相关主体的利益,更是侵蚀了整个电子商务的根基。可见,这里的电商信用评价机制是一种具有抽象性的超个人法益。

其次,刷单炒信行为的法益侵害具有复合性特征。除了以上所提及的对电子商务信用评价机制的侵害之外,刷单炒信行为还直接或间接地侵害了多方主体的利益。其一,由于刷单者伪造的信用指标,消费者可能因此购买低于实际期望值(甚至质量低劣)的商品或服务,至少其对商品或服务的知情权也受到了侵害。换言之,消费者在一定程度上受到了欺诈。其二,刷单炒信行为造成了电子商务领域的不公平竞争,刷单炒信者以非法手段吸引买家的同时也损害了其他竞争对手(卖家)的正当利益。其三,电商平台本身也会由于信用评价机制的损害而承受巨大损失,例如,电商平台每年需要为打击刷单行为投入巨大的人力财力,同时也可能因信用评价机制的侵蚀而丧失平台用户。

最后,刷单炒信行为侵害法益的方式体现出了网络犯罪一些常见的特性。其一,刷单炒信行为高度依赖于互联网,不仅其侵害对象是电子商务中的信用评价体系,而且其作案方式也完全借助于网络通讯工具,甚至建立专门的网络平台。其二,刷单炒信属于一种帮助性、"服务"性的违法行为,其行为目的在于满足个体电商卖家非法提升商业信誉的要求,但是其"服务"范围又往往超出个体范畴,具有相当大的广泛性和普遍性,在这一点上又具有某种"服务"提供者的特征。

通过分析刷单炒信行为的特殊法益侵害性可以发现,我国刑法目前并没有特别针对这类违法行为设置独立的构成要件①,这也是目前刷单炒信行为刑事责任认定产生分歧的根本原因。理论上,有学者认为刷单炒信行为侵害多方主体合法利益,具有严重社会危害性,最优方案应当是直接在刑法中增设"破坏网络市场信用评价罪"。② 还有学者主张在未来的刑法修正案中增设诸如"妨害信用罪"或"背信罪"等条款。③ 本文认为,具体立法方案还需再认真探讨,但是对于严重的刷单炒信行为,立法上的入罪必要性确实已经具备。④ 从刑事立法的原理来看,法益侵害原则和合比例性原则是判断刑事立

---

① 参见张明楷:《网络时代的刑法理念——以刑法的谦抑性为中心》,载《人民检察》2014 年第 9 期,第 8 页。

② 参见孙道萃:《可增设破坏网络市场信用评价罪规制刷单行为》,载《检察日报》2017 年 9 月 6 日第003 版。

③ 参见李世阳:《不妨强化对信用的刑罚保护》,载《法制日报》2017 年 6 月 22 日,第 7 版。

④ 例如,周光权教授主张增设妨害业务罪。参见周光权:《刑法软性解释的限制与增设妨害业务罪》,载《中外法学》2019 年第 4 期,第 964 页。

法正当性的基本依据。批判立法的法益概念致力于告诉立法者合法刑罚处罚的界限①;而合比例性原则是判定某一规定是否合宪的决定性标准,该原则的内容也由法益概念来得以具体化。② 按照以上这些标准加以衡量,在当今的网络社会,电子商务信用评价体系已经具备充分理由成为一种独立的超个人法益。

时至今日,电子商务在我国的国民经济乃至社会生活中具有极为重要的分量。电子商务不仅是我国经济发展的新引擎,牵涉大量就业人口③,而且也正在成为人们日常生活的基本组成部分。而信用评价体系是维持电子商务健康蓬勃发展的基本动力,如果这一评价机制丧失效能,整个电子商务的环境将会迅速恶化。因此,这一法益确实具有了超个人法益应当具备的重大性和独特性特征。④ 而且,抑制刷单炒信行为的重要方向之一就是提高这种信誉造假行为的成本。⑤ 据业内人士反映,此前对刷单炒信行为所进行的行业制裁(如降低信誉评价)和行政处罚(如罚款)并没能有效遏制住这种违法行为,相反,这种信誉造假行为大有蔓延之势⑥,同时,形式越来越隐秘、分工越来越细密,成为互联网灰黑产业的重要组成部分。在这种情况下,对其进行刑法的规制确实具有了必要性和正当性。

三、规制路径:刑法适用的多重考察

尽管在立法论上对刷单炒信行为的刑法规制可以证成,但是网络空间中的违法犯罪形态日新月异、纷繁复杂,立法不可能对众多具有应罚性的非典型违法行为形态都迅速做出回应,因为,立法论上行为规制的类型化和成熟化尚需时日。所以,在目前的刑法框架下,对该种行为刑事责任的法教义学

---

① 参见[德]克劳斯·罗克信:《刑法的任务不是法益保护吗?》,樊文译,载陈兴良主编:《刑事法评论》(第 19 卷),北京大学出版社 2007 年版,第 152 页;张明楷:《法益保护与比例原则》,载《中国社会科学》2017 年第 7 期,第 91 页;张明楷:《网络时代的刑事立法》,载《法律科学(西北政法大学学报)》2017 年第 3 期,第 79 页。

② [德]罗克辛:《对批判立法之法益概念的检视》,陈璇译,载《法学评论》2015 年第 1 期,第 53 页。

③ 参见李婕:《电子商务未来空间巨大》,载《人民日报(海外版)》2017 年 1 月 13 日,第 03 版。

④ 参见王永茜:《论集体法益的刑法保护》,载《环球法律评论》2013 年第 4 期,第 71—73 页。

⑤ See Yu Zhang, Jing Bian, Weixiang Zhu, "Trust fraud: A crucial challenge for China's e-commerce market", in 12 Electronic Commerce Research and Applications (2013), p. 303.

⑥ 有统计称,早在 2014 年,全国服务于虚构交易的网站就有 680 余家、聊天群等通讯群组 500 家以上,年资金流在 2000 亿元以上,整个虚构交易产业链涉及人员达 2000 万,虚构交易的产品或服务价值更是高达 6000 亿元以上。参见于潇:《刷单炒信:不是拿你没办法》,载《检察日报》2017 年 6 月 21 日,第 005 版。

认定是更为急迫的事情。

在刷单炒信流程中,炒信平台、炒信接单者和炒信发单者是一个互相配合协作的整体。然而,现实中,发单者和接单者往往难以被纳入刑事制裁的考察范围,对此可能存在两个方面的原因。其一,发单者和接单者有时难以达到相应犯罪的罪量要素要求。在这里可能涉及的罪名中,如非法经营罪、虚假广告罪和非法利用信息网络罪,都存在着"情节严重"的规定,而现实中,许多单个的发单者和接单者往往参与时间短而涉案数量小,可能难以达到这里的罪量要求。其二,司法实践中,炒信接单者和发单者数量实在太大,不仅难以调查取证,而且通通加以刑事处罚也并不现实,因此,这里可能还存在着"法不责众"的刑事政策考量。鉴于以上现实情形,炒信平台经营者成为了刑法规制的重点。一方面,从整个刷单炒信网络平台的架构来看,平台运营者处在一个网络集散中心的位置,是维系整个平台的关键节点。从应罚性不法程度来看,炒信平台经营者行为的实际法益侵害性也因为这种集散性特征而被放大,因为其同时与成百上千的刷单者、接单者进行联络,组织甚至教唆他们实施刷单炒信的违法行为。另一方面,对于以平台为依托产生的群体性违法现象,这种"打蛇打七寸"的策略越来越受到司法(甚至立法)的青睐,这一点在之前快播案的实践中就已经很清楚地体现出来了。因此,本文在此重点探讨刷单平台经营者的刑法责任。

(一)非法经营罪的否定

在"零距网商联盟"案中,检察院认为,被告人违反国家规定,以营利为目的,明知是虚假信息仍然通过网络有偿提供发布信息等服务,扰乱市场秩序且情节严重,构成非法经营罪。① 2017 年 6 月,法院一审宣判,认定被告人构成非法经营罪,定罪理由与检察院的公诉意见基本一致。② 从这一表述可以看出,公诉意见和判决意见实际上进一步援引了 2013 年最高人民法院、最高人民检察院颁布的《信息网络诽谤解释》第 7 条的规定。按照该条规定,违反国家规定,以营利为目的,通过信息网络有偿提供删除信息服务,或者明知是虚假信息,通过信息网络有偿提供发布信息等服务,扰乱市场秩序,达到特定数额的,以非法经营罪定罪处罚。这一判决结论意味着,刷单炒信行为第一次被施以刑事处罚,这也得到了主流媒体的充分肯定。在理论界,不少学

---

① 参见浙江省杭州市余杭区人民检察院杭余检未检刑诉(2016)392 号起诉书。
② 参见范跃红:《全国首例组织刷单炒信刑事案件宣判》,载《检察日报》2017 年 6 月 21 日,第 002 版。

者也赞同这一判决结论。① 然而,本文认为,对刷单炒信行为适用非法经营罪并不妥当。

第一,非法经营罪来源于旧刑法中的投机倒把罪,本来肩负着替代口袋罪的使命,结果在1997年《刑法》通过之后的二十年间,通过一系列司法解释的不断扩张以及司法实践中大量的判例适用,其最终也沦为了典型的口袋罪名。② 正因如此,该罪在学界饱受质疑③,对非法经营罪的严格限缩适用也是学界的基本共识。基于这种背景,从解释论出发,对该罪构成要件的理解与适用本身就应当采取较为严格的限缩性立场,如果行为不属于构成要件明确列举的类型以及司法解释确立的典型性非法经营行为,则应在法律适用上保持谨慎小心的态度。在灵活多变的网络经济时代,在可以预见的未来会出现更多类似的游走在刑法边缘的破坏市场秩序行为。在网络空间里,传统的经济犯罪也会出现异化,而不断依赖非法经营罪的兜底表述,只会使得该罪"口袋罪名"的现状继续恶化。

第二,公诉意见和法院判决将《信息网络诽谤解释》第7条作为主要依据没有充分的说服力。《信息网络诽谤解释》第7条设置的初衷实际上就是希望通过非法经营罪来规制网络上非常猖獗的"删帖"和"发帖"服务,也就是我们俗称的网络"水军"。④ 而这里的重要依据就是,该类行为破坏了《互联网信息服务管理办法》第4条所确立的"国家对经营性互联网信息服务的许可制度"。⑤ 但是,学者们认为,这种行为虽然具有社会危害性,但是并不是所谓的"经营性互联网信息服务",因此,也没有违反这里的"经营性互联网信息服务的许可制度",故不应被解释为《刑法》第225条非法经营行为。⑥ 本书认同这种观点。按照《互联网信息服务管理办法》第3条的规定,经营性互联网信息服务,是指通过互联网向上网用户有偿提供信息或者网页制作等服务活动。这一规定为"经营性互联网信息服务"划定了非常宽泛的边界,不能仅仅做字面的解读。"删帖""发帖"者(包括其组织者)所提供服务的实质核心是恶意删除或发布网络评论,而不是信息服务本身,互联

---

① 参见李世阳:《不妨强化对信用的刑罚保护》,载《法制日报》2017年6月22日,第7版;杨学文:《对全国刷单炒信入刑第一案的几点感想》,载"数字法学"微信公众号,2017年6月23日;乔远:《"刷单炒信"行为的交易模型及其刑法分析》,载"数字法学"微信公众号,2017年6月26日。

② 参见于志刚:《口袋罪的时代变迁、当前乱象与消减思路》,载《法学家》2013年第3期,第66页。

③ 参见徐松林:《非法经营罪合理性质疑》,载《现代法学》2003年第6期,第88页。

④ 参见张向东:《网络非法经营犯罪若干问题辨析》,载《法律适用》2014年第2期,第58页。

⑤ 参见王志祥:《网络水军非法经营行为应予定罪》,载《法制日报》2013年9月11日,第7版。

⑥ 参见武良军:《非法经营罪堵截条款异化之研究》,载《环球法律评论》2014年第5期,第43—44页;葛恒浩:《非法经营罪口袋化的成因与出路》,载《当代法学》2016年第4期,第74页。

网只是他们所借助的手段。换言之,这些所谓的"水军"恰恰是互联网信息服务的用户,而不是提供者。不能因为这种"水军"的服务需要收取费用因而具有一定的"经营性质",并且又在互联网上进行,就将其直接与"经营性互联网信息服务"等同。事实上,如果贯彻这种对"经营性互联网信息服务"的宽泛解释,后果是不堪设想的。在网络空间中,使用互联网信息服务再次提供其他服务的主体非常多,如果将这些主体都认定为"经营性互联网信息服务"提供者,要求其取得国家许可并满足《中华人民共和国电信条例》以及《互联网信息服务管理办法》(尤其是第5—6条①)所规定的一系列条件,是非常不现实的做法。因此,这里的"经营性互联网信息服务"应当理解为那些一般性、初始性和基础性的互联网信息服务,例如,基础的网络接入服务、信息存储服务或较为大型的门户网站等。② 基于同样的道理,刷单炒信也主要是借助互联网通讯技术提供非法的信用炒作服务,并不属于真正意义上的提供"经营性互联网信息服务",因此,本案判决意见在这一点上的理解也不准确。③

而且,退一步说,即使不考虑"经营性互联网信息服务"的规范解读,刷单炒信组织者的行为与《信息网络诽谤解释》第7条所描述的情形仍然存在明显差异。《信息网络诽谤解释》第7条中"明知是虚假信息,通过信息网络有偿提供发布信息等服务"的核心含义是利用信息网络平台对虚假信息加以发布,其行为实质是对虚假信息进行传播扩散与推广,有较为典型的传播犯(Verbreitungsdelikt)性质。但是,在本案中,被告人主要着力于组织他人制造虚假的信用信息,也即组织信用造假,这里的行为模式并不仅仅是发帖那么简单,而是围绕以签订虚假合同为核心做出一系列的动作。因此,发布、传播虚假信息和组织信用造假二者显然还是不同的。

第三,将组织刷单炒信行为认定为非法经营罪,也违背了该罪的规范保护目的。显然,组织刷单炒信行为并不符合《刑法》第 225 条所明确列举的三种非法经营行为。因此,从法教义学的角度来看,组织刷单炒信行为的刑事可罚性只可能从该罪的兜底性条款"其他严重扰乱市场秩序的非法经营行

---

① 《互联网信息服务管理办法》第 6 条规定:"从事经营性互联网信息服务,除应当符合《中华人民共和国电信条例》规定的要求外,还应当具备下列条件:(一)有业务发展计划及相关技术方案;(二)有健全的网络与信息安全保障措施,包括网站安全保障措施、信息安全保密管理制度、用户信息安全管理制度;(三)服务项目属于本办法第五条规定范围的,已取得有关主管部门同意的文件。"

② 参见张向东:《网络非法经营犯罪若干问题辨析》,载《法律适用》2014 年第 2 期,第 60 页。

③ 参见陈东升、王春:《全国"刷单炒信入刑第一案"宣判被告人犯非法经营罪获刑:法官详解为何定性为非法经营罪》,载《法制日报》,2017 年 6 月 21 日,第 08 版。

为"中获得。基于罪刑法定原则的要求,对该兜底条款进行类型性、限缩性的解释是学界的基本共识。对此,基本的依据就是同类解释规则和法益指导原则。所谓同类解释规则,就是指对兜底条款的解释应当和并列的明确条款具有大体相当性。① 也就是说,对"其他严重扰乱市场秩序的非法经营行为"的解释,应当与明确列举的非法经营行为在大体方向和严重程度上具有相当性。而法益指导原则,就是指在构成要件的解释中,应当发挥法益的指导机能,使刑法规定该犯罪、设立该条文的目的得以实现。② 而为了贯彻同类解释规则,法益作为同一犯罪不同行为类型的"最大公约数"无疑也是具有重要意义的。从《刑法》第 225 条所列明的三种行为类型来看,不论是未经许可经营专营、专卖物品,买卖经营许可证或批准文件,还是未经批准非法经营证券、期货、保险和资金支付结算业务,侵害的都是国家经营许可制度。因此,该罪的法益侵害不能泛化为对市场秩序的扰乱,而是应当限缩理解为对国家经营许可制度的破坏。③ 所以,其他严重扰乱市场秩序的非法经营行为"也只能局限于那些破坏国家专营许可制度的行为。然而,如前文所述,组织刷单炒信行为主要侵犯的是围绕电商信用评价机制和虚假商誉所产生的一系列复合性法益,重点并不在于国家的某种专营许可制度。如陈兴良教授所言,刷单炒信是《反不正当竞争法》所禁止的违法行为,即使申请,有关部门也不可能发给经营许可证。④ 因此,从"兜底条款"的解释方法论出发,将刷单炒信行为解释为非法经营也是不妥当的。

第四,适用非法经营罪的兜底条款来处罚行为定性争议较大的刷单炒信行为,与最高人民法院对该罪的整体适用态度也有一定抵牾。最高人民法院 2011 年发布的《关于准确理解和适用刑法中"国家规定"的有关问题的通知》指出,对被告人的行为是否属于《刑法》第 225 条第 4 项规定的"其他严重扰乱市场秩序的非法经营行为",有关司法解释未作明确规定的,应当作为法律适用问题,逐级向最高人民法院请示。也就是说,在该罪构成要件和已有司法解释明文确定的行为类型之外,最高人民法院希望收回兜底条款的解释权,以此遏制该罪进一步扩张乃至完全异化的趋势。因此,地方法院对该兜

---

① 参见张明楷:《注重体系解释 实现刑法正义》,载《法律适用》2005 年第 2 期,第 37 页。
② 参见张明楷:《刑法分则的解释原理》(上)》(第二版),中国人民大学出版社 2011 年版,第 347 页。
③ 参见陈泽宪:《非法经营罪若干问题研究》,载《人民检察》2000 年第 2 期,第 23 页;廖丽红:《非法经营罪的司法认定标准综述》,载《人民司法》2014 年第 11 期,第 51 页;高翼飞:《从扩张走向变异:非法经营罪如何摆脱"口袋罪"的宿命》,载《政治与法律》2012 年第 3 期,第 41 页。
④ 参见陈兴良:《刑法阶层理论:三阶层与四要件的对比性考察》,载《清华法学》2017 年第 5 期,第 15 页;周光权:《刑法软性解释的限制与增设妨害业务罪》,载《中外法学》2019 年第 4 期,第 961 页。

底条款的解释也应更加审慎,不要轻易通过判决在事实上确立新的非法经营行为类型。①

(二)虚假广告罪的适用

本文认为,在法教义学的基本框架下,虚假广告罪仍然可以作为规制刷单炒信行为的权宜之计。初一看,刷单炒信行为似乎与虚假广告行为存在一些差异,但是仔细考察则可能得出不同的结论。虚假广告罪是指广告主、广告经营者、广告发布者违反国家规定,利用广告对商品或者服务作虚假宣传且情节严重的行为,而刷单炒信符合这一犯罪构成要件描述。

首先,刷单炒信属于利用广告对商品或服务作虚假宣传的行为。按照《广告法》第2条的规定,商品经营者或者服务提供者通过一定媒介和形式直接或者间接地介绍自己所推销的商品或者服务的商业广告活动,适用本法。由此可以推断出,广告是一个较为宽泛的概念,顾名思义即为"广而告之",卖家以一定形式介绍自己商品的行为都可被涵盖。广告的表现形式并不局限于在电视、广播等信息媒体上的付费宣传。早在1996年,国家工商行政管理局就在《关于在产品包装物上宣传、介绍产品是否属于广告问题的答复》中指出,"根据《广告法》第2条的规定,在包装物上直接或者间接宣传、介绍产品,是广告的一种形式;对含有产品宣传、介绍内容的包装物,应认定为广告宣传品"。②虽然这一答复已经在2010年被国家工商行政管理总局所废除③,但是从现行有效的《关于商品包装含有违法广告内容销售者是否应当承担法律责任问题的答复意见》等规范中,我们还是可以从侧面推知,包装物上的产品宣传、介绍仍然属于广告的一种形式。④也就是说,只要目的是直接或间接地推销商品或者服务,那么无论以何种形式何种载体进行宣传,均属于广告活动。⑤而在电商平台的卖家界面上,卖家一般都会将产品或服务的基本功能、成分配方、规格参数以及产品特色等信息详细呈现出来。

---

① 如前所述,刷单炒信并不是特殊个案现象,而是一种较为普遍而典型的违法行为类型,如果按照非法经营罪对此定罪处罚,其他法院都效仿这种做法,那么很可能将会在事实上确立一种新的非法经营行为类型。

② 参见国家工商行政管理局《关于在产品包装物上宣传、介绍产品是否属于广告问题的答复》;王作富主编:《刑法分则实务研究(中)》(第四版),中国方正出版社2009年版,第732页。

③ 参见国家工商行政管理总局《关于公布国家工商行政管理总局规章、规范性文件清理结果的公告》。

④ 参见国家工商行政管理总局《关于商品包装含有违法广告内容销售者是否应当承担法律责任问题的答复意见》;晏微:《试析包装物上商品信息介绍的法律适用》,载搜狐网(https://www.sohu.com/a/168356826_367517),最后访问日期:2020年5月20日;谢卫东:《与商品包装信息有关的法律法规》,载《中国工商报》2017年2月14日,第006版。

⑤ 参见王作富主编:《刑法分则实务研究(中)》(第四版),中国方正出版社2007年版,第732页。

由于电商平台构建在一个虚拟的网络空间中,因此,卖家的店铺不可能提供实物展示,在这种情况下,其网络界面上产品或服务信息的陈列与展示一方面有些类似于包装物(或店铺装潢)上的宣传介绍,另一方面也确实面向不特定的多数人进行传播,这已经构成了一种事实上的商业广告行为。

其次,广告的内容也并不限于介绍产品或服务的功能,经营状况和用户评价也可以包含在内,因为这些信息与产品功能介绍殊途同归,都是服务于促进推广产品和服务的销售。这种理解,不仅具有法律依据,而且有理论上的支持。其一,《广告法》第 28 条具体定义了虚假广告的内容,该条第 2 款第 2 项规定,如果商品的销售状况、曾获荣誉等信息与实际情况不符,对购买行为有实质影响的,属于虚假广告。刷单炒信在很大程度上就是通过虚构交易的方式伪造销售状况,营造虚假的客户信誉和口碑,这与《广告法》对虚假广告的定义是契合的。其二,全国人民代表大会常务委员会于 2017 年 11 月 4 日发布的《反不正当竞争法》也印证了上述判断。修订后的《反不正当竞争法》第 8 条规定:经营者不得对其商品的性能、功能、质量、销售状况、用户评价、曾获荣誉等作虚假或者引人误解的商业宣传,欺骗、误导消费者。经营者不得通过组织虚假交易等方式,帮助其他经营者进行虚假或者引人误解的商业宣传。立法机关明确指出,这一关于虚假宣传的立法修订就是为了打击刷单炒信的行为。① 从这一规定的语言表述和立法沿革②都可以看出,刷单炒信行为是被放在虚假广告的基本框架中来理解的。其三,理论上一般也认为,虚假宣传的内容也包含经营状况虚假,即在广告中对经营者的经营状况夸大其词,给人以生意兴隆的假象,或者夸大经营规模等。③ 有观点还指出,假借他人名义赞扬自己进行虚假宣传的也属于虚假广告的范畴。④ 事实上,刷单炒信行为恰恰就是通过伪造卖家商品或服务的销售数量以及顾客好评等信息,来实现对商品销售状况以及用户评价状况的虚假宣传⑤,以此误导消费者的购买决策,排挤其他竞争者。而在本案的一审判决中,法院也曾明确指出,被告的行为性质属于引导卖家对商品、服务作虚假宣传,其行为符合《关于维护互联网安全的决定》第 3 条规定的"利用互联网对商品、服务作虚假宣传"。总而言之,刷单炒信行为属于一种特殊类型的虚假广告行为,其

---

① 参见《新修订〈反不正当竞争法〉获通过相关部门负责人回答记者提问》,载中国政府网(http://www.gov.cn/xinwen/2017-11/07/content_5237723.htm),最后访问日期:2018 年 4 月 19 日。
② 该条替代的是原《反不正当竞争法》第 9 条关于虚假宣传和虚假广告的规定。
③ 参见王作富主编:《刑法分则实务研究(中)》(第四版),中国方正出版社 2007 年版,第 733 页。
④ 参见杨彩霞:《虚假广告罪的认定》,载《国家检察官学院学报》2001 年第 3 期,第 35 页。
⑤ 事实上,本案的一审判决,也明确提到了被告的行为性质属于引导卖家对商品、服务作虚假宣传。

完全可以涵盖在虚假广告罪构成要件的文意射程范围内。

最后,虚假广告罪属于身份犯,其主体只能是广告主、广告经营者和广告发布者。按照《广告法》第2条的规定,广告主是指为推销商品或者服务,自行或者委托他人设计、制作、发布广告的自然人、法人或者其他组织;广告经营者则是接受委托提供广告设计、制作、代理服务的自然人、法人或者其他组织;而广告发布者是指为广告主或者广告主委托的广告经营者发布广告的自然人、法人或者其他组织。刷单炒信平台组织者虽然不是典型意义上的广告经营者,但是从扩大解释的角度出发,其行为实质是受卖家所托,围绕经营状况和客户评价等内容进行虚假宣传,因此也可以被纳入到广义的广告经营者定义中。

(三)非法利用信息网络罪的适用

我国《刑法》第287条之一非法利用信息网络罪是通过《刑法修正案(九)》新增的罪名,《刑法修正案(九)》从2015年11月1日开始施行,而本案的行为发生在此之前,原则上新法不应当具有溯及效力。但是,非法利用信息网络罪的最高刑罚幅度是3年以下有期徒刑或拘役,并处或单处罚金,与法院所认定的非法经营罪(5年以下有期徒刑或拘役,并处或单处违法所得1倍以上5倍以下罚金)相比,显然是处罚较轻的罪名。按照我国《刑法》第12条所确定的"从旧兼从轻"原则,如果本案行为也符合非法利用信息网络罪的犯罪构成,那么理论上,该罪的适用可能性也需考虑。不过,该罪规定"同时构成其他犯罪的,依照处罚较重的规定定罪处罚",所以该罪可能没有实际的适用机会。然而,如果不局限于个案,在这里对非法利用信息网络罪的探讨仍然非常必要,因为它可能为今后的同类行为提供刑法规制的手段。①

该罪的构成要件规定了利用信息网络实施的三种违法准备行为,即(1)设立用于实施诈骗,传授犯罪方法,制作或者销售违禁物品、管制物品等违法犯罪活动的网站、通讯群组的行为;(2)发布有关制作或者销售毒品、枪支、淫秽物品等违禁物品、管制物品或者其他违法犯罪信息的行为;(3)为实施诈骗等违法犯罪活动发布信息的行为。需要注意的是,该罪第一种和第三种行为类型中的"违法犯罪活动"并不限于法条明确列举的范围②,理论

---

① 而且,按照刑罚幅度的对比,较之于虚假广告罪,非法利用信息网络罪显然是更重的犯罪。
② 参见臧铁伟、李寿伟主编:《中华人民共和国刑法修正案(九):条文说明、立法理由及相关规定》,北京大学出版社2016年版,第202页;喻海松:《网络犯罪的立法扩张与司法适用》,载《法律适用》2016年第9期,第7页。

上,只要具有违法犯罪性质即可。① 而不论是非法经营行为还是虚假广告行为,都已经符合了这种"违法犯罪活动"的内涵描述。在司法实践中,刷单炒信平台经营者恰恰就是以设立网站、通讯群组和发布相关信息的方式,为进一步的虚假广告行为做准备。一方面,这些不法分子借助网络社交工具建立通讯群组,甚至设立专门的网站;另一方面,其也不断地向发单者(电商卖家)和刷单者("刷手")推送刷单服务的信息。这些行为显然属于"利用信息网络设立用于实施违法犯罪活动的网站、通讯群组",以及"利用信息网络为实施违法犯罪活动发布信息"的行为。

而且,适用《刑法》第287条之一来规制刷单炒信行为,还将具有处罚前置的效果,能够更早、更有效地制裁愈演愈烈的刷单炒信行为。在理论上,《刑法》第287条之一被认为是"预备行为实行化"的典型罪名②,这在一定程度上体现着预防刑法的思想。③ 该罪的立法初衷在于,网络犯罪通常借助信息网络跨地域进行,且容易在短时间内组织不特定人共同实施,而受害人也分布各地,故难以一一查办,所以立法者防范于未然地将网络犯罪的预备行为加以提早处罚。④ 也就是说,如果适用该罪,原则上,为了进行刷单炒信而建立网站或通讯群组,以及发布相关信息的行为,如果情节严重的,就已经初步具备了刑事可罚性,而无须等到之后刷单炒信行为确实发生。可以说,这一罪名对刷单炒信行为中的组织者、平台运营者能够产生更加直接有效的刑罚制裁效果,这也符合了基于网络犯罪的特点对法益进行早期化保护的需要。⑤

综上所述,在我国《刑法》目前没有专门规制刷单炒信行为的罪名的背景下,从法教义学的角度来看,较之于作为口袋罪名的非法经营罪,虚假广告

---

① 刷单炒信实质上是一种伪造信用记录,并以此欺骗消费者的行为。虽然这里存在着欺骗的因素,但一般还是难以构成刑法意义上的诈骗。理论上,诈骗罪需要符合以下基本因果流程:行为人诈骗行为—被害人陷入认识错误—基于认识错误处分财物—被害人遭受损失。Vgl. Rengier, Strafrecht Besonderer Teil I, Vermögensdelikte, 19. Aufl., 2017, § 13, Rn. 1 ff. 但是在这里,被害人是否直接遭受财产损失难以认定。因为,卖家商品的质量和其信用评分并没有必然的联系。即使卖家对信用记录造假,也并不一定会导致买家买到完全不符合对价的商品或服务从而遭受损失。一方面,这里并不一定存在一种等同于损失的具体财产危险;另一方面,单纯的买家目的不达也难以等同于诈骗罪中的财产损失。参见王钢:《德国判例刑法分则》,北京大学出版社2016年版,第215,225页。

② 参见梁根林:《传统犯罪网络化:归责障碍、刑法应对与教义限缩》,载《法学》2017年第2期,第8页;车浩:《刑事立法的法教义学反思——基于〈刑法修正案(九)〉的分析》,载《法学》2015年第10期,第11页。

③ 参见何荣功:《预防刑法的扩张及其限度》,载《法学研究》2017年第4期,第142页。

④ 参见臧铁伟、李寿伟主编:《中华人民共和国刑法修正案(九):条文说明、立法理由及相关规定》,北京大学出版社2016年版,第200—201页。

⑤ 参见张明楷:《网络时代的刑法理念——以刑法的谦抑性为中心》,载《人民检察》2014年第9期,第10页。

罪和非法利用信息网络罪是更为妥当的刑法规制选择。

(四)网络语境中的罪名选择和解释方法

在信息社会纵深发展的时代,新型网络犯罪不断涌现出来,这必然对原有的刑法体系和犯罪治理形成冲击。在此过程中,新型的法益类型正在孕育生长,而犯罪的实施手段、组织结构、行为方式也在发生变形。尤其是在科技迅猛发展的网络空间里,刑法规范供给不足的现象不可避免,此时,司法的能动性应当有所加强才能应对日益复杂的外部环境。① 在这个意义上,刷单炒信的刑法规制难题反映了更为宏观的一般性命题,即网络语境中非典型案例的罪名选择和解释方法。

首先,由于网络技术因素的介入和网络空间中行为复杂度升高,违法犯罪行为的非典型性程度大大增强,那种"四不像"行为越来越多,罪名选择越发困难。② 由于犯罪行为的类型辨识和类型界定难度上升,司法"找法"的理念和方法成为问题。为了不被错综复杂的案件事实和形形色色的行为手段扰乱思路,司法者一方面需要提炼违法行为事实的本质属性,另一方面则应当在广泛筛选关联罪名的基础上判断其规范保护目的,然后对二者加以比对涵摄。例如,尽管刷单炒信组织复杂、形式多样,但是本质上这一系列行为都围绕伪造信誉展开。有组织性的伪造信用、商誉才是刷单炒信行为评价的核心,其中,业务经营的非法性(反专营性)与刷单炒信行为仅具有似是而非的关联性。如果对虚假广告罪和非法经营罪的规范保护目的加以简要分析就会得出,前者显然是更加适合规制刷单炒信行为的罪名。在全国首例刷单入刑案中,司法机关直接选择了历来备受争议的口袋罪名,并且仅对相关司法解释条文做形式化的理解,这与其说是立法上的"口袋罪名"之错,不如说是法律适用者的"口袋思维"之过。这种审判思路固然回应了刷单炒信的应罚性诉求,但是实践中的先例效应会进一步恶化非法经营罪的不当扩张态势,以后,同类案例很可能重点参考这一判决,这属于饮鸩止渴的做法。

其次,为了缓解非典型案例与规范供给不足之间的紧张关系,解释论的能动主义趋势甚至功能主义倾向③是解决问题的出路之一。随着网络时代的来临,人类社会的商业模式和经营形式发生了翻天覆地的变化。尤其是在中国,电子商务逐渐取代实体店面,线下经营迅速向线上转移,并且,相应的销售方式、经营策略、信用评价模式都在转型。在这种背景下,商业活动中的

---

① 参见付立庆:《刑罚积极主义立场下的刑法适用解释》,载《中国法学》2013年第4期,第149页。

② 例如,除刷单炒信之外,偷换商店收款二维码的行为在定性上也存在较大争议。

③ 参见劳东燕:《能动司法与功能主义的刑法解释论》,载《法学家》2016年第6期,第14页。

广告行为也应当被重新定义和理解。其一,就存在形式而言,传统的广告通常以产品实物、电视、报纸等作为媒介进行传播,而在电商时代,广告的网络化是毋庸置疑的趋势。这种状况在1997年《刑法》新增虚假广告罪时可能没有被预料到,但是该罪今后在网络空间中的拓展适用是无可避免的。其二,就实质内容而言,传统广告主要集中突出产品功效、特色、品质等内容,而在充斥海量商品信息的电商平台中,产品销售数量以及其他用户的可见评价在影响用户交易意愿方面扮演了更加突出的角色。这种有形、可见的商品信誉指标在电商平台中被卖家在自己网店中以醒目的方式标示出来,实际上属于传统广告行为在网络语境中的演化与发展。虽然刑法制定者当初未必能预想到这种广告行为在网络空间的变形,但是不论是从本罪字面表述的语义射程、一般民众的观念认同还是客观解释的基本理念出发,将刷单炒信理解为一种虚假广告、虚假宣传行为都是妥当的。"虚假广告"和"虚假宣传"本来在语义上就具有一个弹性的幅度,按照社会情势的发展变化将围绕销售数量、信誉造假目标而展开的刷单炒信行为归入进来不仅合理而且必要,这属于刑法教义学中所谓的"历史和现实的沟通"①。

由此看来,刷单炒信案件中的"找法"和"释法"过程体现了网络时代超越个案的刑法解释论立场取向问题。② 采非法经营罪的观点实际体现出解释论上形式化、教条化、惰性化的倾向。在快速变迁、日益复杂的信息时代,刑法解释论应当更具目的导向性、实质性、回应性和后果导向性③,如此才能尽量在罪刑法定的基本框架中缓解刑法治理与立法滞后之间的紧张关系,否则可能会导致法条适用的僵化以及与时代的脱节,甚至走回诉诸"口袋罪名"、违背刑事法治的老路。

四、展望:电商平台的多元治理

电子商务已经成为人类经济活动的基本形式之一,尤其在我国,在相当长的一段时间内,电子商务都会是我国国民经济持续发展的重要增长点。电子商务依托信息网络进行,在诸多方面迥异于实体商务,这也为其法律规制带来了新的挑战。新的挑战呼唤新的思维。对于电子商务发展过程中出现的新型法律问题,不能一味固守原有法律框架,否则要么就是法律失去对现

---

① 冯军:《刑法教义学的立场和方法》,载《中外法学》2014年第1期,第184页。
② 例如,在所谓"反向炒信案"中,也涉及对破坏生产经营罪的目的解释。参见李世阳:《互联网时代破坏生产经营罪的新解释——以南京"反向炒信案"为素材》,载《华东政法大学学报》2018年第1期,第57页。
③ 参见劳东燕:《能动司法与功能主义的刑法解释论》,载《法学家》2016年第6期,第15页以下。

实问题的回应能力,要么就是既有法律被过度解释乃至滥用。

对电子商务的发展而言,一项公允、可信的电商信用评价机制是其得以持续蓬勃发展的灵魂与基石。与实体商务不同,电商平台上的消费者处在一个陌生而匿名的信息网络环境中,只有依托于制度形成的基本信任才可能让大规模的交易成为可能。信用评价机制为消费者提供了选择商品和服务的重要标准和依据,因此是保证电子商务健康发展的关键一环。刷单炒信行为的法益侵害具有复杂性,其直接侵蚀了电商平台的信用评价机制,同时也欺骗和误导了消费者,对其他卖家构成了不正当竞争,也为电商平台的运营者带来巨大的损失。从法教义学的角度来看,刷单炒信行为不宜适用非法经营罪来进行规制,因为这不但背离了该罪的规范保护目的,也将进一步恶化其"口袋罪名"的现状。从犯罪构成要件的可能文义射程出发,辅之以适当的扩大解释,刷单炒信行为可以被囊括在虚假广告罪和非法利用信息网络罪的规制范围之内。因为,虚构交易数量、销售状况以及好评荣誉并在网络销售界面加以展示,在性质上确实属于一种虚假广告宣传行为。此外,刷单平台经营者为了实施上述违法犯罪行为借助信息网络来设立通讯群组和网站,以及发布相关信息,也符合了非法利用信息网络罪的犯罪构成。超越个案之外,刷单炒信的刑法规制也体现出网络时代对刑法解释论能动化、实质化、功能化需求的增强。

但是,刑事制裁也并非电商平台治理的灵丹妙药或终极武器。刑事规制在电商生态中固然不能缺位,电商平台治理的层次性和多元性也仍然需要被强调。无论如何,刑法作为最后手段的基本特征仍然应当坚持。在行业制裁、民事赔偿、行政处罚已经足以应对的轻微案件中,刑法制裁应当保持充分的克制。而且,法律规制也仅是电商平台治理的手段之一,对于有效打击刷单炒信行为,行业内部和不同行业之间的合作与交流机制能够发挥重要作用。例如,2016年10月国家发改委、公安部、质检总局、中央网信办等七部门与阿里巴巴、腾讯等八家互联网公司共同签署《反"炒信"信息共享协议书》,建立共享炒信黑名单制度,成立了反炒信联盟[①],这也是打击刷单炒信的有效手段。再如,如果快递行业能够与电商平台建立起更密切的合作关系,杜绝"空包""空单"等现象,那么刷单炒信行为也能得到更好的规制。[②] 此外,大数据技术的应用,也能在甄别和防治刷单炒信行为中发挥更

[①] 参见余瀛波:《刷单炒信组织者将上全网"黑名单"》,载《法制日报》2016年10月27日,第006版。

[②] 例如,此前,菜鸟网络曾对多家参与刷单行为的快递公司进行了下线处理、部分城市停止全部合作等处罚。参见叶薇:《菜鸟网络严查"空包炒信"》,载《新民晚报》2016年5月31日,第A19版。

大作用。此前,多家互联网公司已经正式上线了大数据反炒信系统①,这对于从技术上打击刷单炒信行为具有重大意义。最后,电商信用评价体系本身内在机制的完善,也是一个对抗刷单炒信行为的重要维度。目前,网络信用评价机制的基本理念就是让参与方互相评价,如在交易后用给出评级的方式来得出信用或信誉得分,这种得分又会影响其他主体决定是否与其进行交易。② 但是,在目前的模式中,此种评价机制对刚刚起步的卖家是非常不利的,即使他们提供的商品或服务品质卓越也难以受到他人关注,因为短时间内信誉评分难以累积形成。有学者因此主张应当建立动态的信用评价模式,使其能更好地反映近期交易的情况,从而更好地避免被刷单炒信者恶意利用。③ 可见,对当前信用评价体系内在形成机制的完善,今后也应展开进一步深入的研究。总而言之,打击刷单炒信行为,既需要在互联网语境下革新刑法规制的思维定式,也应在行业合作的基础上拓宽电商平台治理的视野边界。

第八节　网络侵犯公民个人信息

一、概述

随着信息网络社会的发展,侵犯公民个人信息的行为愈演愈烈,《刑法》也在不断出台和完善打击侵犯公民个人信息犯罪的条款。2009 年通过《刑法修正案(七)》在《刑法》第 253 条后增加一条,作为第 253 条之一:出售、非法提供公民个人信息罪和非法获取公民个人信息罪。2015 年通过《刑法修正案(九)》将"出售、非法提供公民个人信息罪""非法获取公民个人信息罪"调整为"侵犯公民个人信息罪"④,并对其规定进行系统的完善,扩大犯罪

---

① 参见左娅:《菜鸟网络大数据反炒信系统上线》,载《人民日报》2015 年 4 月 28 日,第 10 版。
② See Audun Jøsang, Roslan Ismail, Colin Boyd, "A survey of trust and reputation systems for online service provision", in 43 Decision Support Systems (2007), p. 618.
③ See Yu Zhang, Jing Bian, Weixiang Zhu, "Trust fraud: A crucial challenge for China's e-commerce market", in 12 Electronic Commerce Research and Applications (2013), p. 303.
④ 《刑法》第 253 条之一规定:"违反国家有关规定,向他人出售或者提供公民个人信息,情节严重的,处三年以下有期徒刑或者拘役,并处或者单处罚金;情节特别严重的,处三年以上七年以下有期徒刑,并处罚金。违反国家有关规定,将在履行职责或者提供服务过程中获得的公民个人信息,出售或者提供给他人的,依照前款的规定从重处罚。窃取或者以其他方法非法获取公民个人信息的,依照第一款的规定处罚。单位犯前三款罪的,对单位判处罚金,并对其直接负责的主管人员和其他直接责任人员,依照各该款的规定处罚。"

主体至一般主体,修改了犯罪的特定条件,对于特殊主体予以加重处罚,并提高了刑罚处罚区间。这些修改对于适应该类犯罪的发展变化具有重要的意义,有利于全面实现《刑法》对个人信息的有效保护。此外,为指导司法实践,2013 年,最高人民法院、最高人民检察院、公安部颁布了《关于依法惩处侵害公民个人信息犯罪活动的通知》,2017 年,最高人民法院、最高人民检察院颁布了《侵犯个人信息案件解释》。《侵犯个人信息案件解释》第 1 条界定了"公民个人信息",第 2 条界定了"违反国家有关规定",第 3 条、第 4 条界定了"提供公民个人信息"及"以其他方法非法获取公民个人信息",第 5 条、第 6 条规定了作为该罪罪量要素的"情节严重"与"情节特别严重"。

二、保护法益①

法益决定刑罚权适用的边界,是对刑法中罪名进行具体解释适用的应然起点。关于本罪保护的法益,学界主要有个人法益与集体法益两类观点,本文依此结构进行展开。

(一) 主张个人法益的观点

鉴于本罪规定在我国《刑法》分则第四章"侵犯公民人身权利、民主权利罪"中,本罪法益原则上应属于公民的人身权利,有很多学者据此将本罪法益界定为个人法益,具体包括以下观点:

第一种观点认为个人信息法益的内涵是人格权(人格权说)。其依据主要包括刑法条文的位置和民事领域个人信息保护路径。从刑法条文的位置看,目前《刑法》第 253 条之一侵犯公民个人信息罪位于《刑法》分则第四章"侵犯公民人身权利、民主权利罪"中,在无法归入民主权利的情况下从人格法益的角度予以认定。其从民事领域个人信息保护路径出发,以最高人民法院《关于审理名誉权案件若干问题的解答》(已失效)第 7 条、《关于确定民事侵权精神损害赔偿责任若干问题的解释》第 1 条和第 3 条为佐证,进而认为:"从现有规范来看,对个人信息的保护也基本上采取了人格权保护的模式。"②

第二种观点认为个人信息法益的内涵是个人信息权(个人信息权说)。其将侵犯个人信息行为入罪的依据归于对个人信息权(或公民信息权益)的侵害。③ 由于个人信息权说并不强调个人的人身性,因此其范畴也可以涵摄

---

① 以下部分内容参见王肃之:《网络犯罪原理》,人民法院出版社 2019 年版,第 68—83 页。
② "侵犯公民人格权犯罪问题"课题组:《论侵犯公民个人信息犯罪的司法认定》,载《政治与法律》2012 年第 11 期,第 150 页。
③ 参见付强:《非法获取公民个人信息罪的认定》,载《国家检察官学院学报》2014 年第 2 期,第 121 页;刘宪权、方晋晔:《个人信息权刑法保护的立法及完善》,载《华东政法大学学报》2009 年第 3 期,第 121 页。

财产权利和其他权利。如在个人信息权说的基础上,二重属性论认为:"'公民个人信息'不仅具有人格权的性质,强调对于公民人格尊严的保障,同时也具有财产权的意蕴。因此,一种涵盖各种信息,包括积极使用并许可他人使用的权利和消极防御他人侵害的权利,并且兼具人格权与财产权的新型权利呼之欲出——个人信息权。"①三重属性论认为:"'公民个人信息'兼具人身特性、经济属性和社会属性。"②

第三种观点认为个人信息法益的内涵是信息自决权(信息自决权说)。如有学者认为侵犯个人信息犯罪的真正具体法益类型在于"个人信息自决权":"其中包括公民个人信息所涵括的个人对涉及自身信息的安全决定权、自由决定权、收益决定权、隐私决定权以及尊严决定权。"③基于信息自决权说,个人自决的信息范围不包括交于集体收集、利用的个人信息,据此,集体对该个人信息再利用的行为不应属于侵犯个人信息的犯罪行为。

第四种观点认为个人信息法益的内涵是隐私权(隐私权说)。隐私权说又分为两种观点,一元论认为个人的隐私权益应作为个人信息权益的下位概念,只有其中涉及隐私权益的部分才值得作为犯罪处理,才具备法益的独立性。如有学者认为:"在《刑法修正案(七)》将侵犯个人信息行为入罪之时,立法者将该类犯罪的两个罪名放在《刑法》第253条之一进行规制,体现着对个人隐私权保护的价值追求。"④二元论认为,应将隐私权与个人信息权并列规定,将隐私权作为重要和特别的权益类型加以保护。如有学者认为,"对'网络隐私权'动用刑法保护并不违背刑法的'谦抑性',应增设'侵犯隐私权罪',构建普通罪名与特殊罪名的双规模式,能更全面地实现隐私权规制的效果"⑤。更有学者认为应设专节规定侵犯公民隐私的犯罪群:"在刑法侵犯公民人身权利、民主权利一章中区分出'侵害私人生活和秘密权'一节……增设侵犯他人隐私罪,出售、非法提供公民个人信息罪,非法获取公民个人信息罪等罪名。"⑥

---

① 于志刚:《"公民个人信息"的权利属性与刑法保护思路》,载《浙江社会科学》2017年第10期,第10页。
② 于冲:《侵犯公民个人信息罪中"公民个人信息"的法益属性与入罪边界》,载《政治与法律》2018年第4期,第20页。
③ 陈伟、熊波:《侵犯公民个人信息罪"行为类型"的教义分析——以"泛云端化"的信息现象为研究视角》,载《宁夏社会科学》2018年第2期,第63页。
④ 蔡军:《侵犯个人信息犯罪立法的理性分析——兼论对该罪立法的反思与展望》,载《现代法学》2010年第4期,第108页。
⑤ 参见徐翕明:《"网络隐私权"刑法规制的应然选择——从"侵犯公民个人信息罪"切入》,载《东方法学》2018年第5期,第66—70页。
⑥ 李婕:《刑法如何保护隐私——兼评〈刑法修正案(九)〉个人信息保护条款》,载《暨南学报》(哲学社会科学版)2016年第12期,第124页。

(二) 主张集体法益的观点

前述观点虽然各有千秋,但是未关注网络社会中个人信息的"信息画像"实质,难以充分阐释个人信息法益的内涵。随着互联网全面连接社会主体,信息化、大数据的浪潮席卷所有人,多种主体参与的信息服务与个人信息的产生、利用成为社会发展的必需形式。个人信息流动的载体,也就是网络服务提供者,与搜集、使用和处理的主体,也就是其他公民个体、国家行政主体以及网络服务提供者,同它指向的对象,也就是公民个体并不一致。公民个人信息在这四类主体间的流动链条如下图所示:

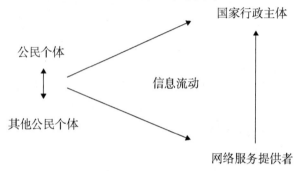

图 7.8-1　公民个人信息流动链条

个人信息并非个人可以直接支配的具体物或权利,而是在个人与其他社会主体交互过程中产生的信息形态的个人画像,且随着信息的法益化,其画像属性日渐由识别画像转向为法益画像。基于信息产生于主体交互的视角,甚至在某种程度上可以认为所有的信息都是个人信息。① 对此可从以下三个方面理解:

第一,个人信息法益由个人与其他主体共享,而非个人独享。例如,公司的客户名单,包括客户的姓名、地址、联系方式以及交易习惯、意向、内容等,性质上当然属于公民个人信息。根据《反不正当竞争法》第9条第3款的规定,商业秘密是指"不为公众所知悉、具有商业价值并经权利人采取相应保密措施的技术信息、经营信息等商业信息"。尽管《刑法修正案(十一)》删除了原《刑法》第219条第3款的规定,但《反不正当竞争法》对商业秘密的界定仍对《刑法》中商业秘密内涵的厘定具有重要的指引作用。根据法律规定,客户②名单符合以下三个要件,即不为所属领域相关人员普遍知悉和容

---

① Vgl. Thomas Giesen, Euphorie ist kein Prinzip des Rechtsstaats, in: Stiftung Datenschutz (Hrsg.), Zukunft der informationelle Selbstbestimmung, 2016, S. 26.

② 指自然人客户或法人客户之法人代表。

易获得、具备经济价值以及权利人采取了保密措施,则应被界定为商业秘密,侵犯这一类个人信息,侵害的是相关企业的商业秘密。司法实践中,也有在客户名单符合以上三个条件时被认定为商业秘密的判例。① 又如,在有组织犯罪案件的审理中,为了保护证人的人身安全,其身份信息应当受到严格保护。若掌握证人身份信息的法官或警方人员出售或提供证人的个人信息给犯罪团伙,导致证人被严重伤害或杀害,即使在行为人对相关犯罪事实一无所知的情况下,该行为所侵害的法益也是证人的生命权和健康权。在此意义上,"公民个人信息是关于公民个体的信息,而非属于公民个体的信息,不具备个体属性"②。

第二,个人信息正由识别中心转向法益中心。无论是我国的《网络安全法》还是德国的《联邦数据保护法》、日本的《个人信息保护法》,均以个人信息的识别条款为基础性条款。但是个人信息的真正价值在于和个人的人身法益、财产法益的关联性(比如身份证号码和个人各类账户的关联性),即个人信息保护的真正必要性来源于识别个人后可能对于人身、财产等具体法益造成的侵害或危险。我国《个人信息保护法》(草案)第4条第1款③对个人信息的界定,就已兼采了识别性与关联性标准。

第三,个人信息的关联法益类型日益复杂。个人信息已经不仅仅和个人的人身法益相关,在相当程度上也和个人的财产法益相关。比如,个人的第三方支付账户,其人身的法益关联性很弱,却直接和个人的财产法益相关联,也具有充分的保护必要性。

此外,还需明确个人信息法益和个人信息关联的法益之间的关系。从以上分析我们应当可以清晰地看到,个人信息法益应当独立于与个人信息关联的法益,否则本罪就没有独立存在的价值。就正确适用本罪以加强公民个人信息的刑法保护而言,科学方向不是将本罪所保护的法益解释为个人法益,进而通过加强个人信息的个体关联性限缩本罪的处罚范围,而是以个人信息的社会属性为前提,明晰本罪应当保护的法益,从而明确本罪适用的范围,达到限缩处罚范围的效果。基于这样的认识,以上四种主张个人法益的观点均存在不足。第一,以上观点均未认识到个人信息法益由个人与其他主体共享,而非个人独享,从而均将个人信息法益归属于个人进行讨论。第

---

① 参见任慧娟、李凌岩:《珠海二审宣判一起侵犯商业秘密案——前员工窃取客户信息获刑 受益公司被处千万罚金》,载《人民法院报》2013年7月10日,第003版。

② 敬力嘉:《大数据环境下侵犯公民个人信息罪法益的应然转向》,载《法学评论》2018年第2期,第119页。

③ 《个人信息保护法》(草案)第4条第1款规定:"个人信息是以电子或者其他方式记录的与已识别或者可识别的自然人有关的各种信息,不包括匿名化处理后的信息。"

二,除个人信息权说外,其他观点均未体现个人信息的法益关联性,更未体现其与个人人身、财产法益的关联性。

因此,学界也有观点注意到侵犯公民个人信息罪法益的公共性,主张本罪保护的应为集体法益,主要包括以下几类:

第一,公共信息安全说。如有观点认为,侵犯公民个人信息罪的法益具有公共安全性,具体从以下三个方面展开论证:"首先,从犯罪对象与法益的关联性来看,侵犯公民个人信息罪所侵犯的信息不仅是自然人信息,还包括单位信息。其次,从法益重要性的角度分析,只有当某行为侵犯多数公民的信息安全时,其侵害的法益才能被认为具有相当程度的重要性而进入刑法视野,该行为才值得动用刑罚处罚。最后,从法益保护紧迫性的角度考量,网络空间中涉及个人信息的犯罪呈产业化趋势,这必然导致犯罪对象的不特定,而不特定人的安全就是一种公共安全。"①

第二,个人信息的保有说与流转说。这种观点另辟蹊径,未从个人信息的权利主体与法益内涵界定出发,而是求诸个人信息的占有和流转来论述其法益的公共性。其中,个人信息的保有说认为,相关国家机关和提供相关服务的单位,其职责或业务性质均决定了其会大量保有公民个人信息,因此公民个人信息一旦泄露势必会损害公权主体及公权(益)关联主体的形象和公信力。基此,"动用刑法手段保护公权及公权(益)关联主体对公民个人信息的保有,将出售、非法提供或者窃取、非法获取相关信息的行为规定为犯罪,是顺理成章的"②。个人信息的流转说认为,侵犯公民个人信息罪保护的是带有公共利益色彩的抽象犯罪客体,具体为公民个人信息的正常流转状态。③

第三,超个人法益次要说。这种观点认为公民个人信息不仅与个人法益具有现实的关联性,而且与社会公共利益、国家安全均具有重要的关联性,对于该罪的法益,不应仅从个人法益的层面予以理解,即应认识到"'公民个人信息'的超个人法益属性"。然而,这种观点认为:"无论如何,'公民个人信息'首先是公民个人法益,然后才是超个人法益属性,二者之间的主次关系不能颠倒。这一点首先影响对'违反国家规定''非法获取'构成要件的解释。"④

---

① 张阳:《论网络空间中个人信息的刑法保护》,载《中州学刊》2018年第8期,第59页。
② 赵军:《侵犯公民个人信息犯罪法益研究——兼析〈刑法修正案(七)〉的相关争议问题》,载《江西财经大学学报》2011年第2期,第111页。
③ 参见王飞:《侵犯公民个人信息罪若干实务问题探析——以犯罪客体为视角》,载《法律适用》2018第18期,第102—108页。
④ 曲新久:《论侵犯公民个人信息犯罪的超个人法益属性》,载《人民检察》2015年第11期,第7页。

第四,超个人法益核心说。这种观点借鉴德日的法益理论框架,基于侵犯公民个人信息罪法益公共化的现实将其性质界定为包括个人法益的超个人法益,认为公众对信息网络安全的普遍信赖感值得法律保护。① 有学者具体认为,个人法益只是判断超个人法益是否受到侵害的要素,对于个人法益的保护仅是对超个人法益保护所产生的射幸利益。基于此,"侵犯公民个人信息罪所保护之法益应该是个人信息安全的社会信赖,也即社会成员对个人信息安全的信赖"②。

第五,信息专有权说。这种观点基于公民个人信息的社会属性,认为应认可信息自决权是公民个人应享有的、新型的宪法层面的具体人格权,是宪法法益;在刑法层面,该观点认为应考虑到侵害公民个人信息所造成的危害结果兼具个体性与公共性,侵犯公民个人信息罪的法益不应仅归于个人法益或集体法益,而应界定为法定主体的信息专有权。法定主体对于所占有个人信息的处分权限,可以成为具备实质权利内涵的适格集体法益,能实现对作为宪法法益的信息自决权的间接保护。③

第六,社会管理秩序说。如有学者认为,刑事立法的初衷并非保护公民个人信息权,只是将其作为社会信息管理的内容考量,公民个人信息的内涵只有基于社会信息管理的视角才能完全阐释。基于此,"可以将侵犯公民个人信息罪的法益确立为社会信息管理秩序,并将其作为扰乱社会秩序的一种罪名来进行更为合理的设置"④。

本文持信息专有权说,对于既有观点的缺陷与信息专有权说的价值,本文将进一步展开。

其一,个人信息的保有说与流转说实际上导致侵犯公民个人信息罪的法益无法确定,公权(益)关联主体的形象和公信力与个人信息的正常流转状态均无法在法益理论体系框架中寻得恰当的定位,难以发挥法益的机能。此外,保有状态也无法揭示个人信息法益的实质,个人信息法益的评价重心还应回归个人本身,即便"个人"应从公共属性予以考量。

其二,超个人法益次要说与超个人法益核心说均是基于德日理论中超个人法益的法益范式提出,如前文所述,我国的法益理论框架不应套用德日的

---

① 参见张勇:《个人信用信息法益及刑法保护:以互联网征信为视角》,载《东方法学》2019年第1期,第61页。
② 江海洋:《侵犯公民个人信息罪超个人法益之提倡》,载《交大法学》2018年第3期,第148—154页。
③ 参见敬力嘉:《大数据环境下侵犯公民个人信息罪法益的应然转向》,载《法学评论》2018年第2期,第122—125页。
④ 凌萍萍、焦冶:《侵犯公民个人信息罪的刑法法益重析》,载《苏州大学学报》(哲学社会科学版)2017年第6期,第71页。

范式,而且将个人法益与公共法益作出如上划分难以确定各自的边界,这两种观点的同时出现本身也说明了其存在边界难以确定的问题。

其三,个人信息虽然不排除具有社会管理秩序的属性,比如在《刑法》第177条之一第2款窃取、收买、非法提供信用卡信息罪,以及第280条之一使用虚假身份证件、盗用身份证件罪的情况下,法益可能重合,但是第253条之一侵犯公民个人信息罪不具备这种法益重合性,对其法益还是应基于信息主体进行评价。

其四,公共信息安全说首先人为制造了安全与自由之间的对立,实质是认为保障稳定秩序的强制力与公民个体选择、行为自由之间必不相容。基于宪法基本权利的框架,个人自由保障与公共秩序维护之间的矛盾完全可以在(信息)权利自决的语境下解决,如果将公共信息安全作为侵犯公民个人信息罪的法益,其价值基点无法同信息自决权的自由价值导向相协调。其次,虽然作为本罪保护对象的公民个人信息不专属于公民个体,公民个体所享有的信息自决权也不能直接成为本罪所保护的刑法法益,但关于公民个人的信息涉及多方权利主体的法益,不可以用信息安全的概念简单地抹杀侵犯公民个人信息所涉及权利主体的多样性和权利冲突的复杂性,这会让本罪的适用范围模糊不清。最后,作为公共安全的一种,无法证成侵犯公民个人信息的行为,按照本罪规定,即非法获取、出售和提供公民个人信息的行为,能够对不特定或者多数人的生命、身体和财产权利造成具体危险,只能认定制造了风险。因为法律适用是法益保护目的实现的过程[①],刑法所处罚的危险是对所保护法益的危险,仅考量侵犯公民个人信息的行为而不依托于行为的目的,无法认定此行为对何种法益制造了危险。仅考量侵犯公民个人信息数量的巨大,不能弥合法益侵害危险和风险之间由法益侵害目的缺失所造成的鸿沟。

主张信息专有权说,具有以下三点价值:

第一,基于公民个人信息的社会属性,侵犯公民个人信息所产生的危害结果兼具个体性与公共性。将本罪法益构建为信息专有权这一具备实质内涵的集体法益,在对此类危害结果进行刑法评价时,就可以消解其个体性与公共性之间的冲突,实现刑法谦抑性与前置预防需求的有效和解和对作为宪法法益的信息自决权的间接保护。

第二,以信息专有权为基点,能够通过个人信息类型化的路径,在刑法规范的层面为个人信息流动链条中多方主体及其权利的保护预留足够的规范空间。

---

① Vgl. J. Esser, Vorverständnis und Methodenwahl, 2. Aufl., 1972, 131 ff.

第三，选择信息专有权作为本罪法益，可以为公民个人信息的流动构建自主型秩序，以公民个体的信息自决为法理基础，为信息安全与信息流动自由之间冲突和解机制的构建，作出了有益探索。

三、行为①

从侵犯个人信息犯罪产业链层面来看，针对个人信息实施的行为已经形成包括非法获取行为、非法提供行为、非法利用行为在内的全面体系。但从本罪规制的行为类型来看，仅包括非法获取和非法提供行为。第一，提供个人信息的行为。既包括非法获取个人信息后再提供的行为，也包括合法占有个人信息的主体（基于提供信息服务而占有个人信息的主体）向他人提供的行为。第二，获取个人信息的行为。既包括未经允许非法获取个人信息的行为，也包括超越授权范围非法获取个人信息的行为，如一些装有"后门"的电脑应用程序或者手机APP，会在未经个人许可的情况下私自对个人信息予以收集。

（一）提供行为

我国《刑法》第253条之一第1款、第2款规定，违反国家有关规定，向他人出售或者提供公民个人信息；违反国家有关规定，将在履行职责或者提供服务过程中获得的公民个人信息，出售或者提供给他人的行为构成侵犯公民个人信息罪。《侵犯个人信息案件解释》第3条作出进一步的规定："向特定人提供公民个人信息，以及通过信息网络或者其他途径发布公民个人信息的，应当认定为刑法第253条之一规定的'提供公民个人信息'。""未经被收集者同意，将合法收集的公民个人信息向他人提供的，属于刑法第253条之一规定的'提供公民个人信息'，但是经过处理无法识别特定个人且不能复原的除外。"

在此需要说明，非法提供个人信息的行为既可以由无权占有个人信息的主体实施（如实施非法获取个人信息行为的主体），也可以由有权占有个人信息的主体实施（如在履行职责或者提供服务过程中获得个人信息的主体）。也正是基于以上区分，《刑法》第253条之一第2款规定，在履行职责或者提供服务过程中获得的公民个人信息，出售或者提供给他人的，依照第1款的规定从重处罚。《侵犯个人信息案件解释》第5条第1款第八项规定将在履行职责或者提供服务过程中获得的公民个人信息出售或者提供给他人的，入罪要求的侵犯个人信息数量和违法所得数额减半。

此外，非法提供的个人信息也可以是单一的个人信息。《侵犯个人信息案件解释》第5条第1款第一项、第二项规定了两种不对个人信息作数量要

---

① 以下部分内容参见王肃之：《网络犯罪原理》，人民法院出版社2019年版，第220—227页。

求的情形;第一,出售或者提供行踪轨迹信息,被他人用于犯罪的;第二,知道或者应当知道他人利用公民个人信息实施犯罪,向其出售或者提供的。

根据以上立法和司法解释,非法提供个人信息的行为包括出售行为和其他非法提供行为:第一,出售个人信息的行为。根据权威解释:"'出售',是指将自己掌握的公民信息卖给他人,自己从中牟利的行为。"①第二,其他非法提供个人信息的行为。是指出售个人信息以外的将个人信息予以公开的行为。该类行为与出售个人信息行为相比,并不具有牟利性,否则即为出售个人信息行为。此外,非法提供可能指向特定人或者不特定人,可能是关于具体个人的信息或者大量的个人信息。《侵犯个人信息案件解释》第3条即列举了两种非法公开个人信息的行为,包括"向特定人提供公民个人信息"(向特定人提供)和"通过信息网络或者其他途径发布公民个人信息"(向不特定人提供)。

【案例】韩某等侵犯公民个人信息案②

2014年年初至2016年7月期间,上海市疾病预防控制中心工作人员韩某利用其工作便利,进入他人账户窃取上海市疾病预防控制中心每月更新的全市新生婴儿信息(每月约1万余条),并出售给黄浦区疾病预防控制中心工作人员张某某,再由张某某转卖给被告人范某某。直至案发,韩某、张某某、范某某非法获取新生婴儿信息共计30万余条。2015年年初至2016年7月期间,范某某通过李某向王某某、黄某出售上海新生婴儿信息共计25万余条。2015年6月至7月,吴某某从王某某经营管理的大犀鸟公司内秘密窃取7万余条上海新生婴儿信息。2015年5月至2016年7月期间,龚某某通过社交软件向吴某某出售新生婴儿信息8 000余条,另分别向孙某某、夏某某二人出售新生儿信息共计7 000余条。

上海市浦东新区检察院于2016年8月18日以韩某等8人涉嫌侵犯公民个人信息罪将其批准逮捕,同年11月25日提起公诉。2017年2月8日,上海市浦东新区法院以侵犯公民个人信息罪分别判处韩某等8人有期徒刑2年3个月至7个月不等。

本案中,作为国家工作人员的韩某等与销售商勾结,利用职务便利非法获取并买卖婴儿信息数量达几十万条,其行为构成侵犯公民个人信息罪。

随着信息化社会的到来,个人信息的重要性日益凸显,侵犯公民个人信

---

① 郎胜主编:《中华人民共和国刑法释义》(第六版·根据刑法修正案九最新修订),法律出版社2015年版,第423页。

② 最高人民检察院2017年发布侵犯公民个人信息犯罪典型案例之案例一。

息获取经济利益的现象逐渐增多,相关灰色产业链已现雏形,其中,国家工作人员利用职务便利非法获取并出售公民个人信息社会影响尤其恶劣。本案中,司法机关对此类行为从严打击,取得了较好的法律效果与社会效果。

德国刑法规定了提供个人秘密信息的行为。《德国刑法典》第203条规定了侵犯他人秘密罪,医师、药剂师、心理师、律师、咨询师等人士,无故泄露因该身份而获悉的他人秘密,特别是属于私生活领域的秘密或经营业务秘密的,构成侵害他人秘密罪。此外,之前德国《联邦数据保护法》有关于提供个人信息行为的独立规定,原第44条规定,刑事处罚中所规制的行为除了要求故意实施原第43条(2)中规定的行为外,还要求具有下列目的之一:第一,获取酬金;第二,使自己或他人获利,或者伤害他人。而原第43条(2)规定了"5.违反第16条(4)第1项、第28条(5)第1项以及第29条(4)、第39条(1)第1项或第40条(1),传输数据给第三方用于其他目的"。然而,2017年修改的《联邦数据保护法》取消了提供个人信息行为的独立规定,第42条第1款规定了职业性地故意非法访问并非公开可获得的多人个人数据,发送给第三方或者以其他方式使其可被访问的行为。其第42条第2款规定,对于非公开可获得的个人数据进行非授权的处理或通过虚假陈述骗取,并且沿用了原第44条的要求,具备下列目的之一:第一,获取酬金;第二,使自己或他人获利,或者伤害他人。其中,非法提供行为均只是非法获取行为的后续行为之一,独立规制的仍然是非法获取行为。

以上两款依据非法获取的个人数据主体数量和后续处理方式区别规定,第1款突出强调了对多人个人数据的保护,这样一种对于非法提供单一主体与众多主体个人信息的行为均予规定的做法与我国一致,但是,其对非法获取的个人数据不作数量要求,所规制的范围比我国更加广泛。《日本刑法典》第134条泄露秘密罪规定了医生、药剂师、医药品贩卖者、助产士、辩护人、公证人、从事宗教祈祷或祭祀职业的人,或者曾经从事上述职业的人,非法向他人泄露业务上所获悉的他人秘密的行为。"所谓泄露,是让不知道该秘密的人知悉该秘密的行为。可以对一个人实施,也可以对大多数人实施,其方法在所不问。"①日本《个人信息保护法》刑事处罚规定中第82条也规定了违反第72条的规定(保密义务)泄露或盗用秘密的行为。

可以看出,我国与德日刑法在非法提供的行为内容上并无太大差异,均将非法提供个人信息的行为作为犯罪行为处理,而且对于提供方式未作特别限定(向特定人提供与向不特定人提供、获利方式提供与非获利方式提供)。但是在以下两方面存在区别:第一,实施主体的范围。我国为一般主体,而德

---

① 〔日〕大谷实:《刑法讲义总论》,成文堂2012年版,第155页。

国和日本刑法均为特殊主体。第二,提供的个人信息范围。我国包括所有的个人信息,德国和日本刑法则限于秘密信息。即便德国《联邦数据保护法》第42条第2款有对于非法提供行为予以一般层面规制的意味,但是也是通过附属于非法获取行为予以规制的。相比而言,我国对于非法提供个人信息的行为进行了更为独立和全面的规制。

(二)获取行为

我国《刑法》第253条之一侵犯公民个人信息罪第3款规定了窃取或者以其他方法非法获取公民个人信息的行为。《侵犯个人信息案件解释》第4条作出进一步规定:"违反国家有关规定,通过购买、收受、交换等方式获取公民个人信息,或者在履行职责、提供服务过程中收集公民个人信息的,属于《刑法》第253条之一第3款规定的'以其他方法非法获取公民个人信息'。"

非法获取行为包括窃取行为和其他非法获取行为。第一,窃取行为。根据权威解释:"这里的'窃取',是指采用秘密的方法或不为人知的方法取得公民个人信息的行为,如在 ATM 机旁用望远镜偷看或用摄像机偷拍他人银行卡密码、卡号或身份证号,或通过网络技术手段获得他人的个人信息等情况。'以其他方法非法获取',是指通过购买、欺骗等方式非法获取公民个人信息的行为。"①此外,《侵犯个人信息案件解释》第4条将"违反国家有关规定""在履行职责、提供服务过程中收集公民个人信息的"认定为"以其他方法非法获取公民个人信息"。这里可以类比利用职务实施的盗窃行为和贪污行为的界分,上述行为中,"履行职责、提供服务"不能达到对个人信息形成合法占有的程度,否则就构成《刑法》第253条之一第2款加重处罚的行为类型。符合非法获取个人信息行为的"在履行职责、提供服务过程中收集公民个人信息"的"履行职责、提供服务"只能是基于便利而非合法占有,才可以认定为窃取个人信息的行为,类似于利用职务实施的盗窃行为。

第二,以其他方法非法获取公民个人信息行为。其中,购买个人信息的行为无疑是最常见、最严重的非法收受个人信息的行为。围绕如何规制购买个人信息的行为,学者曾提出不同的思路。一种思路是现行《侵犯个人信息案件解释》和权威解释的思路,认为"以其他方法非法获取"包括购买、欺骗等方式非法获取公民个人信息的行为。另一种思路认为"有必要从立法上对购买公民个人信息的行为加以规定"。②

本文认为以上两种观点并无实质冲突。第一种思路是一种解释论的思

---

① 郎胜主编:《中华人民共和国刑法释义》(第六版·根据刑法修正案九最新修订),法律出版社2015年版,第425页。
② 参见张磊:《司法实践中侵犯公民个人信息犯罪的疑难问题及其对策》,载《当代法学》2011年第1期,第76页。

路,即充分发挥"以其他方法非法获取"规定的兜底作用,使现有的规定更大范围地适用于非法获取个人信息行为的规制。第二种思路并非否认上述路径的可行性,而是更进一步考虑购买个人信息行为作为该类行为中最普遍、最严重的一种,仅通过将其解释为"以其他方法非法获取"虽然可以将其纳入犯罪圈,但是难以对其予以适当和有效的制裁和打击。此外,"对向犯是指以存在两人以上的对向性参与行为为要件的必要共犯形态"①。在大数据环境下,侵犯个人信息犯罪的逐利性日趋增强,出售个人信息的行为和购买个人信息的行为作为对向行为均有必要通过刑法予以明确。所以,本文认为第二种思路更合理,但在刑事立法未作修改之前,第一种思路是现实可行性更强的思路,也是为《侵犯个人信息案件解释》所采纳的思路。

【案例】陈文辉等7人诈骗、侵犯公民个人信息案②

2015年11月至2016年8月,被告人陈文辉、黄进春、陈宝生、郑金锋、熊超、郑贤聪、陈福地等人交叉结伙,通过网络购买学生信息和公民购房信息,分别在江西省九江市、新余市,广西壮族自治区钦州市,海南省海口市等地租赁房屋作为诈骗场所,分别冒充教育局、财政局、房产局的工作人员,以发放贫困学生助学金、购房补贴为名,将高考学生作为主要诈骗对象,拨打诈骗电话2.3万余次,骗取他人钱款共计56万余元,并造成被害人徐玉玉死亡。

本案由山东省临沂市中级人民法院一审,山东省高级人民法院二审,以诈骗罪、侵犯公民个人信息罪判处被告人陈文辉无期徒刑,剥夺政治权利终身,并处没收个人全部财产;以诈骗罪判处被告人郑锋、黄进春等人15年至3年不等有期徒刑,已产生法律效力。

法院认为,被告人陈文辉等人以非法占有为目的,结成电信诈骗犯罪团伙,冒充国家机关工作人员,虚构事实,拨打电话骗取他人钱款,其行为均构成诈骗罪。陈文辉还以非法方法获取公民个人信息,其行为又构成侵犯公民个人信息罪。陈文辉在江西省九江市、新余市的诈骗犯罪中起组织、指挥作用,系主犯。陈文辉冒充国家机关工作人员,骗取在校学生钱款,并造成被害人徐玉玉死亡,酌情从重处罚。

电信网络诈骗类案件近年多发,严重侵害人民群众的财产安全和合法权益,破坏社会诚信,影响社会的和谐稳定,非法获取公民个人信息则是精准电信网络诈骗得以实现的关键因素。山东高考考生徐玉玉因家中筹措的9 000

---

① 钱叶六:《对向犯若干问题研究》,载《法商研究》2011年第6期,第124—125页。
② 最高人民法院电信网络诈骗犯罪典型案例之一。

余元学费被骗,悲愤之下猝死,舆论反应强烈,对电信网络诈骗犯罪案件的打击问题再次引发了社会的广泛关注。为加大打击惩处力度,2016年12月,"两高一部"共同制定出台了《电信网络诈骗案件意见》,明确对诈骗造成被害人自杀、死亡或者精神失常等严重后果的,冒充司法机关等国家机关工作人员实施诈骗的,组织、指挥电信网络诈骗犯罪团伙的,诈骗在校学生财物的,要酌情从重处罚。本案是适用《电信网络诈骗案件意见》审理的第一例要案,在罪责刑相适应原则的前提下,对被告人陈文辉顶格判处,充分体现了对电信网络诈骗犯罪分子依法从严惩处的精神。

四、行为对象①

本罪所侵犯的对象为公民个人信息。对于个人信息的概念选择、范围与类型划分,本文拟作进一步探讨。

(一)个人信息的概念选择

虽然在刑法立法模式上德日的二元模式与我国的一元模式相区别,但是在个人信息的内涵界定上采用了相同的方式——通过个人信息保护专门法律界定。在德日的二元模式下,就个人信息刑法保护可在刑法以外的专门立法中规定刑罚规则,在该法中界定个人信息并无不当。在我国的一元模式下,刑法以外的法律不能规定刑罚规则,但是其他专门法律也规定有行政处罚规则,并对个人信息作出界定,在刑法规定侵犯个人信息犯罪的情况下,《侵犯个人信息法解释》与之作出相衔接解释。以上国家在概念表述上有"个人数据"与"个人信息"两种类型。

第一,德国采用了"个人数据"的概念。德国《联邦数据保护法》(Bundesdatenschutzgesetz)采用与欧盟《基本数据保护条例》(General Data Protection Regulation)相一致的"个人数据"概念。欧盟《基本数据保护条例》第4条将个人数据(Personal Data)界定为识别或可识别自然人(数据主体)的任何有关信息。根据德国《联邦数据保护法》第46条第1款,个人数据(Personenbezogene Daten)是指已识别或可识别的自然人(数据主体)有关的任何信息。

第二,日本和我国采用了"个人信息"的概念。日本《个人信息保护法》(《個人情報の保護に関する法律》)第2条使用了"个人信息"的表述,指关于生命的自然人且符合以下条件的信息:其一,该信息包括姓名、生辰年月以及其他可以识别特定个人的记录信息(也包括可以和其他信息对照从而识别

---

① 以下部分内容参见王肃之:《网络犯罪原理》,人民法院出版社2019年版,第132—149页。

特定个人的信息)。其二,含有个人识别符号。我国《网络安全法》第76条第5项规定,个人信息,是指以电子或者其他方式记录的能够单独或者与其他信息结合识别自然人个人身份的各种信息,包括但不限于自然人的姓名、出生日期、身份证件号码、个人生物识别信息、住址、电话号码等。

本文认为,在汉语语境下,"个人信息"的概念更具妥当性。如前所述,数据更多地强调形式性,而信息更多地强调内容性。即便德国采用了"个人数据"的概念,但其实其条款内容体现的也是信息性的特征,基于我国语境,选择个人信息作为刑法概念具有妥当性。对此,也有观点指出:"个人信息可以被定义为对受众而言具有一定含义的消息,相比个人数据具有更多的可控制性。"①其中,"可控制性"实际上也是对于个人信息的实质视角与个人数据的形式视角区别的解读。

(二)个人信息的范围

个人信息的范围也是理论和实践所关注的重要问题,其内容既涉及个人信息的内容范围(是否限于隐私信息),也涉及个人信息的主体范围(是否限于自然人信息、本国人信息、生者信息),对于划定个人信息刑法保护的边界具有重要意义。

1. 公开的个人信息

在公开的个人信息与个人秘密信息的保护立场上,德日采取了区分模式,而我国采取了一体模式。

德国和日本刑法中仅直接规定了个人秘密信息的刑法保护,公开的个人信息刑法保护则需要求助于个人信息保护专门法律。《德国刑法典》第203条侵犯他人秘密和第204条利用他人秘密均是基于个人秘密信息规定的②,德国《联邦数据保护法》第42条规定的刑事处罚则未要求"个人数据"具有秘密性。与之类似,《日本刑法典》第134条泄露秘密罪的对象限于个人秘密信息,而日本《个人信息保护法》第7章(刑事)"罚则"第82条至第88条则未作这一限定。

刑法中的"秘密",就是只有特定的小范围的人才知道的事实,本人具有不想让其他人知道的意思,而且其他人知道的话,客观上会对本人产生不利的情况。③ 日本学者还对(个人)秘密的三要素进行了论述:首先,"秘密事

---

① 于冲:《侵犯公民个人信息罪中"公民个人信息"的法益属性与入罪边界》,载《政治与法律》2018年第4期,第19页。
② Vgl. Eric Hilgendorf/Brian Valerius, Computer- und Internetstrafrecht, 2012, S. 127.
③ 参见[日]大谷实:《刑法讲义各论》,成文堂2015年版,第155页;[日]山中敬一:《刑法各论》,成文堂2015年版,第200页;[日]前田雅英:《刑法各论讲义》,东京大学出版会2015年版,第119—120页;[日]高桥则夫:《刑法各论》,成文堂2014年版,第156页。

实"(非公开性),是指一般不为人知,只有特定的少数人知道的事实。一般人都知道的事实,即公知的事实不是秘密。其次,不被他人所知的本人利益这一事实被称为"秘密利益"。所谓利益,不一定是指经济上的利益,隐私的精神上、肉体上的缺陷等也是利益。因此,从实质上看,是否具备秘密应受到保护的内在条件是衡量秘密利益的尺度。最后,还存在是否需要本人不希望事实被他人知道的"秘密意识"作为秘密概念要素的争论。(日本)通说认为,秘密的概念应该是客观的,而不需要秘密意思(客观的秘密概念)。① 以此观之,日本刑法中的(个人)秘密强调个人性、秘密性与法益关联性,因此属于个人秘密信息无疑。

此外,《日本刑法典》中也有对于非秘密个人信息附属保护的规定。在其第163条之四预备非法制作支付磁卡电磁记录罪中,"电磁记录的信息",是指根据支付用信用卡进行支付的结算系统中信息处理对象的一套信息,而非会员号码、有效期限等单个信息。② 以上信息中实际上包括个人信息。

我国《刑法》则是对个人信息进行一体保护,不论其是公开信息还是秘密信息。如主流观点认为,《侵犯个人信息案件解释》第1条没有采用"涉及个人隐私信息"的表述,而是表述为"反映特定自然人活动情况的各种信息"。因此,我国《刑法》中的(公民)个人信息并不强调隐私性,即便相关信息已经公开,仍有可能成为"公民个人信息"。③ 但是也有学者认为:"侵犯公民个人信息罪所侵害的法益是公民个人的信息自由、安全权和隐私权。在这些公民个人信息权益中,除涉及隐私权的信息不存在依法公开的问题外,其他已经被依法公开的个人信息不应当被纳入侵犯公民个人信息罪的对象中。"④

本文认为,我国采用了"个人信息"的概念而非"个人隐私"的概念,公开的个人信息自然也在其列。此外,由于我国的个人信息刑法保护条款具有公共性,将个人信息的范围限于未公开的信息也不利于实现法益保护。相关立法也可以体现这一价值导向,2012年颁布的《全国人民代表大会常务委员会关于加强网络信息保护的决定》规定"国家保护能够识别公民个人身份和涉及公民个人隐私的电子信息",实际上已经肯定隐私信息以外的个人信息受

---

① 参见〔日〕山中敬一:《刑法各论》,成文堂2015年版,第200页。
② 参见〔日〕高桥则夫:《刑法各论》,成文堂2014年版,第547页;〔日〕山中敬一:《刑法各论》,成文堂2015年版,第666页。
③ 参见喻海松:《侵犯公民个人信息罪的司法适用态势与争议焦点探析》,载《法律适用》2018年第7期,第12页。
④ 刘宪权、房慧颖:《侵犯公民个人信息罪定罪量刑标准再析》,载《华东政法大学学报》2017年第6期,第108—110页。

法律保护。其后,《网络安全法》第76条也仅强调个人信息"是指以电子或者其他方式记录的能够单独或者与其他信息结合识别自然人个人身份的各种信息",并未限定其需具有隐私性。

2. 单位(法人)信息

无论是德日还是我国,自然人信息都毫无争议地属于个人信息,值得讨论的是单位信息(法人信息)是否属于个人信息。

德日个人信息保护专门法律和我国的《网络安全法》均将个人信息的主体限于自然人。根据德国《联邦数据保护法》第46条第1款,个人数据(Personenbezogene Daten)是指已识别或可识别的自然人(数据主体)有关的任何信息。日本《个人信息保护法》第2条中的个人信息(个人情报)也是指有生命的自然人的相关信息。我国《网络安全法》第76条规定,"个人信息,是指以电子或者其他方式记录的能够单独或者与其他信息结合识别自然人个人身份的各种信息"。

但是日本刑法理论界存在(个人)秘密的主体是否包括法人的争论。第一种观点认为:"秘密,一般是指自然人的秘密,但是法人等团体的秘密也包括在内。"①比如,律师处理的秘密应将企业等法人和团体的秘密包括在内。② 第二种观点认为:"(个人秘密中的)人只包括自然人,不包括国家机密和企业秘密。"③或认为:"秘密不包括国家和自治体的秘密,公司的秘密也不包含。"④第三种观点认为:"秘密的主体除了自然人外,可以是没有法人资格的团体。"⑤

也有大陆法系国家肯定法人信息法律保护的适例。如意大利《有关个人和其他主体的个人数据处理的保护法》第1条第1款规定:"本法律保证对个人数据的处理尊重自然人的权利、基本自由和尊严,特别是个人的隐私和特性;并进一步确保对法人和其他组织或协会权利的保护。"奥地利出台《2018年数据保护修正法案》(DSG2018),以贯彻落实欧盟《基本数据保护条例》的相关规定,其特色与争议点之一即是奥地利的新法重申自然人之外的法人同样属于"Personal Data"(个人数据)的权利主体。

就我国而言,目前仍应基于立法将信息主体定位于自然人这一基础理解个人信息,即个人信息不包括单位信息(法人信息)。至于《刑法》第286条之一拒不履行信息网络安全管理义务罪中第1款第2项规定的

---

① 〔日〕大谷实:《刑法讲义各论》,成文堂2015年版,第155页。
② 参见〔日〕松宫孝明:《刑法各论讲义》,成文堂2016年版,第148页。
③ 〔日〕高桥则夫:《刑法各论》,成文堂2014年版,第157页。
④ 〔日〕斋藤信治:《刑法各论》,有斐阁2014年版,第68页。
⑤ 〔日〕山中敬一:《刑法各论》,成文堂2015年版,第201页。

"用户信息",根据权威解释,是指企业用户商业信息等,并非具有识别性的单位信息。① 随着网络社会的发展,确立单位信息(法人信息)的可能性日益发展,其理论建构与刑法保护仍是值得研究的重要理论问题。②

3. 外国人和无国籍人的个人信息

如果从法律条文的形式表述来看,我国《刑法》并不保护外国人和无国籍人的信息。《刑法》第253条之一侵犯公民个人信息罪将个人的范围限定在"公民个人"。但有观点指出:"对'公民个人信息'的主体范围应采取相对宽泛的理解,既包括中国公民的个人信息,也包括外国公民和其他无国籍人的信息。"③"从刑法规范用语的角度看,《刑法》第253条之一的用语是'公民个人信息',但并未限定为'中华人民共和国公民的个人信息',因此,从刑法用语的角度而言,不应将此处的'公民个人信息'限制为中国公民的个人信息。"④这关系到对于《刑法》第253条之一中的"公民"一词是否应该采取扩张解释的方法。

如果将"公民个人信息"解释为"我国公民、外国人、无国籍人的信息"难免意味着扩张《刑法》的字面含义,采取了扩张解释的方法。本文认为,应将"公民个人信息"理解为我国公民的个人信息以及外国人、无国籍人的个人信息,即进行扩张解释。对此可从以下两点予以说明:

第一,随着世界全球化结合多元化的发展,不同国家对彼此公民的个人信息保护极为必要。随着全球化、互联网的飞速发展,跨国数据流动已经成为当代信息流动的常态。即便在信息化环境发展的早期曾有基于国籍对国民个人信息予以保护的旧例,但是在当今时代,这样的做法显然难以契合互联网环境下个人信息保护的趋势。

第二,我国法律体系并未排斥对外国人、无国籍人个人信息的保护。《网络安全法》第76条也未规定所保护的个人信息限于我国公民的个人信息,而且《网络安全法》第2条还规定:"在中华人民共和国境内建设、运营、维护和使用网络,以及网络安全的监督管理,适用本法。"即在这个层面上,《网络安全法》采取属地管辖的立场,并不排斥保护我国境内外国人、无国籍人的个人信息。

4. 死者的个人信息

信息权利本身较为复杂,也有对于死者信息权利保护的先例。比如,对

---

① 参见郎胜主编:《中华人民共和国刑法释义》(第六版·根据刑法修正案九最新修订),法律出版社2015年版,第500页。
② 参见敬力嘉:《论企业信息权的刑法保护》,载《北方法学》2019年第5期,第73—86页。
③ 喻海松:《侵犯公民个人信息罪的司法适用态势与争议焦点探析》,载《法律适用》2018年第7期,第12页。
④ 喻海松:《网络犯罪的立法扩张与司法适用》,载《法律适用》2016年第9期,第3页。

于知识产权这一信息权利,《著作权法》第 23 条规定,"自然人的作品,其发表权、本法第十条第一款第五项至第十七项规定的权利的保护期为作者终生及其死亡后五十年"。死者的个人信息是否有必要予以保护？本书认为死者的个人信息不应纳入《刑法》的保护范围,理由如下:

第一,对(自然人)死者个人信息予以保护缺乏必要的权利基础。我国《民法典》第 13 条规定:"自然人从出生时起到死亡时止,具有民事权利能力,依法享有民事权利,承担民事义务。"如果死者不能再享有法益,那么其个人信息的法益关联性也就不可能具有——因为法律所保护的利益(或权利)已然不存在,进而缺乏刑法对其个人信息保护的基础。

第二,将(自然人)个人信息保护限定于生者也是各国立法的普遍模式。"世界上大多数国家或地区针对个人信息颁布的相关法律均否定死者作为个人信息主体的权利和义务。"①日本通说也认为,死者不能成为(个人)秘密的主体。②

第三,死者的权利不通过个人信息的方式保护并不意味着法律对其不予考量。以死者名誉权为例,与其说法律保护的是死者的名誉,不如说死者近亲属的名誉权或利益更需要受到法律的保护,对于死者的个人信息也可从类似角度予以考量。

(三) 个人信息的类型化

个人信息类型化首先是一个信息法命题,比如,经典的个人信息分类有两种:第一种为敏感个人信息与普通个人信息。欧盟《基本数据保护条例》、德国《联邦数据保护法》等立法对于个人敏感信息的保护予以强调。诸如种族或民族,政治观点,宗教或哲学信仰,工会成员身份,涉及健康、性生活或性取向的数据,基因数据,经处理可识别特定个人的生物识别数据等敏感数据的处理仅在例外情况下才被允许。第二种为直接个人信息与间接个人信息。直接个人信息与间接个人信息的区别在于能否直接识别公民个人。

本文认为,刑法层面个人信息的类型化不应停留于此,因为以上分类无法提供法益保护的必要根据。比如,间接识别个人的信息未必法益关联性更弱,如第三方支付账号密码③,通过这一信息可以在仅识别账号的情况下基于第三方支付账户进行支付或者信贷行为,刑法意义上个人信息应基于法益关联性完成必要的类型化,以适应其刑法保护的需要。在此结合《侵犯个人信息案件解释》的相关条款,结合个人信息法益关联的内容和重要程度分别

---

① 吴苌弘:《个人信息的刑法保护研究》,上海社会科学院出版社 2014 年版,第 34 页。
② 参见〔日〕山中敬一:《刑法各论》,成文堂 2015 年版,第 201 页。
③ 《侵犯个人信息案件解释》第 1 条列举的个人信息包括直接或间接识别特定自然人身份或者反映特定自然人活动情况的"账号密码"。

展开。

1. 个人人身信息与个人财产信息

这是根据法益关联内容对个人信息作出的分类。学者多以具体内容形式对个人信息的类型进行归纳。如认为与个人相关的信息范围很广,可以包括:"第一,个人身份信息,如:姓名、性别、出生日期、居住地址、证件号码、电话号码、受教育程度、工作经历、宗教信仰、政治面貌、指纹、血型、遗传特征等,而指纹、血型、遗传特征等又可称为个人的生物属性;第二,个人金融信息,如:个人财产状况、个人信用状况等;第三,个人家庭基本情况,如:父母、配偶、子女的基本情况等;第四,个人动态行为,如:个人行踪、购物记录、通讯记录等;第五,个人观点以及他人对信息主体的相关评价。"①或认为:"公民个人信息不仅包括能识别公民个人身份的静态信息,还包括能够体现公民行踪的动态信息,如宾旅馆住宿信息和机场登机、到达信息等。"②本文认为,以上分类虽不乏一般意义,但是缺乏刑法意义,难以将个人信息与法益类型相关联。

本文认为将个人信息的内容区分为个人人身信息与个人财产信息较为妥当。《网络安全法》第76条第五项规定:"个人信息,是指以电子或者其他方式记录的能够单独或者与其他信息结合识别自然人个人身份的各种信息,包括但不限于自然人的姓名、出生日期、身份证件号码、个人生物识别信息、住址、电话号码等。"《侵犯个人信息案件解释》第1条规定:"《刑法》第253条之一规定的'公民个人信息',是指以电子或者其他方式记录的能够单独或者与其他信息结合识别特定自然人身份或者反映特定自然人活动情况的各种信息,包括姓名、身份证件号码、通信通讯联系方式、住址、账号密码、财产状况、行踪轨迹等。"以上条款所列举的个人信息包括了个人人身信息与个人财产信息。

第一,个人人身信息。个人人身信息即与个人人身相关的信息。可以识别个人身份的信息就是其典型内容,比如姓名、出生日期、身份证件号码、通信通讯联系方式(电话号码)、住址、个人生物识别信息、行踪轨迹等均属个人人身信息。个人具有人身利益,一般认为只要能够识别出公民个人,即可认为与人身具有关联。人身信息并不一定要求具有私密性,比如个人的联系方式、住址等,虽然已经为相当一部分人所知悉,但是这些信息同样不能任意地进行传播或公开,也不被允许随意地进行商业利用,否则就构成对个人信息的侵犯,有可能成立侵犯个人信息犯罪。同时,具有私密性的人身信息当

---

① 吴苌弘:《个人信息的刑法保护研究》,上海社会科学院出版社2014年版,第9页。
② "侵犯公民人格权犯罪问题"课题组:《论侵犯公民个人信息犯罪的司法认定》,载《政治与法律》2012年第11期。

然属于个人信息,比如个人的特殊身份、健康状况等信息,具有较强的私密性,几乎没有人知晓,一旦被侵犯,对于个人的危害更加巨大。

此外,个人行动信息也是个人人身信息的重要内容,其典型形式为行踪轨迹信息。个人的行动信息既包括现实社会中个人行动的信息,也包括网络社会中个人行动的信息。有观点指出:"合理的解释应当是,网络安全法是广义上使用'身份识别信息'这一概念,亦即也包括个人活动情况信息在内。"①本文同意这一观点,一方面,现实社会中个人行动的信息需要被正确认识。在大数据环境下,物联网的发展推动世界互联、万物互联,个人在现实社会中的行动也会以数字化的文字或图像、视频记录下来,成为个人信息的一部分。比如,基于手机 GPS 定位所获取的个人行踪信息就是典型适例,全面反映了个人的行动内容。如在《刑事审判参考》第 1009 号案例中,胡某、王某通过互联网查询定位器的实时位置,获取了目标车辆每天所有行驶路线、停车位置的即时信息。② 另一方面,网络社会中个人行动的信息也同样重要,其典型适例就是基于 cookies 记录的个人使用痕迹,在很大程度上可以反映个人的一些习惯和癖好,一般被利用后很容易针对个人施加特定的影响,因而也成为该犯罪所侵犯的重要信息类型。需要明确的是,无论现实社会中个人行动的信息还是网络社会中个人行动的信息,都必须与个人相联系,纯粹机械的、非人为机器运动或者计算机操作并不能成为个人行动信息。

第二,个人财产信息。个人财产信息即与个人财产相关的信息。"财产状况"是典型的个人财产信息,"账号密码"视账号中的具体内容可能属于个人人身信息或个人财产信息。

在认定个人财产信息的过程中要注意财产信息与信息财产的区分。有观点认为:"个人信息财产权是指个人对其个人信息中所蕴涵的商业性使用价值而非人格利益的支配权,它能且只能存在于对个人信息的商业性利用环境之中。"③本文则认为,随着网络社会的发展,信息数据不再只具有记录意义,而是成为社会的重要资源,其本身也具备独立的经济价值。由此衍生出了信息财产的概念,其作为一种新生的财产权被保护,并推动着信息财产权制度的建立完善。但是信息财产与(个人)财产信息是相区别的。个人财产信息本身并不具有独立的价值,其具有价值性是因为可以和个人的财产法益

---

① 周加海、邹涛、喻海松:《〈关于办理侵犯公民个人信息刑事案件适用法律若干问题的解释〉的理解与适用》,载《人民司法》2017 年第 19 期,第 32 页。
② 参见叶良芳、应家赟:《非法获取公民个人信息罪之"公民个人信息"的教义学阐释——以〈刑事审判参考〉第 1009 号案例为样本》,载《浙江社会科学》2016 年第 4 期,第 72 页。
③ 李源粒:《网络数据安全与公民个人信息保护的刑法完善》,载《中国政法大学学报》2015 年第 4 期,第 68 页。

产生关联,离开个人的财产法益,个人财产信息并无独立的价值和意义,在这一点上,其和信息财产具有根本性的不同。所以,认定个人财产信息必须切实把握其与个人财产法益的关联性,从而进行正确的认定和判断。

2. 关键个人信息、重要个人信息与普通个人信息

《侵犯个人信息案件解释》第1条列举了个人信息:姓名、身份证件号码、通信通讯联系方式、住址、账号密码、财产状况、行踪轨迹等。第5条第三项至第五项为不同重要程度的个人信息类型划分提供了参考依据:"(三)非法获取、出售或者提供行踪轨迹信息、通信内容、征信信息、财产信息五十条以上的;(四)非法获取、出售或者提供住宿信息、通信记录、健康生理信息、交易信息等其他可能影响人身、财产安全的公民个人信息五百条以上的;(五)非法获取、出售或者提供第三项、第四项规定以外的公民个人信息五千条以上的。"

《侵犯个人信息案件解释》对于个人信息种类的规定较为具体,在理论层面进行理解时应基于体系性和一致性的视角。主要表现为以下两点:第一,《侵犯个人信息案件解释》与相关法律规定的衔接。如《网络安全法》第76条第五项列举的出生日期、个人生物识别信息并未在《侵犯个人信息案件解释》中直接规定,可通过对其第1条"等"的解释予以纳入。第二,《侵犯个人信息案件解释》前后规定的衔接。一方面,应进行补白性的理解。如第5条中新出现的"通信内容""征信信息""通信记录""健康生理信息""交易信息"并未在第1条的规定中出现,这些信息都是第5条中较为重要的个人信息,应纳入第1条中的"等"的范围。第1条中的"姓名""身份证件号码""通信通讯联系方式""账号密码"并未在第5条中出现,可以通过第5条第1款第五项中"第三项、第四项规定以外的公民个人信息"予以解释。另一方面,应进行一致性的理解。如第1条使用了"财产状况""住址",第5条使用了"财产信息""住宿信息"的表述,应对其进行一致性的理解。

基于此,在《侵犯个人信息案件解释》相关规定的基础上,应结合前述关于个人信息的分类对于个人信息的具体内容进行层次化、类型化的探讨。本文认为可以"个人直接信息与个人间接信息"为基础,参考其他分类,将个人信息分为关键个人信息、重要个人信息与普通个人信息三类。

第一,关键个人信息。关键个人信息具有直接的法益关联性,包括行踪轨迹信息、通信内容信息、征信信息、财产信息、基因信息、指纹信息、住址信息、健康信息、身份证件号码信息、个人图像信息等。关键个人信息中值得说明的是行踪轨迹信息和财产信息。

行踪轨迹信息一般要求具有直接识别性。《侵犯个人信息案件解释》第5条第1款针对行踪轨迹信息确立了相比其他个人信息类型而言最为严格

的保护标准:"其一,出售或者提供行踪轨迹信息,被他人用于犯罪的;其二,非法获取、出售或者提供行踪轨迹信息五十条以上的,即构成犯罪。因此,鉴于行踪轨迹信息的入罪标准已极低,实践中宜严格把握其范围,只宜理解为 GPS 定位信息、车辆轨迹信息等可以直接定位特定自然人具体坐标的信息。对于虽然也涉及公民个人轨迹的其他信息,通常不宜纳入其中。"①因此,对于火车票、飞机票等间接体现个人动向的信息,虽然通常包括个人信息,但是不宜作为行踪轨迹信息。

财产信息②即与个人财产安全相关的信息。个人信息不仅具有人格属性,而且具有财产属性。"与财产有关的个人信息,有家庭经济收入支出情况、个人的工资收入、银行账号等。"③这里的财产信息需要与个人财产安全具有直接的关联性,仅具有一般的记录描述意义的财产信息并不包括在内。比如,"行为人获取的车辆相关信息确实较为具体,符合'财产信息'的一般特征,但行为人的主观目的就是推销车辆保险,并非用于实施针对人身或者财产的侵害行为,故对其适用一般公民个人信息的入罪标准更为妥当"④。该类信息内容之一即为财产账号密码信息,既包括传统金融机构的账号密码信息,也包括新型的互联网金融账号密码信息(第三方支付等)。

第二,重要个人信息。重要个人信息具有间接的法益关联性,包括住宿信息、通讯记录信息、生理信息、交易信息等。

应注意该类信息中生理信息和健康信息的区别,健康信息为疾病等和个人健康事项有重大关联的各种信息,生理信息则是与个人机体的生命活动和各个器官的机能相关的信息(如女性的生理信息)。

第三,普通个人信息。普通个人信息具有某种法益关联的可能性,包括姓名信息、生日信息、职业信息、通讯方式信息、(普通)账号密码信息等。

需要说明的是(普通)账号密码信息。该类信息存在与计算机信息系统数据(如身份认证信息)重合的情形。其一,计算机信息系统的认证往往采取(普通)账号密码信息的形式。如有观点指出:"用于认证用户身份的身份认证信息是窃取的重点,此类数据通常是网络安全的重要防线,与计算机信

---

① 喻海松:《侵犯公民个人信息罪的司法适用态势与争议焦点探析》,载《法律适用》2018年第 7 期,第 14 页。

② 这一分类中的"财产信息"并不等同于前一分类中的"个人财产信息",二者划分的依据不同,"个人财产信息"除了包括"财产信息"外,还可能包括"交易信息""账号密码信息"等。

③ 李源粒:《网络数据安全与公民个人信息保护的刑法完善》,载《中国政法大学学报》2015 年第 4 期。

④ 喻海松:《侵犯公民个人信息罪的司法适用态势与争议焦点探析》,载《法律适用》2018年第 7 期,第 14 页。

息系统安全紧密相关,有必要予以重点保护。"①其二,根据相关规定存在重合可能。除《侵犯个人信息案件解释》第 1 条规定的个人信息范围包括"账号密码"外,《危害信息系统安全解释》第 11 条第 2 款规定,"身份认证信息",是指用于确认用户在计算机信息系统上操作权限的数据,包括账号、口令、密码、数字证书等。其三,(普通)账号密码信息在信息形式上反而与计算机信息系统数据更相近。其他类型的个人信息多采用"条"的形式,而(普通)账号密码信息由于涉及账号密码等复数信息,实际上采取了"组"的形式。而"组"的形式正是《危害信息系统安全解释》第 1 条规定的计算机信息系统数据的形式。

有观点认为,个人信息可区分为公共管理性个人信息和商业性个人信息。其中,公共管理性个人信息是政府主导的涉及国民医疗、教育、金融、税务等与国家治理、国民生活秩序紧密相关的信息,由于涉及公民的人格权益和身份表达,性质上属于"个人信息",对其非法获取构成侵犯公民个人信息罪;商业性个人信息反映信息主体特定兴趣爱好、消费习惯等,而且获取者通常无意知道信息主体真实身份,因而应归属于"普通数据",对其非法获取应构成非法获取计算机信息系统数据罪。② 然而公共管理性个人信息和商业性个人信息有时也难以区分,比如个人的住址信息,既是公共管理所必需,也是快递服务等商业活动所必需。故该观点虽不乏启发意义,但是难以解决个人信息与计算机信息系统数据重合的问题。

对于上述重合,本文认为应回归法益进行判断,如果该组信息为登录电子邮箱、即时通讯工具所使用,其法益关联性仍然归于个人人身,可作为个人信息保护;如果该组信息为计算机信息系统登陆口令、管理员权限口令,其法益关联性归于计算机信息系统安全,可作为计算机信息系统数据保护。

五、行为主体

在早期,侵犯公民个人信息犯罪的打击对象主要是特定单位工作人员,如国家机关或者金融、电信、交通、教育、医疗等单位的工作人员,原因在于在履职过程中此类人员相关犯罪较为多发且实施便利。但随着信息网络时代的来临,获取公民个人信息已不再有明显的门槛,《刑法修正案(九)》将本罪主体扩张为一般主体,即达到法定刑事责任年龄、具有刑事责任能力的自然人。鉴于实践中也多存在单位实施此类犯罪的情况,所以《刑法修正案(九)》规定单位也可以成为本罪主体。

---

① 陈国庆、韩耀元、吴峤滨:《〈关于办理危害计算机信息系统安全刑事案件应用法律若干问题的解释〉理解与适用》,载《人民检察》2011 年第 20 期,第 49 页。
② 参见杨志琼:《非法获取计算机信息系统数据罪"口袋化"的实证分析及其处理路径》,载《法学评论》2018 年第 6 期,第 170 页。

【案例】鲁某等侵犯公民个人信息案①

自 2014 年以来,犯罪嫌疑人鲁某利用网络聊天群找出售公民个人信息的网友,向王甲等人大量购买公民个人信息,并通过第三方进行交易。鲁某将获取的公民信息,按照类别通过聊天软件卖给一些电话促销人员,其中,卖给王乙 8 万余条,非法获利 6 万余元。犯罪嫌疑人王甲通过聊天软件向他人购买"快递提取"软件程序,批量下载公民的快递订单信息 10 万余条。2016年 5 月 8 日,王甲将"快递提取"软件提供给鲁某,两人意图合作实现公民信息的资源共享。2016 年 5 月 11 日,鲁某、王甲被山东省新泰市公安局民警抓获归案,查获两人存储的公民个人信息 1 000 万余条。

山东省新泰市检察院于 2016 年 6 月 16 日以涉嫌侵犯公民个人信息罪对鲁某、王甲作出批准逮捕决定,同时向侦查机关发出《要求说明不立案理由通知书》,监督公安机关对另两名涉案犯罪嫌疑人新泰市某快递公司负责人和鲁某的下线王乙立案侦查。

检察机关审查案件后发现涉案的新泰市某快递公司负责人将 K8 软件和工号出卖给鲁某,用于查看和复制该快递公司的订单信息。王乙向鲁某购买公民个人信息约 8 万余条,交易金额达 6 万余元,王乙将购买的公民个人信息用于电话促销保健品。该快递公司和王乙均涉嫌侵犯公民个人信息罪。

本案的典型意义在于,明确了单位实施侵犯公民个人信息犯罪的,依法追究单位和相关责任人员的刑事责任。

六、罪量

按照本条的规定,以上两种侵犯公民个人信息的行为都需要符合"情节严重"的罪量条件才能构成犯罪。根据《侵犯个人信息案件解释》第 5 条的规定,非法获取、出售或者提供公民个人信息,具有下列情形之一的,应当认定为《刑法》第 253 条之一规定的"情节严重":(1)出售或者提供行踪轨迹信息,被他人用于犯罪的;(2)知道或者应当知道他人利用公民个人信息实施犯罪,向其出售或者提供的;(3)非法获取、出售或者提供行踪轨迹信息、通信内容、征信信息、财产信息 50 条以上的;(4)非法获取、出售或者提供住宿信息、通信记录、健康生理信息、交易信息等其他可能影响人身、财产安全的公民个人信息 500 条以上的;(5)非法获取、出售或者提供第(3)项、第(4)项规定以外的公民个人信息 5 000 条以上的;(6)数量未达到第(3)项至第(5)项规定标准,但是按相应比例合计达到有关数量标准的;(7)违法所得 5 000 元以上的;(8)将在履行职责

---

① 最高人民检察院 2017 年发布侵犯公民个人信息犯罪典型案例之案例五。

或者提供服务过程中获得的公民个人信息出售或者提供给他人,数量或者数额达到第(3)项至第(7)项规定标准一半以上的;(9)曾因侵犯公民个人信息受过刑事处罚或者2年内受过行政处罚,又非法获取、出售或者提供公民个人信息的;(10)其他情节严重的情形。

实施前款规定的行为,具有下列情形之一的,应当认定为《刑法》第253条之一第1款规定的"情节特别严重":(1)造成被害人死亡、重伤、精神失常或者被绑架等严重后果的;(2)造成重大经济损失或者恶劣社会影响的;(3)数量或者数额达到前款第(3)项至第(8)项规定标准10倍以上的;(4)其他情节特别严重的情形。

根据《侵犯个人信息案件解释》第6条的规定,为合法经营活动而非法购买、收受本解释第5条第1款第3项、第4项规定以外的公民个人信息,具有下列情形之一的,应当认定为《刑法》第253条之一规定的"情节严重":(1)利用非法购买、收受的公民个人信息获利5万元以上的;(2)曾因侵犯公民个人信息受过刑事处罚或者2年内受过行政处罚,又非法购买、收受公民个人信息的;(3)其他情节严重的情形。

实施前款规定的行为,将购买、收受的公民个人信息非法出售或者提供的,定罪量刑标准适用本解释第5条的规定。

七、罪责

本罪在主观上是故意,即行为人明知自己违反国家有关规定,向他人出售或者提供公民个人信息,或违反国家有关规定,将在履行职责或者提供服务过程中获得的公民个人信息,出售或者提供给他人,或窃取或者以其他方法非法获取公民个人信息的行为,并且希望或放任情节严重或情节特别严重的后果发生的心理状态。过失不构成本罪。

八、罪与非罪

基于本罪情节犯的属性,普遍的罪与非罪的界限在于"情节严重"以及"情节特别严重",本文在罪量的部分已经进行了梳理。除此之外,何为"违反国家有关规定",对于明确本罪两类构成要件行为的入罪门槛也非常重要。

首先,对于获取行为中的"以其他方法非法获取",《侵犯个人信息案件解释》通过第2条和第4条的规定,将之明确为违反法律、行政法规、部门规章有关公民个人信息保护的规定,通过购买、收受、交换等方式获取公民个人信息。结合本罪第2款的规定,在履行职责或者提供服务的过程中非法获取公民个人信息的,应当从重处罚,我们可以清晰地看到,对于获取公民个人信息的行为,形式违法性的根据在于"非法",也就是违反法律、行政法规和部门规章关于公民个人信息保护的规定。从体系解释的协调性来看,"其他方法非法获取"的解释应当同"窃取"具有相当性。对窃取公民个人信息行为的处罚,根据在于行为人对相关主体信息占有权的侵犯,那么,对以其他方法获取公民个人信息行为的处罚,其根据自然应当与之相同。因此,应当将"非法"解释为"违反法律、行政法规、部门规章有关法定主体信息占有权的保护规定"。而因为获取公民个人信息的行为的实质违法性根据在于情节,在《侵犯个人信息案件解释》中具体体现为所获取公民个人信息的类别、条数与借此获得的经济利益,对"非法"进行这样的明确,不会导致入罪门槛降低、处罚范围扩大。而且明确了获取公民个人信息的行为所侵犯的法益内涵,能让刑法为获取公民个人信息的行为提供明确的禁止性边界。

其次,对于出售和提供公民个人信息的行为,本罪第1款是基本条款,第2款是特别条款,行为形式违法性的根据也均在于"违反国家有关规定",同样适用《侵犯个人信息案件解释》第2条的规定。本文认为,同样需明确为"违反法律、行政法规和部门规章关于法定主体信息处分权的保护规定"。

【案例】张某某、姚某某侵犯公民个人信息案[①]

2015年6月,被告人张某某在登录浏览"魅力惠"购物网站时发现,通过修改该网站网购订单号可以查看到包含用户姓名、手机号、住址等内容的订单信息。为谋取利益,张某某委托他人针对上述网站漏洞编制批量扒取数据的恶意程序,在未经网站授权的情况下,进入该网站后台管理系统,从中非法获取客户订单信息12 503条,通过社交软件等将上述客户信息分数次卖给被告人姚某某,获利5 359元。被告人姚某某购得上述订单信息后,又在网络上分别加价倒卖从中牟利。

上海市黄浦区检察院于2015年9月30日以涉嫌非法获取公民个人信息罪对张某某批准逮捕,于同年10月20日以证据不足对姚某某不批准逮捕,并要求公安机关补充侦查。此案提起公诉后,2016年3月29日,黄浦区法院以侵犯公民个人信息罪,判处张某某有期徒刑1年9个月,并处罚金5万元,判处姚某某有期徒刑1年6个月,并处罚金2万元。

本案中,张某某在未经网站授权的情况下,以恶意程序批量扒取该网站客户订单信息,姚某某从张某某处购买该批客户订单信息的行为,均属于"以其他方法非法获取公民个人信息",姚某某更有非法出售之行为,且客户订单信息条数与非法获利数额均已达到入罪标准,二人均应以侵犯公民个人信息罪定罪处罚。

---

① 最高人民检察院2017年发布侵犯公民个人信息犯罪典型案例之案例二。

针对犯罪嫌疑人主要犯罪手法系利用恶意程序批量扒取网站用户信息，本案较为准确地把握了犯罪嫌疑人犯罪行为的实质类型，以侵犯公民个人信息罪对此类行为实现了准确打击。

需要特别说明的是，虽然德国《联邦数据保护法》第 42 条的罪状中有"获取酬金或使他人获利"的表述，本罪第 1 款与第 2 款的罪状中也有"出售"的表述，但本文并不普遍认可法定主体享有对公民个人信息的收益权。虽然本文认为个人身份的可识别性无法区分公民个人与非个人信息，公民个人信息是指关于公民个人而非属于公民个人的信息，但刑法所保护的公民个人信息范畴较为清晰，限于关于公民个人人身、财产的信息，《侵犯个人信息案件解释》第 1 条对于公民个人信息的界定也基本能支持这一结论，不能将此类信息视为合法的交易对象。因为即使是此类信息也并不属于作为原信息主体的公民，它的形成与流动还涉及多方权利主体，将它投入市场自由流通不仅会给作为原信息主体的公民个体，还会给多方权利主体的人身、财产等重大法益造成现实而紧迫的危险。因此，不能将法定主体的信息收益权作为侵犯公民个人信息罪保护的法益。因此，即使是经同意买卖个人信息也能成立侵犯公民个人信息罪，因为法定主体，即使是原信息主体本身，都不具有对信息的收益权。

九、此罪与彼罪

（一）与拒不履行信息网络安全管理义务罪的关系

《侵犯个人信息案件解释》第 9 条规定，网络服务提供者泄露用户的个人信息，成立《刑法》第 286 之一的拒不履行信息网络安全管理义务罪。该罪的法定刑在 3 年以下，而侵犯公民个人信息罪在"情节严重"时处刑才是 3 年以下。换言之，《侵犯个人信息案件解释》认为网络服务提供者拒不履行信息网络安全管理义务导致用户个人信息泄露造成严重后果的，属于"情节严重"。从文义解释上来看，"泄露"包括有意泄露和无意泄露。那么，有意泄露用户个人信息的网络服务提供者的行为应属于侵犯公民个人信息罪中的"将履行职责或提供服务过程中获得的个人信息出售或提供给他人"。而《侵犯个人信息案件解释》第 5 条第 1 款第八项对此类行为"情节严重"的认定标准，是提供或出售个人信息的条数与获利数额。本文认为，《侵犯个人信息案件解释》第 9 条与第 5 条第 1 款第八项的规定存在矛盾之处，这是由于没有充分意识到用户信息与个人信息存在交叉但并非完全重合的关系。网络服务提供者拒不履行信息网络安全管理义务又构成侵犯公民个人信息罪的，应直接按照处罚较重的罪名处罚。

（二）与利用公民个人信息所实施犯罪的关系

我国刑法规范中并未独立规定非法利用个人信息的行为，但司法解释有相关规定。《侵犯个人信息案件解释》第 5 条规定了非法获取、出售或者提供个人信息符合以下两种情形,不再要求个人信息的数量:第一,出售或者提供行踪轨迹信息,被他人用于犯罪的;第二,知道或者应当知道他人利用公民个人信息实施犯罪,向其出售或者提供的。而个人信息被用于犯罪也是对其加以利用的情形之一。本文基于此行为侵犯法定主体信息处分权的基本认知,认为出售或提供公民个人信息行为的入罪,应当具备对个人信息被利用所造成严重后果的认识,因为可能造成的严重后果是刑法保护法定主体信息处分权的理由,是出售或提供公民个人信息行为抽象危险的来源。当行为人对所造成的后果具备直接故意时,应直接认定为该严重后果所构成犯罪的共同正犯或帮助犯;当行为人具备间接故意或者过失时,应当认定构成本罪;当行为人可以证明对该严重后果的事实完全不具备主观认知时,应当认为行为人实现了对抽象危险的反证,不构成犯罪,可以要求其承担其他法律责任。杜天禹侵犯公民个人信息案的判决可以为上述理解提供支持。

【案例】杜天禹侵犯公民个人信息案①

被告人杜天禹通过植入木马程序的方式,非法侵入山东省 2016 年普通高等学校招生考试信息平台网站,取得该网站管理权,非法获取 2016 年山东省高考考生个人信息 64 万余条,并向另案被告人陈文辉出售上述信息 10 万余条,非法获利 14 100 元,陈文辉利用从杜天禹处购得的上述信息,组织多人实施电信诈骗犯罪,拨打诈骗电话共计 1 万余次,骗取他人钱款 20 余万元,并造成高考考生徐玉玉死亡。

本案由山东省临沂市罗庄区法院一审,以侵犯公民个人信息罪判处被告人杜天禹有期徒刑 6 年,并处罚金 6 万元。当庭宣判后,被告人杜天禹表示服判不上诉,现已发生法律效力。

法院认为,被告人杜天禹违反国家有关规定,非法获取公民个人信息 64 万余条,出售公民个人信息 10 万余条,其行为已构成侵犯公民个人信息罪。被告人杜天禹作为从事信息技术的专业人员,应当知道维护信息络安全和保护公民个人信息的重要性,但利用技术专长,非法侵入高等学校招生考试信息平台的网站,窃取考生个人信息并出卖牟利,严重危害网络安全,对他人的人身财产安全造成重大隐患,据此认定其行为构成侵犯公民个人信息罪。

在该案中,杜天禹是以侵犯公民个人信息罪而非诈骗罪被追究刑事责任。该判决作出时,《侵犯个人信息案件解释》已经颁布。然而法官是以该

---

① 最高人民法院电信网络诈骗犯罪典型案例之二。

解释第 5 条第 2 款第二项"造成重大经济损失或者恶劣社会影响",而非第一项"造成被害人死亡、重伤、精神失常或者被绑架等严重后果",认定构成"情节特别严重"。这说明,该案并不是以徐玉玉死亡的严重后果作为构成加重情节的理由,值得肯定。

学界也有关于非法利用个人信息的行为应当独立入罪的声音,而且围绕该类行为的具体范围形成了不同意见,主要有两种观点:第一种观点认为"对公民个人信息的非法利用,是指未经信息主体许可,非法利用自己已经掌握的公民个人信息以期实现自己的特定目的"①。根据这一观点,实施非法利用个人信息行为的主体限于已经合法占有他人个人信息的主体,对于这一范围之外的主体,则应当按照非法获取个人信息的行为予以认定和处理。第二种观点认为非法利用个人信息的行为包括"合法或者非法获取个人信息的单位和个人非法利用个人信息的行为"②。这一观点强调了通过非法途径获取他人个人信息进而予以利用的行为也应作为犯罪处理,并指出现行《刑法》第 253 条之一的规定存在疏漏,应该予以补充和完善。

《德国刑法典》第 204 条利用他人秘密罪规定了依据第 203 条负有保密义务的主体非法利用他人秘密(特别是经营秘密、业务秘密)的行为。德国《联邦数据保护法》原第 44 条规定了刑事处罚:"(1)为获取报酬,为自己或他人谋取利益,以及为他人实施侵害或犯罪故意实施第 43 条(2)中规定的行为处两年以下自由刑或者罚金。(2)上述行为告诉才处理。权利主体、责任者联邦信息和数据保护专员以及监督机构有权告诉。"而第 43 条行政处罚(2)的规定即包括"违反第 28 条(4)第 1 项数据为了商业或民意调查处理或使用(个人数据)"的情形。2017 年修订后的德国《联邦数据保护法》第 42 条第 2 款规定,对于非公开可获得的个人数据进行非授权的处理或通过虚假陈述骗取,且具有下列目的之一:第一,获取酬金;第二,使自己或他人获利,或者伤害他人。这一条款有涉及非法利用行为的内容,但是并未将其作为独立的行为予以规制。

日本刑法中未规定独立的非法利用个人信息(或个人秘密)的行为。日本《个人信息保护法》对盗用个人信息的行为作出独立规定:第一,个人信息保护委员会的委员长、委员、专门委员及事务局的职员的盗用行为。该法第 82 条规定违反第 72 条的规定(保密义务)泄露或盗用秘密的行为,而该法第 72 条规定:"委员长、委员、专门委员及事务局的职员不得泄露或盗用因职务而获得的秘密。在离职后(实施前述行为),同样处理。"第二,个人信息处理

---

① 吴苌弘:《个人信息的刑法保护研究》,上海社会科学院出版社 2014 年版,第 182 页。
② 赵秉志:《公民个人信息刑法保护问题研究》,载《华东政法大学学报》2014 年第 1 期,第 127 页。

业者的盗用行为。该法第 83 条规定了个人信息处理业者(法人①的情形为其高管人员、代表人或管理人)或其员工,或者曾经具有这些身份的主体,以为自己或第三人谋求不正当利益为目的,提供或盗用其在业务中处理过的个人信息数据库等行为,包括对其全部或某一部分的复制或加工。

  本文认为,是否需要规定非法利用个人信息的行为应首先基于对该类行为的具体考察。在我国,非法利用行为包括两种类型:第一,下游犯罪的非法利用个人信息行为。在司法实践中,诈骗犯罪、盗窃犯罪、勒索犯罪、绑架犯罪、杀人犯罪、伤害犯罪都不乏利用个人信息实施的情形,因为个人信息往往和个人的人身、财产相关联,取得个人信息无疑对于侵犯个人人身或财产法益具有重要作用。第二,下游犯罪以外的非法利用个人信息行为。比如非法利用他人驾驶证件信息有偿为他人"消分"等行为。而且,很多下游犯罪以外的非法利用个人信息行为性质十分严重,理应作为犯罪处理,在目前的情况下只能借助其他罪名予以评价。比如,最高人民检察院检例第 34 号(李骏杰等破坏计算机信息系统案,参见本书第六章第五节相关内容)。

  根据本案,冒用购物网站买家身份进入网站内部评价系统删改购物评价,属于对计算机信息系统内存储数据进行修改操作,应当认定为破坏计算机信息系统的行为。

  购物网站评价系统是对店铺销量、买家评价等多方面因素进行综合计算分值的系统,其内部储存的数据直接影响到搜索流量分配、推荐排名、营销活动报名资格、同类商品在消费者购买比较时的公平性等。买家在购买商品后,根据用户体验对所购商品分别给出好评、中评、差评三种不同评价。所有的评价都是以数据形式存储于买家评价系统之中,成为整个购物网站计算机信息系统整体数据的重要组成部分。

  侵入评价系统删改购物评价,其实质是对计算机信息系统内存储的数据进行删除、修改操作的行为。这种行为危害到计算机信息系统数据采集和流量分配体系运行,使网站注册商户及其商品、服务的搜索受到影响,导致网站商品、服务评价功能无法正常运作,侵害了购物网站所属公司的信息系统安全和消费者的知情权。行为人因删除、修改某购物网站中差评数据违法所得25 000 元以上,构成破坏计算机信息系统罪,属于"后果特别严重"的情形,应当依法判处 5 年以上有期徒刑。

  在我国未对非法利用个人信息行为独立规制的情况下,对其按照破坏计算机信息系统罪处罚虽不乏合理性,但是也有扩大计算机信息系统范围的倾向,即将计算机信息系统的功能从技术功能扩大到应用功能,在一定程度上

---

① 含章程规定有代表人或管理人的非法人团体。

突破了原有的对象范围。如果从非法利用个人信息的行为的角度评价则可以解决这一难题;该案中,李骏杰先是实施了非法获取个人信息的行为(购买买家信息),继而对个人信息予以非法利用(修改中差评获利),其行为在一定程度上体现了侵犯个人信息犯罪产业链,无论是非法利益的获得还是法益侵害后果的出现均体现在非法利用个人信息行为中。

十、处罚

根据《刑法》第253条之一的规定,犯本罪的,处3年以下有期徒刑或者拘役,并处或者单处罚金;情节特别严重的,处3年以上7年以下有期徒刑,并处罚金。

违反国家有关规定,将在履行职责或者提供服务过程中获得的公民个人信息,出售或者提供给他人的,依照前款的规定从重处罚。

单位犯本罪的,对单位判处罚金,并对其直接负责的主管人员和其他直接责任人员,依照各该款的规定处罚。

第九节 网络空间侵犯著作权犯罪

一、网络侵犯著作权犯罪的基本状况

(一)概述

随着我国互联网行业的纵深发展,在网络空间利用技术手段侵犯著作权的行为,日渐成为侵犯著作权罪的主要表现方式。网络空间下,侵犯著作权的犯罪出现了新的特征,举例而言,在保护对象上,网络空间受保护的特殊著作权客体类型包括人工智能创作的作品,以及以虚拟在线形式体现出来的作品,通过虚拟数据展示人类的独创性,主要包括以游戏为代表的计算机软件、在线小说为代表的文字作品以及电影作品等;从作品的储存及阅读途径来看,作品储存在服务器中,用户通过一系列的技术手段,读取服务器的数据,从而阅读相关作品,服务器也成为犯罪主体重点突破的对象。此外,作品在线化的发展,对应地衍生出包括转码技术、爬虫等多种类型的侵权手段,以及犯罪产业链的细化及匿名化,加剧查处犯罪的难度。因此,网络侵犯著作权犯罪,相较于传统的侵权手段已经有了较大的颠覆,本节通过分析讨论相关法律规定、司法案例以及相关犯罪现象,介绍网络侵犯著作权犯罪中作品类型、犯罪手段的发展趋势、侵权链条上的相关主体及侵权特征。

(二) 类型

宽带通信的发展使用户具备在线获取作品资源的流量条件。结合在线用户的喜好,电影等音视频作品、文字作品以及游戏作品成为主要的犯罪对象。具体表现形式如下:

1. 人工智能创作的作品

算法的发展,使人工智能成为替代人类工作的重要工具。在著作权创作领域,已经出现了人工智能创作的作品。随着网络化发展,自然人使用人工智能创作的作品将可能成为重要的新型保护对象。

2. 视频

传统时代的盗版视频主要是电影作品和以类似摄制电影的方法创作的作品,主要表现形式为电影以及影视剧。由于电影、综艺节目等内容制作的成本较高,加之现在电脑、手机的普及,出现了在线观看电影等作品的需求,也导致了相关行为人盗取上述作品资源,擅自对外提供的犯罪风险。随着手机配置的精进及相关平台对内容的追捧,节目内容丰富化,创作主体包括自然人以及小公司,具备了创作的动力,能够以较低成本制作短视频、短剧等以类似摄制电影的方法创作的作品。目前犯罪行为针对的是电影作品,日后可能往更丰富的视频转变。

3. 图书、小说

相比传统的图书创作的高成本,及需要获得出版社的认可。现今,自然人在网络空间的创作局限较小。网络空间随处可见免费或部分低价付费阅读的图书以及小说,这些图书、小说成为网站吸引用户的流量基础,也引发了被侵犯的风险。

4. 种子文件及网络链接

种子文件及网络链接是线上作品被压缩的形态,一般涉及电影作品及文字作品等。为节省作品的储存成本及传播成本,行为人对外提供作品的种子文件及下载链接,甚至配置软件"帮助"用户绕开相关技术保护措施,进而使用户更加便捷地访问相关作品,并以此获利。

5. 侵犯计算机软件合法权利的外挂软件

随着电脑及智能手机的发展,计算机软件成为营利的重要工具,因此,产生了一批具备修改、增加计算机软件相关功能的外挂软件。其中,针对游戏软件的外挂软件数量众多。《民法典》表明了对虚拟物品的保护立场,游戏中的道具、游戏币等的价值日渐得到重视。不少行为人为了获得更多的游戏道具、游戏币,或利用游戏玩家的好胜心营利,研发外挂软件,修改部分游戏功能,从而使游戏软件更多地产生游戏币或为玩家提供更容易的胜利机会。

6. 游戏软件侵权

游戏开发需要投入大量的人力、物力以及时间成本,具备一定的投机性。行为人为了快速获得非法利益,可能选择抄袭他人游戏。主要存在两种抄袭路径:第一,抄袭核心代码;第二,抄袭游戏的部分元素,包括人物形象、地图以及相关道具等。一般而言,抄袭游戏代码涉及本罪的可能性较大。

(三)发展趋势

网络化对本罪的冲击不仅体现在作品内涵上,还产生了大量间接侵权的行为手段。随着侵权链条的精细化及行为人反侦查意识的提高,本罪的网络化还体现在环节独立、数据境外保存等特点上,具体分析如下。

1. 作品内容体现的智能化程度较高

相较于传统的创作条件,以人工智能软件为创作工具成为未来的趋势。人工智能创作的作品不仅体现了自然人的思路,也包含着人工智能软件的"思想"。

2. 侵权方式由直接提供作品转向提供侵权工具

以往侵犯著作权的行为模式大多是行为人直接复制、发行他人作品。但随着作品形式由实体演变为虚拟形式,以及展示形式涵盖电脑端及手机端,涉及不同的技术转换方案,本罪的行为方式也从直接向公众提供作品逐渐转变为间接方式,一是提供工具,由用户提供作品,进而完成对作品的转换及发行;二是为用户提供下载作品的通道,并辅以相关的技术手段,帮助用户更便捷、快速地浏览、下载作品。

3. 出现了爬虫等大规模侵犯著作权的技术手段

鉴于文字作品的侵权难度较小,现针对文字作品,有多样的侵权手段,并出现了以爬虫为代表的自动抓取文字信息,筛选作品并对外发布的程序。

4. 游戏软件侵权频发

对于以游戏程序为代表的盈利性较高的软件,行为人会窃取部分核心代码,并在此基础上研发同一种游戏程序或针对该游戏的外挂程序,达到营利目的。

5. 视频侵权以链接传播为主

由于视频文件的储存空间较大,针对这类作品的犯罪手段以传播作品链接为主。

6. 侵权环节精细化并呈现多平台并发的情形

通过信息网络传播他人作品,涉及多个环节,包括网页展示、支付结算通道、服务器储存空间以及线上宣传推广等。上述每个环节分布在不同的平台实施;使用任一方的服务器,在另一方的平台进行推广,最后在其他平台实现阅读、收听作品。往往针对一个作品实施的犯罪手段,涉及多个平台。

7. 作品数据及支付数据跨境储存

网络作品的内容、推广、结算等情况均以数据的形式记录在服务器中,数据也成为犯罪侦破的重点。部分行为人为了避免被查处,会将部分核心数据放置在境外。由于此类犯罪手法的成本高于一般侵犯著作权罪的行为手段,一般是针对游戏类等盈利空间较大的作品。行为人在境外架设服务器,直接将游戏代码全盘搬运至境外服务器(也就是俗称的"私服"),再通过其他渠道合作的第三方对外销售游戏道具等。

8. 营利模式多样化

在网络世界里,侵犯著作权罪主要有两种典型的营利途径:第一种是免费给用户提供作品,通过网站广告、会员制等收取费用;第二种是以直接收费的方式提供,提供形式包括文本、激活码等。前者充分地体现了用户的流量价值,后者则是传统的线下运营搬到线上。

(四)主体

本罪涉及的人员包括权利人、储存作品的平台运营者、作品相关工具的使用者以及作品的受众用户。其中,平台运营者及工具开发者与犯罪行为高度相关,最有可能成为本罪的犯罪主体。

1. 权利人

网络使自然人皆可成为创作者,因此,本罪的保护主体,不仅包括传统的电影制作公司、图书出版商等,也包括计算机软件如游戏运营商、社交软件等运营主体以及新时代的个人创作者,主要体现在文字作品、电影作品及计算机软件等领域。

2. 储存作品的平台运营者

鉴于相关作品主要是以虚拟形式储存于服务器中,相关权利人及实施犯罪行为的相关主体,常会购买云服务工具储存作品,并以此作为发行的基础。

3. 作品相关工具的使用者

作品相关工具使用者,包括以技术手段直接复制作品或通过转码技术、P2P技术传播他人提供的作品的主体。后者实施上述行为超越技术必要性时,将有可能被认定为"复制"或"提供"作品从而构成犯罪。

4. 普通用户

普通用户主要是指阅读或使用作品的主体。在本罪的构成中,用户有可能是提供作品的主体,也有可能是作为流量的体现,成为行为人营利的来源。但用户一般不构成本罪。

(五)特征

基于上述分析,本罪的网络侵权手段多样,且有意被散落在各个环节、各个平台,因此,较之传统的侵犯著作权罪的手段,其具备隐藏性、易发性、牟利途径多样性等特点。

1. 隐藏性

鉴于网络经营活动已经使各个环节逐渐独立且由不同主体运营,完成一个作品的盗取、传播以及收款等行为,需要涉及各个主体,加之相关行为人有可能恶意隐瞒具体犯罪目的以及使用虚拟身份等因素,整个犯罪链条更加隐蔽且难以查处。

2. 易发性

一方面,作品均储存在网络空间,盗取相关作品数据更容易。另一方面,许多作品以免费或低价的形式公开在网络空间,行为人实施犯罪行为的成本下降。另外,高价值作品研发变现较困难,也导致部分行为人想采取直接复制发行等犯罪手段,最终导致网络侵犯著作权犯罪比以往更为频发。

3. 牟利途径的多样性

相较于侵犯著作权罪的传统获利方式,网络侵权获利的途径更多样,这也反映网络经营活动的特性。

二、网络侵犯著作权犯罪的构成与适用

《刑法》第217条规定:"以营利为目的,有下列侵犯著作权或者与著作权有关的权利的情形之一,违法所得数额较大或者有其他严重情节的,处三年以下有期徒刑,并处或者单处罚金;违法所得数额巨大或者有其他特别严重情节的,处三年以上十年以下有期徒刑,并处罚金:(一)未经著作权人许可,复制发行、通过信息网络向公众传播其文字作品、音乐、美术、视听作品、计算机软件及法律、行政法规规定的其他作品的;(二)出版他人享有专有出版权的图书的;(三)未经录音录像制作者许可,复制发行、通过信息网络向公众传播其制作的录音录像的;(四)未经表演者许可,复制发行录有其表演的录音录像制品,或者通过信息网络向公众传播其表演的;(五)制作、出售假冒他人署名的美术作品的;(六)未经著作权人或者与著作权有关的权利人许可,故意避开或者破坏权利人为其作品、录音录像制品等采取的保护著作权或者与著作权有关的权利的技术措施的。"

(一)基础罪名的犯罪构成

1. 侵犯著作权罪的犯罪构成要件

侵犯著作权罪,是指行为人以营利为目的,未经著作权人许可,行使作品相关著作权,并获得违法收入的行为。以下从本罪的传统法益、客观方面、主体、主观方面四方面进行分析。

(1) 传统法益

侵犯著作权罪保护的法益，首先是著作权人对其合法创作的作品享有的著作权利，以及著作权人合法使用著作权进行商业活动的权利。《著作权法实施条例》第 2 条的规定："著作权法所称作品，是指文学、艺术和科学领域内具有独创性并能以某种有形形式复制的智力成果。"作品类型包括：文字作品；口述作品；音乐、戏剧、曲艺、舞蹈、杂技艺术作品；美术、建筑作品；摄影作品；电影作品和以类似摄制电影的方法创作的作品；工程设计图、产品设计图、地图、示意图等图形作品和模型作品；计算机软件；法律、行政法规规定的其他作品。此处需要注意的是，依法禁止出版、传播的作品，不受本罪名的保护。受保护的著作权权利类型包括人身权，即发表权、署名权、修改权、保护作品完整权；财产权，即复制权、发行权、出租权、展览权、表演权、放映权、广播权、信息网络传播权、摄制权、改编权、翻译权、汇编权等。

本罪保护的法益还包括国家文化市场正常管理秩序。除刑法规定外，我国《著作权法》第 53 条[①]提到的 8 种侵权行为及《计算机软件保护条例》第 24

[①] 《著作权法》第 53 条规定："有下列侵权行为的，应当根据情况，承担本法第五十二条规定的民事责任；侵权行为同时损害公共利益的，由主管著作权的部门责令停止侵权行为，予以警告，没收违法所得，没收、无害化销毁处理侵权复制品以及主要用于制作侵权复制品的材料、工具、设备等，违法经营额五万元以上的，可以并处违法经营额一倍以上五倍以下的罚款；没有违法经营额、违法经营额难以计算或者不足五万元的，可以并处二十五万元以下的罚款；构成犯罪的，依法追究刑事责任：（一）未经著作权人许可，复制、发行、表演、放映、广播、汇编、通过信息网络向公众传播其作品的，本法另有规定的除外；（二）出版他人享有专有出版权的图书的；（三）未经表演者许可，复制、发行录有其表演的录音录像制品，或者通过信息网络向公众传播其表演的，本法另有规定的除外；（四）未经录音录像制作者许可，复制、发行、通过信息网络向公众传播其制作的录音录像制品的，本法另有规定的除外；（五）未经许可，播放、复制或者通过信息网络向公众传播广播、电视的，本法另有规定的除外；（六）未经著作权人或者与著作权有关的权利人许可，故意避开或者破坏技术措施的，故意制造、进口或者向他人提供主要用于避开、破坏技术措施的装置或者部件的，或者故意为他人避开或者破坏技术措施提供技术服务的，法律、行政法规另有规定的除外；（七）未经著作权人或者与著作权有关的权利人许可，故意删除或者改变作品、版式设计、表演、录音录像制品或者广播、电视上的权利管理信息的，知道或者应当知道作品、版式设计、表演、录音录像制品或者广播、电视上的权利管理信息未经许可被删除或者改变，仍然向公众提供的，法律、行政法规另有规定的除外；（八）制作、出售假冒他人署名的作品的。"

条①提到的侵权行为,不仅损害著作权人的合法利益,也涉及扰乱国家文化市场的发展秩序,情节严重,构成犯罪的,也适用本罪。

(2) 客观方面

侵犯著作权罪的客观要件是指,行为人的行为侵犯著作权人对作品享有的合法权益,并取得较大数额的违法所得或有其他严重情形。侵犯著作权的具体行为包括以下四类:

第一,未经著作权人许可,复制发行其文字作品、音乐、电影、电视、录像作品、计算机软件及其他作品。本情形是侵犯著作权罪的一般情形。根据2004年12月22日起实施的《侵犯知识产权案件解释》第11条第2款,未经著作权人许可,是指没有得到著作权人授权或者伪造、涂改著作权人授权许可文件或者超出授权许可范围的情形。根据2007年4月5日起实施的《侵犯知识产权案件解释(二)》第2条,"复制发行"包括复制、发行或者既复制又发行的行为。2021年3月1日施行的《刑法修正案(十一)》第20条,对《刑法》第217条侵犯著作权罪作出修正,新增行为为"通过信息网络向公众传播",同时,将该罪的保护对象从"文字作品、音乐、电影、电视、录像作品、计算机软件及其他作品"进一步明确为"文字作品、音乐、美术、视听作品、计算机软件及法律、行政法规规定的其他作品"。

第二,出版他人享有专有出版权的图书。本情形是侵犯图书出版者专有权的情形。"专有出版权",来源于著作权人的授权,属于著作权邻接权,并非著作权,指图书出版者依据其与著作权人之间订立的出版合同而享有的独家出版权,具备排他性,即在图书出版者与著作权人约定的时间内,除图书出版者外,包括著作权人在内的任何第三人均无权出版该作品。本情形中的"出版",是指将作品编辑加工后,通过复制向公众发行。

第三,未经录音录像制作者许可,复制发行、通过信息网络向公众传播其制作的录音录像。本情形是侵犯录音录像制作者专有权的情形。此处所称的录音录像制作者,包括了录音制作者和录像制作者。录音制作者,是指录音

---

① 《计算机软件保护条例》第24条规定:"除《中华人民共和国著作权法》、本条例或者其他法律、行政法规另有规定外,未经软件著作权人许可,有下列侵权行为的,应当根据情况,承担停止侵害、消除影响、赔礼道歉、赔偿损失等民事责任;同时损害社会公共利益的,由著作权行政管理部门责令停止侵权行为,没收违法所得,没收、销毁侵权复制品,可以并处罚款;情节严重的,著作权行政管理部门并可以没收主要用于制作侵权复制品的材料、工具、设备等;触犯刑律的,依照刑法关于侵犯著作权罪、销售侵权复制品罪的规定,依法追究刑事责任:(一)复制或者部分复制著作权人的软件的;(二)向公众发行、出租、通过信息网络传播著作权人的软件的;(三)故意避开或者破坏著作权人为保护其软件著作权而采取的技术措施的;(四)故意删除或者改变软件权利管理电子信息的;(五)转让或者许可他人行使著作权人的软件著作权的。有前款第一项或者第二项行为的,可以并处每件100元或者货值金额1倍以上5倍以下的罚款;有前款第三项、第四项或者第五项行为的,可以并处20万元以下的罚款。"

制品的首次制作人；录像制作者，是指录像制品的首次制作人。随着录音录像技术的发展，录音录像制作者通过对原著作品编辑加工，以声音图像直观感性的形式把抽象的原著作品或者表演转换为录音录像制品，再现出来，对再现出来的作品形式享有复制发行权、出租权及信息网络传播权等权利。未经录音录像制作者许可，复制发行其制作的录音录像，是一种侵犯他人著作权的行为。《刑法修正案（十一）》在原条文的基础上增加了一类行为方式，即"通过信息网络向公众传播"。

第四，未经表演者许可，复制发行录有其表演的录音录像制品，或者通过信息网络向公众传播其表演。本项内容是《刑法修正案（十一）》新增内容，与我国重视、关注表演者权利保护问题的方向一致。

第五，制作、出售假冒他人署名的美术作品。本情形是侵犯美术作品著作权人的人身权及财产权的情形。"美术作品"，是指以线条、色彩或其他方式构成的有审美意义的平面或立体的造型艺术作品，包括绘画、书法、雕塑、建筑、工艺美术等。制作、出售假冒他人署名的美术作品，包括以下三种方式：一是临摹他人的画，署上他人的名，假冒他人的画出售；二是将自己的画，署上名画家的名，假冒名画家的画出售；三是把他人的画，署上名画家的名，假冒名画家的画出售，从中牟利。

第六，未经著作权人或者与著作权有关的权利人许可，故意避开或者破坏权利人为其作品、录音录像制品等采取的保护著作权或者与著作权有关的权利的技术措施的。本项内容是《刑法修正案（十一）》新增内容，与2021年6月1日施行的《著作权法》新增的第49条①关于著作权技术措施的保护相衔接。《著作权法》修订过程中，全国人民代表大会宪法和法律委员会经研究认为，技术措施条款是这次修改著作权法新增加的一种保护著作权的重要手段，明确其定义有利于法律的执行②。鉴于《著作权法》是侵犯著作权罪的前置法律，在其作出修改完善的前提下，《刑法》第217条也对于该种行为作出相应修改。

当上述六种侵权行为的损害后果达到违法所得数额较大或有其他严重情节时，即构成本罪。《侵犯知识产权案件解释》规定，违法所得数额在3万

---

① 《著作权法》第49条规定："为保护著作权和与著作权有关的权利，权利人可以采取技术措施。未经权利人许可，任何组织或者个人不得故意避开或者破坏技术措施，不得以避开或者破坏技术措施为目的制造、进口或者向公众提供有关装置或者部件，不得故意为他人避开或者破坏技术措施提供技术服务。但是，法律、行政法规规定可以避开的情形除外。本法所称的技术措施，是指用于防止、限制未经权利人许可浏览、欣赏作品、表演、录音录像制品或者通过信息网络向公众提供作品、表演、录音录像制品的有效技术、装置或者部件。"

② 参见《全国人民代表大会宪法和法律委员会关于〈中华人民共和国著作权法修正案（草案）〉审议结果的报告》（2020年11月10日公布）。

元以上的,属于"违法所得数额较大"。而关于"有其他严重情节"的判断,《侵犯知识产权案件解释》《侵犯知识产权案件解释(二)》有不同的规定。《侵犯知识产权案件解释》规定的"有其他严重情节"包括:(一)非法经营数额在5万元以上的;(二)未经著作权人许可,复制发行其文字作品、音乐、电影、电视、录像作品、计算机软件及其他作品,复制品数量合计在1 000张(份)以上的;(三)其他严重情节的情形。

2007年,为进一步加大对侵犯知识产权犯罪的打击力度,加强对知识产权的刑事保护,《侵犯知识产权案件解释(二)》对前述第(二)项规定的数量进行减半的调整,降低了入罪标准,具体为,以营利为目的,未经著作权人许可,复制发行其文字作品、音乐、电影、电视、录像作品、计算机软件及其他作品,复制品数量合计在500张(份)以上的,属于《刑法》第217条规定的"有其他严重情节"。根据新法优于旧法的原则,《侵犯知识产权案件解释(二)》对于侵权复制品的数量调整替代了《侵犯知识产权案件解释》的规定,成为本罪的入罪标准。

(3)犯罪主体

本罪规定的犯罪主体,包括达到刑事责任年龄的自然人。根据《刑法》第17条规定,已满16周岁的人犯罪,应当负刑事责任。侵犯著作权罪不属于强奸、故意杀人等容易识别的社会危害性较大且严重破坏社会秩序的犯罪,未满16周岁的自然人可以免于承担刑事责任。

本罪规定的犯罪主体,包括单位。《刑法》第220条规定,单位具备构成侵犯著作权罪的犯罪主体资格。实践中,一些单位参与本节规定的犯罪活动,牟取非法利益的情况较为突出,为加大对侵犯知识产权犯罪的打击力度,进一步维护权利人的合法权利,《刑法》对单位犯此罪作了专门的规定。值得注意的是,当单位作为犯罪主体时,入罪标准是个人犯罪定罪量刑标准的3倍,即单位实施前述四种犯罪行为,违法所得达到9万元或以营利为目的,未经著作权人许可,复制发行其文字作品、音乐、电影、电视、录像作品、计算机软件及其他作品,复制品数量合计在1 500张(份)以上。

(4)主观方面

行为人构成侵犯著作权罪,主观上必须是故意的,并且以营利为目的。"以营利为目的",是指行为人侵犯他人权利是为了获取非法利益,具体包含除销售外的下列四种情形:(一)以在他人作品中刊登收费广告、捆绑第三方作品等方式直接或者间接收取费用的;(二)通过信息网络传播他人作品,或者利用他人上传的侵权作品,在网站或者网页上提供刊登收费广告服务,直接或者间接收取费用的;(三)以会员制方式通过信息网络传播他人作品,收取会员注册费或者其他费用的;(四)其他利用他人作品牟利的情形。① 此外,还需要区分以营利为目的与合理使用等其他目的,如有些教学科研单位未经权利人许可复制他人作品供教学、科研之用;有些个人复制音像制品或计算机某一程序供个人观赏、学习、使用,没有将其作为商品使其进入商品流通领域,不是以营利为目的,不构成犯罪。

2. 侵犯著作权罪的网络化趋势与特征

通过对本罪构成要件的分析可知,纸媒时代对"复制""发行"的理解主要是,制作赝品、将作品由一份变为多份并将作品投放至公开途径。重点保护的作品类型包括文字作品、音乐及计算机软件等一般性作品以及重点列举出来的图书、录音录像制品及美术作品。

随着互联网的发展,作品相关的经营活动也着重在线上发展,不仅衍生出一批以互联网用户为市场的作品,甚至受到社交手段的影响,相关作品的推广、传播甚至营利手段在很大程度上也依存于社交网络空间。网络化带给作品行业动荡,创新营利方式、营利场景的同时,也产生了一系列线上侵权手段。以下将基于上述背景,从法益及网络侵权手段两个方面简要讨论侵犯著作权罪的网络化。

(1) 网络的特殊法益

传统侵犯著作权罪主要保护由自然人直接创作的作品或职务作品,创作工具为纸、笔,体现形式为文字、图画等。随着智能化的进一步推进,自然人先创造出人工智能,通过算法、数据学习等一系列的"培养",人工智能逐渐具备了可以作为创作工具的能力,由此产生的"作品"未来也可能被纳入本罪保护的对象范围。由于作品形式的在线化,自然人的创作更便利,侵权形式也更多样,因此,本罪网络化的法益,包括自然人在网络环境下使用各类工具自由创作的合法权益及积极性。

除此之外,对于一些以提供创作内容或聚合创作内容为主要业务的互联网平台,一旦其作品受到侵犯,经营利益也必然受损,因此,互联网环境下的侵犯著作权罪还可能损害互联网市场经济秩序。

(2) 犯罪手段的网络化

随着技术的发展,层出不穷的破解、复制、转换、获取代码等行为也成为网络侵害著作权的重要犯罪手段。网络时代,作品以数据的形式展示,作品储存、形式转换、传播及下载等各个环节有可能分布在不同的犯罪空间。因此,在上述各个环节中,既有正犯的犯罪行为,也包括帮助犯的各种支持行为,简要概括为以下两大类。

第一类,爬虫、技术转换等直接获取他人作品的正犯手段。以往侵犯著

---

① 参见《侵犯知识产权案件意见》第10条。

作权犯罪通过对实体物品的复制、发行实现。随着信息产业的飞速发展及盗版行为的日益猖獗,未经著作权人许可,在网络上复制和发行他人作品的网络侵犯著作权的行为非常突出,因此最高人民法院、最高人民检察院将相关在线侵权问题规定在《侵犯知识产权案件解释》中①,将上述与网络相关的犯罪手段均归纳为"通过信息网络"的行为方式,并考虑到网络侵犯著作权的营利方式与以往相比,具备间接性的特点,将"以刊登收费广告等间接收取费用的情形"纳入"以营利为目的"的列举情形。②

随着司法实践的发展,最高人民法院、最高人民检察院及公安部于2011年1月10日联合颁布《侵犯知识产权案件意见》,将以信息网络侵权犯著作权的行为方式进一步细化,将"通过信息网络传播作品"纳入"发行"的范围③,在前述规定的基础上,将以会员制方式通过信息网络传播他人作品并收取费用认定为"以营利为目的"的情形④,并单独罗列通过信息网络传播侵权作品的定罪处罚标准。⑤《刑法修正案(十一)》直接将"通过信息网络向公众传播"纳入侵犯著作权罪的行为范围。

第二类,贯穿网络侵犯著作权整个犯罪链条的各个协助行为。以往著作权侵权,一般只涉及获取作品、纸质印刷以及公开销售几个简单环节。但网络化时代,作品置至网络空间,涉及网络服务接入、服务器存储、获取作品、作品形式转换、网页维护、用户账户以及支付结算等各个方面。在上述犯罪链条明晰化

---

① 参见《侵犯知识产权案件解释》第11条第3款。
② 《侵犯知识产权案件解释》第11条规定:"以刊登收费广告等方式直接或者间接收取费用的情形,属于刑法第二百一十七条规定的'以营利为目的'。刑法第二百一十七条规定的'未经著作权人许可',是指没有得到著作权人授权或者伪造、涂改著作权人授权许可文件或者超出授权许可范围的情形。通过信息网络向公众传播他人文字作品、音乐、电影、电视、录像作品、计算机软件及其他作品的行为,应当视为刑法第二百一十七条规定的'复制发行'。"
③ 《侵犯知识产权案件意见》第12条"关于刑法第二百一十七条规定的'发行'的认定及相关问题"规定:"'发行',包括总发行、批发、零售、通过信息网络传播以及出租、展销等活动。"
④ 《侵犯知识产权案件意见》第10条"关于侵犯著作权犯罪案件'以营利为目的'的认定问题"规定:"除销售外,具有下列情形之一的,可以认定为'以营利为目的':(一)以在他人作品中刊登收费广告、捆绑第三方作品等方式直接或者间接收取费用的;(二)通过信息网络传播他人作品,或者利用他人上传的侵权作品,在网站或者网页上提供刊登收费广告服务,直接或者间接收取费用的;(三)以会员制方式通过信息网络传播他人作品,收取会员注册费或者其他费用的;(四)其他利用他人作品牟利的情形。"
⑤ 《侵犯知识产权案件意见》第13条"关于通过信息网络传播侵权作品行为的定罪处罚标准问题"规定:"以营利为目的,未经著作权人许可,通过信息网络向公众传播他人文字作品、音乐、电影、电视、美术、摄影、录像作品、录音录像制品、计算机软件及其他作品,具有下列情形之一的,属于刑法第二百一十七条规定的'其他严重情节':(一)非法经营数额在五万元以上的;(二)传播他人作品的数量合计在五百件(部)以上的;(三)传播他人作品的实际被点击数达到五万次以上的;(四)以会员制方式传播他人作品,注册会员达到一千人以上的;(五)数额或者数量虽未达到第(一)项至第(四)项规定标准,但分别达到其中两项以上标准一半以上的;(六)其他严重情节的情形。"

的情况下,本罪的帮助行为最初包含了"提供贷款、资金、账号、发票、证明、许可证件,或者提供生产、经营场所或者运输、储存、代理进出口等便利条件、帮助"①,后又逐渐演化为既包含传统帮助手段又包含网络化帮助手段,即"提供生产、制造侵权产品的主要原材料、辅助材料、半成品、包装材料、机械设备、标签标识、生产技术、配方等帮助,或者提供互联网接入、服务器托管、网络存储空间、通讯传输通道、代收费、费用结算等服务"。② 又因本罪犯罪链条上各个环节的主体逐渐使用虚拟身份进行犯罪交接活动,及网络空间成为各种营利活动的经营场所,如支付结算、网站建设等进行网络经营活动必需的工具,也发展成独立提供的模块,因此,2015 年颁布的《刑法修正案(九)》③以及 2017 年施行的《刑法》④增加了针对网络服务提供者的三大罪名:拒不履行信息网络安全管理义务罪、非法利用信息网络罪、帮助信息网络犯罪活动罪。对网络犯罪的各个环节主体给予相应的刑法评价。

(二)网络侵犯著作权犯罪的司法认定

1. 罪与非罪

这一部分,结合司法案例,从犯罪对象、犯罪手段以及构罪标准三个方面,分析网络化对侵犯著作权罪的具体影响。

(1)侵犯网络新型作品可能构成本罪

侵害人工智能创作的作品,可能构成侵犯著作权罪。

在传统观念里,作品均系由自然人直接创作,对作品实施侵权行为,才能构成本罪。但网络技术的发展,使得人工智能成为创作工具,行为人利用人工智能创作的作品,在民事领域已经被认定为"作品",可以预见在未来,针对人工智能创作的作品而实施的侵权行为,也有可能构成侵犯著作权罪。

【案例】人工智能生成作品第一案⑤

广东省深圳市南山区人民法院经审理认为,深圳市腾讯计算机系统有限公司使用腾讯机器人 Dreamwriter 自动撰写的涉案文章构成作品。该文章的

---

① 参见《侵犯知识产权案件解释》第 16 条。
② 《侵犯知识产权案件意见》第 15 条"关于为他人实施侵犯知识产权犯罪提供原材料、机械设备等行为的定性问题"规定:"明知他人实施侵犯知识产权犯罪,而为其提供生产、制造侵权产品的主要原材料、辅助材料、半成品、包装材料、机械设备、标签标识、生产技术、配方等帮助,或者提供互联网接入、服务器托管、网络存储空间、通讯传输通道、代收费、费用结算等服务的,以侵犯知识产权犯罪的共犯论处。"
③ 参见《刑法修正案(九)》第 28 条、第 29 条。
④ 参见《刑法》第 286 条之一拒不履行信息网络安全管理义务罪、第 287 条之一非法利用信息网络罪、第 287 条之二帮助信息网络犯罪活动罪。
⑤ 参见广东省深圳市南山区人民法院(2019)粤 0305 民初 14010 号民事判决书。

独创性不仅体现在文章结构,更重要的是体现在其被 AI 自动生成的过程。涉案文章的生成过程主要经历数据服务、触发和写作、智能校验和智能分发四个环节。在上述环节中,数据类型的输入与数据格式的处理、触发条件的设定、文章框架模板的选择和语料的设定、智能校验算法模型的训练等均由主创团队相关人员选择与安排。本案中,原告主创团队在数据输入、触发条件设定、模板和语料风格的取舍上的安排与选择属于与涉案文章的特定表现形式之间具有直接联系的智力活动。从整个生成过程来看,如果仅将 Dreamwriter 软件自动生成涉案文章的这两分钟时间视为创作过程,确实没有人的参与,仅仅是计算机软件运行既定的规则、算法和模板的结果,但 Dreamwriter 软件的自动运行并非无缘无故或具有自我意识,其自动运行的方式体现了原告的选择,也是由 Dreamwriter 软件这一技术本身的特性所决定的。因此,从涉案文章的生成过程来分析,该文章的表现形式是由原告主创团队相关人员个性化的安排与选择所决定的,其表现形式并非唯一,具有一定的独创性,属于我国著作权法所保护的文字作品。

本案系全国首例认定人工智能生成的文章构成作品的民事案例。特殊之处在于,其突破了以往对作品的认定。根据我国《著作权法》关于作者的规定,公民能够运用自己的智慧通过创造性的劳动创作作品而成为作者。著作权法意义上的创作,仅指直接从事作品创造、演绎等的智力活动。传统的文字作品均系由自然人通过独立构思,以笔或者电脑为工具,直接输入文字创作。本案中,作品的创作实际上是在自然人的构思及提笔创作中,加入软件,由软件代为执行。具体可划分为两个部分:第一部分,技术团队搭建人工智能软件 Dreamwriter,设定软件按程序自行编写的功能,相当于是准备好可以自动编写的"笔";第二部分,构思特定的主题、文章框架、数据处理、数据类型等条件,输入 Dreamwriter 软件,最终由 Dreamwriter 软件执行上述条件,自动进行数据收集、整理、编排,形成涉案文章。在上述判决中,法院在司法认定中并没有独立考虑计算机软件执行程序这一情形,而将程序执行条件视为人的思想的延伸,是使用该软件的自然人以代码的方式实现的表达。由此可以看出,未来侵犯著作权罪的对象,不仅是自然人直接创作的作品,也可能包含以各类人工智能工具自动生成的作品。[①]

(2)数据转换、获取手段构成本罪的"复制发行"

对于涉及网络空间的作品提供行为,司法实践中着重审查两个方面:其

[①] 参见深圳市腾讯计算机系统有限公司与上海盈讯科技有限公司著作权权属、侵权纠纷、商业贿赂不正当竞争纠纷案法院评论。

一是构成提供的行为本身是否具备技术的不可责性;其二是完整的作品提供链接链条,从来源、传播到提供是否具备合法性。

其一,使用转码技术过程中储存他人作品内容的,构成"提供"行为。

【案例】易查网转码技术非法储存文字作品构成提供行为案①

上海市浦东新区人民法院经审理认为,"易查网"在将其所谓"临时复制"的内容传输给触发"转码"的用户后,并未立刻将相应内容从服务器硬盘中自动删除,被"复制"的小说内容仍可被其他用户再次利用。被告人于某亦自认,根据"易查网"小说频道的技术设想,该网站将 HTML 格式的网页"临时复制"在其服务器内存上,经运算后将转换后的网页"临时复制"到其服务器硬盘中,且在用户阅读过程中持续存储该内容。在上述过程中,对 HTML 格式网页的临时复制为转码技术所必需;但搜索引擎在将经转码后的网页传输给手机用户后,应立即自动删除其临时存储的内容,继续在服务器中存储该内容并非提供转码服务的必经程序。"易查网"在提供小说阅读服务过程中,不仅进行了网页的转换,还在其服务器中存储了经过格式转换的网页内容,使后来的用户可以直接从其服务器中获得。可见,上述行为已明显超出转码技术的必要过程,所谓"临时复制"的内容已具备独立的经济价值。因此,易查公司的小说服务模式构成对作品内容的直接提供,在此情形下,即便"易查网"设置了所谓的删除机制,也不改变其行为的性质。因此,本院认定被告单位易查公司未经许可,通过"易查网"传播了玄霆公司享有信息网络传播权的涉案小说,数量达 588 部,情节严重,构成侵犯著作权罪。

本案是移动阅读网站不当使用转码技术构成侵犯著作权罪的案件。在手机阅读领域,转码技术是指将针对台式机、笔记本电脑等 PC 端设备设计的 HTML 格式(即 Hyper Text Markup Language,超文本标记语言)的网页,转换成适用于手机阅读的网页(如 WML 格式网页,即 Wireless Markup Language,无线标记语言)的一种技术,该技术解决了因手机屏幕小、多媒体处理能力弱而难以访问 HTML 格式网页或访问中用户体验不佳的问题。在网页转码技术中,需将 HTML 格式的网页内容存储在服务器内存或硬盘上才能进行处理转换,该过程必然涉及对网页中作品的"复制"。若搜索引擎在将转码后的网页传输给手机用户后,即自动删除了在内存或硬盘中临时存储

---

① 参见《最高人民法院办公厅关于印发 2017 年中国法院 10 大知识产权案件和 50 件典型知识产权案例的通知》,上海市浦东新区人民法院(2015)浦刑(知)初字第 12 号刑事判决书。

的内容,则该过程所涉及的瞬间、短暂的"复制"行为属于转码技术的必要组成部分,且没有独立的经济价值,不属于侵犯他人复制权或信息网络传播权的行为。若经营者在使用转码技术的过程中实施了超出上述必要过程的行为,则有可能因踏入他人著作权的禁止权范围而构成侵权。① 本案被告单位,在实施上述技术时,储存转换后的内容,并非转码技术的必要组成部分,并且该储存行为为后续提供行为的基础,共同构成提供行为。因此,转码技术的入罪界限在于非法储存并对外提供了转码后的内容。

其二,利用定向爬虫自动抓取他人作品属于"复制"行为。

【案例】李金波等非法利用定向爬虫复制他人作品案②

自2014年起,被告人李金波、王强、徐文晖为提高其开发的软件"快读免费小说"的知名度和点击下载量,在未获玄霆公司等许可的情况下,擅自通过"快读免费小说"软件复制、转载玄霆公司等发行于"起点中文网"等网站上的《星辰变》等文字作品,存储在服务器内,供 Android 移动电话用户下载该软件后免费阅读上述文字作品,再通过在软件内植入广告,以被告人李金波的银行账户收取广告收益分成。被告单位水滴在线公司以营利为目的,未经著作权人许可,通过信息网络复制发行其文字作品达 1 453 部,情节严重,其行为已构成侵犯著作权罪,依法判处罚金。被告人李金波作为水滴在线公司直接负责的主管人员,被告人王强、徐文晖作为直接责任人员,其行为均已构成侵犯著作权罪。

本案中,被告人李金波、王强、徐文晖共同开发免费阅读的 APP,命名为"快读免费小说"。为配合"快读免费小说"的开发,徐文晖设计了一款爬虫软件。网络爬虫是一个自动提取网页的程序,它为搜索引擎从万维网上下载网页,是搜索引擎的重要组成部分。传统爬虫从一个或若干初始网页的 URL(网页地址)开始,获得初始网页上的 URL,在抓取网页的过程中,不断从当前页面上抽取新的 URL 放入队列,直到满足系统的一定停止条件。而本案中发挥作用的并非传统爬虫,而是定向抓取相关网页资源的聚焦爬虫。聚焦爬虫的工作流程较为复杂,需要根据一定的网页分析算法过滤与主题无关的链接,保留有用的链接并将其放入等待抓取的 URL 队列。然后,它将根据一定的搜索策略从队列中选择下一步要抓取的网页 URL,并重复上述过程,直到达到系统的某一条件时停止。另外,所有被爬虫抓取的网页将会被

---

① 参见《最高人民法院办公厅关于印发 2017 年中国法院 10 大知识产权案件和 50 件典型知识产权案例的通知》,上海市浦东新区人民法院(2015)浦刑(知)初字第 12 号刑事判决书。

② 参见上海市浦东新区人民法院(2014)浦刑(知)初字第 24 号刑事判决书。

系统存储,进行一定的分析、过滤,并建立索引,以便之后查询和检索。对于聚焦爬虫来说,这一过程所得到的分析结果还可能对以后的抓取过程给出反馈和指导。爬虫是"快读免费小说"内置的搜索引擎,它好比一个搬运工,可以从正规的网站上将小说内容搬运到快读的服务器上,不需要支付任何费用。一旦正规网站上有新书上线,爬虫能第一时间获取小说资源,供用户免费阅读。同时,为了能够让"快读免费小说"的读者看到最新、最全的网络小说,徐文晖设计让爬虫紧盯国内一线网络文学网站。这些网站只要有内容更新,仅过半小时左右,爬虫便可攫取到更新后的内容。而且其设计的转码技术能将源文学网站的PC页面自动转码成适合手机客户端的阅读页面模式,并设有广告过滤功能,还能自动纠正错别字和乱码,使用户享受到没有广告、没有乱码的完美体验。这样一来,需要在正版网站付费阅读的小说,便能够在手机上轻松获取,并且不需要支付任何费用,侵害了作品著作权人应当享有的商业利益。

其三,以服务器储存文字作品,对外销售激活码供他人自动获取作品的,构成"提供"行为。

【案例】宗冉等人非法提供文字作品激活码案①

北京市海淀区人民法院经审理查明,被告人宗冉自2015年开始,伙同被告人王旭未经著作人许可,复制上海玄霆公司、上海阅文公司、北京幻想公司享有著作权的文字作品存储在云服务器上。被告人宗冉负责编写程序,使公众号可依据指令将存储在云服务器上的文字作品推送到指定邮箱,实现传播文字作品的功能。2015年8月开始,被告人陈令杰未经著作权人许可,向被告人宗冉、王旭支付合作费用,获得上述传播文字作品功能的权限。被告人王旭提供个人支付宝账号收取合作费用。后被告人陈令杰通过淘宝网店"墨墨的图书小馆""优加云推送"销售激活码,用户使用该激活码在被告人陈令杰运营的"优加书院""优加云推送"公众号平台进行操作后,可通过邮箱获得存储在云服务器上的文字作品。经查,涉案作品侵犯上海玄霆公司、上海阅文公司、北京幻想公司享有独家信息网络传播权的文字作品共计700部。2017年5月5日,被告人宗冉、陈令杰被民警抓获。北京市海淀区人民法院认为,被告人宗冉、陈令杰、王旭以营利为目的,未经著作权人许可,合伙复制发行著作权人享有著作权的作品,情节严重,其行为均已构成侵犯著作权罪,应予惩处。

---

① 参见最高人民检察院2018年4月发布的《2017年度检察机关保护知识产权十大典型案例》,北京市海淀区人民法院(2017)京0108刑初3213号刑事判决书。

本案系国内首例利用电商、社交、云存储多平台侵犯著作权的刑事案件，三名被告人借助互联网技术，通过云存储平台存储侵权资源，利用通讯协议端口搭建社交平台与侵权资源的联系，后在电子商务平台向互联网用户销售获得侵权作品的"通行证"激活码，实施的是一种利用多平台领域相互关联作用的侵权行为。① 其中，行为人实现犯罪目的的关键行为有三个：其一是将上海玄霆公司、上海阅文公司等享有著作权的文字作品复制至其控制的服务器；其二是编写程序，使用户在公众号中输入"激活码"即通过邮箱获得上述文字作品；其三是在淘宝网店中公开销售"激活码"。在上述三个行为中，行为人通过技术手段使得"激活码"成为用户自动获取侵权作品的钥匙，对外提供"激活码"实际上已经达到了对外提供作品的目的，属于通过信息网络传播他人作品，构成"发行"行为。

其四，复制部分游戏源代码，修改外观及部分功能的，构成"复制"行为。

【案例】邱本复制核心代码侵犯著作权案②

四川省成都高新技术产业开发区人民法院认为，圣盛网络公司系"圣盛人人棋牌麻将游戏软件 V1.0"的著作权人，盛大美游公司经圣盛网络公司的授权取得该款游戏的发行权与运营权，该款网络游戏的计算机软件著作权受我国法律保护。被告人邱本未经著作权人许可，以营利为目的，以其窃取的"圣盛人人棋牌麻将游戏软件 V1.0"源代码为基础，通过复制原程序的原始数据，由研发人员对源代码进行加工，对游戏界面的外观、部分功能进行修改后，以换皮、加工等形式制作成"大赢家"棋牌游戏并上线运营。经鉴定，邱某控制的 SVN 服务器中存放的"大赢家"棋牌游戏源代码与"人人"棋牌游戏源代码相似度达 99%，存在实质性相似。因此，邱某的行为符合《刑法》第 217 条所规定的侵犯著作权罪的"复制发行"要求。被告人邱本以营利为目的，未经著作权人许可，复制发行"圣盛人人棋牌麻将游戏软件 V1.0"，该行为侵犯了著作权人的著作权。

本案是对游戏源代码"换皮"形成新游戏的侵犯计算机软件著作权案件。"换皮"通常出现在游戏领域，是指在已有游戏的基础上，模仿其外观、玩法，研发新一款游戏。实施此类行为，意味着需要调整游戏的元素、人物、场景设计甚至源代码。其构罪要件在于针对源代码实施的具体侵权行为。

---

① 参见最高人民检察院 2018 年 4 月发布的《2017 年度检察机关保护知识产权十大典型案例》。

② 参见最高人民检察院 2020 年 4 月发布的《2019 年度检察机关保护知识产权典型案例》，四川省成都高新技术产业开发区人民法院(2018)川 0191 刑初 529 号刑事判决书。

法院在审查关键事实时,以源代码构成相似的鉴定意见为核心的证据,证实该游戏实质上并无邱某的智力成果,而是原始游戏的智力再现。结合现下网络游戏"换皮"现象频发,其涉罪要件在于,针对他人享有著作权的游戏源代码进行复制,实际上构成了针对计算机软件的复制行为。而单纯地抄袭、改编他人游戏的玩法、人物及地图等要素,则需承担相关民事责任。

(3)网络链接提供行为构成本罪的"发行"行为

在网络世界里,用户观看或下载作品不可避免地要支付"流量"费用,考虑到作品内存的大小以及服务器资源等问题,为了节省用户下载的时间以及内部的服务器资源,出现了种子文件等技术。与上述直接转码发行不同的是,完整的作品并不储存于行为人的服务器,行为人提供的技术方案使接入该技术的用户可以更加便捷地下载作品。由于该种行为突破信息网络传播权的民事规制,其范围及影响之大,达到构罪标准。

其一,提供种子文件构成提供行为。

【案例】思路网提供种子资源入罪案①

北京市海淀区人民法院经审理查明,被告人周志全于 2008 年 8 月注册成立北京心田一品科技有限公司(公司住所地为北京市海淀区清云里满庭芳园小区 9 号楼青云当代大厦十七层 1706B5 室),经营思路网站。思路网站下设门户网(网址 www.siluhd.com)、思路论坛(网址 bbs.siluhd.com),并以 HDstar 论坛(网址 www.hdstar.org)为思路网站的内站。2009 年 1 月至 2013 年 4 月间,被告人周志全雇佣被告人苏立源、曹军、贾晶洋、李赋然等人,未经著作权人许可,以会员制方式,将他人享有著作权的大量影视、音乐等作品以种子形式上传至 HDstar 论坛,供 2.6 万余个注册会员下载,在思路网站投放广告,并通过销售网站注册邀请码和 VIP 会员资格营利。被告人周志全雇佣被告人苏立源、曹军、李赋然、贾晶洋以营利为目的,未经著作权人许可,通过信息网络传播他人作品,情节特别严重,已构成侵犯著作权罪,应予惩处。

本案是全国首例网络盗版数字高清影视、游戏、音乐作品侵权案,首例因将种子文件上传至互联网供注册会员下载被追究刑事责任的案件,也被称为"中国版权第一案"。种子文件是 BT 文件发布系统的静态元信息文件,BT 发布系统,BitTorrent(简称 BT,比特洪流)是一个多点下载的 P2P 文件共享软件。它由程序员 Bram Cohen 使用 Python 语言编写,并且还是代码开源的

---

① 参见《最高人民法院办公厅关于印发 2014 年中国法院 10 大知识产权案件、10 大创新性知识产权案件和 50 件典型知识产权案例的通知》,周志全等 7 人侵犯著作权案,北京市第一中级人民法院(2014)一中刑终字第 2516 号刑事裁定书。

专利软件,可以自由地下载和传播。它采用高效的软件分发系统和点对点技术共享大体积文件(如一部电影或电视节目),使多个用户同时下载一个文件的时候,他们之间互相为对方提供自己所拥有的文件部分的下载。这样就把文件下载的带宽开销分摊到每个用户那里,理论上,BT下载可以支持无限多个用户来下载同一个文件。因此,BT被人们称为"群集、散布、集中"的文件传输协议。① 传统的影视资源以光盘为载体。随着宽带资源的发展,网站上出现可供下载的影视文件但一般所占内存较大。种子文件可以较好地解决下载速度的问题。本案涉及的思路网曾是中国最大的数字高清门户网站,被告人周志全使用技术手段破解正版影音作品后,将种子文件上传至网站中,该种行为虽然没有直接传播作品资源,但通过种子文件的形式,实际上实现了向用户直接提供作品的效果,符合通过信息网络传播他人作品的要件,被认定为本罪的"复制发行"行为。又因该网站支持会员付费购买上述种子作品,符合"以营利为目的"的主观要件,最终,法院系以实际付费下载的会员数量为定罪事实。

其二,使用P2P技术使用户可以自动下载他人上传的作品,构成"发行"行为。

【案例】张杰利用P2P技术侵犯著作权案②

北京市海淀区人民法院经审理查明:被告人张杰于2013年3月起,创建网站"2345热播"(网址为www.2345rb.com)、"星级S电影"(网址为www.xjsdy.com),并使用软件从其他网站上采集影视作品,未经著作权人许可,在上述二网站上传播他人影视作品,在网页刊登广告并收取广告费用。经查,上述两个网站侵犯乐视网信息技术(北京)股份有限公司、合一信息技术(北京)有限公司及北京搜狐互联网信息服务有限公司享有独家信息网络传播权的影视作品共计600余部。2013年7月31日,被告人张杰被公安机关抓获。北京市海淀区人民检察院以被告人张杰犯侵犯著作权罪,向北京市海淀区人民法院提起公诉。北京市海淀区人民法院于2014年1月23日作出(2014)海刑初字第83号刑事判决:被告人张杰犯侵犯著作权罪,判处有期徒刑6个月,罚金2万元。

本案是我国首例P2P技术构成侵犯著作权罪的案例。该案经办法官认

---

① BT种子,一种电脑".torrent"文件,装有BT下载必需的文件信息,作用相当于HTTP下载里的URL链接,载百度百科(https://baike.baidu.com/item/BT%E7%A7%8D%E5%AD%90/2665329),最后访问日期:2021年3月4日。

② 参见北京市海淀区人民法院(2014)海刑初字第83号刑事判决书。

为,被告人张杰通过软件采集到影视资源,在其网站上放置链接,供用户点播收看。点播作品时,用户必须下载特定的软件,否则就无法观看影片。这种特定的播放软件,使用的是一种对等计算技术(PeertoPeer,简称 P2P),通过直接交换来共享计算机资源和服务。P2P 技术打破了传统数据传输的模式,它无须直接提供传输内容的服务器,而是使用户直接连接到其他用户的计算机,完成数据或服务的交换任务,用户的行为主要是下载他人作品到其计算机中及将他人作品置于共享状态供其他用户下载。在 P2P 网络环境中,成千上万台彼此连接的计算机都处于对等的地位,整个网络一般不依赖专用的集中服务器,网络中的每一台计算机既充当了网络服务的请求者,又对其他计算机的请求作出响应,提供资源和服务。当用户在自己的计算机上安装好这种播放器后,该播放器会在计算机中自动启动一个负责 P2P 数据传输的后台服务程序,此文件会随着计算机一起启动,当计算机启动并且连接互联网以后,此文件便会自动共享计算机中的视频文件。也就是说,被告人张杰的服务器上并没有该影视作品,而每一个观看过该影视作品的用户都在非主动意识下成为作品的提供者。从前述的 P2P 技术原理可以看出,被告人张杰的网站上所设置的作品的链接使得每一个用户通过该网站成为作品的提供者,每一个用户的计算机都成为服务器,这种链接已经远超著作权民事侵权概念中的链接,实际上,被告人张杰的涉案网站已经把他人作为工具利用,通过强制手段支配直接实施者(用户)下载安装特定软件并与其他用户共享,进而完成构成要件实现,类似于间接正犯的地位。综上,通过建立视听网站,以 P2P 技术为背景实施犯罪,是侵犯著作权罪在信息化时代的新的表现形式。①

(4)网络侵犯著作权对于数量的不同认定标准

其一,以会员制非法营利的,会员数量包括没有付费的会员人数。

在前述思路网提供种子资源入罪一案中,被告人周志全及其辩护人提出了不营利的会员不应计入会员人数的辩解和辩护意见,法院认为,根据《侵犯知识产权案件意见》,以会员人数为定罪量刑的标准时,并未限定注册会员的种类,该意见的立法本意主要是以对会员数量、影响范围的划分来区分社会危害程度,故对被告人周志全及其辩护人的该项辩解和辩护意见未予采纳。

根据最高人民检察院对该案的评析意见,该案系以注册会员标准认定犯罪数量。法院倾向于认为,在审查查明网站具备营利性质后,应将注册成为网站会员的人数作为量刑标准。因此,同类型为会员提供他人作品的案件中,会员的整体注册数量也是划分罪与非罪的界限。

---

① 参见北京市海淀区人民法院(2014)海刑初字第 83 号刑事判决书。

其二,非法复制他人软件的,作品数量包括用户自行安装外挂软件的数量。

【案例】上海昱官网络科技有限公司及刘某某销售外挂软件侵害著作权案①

上海市徐汇区人民法院经审理认为,本案最大之争议在于被告单位及辩护人所称的其余2 000余台"提供刷机、下载、安装视频教程+裸机销售"的手机,是否构成复制、发行行为从而构成侵犯著作权。首先,某营销手机的用户群系有特殊需求的固定群体,并非普通社会公众,购买该手机的用途及目的是在社交软件上从事商品交易或提供相关服务时获得相较同业人员的便捷及竞争优势,该使用目的决定了手机必然需要下载安装刷机软件、社交软件、外挂软件;其次,该手机裸机进货价仅为1 000余元,被告单位刷机安装社交软件、外挂软件后,销售批发价即达2 000余元,零售价更高达3 000余元,为便利采取"提供刷机、下载、安装视频教程+裸机"销售模式的手机售价与售前已安装好相关软件的手机售价完全一致,可见刷机软件+社交软件+外挂软件形成的特殊功能费即达千元以上,用户在已支付大额费用的情况下不按被告单位提供的教程下载安装相关特殊功能软件用于经营几无可能。法院确认不论是售前下载安装还是通过视频教程指导下载安装,被告单位所售的营销手机均已实际安装社交软件+外挂软件,且销售金额中均包含了实现软件功能的特别费用。自行下载安装软件后销售与提供下载安装软件路径、教程后销售仅为具体形式、手段的不同,目的一致、结果一致、获利一致、对相关法益造成的侵害一致,其复制行为的发生仅是单独实施及与他人分工后共同实施的区别,复制后加价销售牟利的行为,即为典型的发行,故被告单位的行为构成著作权法意义及刑法意义的复制发行他人计算机软件作品,按侵权作品数量计算属"有其他严重情节",已构成侵犯著作权罪。

随着手机软件的发展,为变更手机软件的功能,不少人开始研发外挂软件,甚至在销售的手机里安装外挂软件,手机的销售价包含外挂软件的价格。在这种行为模式下,即使行为后续销售的手机中不含外挂软件,但用户实际上下载、使用了外挂软件,也视为传播他人作品的数量。本案法院将被告单位销售的所有手机,无论是否预先安装了外挂软件,均纳入构罪的数量。我们分析可知,法院在分析被告人的行为时,着重考虑了被告单位的经营模式,涉案手机的零售价高出进货价的1—2倍,加之被告单位

---

① 参见上海市徐汇区人民法院(2018)沪0104刑初373号刑事判决书。

曾经在涉案手机预装外挂软件,法院据此得出"被告单位是通过销售手机的方式销售外挂软件",再结合涉案手机的购买群体进一步推论出,即使被告单位后续销售的手机中不存在外挂软件,但在价格保持不变,且外挂功能精准满足特殊群体的情况下,购买了涉案手机的用户自然而然会去下载外挂软件,将被告单位销售的所有手机数量等同于销售的外挂软件的数量。

2. 此罪与彼罪

对于复制、发行及通过信息网络传播他人作品的犯罪行为,根据具体的行为方式,有可能构成多个罪名。

【案例】张乐等制作游戏外挂侵犯著作权案①

上海市浦东新区人民法院经审理查明,2007年起,被告人张乐伙同被告人黄谦针对《冒险岛》网络游戏研究制作外挂程序。2010年2月起,被告人黄谦专门负责制作外挂的功能模块,被告人张乐编写外挂主程序,进行模块整合、功能细化,将外挂程序细分为周卡、月卡,取名为"CS辅助"。"CS辅助"通过内存挂钩方式入侵《冒险岛》网络游戏客户端程序,获得对该程序内存地址、数据修改的控制权,调用、复制了《冒险岛》124项客户端软件功能数据的数据命名、数据结构、运行方式,通过改变数据的数值、参数,以加强应用功能。

2010年2月起,被告人阮晓霞以营利为目的,明知系外挂程序于2010年6月18至9月14日向梁文宇购买"CS辅助",金额为537 850元,事后在其淘宝网上的店铺以周卡10元、月卡30元的价格对外销售。网店首页上部有"品质保证,信誉专卖"字样,分设有不同的销售产品栏目。其间,阮晓霞对外销售外挂金额为478 802元。2010年6月起,被告人刘阳以营利为目的,明知系外挂程序于2010年6月17日至9月14日向梁文宇购买"CS辅助",金额为870 800元,事后在其淘宝网上的店铺以周卡10元,月卡18元、25元或30元不等的价格对外销售。网店页面上有"祝大家2010年发财 冒险岛"等字句,另挂有各类销售"宝贝",其中有涉案的外挂。2010年8月11日至9月15日,刘阳对外销售外挂金额为364 461元。

上海市浦东新区人民法院认为,被告人张乐与黄谦未经权利人许可,共同研发、制作该游戏软件的外挂程序,是共同复制游戏软件客户端程序的行为,且非法经营数额巨大,情节特别严重,依照《刑法》第217条的规定,构成

---

① 参见张乐、黄谦、梁文宇、阮晓霞、刘阳侵犯著作权罪案,载张军主编:《司法研究与指导》(总第2辑),人民法院出版社2012年版;上海市浦东新区人民法院(2010)浦刑初字第3240号刑事判决书。

侵犯著作权罪。被告人阮晓霞、刘阳以营利为目的,明知《冒险岛》外挂程序侵犯游戏软件著作权人权利,仍然大量购进并销售。鉴于其与外挂制作人没有事先通谋,不构成共同犯罪;两被告人的网店页面虽有被售品的图案和价格,但广告痕迹不明显,亦无店铺页面以外的广告推销行为,故不属于通过广告推销的发行行为。两被告人明知是侵权复制品而予以销售,且销售金额、未销售的侵权复制品货值金额达到了最高人民检察院、公安部关于销售侵权复制品罪的追诉标准,其行为均已构成销售侵权复制品罪。被告人阮晓霞及两被告人的辩护人关于两被告人行为性质的辩护意见,法院予以采纳。公诉机关指控两被告人犯侵犯著作权罪不当,法院予以纠正。

本案涉及的网络游戏外挂程序,又被称为网络游戏辅助程序,是指通过破解网络游戏软件的技术保护措施,利用网络游戏程序的技术漏洞,能够在用户端改变游戏程序操作的一种独立程序。其利用服务器判别数据的缺陷,自行或者让游戏客户端发送不正常的数据包给服务器,该数据包经服务器解析后可使用户状态发生与游戏开发商定义的状态不同的变化。用户利用外挂程序可以轻易得到其他正常用户无法得到,或者通过长期在线动手运行才能得到的游戏效果。①

本案被告人张乐、黄谦的涉罪行为是,编写外挂程序,进行模块整合、功能细化,入侵《冒险岛》计算机软件,通过控制、调查相关数据结构、运行方式,达到加强部分软件功能的目的。法院依据上海东方计算机司法鉴定所出具的司法鉴定意见,认为被告人张乐、黄谦开发"CS辅助"外挂程序,复制了《冒险岛》124项数据命名、数据结构等代码,认定上述行为构成侵犯著作权罪的"复制"行为,因此,被告人张乐、黄谦构成侵犯著作权罪。综合分析上述犯罪行为,对此定性存在以下多种认识:

(1)构成侵犯著作权罪的认定

第一种观点支持法院认定,认为该行为构成侵犯著作权罪。理由在于研发网络游戏外挂程序须以网络游戏原有程序为基础,存在着复制网络游戏数据的客观事实。因此,外挂程序对网络游戏程序本身的复制行为,可以作为将此种行为认定为侵犯著作权罪的理由之一。此外,外挂程序未经著作权人许可,破译和擅自使用了网络游戏的通信协议。通信协议又称通信规程,是指通信双方对数据传送控制的一种约定,即对数据格式、同步方式、传送速度、传送步骤、检纠错方式以及控制字符定义等问题作出统一规定,通信双方

---

① 参见喻海松:《对制作、销售网络游戏外挂程序,对社会危险性严重,确需追究刑事责任的行为应以侵犯著作权罪定罪处罚》,载张军主编:《司法研究与指导》(总第2辑),人民法院出版社2012年版。

必须共同遵守。只有经过网络游戏经营者的许可,才可以使用网络游戏的通信协议。网络游戏外挂程序破译并擅自使用网络游戏的通信协议,截取并修改游戏发送到游戏服务器的数据,修改客户端内存中的数据,以达到增强客户端各种功能的目的。这种以营利为目的,未经授权,使用网络游戏通信协议的行为,进一步说明了制作、销售网络游戏外挂程序行为的侵犯著作权特性。总之,制作、销售网络游戏外挂程序的行为基本符合侵犯著作权罪所规定的"复制发行"的要求,可以认定为侵犯著作权罪。①

(2)与破坏计算机信息系统罪的界定

第二种观点,认为《冒险岛》游戏软件构成"计算机信息系统"时,上述行为有可能构成破坏计算机信息系统罪。本案审理时的《刑法》(发布日期:1997年3有14日)第286条规定,违反国家规定,对计算机信息系统功能进行删除、修改、增加、干扰,造成计算机信息系统不能正常运作,后果严重的,构成本罪。其中,"违反国家规定",是指违反国家关于保护计算机安全的有关规定,主要是指违反《计算机信息系统安全保护条例》的规定;"不能正常运行",是指计算机信息系统失去功能,不能运行或者计算机信息系统功能不能按原来设计的要求运行。② 本案被告人张乐、黄谦通过内置外挂程序的方式,复制《冒险岛》的部分代码数据,是为了进一步改变《冒险岛》的功能,符合上述规定所称的,对功能进行修改,造成计算机信息系统不能正常运作。但是否构成本罪的最核心要件在于,《冒险岛》游戏程序是否属于法定的计算机信息系统。根据《信息系统安全案件解释》(生效日期:2011年9月1日,在本案判决后)第11条的规定,"计算机信息系统"和"计算机系统",是指具备自动处理数据功能的系统,包括计算机、网络设备、通信设备、自动化控制设备等。游戏程序具备自动处理数据的功能,因此,符合上述计算机信息系统的定义。

但也有反对观点认为,在我国刑法中,只将非法控制计算机信息系统的行为规定为犯罪(《刑法》第285条第2款),干扰计算机信息系统功能的行为,必须导致计算机信息系统不能正常运行,才构成犯罪(《刑法》第285条第1款)。使用互联网游戏外挂程序,尚不会造成网络游戏系统自身不能正常运行,故不宜认定为破坏计算机信息系统罪。③

---

① 参见喻海松:《对制作、销售网络游戏外挂程序,对社会危险性严重,确需追究刑事责任的行为应以侵犯著作权罪定罪处罚》,载张军主编:《司法研究与指导》(总第2辑),人民法院出版社2012年版。
② 《刑法》(1997年修订)第286条【破坏计算机信息系统罪】释义。
③ 参见喻海松:《对制作、销售网络游戏外挂程序,对社会危险性严重,确需追究刑事责任的行为应以侵犯著作权罪定罪处罚》,载张军主编:《司法研究与指导》(总第2辑),人民法院出版社2012年版。

【案例】曾俊制作外挂刷取游戏币案①

《梦幻西游》系网之易信息技术(北京)有限公司(住所为北京市海淀区中关村东路1号院清华科技园8号楼启迪科技大厦D座26层)出品的一款网络游戏。2009年8月,被告人曾俊在其位于广州市天河区沙太路天河北苑的租住地,通过对《梦幻西游》游戏程序进行分析调试,发现该程序存在技术漏洞,后其自行编写外挂,利用上述漏洞,在客户端内输入特殊字段,并向涉案网络游戏服务器发送,使其能将所操作的游戏人物存储的游戏币数据增加,可以在游戏中凭空生成游戏币。2009年8月至2010年5月间,被告人曾俊利用该方法,反复进行上述操作,刷取大量游戏币,严重影响了涉案计算机信息系统的正常运行。

北京市海淀区人民法院经审理认为,被告人曾俊违反国家规定,对计算机信息系统中存储的数据进行修改、增加的操作,且非法获利达320万元,后果特别严重,其行为已构成破坏计算机信息系统罪,应予惩处。关于被告人曾俊及其辩护人的辩解,经查,根据现有证据可以证实被告人曾俊并不仅仅是凭借其所发现的游戏中的漏洞,依靠简单、正常的,符合游戏规则的操作就能凭空生成游戏币,而是通过其自行编写的外挂程序,通过客户端对系统服务器发送特殊的字段,使其游戏账户内能无中生有,产生大量的游戏币,而这种行为对于《梦幻西游》游戏的正常运行及单位的经营均产生了严重的影响,其行为符合破坏计算机信息系统罪的犯罪构成。

本案被告人曾俊通过编写外挂程序,截取客户端程序发出的数据封包,并破译获取里面的数据,达到对指令进行修改、增加或删除的目的,到达服务器端的将为虚假的数据,属于对计算机信息系统内存储、处理或者传输的数据和应用性程序进行删除、修改、增加的操作行为。与冒险岛的案例类似,曾俊通过外挂程序,修改的是游戏币的产生机制,更直接地反映对游戏的秩序及商家利益的破坏。

(3)与非法经营罪的界定

第三种观点,认为上述行为侵犯的是计算机软件的修改权,而非复制权,因此构成非法经营罪。主要理由如下:其一,认定侵犯著作权罪存在法律障碍。根据《刑法》第217条的规定,刑法对侵犯著作权的保护仅限于复制发行权。外挂程序在编写过程中,虽然使用技术手段突破网络游戏软件的技术

---

① 参见北京市海淀区人民法院(2012)海刑初字第2401号刑事判决书,北京市第一中级人民法院(2013)一中刑终字第616号刑事裁定书。

保护措施,调用、复制了游戏客户端软件功能数据的命名、数据结构、运行方式,但此处的复制与《刑法》第 217 条中的"复制"在复制内容、复制目的等方面并不相同。前者复制的只是被侵权软件的部分数据,目的是制作外挂程序,最终呈现的外挂程序是一个新的程序;后者则复制了被侵权作品的核心内容,最终呈现的是与被侵权作品本质相同的产物,如盗版图书、音像制品,其内容与被侵权作品是相同的。其二,对本案如果以复制的部分数据而认定构成《刑法》第 217 条的"复制",那么对丧失鉴定条件的外挂案件以及仅复制个别数据的外挂案件如何定罪是需要考虑的。且各地鉴定意见的表述各不相同,有的只对外挂制作过程中复制数据的过程予以描述,有的直接认定是否构成复制核心程序,鉴定意见的不同表述极有可能导致法院作出不同的认定。如果同为外挂案件但定罪不同,法律效果和社会效果是否好也是一个问题。其三,未经著作权人许可,通过破坏网络游戏作品的技术保护措施,擅自修改相关数据,大量制作网络游戏外挂卡,违反了著作权法的规定,外挂程序的内容非法。另外,被告人制作外挂程序后,未经批准,将该外挂程序上传至互联网出售牟利,违反有关互联网出版规定。2003 年国家新闻出版总署等机关联合发布的《关于开展对"私服"、"外挂"专项治理的通知》也明确规定,"外挂"违法行为属于非法互联网出版活动。根据《非法出版物案件解释》的规定,可以非法经营罪定罪处罚。

反对观点认为,上述规定在起草过程中有特定的背景,不宜扩大适用范围。其一,《非法出版物案件解释》第 11 条主要是针对非法经营内容上有问题的非法出版物的行为[①],即"不黄不黑"的非法出版行为[②]。无疑,网络游戏外挂程序属于一种非法出版物,但不同于内容上有问题的出版物。其二,《非法出版物案件解释》第 15 条的适用条件是"严重扰乱市场秩序,情节特别严重"。制作、销售网络游戏外挂程序的行为主要影响了网络游戏经营者的利益,尚未严重扰乱市场秩序,不应当适用上述规定。其三,私自架设网络游戏服务器的社会危害性明显大于制作、销售外挂程序的社会危害性,而对前者适用侵犯著作权罪,对后者适用非法经营罪,也会造成罪刑明显失衡,不符合罪责刑相适应原则。因此,对制作、销售网络游戏外挂程序行为,不能以非法经营罪追究刑事责任,以避免非法经营罪的适用范围不当扩大,成为新的"口袋罪"。其四,《侵犯知识产权案件意见》第 12 条明确规定:"非法出版、复制、发行他人作品,侵犯著作权构成犯罪的,按照侵犯著作权罪定罪处罚,不

[①] 参见孙军工:《〈关于审理非法出版物刑事案件具体应用法律若干问题的解释〉的理解与适用》,载《法律适用》1999 年第 2 期。

[②] 参见黄晓新、李一昕:《磨砺正义之剑——〈最高人民法院关于审理非法出版物刑事案件具体应用法律若干问题的解释〉出台始末》,载《出版经济》1999 年第 1 期。

认定为非法经营罪等其他犯罪。"如前所述,制作、销售外挂程序的行为构成侵犯著作权罪,自然不应当再考虑非法经营罪的适用。

【案例】谈文明等制作外挂非法经营罪案①

北京市海淀区人民检察院以被告人谈文明、刘红利、沈文忠犯侵犯著作权罪向北京市海淀区人民法院提起公诉。在法庭审理中,被告人谈文明对起诉书指控的事实和罪名不持异议,但辩称007、008外挂程序中没有包含传奇3G的函数,是玩家在运行外挂程序之后,外挂程序将传奇3G客户端中的函数调用出来;超人外挂程序是其重新编写的,但符合通讯协议要求的特定格式;外挂程序中与传奇3G游戏中名称相同的数据并非传奇3G游戏所专有,不是复制;调用也不能认为是复制。其辩护人认为,经比对发现的相同名称是通用的,而不是被害单位专有的,而且这些名称也并不是外挂程序的核心部分;控方没有证据证明外挂程序与传奇3G游戏程序之间达到相同或相似的程度,不能认为是复制。

北京市海淀区人民法院认为,被告人谈文明、刘红利、沈文忠以营利为目的,未经批准,开展经营性互联网信息服务,违反国家出版管理规定,利用互联网站开展非法互联网出版活动,出版发行非法互联网出版物,侵害著作权人、出版机构以及游戏消费者的合法权益,扰乱互联网游戏出版经营的正常秩序,情节特别严重,其行为均已构成非法经营罪,依法应予惩处。

本案中,被告人开发外挂的行为被认定为构成非法经营罪。北京市海淀区人民检察院在提起公诉时,系将该行为定性为侵犯著作权罪。法院与检察院的争议在于,外挂软件复制游戏数据的行为如何定性。检察院认为,外挂软件复制了部分游戏数据,属于侵犯著作权罪的"复制"行为。被告人提出所谓"复制"的部分数据并非游戏的核心数据,其行为也不属于"复制",而是研发外挂软件必须调用游戏软件的该部分数据。支持法院判决的观点则认为,涉案的"外挂"软件的实质功能在于为游戏消费者提供超出传奇3G游戏规则范围的额外帮助,起游戏辅助工具的效用,而谈文明等被告人的行为目的也是为游戏消费者提供突破技术保护措施的技术服务从而获利,其制作网游外挂对网络游戏产生影响主要是通过以下两个途径:一是通过对硬盘、内存之中的网络游戏客户端程序、数据进行修改或者对服务器端与客户端间的网络数据包拦截、修改来完成;二是直接挂接到网络游戏环境中运行。前者

---

① 参见北京市海淀区人民法院(2006)海法刑初字第1750号刑事判决书,北京市第二中级人民法院(2007)一中刑终字第1277号刑事判决书。

修改了网络游戏程序的代码、数据,属于对网络游戏的修改;后者由于增补了网络游戏软件的功能,同样属于对网络游戏的修改。而软件的复制发行则是指将软件制作一份或者多份,以出售或者赠与方式向公众提供软件的原件或者复制件的行为。谈文明等被告人在制作007、008外挂程序过程中,突破了传奇3G游戏软件的技术措施,调用了传奇3G的部分数据及图像,在运营外挂程序时挂接在传奇3G游戏上。但这些行为都是为了实现对传奇3G游戏软件的原有功能的增加,不是将所调用的数据或图像进行简单的复制;谈文明等人将外挂程序在互联网上出售牟利也不是将传奇3G游戏软件整体或部分复制后出售牟利。因此,擅自制作传奇3G外挂出售牟利侵犯的是传奇3G游戏软件的修改权而不是复制发行权,而刑法对于计算机软件著作权的保护仅限于软件的复制发行权,故涉案行为不构成侵犯著作权罪。[①]

(4)与销售侵权复制品罪的界定

在张乐等制作游戏外挂侵犯著作权一案中,对于被告人阮晓晓霞、刘阳在淘宝店铺中销售"CS辅助"外挂程序的行为定性,公诉机关与法院分别持侵犯著作权罪及销售侵权复制品罪的异议,反映了司法实践中的分歧。具体分析如下:

公诉机关认为,销售外挂程序,属于以广告形式销售的发行行为,构成侵犯著作权罪。本案检察院在提起公诉时,认为被告人阮晓霞、刘阳系从梁文宇处批发侵权软件,在网店以广告形式销售,属于司法解释规定的发行行为,构成侵犯著作权罪。

法院则认为,销售行为中体现的推广内容的广告形式不明显,应认定为销售侵权复制品罪。上述被告人的辩护人辩称,相关司法解释规定了侵权产品的持有人通过广告、征订等方式推销侵权产品的,属于刑法规定的发行行为。但对刑法中的广告应严格界定,阮晓霞在网店上的产品介绍不属于广告,其行为是销售侵权复制品。[②] 法院在判决时,采纳了上述观点。结合法院认定的部分,被告人阮晓霞、刘阳在网店首页采用"品质保证,信誉专卖"等字样,主要是出于销售的目的,被销售行为所吸收,因此,应将该行为定性为销售侵权复制品罪。

(5)与帮助信息网络犯罪活动罪的界定

行为人为他人实施侵犯著作权提供帮助的,根据其明知程度,涉嫌构成侵犯著作权罪或帮助信息网络犯罪活动罪。

---

① 参见罗鹏飞:《谈文明等非法经营案——擅自制作网络游戏外挂出售牟利构成犯罪的应当如何适用法律》,载中华人民共和国最高人民法院刑事审判第一、二、三、四、五庭主办:《刑事审判参考》(第60集),法律出版社2008年版。

② 参见上海市浦东新区人民法院(2010)浦刑初字第3240号刑事判决书。

【案例】机械牛网络科技(苏州)有限公司提供非法结算服务构成帮助信息网络犯罪活动罪案[①]

2017年9月开始,被告单位机械牛网络科技(苏州)有限公司(以下简称机械牛公司)和被告人程刚,在明知《歪歪神武》运营方利用互联网实施架设、运营私服游戏的违法犯罪行为的情况下,仍通过"派爱支付"平台与《歪歪神武》私服网站进行连接,为《歪歪神武》提供玩家充值通道和支付结算服务。过程中,被告单位机械牛公司通过QQ获取《歪歪神武》运营方指定的银行账户,在收取一定比例的手续费后,将"派爱支付"平台上玩家的充值金额转账至上述账户。

广东省广州市黄埔区人民法院经审理认为,被告人龙小卫、李勃以营利为目的,未经著作权人广州多益网络股份有限公司的许可,复制发行其计算机软件作品神武网络游戏,情节特别严重,在本案中表现为非法经营数额在25万元以上,其行为触犯了《刑法》第217条的规定,构成侵犯著作权罪。公诉机关指控被告人龙小卫、李勃犯侵犯著作权罪的罪名成立,指控的犯罪事实清楚,证据确实、充分,法院予以支持。被告单位机械牛网络科技(苏州)有限公司明知被告人龙小卫、李勃等人利用信息网络实施犯罪,为其犯罪提供支付结算帮助,情节严重,其行为触犯了《刑法》第287条之二的规定,构成帮助信息网络犯罪活动罪;被告人程刚是被告单位直接负责的主管人员,应依该条规定的帮助信息网络犯罪活动罪定罪处罚。

被告人龙小卫等人复制《神武》游戏的代码,并通过在海外架设、运营私服服务器违法营利。被告单位机械牛网络科技(苏州)有限公司为其提供充值通道和支付结算服务。本案中,被告单位对龙小卫等人的犯罪行为的明知程度不高,其只明知运营私服游戏是违法犯罪行为,但对运营游戏私服具体是否构成侵犯著作权、侵犯商业秘密、非法经营或其他信息网络类犯罪并不明确[②],因此构成《刑法》第287条之二规定的帮助信息网络犯罪活动罪。鉴于,信息网络快速发展,一些犯罪分子利用信息网络实施犯罪的情况也日益严重,需要根据情况的变化及时研究调整刑法惩处网络犯罪的策略,《刑法修正案(九)》增加此罪名。因此,对于实践中为侵犯著作权罪提供帮助的行为,根据行为人对侵犯著作权罪的明知可构成侵犯著作权罪或帮助信息网络

[①] 参见广东省广州市黄埔区人民法院(原广东省广州市萝岗区人民法院)(2018)粤0112刑初1410号刑事判决书。

[②] 参见最高人民检察院于2019年4月25日公布的《2018年度检察机关保护知识产权典型案例》。

犯罪活动罪,其区分的要点则是行为人是明确知悉其他人实施的是针对著作权的犯罪行为,还是对犯罪的认识模糊。

(三)网络侵犯著作权犯罪的处罚

当行为人满足以上所述的主观要件、客观行为,构成本罪,根据情节严重情况面临两档刑罚。值得注意的是,《刑法修正案(十一)》对本罪作出修正后,本罪的法定刑有所提高,第一档刑罚由"三年以下有期徒刑或者拘役,并处或者单处罚金"调整为"三年以下有期徒刑,并处或者单处罚金",第二档刑罚由"三年以上七年以下有期徒刑,并处罚金"调整为"处三年以上十年以下有期徒刑,并处罚金"。以自然人为例,当行为人达成构罪条件,即适用第一档刑罚,量刑幅度为3年以下有期徒刑,并处或者单处罚金。当行为人的犯罪行为的违法所得数额巨大,一般为15万元以上,或具备以下特别严重的情节之一的,即适用第二档刑罚,量刑幅度为3年以上10年以下有期徒刑,并处罚金:(一)非法经营数额在25万元以上的;(二)以营利为目的,未经著作权人许可,复制发行其文字作品、音乐、电影、电视、录像作品、计算机软件及其他作品,复制品数量在2 500张(份)以上的;(三)有其他特别严重情节的。

1. 罪量

侵犯著作权罪的量刑情节具备较明确的标准,根据《刑法》及《侵犯知识产权案件解释》规定,本罪共有两档刑罚。其中自然人的量刑标准如下:

第一档刑罚为3年以下有期徒刑,并处或者单处罚金,适用情形如下:

①违法所得数额较大,一般在3万元以上15万元以下;此处所指的"违法所得"系行为人实施犯罪行为取得的利润收入,需要扣除为此付出的相关成本。

②非法经营数额在5万元以上的;此处所称的"非法经营数额"是指行为人在实施侵犯知识产权行为过程中,制造、储存、运输、销售侵权产品的价值。已销售的侵权产品的价值,按照实际销售的价格计算。制造、储存、运输和未销售的侵权产品的价值,按照标价或者已经查清的侵权产品的实际销售平均价格计算。侵权产品没有标价或者无法查清其实际销售价格的,按照被侵权产品的市场中间价格计算。一般按全部收入计算。

③以营利为目的,未经著作权人许可,复制发行其文字作品、音乐、电影、电视、录像作品、计算机软件及其他作品,复制品数量合计在500张(份)以上的。

④以营利为目的,未经著作权人许可,通过信息网络向公众传播他人文字作品、音乐、电影、电视、美术、摄影、录像作品、录音录像制品、计算机软件及其他作品,具有下列情形之一的:(一)非法经营数额在5万元以上25万元以下的;(二)传播他人作品的数量合计在500件(部)以上2 500件(部)以下

的;(三)传播他人作品的实际被点击数达到 5 万次以上 25 万次以下的;(四)以会员制方式传播他人作品,注册会员达到 1 000 人以上 5 000 人以下的;(五)数额或者数量虽未达到第(一)项至第(四)项规定标准,但分别达到其中两项以上标准一半以上的。

⑤其他严重情节的情形。

第二档刑罚为 3 年以上 7 年以下有期徒刑,并处罚金,适用情形如下:

①违法所得数额巨大,一般为 15 万元以上。

②非法经营数额在 25 万元以上的。

③以营利为目的,未经著作权人许可,复制发行其文字作品、音乐、电影、电视、录像作品、计算机软件及其他作品,复制品数量在 2 500 张(份)以上的。

④以营利为目的,未经著作权人许可,通过信息网络向公众传播他人文字作品、音乐、电影、电视、美术、摄影、录像作品、录音录像制品、计算机软件及其他作品,具有下列情形之一的:(一)非法经营数额在 25 万元以上的;(二)传播他人作品的数量合计在 2 500 件(部)以上的;(三)传播他人作品的实际被点击数达到 25 万次以上的;(四)以会员制方式传播他人作品,注册会员达到 5 000 人以上的;(五)数额或者数量虽未达到第(一)项至第(四)项规定标准,但分别达到其中两项以上标准一半以上的。

⑤有其他特别严重情节的。

单位作为犯罪主体的,适用上述两档刑期的标准为自然人量刑标准的 3 倍。单位多次实施侵犯知识产权行为,未经行政处理或者刑事处罚的,非法经营数额、违法所得数额或者销售金额累计计算。

2. 刑罚

本罪的主要刑罚类型为有期徒刑、拘役以及罚金刑。自然人犯罪时,按上述情节承担相关刑罚。单位犯罪时,由单位承担罚金刑,单位直接负责的主管人员和其他直接责任人员按上述情节承担刑事责任。罚金数额一般在违法所得的 1 倍以上 5 倍以下,或者按照非法经营数额的 50% 以上 1 倍以下确定。

第十节　网络财产性犯罪

一、概述

本节所述的"财产性犯罪"主要与《刑法》分则第五章"侵犯财产罪"相关,该章共包括以下罪名:第 263 条抢劫罪、第 264 条和第 265 条盗窃罪、第

266条诈骗罪、第267条抢夺罪、第268条聚众哄抢罪、第269条转化的抢劫罪、第270条侵占罪、第271条职务侵占罪、第272条挪用资金罪、第273条挪用特定款物罪、第274条敲诈勒索罪、第275条故意毁坏财物罪、第276条破坏生产经营罪和第276条之一拒不支付劳动报酬罪。

关于以上罪名的类型，学者提出不同的划分：第一，三分说，即分为取得罪、挪用罪和毁损罪三种类型。① 或分为占有型、挪用型和毁损型侵犯财产罪。② 第二，五分说，即分为盗窃罪与侵占罪、抢劫罪与抢夺罪、诈骗罪与敲诈勒罪、职务侵占罪与挪用罪、毁坏罪与拒付报酬罪。③ 但是以上分类均从传统财产性犯罪的视角展开，基于网络视角则应作出另外的分类。

与《刑法》分则的其他章节相比，互联网对其的冲击在形式上相对较小，并未导致新设众多的条文或者重大的罪名修改。但是在实质层面，互联网也导致一些财产犯罪在犯罪对象、行为方式、危害结果等方面发生变化。依据受到互联网冲击程度的不同，"侵犯财产罪"的相关罪名可作如下划分：第一类为受到互联网冲击较大的犯罪，包括盗窃罪与诈骗罪。第二类为在一定程度上受到互联网冲击的犯罪，典型罪名为敲诈勒索罪。第三类为几乎未受到互联网冲击的犯罪，包括其他各类犯罪。在第三类犯罪中，有的犯罪强调行为的现实性（如抢劫罪、抢夺罪）因而无法完全在互联网上实施；有的犯罪并未因行为涉及互联网产生实质区别（如挪用资金罪、拒不支付劳动报酬罪）。考虑全面对各个罪名介绍的教材已然众多，作为网络犯罪的专门教材，本节主要围绕第一类犯罪展开，兼及第二类犯罪，具体包括：

（一）盗窃罪

《刑法》第264条规定："盗窃公私财物，数额较大的，或者多次盗窃、入户盗窃、携带凶器盗窃、扒窃的，处三年以下有期徒刑、拘役或者管制，并处或者单处罚金；数额巨大或者有其他严重情节的，处三年以上十年以下有期徒刑，并处罚金；数额特别巨大或者有其他特别严重情节的，处十年以上有期徒刑或者无期徒刑，并处罚金或者没收财产。"

《刑法》第265条规定："以牟利为目的，盗接他人通信线路、复制他人电信码号或者明知是盗接、复制的电信设备、设施而使用的，依照本法第二百六十四条的规定定罪处罚。"

---

① 参见周光权：《刑法各论》（第三版），中国人民大学出版社2016年版，第83页。
② 参见高铭暄、马克昌主编：《刑法学》，北京大学出版社、高等教育出版社2011年版，第497页。
③ 参见张明楷：《刑法学（下）》（第五版），法律出版社2016年版，第939页。

（二）诈骗罪

《刑法》第 266 条规定："诈骗公私财物，数额较大的，处三年以下有期徒刑、拘役或者管制，并处或者单处罚金；数额巨大或者有其他严重情节的，处三年以上十年以下有期徒刑，并处罚金；数额特别巨大或者有其他特别严重情节的，处十年以上有期徒刑或者无期徒刑，并处罚金或者没收财产。本法另有规定的，依照规定。"

（三）敲诈勒索罪

《刑法》第 274 条规定："敲诈勒索公私财物，数额较大或者多次敲诈勒索的，处三年以下有期徒刑、拘役或者管制，并处或者单处罚金；数额巨大或者有其他严重情节的，处三年以上十年以下有期徒刑，并处罚金；数额特别巨大或者有其他特别严重情节的，处十年以上有期徒刑，并处罚金。"

二、保护法益

通说认为，侵犯财产罪侵害的法益是公私财产所有权。财产所有权是指所有人依法对自己的财产享有占有、使用、收益和处分的权利，包括占有、使用、收益和处分四项权能。侵犯财产的犯罪，就是不同程度侵犯这些权能的犯罪。① 另有学者借鉴日本理论提出侵犯财产罪侵害的法益是他人对财物的支配关系。这里的财物支配关系，包括财产所有权和占有权两方面的内容。② 亦即，后者认为不仅是财产所有权，财产占有权也应作为侵犯财产罪的法益。

本文在这一问题上仍采通说，原因在于：第一，即便是认可财产占有权作为该类犯罪侵犯法益的观点也承认"绝大多数财产罪侵害的法益都是财物所有权"。此外，这种区分也未对于网络财产性犯罪的认定发挥重要作用。第二，日本财产犯罪的法益内容、法益观和财产犯罪对象类型密切相关，而我国面临不同的境况。一方面，法益观与主体的差别。在日本，个人主义认为人类社会中一切价值的本源在于个人，国家应对这种具体的有生命的个人表示最大限度的尊重，《日本刑法典》也是基于个人本位制定的。③ 在此立场下，其财产犯罪以个人为中心，扩大个体权限的保护范围。与之不同，我国则强调公共法益的保护，如《刑法》第 273 条挪用特定款物罪规定了"致使国家和人民群众利益遭受重大损害"，强调对于各类主体的财产权利予以保护。另

---

① 参见高铭暄、马克昌主编：《刑法学》，北京大学出版社、高等教育出版社 2011 年版，第 496 页。
② 参见周光权：《刑法各论》（第三版），中国人民大学出版社 2016 年版，第 86 页。
③ 参见〔日〕大谷实：《刑法讲义各论》（新版第 4 版补订版），成文堂 2015 年版，第 2 页。

一方面,日本财产犯罪的法益类型与其财产类型的划分是一致的,而后者在面临信息财产认定时存在障碍。①

三、行为

网络财产性犯罪行为是财产性犯罪行为的下位概念,但是由于介入了互联网因素,其行为类型具有自身的特点,很多情况下难以仅按照传统行为类型认定,不少司法解释也专门作出规定。

(一)网络盗窃行为

《刑法》第 264 条盗窃罪规定的行为,是指以非法占有为目的,秘密窃取公私财物的行为。秘密窃取,是指采用不易被财物所有人、保管人或者其他人发现的方法,将公私财物占为己有的行为,如利用网络技术窃取等。② 另有学者提出,窃取行为虽然通常具有秘密性,其原本含义也是秘密窃取,但如果将盗窃限定为秘密窃取,则必然存在处罚上的空隙,产生不公正现象。所以,国外刑法理论与司法实践均不要求秘密窃取,事实上完全存在公开盗窃的情况。③ 本文认为,总体上强调窃取的秘密性并无不妥,该学者所提的存在处罚间隙的情形实际上较为鲜见,完全可以通过个案平衡的方式完成,无须付出过于高昂的理论代价。

《刑法》第 264 条实际上规定了两种行为类型:一类为普通行为类型,即"盗窃公私财物",需要"数额较大"方构成盗窃罪;一类为特殊行为类型,包括多次盗窃、入户盗窃、携带凶器盗窃、扒窃四种情形,不需要达到"数额较大"的条件。

根据《盗窃案件解释》,就网络盗窃行为,其一般仅能在普通行为类型以及特殊行为类型"多次盗窃"的情况下构成犯罪,难以符合其他特殊行为类型:

第一,对于"多次盗窃",该解释第 3 条第 1 款规定:"二年内盗窃三次以上的,应当认定为'多次盗窃'。"网络盗窃行为由于借助互联网技术,实施更为便捷、周期更为缩短,多次实施网络盗窃行为显然可以符合"多次盗窃"的行为类型。

第二,对于"入户盗窃",该解释第 3 条第 2 款规定:"非法进入供他人家庭生活,与外界相对隔离的住所盗窃的,应当认定为'入户盗窃'。"因此,这里的"非法进入"强调身体的进入。权威解释也指出:"'入户盗窃'不仅侵犯

---

① 参见本节"行为对象"部分的内容。
② 参见郎胜主编:《中华人民共和国刑法释义》(第六版·根据刑法修正案九最新修订),法律出版社 2015 年版,第 445 页。
③ 参见张明楷:《刑法学(下)》(第五版),法律出版社 2016 年版,第 949 页。

了公民的财产,还侵犯了公民的住宅,并对公民的人身安全形成严重威胁,应当予以严厉打击。"①因此,通过网络技术进入他人的计算机信息系统中实施网络盗窃行为并不符合"入户盗窃"的情形。

第三,对于"携带凶器盗窃",该解释第 3 条第 3 款规定:"携带枪支、爆炸物、管制刀具等国家禁止个人携带的器械盗窃,或者为了实施违法犯罪携带其他足以危害他人人身安全的器械盗窃的,应当认定为'携带凶器盗窃'。"网络盗窃行为显然难以符合这一情形。

第四,对于"扒窃",该解释第 3 条第 4 款规定:"在公共场所或者公共交通工具上盗窃他人随身携带的财物的,应当认定为'扒窃'。"其要求盗窃行为"在公共场所或者公共交通工具上"实施。权威解释也指出,"扒窃"不仅侵犯了公民财产和人身安全,还扰乱公共场所秩序。②亦即,"扒窃"要求盗窃行为需要在公共场所"在场"实施,与基于网络技术通过"缺场"方式实施的网络盗窃行为难以兼容。

《刑法》第 265 条盗窃罪规定的行为,是指"盗接他人通信线路、复制他人电信码号或者明知是盗接、复制的电信设备、设施而使用的"。据此,其行为类型有三:第一,"盗接他人通信线路"的行为;第二,"复制他人电信码号"的行为;第三,"明知是盗接、复制的电信设备、设施而使用"的行为。这三类行为完全可以通过网络方式实施,属于网络盗窃行为。根据权威解释,这里所说的"电信码号"是广义的,包括电话磁卡、长途电话账号和移动通信码号,如移动电话的出厂号码、电话号码、用户密码。③

此外,《扰乱电信市场秩序案件解释》进一步对第 265 条的规定作出拓展。其第 7 条规定了将电信卡非法充值后使用的行为:"将电信卡非法充值后使用,造成电信资费损失数额较大的,依照刑法第二百六十四条的规定,以盗窃罪定罪处罚。"第 8 条规定了盗用他人公共信息网络上网账号、密码上网造成资费损失的行为:"盗用他人公共信息网络上网账号、密码上网,造成他人电信资费损失数额较大的,依照《刑法》第 264 条的规定,以盗窃罪定罪处罚。"其后,该解释第 10 条第 2 款明确:"本解释所称'电信资费损失数额',是指以行为人非法经营国际电信业务或者涉港澳台电信业务的总时长(分钟数)乘以在合法电信业务中我国应当得到的每分钟国际结

---

① 郎胜主编:《中华人民共和国刑法释义》(第六版·根据刑法修正案九最新修订),法律出版社 2015 年版,第 445 页。

② 参见郎胜主编:《中华人民共和国刑法释义》(第六版·根据刑法修正案九最新修订),法律出版社 2015 年版,第 445 页。

③ 参见郎胜主编:《中华人民共和国刑法释义》(第六版·根据刑法修正案九最新修订),法律出版社 2015 年版,第 447 页。

算价格所得的数额。"

(二) 网络诈骗行为

《刑法》第 266 条诈骗罪规定的行为,是指以非法占有为目的,用虚构事实或者隐瞒真相的方法,骗取公私财物的行为。① 诈骗行为最突出的特点,就是行为人设法使被害人在认识上产生错觉,以致"自觉地"将自己所有或持有的财物交付给行为人或者放弃自己的所有权,或者免除行为人交还财物的义务。② 日本学者对于整个诈骗行为过程的描述颇为经典,可供理解参考:第一,必须有欺骗(行为),即对人实施的旨在引起财产上的处分的欺骗行为;第二,该行为必须使对方陷入现实的错误,否则为未遂;第三,具有由于错误而处分财物的行为,虽然处分意思具有瑕疵性,但也必须是基于被害人的意思的交付、处分行为;第四,由于该处分行为而转移财物,行为人或第三人取得。其中,交付必须是基于对方的错误而实施的,因此必须具有基于交付意思的交付事实。③

就犯罪人行为的手段,国内通说概括为两种:第一,"虚构事实"。即编造某种根本不存在的或者不可能发生的,足以使他人受蒙蔽的事实,骗取他人财物。第二,"隐瞒真相"。即隐瞒客观上存在的事实情况,既可以是隐瞒部分事实真相,也可以是隐瞒全部事实真相。④ 对于网络诈骗行为而言也是如此,例如虚构中奖信息诱骗受害人转账汇款,或者隐瞒电子商务交易无法完成的情况诱导受害人付款等。

与网络盗窃行为不同,网络诈骗行为是犯罪人和受害人共同完成的,其中必然介入受害人具有处分意思的处分行为:第一,在行为意思层面,处分意思必要说为主流观点(但也存在处分意思不要说)。关注的焦点主要在被害人处分行为的处分意思。⑤ 基于处分意思必要说的立场,被害人需意识到财物的占有或者利益的移转结果。⑥ 第二,在行为事实层面,必须由该处分行为导致财产损失。一方面,处分事实必须存在。行为成立诈骗罪,必须使对

---

① 参见郎胜主编:《中华人民共和国刑法释义》(第六版 · 根据刑法修正案九最新修订),法律出版社 2015 年版,第 448 页。
② 参见高铭暄、马克昌主编:《刑法学》,北京大学出版社、高等教育出版社 2011 年版,第 509 页。
③ 参见〔日〕大谷实:《刑法讲义各论》(新版第 4 版补订版),成文堂 2015 年版,第 258—267 页。
④ 参见高铭暄、马克昌主编:《刑法学》,北京大学出版社、高等教育出版社 2011 年版,第 509 页。
⑤ 参见〔日〕山中敬一:《刑法各论》(第 3 版),成文堂 2015 年版,第 366—367 页。
⑥ 参见〔日〕前田雅英:《刑法各论讲义》(第 6 版),东京大学出版会 2015 年版,第 235 页。

方陷入错误,在该错误意思之下,做出处分财产的行为。① 另一方面,该处分事实必须导致财产损失。被害人的财产损失与行为人或者第三人的获利,必须由同一处分行为所引起。为此,欺骗他人使之放弃财物,而后捡走该财物的,只要该行为不是意味着被害人放弃所有权,就不成立诈骗罪,而是成立侵占(遗失物)罪。②

此外,《扰乱电信市场秩序案件解释》第9条规定了以虚假、冒用的身份证件办理入网手续并使用移动电话造成资费损失的行为:"以虚假、冒用的身份证件办理入网手续并使用移动电话,造成电信资费损失数额较大的,依照刑法第二百六十六条的规定,以诈骗罪定罪处罚。"

而且随着网络诈骗行为的发展,行为方式也出现了新的变化,对此,最高人民检察院专门公布了典型案例,特别指向以下两类:

第一类为网络婚恋交友诈骗。该类诈骗行为以感情为诱饵,隐蔽性更强。比如在传统的投资诈骗中通过婚恋交友名义骗取信任的案例:

【案例】陈某、宋某琦等5人诈骗案③

2018年6月,陈某伙同他人套牌搭建了FXDD外汇投资平台,纠集宋某琦等人作为代理商,对外虚构系正规平台、大量交易可获利的信息,诱骗被害人向平台转入资金。该投资平台实行资盘分离,被害人资金并未进入真实交易市场,而是由陈某转移控制支配。陈某与代理商约定,以客户资金亏损数额为分成依据。

其中,2018年7、8月起,宋某琦在河南省许昌市购置电脑、租赁民房作为诈骗场所,招募郭某辉、卢某、胡某波等人作为业务员,以婚恋网站女性会员为目标实施诈骗。宋某琦安排业务员,使用虚假的身份信息,冒用他人头像,包装为投资经验丰富的中年成功男士,在某知名婚恋网站上搭识许某某等3名有经济实力的单身中年女性。业务员通过事先培训的话术与被害人建立虚假恋爱关系,骗取感情信任后,通过宣称自己是投资高手,有好的投资渠道,能够指导被害人投资快速赚钱,引诱被害人向陈某搭建的FXDD平台投资,并通过鼓励追加投资、代为操作等方式致其账面亏损,营造投资损失假象,以掩饰资金已被非法占有并分赃的事实,共计诈骗774万余元。此外,陈某还通过其他代理商诈骗43名被害人资金,合计534万余元。

2019年10月16日,山东省泰安市公安局高新技术产业开发区分局以陈

---

① 参见〔日〕大谷实:《刑法讲义各论》(新版第4版补订版),成文堂2015年版,第267页。
② 参见〔日〕松宫孝明:《刑法各论讲义》(第4版),成文堂2016年版,第256—257页。
③ 参见最高人民检察院于2021年1月25日发布的检察机关推进网络空间治理典型案例。

某等 5 人涉嫌诈骗罪,移送泰安高新技术产业开发区人民检察院审查起诉。本案在移送审查起诉时,涉嫌诈骗金额 510 余万元。检察机关审查后两次退回补充侦查,提出明确可行的补充侦查提纲,引导公安机关补充相关证据,深挖案件线索,认定诈骗金额为 1 300 万余元。2020 年 4 月 3 日,泰安高新技术产业开发区人民检察院以诈骗罪对陈某等 5 人提起公诉。同年 11 月 13 日,泰安高新技术产业开发区人民法院作出一审判决,以诈骗罪分别判处陈某、宋某琦、郭某辉、卢某、胡某波等 5 名被告人有期徒刑 5 年 6 个月至 12 年不等,并处罚金。

以非法占有为目的,通过骗取感情信任诱使被害人向虚假投资平台注入资金,进而非法占有并分赃的行为,应认定为诈骗罪。

以网络婚恋交友为诱饵实施的虚假投资诈骗,俗称"杀猪盘",已经成为电信网络诈骗犯罪的主要方式之一。犯罪分子为实现诈骗目的,招募人员在婚恋网站或使用即时通讯工具搭识被害人,通过将自己包装为成功男士或美貌女性,使用专门话术,骗取被害人感情信任、建立虚假恋爱关系,诱导、怂恿其到虚假交易平台大量投资,从而骗取钱财。当被害人察觉被骗或者已无钱可供诈骗后,犯罪分子即将被害人"拉黑"或关闭平台账号。与传统诈骗犯罪不同,"杀猪盘"式诈骗以感情为诱饵,迷惑性强,持续时间长,严重侵害被害人的财产安全,欺骗被害人感情,甚至可能造成被害人自杀等严重后果,应当依法严厉打击,斩断犯罪链条,全面查处犯罪黑灰产,形成有力震慑。

与此同时,最高人民检察院也公布了借由女主播与被害人确立虚假恋爱关系,骗取被害人为女主播支付财产的案例:

【案例】杨某瑞等 11 人诈骗案①

2017 年 11 月至 2019 年 5 月间,杨某瑞与他人合伙成立公司,在"乐趣""一嗨么"等网络直播平台开设直播间,招募刘某醒、孙某林等人担任女主播,程某楠等人担任业务员。各被告人相互配合,由业务员使用女主播身份和头像照片,通过婚恋交友网站、微信摇一摇等途径结识赵某等被害人,加为微信好友后,使用话术引诱被害人在上述网络直播平台注册成为会员,进入直播间观看女主播直播。其间,业务员虚构女主播感情故事、个人遭遇等与被害人互动交流,博取同情信任。如被害人提出见面,则安排女主播与被害

---

① 参见最高人民检察院于 2021 年 1 月 25 日发布的检察机关推进网络空间治理典型案例。

人视频聊天或线下见面。通过上述系列行为,女主播与被害人确立虚假恋爱关系。之后,女主播编造"完成平台业绩任务才能领取提成""想与平台解约需要解约金"等理由,先后欺骗赵某等4名被害人在直播平台为主播打赏或者直接向主播转账,合计诈骗17.2万余元。杨某瑞等人还涉嫌其他诈骗犯罪事实。

2019年9月3日,上海市公安局松江分局以杨某瑞等11人涉嫌诈骗罪,移送上海市松江区人民检察院审查起诉。检察机关通过梳理发现,其他多个直播间存在以类似手段实施诈骗的情况,遂向公安机关移送线索、提出进一步侦查取证建议,公安机关再破获类似案件16起,抓获直播平台经营者和多个直播诈骗团伙成员。同年11月21日,上海市松江区人民检察院以诈骗罪对杨某瑞等11人提起公诉。同年12月30日,上海市松江区人民法院作出一审判决,以诈骗罪分别判处杨某瑞、刘某醒、孙某林、程某楠等11名被告人拘役4个月至有期徒刑4年不等,并处罚金。

以非法占有为目的,通过骗取感情信任,虚构事实诱使被害人向主播打赏或者转账的行为,应认定为诈骗罪。

对于犯罪分子虚构网络身份、冒充主播,使用话术建立虚假恋爱关系,采用线上线下相结合方式,使被害人陷入错误认识而骗取财物的,依法应认定为诈骗犯罪。该类诈骗犯罪不仅侵害人民群众财产安全,也严重危害网络直播行业生态,必须依法精准打击。

前述行为的认定与传统诈骗行为相比,关键在于介入形式上不受刑法评价的其他因素(如婚恋因素)时,如何透过表象确认其诈骗实质。就该类案件而言,关键在于三个方面:第一,婚恋因素是否真实客观存在。前述案件中,行为人并非与被害人发生真实的婚恋关系,而是为了实施诈骗向被害人营造一种婚恋的假象,用以骗取信任。其性质类似于为了实施有组织犯罪而虚假成立的公司,其并不能在刑法意义上被评价为单位主体。第二,虚假婚恋关系与被害人陷入处分财产错误认识的关系。前述案件中,被害人正是基于对行为人的信任处分财产,而这种处分重大财产的信任不会赋予陌生人,与虚假婚恋关系具有实质关联。第三,导致被害人处分财产的"事实"系虚构。无论是所谓"投资"还是主播"任务"均非客观存在的,而是为了诱使被害人转移财产所虚构的事实,由此符合了诈骗行为的实质。

第二类为网络虚假中奖诈骗。该类诈骗行为由来已久,但是近年来转向以老年人为代表的特殊群体,例如:

【案例】李某宁等5人诈骗案①

2017年下半年起,李某宁为实施电信诈骗活动,通过非法途径购买老年人客户资料,以每盒12元至100元不等的价格购入多种廉价保健品,定做抽奖卡、"纪念金币"等奖品,制作话术单,招录吴某倩、王某娜、裴某凤、王某娟为话务员,并为每人配备装有北京号码的手机。

2018年3月至9月,李某宁指使吴某倩等人按照事先购买的客户资料,通过装有北京号码的手机拨打电话,冒充北京沐某堂健康指导中心主任,与老年人沟通联络。在聊天过程中套取老年人身体状况等信息,骗得信任后,分步骤实施诈骗。一是谎称所售保健品有抗癌保健等功效,原价2 980元的产品现在仅需支付298元的体验费或产品检测费即可获赠。老年人同意购买后,由李某宁联系快递公司负责配送和代收相关费用。二是在快递包裹中放置抽奖卡,均事先设置为一等奖。快递签收后话务员随即联系老年人,告知其中了一等奖,奖品为价格一万余元的"纪念金币"等,只需要支付个人所得税、保价费或奖品代销费等费用,即可获取,以此骗取钱财,而老年人实则仅获得廉价礼品。三是继续利用老年人信任,虚构帮助办理养老保险等理由实施诈骗。在此过程中话务员会根据每位老年人的被骗程度,随机调整收费名目和具体价格。吴某倩等话务员的工资包括底薪和提成,为便于计算销售业绩,每名话务员需记录下被害人相关信息。经审查,李某宁等人先后骗得266名老年人合计66万余元。

2018年11月12日,江苏省海安市公安局以李某宁等5人涉嫌诈骗罪,移送海安市人民检察院审查起诉。2019年3月12日,海安市人民检察院对李某宁等5人以诈骗罪提起公诉。同年6月10日,海安市人民法院作出一审判决,认定本案诈骗数额巨大,以诈骗罪判处李某宁有期徒刑7年,并处罚金15万元;分别判处吴某倩等4人有期徒刑3年6个月,并处罚金3万元。海安市人民检察院审查认为,一审判决证据采信和事实认定确有错误,判决以话务员记录业绩的账本作为认定犯罪数额的主要依据,未结合快递信息进行综合认定,遗漏部分被害人,诈骗金额33万余元认定不准确。同年6月18日,海安市人民检察院提出抗诉,南通市人民检察院依法支持抗诉。同年12月25日,南通市中级人民法院二审认为一审判决部分事实不清,裁定撤销原判决、发回重审。

2020年11月19日,海安市人民法院重新作出一审判决,诈骗数额重新认定为66万余元,量刑档次由原审的"数额巨大"改为"数额特别巨大",李

---

① 参见最高人民检察院于2021年1月25日发布的检察机关推进网络空间治理典型案例。

某宁的刑罚由有期徒刑7年改为10年,并处罚金20万元;吴某倩等4人被分别判处有期徒刑4年至5年6个月不等,并处罚金5万元至8万元不等。

以非法占有为目的,虚构获奖信息骗取老年人信任并诱使其支付财物的行为,应认定为诈骗罪。

当前,电信网络诈骗犯罪高发多发,犯罪手段不断更新迭代,老年人、在校学生、未婚青年等容易成为诈骗对象。犯罪分子多利用人性弱点实施诈骗,应依法严厉打击。

网络虚假中奖诈骗的形式早已为人们熟知,但是对于针对特殊群体实施该类行为仍需在刑法评价上进行独立的考量:第一,特殊群体主客观要素的认定。老年人、在校学生、未婚青年等群体的认识能力和控制能力相较于一般人更弱,因此在认定其陷入错误认识,以及实施处分行为时,应当充分考虑这一情况,从有利于被害人的角度着眼。第二,特殊群体受骗对于刑事处遇的影响。针对以上群体实施的诈骗行为往往更易于造成重大财产损失,以及广泛的社会影响,因此应秉持更为严厉的打击态度,依法从严惩处。

(三) 网络敲诈勒索行为

《刑法》第274条敲诈勒索罪规定的行为,是指以非法占有为目的,对公私财物的所有人、保管人使用威胁或者要挟的方法,勒索公私财物的行为。行为人实施了以威胁或者要挟的方法勒索财物的行为,这是敲诈勒索罪最主要的特点。威胁和要挟,是指通过对被害人及其关系密切的人精神上的强制,对其心理上造成恐惧,产生压力。威胁或者要挟的方法多种多样,如以将要实施暴力,揭发隐私、违法犯罪活动,毁坏名誉相威胁等形式。① 网络敲诈勒索行为也具有上述特点,并且愈发和个人的网络足迹、网络隐私相关。

《敲诈勒索案件解释》第3条还规定了"多次敲诈勒索"的具体要求:"二年内敲诈勒索三次以上的,应当认定为刑法第二百七十四条规定的'多次敲诈勒索'。"

网络敲诈勒索行为的典型行为形式之一即为"网络水军"②。"网络水军"常常以有组织的形式通过发帖、删帖等方式威胁和要挟他人提供财物。《信息网络诽谤解释》对其行为作出规定。该解释第6条规定:"以在信息网络上发布、删除等方式处理网络信息为由,威胁、要挟他人,索取公私财物,数额较大,或者多次实施上述行为的,依照刑法第二百七十四条的规定,以敲诈

---

① 参见郎胜主编:《中华人民共和国刑法释义》(第六版·根据刑法修正案九最新修订),法律出版社2015年版,第458页。

② "网络水军"指受雇佣在网络上发布特定信息的群体,其通常通过发帖、评论等方式赞颂或者攻击他人。

勒索罪定罪处罚。"

特别值得注意的是,有组织的网络"套路贷"犯罪也不断发展,构建了新型的网络敲诈勒索行为模式,造成了严重的社会危害。对此,最高人民检察院专门公布了典型案例:

【案例】温某龙等 23 人敲诈勒索案①

2017 年起,温某龙纠集林某浩、朱某常投资成立或参股福建省福鼎市财神投资咨询有限公司(以下简称"财神公司")等四家公司,招募人员专门从事网络"套路贷"活动。四家公司均有完整的规章制度、工资奖励机制,人员分工明确,组织架构严密,设客服组、风控组、财务组、催收组等部门,在实施犯罪过程中逐渐形成恶势力犯罪集团。

公司内部分工明确,首先由客服组获取有借款需求的"客户资料",并以审核身份真实性为由,向被害人索要手机号、手机服务密码等,非法收集被害人个人信息,为后续"软暴力"催收做准备。风控组负责对被害人还款能力进行核实筛选,并决定是否放款。放款后,公司以"押金""逾期费"等理由要求被害人在指定网络借款平台签订与实际借款不符的协议,制造虚高借款、虚假期限的合同,并直接扣除首期 30%至 50%的高额利息。如果逾期未还款,催收组根据被害人的手机号码、通讯录联系人、身份证照片等个人信息,通过电话或微信辱骂、威胁、恐吓、发送附有被害人头像的侮辱信息等方式,向被害人及其亲友施压,迫使被害人支付虚高本金、高额利息、续期费等。

2017 年 2 月至 2018 年 8 月,财神公司等四家公司在实施上述"套路贷"犯罪过程中,共放款 3 万余笔,累计放款 1.22 亿余元,非法获利 1 867 万余元。个别被害人因欠款被"软暴力"催收而精神崩溃喝农药自杀,因发现及时得以救治。在公安机关抓捕犯罪集团过程中,福鼎市公安局桐城派出所辅警林某向个别集团成员透露抓捕信息,通风报信、妨害抓捕。

2018 年 12 月 26 日,福建省福鼎市公安局将本案移送福鼎市人民检察院审查起诉。检察机关重点围绕"恶势力""犯罪集团""犯罪金额"等问题梳理、审查证据,追捕追诉 6 名集团成员。深挖"保护伞",发现福鼎市公安局桐城派出所辅警林某向该恶势力集团个别成员透露抓捕信息,及时将线索移交福鼎市扫黑办及福鼎市监察委。2019 年 6 月 6 日,福鼎市人民检察院对林某以帮助犯罪分子逃避处罚罪提起公诉。同年 7 月 2 日,福鼎市人民检察院对温某龙等 23 人以敲诈勒索罪提起公诉。

---

① 参见最高人民检察院于 2021 年 1 月 25 日发布的检察机关推进网络空间治理典型案例。

2019年8月19日,福鼎市人民法院以帮助犯罪分子逃避处罚罪判处林某有期徒刑8个月。同年10月29日,福鼎市人民法院作出一审判决,以敲诈勒索罪分别判处温某龙、林某浩、朱某常等23名被告人有期徒刑1年至13年不等,并处罚金。

恶势力犯罪集团制造虚高借款、虚假期限的合同,通过"软暴力"等方式迫使被害人支付虚高本金、高额利息、续期费等的行为,应当认定为敲诈勒索罪。

"套路贷"犯罪利用被害人急需用钱的心理和防范意识薄弱的特点,诱骗或迫使被害人签订协议,通过制造银行流水、销毁还款证据、单方肆意认定违约、恶意垒高借款金额等方式,形成虚假债权债务。一旦逾期未还款则采用暴力、胁迫或者其他软暴力手段催收。利用网络实施上述行为,相较于传统"套路贷"隐蔽性更强,受害面更广,且更易于复制传播。特别是利用网络实施辱骂、威胁、恐吓等软暴力行为,传播范围更广,影响更大,给被害人带来的精神压力也会更大。这类行为在扫黑除恶专项斗争中一直是打击重点,必须依法严惩,遏制其滋生蔓延。

网络"套路贷"犯罪是近年来普遍发生的新型敲诈勒索犯罪类型,在其认定中需要注意以下问题:第一,债务关系的适法性。与民间借贷纠纷相关的财产犯罪认定具有一定的疑难性,在网络"套路贷"案件中,首先需要判断债务的适法性。行为人通常会制造虚假债权债务关系,进而以此为由勒索被害人。第二,行为方式的"软暴力"化。行为人往往除了采取传统方式威胁被害人外,还会采取网络滋扰、跟踪等"软暴力"的方式,因此对其行为不能仅一一进行分别评价,而需对于是否迫使被害人转移财产进行整体评价。第三,需在刑事评价时注意"套路贷"的组织性。一般,该类行为非一人可以完成,而是需要犯罪组织的协同配合,因此往往和黑恶势力相关联,对其进行评价时必须将此纳入考量。

四、行为对象

网络财产性犯罪的对象主要为两类,即信息化财产和(部分)信息财产。

(一)信息化财产

信息化财产即现实财产的信息化表示。信息化财产并非在网络社会才存在,实际上,储蓄账户单、票据等通过数字信息表示财产的单据中的数字信息也代表现实的财产价值量。有学者指出:"由于第三方支付和信用卡账户里的钱款均可以随时用于购买其他产品,它具有货币的主要功能,即价值尺度、流通手段、支付手段和储藏手段等,因而具有货币的基本属性。无论是信用卡账户和第三方支付账户中的钱款,还是纸质货币,均可以将它们视为我国刑法中财产犯罪的对象——'财物'。"①这一观点并无不妥,但是仍需进一步说明信息化财产和信息财产的实质区别:信息化财产本质上是财产信息化,现实的财产用信息的形态表示,便于存储和使用,但是其性质和数量并未改变;信息财产本质上是信息财产化,即对原本只具记录意义的信息赋予某种财产的属性或者近似财产的属性。因此,二者存在实质上的区别。

比如,在董亮等四人诈骗案中,行为人所诈骗的即为信息化财产(网约车平台信息形态的资产):

【案例】董亮等四人诈骗案②

2015年,某网约车平台注册登记司机董亮、谈申贤、高炯、宋瑞华分别用购买、租赁未实名登记的手机号注册网约车乘客端,并在乘客端账户内预充打车费一二十元。随后,他们各自虚构用车订单,并用本人或其实际控制的其他司机端账户接单,发起较短距离用车需求,后又故意变更目的地延长乘车距离,致使应付车费大幅提高。由于乘客端账户预存打车费较少,无法支付全额车费。网约车公司为提升市场占有率,按照内部规定,在这种情况下由公司垫付车费,同样给予司机承接订单的补贴。四被告人采用这一手段,分别非法获取网约车公司垫付车费及公司给予司机承接订单的补贴。董亮获取40 664.94元,谈申贤获取14 211.99元,高炯获取38 943.01元,宋瑞华获取6 627.43元。

本案由上海市普陀区人民检察院于2016年4月1日以被告人董亮、谈申贤、高炯、宋瑞华犯诈骗罪向上海市普陀区人民法院提起公诉。2016年4月18日,上海市普陀区人民法院作出判决,认定被告人董亮、谈申贤、高炯、宋瑞华的行为构成诈骗罪,综合考虑四被告人到案后能如实供述自己的罪行,依法可从轻处罚,四被告人家属均已代为全额退赔赃款,可酌情从轻处罚,分别判处被告人董亮有期徒刑1年,并处罚金1 000元;被告人谈申贤有期徒刑10个月,并处罚金1 000元;被告人高炯有期徒刑1年,并处罚金1 000元;被告人宋瑞华有期徒刑8个月,并处罚金1 000元;四被告人所得赃款依法发还被害单位。一审宣判后,四被告人未上诉,判决已生效。

以非法占有为目的,采用自我交易方式,虚构提供服务事实,骗取互联网公司垫付费用及订单补贴,数额较大的行为,应认定为诈骗罪。

---

① 刘宪权:《论新型支付方式下网络侵财犯罪的定性》,载《法学评论》2017年第5期,第35—36页。
② 参见最高人民检察院检例第38号。

当前,网络约车、网络订餐等互联网经济新形态发展迅速。一些互联网公司为抢占市场,以提供订单补贴的形式吸引客户参与。某些不法分子采取违法手段,骗取互联网公司给予的补贴,数额较大的,可以构成诈骗罪。

在网络约车中,行为人以非法占有为目的,通过网约车平台与网约车公司进行交流,发出虚构的用车需求,使网约车公司误认为是符合公司补贴规则的订单,基于错误认识,给予行为人垫付车费及订单补贴的行为,符合诈骗罪的本质特征,是一种新型诈骗罪的表现形式。

(二)信息财产

1. 信息财产的范围和属性

对于互联网中的"信息货币"①、物品等,学界通常以"虚拟财产"称之。然而"虚拟财产"的表述不易于把握该类事物的内涵:第一,虚拟与现实相对而言,在概念上先在地与既有财产概念对立。第二,"虚拟财产"中部分内容具有实体的财产性(如具有商品属性的"虚拟财产"),"虚拟"的前缀与其实质不符。第三,"虚拟"仅说明了该类财产在形态上与现实财产有所差异,但是并未指明该类财产的实质内涵,反而"虚拟"的表述成为反对者批判其不具有实质财产性的依据。本文选择"信息财产"作为基础概念进行研究。因为这些对象无一不通过信息形式以"0"与"1"组成的特定表达在网络社会中构建,并在形态、内容上与信息的属性相契合。

就信息财产的性质,有学者提出财物说、财产性利益说以及计算机信息系统数据说的观点,其中财物说、财产性利益说多借鉴日本理论进行阐释。② 然而日本刑事立法中并未给予信息财产充分的空间:第一,财物层面。《日本刑法典》第 245 条、第 251 条中,有将电力视为"财物"的规定是一种例外规定或者准用规定。如由于《日本刑法典》第 245 条的规定不适用于侵占罪、赃物犯罪以及毁坏财物罪,因此在上述犯罪中,电力不是犯罪对象。③ 也即其财物的概念范围实际上是较为狭窄的,并无将其扩大至信息财产的空间。日本学者也指出信息无法简单比照电力的准用规定:"该规定立法只是暂时性解决,热、声音、光等能量,债券、人力、劳务、信息等也无法管理。"④第二,财产性利益层面。《日本刑法典》对于信息的财产性持否定态度,刑法所

---

① "信息货币"不同于一般所称的"虚拟货币",不包括前述网络服务提供者代币,仅指比特币、莱特币等依靠校验和密码技术来创建、发行和流通的电子货币。实际上,"信息货币"均是一组特定的信息,只不过信息基于技术具有稳定性和唯一性,因而在某种层面上作为"货币"使用。
② 参见王肃之:《网络犯罪原理》,人民法院出版社 2019 年版,第 151—153 页。
③ 参见〔日〕大谷实:《刑法讲义总论》(新版第 4 版),成文堂 2012 年版,第 183—184 页。
④ 〔日〕山中敬一:《刑法各论》(第 3 版),成文堂 2015 年版,第 254—255 页。

保护的是"信息化的物体"而非信息。实际上对于那些以商业秘密、财产性信息与数据为对象的犯罪,现在是通过《日本反不正当争法》第13章第1节的规定,以及将记录了信息与数据的有体物作为犯罪对象的盗窃罪或者侵占罪等现有规定处理。①

因此,信息财产的界分与认定应基于我国自身的理论和实践展开。信息数据、信息财产与财产的范围如下图所示:

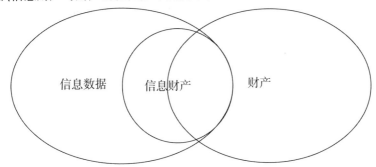

图7.10-1　信息数据、信息财产与财产的范围

其中,信息数据指具有信息内容的计算机信息系统数据,信息财产是信息数据的子概念。信息财产可能是财产,有些信息财产目前还难以成为财产。信息数据成为信息财产需要具备确定性与支配性,信息财产成为财产还需要进一步具备唯一性。

信息物品、网络账号、网络服务提供者代币、积分信息、"信息货币"②均应在信息财产的框架下进行探讨,就信息财产属性可以作如下概括:第一,支配性。信息财产基于主体对其建立的支配关系成立,比如信息物品、网络账号均附属于特定网络用户。与之相对,网络大数据虽然具有一定的价值,但是除非部分完成商品化的数据,一般难以具备特定的支配关系。第二,确定性。信息财产的内容必须是确定的,而不能处于变动中。当然这种确定是相对的,只要符合一般社会观念即可。与之相对,信息资源通常是不确定的(域名等除外),其虽然不乏价值,但是难以完成一般意义的定型化评价。第三,"信息货币"在唯一性上区别于信息物品、网络账号、网络服务提供者代币等其他信息财产,由此为"信息货币"的财产性评价提供了理论空间。而价值确定性不足以成为区分"信息货币"与其他信息财产的理由,如网络服

---

① 参见〔日〕松宫孝明:《刑法各论讲义》(第4版),成文堂2016年版,第188页;〔日〕前田雅英:《刑法各论讲义》(第6版),东京大学出版会2015年版,第147—148页。
② 中国人民银行正在探索发行的数字货币与之不同,数字货币由国家发行并有相应的准备金作为保障,属于货币的形式之一,官方也称之为"法定数字货币"。

务提供者代币也具有一定的交易价格。

2. 信息财产的区分认定

就是否作为网络财产性犯罪的对象,信息财产可以作如下划分:

第一类为服务性信息财产,其不具有唯一性,应认定为计算机信息系统数据,不作为网络财产性犯罪的对象。其主要包括信息物品、网络账号、网络服务提供者代币,这一类信息财产均是基于网络用户和网络服务提供者之间的互动产生,网络服务提供者往往对该信息财产具有最终决定权。

第一,信息物品、网络服务提供者代币。网络服务提供者可以随意增加、删改该信息财产,其边界仅在于不违反与网络用户之间的约定。比如网络游戏装备,是运营商自行决定其数量、效果,因此显然不具有财物的对世效力。

第二,网络账号,如即时通讯工具账号(QQ 号)、电子邮箱账号等。QQ 号依网络用户的申请而提供,难以证成其价值。更为重要的是所谓有"价值"的 QQ 号码仅限于号码位数少、数字特殊的"靓号",而非所有的 QQ 号均被认可价值。与之类似,车辆牌照、手机号码等也存在特殊号码的私下交易,但是其交易不被普遍认可。物品成为财物必须是通常具有价值性,而非偶然有可能具有价值性。

第三,积分信息。对于积分信息,有学者认为违反电商平台积分规则的行为无须刑法干涉,比如通过购买账号,激活账户特权(如生日特权)套现的行为,构成诈骗罪的按照规定处理即可,无须对积分本身进行财产性评价。① 本文认同这一判断。

综上,对于服务性的信息财产,由于其产生和应用的领域均在信息网络服务中,本质上仍未脱离信息数据的范畴,可复制性仍是其难以克服的属性,不具有唯一性,其财产化存在现实的障碍。当然,服务性的信息财产(如网络游戏道具)不被认定为刑法意义上的财产并不意味着不对其进行刑法保护。② 在现阶段将其作为计算机信息系统数据,从而通过《刑法》第 285 条第 2 款非法获取计算机信息系统数据罪、第 286 条破坏计算机信息系统罪等罪名予以保护,既可以体现对于服务性的信息财产的必要保护,同时又可免于陷入财产性问题的无限争论中。

第二类为商品性信息财产。具有唯一性的商品性信息财产("信息货币")可类比违禁品成为财产犯罪对象。根据权威解释:"刑法中所称'货币',是指可在国内市场流通或者兑换的人民币和外币。根据《中国人民银行法》的规定,中华人民共和国的法定货币是人民币。这里所说的'外

---

① 参见欧阳本祺:《论网络时代刑法解释的限度》,载《中国法学》2017 年第 3 期,第 177—178 页。

② 参见黎其武:《盗窃游戏物品与网络犯罪》,载《河北法学》2005 年第 4 期,第 110 页。

币',是指境外正在流通使用的货币,既包括港、澳、台地区的货币,还包括可在中国兑换的外国货币,如美元、英镑等。"①比特币显然缺乏我国或外国发行这一基本条件,也未在正规渠道进行流通,其本质上并非货币。

《日本刑法典》实际上也承认违禁品为财产犯罪的对象,如兴奋剂、毒品、枪炮刀剑等。② 不同于对人体的所有,这些"违禁品"仅仅在与国家的关系上被禁止所有或者持有,其所有权本身仍然是能够想象的,因而应该予以保护,使其免受第三者的侵害。③ 日本判例也认为,"事实上的持有"也是法益,因此违禁品也是财物,可以成为夺取型犯罪的对象。④ 从比较法的层面看,将比特币类比违禁品进而作为财产犯罪的对象也无不妥。

(三) 其他对象的认定

此外,网络大数据、信息资源、信息程序等也具有一定的价值,需要明确其应否作为网络财产性犯罪的对象。

第一,网络大数据⑤。网络大数据在特殊情况下可以考虑作为网络财产性犯罪的对象。通常情况下,网络大数据和"信息货币"以外的信息财产均具有可复制性,难以具备成为财产所需的唯一性,无法成为刑法意义上的财产。但也有例外情形,随着大数据的发展,大数据交易方兴未艾,在大数据交易平台上也有部分大数据进行流转交易的情形。对于这些完成了商品化的大数据,或可评价为财产(但非信息财产)。正如不是所有的物均具有价值,也非所有的大数据均具有价值,对其财产性应审慎地评价。

第二,信息资源。网络宽带、网络应用服务、网络存储空间等信息资源,也具有一定的价值性。对于信息资源的保护应该采取慎重态度,信息资源可以作为财物仅限于其完成定型化和具备唯一性的情形,这可以在(网络)流量与域名刑法认定的比较中说明:

其一,(网络)流量。流量难以成为刑法意义上的财产。一方面,流量难以完成刑法意义的定型化。流量通常的含义有两种:在一定时间内特定网站地址的访问量或者是手机移动数据量。然而网站地址的访问量本身处于变

---

① 郎胜主编:《中华人民共和国刑法释义》(第六版·根据刑法修正案九最新修订),法律出版社 2015 年版,第 247 页。
② 参见〔日〕前田雅英:《刑法各论讲义》(第 6 版),东京大学出版会 2015 年版,第 148—149 页;〔日〕斋藤信治:《刑法各论》(第 4 版),有斐阁 2014 年版,第 91 页;〔日〕山中敬一:《刑法各论》(第 3 版),成文堂 2015 年版,第 257 页。
③ 参见〔日〕松宫孝明:《刑法各论讲义》(第 4 版),成文堂 2016 年版,第 193 页。
④ 参见〔日〕大谷实:《刑法讲义各论》(新版第 4 版补订版),成文堂 2015 年版,第 177—178 页。
⑤ 具体指以集中形式存储、分析的数据集合,其实称之为网络数据或数据包更为合适,但是考虑"数据"已经作为刑法概念适用,为区别理解称之为"大数据"。

动中,手机移动数据量和手机资费之间的关联又是非确定的,其本身不宜作为财产评价。另一方面,流量难以具备唯一性。流量本身只有数量标记而无权限划分,难以具备财产所必须具备的唯一性(比如难以说明此 10M 流量与彼 10M 流量的区别)。流量不被作为财产保护并不意味着不受刑法的保护,可以作为破坏计算机信息系统的犯罪对象加以保护。①

其二,域名。与流量不同,域名可在一定程度上完成定型化和具备唯一性。域名这一特殊的信息资源可以作为财物予以保护:一方面,域名以特定的网址为内容,其内容具有特定性,完成了定型化,且一经注册便与特定主体之间形成了支配关系。另一方面,域名在价值性的基础上具有唯一性,具备成为财物的条件。可参见张四毛盗窃案:

【案例】张四毛盗窃案②

2009 年 5 月,被害人陈某在大连市西岗区登录网络域名注册网站,以 11.85 万元竞拍取得"www.8.cc"域名,并交由域名维护公司维护。

被告人张四毛预谋窃取陈某拥有的域名"www.8.cc",其先利用技术手段破解该域名所绑定的邮箱密码,后将该网络域名转移绑定到自己的邮箱上。2010 年 8 月 6 日,张四毛将该域名从原有的维护公司转移到自己在另一网络公司申请的 ID 上,又于 2011 年 3 月 16 日将该网络域名再次转移到张四毛冒用"龙嫦"身份申请的 ID 上,并更换绑定邮箱。2011 年 6 月,张四毛在网上域名交易平台将网络域名"www.8.cc"以 12.5 万元出售给李某。2015 年 9 月 29 日,张四毛被公安机关抓获。

本案由辽宁省大连市西岗区人民检察院于 2016 年 3 月 22 日以被告人张四毛犯盗窃罪向大连市西岗区人民法院提起公诉。2016 年 5 月 5 日,大连市西岗区人民法院作出判决,认定被告人张四毛的行为构成盗窃罪,判处有期徒刑 4 年 7 个月,并处罚金 5 万元。一审宣判后,当事人未上诉,判决已生效。

网络域名具备法律意义上的财产属性,盗窃网络域名可以认定为盗窃行为。

网络域名是网络用户进入门户网站的一种便捷途径,是吸引网络用户进入其网站的窗口。网络域名注册人注册了某域名后,该域名将不能再被其他人申请注册并使用,因此网络域名具有专属性和唯一性。网络域名属稀缺资

---

① 参见第六章付宣豪、黄子超破坏计算机信息系统案。
② 参见最高人民检察院检例第 37 号。

源,其所有人可以对域名行使出售、变更、注销、抛弃等处分权利。网络域名具有市场交换价值,所有人可以以货币形式进行交易。通过合法途径获得的网络域名,其注册人利益受法律承认和保护。本案中,行为人利用技术手段,通过变更网络域名绑定邮箱及注册ID,实现了对域名的非法占有,并使原所有人丧失了对网络域名的合法占有和控制,其目的是非法获取网络域名的财产价值,其行为给网络域名的所有人带来直接的经济损失。该行为符合以非法占有为目的窃取他人财产利益的盗窃罪本质属性,应以盗窃罪论处。对于网络域名的价值,当前可综合考虑网络域名的购入价、销赃价、域名升值潜力、市场热度等综合认定。

第三,信息程序。任何程序均由一组信息构成,不过这里的信息程序指(计算机信息系统中)合法、正当的信息程序,不包括专门用于侵入、非法控制计算机信息系统的程序以及计算机病毒等破坏性程序。根据权威解释:"'计算机程序',是指为了得到某种结果而可以由计算机等具有信息处理能力的装置执行的代码化指令序列,或者可被自动转换成代码化指令序列的符号化指令序列或者符号化语句序列。"[①]对于信息程序通常刑法并非将其作为财产,而是从以下两个方面予以保护:

其一,从计算机信息系统安全的角度保护信息程序安全。《刑法》第286条第2款规定:"违反国家规定,对计算机信息系统中存储、处理或者传输的数据和应用程序进行删除、修改、增加的操作,后果严重的,依照前款的规定处罚。"

其二,从知识产权的角度保护信息程序的智慧成果。对于信息程序,从智慧成果出发,在知识产权角度予以评价较为妥当。相关司法解释也对此予以明确,《侵犯知识产权案件意见》第13条即规制了以营利为目的,未经著作权人许可,通过信息网络向公众传播他人文字作品、音乐、电影、电视、美术、摄影、录像作品、录音录像制品、计算机软件及其他作品的行为。

五、行为主体

网络财产性犯罪的主体一般为自然人。我国《刑法》虽然规定了自然人与单位两种犯罪主体,但是第30条规定:"公司、企业、事业单位、机关、团体实施的危害社会的行为,法律规定为单位犯罪的,应当负刑事责任。"因此,单位犯罪仅以《刑法》分则罪名中明确加以规定为限。

纵观《刑法》分则第五章"侵犯财产罪"的各个罪名,仅有第276条之

---

① 郎胜主编:《中华人民共和国刑法释义》(第六版·根据刑法修正案九最新修订),法律出版社2015年版,第494—495页。

一拒不支付劳动报酬罪第 2 款规定："单位犯前款罪的,对单位判处罚金,并对其直接负责的主管人员和其他直接责任人员,依照前款的规定处罚。"而网络财产性犯罪主要涉及的盗窃罪、诈骗罪、敲诈勒索罪等罪名的犯罪主体为自然人。因此,除非在极其例外的情况下,网络财产性犯罪的主体均为自然人。

相关司法解释也规定了在自然人主体的评价模式下网络财产性犯罪涉及单位的情形。《盗窃案件解释》第 13 条规定："单位组织、指使盗窃,符合刑法第二百六十四条及本解释有关规定的,以盗窃罪追究组织者、指使者、直接实施者的刑事责任。"

六、罪量

网络财产性犯罪的罪量认定也是实践中非常重要的问题,相关司法解释和文件均对此给予充分的重视,在对其适用财产犯罪一般规定的基础上另行作出一些特别的规定。

(一)网络盗窃行为的罪量

1. 数额认定

《盗窃案件解释》第 1 条第 1 款规定："盗窃公私财物价值一千元至三千元以上、三万元至十万元以上、三十万元至五十万元以上的,应当分别认定为刑法第二百六十四条规定的'数额较大''数额巨大''数额特别巨大'。"网络盗窃行为也据此认定:第一,网络盗窃数额 1 000 元至 3 000 元以上的为"数额较大";第二,网络盗窃数额 3 万元至 10 万元以上的为"数额巨大";第三,网络盗窃数额 30 万元至 50 万元以上的为"数额特别巨大"。

这一标准具有一定的浮动性,特别是考虑地区差异,该条第 2 款规定:"各省、自治区、直辖市高级人民法院、人民检察院可以根据本地区经济发展状况,并考虑社会治安状况,在前款规定的数额幅度内,确定本地区执行的具体数额标准,报最高人民法院、最高人民检察院批准。"

此外,该条还规定了违禁品不按数额进行认定,其第 4 款规定:"盗窃毒品等违禁品,应当按照盗窃罪处理的,根据情节轻重量刑。"对于盗窃比特币等"信息货币"的行为可以参考此款进行认定。

该解释还规定了盗接他人通信线路、复制他人电信码号的电信设备、设施相关数额标准。其第 4 条第 1 款第 4 项规定:"(四)明知是盗接他人通信线路、复制他人电信码号的电信设备、设施而使用的,按照合法用户为其支付的费用认定盗窃数额;无法直接确认的,以合法用户的电信设备、设施被盗接、复制后的月缴费额减去被盗接、复制前六个月的月均电话费推算盗窃数额;合法用户使用电信设备、设施不足六个月的,按照实际使用的月均电话费推算盗窃数额。"第5项规定:"(五)盗接他人通信线路、复制他人电信码号出售的,按照销赃数额认定盗窃数额。"

前述标准要求的例外减半情形也在该解释中予以规定。其第2条规定:"盗窃公私财物,具有下列情形之一的,'数额较大'的标准可以按照前条规定标准的百分之五十确定:(一)曾因盗窃受过刑事处罚的;(二)一年内曾因盗窃受过行政处罚的;(三)组织、控制未成年人盗窃的;(四)自然灾害、事故灾害、社会安全事件等突发事件期间,在事件发生地盗窃的;(五)盗窃残疾人、孤寡老人、丧失劳动能力人的财物的;(六)在医院盗窃病人或者其亲友财物的;(七)盗窃救灾、抢险、防汛、优抚、扶贫、移民、救济款物的;(八)因盗窃造成严重后果的。"其中,除了"在事件发生地盗窃"和"在医院盗窃"等强调地点现实性的情形,均可发生于网络盗窃行为中。

2. 情节认定

(1)其他严重情节

《盗窃案件解释》第6条规定:"盗窃公私财物,具有本解释第2条第3项至第8项规定情形之一,或者入户盗窃、携带凶器盗窃,数额达到本解释第1条规定的'数额巨大''数额特别巨大'百分之五十的,可以分别认定为《刑法》第264条规定的'其他严重情节'或者'其他特别严重情节'。"

结合网络盗窃行为,在数额达到其规定的前提下,适用的情形包括:第一,组织、控制未成年人盗窃的;第二,盗窃残疾人、孤寡老人、丧失劳动能力人的财物的;第三,盗窃救灾、抢险、防汛、优抚、扶贫、移民、救济款物的;第四,因盗窃造成严重后果的。

(2)从宽情节

《盗窃案件解释》第7条规定:"盗窃公私财物数额较大,行为人认罪、悔罪,退赃、退赔,且具有下列情形之一,情节轻微的,可以不起诉或者免予刑事处罚;必要时,由有关部门予以行政处罚:(一)具有法定从宽处罚情节的;(二)没有参与分赃或者获赃较少且不是主犯的;(三)被害人谅解的;(四)其他情节轻微、危害不大的。"这些情节同样适用于网络盗窃行为。

(二)网络诈骗行为的罪量

1. 数额认定

《诈骗案件解释》第1条第1款规定:"诈骗公私财物价值三千元至一万元以上、三万元至十万元以上、五十万元以上的,应当分别认定为《刑法》第266条规定的'数额较大''数额巨大''数额特别巨大'。"网络诈骗行为也据此认定:第一,网络诈骗公私财物价值3 000元至1万元以上的为"数额较大";第二,网络诈骗公私财物价值3万元至10万元以上的为"数额巨大";第三,网络诈骗公私财物价值50万元以上的为"数额特别巨大"。

这一标准同样具有浮动性,考虑了地区差异。该条第 2 款规定:"各省、自治区、直辖市高级人民法院、人民检察院可以结合本地区经济社会发展状况,在前款规定的数额幅度内,共同研究确定本地区执行的具体数额标准,报最高人民法院、最高人民检察院备案。"

《电信网络诈骗案件意见》进一步对此予以强调,其第 2 条第 1 项规定:"(一)根据《诈骗案件解释》第一条的规定,利用电信网络技术手段实施诈骗,诈骗公私财物价值三千元以上、三万元以上、五十万元以上的,应当分别认定为刑法第二百六十六条规定的'数额较大''数额巨大''数额特别巨大'。"从而进一步明确了网络诈骗行为按前述标准认定和处罚。该项还规定了累计计算的情形:"二年内多次实施电信网络诈骗未经处理,诈骗数额累计计算构成犯罪的,应当依法定罪处罚。"

2. 情节认定

(1) 其他严重情节

关于网络诈骗行为,相关司法解释和文件区分规定了达到数额情形和接近数额情形:

第一,达到数额情形。《诈骗案件解释》第 2 条第 1 款规定:"诈骗公私财物达到本解释第 1 条规定的数额标准,具有下列情形之一的,可以依照《刑法》第 266 条的规定酌情从严惩处:(一)通过发送短信、拨打电话或者利用互联网、广播电视、报纸杂志等发布虚假信息,对不特定多数人实施诈骗的;(二)诈骗救灾、抢险、防汛、优抚、扶贫、移民、救济、医疗款物的;(三)以赈灾募捐名义实施诈骗的;(四)诈骗残疾人、老年人或者丧失劳动能力人的财物的;(五)造成被害人自杀、精神失常或者其他严重后果的。"其中,除了第 1 项情形本身针对网络诈骗行为作出外,其他情形也完全可能发生在网络诈骗行为实施过程中。

《电信网络诈骗案件意见》第 2 条第 2 项规定:"(二)实施电信网络诈骗犯罪,达到相应数额标准,具有下列情形之一的,酌情从重处罚:1. 造成被害人或其近亲属自杀、死亡或者精神失常等严重后果的;2. 冒充司法机关等国家机关工作人员实施诈骗的;3. 组织、指挥电信网络诈骗犯罪团伙的;4. 在境外实施电信网络诈骗的;5. 曾因电信网络诈骗犯罪受过刑事处罚或者二年内曾因电信网络诈骗受过行政处罚的;6. 诈骗残疾人、老年人、未成年人、在校学生、丧失劳动能力人的财物,或者诈骗重病患者及其亲属财物的;7. 诈骗救灾、抢险、防汛、优抚、扶贫、移民、救济、医疗等款物的;8. 以赈灾、募捐等社会公益、慈善名义实施诈骗的;9. 利用电话追呼系统等技术手段严重干扰公安机关等部门工作的;10. 利用'钓鱼网站'链接、'木马'程序链接、网络渗透等隐蔽技术手段实施诈骗的。"这是专门针对网络诈骗行为作出的从重处罚规定,其内容更具针对性。

第二,接近数额情形。《诈骗案件解释》第2条第2项另规定:"诈骗数额接近本解释第一条规定的'数额巨大''数额特别巨大'的标准,并具有前款规定的情形之一或者属于诈骗集团首要分子的,应当分别认定为刑法第二百六十六条规定的'其他严重情节''其他特别严重情节'。"这一规定同样适用于网络诈骗行为。

《电信网络诈骗案件意见》专门针对网络诈骗行为的接近数额情形设置规则,其第二部分条第(三)条规定:"(三)实施电信网络诈骗犯罪,诈骗数额接近'数额巨大''数额特别巨大'的标准,具有前述第(二)条规定的情形之一的,应当分别认定为刑法第二百六十六条规定的'其他严重情节''其他特别严重情节'。上述规定的'接近',一般应掌握在相应数额标准的百分之八十以上。"

第三,跨境诈骗情节。《电信网络诈骗案件意见(二)》第3条规定:"有证据证实行为人参加境外诈骗犯罪集团或犯罪团伙,在境外针对境内居民实施电信网络诈骗犯罪行为,诈骗数额难以查证,但一年内出境赴境外诈骗犯罪窝点累计时间30日以上或多次出境赴境外诈骗犯罪窝点的,应当认定为刑法第二百六十六条规定的'其他严重情节',以诈骗罪依法追究刑事责任。有证据证明其出境从事正当活动的除外。"基于该条,符合其规定的跨境网络诈骗犯罪也系"其他严重情节"。

(2)从严情节

《电信网络诈骗案件意见(二)》第16条第2款规定:"对于电信网络诈骗犯罪集团、犯罪团伙的组织者、策划者、指挥者和骨干分子,以及利用未成年人、在校学生、老年人、残疾人实施电信网络诈骗的,依法从严惩处。"基于该款,从严处罚的情形有二:一是电信网络诈骗犯罪集团、犯罪团伙的组织者、策划者、指挥者和骨干分子,二是利用未成年人、在校学生、老年人、残疾人实施电信网络诈骗的。

(3)从宽情节

《诈骗案件解释》第3条规定:"诈骗公私财物虽已达到本解释第一条规定的'数额较大'的标准,但具有下列情形之一,且行为人认罪、悔罪的,可以根据刑法第三十七条、刑事诉讼法第一百四十二条的规定不起诉或者免予刑事处罚:(一)具有法定从宽处罚情节的;(二)一审宣判前全部退赃、退赔的;(三)没有参与分赃或者获赃较少且不是主犯的;(四)被害人谅解的;(五)其他情节轻微、危害不大的。"这一情节的规定也适用于网络诈骗行为。

此外,《电信网络诈骗案件意见(二)》第16条第3款规定:"对于电信网络诈骗犯罪集团、犯罪团伙中的从犯,特别是其中参与时间相对较短、诈骗数额相对较低或者从事辅助性工作并领取少量报酬,以及初犯、偶犯、未成年人、在校学生等,应当综合考虑其在共同犯罪中的地位作用、社会危害程度、主观恶性、人身危险性、认罪悔罪表现等情节,可以依法从轻、减轻处罚。犯罪情节轻微的,可以依法不起诉或者免予刑事处罚;情节显著轻微危害不大的,不以犯罪论处。"该款延展了前述司法解释的规定,扩大了网络诈骗犯罪从犯情节较轻时刑罚裁量的可能范围,使其包括"依法从轻、减轻处罚""依法不起诉或者免予刑事处罚""不以犯罪论处"三种情形,为该类犯罪司法处置的罪责刑相适应进一步提供了规范支持。

(三)网络敲诈勒索行为的罪量

1. 数额认定

《敲诈勒索案件解释》第1条第1款规定:"敲诈勒索公私财物价值二千元至五千元以上、三万元至十万元以上、三十万元至五十万元以上的,应当分别认定为刑法第二百七十四条规定的'数额较大''数额巨大''数额特别巨大'。"网络敲诈勒索行为也据此认定:第一,网络敲诈勒索公私财物价值2 000元至5 000元以上的为"数额较大";第二,网络敲诈勒索公私财物价值3万元至10万元以上的为"数额巨大";第三,网络敲诈勒索公私财物价值30万元至50万元以上的为"数额特别巨大"。

该条同样规定了基于地域差异的浮动标准,其第2款规定:"各省、自治区、直辖市高级人民法院、人民检察院可以根据本地区经济发展状况和社会治安状况,在前款规定的数额幅度内,共同研究确定本地区执行的具体数额标准,报最高人民法院、最高人民检察院批准。"

此外,该解释第2条还规定了"按百分之五十确定为数额较大的情形":"敲诈勒索公私财物,具有下列情形之一的,'数额较大'的标准可以按照本解释第一条规定标准的百分之五十确定:(一)曾因敲诈勒索受过刑事处罚的;(二)一年内曾因敲诈勒索受过行政处罚的;(三)对未成年人、残疾人、老年人或者丧失劳动能力人敲诈勒索的;(四)以将要实施放火、爆炸等危害公共安全犯罪或者故意杀人、绑架等严重侵犯公民人身权利犯罪相威胁敲诈勒索的;(五)以黑恶势力名义敲诈勒索的;(六)利用或者冒充国家机关工作人员、军人、新闻工作者等特殊身份敲诈勒索的;(七)造成其他严重后果的。"该条规定同样适用于网络敲诈勒索行为,即便是其中第4项情形,也完全可能成为网络敲诈勒索的行为内容。

2. 情节认定

(1)其他严重情节

《敲诈勒索案件解释》第4条规定:"敲诈勒索公私财物,具有本解释第二条第三项至第七项规定的情形之一,数额达到本解释第一条规定的'数额巨大''数额特别巨大'百分之八十的,可以分别认定为刑法第二百七十四条规定的'其他严重情节''其他特别严重情节'。"这一规定也适用于网络敲诈勒索行为。

(2)从宽情节

《敲诈勒索案件解释》第5条规定了免责情形:"敲诈勒索数额较大,行为人认罪、悔罪、退赃、退赔,并具有下列情形之一的,可以认定为犯罪情节轻微,不起诉或者免予刑事处罚,由有关部门依法予以行政处罚:(一)具有法定从宽处罚情节的;(二)没有参与分赃或者获赃较少且不是主犯的;(三)被害人谅解的;(四)其他情节轻微、危害不大的。"网络敲诈勒索行为也可据此认定。

七、罪责

网络财产性犯罪均为故意犯罪,并且要求具有非法占有目的。例如,盗窃罪即明知是他人或者单位所有或者持有的财物,以非法占有目的,实施窃取财物的行为。误认他人的财物为自己的财物而取走,因不具有非法占有他人财物的目的,不构成盗窃罪。[1] 网络盗窃行为同样需要具有这一目的,网络诈骗行为、网络敲诈勒索行为也是如此。

就网络财产性犯罪的故意形式能否包括间接故意,通说认为不包括,即其罪过形式仅能为直接故意。有观点以诈骗罪为例提出非法占有目的可以包括间接故意。[2] 我国刑法理论一般将故意分为直接故意与间接故意,犯罪目的未在故意类型划分层面发挥作用,但是一般将目的限于直接故意范畴。[3] 而且,"间接故意犯罪行为的性质在危害结果发生前并不确定,危害结果的发生也不是行为人追求的结果,因此间接故意犯罪不存在犯罪动机与犯罪目的"[4]。特别是网络财产性犯罪的目的为"非法占有",明显带有行为人的主观意愿色彩,其积极追求占有的实现而非放任占有的实现,因此其罪过形式应理解为直接故意。

八、罪与非罪

对于网络财产性犯罪而言,认定罪与非罪通常包括三种情形:第一种情

---

[1] 参高铭暄、马克昌主编:《刑法学》,北京大学出版社、高等教育出版社2011年版,第506页。

[2] 参见杜文俊:《司法实践视阈下财产犯罪法益及相关理论研究》,上海社会科学院出版社2017年版,第162页。

[3] 参见高铭暄、马克昌主编:《刑法学》,北京大学出版社、高等教育出版社2011年版,第109—113页;张明楷:《刑法学(上)》(第五版),法律出版社2016年版,第257—264页。

[4] 周光权:《刑法总论》(第三版),中国人民大学出版社2016年版,第185页。

形为符合法定数额标准,第二种情形为符合其他情节要求(如其他严重情节),第三种情形为法律或司法解释等文件特别规定的特殊犯罪形态(如犯罪未遂仍受处罚)。前两种情形的要求前文已经说明,符合法定要求即构成犯罪,反之则不构成犯罪,在此针对第三种情形进行介绍。相关司法解释和文件明确了部分网络盗窃行为、网络诈骗行为的未遂犯也应追究刑事责任。

(一)网络盗窃行为的未遂认定

《盗窃案件解释》第12条第1款规定:"盗窃未遂,具有下列情形之一的,应当依法追究刑事责任:(一)以数额巨大的财物为盗窃目标的;(二)以珍贵文物为盗窃目标的;(三)其他情节严重的情形。"对于网络盗窃行为而言,其中第1种、第3种情形均可能发生,应按此规定认定和处罚。

该条第2款还规定:"盗窃既有既遂,又有未遂,分别达到不同量刑幅度的,依照处罚较重的规定处罚;达到同一量刑幅度的,以盗窃罪既遂处罚。"网络盗窃行为由于互联网的影响更加碎片化,因此结合该款规定理应对其整体进行评价,防止遗漏部分未达到犯罪标准的网络盗窃行为。

(二)网络诈骗行为的未遂认定

《诈骗案件解释》第5条、第6条规定了四类未遂处罚的情形:

第一,诈骗目标数额巨大的情形。其第5条第1款规定:"诈骗未遂,以数额巨大的财物为诈骗目标的,或者具有其他严重情节的,应当定罪处罚。"

第二,按"其他严重情节"认定的情形。其第5条第2款规定:"利用发送短信、拨打电话、互联网等电信技术手段对不特定多数人实施诈骗,诈骗数额难以查证,但具有下列情形之一的,应当认定为刑法第二百六十六条规定的'其他严重情节',以诈骗罪(未遂)定罪处罚:(一)发送诈骗信息五千条以上的;(二)拨打诈骗电话五百人次以上的;(三)诈骗手段恶劣、危害严重的。"

第三,按"其他特别严重情节"认定的情形。其第5条第3款规定:"实施前款规定行为,数量达到前款第(一)、(二)项规定标准十倍以上的,或者诈骗手段特别恶劣、危害特别严重的,应当认定为刑法第二百六十六条规定的'其他特别严重情节',以诈骗罪(未遂)定罪处罚。"

第四,既遂与未遂并存的情形。其第6条规定:"诈骗既有既遂,又有未遂,分别达到不同量刑幅度的,依照处罚较重的规定处罚;达到同一量刑幅度的,以诈骗罪既遂处罚。"

在这四种情形中,第二种、第三种情形专门针对网络诈骗行为规定,第一种、第四种情形也适用于网络诈骗行为。

《电信网络诈骗案件意见》进一步作出专门规定,除了对于前述第三种、第四种情形予以申明外,还对第二种情形作出完善和补充,其第2条第4项规定:"(四)实施电信网络诈骗犯罪,犯罪嫌疑人、被告人实际骗得财物的,以诈骗罪(既遂)定罪处罚。诈骗数额难以查证,但具有下列情形之一的,应当认定为刑法第二百六十六条规定的'其他严重情节',以诈骗罪(未遂)定罪处罚:1.发送诈骗信息五千条以上的,或者拨打诈骗电话五百人次以上的;2.在互联网上发布诈骗信息,页面浏览量累计五千次以上的。"

九、此罪与彼罪

对于网络财产性犯罪而言,一般财产犯罪此罪与彼罪认定的划分仍然适用:第一,诈骗罪和盗窃罪。盗窃罪和诈骗罪都是把他人占有的财物,通过犯罪方法变为自己占有的取得型财产犯罪,但前者是违反被害人意志取得财产的犯罪,后者是基于被害人有瑕疵的意志而取得财产的犯罪。被害人是否基于有瑕疵的同意交付财物是诈骗罪和盗窃罪相区别的根本标志。[①] 第二,诈骗罪与敲诈勒索罪。行为人仅实施欺骗行为,被害人陷入认识错误并产生恐惧心理而处分财产的,应认定为诈骗罪;行为人仅实施胁迫行为,被害人虽陷入一定认识错误,但完全或主要基于恐惧心理处分财产的,应认定为敲诈勒索罪。[②]

此外,由于互联网的介入,网络财产性犯罪在此罪与彼罪认定中还面临与一般财产性犯罪不同的特殊问题,突出表现在网络诈骗行为和网络盗窃行为的认定上。很多网络盗窃行为也与被害人自身的特定行动和状况密切相关,需要结合被害人的各个要素进行判断。

(一)处分事实缺失:介入犯罪人的行为

即在网络财产性犯罪中,被害人的处分行为并未单独完成财产移转,由被害人的行为与犯罪人的行为共同完成财产的移转。如臧进泉等盗窃、诈骗案:

【案例】臧进泉等盗窃、诈骗案[③]

2010年6月1日,被告人郑必玲骗取被害人金某195元后,获悉金某的建设银行网银账户内有305 000余元存款且无每日支付限额,遂电话告知被告人臧进泉,预谋合伙作案。臧进泉赶至网吧后,以尚未看到金某付款成功的记录为由,发送给金某一个交易金额标注为1元而实际植入了支付305 000元的计算机程序的虚假链接,谎称金某点击该1元支付链接后,其即

[①] 参见周光权:《刑法各论》(第三版),中国人民大学出版社2016年版,第130页。
[②] 参见张明楷:《刑法学(下)》(第五版),法律出版社2016年版,第1019页。
[③] 参见最高人民法院指导案例第27号。

可查看到付款成功的记录。金某在诱导下点击了该虚假链接,其建设银行网银账户中的305 000元随即通过臧进泉预设的计算机程序,经上海快钱信息服务有限公司的平台支付到臧进泉提前在福州海都阳光信息科技有限公司注册的"kissal23"账户中。臧进泉使用其中的116 863元购买大量游戏点卡,并在"小泉先生哦"的淘宝网店上出售套现。

2010年5月至6月间,被告人臧进泉、郑必玲、刘涛分别以虚假身份开设无货可供的淘宝网店铺,并以低价吸引买家。三被告人事先在网游网站注册一账户,并对该账户预设充值程序,充值金额为买家欲支付的金额,后将该充值程序代码植入到一个虚假淘宝网链接中。与买家商谈好商品价格后,三被告人各自以方便买家购物为由,将该虚假淘宝网链接通过阿里旺旺聊天工具发送给买家。买家误以为是淘宝网链接而点击该链接进行购物、付款,并认为所付货款会汇入支付宝公司为担保交易而设立的公用账户,但该货款实际通过预设程序转入网游网站在支付宝公司的私人账户,再转入被告人事先在网游网站注册的充值账户中。三被告人获取买家货款后,在网游网站购买游戏点卡、腾讯Q币等,然后将其按事先约定统一放在臧进泉的"小泉先生哦"的淘宝网店铺上出售套现,所得款均汇入臧进泉的工商银行卡中,由臧进泉按照获利额以约定方式分配。

被告人臧进泉、郑必玲、刘涛经预谋后,先后到江苏省苏州市、无锡市、昆山市等地网吧采用上述手段作案。臧进泉诈骗22 000元,获利5 000余元,郑必玲诈骗获利5 000余元,刘涛诈骗获利12 000余元。

浙江省杭州市中级人民法院于2011年6月1日作出(2011)浙杭刑初字第91号刑事判决:一、被告人臧进泉犯盗窃罪,判处有期徒刑13年,剥夺政治权利1年,并处罚金3万元;犯诈骗罪,判处有期徒刑2年,并处罚金5 000元,决定执行有期徒刑14年6个月,剥夺政治权利1年,并处罚金35 000元。二、被告人郑必玲犯盗窃罪,判处有期徒刑10年,剥夺政治权利1年,并处罚金1万元;犯诈骗罪,判处有期徒刑6个月,并处罚金2 000元,决定执行有期徒刑10年3个月,剥夺政治权利1年,并处罚金12 000元。三、被告人刘涛犯诈骗罪,判处有期徒刑1年6个月,并处罚金5 000元。宣判后,臧进泉提出上诉。浙江省高级人民法院于2011年8月9日作出(2011)浙刑三终字第132号刑事裁定,驳回上诉,维持原判。

行为人利用信息网络,诱骗他人点击虚假链接而实际通过预先植入的计算机程序窃取财物构成犯罪的,以盗窃罪定罪处罚;虚构可供交易的商品或者服务,欺骗他人点击付款链接而骗取财物构成犯罪的,以诈骗罪定罪处罚。

法院生效裁判认为：盗窃是指以非法占有为目的，秘密窃取公私财物的行为；诈骗是指以非法占有为目的，采用虚构事实或者隐瞒真相的方法，骗取公私财物的行为。对既采取秘密窃取手段又采取欺骗手段非法占有财物行为的定性，应从行为人采取主要手段和被害人有无处分财物意识方面区分盗窃与诈骗。如果行为人获取财物时起决定性作用的手段是秘密窃取，诈骗行为只是为盗窃创造条件或作掩护，被害人也没有"自愿"交付财物的，就应当认定为盗窃；如果行为人获取财物时起决定性作用的手段是诈骗，被害人基于错误认识而"自愿"交付财物，盗窃行为只是辅助手段的，就应当认定为诈骗。

在信息网络情形下，行为人利用信息网络，诱骗他人点击虚假链接而实际上通过预先植入的计算机程序窃取他人财物构成犯罪的，应当以盗窃罪定罪处罚；行为人虚构可供交易的商品或者服务，欺骗他人为支付货款点击付款链接而获取财物构成犯罪的，应当以诈骗罪定罪处罚。

在该案的两起事实中，第一起事实（盗窃事实）引起广泛的关注，被害人财产的移转是由行为人发送虚假链接的行为与被害人点击链接的行为共同完成。其中，被害人对 305 000 元的处分行为不能成立：第一，被害人的处分行为欠缺交付事实。如前所述，构成处分行为必须具有处分意思与处分事实，而本案中交付事实不存在，被害人未就 305 000 元进行交付，因而难以成立交付行为。第二，被害人的处分行为欠缺"直接性要件"。对于诈骗犯罪中交付占有的移转而言，交付（处分行为）是对财物的占有（财产上的利益）转移的行为，这种移转要求具备"直接性要件"，占有的移转不能通过犯罪人的某种行为介入才完成（直接性）。① 而该案中被害人的处分行为显然介入了犯罪人的行为，不具有这种直接性。因此，被害人的处分行为不能成立。

（二）处分意思缺失：介入他人处分行为

即在网络财产性犯罪中，被害人的财产移转并非由其自身的处分行为完成，而是由第三人的支付等行为完成。其典型情形为"二维码案"，这一案例首先是学者讨论时创造的一个案例，其后转化为真实的案例：

【案例】邹晓敏盗窃案②

2017 年 2 月至 3 月间，被告人邹晓敏先后到石狮市沃尔玛商场门口台湾脆皮玉米店、章鱼小丸子店、世茂摩天城商场可可柠檬奶茶店、石狮市湖东菜市场、长福菜市场、五星菜市场、洋下菜市场，以及晋江市青阳街道等地的店

---

① 参见〔日〕山中敬一：《刑法各论》（第 3 版），成文堂 2015 年版，第 365 页。
② 参见福建省石狮市人民法院（2017）闽 0581 刑初 1070 号刑事判决书。

铺、摊位,乘无人注意之机,将上述店铺、摊位上的微信收款二维码掉换(覆盖)为自己的微信二维码,从而获取顾客通过微信扫描支付给上述商家的钱款。经查,被告人邹晓敏获取被害人郑某、王某等人的钱款共计6 983.03元。

福建省石狮市人民法院于2017年9月12日作出(2017)闽0581刑初1070号刑事判决:一、被告人邹晓敏犯盗窃罪,判处有期徒刑8个月,并处罚金2 000元。二、责令被告人邹晓敏赔偿被害人经济损失5 609.2元,追缴被告人违法所得1 373.83元,没收作案工具苹果4代手机1部。

对于以非法占有为目的偷换商户收款二维码,采用秘密手段窃取公民财物的行为,构成犯罪的,按照盗窃罪认定处理。

该案中,被告人邹晓敏违法所得总金额为6 983.03元,属数额较大,其行为已构成盗窃罪。

第一,被告人邹晓敏采用秘密手段,掉换(覆盖)商家的微信收款二维码,从而获取顾客支付给商家的款项,符合盗窃罪的客观构成要件。秘密掉换二维码是其获取财物的关键。

第二,商家向顾客交付货物后,商家的财产权利已然处于确定、可控状态,顾客必须立即支付对等价款。微信收款二维码可看作是商家的收银箱,顾客扫描商家的二维码即是向商家的收银箱付款。被告人秘密掉换(覆盖)二维码即是秘密用自己的收银箱换掉商家的收银箱,使得顾客交付的款项落入自己的收银箱,从而占为己有。

第三,被告人并没有对商家或顾客实施虚构事实或隐瞒真相的行为,不能认定商家或顾客主观上受骗。所谓"诈骗",即有人"使诈"、有人"受骗"。本案被告人与商家或顾客没有任何联络,包括当面及隔空(网络电信)接触,除了掉换二维码外,被告人对商家及顾客的付款没有任何明示或暗示。商家让顾客扫描支付,正是被告人采用秘密手段的结果,使得商家没有发现二维码已被掉包,而非主观上自愿向被告人或被告人的二维码交付财物。顾客基于商家的指令,当面向商家提供的二维码转账付款,其结果由商家承担,不存在顾客受被告人欺骗的情形。顾客不是受骗者,也不是受害者,商家是受害者,但不是受骗者。

该案中,就处分意思问题可从以下两个层面进行分析:第一,处分意思是否指向(全部的)被害人财产。在这一层面并不存在问题,因为顾客所支付的财产就是商家损失的财产。第二,处分意思是否包括犯罪人或第三人取得财产。在"二维码案"中,顾客的处分意思是商家取得财产,而非犯罪人或第三人取得财产。就能否将处分意思的取得主体范围扩大至被害人,本文持否定观点。因为犯罪人或第三人代表的是犯罪一方,其中第三人也往往是犯罪人的共犯或者关系人,否则就不会导致受害人财产确实遭受损失的法益侵害结果。反之,如果将被害人取得财产也作为适格的处分意思,就会导致被害一方与犯罪一方在法益侵害的判断立场上产生混同,从而引发诈骗犯罪的法益保护立场与构成要件要素解释混乱,最终导致诈骗犯罪的泛化适用。因此,不应认为顾客的支付行为构成诈骗罪意义上的处分行为,原审认定犯罪人构成盗窃罪从被害人的角度看并无不当。

(三)处分主体缺失:介入智能系统的"处分"

也即在没有被害人或者其他人参与的情况下,犯罪人输入虚假指令借由智能(计算机)系统的"处分"非法占有他人财产的情形。早在十余年前,围绕全国知名的"许霆案"就曾展开广泛而持久的争论。

【案例】许霆案①

2006年4月21日21时许,被告人许霆到广州市天河区黄埔大道西平云路163号的广州市商业银行自动柜员机(ATM)取款,同行的郭安山在附近等候。许霆持自己不具备透支功能、余额为176.97元的银行卡准备取款100元。21时56分,许霆在自动柜员机上无意中输入取款1 000元的指令,柜员机随即出钞1 000元。许霆经查询,发现其银行卡中仍有170余元,意识到银行自动柜员机出现异常,能够超出账户余额取款且不能如实扣账。许霆于是在21时57分至22时19分、23时13分至19分、次日零时26分至1时06分三个时间段内,持银行卡在该自动柜员机指令取款170次,共计取款174 000元。许霆告知郭安山该台自动柜员机出现异常后,郭安山亦采用同样手段取款19 000元。同月24日下午,许霆携款逃匿。

广州市中级人民法院于2007年11月20日作出(2007)穗中法刑二初字第196号刑事判决,被告人许霆提出上诉。广东省高级人民法院于2008年1月9日作出(2008)粤高法刑一终字第5号刑事裁定,撤销原判,发回重审。广州市中级人民法院于2008年3月31日作出(2008)穗中法刑二重字第2号刑事判决:一、被告人许霆犯盗窃罪,判处有期徒刑5年,并处罚金2万元。二、追缴被告人许霆的犯罪所得173 826元,发还受害单位。该判决依法报请最高人民法院核准后生效。

行为人以非法占有为目的,利用柜员机故障故意输入超过存款金额的取款指令获取存款,构成犯罪的,按照盗窃罪认定处理。

该案明确了柜员机等计算机系统不能构成"被骗"的对象。被告人许霆

---

① 参见广东省广州市中级人民法院(2008)穗中法刑二重字第2号刑事判决书。

以非法占有为目的,采用秘密手段窃取银行经营资金的行为,已构成盗窃罪。许霆案发当晚21时56分第一次取款1 000元,是在正常取款时,因自动柜员机出现异常,无意中提取的,不应视为盗窃,其余170次取款,其银行账户被扣账的174元,不应视为盗窃,许霆盗窃金额共计173 826元。

在被害性层面,关于该案认定为盗窃罪还是诈骗罪的争议聚焦在自动柜员机(ATM)能否"被骗",即计算机能否陷入错误认识并且处分财产。近年来,随着人工智能技术的飞速发展,智能系统的智能化水平不断提高,学界出现了认为智能系统可以成为被害参与主体的观点。有学者认为,ATM机等既非"机器"也非"人",而应该是"机器人"。其基于人工智能科学的发展,认为机器人区别于普通机器,具有认识能力和表达能力,因此可以在"假人"(行为人)使用"真卡"的情况下陷入错误认识,成为处分财产的被害参与主体。①

然而智能系统无法成为被害参与主体,其本质上只能作为犯罪对象。一方面,智能系统难以具有认识可能性,因而不会陷入错误认识。智能系统的"错误"只能是系统的指令错误和操作错误,并非对于财产处分这一事项的错误认识。另一方面,智能系统无法独立完成处分行为。完成处分行为需要具备处分意思和处分事实。假使智能系统可以完成处分事实,其也无法具有处分的意思。对智能系统而言只是执行交付的指令,即便是授予其在智能性的范围内确定执行或者不执行一定的操作指令,也是在事先设定好的程序下进行的,难以凭空产生处分意思。因此,被害最终应归于相关的自然人或者法人,智能系统也无法成为财产犯罪中"处分"被害财产的主体。

德日刑法也否认了智能系统成为被害参与主体。《德国刑法典》于第263条诈骗罪之外另设第263条a计算机诈骗罪,以解决计算机无法成为被害参与主体的问题。与之类似,《日本刑法典》第246条之二虽然在罪名上表述为"计算机诈骗罪",实际上计算机诈骗罪的设立目的和前提即是解决智能系统不能作为被害参与主体的问题。对此有学者指出:"该罪的设立目的即是(解决)类似自然人的计算机错误处分无法成立诈骗罪。"②

回归"许霆案"的判决,其基于智能系统的对象性而非主体性进行判断,并根据我国对于财产分类和财产犯罪的规定以盗窃罪处罚,契合了我国的理论传统与司法实践。

十、处罚

网络财产性犯罪应根据《刑法》第五章侵犯财产罪对应罪名的刑罚规定

---

① 参见刘宪权:《网络侵财犯罪刑法规制与定性的基本问题》,载《中外法学》2017年第4期,第934—935页。

② 〔日〕前田雅英:《刑法各论讲义》(第6版),东京大学出版会2015年版,第251页。

分别处罚(这三种之外的网络财产性犯罪亦同)：

第一，网络盗窃行为。根据《刑法》第264条的规定，网络盗窃犯罪：其一，数额较大或者多次盗窃的，处3年以下有期徒刑、拘役或者管制，并处或者单处罚金；其二，数额巨大或者有其他严重情节的，处3年以上10年以下有期徒刑，并处罚金；其三，数额特别巨大或者有其他特别严重情节的，处10年以上有期徒刑或者无期徒刑，并处罚金或者没收财产。《刑法》第265条也规定"依照本法第264条的规定定罪处罚"。

此外，《最高人民法院、最高人民检察院关于办理盗窃刑事案件适用法律若干问题的解释》第14条规定："因犯盗窃罪，依法判处罚金刑的，应当在一千元以上盗窃数额的二倍以下判处罚金；没有盗窃数额或者盗窃数额无法计算的，应当在一千元以上十万元以下判处罚金。"

第二，网络诈骗行为。根据《刑法》第266条的规定，网络诈骗犯罪：其一，数额较大的，处3年以下有期徒刑、拘役或者管制，并处或者单处罚金；其二，数额巨大或者有其他严重情节的，处3年以上10年以下有期徒刑，并处罚金；其三，数额特别巨大或者有其他特别严重情节的，处10年以上有期徒刑或者无期徒刑，并处罚金或者没收财产。

此外，《最高人民法院、最高人民检察院、公安部关于办理电信网络诈骗等刑事案件适用法律若干问题的意见》第2条第6项至第8项还规定了三条关于网络诈骗犯罪刑罚适用的规则："(六)对实施电信网络诈骗犯罪的被告人裁量刑罚，在确定量刑起点、基准刑时，一般应就高选择。确定宣告刑时，应当综合全案事实情节，准确把握从重、从轻量刑情节的调节幅度，保证罪责刑相适应。(七)对实施电信网络诈骗犯罪的被告人，应当严格控制适用缓刑的范围，严格掌握适用缓刑的条件。(八)对实施电信网络诈骗犯罪的被告人，应当更加注重依法适用财产刑，加大经济上的惩罚力度，最大限度剥夺被告人再犯的能力。"

第三，网络敲诈勒索行为。根据《刑法》第274条的规定，网络敲诈勒索犯罪：其一，数额较大或者多次敲诈勒索的，处3年以下有期徒刑、拘役或者管制，并处或者单处罚金；其二，数额巨大或者有其他严重情节的，处3年以上10年以下有期徒刑，并处罚金；其三，数额特别巨大或者有其他特别严重情节的，处10年以上有期徒刑，并处罚金。

此外，《敲诈勒索案件解释》第8条规定："对犯敲诈勒索罪的被告人，应当在二千元以上、敲诈勒索数额的二倍以下判处罚金；被告人没有获得财物的，应当在二千元以上十万元以下判处罚金。"

第八章　网络空间的总括性犯罪

第一节　拒不履行信息网络安全管理义务罪

一、概述

《刑法修正案（九）》出台前,惩治涉及互联网的犯罪主要依靠传统罪名。例如,最高人民法院、最高人民检察院于2005年发布的《关于办理赌博刑事案件具体应用法律若干问题的解释》第4条规定了网络服务提供者的共犯责任。随着网络犯罪立法由系统思维到网络思维,再到平台思维的逐渐转化,《刑法修正案（九）》增设了拒不履行信息网络安全管理义务罪,体现了立法对网络服务提供者不作为的重点关注。事实上,刑法上的相似罪名还有消防责任事故罪、拒绝提供间谍犯罪证据罪。消防责任事故、不提供间谍犯罪证据,这些原本并非刑法上的不作为犯,也不属于刑法制裁和评价的范围,但鉴于对公共安全、国家安全的保障,刑法通过类型化将其入罪。这种入罪化,在很大程度上属于对特定主体"法定作为义务"的额外附加,但需要明确这种附加或者转嫁并非政府义务的直接转移,而是将政府监管与社会、个人义务相平衡,即设置了经有关机关介入仍拒绝履行的前提,这也成为真正不作为犯成立的关键问题,即行政违法性判断的前置。对于拒不履行信息网络安全管理义务罪的成立,刑法设置了两个限制性构成要件要素,即经监管部门责令采取改正措施而拒不改正和造成严重后果。从刑法的条文设置上可以明显看出,网络平台的不作为责任并非独立的绝对责任类型,而是经过政府监管部门责令采取改正措施之后的依然不作为,这种不作为类型社会危害性更大。有观点对网络服务提供者的不作为责任提出了质疑,认为这是对网络服务提供者管理义务的扩张,以管控网络的目的加重了网络服务提供者的责任。① 义务和权利是相对的,网络服务提供者对于信息网络的管理乃至保护义务,恰恰是其在业务经营过程中收集、存储、使用公民信息、公共数据获得相应收益权利所对应的等价义务,是与其服务范围、业务类型相对应的业务保证义务,并非政府责任的粗暴转移。因此,真正不作为犯的成立与否仍然需要判断政府的先行义务履行与先行执法行为的存在和正当与否。

二、保护法益

关于拒不履行信息网络安全管理义务罪保护的法益,理论界有多种观点。其中,主流观点认为本罪保护的法益为"社会管理秩序所涵盖的信息网络安全管理秩序";也有少数学者提出"信息网络说""网络安全说"和"信息专属权说"的保护法益观点。拒不履行信息网络安全管理义务罪保护的法益为"社会管理秩序所涵盖的信息网络安全管理秩序"之理论较为合理。该观点认为,运用体系解释确定本罪的法益,刑法对类罪的同类法益作了明确或者提示性规定,根据罪名所处的章节类别即可判断具体犯罪的法益。② "从立法安排看,本罪被放在《刑法》第 286 条之一的位置,位于《刑法》分则第六章第一节,属于'扰乱公共秩序罪'的范畴。"③运用比较解释也可确定本罪的法益,本罪成立的前提是"责令改正而拒不改正",参照我国其他以此为前置的罪名,如拒不支付劳动报酬罪。拒不履行信息网络安全管理义务罪与拒不支付劳动报酬罪都有"责令主体并拒不履行相应的义务"的前置条件,因而其侵犯的法益也可参照拒不支付劳动报酬罪。拒不支付劳动报酬罪侵犯了双重法益,其中一项为破坏"国家劳动秩序"。参照之下,拒不履行信息网络安全管理义务罪可以理解为破坏"社会管理秩序所涵盖的信息网络安全管理秩序"。

"信息网络说"又称为"网络空间说",该观点认为网络虚拟空间是与现实空间并存的"第二空间",网络秩序与现实社会秩序共同构成了信息时代的社会秩序,破坏网络秩序就是破坏社会秩序。如根据最高人民法院、最高人民检察院于 2013 年 9 月 6 日发布的《信息网络诽谤解释》第 5 条的规

---

① 参见刘艳红:《无罪的快播与有罪的思维——"快播案"有罪论之反思与批判》,载《政治与法律》2016 年第 12 期,第 112 页。
② 参见杨新绿:《论拒不履行信息网络安全管理义务罪的法益》,载《北方法学》2019 年第 6 期,第 51 页。
③ 谢望原:《论拒不履行信息网络安全管理义务罪》,载《中国法学》2017 年第 2 期,第 239 页。

定。① 该学说忽视了法益本身的性质。犯罪嫌疑人在网络空间实行的犯罪,并不会对网络空间本身造成侵害,而是对网络空间内存的网络秩序、内容造成影响;此外,若将网络空间作为法益,则多个发生在网络空间的罪名的法益将重叠。因此,信息网络说并不合理。"网络安全说"和"信息专属权说"则属于法益的外延过小,不能包涵整个罪名。"网络安全说"以网络安全为保护对象,但是在法条中有一项"致使刑事证据灭失"。该后果实际上并不属于网络安全的范围。"信息专属权说"则是将侵害信息网络管理秩序的行为限缩到了信息的非法流转,但是实际上,侵害信息网络管理秩序的行为并不仅此一种。《网络安全法》第 21 条和第 34 条②等条文都规定了相应的内容。因而"信息专属权说"将本罪的法益认为是"信息专属权"过于狭隘了。③

三、行为

拒不履行信息网络安全管理义务罪作为法定纯正不作为犯,其客观行为包括两个层次:第一层次为"不履行法律、行政法规规定的信息网络安全管理义务",第二层次为"经监管部门责令采取改正措施而拒不改正"。因此,成立本罪需要同时满足网络服务提供者违反了相应法定义务,且监管部门责令改正而拒不改正。

(一)不履行法律、行政法规规定的信息网络安全管理义务

根据刑法规定,拒不履行信息网络安全管理义务罪成立的前提是,必须违反法律法规明确设定的管理义务,即没有按照法律、行政法规的规定履行相应的作为义务。我国目前并没有明确、系统的法律法规来确定信息网络安全管理义务,网络安全管理义务散见于各个法律法规中。例如,《计算机信息

---

① 《信息网络诽谤解释》第 5 条规定,"利用信息网络辱骂、恐吓他人,情节恶劣,破坏社会秩序的,依照刑法第二百九十三条第一款第(二)项的规定,以寻衅滋事罪定罪处罚"。
② 《网络安全法》第 21 条:"国家实行网络安全等级保护制度。网络运营者应当按照网络安全等级保护制度的要求,履行下列安全保护义务,保障网络免受干扰、破坏或者未经授权的访问,防止网络数据泄露或者被窃取、篡改:(一)制定内部安全管理制度和操作规程,确定网络安全负责人,落实网络安全保护责任;(二)采取防范计算机病毒和网络攻击、网络侵入等危害网络安全行为的技术措施;(三)采取监测、记录网络运行状态、网络安全事件的技术措施,并按照规定留存相关的网络日志不少于六个月;(四)采取数据分类、重要数据备份和加密等措施;(五)法律、行政法规规定的其他义务。"《网络安全法》第 34 条:"除本法第二十一条的规定外,关键信息基础设施的运营者还应当履行下列安全保护义务:(一)设置专门安全管理机构和安全管理负责人,并对该负责人和关键岗位的人员进行安全背景审查;(二)定期对从业人员进行网络安全教育、技术培训和技能考核;(三)对重要系统和数据库进行容灾备份;(四)制定网络安全事件应急预案,并定期进行演练;(五)法律、行政法规规定的其他义务。"
③ 参见杨新绿:《论拒不履行信息网络安全管理义务罪的法益》,载《北方法学》2019 年第 6 期,第 47—48 页。

网络国际联网安全保护管理办法》《网络安全法》等。应当明确的是,有关规范网络运营与管理的法律法规庞杂,并非每一条都属于刑法所规定的信息网络安全管理义务①,刑法规定的信息网络安全管理义务,应当是其中的禁止性规范与命令性规范。禁止性规范指法律明确禁止的行为,例如《网络安全法》第 12 条规定的"不得利用网络……"的内容就属于禁止性规范。② 命令性规范又称强制性规范,指的是法律法规明确规定行为人必须积极作为的事项。例如《计算机信息网络国际联网安全保护管理办法》第 10 条第六项规定,"发现有本办法第四条、第五条、第六条、第七条所列情形之一的,应当保留有关原始记录,并在 24 小时内向当地公安机关报告"就属于命令性规范。③

本罪规定的信息网络安全管理义务,实质上并非网络服务提供者的审查控制义务,而是一种附属于监管部门的配合义务。该种配合义务分为事先的技术和制度保障义务,以及事后的通知和止损义务。④ 事先的技术和制度保障义务包括建立网站安全保障制度、信息安全保密管理制度、用户信息安全管理制度等制度,例如,《网络安全法》第 24 条规定,"网络运营者为用户办理网络接入、域名注册服务,办理固定电话、移动电话等入网手续,或者为用户提供信息发布、即时通讯等服务,在与用户签订协议或者确认提供服务时,应当要求用户提供真实身份信息。用户不提供真实身份信息的,网络运营者不得为其提供相关服务";事后的通知和止损义务包括及时阻止有关事态和积极报告,例如,《网络安全法》第 25 条规定,"网络运营者应当制定网络安全事件应急预案,及时处置系统漏洞、计算机病毒、网络攻击、网络侵入等安全风险;在发生危害网络安全的事件时,立即启动应急预案,采取相应的补救措施,并按照规定向有关主管部门报告。"

---

① 有观点认为,信息网络安全管理义务仅包括命令性规范,也有观点认为包括禁止性规定和命令性规定。在此采用了观点二。

② 《网络安全法》第 12 条:"国家保护公民、法人和其他组织依法使用网络的权利,促进网络接入普及,提升网络服务水平,为社会提供安全、便利的网络服务,保障网络信息依法有序自由流动。任何个人和组织使用网络应当遵守宪法法律,遵守公共秩序,尊重社会公德,不得危害网络安全,不得利用网络从事危害国家安全、荣誉和利益,煽动颠覆国家政权、推翻社会主义制度,煽动分裂国家、破坏国家统一,宣扬恐怖主义、极端主义,宣扬民族仇恨、民族歧视,传播暴力、淫秽色情信息,编造、传播虚假信息扰乱经济秩序和社会秩序,以及侵害他人名誉、隐私、知识产权和其他合法权益等活动。"

③ 参见谢望原:《论拒不履行信息网络安全管理义务罪》,载《中国法学》2017 年第 2 期,第 243 页。

④ 参见于冲:《二分法视野下网络服务提供者不作为的刑事责任划界》,载《当代法学》2019 年第 5 期,第 16—17 页。

(二)经监管部门责令采取改正措施而拒不改正

拒不履行信息网络安全管理义务罪属于典型的义务犯,是"更严格"的义务犯,即不履行法律、行政法规规定的义务并不当然成立犯罪,还有"经监管部门责令采取改正措施而拒不改正"的限制。与其他不作为犯的义务违反要件不同,本罪的义务违反仅仅是成立犯罪的可能条件,即使违反义务、造成危害后果,如果欠缺有关部门的责令改正,依然不构成本罪。因此,不履行信息网络安全管理义务是成立拒不履行信息网络安全管理义务罪的先决性条件,同样也是该罪责任阻却的消极性要件。进而言之,本罪名中的义务违反附属于有关部门的责令改正,这也是平衡政府监管与网络服务提供者责任的立法优化。因此,"拒不履行监管职责"作为本罪处罚的基本要件,是对于网络服务提供者承担刑事责任的必要性限制,是国家职能部门对于网络安全监管与网络服务提供者监管的义务平衡。

当前大数据时代背景下,如果苛责于网络服务提供者的不作为义务,将政府监管责任置于一旁,必然不利于互联网产业的健康发展。有鉴于此,根据我国《刑法》第286条之一的规定,拒不履行信息网络安全管理义务罪的成立除了义务违反之外,还要求满足"经监管部门责令采取改正措施而拒不改正"(即行政前置程序),明确了监管部门与网络服务提供者的责任分配。因此,从这个层面上讲,拒不履行信息网络安全管理义务罪实质上是限缩了网络服务提供者的责任范围,是对网络服务提供者责任的法定化和限缩化。美国《数字千年版权法》(Digital Millennium Copyright Act)对网络服务提供者(Internet Service Provider)的责任承担最早提出了"避风港原则",旨在通过规定"通知"和"移除"两项具体内容来限制和减轻网络服务提供者的责任,即网络服务提供者事先不知其存储、提供链接的信息含有侵权内容,在接到著作权人的通知后,及时删除侵权内容或者断开链接的,则不承担赔偿责任。我国2010年7月1日生效的《侵权责任法》(已废止)中引入了"避风港原则",明确网络服务提供者的责任承担应当采取过错责任原则,即在认定网络服务提供者的民事责任时,将网络用户权利人的通知作为必要前提。具体到本罪,应当明确如下两点:

1. 监管部门的认定

最高人民法院、最高人民检察院在《信息网络案件解释》中规定,监管部门是指"网信、电信、公安等依照法律、行政法规的规定承担信息网络安全监管职责的部门"。由于该条规定并不周延,在司法实践中仍然因为含义模糊、界限难分而产生了认定监管部门的混乱。因此,关于"监管部门"内涵与外延的界定,应当"根据具体职能的不同进行划分,包括工业与信息化部门、宣传部门、公安部门、工商管理部门等共计16个职能部门"。虽然在我国网络安全监管体系中,除行政监管之外,企业之间自发形成的行业监管同样发挥着管理、维护网络安全的重要作用,但不能据此加大对网络服务提供者的惩治力度和打击范围,而将政府监管扩大解释为包括企业内部监管。

2. 经责令拒不改正

立法者此举是为了避免过分增加网络服务提供者的责任,这在事实上极大地限缩了网络服务提供者的刑事责任空间。[1] 因此,很多学者认为本罪在司法实践中并没有达到理想效果,自《刑法修正案(九)》颁布至今,在中国裁判文书网以"拒不履行信息网络安全管理义务罪"为案由进行检索,案例数量为3[2]。对此应当明确,《刑法》第286条之一所设置的行政前置程序,与"避风港原则"有着异曲同工之处,即通过降低平台责任来实现行政监管部门与网络服务提供者的责任平衡。因此,"假如在监管部门作出责令改正的行政指令之前,网络服务提供者存在违反相关法律法规规定的义务的行为,并已造成用户信息泄露,产生严重后果,但只要行政监管部门尚未发出'责令改正'的通知,则不构成本罪。而且,在监管部门责令改正后,如果网络服务提供者积极采取改正措施的,同样不构成本罪"。

【案例】许某某拒不履行信息网络安全管理义务案[3](拒不履行信息网络安全管理义务罪的行为)

2009年5月,被告人许某某与他人共同出资开办了"甲论坛"网站。2011年左右,其他投资人相继退出后,许某某担任网站负责人单独管理该网站。后因该网站上发布了大量的违法信息,许某某被泸州市江阳区互联网信息办公室(以下简称"江阳区网信办")多次约谈并责令限期整改,被泸州市公安局江阳区分局予以警告、责令停止联网和停机整顿,但被告人许某某均拒绝整改,也不履行行政处罚。为逃避监管,许某某授意其聘请的网站管理人员杨忠某联系租用国外的服务器,并先后十六次将被关闭的网站通道重新申请域名开通。

2016年8月18日,江阳区网信办再次对许某某作出责令限期整改通知书,要求许某某对之前已经发布的《×××没错误有失误×××有错误没失误》等有害信息进行删除,并于同月22日前书面报告整改结果。许某某拒绝签收通知书,对相关文章也拒不删除。

---

[1] 参见谢望原:《论拒不履行信息网络安全管理义务罪》,载《中国法学》2017年第2期,第243页。

[2] 数据截至2020年5月20日,中国裁判文书网(https://wenshu.court.gov.cn),最后访问日期:2020年5月20日。

[3] 四川省泸州市中级人民法院(2019)川05刑终41号刑事裁定书。

2017年7月26日,江阳区网信办再次对被告人许某某进行约谈,要求许某某对其网站上登载的违反《互联网信息服务管理办法》规定的几十篇帖文立即删除、马上整改。许某某拒绝在笔录上签字,拒绝整改。同日,泸州市公安局江阳区分局因许某某违反《计算机信息网络国际联网安全保护管理办法》第5条的规定对其作出警告、责令停止联网、停机整顿六个月的行政处罚。许某某仍拒绝签字,不履行行政处罚。

2015年3月28日至2017年5月22日,许某某在"甲论坛"网站发布了《×××:给×××之女××××的一封公开信》等8篇违法信息。截至2017年8月21日,该8篇违法信息的浏览阅读量累计达73 974人次,其中,从2017年6月25日至8月21日的浏览阅读增加量约为5 000人次。

2017年8月21日,被告人许某某被拘传到案。

四川省泸州市江阳区人民法院认为被告人许某某作为"甲论坛"网站的负责人,系网络服务提供者,不履行法律、行政法规规定的信息网络安全管理义务,经监管部门责令采取改正措施而拒不改正,致使违法信息大量传播,其行为已构成拒不履行信息网络安全管理义务罪,应依法追究刑事责任。被告人许某某作为网络服务提供者,在从事信息网络服务职业期间,违背职业应当承担的信息网络安全管理义务,且经监管部门责令采取改正措施而拒不改正,为预防其再犯罪,依法应当决定对其作出一定期限的职业禁止。判决如下:一、被告人许某某犯拒不履行信息网络安全管理义务罪,判处有期徒刑1年6个月,并处罚金3万元;二、禁止被告人许某某自刑罚执行完毕之日或者假释之日起5年内从事信息网络服务职业。

许某某对判决不服,提起上诉。

四川省泸州市中级人民法院经审理认为:许某某作为"甲论坛"网站的负责人,系网络服务提供者,不履行法律、行政法规规定的信息网络安全管理义务,经监管部门责令采取改正措施而拒不改正,致使违法信息大量传播,其行为已构成拒不履行信息网络安全管理义务罪,依法应当追究刑事责任。原判在量刑时结合其犯罪事实、性质、情节和社会危害程度以及认罪悔罪态度,所判处刑罚并无不当。原判认定事实清楚,证据确实、充分,适用法律和定性准确,量刑适当,审判程序合法。许某某的上诉理由不能成立。

四川省泸州市中级人民法院依照《刑事诉讼法》第263条第1款之规定,裁定驳回许某某的上诉,维持原判。

本案中,许某某作为网站负责人,属于网络服务提供者,对其负责的网站上发布的内容具有信息网络安全管理义务,其网站上发布违法信息,是其不履行法律、行政法规规定的信息网络安全管理义务的体现,网信办以及公安局作为监管部门,对许某某进行多次约谈以及作出责令停业整顿等的行政处罚,而其仍拒不签字和改正,则是经监管部门责令改正而拒不改正的体现,本案许某某的行为很好地体现了拒不履行信息网络安全管理义务罪的构成要件行为,即不履行信息网络安全管理义务,经监管部门责令改正而拒不改正的不作为模式。

四、行为主体

拒不履行信息网络安全管理义务罪的行为主体为网络服务提供者,不同的网络服务提供者所承担的信息网络安全管理义务有一定的差别,即不同的网络服务提供者的作为义务不同,相应的豁免事由也不同。因此,确定网络服务提供者这一主体定义的价值不仅在于确定本罪的构成要件,也有益于明确作为义务及在此基础上的责任豁免。但是关于网络服务提供者的定义,理论界尚未形成统一意见,不同的国家和地区也有着不同的界定。1998年美国国会通过了《数字千年版权法》,该法将网络服务提供者分为四类——短暂的数据网络通讯提供者、系统缓存提供者、信息存储服务提供者、信息定位工具提供者。日本则采用了水平立法的方式,没有明确规定网络服务提供者的分类,而是统一规定了网络服务提供者为他人侵权承担责任的限制。《限制特定远程通讯服务提供者损害责任以及请求公开发送者身份信息的权利之法案》明确规定了特定远程通讯服务提供者履行义务、承担责任的条件。

一般认为,根据提供服务内容的不同领域,网络服务提供者主要分为两种基本类型:(1)对于网络发布的信息进行处理和加工,称为网络信息内容提供者(Internet Content Provider);(2)未参与信息实质内容的处理,而是仅对网络信息的传播提供一种媒介服务,如搜索链接服务、网络社交平台服务、电子商务平台服务等,又称网络中介服务者、网络平台提供者(Internet Presence Provider)或者网络接入服务提供者(Internet Access Provider)。一般认为,主体要件的核心价值在于构成要件符合性的判定,但同时依然具有保证人地位的判断价值。这是因为,不同类型的网络服务提供者所承担的信息安全管理义务有着主体间的规范差异,也就产生了不同的作为义务、不同的豁免事由。因此,明确网络服务提供者的类型,其教义学价值不简单止于犯罪主体要件的认定,而在于作为义务的差异化、分级化厘清,以及在此基础之上的责任减免判断。换言之,网络服务提供者的不同类型认定与教义学明确,其价值不仅仅局限于构成要件内,而是更突出地体现为基于不同网络服务主体,根据风险支配与服务类型,确定相对应的作为义务边界。例如,根据德国2001年《远程服务法》规定,提供网络接入的网络服务提供者不存在对网络传输信息的一般性审查和监视义务。由此可见,网络服务提供者的不同类型认定,形式上体现为主体性构成要件要素的判定,在构成要件层面上具有积极意义,但在实质上仍需进一步探讨的还有基于不同网络服务提供类型所承担的作为义务根据。例如,1997 年《德国电信服务法》(German Tele Services Act)第 5 条对网络服务提供者的功能进行区分,进而实行分级作为义务的判定。无独有偶,2000 年 6 月 8 日欧洲议会及欧盟理事会《关于共同体内部市场电子商务若干法律问题的第 2000/31/EC 号指令》(以下简称《电子商务指令》)也根据网络服务提供者所提供服务内容的不同而区别责任承担的规定来看,网络服务提供者的服务类型作为确定风险分担和认定义务违反的影响因素而存在。例如,网络平台服务提供者在信息传输过程中,由于不参与对信息实质内容的加工与处理,对于违法信息以及侵犯公民个人信息的事实缺乏主观认知,根据责任主义原则,在缺乏主观罪过的情况下,不得过度地强调结果归责,不能仅凭危害结果而将责任归咎于仅具有媒介地位和作用的网络服务提供者。在犯罪豁免事由上,《电子商务指令》对于网络服务提供者的免责事由进行了分类规定,仅限于提供"纯技术性、自动的、被动的"网络服务,对于服务的内容超越"暂时存储"或者"纯粹传输"的,则不能当然适用豁免条款。同时,德国也以共犯理论解决网络服务提供者的刑事责任认定问题,其责任认定模式相比我国而言更加细化,对于不同类型的网络服务提供者设置了不同的犯罪成立要件。例如,《德国电信服务法》对于网络接入服务提供者规定了成立犯罪的基本条件:网络接入服务提供者故意与用户共同实施犯罪,其刑事责任豁免权丧失,以共犯承担刑事责任。

我国刑法理论界一直倾向于将网络服务提供者分为两类:一类是为网络信息内容提供技术支持和平台便利的服务主体,即网络连接服务提供者、网络平台服务提供者;一类是实际对网络发布的信息进行处理和加工的主体,即网络内容服务提供者。在这种分类下,主要有两种观点,第一种观点将网络服务提供者狭义理解为仅包括网络连接服务提供者、网络平台服务提供者,不包括网络内容服务提供者。第二种观点认为网络服务提供者包括网络内容服务提供者、网络连接服务提供者和网络平台服务提供者。[1] 此外,亦有观点从不同的角度进行细分,该观点将网络服务提供者分为访问软件提供者、平台提供者、网络接入服务提供者,提出细化网络服务提供者有利于更好地界定相应义务和豁免事由。[2] 最高人民法院、最高人民检察院于 2019 年发布的《信息网络案件解释》第 1 条界定了网络服务提供者,"提供下列服务的

---

[1] 参见朱佶、宋励、张光:《拒不履行信息网络安全管理义务罪的适用研究》,载《2019 互联网安全与治理论坛论文集》,第 112 页。

[2] 参见涂龙科:《网络服务提供者的刑事责任模式及其关系辨析》,载《政治与法律》2016 年第 4 期,第 113—115 页。

单位和个人,应当认定为刑法第二百八十六条之一第一款规定的'网络服务提供者':(一)网络接入、域名注册解析等信息网络接入、计算、存储、传输服务;(二)信息发布、搜索引擎、即时通讯、网络支付、网络预约、网络购物、网络游戏、网络直播、网站建设、安全防护、广告推广、应用商店等信息网络应用服务;(三)利用信息网络提供的电子政务、通信、能源、交通、水利、金融、教育、医疗等公共服务"。然而,该司法解释并未完全明确网络服务提供者是否包括网络内容提供者。

五、罪量(数额与情节)

拒不履行信息网络安全管理义务罪有四种后果:致使违法信息大量传播的;致使用户信息泄露,造成严重后果的;致使刑事案件证据灭失,情节严重的;有其他严重情节的。《信息网络案件解释》出台前,仅有一例判决指出被告人犯罪情节严重,其余判决中对于是否属于犯罪情节严重均未明确写明。在胡某拒不履行信息网络安全管理义务罪一案①中,被告人胡某因为境内 2 000 余名网络用户非法提供境外互联网接入服务,两次被上海市公安局浦东分局约谈,并作出行政处罚,上海市浦东新区人民法院认为,经监管部门两次责令采取改正措施仍不改正且用户高达 2 000 余名,属于情节严重。

【案例】胡某拒不履行信息网络安全管理义务案②(有其他严重情节的)

2015 年 7 月至 2016 年 12 月 30 日期间,被告人胡某为非法牟利,租用国内、国外服务器,自行制作并出租"土行孙""四十二"翻墙软件,为境内 2 000 余名网络用户非法提供境外互联网接入服务。2016 年 3 月、2016 年 6 月上海市公安局浦东分局先后两次约谈被告人胡某,并要求其停止联网服务。2016 年 10 月 20 日,上海市公安局浦东分局对被告人胡某利用上海丝洱网络科技有限公司擅自建立其他信道进行国际联网的行为,作出责令停止联网、警告,并处罚款 15 000 元,没收违法所得 40 445.06 元的行政处罚。被告人胡某拒不改正,于 2016 年 10 月至 2016 年 12 月 30 日,继续出租"土行孙"翻墙软件,违法所得共计 236 167 元。经鉴定,"土行孙"翻墙软件采用了 gotunnel 程序,可以实现代理功能,使本地计算机通过境外代理服务器访问境外网站。

法院认为,被告人胡某非法提供国际联网代理服务,拒不履行法律、行政

---

① 参见上海市浦东新区人民法院(2018)沪 0115 刑初 2974 号刑事判决书。
② 同上注。

法规规定的信息网络安全管理义务,经监管部门责令采取改正措施后拒不改正,情节严重,其行为已构成拒不履行信息网络安全管理义务罪。

判决被告人胡某犯拒不履行信息网络安全管理义务罪,判处拘役6个月,缓刑6个月,罚金3万元。

本案中,被告人胡某为2 000余名网络用户非法提供境外互联网接入服务,被上海市公安局浦东分局两次约谈和一次责令停止联网、警告并处罚金、没收违法所得的行政处罚后,仍拒不改正,违法所得达20余万元,上海市浦东新区人民法院判决理由使用的是"情节严重",当属《刑法》第286条之一第1款第(四)项的"有其他严重情节的"。可以看出,法院在认定此项时考虑了接受服务的人数和违法所得的数额,这在情节严重标准并不明确的当时是具有一定借鉴意义的,其体现的认定标准是人数加金额。

《信息网络案件解释》对大量传播、造成严重后果、情节严重和其他严重情节都作了规定。其中:《信息网络案件解释》第3条规定了七种传播情形为《刑法》第286条之一第1款第(一)项规定的"违法信息大量传播":"(一)致使传播违法视频文件二百个以上的;(二)致使传播违法视频文件以外的其他违法信息二千个以上的;(三)致使传播违法信息,数量虽未达到第一项、第二项规定标准,但是按相应比例折算合计达到有关数量标准的;(四)致使向二千个以上用户账号传播违法信息的;(五)致使利用群组成员账号数累计三千以上的通讯群组或者关注人员账号数累计三万以上的社交网络传播违法信息的;(六)致使违法信息实际被点击数达到五万以上的;(七)其他致使违法信息大量传播的情形。"《信息网络案件解释》第4条规定了八种严重后果为《刑法》第286条之一第1款第(二)项的"严重后果":"(一)致使泄露行踪轨迹信息、通信内容、征信信息、财产信息五百条以上的;(二)致使泄露住宿信息、通信记录、健康生理信息、交易信息等其他可能影响人身、财产安全的用户信息五千条以上的;(三)致使泄露第一项、第二项规定以外的用户信息五万条以上的;(四)数量虽未达到第一项至第三项规定标准,但是按相应比例折算合计达到有关数量标准的;(五)造成他人死亡、重伤、精神失常或者被绑架等严重后果的;(六)造成重大经济损失的;(七)严重扰乱社会秩序的;(八)造成其他严重后果的。"《信息网络案件解释》第5条规定了五种情节严重的情形为《刑法》第286条之一第1款第(三)项的"情节严重":"(一)造成危害国家安全犯罪、恐怖活动犯罪、黑社会性质组织犯罪、贪污贿赂犯罪案件的证据灭失的;(二)造成可能判处五年有期徒刑以上刑罚犯罪案件的证据灭失的;(三)多次造成刑事案件证据灭失的;(四)致使刑事诉讼程序受到严重影响的;(五)其他情节严重的情形。"《信息网络案件解释》第 6 条规定了属于《刑法》第 286 条之一第 1 款第(四)项"其他严重情节"的七种情形:"(一) 对绝大多数用户日志未留存或者未落实真实身份信息认证义务的;(二) 二年内经多次责令改正拒不改正的;(三) 致使信息网络服务被主要用于违法犯罪的;(四) 致使信息网络服务、网络设施被用于实施网络攻击,严重影响生产、生活的;(五) 致使信息网络服务被用于实施危害国家安全犯罪、恐怖活动犯罪、黑社会性质组织犯罪、贪污贿赂犯罪或者其他重大犯罪的;(六) 致使国家机关或者通信、能源、交通、水利、金融、教育、医疗等领域提供公共服务的信息网络受到破坏,严重影响生产、生活的;(七) 其他严重违反信息网络安全管理义务的情形。"但是,针对前述四种后果,司法实践中仍然存在一定的问题。

(一) 违法信息界限不明

我国尚未明确限定"违法信息"的内涵。有关违法信息的内容散见于各法律和行政法规。例如,《网络安全法》第 46 条将违法信息限定为违法犯罪活动的信息,但是该限定并不周延,如在网络平台发布的带有侮辱性质的言论并未被包括其中。① 又例如,国务院《互联网信息服务管理办法》第 15 条以及 2016 年修订后的国务院《电信条例》第 56 条规定了九类违法信息内容。② 其中,第(九)项"含有法律、行政法规禁止的其他内容的",属于兜底性质的条款。但该项规定实际上极大地扩宽了违法信息范围。"该兜底性质的条款可能被任意解释、扩大适用,而违背刑法谦抑性的基本原则。"③有观点提出,研究者"应致力于限缩性地适用《刑法修正案(九)》第 28 条传播违法信息型拒不履行信息网络安全管理义务罪,以防止刑罚的过度介入而造成言论市场的萎缩"④。

(二) 三种具体后果之间的矛盾

有观点认为,"违法信息大量传播"与"刑事案件证据灭失"二者之间存

---

① 参见何新京、张浪、江丹丽:《拒不履行信息网络安全管理义务罪犯罪情形的定量标准界定》,载《司法体制综合配套改革与刑事审判问题研究——全国法院第 30 届学术讨论会获奖论文集(下)》,第 1497 页。

② 《电信条例》第 56 条:"任何组织或个人不得利用电信网络制作、复制、发布、传播含有下列内容的信息:(一)反对宪法所确定的基本原则的;(二)危害国家安全,泄露国家秘密,颠覆国家政权,破坏国家统一的;(三)损害国家荣誉和利益的;(四)煽动民族仇恨、民族歧视,破坏民族团结的;(五)破坏国家宗教政策,宣扬邪教和封建迷信的;(六)散布谣言,扰乱社会秩序,破坏社会稳定的;(七)散布淫秽、色情、赌博、暴力、凶杀、恐怖或者教唆犯罪的;(八)侮辱或者诽谤他人,侵害他人合法权益的;(九)含有法律、行政法规禁止的其他内容的。"

③ 王文华:《拒不履行信息网络安全管理义务罪适用分析》,载《人民检察》2016 年第 6 期,第 26 页。

④ 刘艳红:《网络时代言论自由的刑法边界》,载《中国社会科学》2016 年第 10 期,第 143 页。

在一定的矛盾。例如,行为人为了阻止违法信息的大量传播而选择删除违法信息,但违法信息同时为刑事证据,删除将导致刑事证据的灭失。但实际上,《互联网信息服务管理办法》第 16 条规定,"提供者发现其网站传输的信息明显属于本办法第十五条所列内容之一的,应当立即停止传输,保存有关记录,并向国家有关机关报告",即网络服务提供者有相应的方法积极作为,得到责任豁免。实际上,更有可能出现矛盾的是"用户信息泄露造成严重后果"与"刑事案件证据灭失"。网络服务提供者能否向未按照严格调取程序的监管部门提供用户信息是该矛盾的关键,目前我国尚未有针对此项行为的豁免,网络服务提供者容易因此陷入两难的境地。①

六、罪责

拒不履行信息网络安全管理义务罪在主观上是故意。根据责任主义原则,网络服务提供者如果未能预见到违法犯罪行为的存在,其客观上的不作为便因欠缺主观罪过而不具有可责性。对于信息庞杂、手段隐蔽的网络犯罪而言,往往存在违法信息难以鉴别、难以发现、难以控制的客观技术障碍,因此对于部分客观上造成严重危害后果的行为也不宜一刀切地追究网络服务提供者的不作为责任,在存在客观危害结果的同时,尚需行为人存在主观罪过。对于网络服务提供者不履行作为义务的罪过心态,有观点认为,"如果行为人明确知道其行为一定会或者很大概率上可能导致危害结果的发生,而仍不采取制止措施的,则认定其具有追求或者希望结果发生的故意"②。换言之,"对于不履行网络安全管理义务将导致的网络犯罪危害结果,如果其主观心态为'明知或应知',即排除成立过失之可能,因为网络服务提供者如果已经预见到其不履行安全管理义务将导致危害结果发生具有高度盖然性,其对于网络犯罪危害结果发生的主观心态至少应为放任的间接故意"③。因此,在具体认定上如何确立网络服务提供者的主观罪过标准成为至关重要的问题。网络服务提供者对于网络犯罪危害结果发生的预见程度,作为一种主观意图难以被外界探知,但通过相关影响因素的外在表现,仍可以将主观心态客观地反映出来。例如,《浙江省高级人民法院民事审判第三庭关于审理网络著作权侵权纠纷案件的若干解答意见》第 30 条对于"如

---

① 参见王文华:《拒不履行信息网络安全管理义务罪适用分析》,载《人民检察》2016 年第 6 期,第 27 页。
② 参见〔日〕山口厚:《刑法总论(第二版)》,付立庆译,中国人民大学出版社 2011 年版,第 188 页。
③ 〔德〕乌尔斯·金德霍伊泽尔:《刑法总论教科书(第六版)》,蔡桂生译,北京大学出版社 2015 年版,第 264 页。

何判断网络服务提供者已尽到合理的注意义务"分别从"网络服务提供者的信息管理能力""侵权信息的明显程度"以及"设链网站与被链网站间是否存在利润分成、合作经营"等方面进行了认定,对于网络服务提供者注意义务的认定也具有参考和借鉴价值。此外,在罪过认定上,还可以借鉴《信息网络传播权保护条例》第19条至第24条的网络服务提供者的免责、担责规定,以及2010年《网络赌博犯罪意见》第2条的规定,以"公众举报或行政机关责令改正后进行技术、资金帮助、执法人员调查过程中故意销毁、隐匿相关数据等情形为依据,建立认定网络服务提供者明知的司法标准"。最后需要强调的是,"避风港原则"不能成为网络服务提供者的挡箭牌,应当受到"红旗条款"的限制,技术有门槛,但并不都是属于不可抗力。即使根据美国《数字千年版权法》的规定,网络服务提供者不承担寻找"红旗"的义务,但当"红旗"已经自己出现或者经过政府机关、权利人、被害人通知而出现之后,行为人仍怠于履行其信息网络安全管理义务,则应受到刑事追责。

七、罪与非罪

拒不履行信息网络安全管理义务罪的设置,实际上是最大限度地限缩了网络服务提供者的刑事责任空间,在行为人不履行作为义务的基础上,置入了经责令履行而拒不履行的行政前置性要件,将网络服务提供者的刑事责任明确为一种辅助责任、配合责任。例如,《互联网信息服务管理办法》在全面增设平台行政责任的同时,依然为其设置了合理注意义务的限制性规范,即发现"明显违法"而不采取措施。因此,网络服务提供者承担的应当是一种结果责任,是因其怠于履行结果避免义务而承担的结果责任。不容否认,随着网络犯罪的高发,刑法对网络犯罪的打击半径不断扩大,共犯行为正犯化、预备行为实行化成为刑法应对网络犯罪的重要思路。但是,网络服务提供者作为商事主体,其本身并不具有管理社会的职能,不能将政府监管职能无限地向其进行转移,更不能将刑法前移的打击手段强加于网络服务提供者。

拒不履行信息网络安全管理义务罪的出罪事由通常为"技术中立原则"。有观点认为,由于技术的中立性质,网络接入服务提供者、网络内容服务提供者以及网络平台服务提供者所提供的服务属于中立行为,不应当构成犯罪。但是在我国,刑法已经明确将网络服务提供者纳入了刑法管控的范围,技术实际上并不具备绝对的中立性。

【案例】快播公司等传播淫秽物品牟利案①(技术中立原则。具体案情参见本书第四章第一节相关内容)

在快播案中,被告人及其辩护人都以"技术无罪""技术中立"等为辩护理由主张无罪。例如,辩护人指出快播公司提供的是技术服务,没有传播、发布、搜索淫秽视频行为,也不存在帮助行为;快播技术不是专门发布淫秽视频的工具,而是提供缓存服务以提高网络传输效率,为用户提供 P2P 视频点播技术服务;基于技术中立原则,快播公司的行为应适用避风港原则,快播公司不应为网络用户传播淫秽物品承担刑事责任。但是,法院认为中立的帮助行为,是指外表上属于日常生活行为、业务行为等不追求非法目的的行为,客观上对他人的犯罪起到促进作用的情形。中立的帮助行为是以帮助犯为视角在共同犯罪中讨论中立性对于定罪量刑的影响,而实行行为不存在中立性问题。快播公司的缓存服务器下载、存储并提供淫秽视频传播,属于传播淫秽视频的实行行为,且具有非法牟利的目的,不适用共同犯罪中的中立的帮助行为理论。辩方以行为的中立性来否定快播公司及各被告人责任的意见,不应采纳。对此,我国多数学者持肯定态度。②

八、此罪与彼罪

(一)本罪与帮助信息网络犯罪活动罪

根据《刑法》第 287 条之二规定,帮助信息网络犯罪活动罪是明知他人利用信息网络实施犯罪,为其犯罪提供互联网接入、服务器托管、网络存储、通讯传输等技术支持,或者提供广告推广、支付结算等帮助的行为。它与拒不履行信息网络安全管理义务罪的区别主要是两罪的犯罪行为不同。帮助信息网络犯罪活动罪属于作为犯,行为人实施了帮助性行为;而拒不履行信息网络安全管理义务罪属于不作为犯,行为人怠于履行信息安全管理义务,且经责令仍不改正。

【案例】赵瑞帮助信息网络犯罪活动案③(拒不履行信息网络安全管理义务罪和帮助信息网络犯罪活动罪的区分)

被告人赵瑞经营的网络科技有限公司的主营业务为第三方支付公司网

---

① 参见北京市海淀区人民法院(2015)海刑初字 512 号刑事判决书;北京市第一中级人民法院(2016)京 01 刑终 592 号刑事裁定书。
② 参见陈兴良:《快播案一审判决的刑法教义学评判》,载《中外法学》2017 年第 1 期,第 10—11 页。
③ 最高人民法院公布的非法利用信息网络罪、帮助信息网络犯罪活动罪典型案例之三:赵瑞帮助信息网络犯罪活动案。

络支付接口代理。赵瑞在明知申请支付接口需要提供商户营业执照、法人身份证等五证信息和网络商城备案域名,且明知非法代理的网络支付接口可能被用于犯罪资金走账和洗钱的情况下,仍通过事先购买的企业五证信息和假域名备案在第三方公司申请支付账号,以每个账号收取2 000元至3 500元不等的接口费将账号卖给他人,并收取该账号入账金额3‰左右的利润。2016年11月17日,被害人赵某被骗600万元。其中,被骗资金50万元经他人账户后转入在第三方某股份有限公司开户的某贸易有限公司商户账号内流转,该商户账号由赵瑞通过上述方式代理。

浙江省义乌市中级人民法院判决认为:被告人赵瑞明知他人利用信息网络实施犯罪,为其犯罪提供支付结算的帮助,其行为已构成帮助信息网络犯罪活动罪。被告人赵瑞到案后如实供述自己的罪行,依法可以从轻处罚。以帮助信息网络犯罪活动罪判处被告人赵瑞有期徒刑7个月,并处罚金3 000元。该判决已发生法律效力。

帮助信息网络犯罪活动罪的行为要件是为他人犯罪提供互联网接入、服务器托管、网络存储、通讯传输等技术支持,或者提供广告推广、支付结算等帮助。而拒不履行信息网络安全管理义务罪的行为要件则是不履行信息网络安全管理义务,经监管部门责令改正而拒不改正。二者的重要区别体现在帮助信息网络活动罪是以作为的方式提供了帮助性行为,而拒不履行信息网络安全管理义务罪则是以不履行义务且经责令拒不改正的方式实施的不作为犯罪。本案被告人赵瑞构成帮助信息网络犯罪活动罪的一个重要原因就是其明知非法代理的接口可能被用于犯罪资金走账和洗钱,仍通过事先购买的企业五证信息和假域名备案在第三方公司申请支付账号,使被骗资金50万元经他人账户后转入在第三方某股份有限公司开户的某贸易有限公司商户账号内流转,该商户账号由赵瑞代理。赵瑞实施的是为他人犯罪提供支付结算的帮助性行为,是积极的作为,这也是赵瑞为何构成帮助信息网络犯罪活动罪,而不构成拒不履行信息网络安全管理义务罪的一个重要原因。

(二)本罪与提供侵入、非法控制计算机信息系统程序、工具罪

根据《刑法》第285条规定,提供专门用于侵入、非法控制计算机信息系统的程序、工具,或者明知他人实施侵入、非法控制计算机信息系统的违法犯罪行为而为其提供程序、工具,情节严重的,按照非法侵入计算机信息系统罪处罚。非法侵入计算机信息系统罪(提供侵入、非法控制计算机信息系统程序、工具罪)与拒不履行信息网络安全管理义务罪的区别主要表现为:(1)犯罪行为不同。提供侵入、非法控制计算机信息系统程序、工具罪属于作为犯,行为人明知且仍旧提供帮助,而拒不履行信息网络安全管理义务罪属于

不作为犯,行为人怠于履行信息安全管理义务,并未提供作为性质的帮助行为。(2)是否具有前置性要件不同。提供侵入、非法控制计算机信息系统程序、工具罪没有行政前置,但是拒不履行信息网络安全管理义务罪需要有"经监管部门责令拒不改正"的行政程序前置。

【案例】叶源星、张剑秋提供侵入计算机信息系统程序、谭房妹非法获取计算机信息系统数据案①(拒不履行信息网络安全管理义务罪和提供侵入、非法控制计算机信息系统程序、工具罪的区分)

2015年1月,被告人叶源星编写了用于批量登录某电商平台账户的"小黄伞"撞库软件("撞库"是指黑客通过收集已泄露的用户信息,利用账户使用者相同的注册习惯,如相同的用户名和密码,尝试批量登录其他网站,从而非法获取可登录用户信息的行为)供他人免费使用。"小黄伞"撞库软件运行时,配合使用叶源星编写的打码软件("打码"是指利用人工大量输入验证码的行为)可以完成撞库过程中对大量验证码的识别。叶源星通过网络向他人有偿提供打码软件的验证码识别服务,同时将其中的人工输入验证码任务交由被告人张剑秋完成,并向其支付费用。2015年1月至9月,被告人谭房妹通过下载使用"小黄伞"撞库软件,向叶源星购买打码服务,获取到某电商平台用户信息2.2万余组。被告人叶源星、张剑秋通过实施上述行为,从被告人谭房妹处获取违法所得共计4万余元。谭房妹通过向他人出售电商平台用户信息,获取违法所得共计25万余元。法院审理期间,叶源星、张剑秋、谭房妹退缴了全部违法所得。

2017年6月20日,杭州市余杭区人民检察院以被告人叶源星、张剑秋构成提供侵入计算机信息系统程序罪,被告人谭房妹构成非法获取计算机信息系统数据罪,向杭州市余杭区人民法院提起公诉。11月17日,法院公开开庭审理了本案。

庭审中,3名被告人对检察机关的指控均无异议。谭房妹的辩护人提出,谭房妹系初犯,归案后能如实供述罪行,自愿认罪,请求法庭从轻处罚。叶源星和张剑秋的辩护人提出以下辩护意见:一是检察机关未提供省级以上有资质机构的检验结论,现有证据不足以认定"小黄伞"软件是"专门用于侵入计算机信息系统的程序"。二是张剑秋与叶源星间没有共同犯罪的主观故意。三是叶源星和张剑秋的违法所得金额应扣除支付给码工的钱款。

针对上述辩护意见,公诉人答辩如下:一是在案电子数据、勘验笔录、技术人员的证言、被告人供述等证据相互印证,足以证实"小黄伞"软件具有避

---

① 最高人民检察院检例第68号。

开和突破计算机信息系统安全保护措施,未经授权获取计算机信息系统数据的功能,属于法律规定的"专门用于侵入计算机信息系统的程序"。二是被告人叶源星与张剑秋具有共同犯罪的故意。社交软件聊天记录反映两人曾提及非法获取某电商平台用户信息的内容,能证实张剑秋主观上明知其组织他人打码系用于批量登录该电商平台账号。张剑秋组织他人帮助打码的行为和叶源星提供撞库软件的行为相互配合,相互补充,系共同犯罪。三是被告人叶源星、张剑秋的违法所得应以其出售验证码服务的金额认定,给码工的钱款等相关支出均属于犯罪成本,不应扣除。二人系共同犯罪,应当对全部犯罪数额承担责任。四是3名被告人在庭审中认罪态度较好且上交了全部违法所得,建议从轻处罚。

浙江省杭州市余杭区人民法院采纳了检察机关的指控意见,判决认定被告人叶源星、张剑秋的行为已构成提供侵入计算机信息系统程序罪,且系共同犯罪;被告人谭房妹的行为已构成非法获取计算机信息系统数据罪。鉴于3名被告人均自愿认罪,并退缴违法所得,对3名被告人判处3年有期徒刑,适用缓刑,并处罚金。宣判后,3名被告人均未提出上诉,判决已生效。

本案中,叶源星、张剑秋是以积极的作为方式提供"小黄伞"撞库软件以及帮助打码工作,属于明知其软件以及打码工作会使他人非法获取电商平台用户信息而仍提供帮助的积极的作为行为,符合提供侵入、非法控制计算机信息系统程序、工具罪所规定的提供专门用于侵入、非法控制计算机信息系统的程序、工具,或者明知他人实施侵入、非法控制计算机信息系统的违法犯罪行为而为其提供程序、工具的以作为方式实施的帮助行为。而拒不履行信息网络安全管理义务罪的行为模式则是不履行信息网络安全管理义务且经监管部门责令改正而拒不改正的不作为,叶源星、张剑秋在行为方式上是积极的作为方式的帮助行为,不符合拒不履行信息网络安全管理义务罪要求的不作为方式,同时其也不满足行政程序前置要件的要求。故而,叶源星、张剑秋构成提供侵入、非法控制计算机信息系统程序、工具罪,而不是拒不履行信息网络安全管理义务罪。

(三)本罪与破坏计算机信息系统罪

根据《刑法》第286条规定,违反国家规定,对计算机信息系统功能进行删除、修改、增加、干扰,造成计算机信息系统不能正常运行,按照破坏计算机信息系统罪处罚。破坏计算机信息系统罪与拒不履行信息网络安全管理义务罪的区别主要在于两罪的犯罪行为不同。破坏计算机信息系统罪属于作为犯,行为人明知且仍旧提供帮助;而拒不履行信息网络安全管理义务罪属于不作为犯,行为人怠于履行信息安全管理义务,并未提供作为性质的帮助行为。在朱皓拒不履行信息网络安全管理义务罪一案中①,被告人朱皓于2017年6月租用境内外服务器开始建立自己的 VPN 平台,为他人提供通道在网上予以出售。2017 年 7 月 17 日,朱皓在接到荆州市公安局关停 VPN 业务的通知后,仍未停止经营,拒不改正。案发后,朱皓以涉嫌破坏计算机信息系统罪被逮捕,以非法侵入计算机信息系统程序罪被提起公诉,最终法院认为,"被告人朱皓身为网络服务的提供者不履行法律、行政法规规定的信息网络安全管理义务,经监管部门责令采取改正措施而拒不改正。公诉机关指控其行为构成提供侵入、非法控制计算机信息系统程序、工具罪的罪名不当,应当以拒不履行信息网络安全管理义务罪予以处罚。"

【案例】朱皓拒不履行信息网络安全管理义务案②(拒不履行信息网络安全管理义务罪与破坏计算机信息系统罪的区分)

被告人朱皓于 2012 年注册成立荆州市某网络科技有限公司,在该公司经营地荆州市荆州区,创建 www.osicp.com、www.un-idc.com、www.vpnadsl.cc 等网站用于推广其代理销售和自己建立并销售的 VPN 软件。用户购买该软件后,可以访问国内 IP 不能访问的境外互联网网站。为了牟取非法利益,2017 年 6 月,朱皓租用境内外服务器开始建立自己的 VPN 平台,为他人提供通道在网上予以出售。2017 年 7 月 17 日,朱皓在接到荆州市公安局关停 VPN 业务的通知后,仍未停止经营,拒不改正,直至同年 9 月 27 日案发。案发后,被告人朱皓因涉嫌非法经营罪,于 2017 年 9 月 27 日被羁押至同年 11 月 3 日,因涉嫌破坏计算机信息系统罪,被逮捕。荆州市荆州区人民检察院以被告人朱皓犯提供侵入、非法控制计算机信息系统程序、工具罪提起公诉。

法院认为被告人朱皓身为网络服务的提供者不履行法律、行政法规规定的信息网络安全管理义务,经监管部门责令采取改正措施而拒不改正,公诉机关指控其行为构成提供侵入、非法控制计算机信息系统程序、工具罪的罪名不当,应当以拒不履行信息网络安全管理义务罪予以处罚。

判决被告人朱皓犯拒不履行信息网络安全管理义务罪,判处有期徒刑 1 年 4 个月,并处罚金 8 万元。

本案中,确认朱皓究竟犯何种罪名的关键就在于朱皓实施的行为,破坏计算机信息系统罪是违反国家规定,对计算机信息系统功能进行删除、修改、增加、干扰,造成计算机信息系统不能正常运行,其属于积极的作为行为,同

---

① 参见湖北省荆州市荆州区人民法院(2018)鄂 1003 刑初 150 号刑事判决书。
② 参见湖北省荆州市荆州区人民法院(2018)鄂 1003 刑初 150 号刑事判决书。

时,要构成该罪的帮助犯,需要提供积极的以作为方式实施的帮助行为。提供侵入、非法控制计算机信息系统程序、工具罪要求实施提供专门用于侵入、非法控制计算机信息系统的程序、工具,或者明知他人实施侵入、非法控制计算机信息系统的违法犯罪行为而为其提供程序、工具的以作为方式实施的帮助行为。拒不履行信息网络安全管理义务罪则要求以不履行信息网络安全管理义务且经监管部门责令改正而拒不改正的不作为方式实施。朱皓提供的 VPN 不属于专门用于侵入、非法控制计算机信息系统的程序、工具,同时提供的 VPN 服务也并不会造成计算机信息系统不能正常运行,因而朱皓提供 VPN 的行为不属于破坏计算机信息系统罪和提供侵入、非法控制计算机信息系统程序、工具罪所要求的积极的作为行为。相反,朱皓因提供 VPN 服务,成为了网络服务提供者,故而负有信息网络安全管理义务,而其收到荆州市公安局关停 VPN 业务的通知后,仍未停止经营,拒不改正,是不履行信息网络安全管理义务且经监管部门责令改正而拒不改正的不作为。因而,这成为了朱皓行为构成拒不履行信息网络安全管理义务罪,而区别于破坏计算机信息系统罪与提供侵入、非法控制计算机信息系统程序、工具罪的关键,法院的判决是合理的。

(四)本罪的从一重罪处断

《刑法》第 286 条之一第 3 款规定:"有前两款行为,同时构成其他犯罪的,依照处罚较重的规定定罪处罚。"此处同时构成其他犯罪的情况,可能包括两种具体情况,一为竞合行为,二为牵连行为。但就本罪而言,不论是竞合行为还是牵连行为,均应择一重罪论处。

1. 实施本罪行为致使违法信息大量传播的

违法信息的内容不同,则与本罪竞合的罪名不同,需要具体判断与本罪的轻重关系。例如,快播案属于本罪与传播淫秽物品牟利罪的竞合,择一重罪即传播淫秽物品牟利罪论处。又例如,传播的违法信息具有侮辱、诽谤他人性质,则本罪有可能与侮辱、诽谤罪竞合,由于侮辱、诽谤罪属于自诉案件,且法定刑为 3 年以下有期徒刑、管制、拘役,因此择一重罪则以本罪处断。

2. 实施本罪行为致使用户信息泄露,并造成严重后果的

泄露的用户信息属于军事秘密的,则应当按照故意泄露军事秘密罪处断;泄露的用户信息属于商业秘密且造成特别严重后果的,则应当按照侵犯商业秘密罪处断。

3. 实施本罪行为导致刑事案件证据灭失,情节严重的

此种情况下,本罪有可能与帮助毁灭证据罪竞合。但由于本罪处 3 年以下有期徒刑、拘役或者管制,并处或者单处罚金,与帮助毁灭证据罪依法处 3 年以下有期徒刑或者拘役相比,本罪刑罚较重,因此,本罪与帮助毁灭证据罪

竞合时,以本罪处断。①

【案例】何学勤、李世巧开设赌场案②(拒不履行信息网络安全管理义务罪与开设赌场罪、帮助信息网络犯罪活动罪的择一重罪处断)

2016年2月起,被告人何学勤正式担任金华市盘古信息技术有限公司(以下简称"盘古公司")总经理;2015年5月起,被告人李世巧担任盘古公司客服部经理。

被告人何学勤、李世巧在经营、管理盘古公司的辰龙游戏平台(网址为××)的过程中,利用该平台的"捕鱼""五子棋"游戏让参赌人员进行赌博活动。"玩家"(参赌人员)在"捕鱼"游戏中,通过以炮打鱼的方式消耗虚拟游戏币,每炮消耗10～9 900游戏币不等,捕鱼成功则获取2～100倍不等的游戏币返还;然后在"五子棋"游戏中,通过"银商"(从事游戏币的网上销售、回购的人员)将游戏币兑换为人民币。其中,从2015年10月至2016年10月,涉案"银商"胡某2、晏某(均已判决)非法牟利约50万元;从2015年12月至2017年1月,涉案"银商"马某、陈某(均已判决)非法牟利10万元;从2016年4月至2017年1月,涉案"银商"范小辰(已判决)非法牟利10万元;从2016年6月6日至2016年11月9日,涉案"银商"熊某、胡某1(均已判决)非法牟利60万元。

在盘古公司经营期间,2015年10月9日,金华市公安局网络警察支队、金华市文化行政综合执法支队、金华市市场监督管理局网络经营监管处(支队)下发《责令限期改正通知书》,责令盘古公司在2015年11月9日前将辰龙游戏中心网站(域名:c10579.com)在规范管理方面存在的未禁止注册用户账号使用暗含"银商"交易的个性签名、提供不同用户账号间虚拟币变相转账服务等问题改正完毕。

2017年4月21日,被告人李世巧在盘古公司被公安人员抓获归案;2017年5月24日,被告人何学勤主动到浙江省金华市公安局江南分局网警大队投案。

江西省南昌市东湖区人民法院认为,被告人何学勤、李世巧利用互联网游戏平台开设赌场,情节严重,其行为已构成开设赌场罪。被告人何学勤、李世巧在经营、管理盘古公司的辰龙游戏平台的过程中,不履行法律、行政法规规定的信息网络安全管理义务,经监管部门责令采取改正措施而拒不改正,且明知他人利用信息网络实施犯罪,为其犯罪提供技术支持,二被告人的

---

① 参见谢望原:《论拒不履行信息网络安全管理义务罪》,载《中国法学》2017年第2期,第252页。
② 参见江西省南昌市东湖区人民法院(2018)赣0102刑初585号刑事判决书

行为同时触犯拒不履行信息网络安全管理义务罪、帮助信息网络犯罪活动罪，择一重罪处罚，对被告人何学勤、李世巧的行为以开设赌场罪定罪处罚。判决如下：一、被告人何学勤犯开设赌场罪，判处有期徒刑3年，缓刑3年，并处罚金200万元。二、被告人李世巧犯开设赌场罪，判处有期徒刑3年，缓刑3年，并处罚金200万元。

本案中，何学勤、李世巧的行为涉及开设赌场罪、拒不履行信息网络安全管理义务罪以及帮助信息网络犯罪活动罪。开设赌场，情节严重的，处3年以上10年以下有期徒刑，并处罚金。拒不履行信息网络安全管理义务罪的法定刑是3年以下有期徒刑、拘役或者管制，并处或者单处罚金。帮助信息网络犯罪活动罪则是情节严重的，处3年以下有期徒刑或者拘役，并处或者单处罚金。根据《刑法》第286条之一第3款的规定："有前两款行为，同时构成其他犯罪的，依照处罚较重的规定定罪处罚。"以及287条之二第3款的规定："有前两款行为，同时构成其他犯罪的，依照处罚较重的规定定罪处罚。"在同时触犯开设赌场罪、拒不履行信息网络安全管理义务罪以及帮助信息网络犯罪活动罪且情节较重的情形下，择一重罪处断，应当以开设赌场罪定罪处罚，法院的判决是没有问题的。同时，值得一提的是，本案中，法院没有明确指出行为人涉及的是拒不履行信息网络安全管理义务罪即《刑法》第286条之一第1款第几项的规定，但根据法院在提及该罪时与帮助信息网络犯罪活动罪并列，且帮助信息网络犯罪活动罪需要情节严重方能成罪，再加上本案中并没有明确的涉及第286之一第1款前三项的情形，故而可以认为本案是以第286条之一第1款第（四）项认定的行为人的拒不履行信息网络安全管理义务罪，即本案是在"有其他严重情节的"情形下构成拒不履行信息网络安全管理义务罪与开设赌场罪、帮助信息网络犯罪活动罪的择一重罪处罚。

九、处罚

拒不履行信息网络安全管理义务罪规定，触犯本罪的，处3年以下有期徒刑、拘役或者管制，并处或者单处罚金；单位犯前款罪的，对单位判处罚金，并对其直接负责的主管人员和其他直接责任人员，依照前款的规定处罚。有前两款行为，同时构成其他犯罪的，依照处罚较重的规定定罪处罚。

第二节　非法利用信息网络罪

一、概述

《刑法》第287条之一规定:"利用信息网络实施下列行为之一,情节严重的,处三年以下有期徒刑或者拘役,并处或者单处罚金:(1)设立用于实施诈骗、传授犯罪方法、制作或者销售违禁物品、管制物品等违法犯罪活动的网站、通讯群组的;(2)发布有关制作或者销售毒品、枪支、淫秽物品等违禁物品、管制物品或者其他违法犯罪信息的;(3)为实施诈骗等违法犯罪活动发布信息的。单位犯前款罪的,对单位判处罚金,并对其直接负责的主管人员和其他直接责任人员,依照第一款的规定处罚。有前两款行为,同时构成其他犯罪的,依照处罚较重的规定定罪处罚。"

在信息社会深化发展的同时,网络犯罪的恶化态势越发严峻。网络犯罪逐渐呈现出链条化、产业化的发展态势。如果刑罚规制仅仅局限在犯罪链条的终端,显然无法遏制这种态势。有鉴于此,立法者设置本罪,将刑罚处罚范围前置,以实现对网络犯罪的早期控制,因此也有学者称其为预防刑法。[1]

本罪是2015年发布的《刑法修正案(九)》所增加的罪名。立法机关认为,随着互联网应用的普及,一些传统犯罪出现了网络时代的新特点,实践中打击网络犯罪在证据提取、事实认定、法律适用等方面面临着新的问题和困难。例如,由于互联网犯罪的跨地域性,行为人很容易在短时间内组织不特定人共同实施违法犯罪,或者针对不特定人实施违法犯罪行为。此外,大量案件仅能查实行为人在网络上实施联络或者其他活动,对于分布在不同地点的人员,在网络下实际实施的各种危害行为,很难一一予以查实、查全。为此,《刑法修正案(九)》对于实施犯罪设立网站、发布信息等行为作出专门规定。[2] 可见,本条的立法特色在于针对所有违法犯罪活动的某一特定预备行为的实行化。这种立法体例也是1997年大修刑法典以来的第一次。[3] 这种预备行为实行化的立法使法益保护提前,大大地减轻了控方的

---

[1] 参见何荣功:《预防刑法的扩张及其限度》,载《法学研究》2017年第4期,第142页。
[2] 参见臧铁伟主编:《〈中华人民共和国刑法修正案(九)〉解读》,中国法制出版社2015年版,第200—201页。
[3] 参见车浩:《刑事立法的法教义学反思——基于〈刑法修正案(九)〉的分析》,载《法学》2015年第10期,第11页。

证明责任。

2019年10月,最高人民法院、最高人民检察院联合发布了《信息网络案件解释》,其对本罪相关的客观构成要件和主观构成要件的认定作出了具体规定。此外,最高人民法院于2016年4月6日发布的《毒品案件解释》第14条对同时构成本罪和贩卖毒品罪、非法买卖制毒物品罪、传授犯罪方法罪等犯罪的竞合作出了规定,最高人民法院、最高人民检察院、公安部于2016年12月19日联合发布的《电信网络诈骗案件意见》第3条第7款对同时构成本罪和诈骗罪的竞合作出了规定,最高人民法院、最高人民检察院于2017年5月8日联合发布的《侵犯个人信息案件解释》第8条对同时构成本罪和侵犯公民个人信息罪的竞合作出了规定。

二、保护法益

一般认为,本罪的保护法益是信息网络安全的管理秩序。[①] 此外,也有观点认为,本罪法益应当是一般性或基础性的网络社会安全的管理秩序。[②] 确实,本罪的核心特征就是利用信息网络来实施实际的犯罪预备行为,因此其重要的立足点当然是网络空间的安全与秩序。然而,时至今日,网络空间与现实空间高度融合,网络空间的安全秩序和现实空间的原有法益也紧密联系在一起。例如,电信诈骗、网络诈骗虽然借助信息网络技术实施,但是其侵害的法益绝不仅仅是网络空间的安全秩序,更多的仍然是公民的财产利益。同理,利用信息网络实施的犯罪预备行为所侵害的法益也绝不仅仅是抽象化、一般化的网络空间安全秩序,而是也应当追溯到其为未来相关犯罪实行行为提供条件所创造的风险。

三、行为

本罪的行为是指利用信息网络,设立用于实施诈骗、传授犯罪方法、制作或者销售违禁物品、管制物品等违法犯罪活动的网站、通讯群组;或者发布有关制作或者销售毒品、枪支、淫秽物品等违禁物品、管制物品或者其他违法犯罪信息;或者为实施诈骗等违法犯罪活动发布信息,情节严重的行为。具体来说,这里存在三种行为类型:

第一,设立用于实施诈骗、传授犯罪方法、制作或者销售违禁物品、管制物品等违法犯罪活动的网站、通讯群组。

[①] 参见高铭暄、马克昌主编:《刑法学》(第八版),北京大学出版社、高等教育出版社2017年版,第538页。

[②] 参见孙道萃:《非法利用信息网络罪的适用疑难与教义学表述》,载《浙江工商大学学报》2018年第1期,第54页。

"网站"是指为了展示相关内容,传递相关信息而建立的网页的集合。"通讯群组"是指为了实现网络用户之间的文字、图片、音频、视频交流而建立的网络小组或网络平台。按照本罪的语义内涵,行为人设立相关网站和通讯群组的主观目的必须是实施诈骗、传授犯罪方法、制作或者销售违禁物品、管制物品等违法犯罪活动。不过,《信息网络案件解释》对此作出了扩张性解释,其第 8 条规定:以实施违法犯罪活动为目的而设立或者设立后主要用于实施违法犯罪活动的网站、通讯群组,应当认定为《刑法》第 287 条之一第 1 款第(一)项规定的"用于实施诈骗、传授犯罪方法、制作或者销售违禁物品、管制物品等违法犯罪活动的网站、通讯群组"。此外,理论上一般认为,行为目的既可以是为自己也可以是为他人而实施。①

另外,本规定仅仅是列举了几种常见的利用网站、通讯群组实施的违法犯罪活动,诈骗、传授犯罪方法、制作或者销售违禁物品、管制物品之外的其他违法犯罪活动也可以包含在内。实践中常见的其他违法犯罪活动还包括传播宣扬恐怖主义或极端主义信息、侵犯知识产权、传销、侵犯公民个人信息、组织考试作弊等。②

但是,如何理解这里的"违法犯罪活动",理论上存在争议。一种观点出于处罚必要性、降低证明难度等考虑,认为应当对其进行扩张解释,"违法犯罪活动"实际被解读为"违法行为"和"犯罪行为"。③ 而另一种观点则认为,如果采取这种理解会导致本罪沦为口袋罪名,因此应当将"违法犯罪活动"理解为犯罪,开放性表述的范围也应当限定在与诈骗、传授犯罪方法、制作或者销售违禁物品、管制物品等犯罪性质相近、危害性相当的犯罪。④ 然而,《信息网络案件解释》采纳了一种折中的观点,其第 7 条规定:《刑法》第

---

① 参见喻海松:《网络犯罪的立法扩张与司法适用》,载《法律适用》2016 年第 9 期,第 7 页。

② 参见喻海松:《网络犯罪的立法扩张与司法适用》,载《法律适用》2016 年第 9 期,第 7 页。

③ 参见于志刚:《共犯行为正犯化的立法探索与理论梳理——以"帮助信息网络犯罪活动罪"立法定位为角度的分析》,载《法律科学(西北政法大学学报)》2017 年第 3 期,第 90 页;孙道萃:《非法利用信息网络罪的适用疑难与教义学表述》,载《浙江工商大学学报》2018 年第 1 期,第 51 页。

④ 参见车浩:《刑事立法的法教义学反思——基于〈刑法修正案(九)〉的分析》,载《法学》2015 年第 10 期,第 12 页;欧阳本祺、王倩:《〈刑法修正案(九)〉新增网络犯罪的法律适用》,载《江苏行政学院学报》2016 年第 4 期,第 126 页;商浩文:《预备行为实行化的罪名体系与司法限缩》,载《法学评论》2017 年第 6 期,第 173 页;阎二鹏:《预备行为实行化的法教义学审视与重构——基于〈中华人民共和国刑法修正案(九)〉的思考》,载《法商研究》2016 年第 5 期,第 64 页。张明楷教授也持类似观点,他认为只有发布违法犯罪信息属于相应犯罪的预备行为,而且情节严重时,才可以成立非法利用信息网络罪。参见张明楷:《刑法学(下册)》(第五版),法律出版社 2016 年版,第 1051 页。

287条之一规定的"违法犯罪",包括犯罪行为和属于《刑法》分则规定的行为类型但尚未构成犯罪的违法行为。这意味着,本罪中的"违法犯罪"行为无须达到我国《刑法》分则相关罪名所要求的罪量要素。对此,本书认同限缩解释论的观点。预备犯由于尚未着手实行犯罪,因此在刑罚正当性根据上本身就存在不足。① 因此,一般认为,仅能在例外情况下对特定个罪的预备行为予以处罚。而此处如果对"违法犯罪活动"作宽泛解释,势必会导致预备行为的处罚范围过度扩张,失去刑罚的正当化根基。在我国的二元制裁体系中,许多治安管理处罚行为与刑事犯罪的界限仅仅就在于罪量要素的有无。尽管本罪对网络犯罪"打早打小"的立法初衷值得充分肯定,但是如果此处"违法犯罪活动"无须满足罪量要素的要求,很有可能会导致大量轻微治安管理处罚的预备行为被不当纳入犯罪圈。

第二,发布有关制作或者销售毒品、枪支、淫秽物品等违禁物品、管制物品或者其他违法犯罪信息。

与设立用于实施违法犯罪活动的网站、通讯群组相对应,这里的行为主要是指发布相关违法犯罪信息。发布有关制作或者销售毒品、枪支、淫秽物品等违禁物品、管制物品的违法信息,是目前司法实践中多发的情形。但是,在此范围之外的其他违法犯罪信息,也可以包含在内。实践中比较常见的发布"其他违法犯罪信息"的行为,有发布销售假证、赌博、传销的信息等。② 此外,"信息网络"是指由信息传输渠道构成的网络结构,其不仅仅指计算机网络。通过电信网络、广播、电视等渠道发布违法犯罪信息也构成本罪。在司法实务中,有行为人为了推销性保健品,创建下级代理聊天群,并在其中发布淫秽视频链接以吸引人关注,达到广告效应,该种行为被法院认定为构成非法利用信息网络罪。③ 此外,"发布"的含义不宜作过于狭窄的理解。《信息网络案件解释》第9条规定:利用信息网络提供信息的链接、截屏、二维码、访问账号密码及其他指引访问服务的,应当认定为《刑法》第287条之一第1款第(二)项、第(三)项规定的"发布信息"。

---

① 参见梁根林:《预备犯普遍处罚原则的困境与突围——〈刑法〉第22条的解读与重构》,载《中国法学》2011年第2期,第158页。
② 参见臧铁伟主编:《〈中华人民共和国刑法修正案(九)〉解读》,中国法制出版社2015年版,第203页。
③ 参见吴劲松、吴桂华:《为推销保健品利用微信群传播淫秽物品》,载《人民公安报》2018年12月10日,第005版。

【案例】黄杰明、陶胜新等非法利用信息网络案①

2017年7月至2019年2月,被告人黄杰明使用昵称为"刀剑阁"的社交软件账号,在社交圈发布其拍摄的管制刀具图片、视频和文字信息合计12 322条,用以销售管制刀具,并从中非法获利。被告人陶胜新、李孔祥、陶霖、曾俊杰在社交圈发布转载的管制刀具图片、视频和文字信息,数量分别为6 677条、16 540条、15 210条、5 316条,用以销售管制刀具,并从中非法获利。江苏省盐城市滨海县人民法院判决认为:被告人黄杰明、陶胜新、李孔祥、曾俊杰、陶霖利用信息网络,发布有关销售管制物品的违法犯罪信息,其行为均已构成非法利用信息网络罪。

在本案中,法院适用的是《刑法》第287条之一第1款第(二)项的规定,即发布有关销售违禁物品、管制物品信息的行为。在这里值得注意的问题在于对"发布"的理解。在日常用语中,"发布"常常具有首次宣布或传达某种信息的意味。例如,新华社发布了一则重大新闻,公安机关发布了一道通缉令,或气象局发布了大风降温消息。然而,本案被告人陶胜新、李孔祥、陶霖、曾俊杰在网络社交圈展示的管制刀具图片、视频和文字信息并非首次传达,而是转载而来。这意味着,司法实践中对本罪中的"发布"作出了相对宽松的理解,其内涵与"传播"相当接近。

第三,为实施诈骗等违法犯罪活动发布信息。

与上一行为类型相似,这里的行为也是以发布信息的形式进行的。但二者的关键差别在于,本行为所发布的信息,从表面上看往往不具有违法性,但行为人发布信息的目的,是吸引他人关注,借以实施诈骗等违法犯罪活动,相关信息只是其从事犯罪的幌子。如通过发布低价机票、旅游产品、保健品等商品信息,吸引他人购买,进而实施诈骗、传销等违法犯罪活动。② 可以说,较之于前两项行为类型,这一规定对法益的保护进一步前置了。为了防止犯罪圈不当扩张,对这一规定应当进行更为严格的认定。由于这里所发布的信息本身并没有违法性,因此,证明行为人主观上具有为实施诈骗等违法犯罪活动而发布信息的目的就更困难,司法实践中应当主要结合其他客观情形来进行严格认定。此外,与上述第(二)项行为的理解相同,按照《信息网络案件解释》第9条的规定,"发布信息"的形式也应当作相对广义的理解。而且,这里的"发布"既包括为自己实施违法犯罪活动而发布,也包括为他人

---

① 参见黄杰明、陶胜新等非法利用信息网络案——非法利用信息网络罪、帮助信息网络犯罪活动罪典型案例之一。

② 参见臧铁伟主编:《〈中华人民共和国刑法修正案(九)〉解读》,中国法制出版社2015年版,第203—204页。

实施违法犯罪活动而发布。

【案例】谭张羽、张源等非法利用信息网络案①

2016年12月,为获取非法利益,被告人谭张羽、张源商定在网络上从事为他人发送"刷单获取佣金"的诈骗信息业务,即通过电商聊天软件向不特定的用户发送信息,信息内容大致为"亲,我是×××,最近库存压力比较大,请你来刷单,一单能赚10—30元,一天能赚几百元,详情加×××,不回复"。通常每100个人添加上述信息里的社交账号,谭张羽、张源即可从让其发送信息的上家处获取平均约5 000元的费用。谭张羽、张源雇佣被告人秦秋发等具体负责发送诈骗信息。张源主要负责购买电商聊天软件账号、软件、租赁电脑服务器等;秦秋发主要负责招揽、联系有发送诈骗信息需求的上家、接收上家支付的费用及带领其他人发送诈骗信息。2016年12月至2017年3月,谭张羽、张源通过上述方式共非法获利约80余万元,秦秋发在此期间以"工资"的形式非法获利约2万元。被害人王某甲、洪某因添加谭张羽、张源等人组织发送的诈骗信息中的社交账号,后分别被骗31 000元和30 049元。

江苏省宿迁市沭阳县人民法院一审判决、宿迁市中级人民法院二审判决认为:被告人谭张羽、张源、秦秋发以非法获利为目的,通过信息网络发送刷单诈骗信息,其行为本质上属于诈骗犯罪预备,构成非法利用信息网络罪。虽然本案中并无证据证实具体实施诈骗的行为人归案并受到刑事追究,但不影响非法利用信息网络罪的成立。

在本案中,法院适用的是《刑法》第287条之一第1款第(三)项的规定,即为实施诈骗等违法犯罪活动发布信息的行为。本案的判决有如下值得关注的要点,恰恰是非法利用信息网络罪的重要特征:第一,行为人发布信息并非为了自己实施相关违法犯罪活动,而是为了他人后续实施违法犯罪活动。被告人谭张羽、张源等人在网络上发送诈骗信息并非为自己后续实施诈骗行为做准备,其目的在于为他人的违法犯罪行为提供服务。从这个角度来看,非法利用信息网络罪不仅具有预备行为实行化的特征,而且也具有帮助行为正犯化的内涵。第二,发布信息行为人的定罪处罚并不受制于后续犯罪者的实际侦办与查处。在本案中,被告人王某甲、洪某因添加谭张羽、张源等人组织发送的诈骗信息中的社交账号而被骗财物,但是实际实施诈骗行为的犯罪分子并没有归案,而谭张羽、张源等人仍然按照非法利用信息网络罪被

---

① 参见谭张羽、张源等非法利用信息网络案——非法利用信息网络罪、帮助信息网络犯罪活动罪典型案例之二。

定罪处罚。因此,实际上非法利用信息网络罪使得预备阶段的帮助行为可以独立于被帮助的后续实行行为被评价。

此外,近年来利用"伪基站"实施违法犯罪的行为日益泛滥,严重影响了公民的通讯安全。"伪基站"就是指假冒的基站,其设备一般由主机和笔记本电脑等部分组成。行为人使用短信群发器等工具,利用第二代移动通信系统单向认证机制的缺陷,搜索一定范围内的手机卡信息,并伪装成运营商,冒用其他手机号码向用户发送诈骗、非法广告等各种内容的短信。不仅如此,在行为人利用"伪基站"强行向不特定用户手机发送短信时,其也非法占用公众移动通信频率,可能局部阻断公众移动通信网络信号。有鉴于此,最高人民法院、最高人民检察院、公安部、国家安全部于2014年联合发布的《关于依法办理非法生产销售使用"伪基站"设备案件的意见》规定,非法生产、销售"伪基站"设备,达到相应罪量标准的,依照《刑法》第225条非法经营罪处罚;而非法使用"伪基站"设备干扰公用电信网络信号,危害公共安全的,依照《刑法》第124条第1款的规定,以破坏公用电信设施罪追究刑事责任;同时构成虚假广告罪、非法获取公民个人信息罪、破坏计算机信息系统罪、扰乱无线电通讯管理秩序罪的,依照处罚较重的规定追究刑事责任。在《刑法修正案(九)》新增了准备网络违法犯罪活动罪以后,利用"伪基站"发布违法犯罪信息、为实施诈骗等违法犯罪活动发布信息的,也可以按照本罪来进行处罚。

四、情节

以上三种行为,都需要达到"情节严重"的标准。这里的"情节严重",可以考察设立用于违法犯罪活动的网站、通讯群组的数量、影响力;发布相关违法犯罪信息的数量、覆盖面,违法犯罪信息的严重程度;发布为实施违法犯罪活动的信息的数量、频次、受众范围、引起的后果等。《信息网络案件解释》第10条对"情节严重"作出了细化认定,按照该规定,非法利用信息网络,具有下列情形之一的,应当认定为《刑法》第287条之一第1款规定的"情节严重":(1)假冒国家机关、金融机构名义,设立用于实施违法犯罪活动的网站的;(2)设立用于实施违法犯罪活动的网站,数量达到3个以上或者注册账号数累计达到2 000以上的;(3)设立用于实施违法犯罪活动的通讯群组,数量达到5个以上或者群组成员账号数累计达到1 000以上的;(4)发布有关违法犯罪的信息或者为实施违法犯罪活动发布信息,具有下列情形之一的:①在网站上发布有关信息100条以上的;②向2 000个以上用户账号发送有关信息的;③向群组成员数累计达到3 000以上的通讯群组发送有关信息的;④利用关注人员账号数累计达到3万以上的社交网络传播有关信息的;

(5)违法所得1万元以上的;(6)2年内曾因非法利用信息网络、帮助信息网络犯罪活动、危害计算机信息系统安全受过行政处罚,又非法利用信息网络的;(7)其他情节严重的情形。

此外,《信息网络案件解释》第16条规定:多次非法利用信息网络构成犯罪,依法应当追诉的,或者2年内多次实施前述行为未经处理的,数量或者数额累计计算。

五、主体

本罪的主体是一般主体,即达到刑事责任年龄、具有刑事责任能力的自然人。此外,单位也可以成为本罪的主体。

六、罪责

本罪在主观方面表现为故意,即行为人明知自己是为网络违法犯罪活动行为做准备,而希望或放任地设立用于违法犯罪活动的网站、通讯群组,发布违法犯罪信息,为实施违法犯罪活动发布信息。

七、此罪与彼罪

(一)本罪与其他涉网络违法犯罪

最高人民法院于2016年4月6日发布的《毒品案件解释》第14条规定,利用信息网络,设立用于实施传授制造毒品、非法生产制毒物品的方法、贩卖毒品,非法买卖制毒物品或者组织他人吸食、注射毒品等违法犯罪活动的网站、通讯群组,或者发布实施前述违法犯罪活动的信息,情节严重的,应当依照《刑法》第287条之一的规定,以非法利用信息网络罪定罪处罚。实施《刑法》第287条之一、第287条之二规定的行为,同时构成贩卖毒品罪、非法买卖制毒物品罪、传授犯罪方法罪等犯罪的,依照处罚较重的规定定罪处罚。值得注意的是,这一司法解释实际上对本罪中的"违法犯罪活动"进行了广义解释,因为按照我国《刑法》目前的规定,单纯的组织吸毒行为尚不构成犯罪,尽管实务上一直有将这种行为入罪的呼声。[1] 如前文所述,为了防止本罪处罚范围不当扩张,宜对本罪中的"违法犯罪活动"进行限缩解释,因此司法解释采取的这种立场值得质疑。

如上所言,本罪实际上是其他相关涉网络违法犯罪的预备行为,例如诈

---

[1] 参见谭和平、吴加明:《网络背景下涉毒违法犯罪实务问题研究》,载《政治与法律》2013年第6期,第154页;吴加明:《新形势下"组织吸毒"入罪之必要性》,载《上海法治报》2013年6月5日,第B06版。

骗罪、传授犯罪方法罪、非法买卖枪支、弹药、爆炸物罪等。如果行为同时构成了本罪和上述犯罪既遂或未遂的,那么一般情况下本罪行为作为预备行为被实行行为所代表的罪名所吸收。按照本罪第 3 款的规定,有本罪行为,同时构成其他犯罪的,依照处罚较重的规定定罪处罚。而一般来说,以上提及的罪名较之于本罪,都是处罚较重的罪名。

此外,最高人民法院、最高人民检察院、公安部于 2016 年 12 月 19 日联合发布的《电信网络诈骗案件意见》第 3 条第 7 款规定,实施《刑法》第 287 条之一规定之行为,构成非法利用信息网络罪,同时构成诈骗罪的,依照处罚较重的规定定罪处罚。另外,最高人民法院、最高人民检察院于 2017 年 5 月 8 日联合发布的《侵犯个人信息案件解释》第 8 条也规定,设立用于实施非法获取、出售或者提供公民个人信息违法犯罪活动的网站、通讯群组,情节严重的,应当依照《刑法》第 287 条之一的规定,以非法利用信息网络罪定罪处罚;同时构成侵犯公民个人信息罪的,依照侵犯公民个人信息罪定罪处罚。

(二)本罪与拒不履行信息网络安全管理义务罪

本罪与拒不履行信息网络安全管理义务罪可能产生一定重合,尤其是当涉及违法信息大量传播之时。但是整体来看,二者的区分仍然是清楚的。首先,两罪的立法主旨侧重不同。本罪立足于惩治网络犯罪链条中的早期违法犯罪行为,实际处罚的是传统犯罪的预备行为。而拒不履行信息网络安全管理义务罪则旨在强化网络服务提供者的信息安全管理义务,目的在于拓宽特定主体刑事义务的边界。其次,两罪的主体身份不一样。本罪的主体是一般主体,而拒不履行信息网络安全管理义务罪的主体是特殊主体,即网络服务提供者。但是,这种区分并不绝对,例如,当行为人设立用于实施违法犯罪活动的网站时,也具有网络服务提供者的身份。最后,在客观行为方面,本罪一般是积极作为行为,即主动设立用于违法犯罪活动的网站、通讯群组,主动发布违法犯罪信息,主动为实施违法犯罪活动发布信息。而拒不履行信息网络安全管理义务罪是典型的不作为犯罪,其行为核心在于拒不履行信息安全管理义务。

(三)本罪与帮助信息网络犯罪活动罪

本罪与帮助信息网络犯罪活动罪存在较大重合。一般说来,网络犯罪的预备行为与网络犯罪的帮助行为本身就可能重合。具体到这两项罪名,在司法实践中,本罪中为犯罪设立网站、通讯群组,发布违法犯罪信息的行为,与帮助信息网络犯罪活动罪中的技术支持行为经常重合。不过,总的来说,在以下几个方面两罪存在明显区别。其一,如前文所述,本罪所采用的立法理念是"预备行为实行化",属于在犯罪行为阶段上纵向前置处罚边界。而帮助信息网络犯罪活动罪则是"帮助行为正犯化"的体现,旨在解决司法实践中网络共同犯罪的处罚难题,属于在犯罪参与面上横向扩张处罚范围。其二,在客观行为类型上,本罪主要体现为设立网站、通讯群组,发布信息,更多体现为对信息技术的运用,而帮助信息网络犯罪活动罪则更侧重网络信息技术的提供,而且除此之外还涵盖商业手段的支持。其三,本罪的行为目的既可以是为他人的犯罪行为也可以是为自己的犯罪行为做准备,而帮助信息网络犯罪活动罪则只能是为他人网络犯罪行为提供帮助。

八、处罚

按照《刑法》第287条之一的规定,犯本罪的,处三年以下有期徒刑或者拘役,并处或者单处罚金。按照《信息网络案件解释》第18条的规定,依法判处罚金应当综合考虑犯罪的危害程度、违法所得数额以及被告人的前科情况、认罪悔罪态度等。按照《刑法》第287条之一的规定,单位犯本罪的,对单位判处罚金,并对其直接负责的主管人员和其他直接责任人员,依照前款的规定处罚。

此外,按照《信息网络案件解释》第15条的规定,综合考虑社会危害程度、认罪悔罪态度等情节,认为犯罪情节轻微的,可以不起诉或者免予刑事处罚;情节显著轻微危害不大的,不以犯罪论处。

最后,按照《信息网络案件解释》第17条的规定,对于实施非法利用信息网络罪被判处刑罚的,可以根据犯罪情况和预防再犯罪的需要,依法宣告职业禁止;被判处管制、宣告缓刑的,可以根据犯罪情况,依法宣告禁止令。

第三节 帮助信息网络犯罪活动罪

一、概述

《刑法》第287条之二规定:"明知他人利用信息网络实施犯罪,为其犯罪提供互联网接入、服务器托管、网络存储、通讯传输等技术支持,或者提供广告推广、支付结算等帮助,情节严重的,处三年以下有期徒刑或者拘役,并处或者单处罚金。单位犯前款罪的,对单位判处罚金,并对其直接负责的主管人员和其他直接责任人员,依照第1款的规定处罚。有前两款行为,同时构成其他犯罪的,依照处罚较重的规定定罪处罚。"

近20年以来,互联网的迅猛发展,以及它对人类社会组织结构与生活空间的全面渗透,带来的不只是经济发展与文化繁荣。基于信息这一互联网环境下人类行为的基本载体在全球范围内的流动性,互联网环境下,一个行为可能引发的法益侵害风险,在侵害对象的广泛性与后果的严重性上,呈现出高频度与不可预见的特征。① 这一特征可被表述为法益侵害的社会化。由此,犯罪预防成为了我国实质的刑事政策导向,《刑法修正案(九)》新增的涉网罪名,就是这一导向下的产物。通过刑事归责,才能将刑罚施加给犯罪人,这一过程可表述为刑事责任的个别化。行为人所为行为的不法,也就是行为人所为行为造成法益侵害结果,或具备法益侵害抽象危险,是刑事归责或者说刑事责任个别化的基准,是犯罪预防的刑事政策不可逾越的界限。② 法益侵害社会化产生的不确定性,对行为不法这一刑事责任个别化基准的确定性提出了挑战。互联网环境下,刑事归责面临的核心矛盾是法益侵害社会化与刑事责任个别化的冲突。这是法治国中以确定的行为不法为归责根据的责任刑法的两个内在需求(即自由保障与社会防卫)之间的原生矛盾。③

面对这一冲突,刑事立法与司法需要予以回应。《刑法修正案(九)》新增的我国《刑法》第287条之二规定的帮助信息网络犯罪活动罪,可被视作立法者的积极回应。该罪将明知他人利用信息网络实施犯罪,为他人提供互联网接入、服务器托管、网络存储、通讯传输等技术支持,或者提供广告推广、支付结算等帮助并且情节严重的行为纳入刑法处罚的范围。此外,为有效指导司法实践,2019年10月,最高人民法院、最高人民检察院颁布了《信息网络案件解释》。《信息网络案件解释》第11条规定了本罪"明知"的推定规则,第12条界定了"情节严重"。2021年1月22日,最高人民检察院印发了《人民检察院办理网络犯罪案件规定》,对办理包括本罪在内的网络犯罪的原则、引导取证与案件审查、电子数据审查、出庭支持公诉、跨区域协作办案、跨国(边)境司法协作等方面进行了规定。其中,第18、19、20条对客观行为、主观方面、犯罪行为的情节与后果认定的相关规定,对本罪的解释适用具有重要指导意义。

---

① See Katharina Dimmroth, Wolf J. Schünemann, *The Ambiguous Relation Between Privacy and Security in German Cyber Politics*, in Wolf J. Schünemann, Max-Otto Baumann eds., Privacy, Data Protection and Cybersecurity in Europe, Springer International Publisher, 2017, p.101.

② 参见敬力嘉:《网络参与行为刑事归责的"风险犯"模式及其反思》,《政治与法律》2018年第6期,第42页。

③ See Henrique Carvalho, *The Preventive Turn in Criminal Law*, Oxford University Press, 2017, p.132.

二、保护法益

学界对本罪的研究集中于行为范畴,对法益关注较少,主要形成以下四种观点:

第一种观点认为,帮助信息网络犯罪活动罪保护的法益和拒不履行信息网络安全管理义务罪、非法利用信息网络罪一样,都是信息网络安全管理秩序。① 这一观点基于拒不履行信息网络安全管理义务罪中"信息网络安全管理"的表述,并与《刑法》分则第六章"妨害社会管理秩序罪"的名称相组合,形成这一表述。另有学者认为,除了前述立法基础,这一表述也有事实基础:"例如,电信网络诈骗犯罪内部有细致的产业化分工,有专门的犯罪群体以设立用于违法犯罪活动的网站、发布违法犯罪信息为生,以独立主体身份与下游犯罪人进行非法交易,是犯罪链上的独立环节,不符合共同犯罪的构成条件。"②

第二种观点认为,帮助信息网络犯罪活动罪保护的法益和拒不履行信息网络安全管理义务罪、非法利用信息网络罪一样,都是网络安全秩序。其认为,《刑法修正案(九)》增设这三个罪名,将网络犯罪的预备行为实行化、帮助行为正犯化。"由此,前置性的网络安全秩序就成为这些犯罪的保护法益。"③

第三种观点认为,帮助信息网络犯罪活动罪保护的法益和拒不履行信息网络安全管理义务罪、非法利用信息网络罪一样,都是公共信息秩序,更具体来说,属于公共信息管理秩序。其认为,总体而言,这三个罪名均非针对特定个人人身或财产法益实施的犯罪行为;相反,关联行为的对象往往具有非特定性,其法益具有公共属性,且规定于《刑法》分则第六章第一节"扰乱公共秩序罪"中,根据类罪法益的解释原理,也应将其法益理解为具有公共性质的秩序法益。具体来说,帮助信息网络犯罪活动罪的法益之所以具体化为公共信息管理秩序,是因为本罪违法性的关键在于违反了信息发布或者信息服务的正当管理秩序,进而侵犯了公共信息秩序。④

第四种观点认为,对于帮助信息网络犯罪活动罪条文中的"利用信息网络实施犯罪",应当限制解释为利用信息网络实施侵犯法定主体信息专有权

---

① 参见高铭暄、马克昌主编:《刑法学》(第七版),北京大学出版社、高等教育出版社2016年版,第535—536页。也有学者就非法利用信息网络罪单一罪名认为其法益为信息网络安全管理秩序,参见孙道萃:《非法利用信息网络罪的适用疑难与教义学表述》,载《浙江工商大学学报》2018年第1期,第54页。
② 皮勇:《论新型网络犯罪立法及其适用》,载《中国社会科学》2018年第10期,第135页。
③ 孙国祥:《集体法益的刑法保护及其边界》,载《法学研究》2018年第6期,第42页。
④ 参见王肃之:《网络犯罪原理》,人民法院出版社2019年版,第105—108页。

的行为。所谓"明知他人利用信息网络实施犯罪",是要求本罪所规制的一般主体网络参与行为具备法益侵害目的的客观体现,是对行为特征的要求,而非共同犯罪故意的体现。本罪所规制的行为应是侵犯法定主体信息专有权的事实性预备行为,本罪保护的法益是法定主体的信息专有权。①

本书持第四种观点。将本罪法益理解为前三种观点主张的秩序法益,则本罪构成要件行为可能引发的所有风险都可被解释为法益侵害,从客观层面上区分法益侵害风险与值得刑罚处罚的法益侵害危险几乎无从着手。因此,完全需要通过司法解释明确"情节严重"的判断标准以限定本罪处罚范围。但从《信息网络案件解释》第12条,特别是该条第2款的规定来看,仍未对本罪中他人利用信息网络所实施犯罪的范围进行限缩解释。为本罪确定具备实质权利内涵的法益,厘定本罪构成要件行为与法益侵害结果或抽象危险之间类型化的客观连接,进而结合司法解释的相关规定明确本罪入罪的标准,是准确界定本罪处罚边界更加合理的选择。

三、行为

本罪规制的帮助信息网络犯罪活动行为,具体而言,即明知他人利用信息网络实施犯罪,为其犯罪提供互联网接入、服务器托管、网络存储、通讯传输等技术支持,或者提供广告推广、支付结算等帮助的行为,属于一般主体在互联网环境下的基础性参与行为,行为可侵害对象的数量,以及可侵害法益的类型、数量与重要性都无法预测,在事实层面上与他人利用信息网络实施的全类型犯罪都具备广泛联系。

关于此类网络参与行为性质的争议,本书在总论部分有关共犯理论的探讨中已进行了充分阐述。② 由于本罪及《信息网络案件解释》的相关规定均未限定行为人所帮助犯罪行为的范围,且立足于本罪保护的法益是法定主体信息专有权的观点,本书认为本罪所规制的应属侵犯法定主体信息专有权的事实性预备行为,本罪应属独立预备罪,规制的构成要件行为以及处罚标准均具备独立性。在《信息网络案件解释》出台的同时,最高人民法院也公布了两个帮助信息网络犯罪活动行为的典型案例,其可以视作对这一论断的佐证:

第一,赵瑞帮助信息网络犯罪活动案肯定了为他人实施信息网络犯罪提供支付结算帮助,情节严重的,构成帮助信息网络犯罪活动罪。

---

① 参见敬力嘉:《信息网络犯罪规制的预防转向与限度》,社会科学文献出版社2019年版,第118页。

② 参见本书第五章的有关内容。

【案例】赵瑞帮助信息网络犯罪活动案①

被告人赵瑞经营的网络科技有限公司的主营业务为第三方支付公司网络支付接口代理。赵瑞在明知申请支付接口需要提供商户营业执照、法人身份证等五证信息和网络商城备案域名,且明知非法代理的网络支付接口可能被用于犯罪资金走账和洗钱的情况下,仍通过事先购买的企业五证信息和假域名备案在第三方公司申请支付账号,以每个账号收取 2 000 元至 3 500 元不等的接口费将账号卖给他人,并收取该账号入金金额 3‰左右的分润。2016 年 11 月 17 日,被害人赵某被骗 600 万元。其中,被骗资金 50 万元经他人账户后转入在第三方某股份有限公司开户的某贸易有限公司商户账号内流转,该商户账号由赵瑞通过上述方式代理。

浙江省义乌市人民法院判决认为:被告人赵瑞明知他人利用信息网络实施犯罪,为其犯罪提供支付结算的帮助,其行为已构成帮助信息网络犯罪活动罪。

该案中,行为人仅"明知非法代理的网络支付接口可能被用于犯罪资金走账和洗钱",既不问洗钱犯罪是否实施,更不问洗钱犯罪的上游犯罪是否实施,而是进行独立的认定和处罚。

第二,侯博元、刘昱祈等帮助信息网络犯罪活动案肯定了为他人实施信息网络犯罪提供开办银行卡帮助,情节严重的,构成帮助信息网络犯罪活动罪。

【案例】侯博元、刘昱祈等帮助信息网络犯罪活动案②

2018 年 5 月 28 日,被告人侯博元、刘昱祈在我国台湾地区受人指派,带领被告人刘育民、蔡宇彦等进入大陆到银行办理银行卡,用于电信网络诈骗等违法犯罪活动。刘育民、蔡宇彦明知开办的银行卡可能用于电信网络诈骗等犯罪活动,但为了高额回报,依然积极参与。当日下午,抵达杭州机场,后乘坐高铁来到金华市区并入住酒店。当晚,侯博元、刘昱祈告知其他人办理银行卡时谎称系来大陆投资,并交代了注意事项及具体操作细节。5 月 29 日上午,在金华多家银行网点共开办了 12 张银行卡,并开通网银功能。另,2018 年 5 月 14 日至 18 日,被告人侯博元、刘昱祈以同样的方式在金华市区

---

① 最高人民法院非法利用信息网络罪、帮助信息网络犯罪活动罪典型案例之三,载最高人民法院官网(https://www.court.gov.cn/zixun-xiangqing-193721.html),最后访问日期:2022 年 3 月 14 日。

② 最高人民法院非法利用信息网络罪、帮助信息网络犯罪活动罪典型案例之四,载最高人民法院官网(https://www.court.gov.cn/zixun-xiangqing-193721.html),最后访问日期:2022 年 3 月 14 日。

和义乌市两地办理银行卡,并带回我国台湾地区。

浙江省金华市婺城区人民法院判决认为:被告人侯博元、刘昱祈、蔡宇彦、刘育民明知开办的银行卡可能用于实施电信网络诈骗等犯罪行为,仍帮忙到大陆开办银行卡,情节严重,其行为均已构成帮助信息网络犯罪活动罪。

该案中,行为人仅是明知开办的银行卡可能用于电信网络诈骗等犯罪活动,其行为认定与下游犯罪是否实施并无关联,依法独立予以认定处罚。

我国学界多倾向于将此类独立预备罪解释为实质①预备犯,却并未明确其构成要件要素,径直将具体罪名作为抽象危险犯,认为实施了符合构成要件规定的客观行为即为犯罪既遂②,但本类犯罪构成要件行为的抽象性使之面临入罪是否正当的诘问。我国学界当前的主流观点认为,实质预备犯成立的形式要件是将事实性预备行为独立规定为构成要件行为,实质要件是基于经验法则判断后此类行为具备的危险性可罚。③ 但这只提供了个案中限缩预备犯处罚范围的经验标准,在我国刑法原则处罚预备的语境下,容易造成实质预备犯处罚泛化,并导致独立预备罪与此预备行为所追求目的犯罪间的罪数判断难题。④

事实性预备行为由刑法独立处罚,但又不直接侵害法益(造成实害结果或具体危险),"法益侵害抽象危险"是处罚事实性预备行为的适宜根据,因为行为若不能被评价为具备造成法益侵害结果的抽象危险,则难以认为具备刑事可罚性,那么实质预备犯应被纳入抽象危险犯范畴。可是,当代法治国语境下,刑法规范与现实的连接点在于行为,在行为刑法原则视域下,刑法教义学需提供评价已入罪的网络参与行为所具备抽象危险的规范标准。如果完全依赖于司法解释(设置数量与情节标准),本质是摒弃了对犯罪构成的判断,赋予了法律适用者事实造法的权力,并不足取。

既然不能让法律适用者的合目的性考量完全取代规范评价标准,那么,可具体化应是实质预备犯构成要件确定性(明确性)的最低限度。我国学界有关预备行为实行化的既有研究,多在未检验这一规范前提的情形

---

① 所谓"实质"预备犯,更确切的表述应为"事实"预备犯。为了与当前我国学界的话语体系融合,本书仍使用"实质预备犯"的表述。
② 参见王新:《〈刑法修正案(九)〉第120条前置化规制的法理探析》,载《北方法学》2016年第3期,第45页。
③ 参见李晓明主编:《中国刑法基本原理》,法律出版社2013年版,第424页;陈兴良:《赵春华非法持有枪支案的教义学分析》,载《华东政法大学学报》2017年第6期,第6—15页。
④ 参见彭文华、刘昊:《论我国刑法中实质预备犯的范围》,载《中国应用法学》2018年第3期,第153—160页。

下,径直认定实质预备犯已大量存在于我国立法中①,在实质预备犯语境下探讨相关罪名的解释适用,极易以实质预备犯的合法外衣消解预备行为可罚性的规范判断,这与"预备犯例外处罚"的追求方向无疑背道而驰。

基于构成要件行为即为实行行为的认知,学界对实质预备犯的研究多着眼于对实行行为着手与独立处罚之预备行为的区分,从而将问题集中在独立处罚之预备行为与实行行为的等价性判断上。② 有关这一问题,修正构成要件理论给出的答案实质是刑法有规定所以应当处罚,陷入了循环论证。当前学界有力的观点认为,只有直接威胁重大法益的预备行为才具有刑事可罚性③,试图以此作为处罚实质预备犯的实质限缩标准。然而以上有力学说混同了经验与规范评价标准,只是将处罚形式预备犯的经验性限缩标准④适用于实质预备犯,并未明确实质预备犯独立的不法类型。而在我国刑法原则处罚预备犯的语境下,独立的不法类型对于区分形式预备犯与实质预备犯尤为必要,能明确处罚实质预备犯的教义学边界。

四、行为对象

本罪的行为对象应为信息网络犯罪活动,也就是他人利用信息网络实施的犯罪行为,功能主要有二:

第一,正如前文所述,本罪及《信息网络案件解释》的相关规定并未明确信息网络犯罪活动的范畴,本罪构成要件行为的独立性也得以证成。

第二,厘清本罪构成要件行为与信息网络犯罪活动之间的关系,实质是厘清本罪与其他犯罪之间的关系,有关于此,下文将进一步展开。

五、行为主体

2019年中国互联网络信息中心(CNNIC)在北京发布的第43次《中国互联网发展状况统计报告》显示,截至2018年12月,我国网民规模达8.29亿人,互联网普及率为59.6%⑤,互联网已然走入寻常百姓家。与此同时,企业

---

① 参见梁根林:《预备犯普遍处罚原则的困境与突围——〈刑法〉第22条的解读与重构》,载《中国法学》2011年第2期,第156—176页。
② 参见王新:《〈刑法修正案(九)〉第120条前置化规制的法理探析》,载《北方法学》2016年第3期,第46页。
③ 参见高丽丽:《准备实施恐怖活动罪——以预备行为实行化为视角的宏观解构》,载《法学论坛》2018年第2期,第152—160页。
④ 参见郑延谱:《预备犯处罚界限论》,载《中国法学》2014年第4期,第236—249页。
⑤ 参见中国互联网络信息中心(CNNIC)第43次《中国互联网发展状况统计报告》,载 http://www.cnnic.net.cn/hlwfzyj/hlwxzbg/hlwtjbg/201902/t20190228_70645.htm,最后访问日期:2020年5月1日。

的生产经营,以及政府对社会治理公共职能的履行,都逐渐构筑于互联网的基础架构之上。因此,信息通信技术的发展形成了网络空间,这一跨越时间与空间的流动空间,一般主体从事提供互联网接入、服务器托管、网络存储、通讯传输等技术支持,或者提供广告推广、支付结算帮助等基础性网络参与行为不需要较高技术门槛。因此,《刑法修正案(九)》将本罪主体规定为一般主体,即达到法定刑事责任年龄、具有刑事责任能力的自然人。鉴于实践中也多存在单位实施此类犯罪的情况,所以《刑法修正案(九)》规定单位也可以成为本罪主体。

六、罪量

《信息网络案件解释》第12条规定,明知他人利用信息网络实施犯罪,为其犯罪提供帮助,具有下列情形之一的,应当认定为《刑法》第287条之二第1款规定的"情节严重":(1)为三个以上对象提供帮助的;(2)支付结算金额二十万元以上的;(3)以投放广告等方式提供资金五万元以上的;(4)违法所得一万元以上的;(5)二年内曾因非法利用信息网络、帮助信息网络犯罪活动、危害计算机信息系统安全受过行政处罚,又帮助信息网络犯罪活动的;(6)被帮助对象实施的犯罪造成严重后果的;(7)其他情节严重的情形。

实施前款规定的行为,确因客观条件限制无法查证被帮助对象是否达到犯罪的程度,但相关数额总计达到前款第(2)项至第(4)项规定标准五倍以上,或者造成特别严重后果的,应当以帮助信息网络犯罪活动罪追究行为人的刑事责任。

七、罪责

本罪在主观上是故意,即行为人明知他人利用信息网络实施犯罪,为其犯罪提供互联网接入、服务器托管、网络存储、通讯传输等技术支持,或者提供广告推广、支付结算等帮助,并且希望或放任情节严重后果发生的心理状态。过失不构成本罪。

需要特别说明的是,为何间接故意也能满足本罪的罪责要求。本罪的"明知"是对帮助信息网络犯罪活动行为特征而非行为人主观故意的要求,有关于此,本书还将在罪与非罪的界定中进一步展开阐述。就帮助信息网络犯罪活动的主观故意而言,有学者认为基于意志要素的不同,帮助信息网络犯罪活动行为可以分为两种类型:其一,明知正犯的犯罪计划或意图且有促进犯罪行为更容易实现的意思("明知且促进型");其二,虽然明知正犯的犯罪计划或意图但是没有促进该犯罪行为更容易实现的意思("明知非促进型")。进而认为根据"犯罪意思联络说",只有"明知且促进型"才具有可罚性,"明知非促进型"则不具有可罚性,并且这一立场也为德、日等国的刑法学理论以及诸多判例所认可。①

本书认为,处罚"明知非促进型"的帮助信息网络犯罪活动行为正是我国立法的特色。"明知非促进型"的帮助信息网络犯罪活动行为的意志要素不同于信息网络犯罪行为,行为范围也不一致,有必要通过独立的罪名认定和处罚,而且这也与《刑法》第287条之二的规定契合:其一,"明知"与"促进"本身具有不同的刑法理论内涵,"明知"描述的系认识因素,强调其对信息网络犯罪知悉,且需要体现为客观的行为特征才能进行判断,《信息网络案件解释》第11条即规定了对此的推定规则;"促进"描述的系意志因素,强调其希望加功于信息网络犯罪的主观态度。《刑法》第287条之二仅规定了"明知他人利用信息网络实施犯罪",并未规定"帮助他人利用信息网络实施犯罪"。其二,《刑法》第287条之二规定的行为并不当然具有"促进"信息网络犯罪的属性。比如,行为人通过广告联盟的形式,为信息网络犯罪行为提供广告推广,只要能够获得相应收益,推广效果的实现并非行为人所追求,而且其推广行为可能针对多个信息网络犯罪行为。其三,对于"明知且促进型"的帮助信息网络犯罪活动行为,按照相应的共同犯罪罪名处罚已足,无须依托《刑法》第287条之二进行评价。比如,行为人为了他人的诈骗犯罪能够实现,专门制作了更改来电显示号码的软件,则属于"明知且促进型"的帮助信息网络犯罪活动行为,按照诈骗罪的帮助犯处罚即可;如果行为人制作了更改来电显示号码的软件,在他人购买时予以出售,则属于"明知非促进型"的帮助信息网络犯罪活动行为,应当按照《刑法》第287条之二认定和处罚。因此,间接故意也能满足本罪要求。

八、罪与非罪

由于刑法理论中实质预备犯构成要件要素的阙如,司法实践中对本罪的认定缺乏明确的规范标准,往往流于恣意。通过明确本罪行为不法的内涵是帮助信息网络犯罪活动行为与本罪保护法益之间的主、客观规范连接,并进一步明确具体的构成要件要素,可以厘定本罪罪与非罪的边界。

(一)本罪客观行为不法的核心:对法益的抽象危险

从法益视角出发,前文已明确本罪作为实质预备犯属于抽象危险犯。有关抽象危险犯所保护的法益,金德霍伊泽尔教授主张应为法益主体可无障碍利用法益的安全条件(Sicherheitsbedingungen zur sorglosen Verfügung über

---

① 参见刘艳红:《网络犯罪帮助行为正犯化之批判》,载《法商研究》2016年第3期,第21页。

geschützte Rechtsgüter)①,这事实上不是将"安全"本身解释为独立法益,只是将对法益安全的保护纳入了法益保护思想中,是将抽象危险的规范评价标准具体化的要求。② 他主张不是只有法益实质被侵害了(实害结果或具体危险)才可罚,只要法益的功能被限缩了即可罚。本书赞同这一论断,但据此并不能推导出应将(公共)安全作为刑法所独立保护的法益,而只说明将"安全"维度纳入法益保护思想是必要的,因为法益安全要通过阻断行为通向法益侵害结果之间具体的攻击路径(Angriffswege)来实现,那么,阻断预备行为与直接法益侵害结果间的规范连接也是法益保护的应然之义。前文已论证了本罪所保护的法益,现进一步着眼于具体化本罪作为实质预备犯的行为不法内涵。

正如本书主张的,实质预备犯行为不法的核心,是事实性预备行为侵害法益的抽象危险,此种抽象危险虽是对法益的间接侵害,却是对法益对象的直接侵害。换言之,法益侵害抽象危险的可罚性是由法益侵害导出的。③ 更确切地说,预备行为可罚性来自对原本目的行为所欲侵犯法益的侵害。从这个意义上来讲,我国刑法中保护法定主体信息专有权的规范,具体来说即侵犯公民个人信息罪、拒不履行信息网络安全管理义务罪为主规范,帮助信息网络犯罪活动罪为前置规范。需要注意的是,实质预备犯可罚性的根据来自主规范,是指实质预备犯与主规范保护的法益一致,是将行为不法的内涵由直接法益侵害扩展到间接法益侵害,没有脱离"有责之已发生行为的不法"的范畴。非常遗憾,我们在探讨前置规范对刑法处罚的前置效应时,往往忽略了以上二者间的关联,也就忽略了法益侵害抽象危险的规范来源,从而容易走上只对抽象危险进行经验性评价,而放弃探寻规范性评价标准的歧途。

对实质预备犯而言,行为具备造成法益侵害结果的抽象危险,需要行为与法益侵害结果具备主、客观两方面的规范连接。在客观规范连接的范畴内,这是指行为所具备的客观危险属性。对实质预备犯来说,站在事前判断立场,以经验法则为基础,能够认定所禁止的法定行为方式具备一般性引发法益侵害结果(实害或具体危险)的抽象危险④,简要来说,即能够促进(erleichtern)或促成(ermoglichen)法益侵害结果实现,这是法益保护视角下处罚

---

① Vgl. Urs Kindhäuser, Gefährdung als Strafiat-Rechtstheoretische Untersuchungen zur Dogmatik der abstrakten und konkfeten Gefährdungsdelikts, 1989, S. 287.

② Vgl. Urs Kindhäuser, Rechtsgüterschutz durch Gefährdungsdelikte, in: Knut Amelung u. a. (Hrsg.), Festschrift für Volker Krey, W. Kohlhammer, 2010, S. 249 (262).

③ Vgl. Jens Puschke, Legitimation, Grenzen und Dogmatik von Vorbereitungstatbeständen, 2017, S. 323.

④ Vgl. Hans Joachim Hirsch, Gefahr und Gefährlichkeit, in: Fritjof Haft u. a. (Hrsg.), Festschrift für Arthur Kaufmann, 1993, S. 545 (559).

实质预备犯的实质正当性基础。但仅依靠经验法则在个案中实质判断实质预备犯的抽象危险属性,不仅不具备规范妥当性,也不具备现实可行性。

首先,抽象危险难以证明①,或者具备抽象危险的行为与法益侵害结果之间只存在复杂、难以理解的风险关联②,是主张抽象危险是由立法者拟制或由推定而得的基本理由。但这在实质预备犯场合并不成立,因为若要实现它的抽象危险,需介入行为人或第三方自担其责的新行为,这根据预备行为本身无法预测。其次,不能将风险衡量与对抽象危险的判断等同。对法益抽象危险可罚性的判断,也就是在刑法规范语境下将事实性预备行为评价为"危险",与行为可能导致危害结果发生的实际概率并不直接相关。比如,雷雨天待在屋外被闪电劈中的概率虽然很小,但一般还是会认为这个行为具有危险性。再如,相较于坐飞机,老年人独居在家出现危害结果的概率应当较小,但一般会认为老年人独居在家的行为比较具有危险性。很显然,评价行为是否危险并不是依据对损害结果出现概率的计算,而是另有规范评价标准。

对于实害犯或者具体危险犯,犯罪行为的结果不法衡量有非常明确的现实关联性,但这在实质预备犯的处罚中很欠缺。因此,对法益的抽象危险必须结合经验判断与规范评价标准。客观评价实质预备犯构成要件行为对法益的抽象危险应包含两个部分,经验标准要考察的是预备行为是否能促进或促成主规范所保护法益的侵害结果,规范标准则要考察构成要件行为是否具备适格性。

(二)本罪行为的适格性

正如前文所指出的,本书主张本罪作为实质预备犯,在立法论层面上已是独立罪名,无须依附其他罪名的构成要件。那么,本罪构成要件行为应具备定型性是应然之义。对于预备行为定型性的要求,是出于区分实质与形式预备犯的需要。但是,在论证构成要件行为如何具备定型性时,学者多主张"基于犯罪情势需要",对罪名所规定的具体行为类型进行限缩解释。③ 这样的回答无异于"因为独立处罚,所以具备定型性",并不足取。事实上,学界也有观点认为,《刑法修正案(九)》新增的独立预备罪并不满足构成要件行

---

① Vgl. Horst Schröder, Die Gefährdungsdelikte im Strafrecht, ZStW 81 (1969).
② Vgl. Bernd Schünemann, Kritische Anmerkungen zur geistigen Situation der deutschen Strafrechtswissenschaft, GA 1995, S. 201 (211).
③ 参见商浩文:《预备行为实行化的罪名体系与司法限缩》,载《法学评论》2017 年第 6 期,第 171 页。

为定型化的要求,主张以形式预备犯的限缩标准限缩处罚范围。① 那么实质预备犯所处罚事实性预备行为的定型性是事实层面的还是规范层面的? 如果是前者,能否适用形式预备犯的限缩标准? 如果是后者,定型化的标准何在?

暂不考虑我国学界关于是否废除《刑法》总则第 22 条的争论,在传统理论视域下,一般在犯罪停止形态的语境中探讨预备行为可罚性的问题。通常认为,在犯罪行为实行终了之前,存在计划、预备与未遂三个阶段。对于预备行为可罚性的探讨,多在探讨具体犯罪行为未遂可罚性的边界时,为了区分可罚的犯罪未遂与不可罚的犯罪预备,也就是认定实行行为"着手"时附带进行。《德国刑法典》第 22 条规定,犯罪未遂是指行为人根据其行为构想,直接着手(Ansetzen)促成构成要件的实现。从形式标准出发,犯罪未遂是指以行为决定(Tatentschluss)时为考察时间点,行为人已考量所有犯罪构成要件,其行为尚未遂行所有构成要件要素,但该行为与遂行所有构成要件要素之间不再存在显著的中间步骤(Wesentliche Zwischenschritte)②,或者两者之间存在直接的时间与空间关联。③ 也就是说,未遂是指行为已开始,虽未遂行全部构成要件要素,但与全部构成要件要素最接近的犯罪停止形态。以此标准能够区分犯罪未遂与预备吗? 恐怕不能。既然犯罪未遂无须遂行全部构成要件要素,当一个构成要件要素的遂行与其他构成要件要素的遂行并无强制性的直接关联,难以区分犯罪预备与犯罪未遂时,这种路径因而只能导向"未遂概念的扩张"。④ 从实质标准出发,未遂开始于行为人构想中法益侵害危险的出现,预备和未遂区分的标准是此种危险的类型和大小。这又会面临本书所指出的问题,那就是缺乏评价危险的规范标准。

我国学界有观点主张结合这两种标准,辅以保护法益的重大性,便能妥当界定预备犯的可罚性边界。⑤ 然而,不论事实性预备行为与实行行为构成要件的密切程度大小,还是法益是否重大,抑或法益侵害危险的大小,在现有理论体系中均为经验性评价标准。虽然我国刑法规定形式预备犯普遍可罚,但在整体刑法体系的视角下考量,处罚形式预备犯应属例外情形,依据这些经验性评价标准可以妥当限缩形式预备犯的处罚范围。但在实质预备犯

---

① 参见尚勇:《准备实施恐怖活动罪的法教义学分析——以处罚范围的限定为核心》,载《法律适用》2018 年第 19 期,第 92—93 页。
② BGHSt 26, 201 (204).
③ BGHSt 22, 80 (82); Jescheck/Weigend, Strafrecht AT, 5. Aufl., 1996, S. 518 f.
④ Liane Wörner, Die deutsche Versuchsdogmatik – eine Frage der Vorverlagerung der Strafbarkeit? in: Arnt Sinn u. a. (Hrsg.), Grenzen der Vorverlagerung in einem Tatstrafrecht, 2011, S. 135 (148 f.).
⑤ 参见郑延谱:《预备犯处罚界限论》,载《中国法学》2014 年第 4 期,第 236—249 页。

的场合法定处罚事实性预备行为,对此类行为的定型性不能只在个案中进行实质判断,需构建类型化的规范评价标准。

至此,实质预备犯所处罚事实性预备行为适格性的第一条评价标准,即预备行为的规范属性,应是"将来可造成直接法益侵害的犯罪行为"。通过这样的界定,既能以法益侵害抽象危险作为本罪处罚的实质根据,也能通过构成要件的具体化,明确法益侵害抽象危险的规范内涵是行为与直接法益侵害结果之间的规范连接,以此明确本罪构成要件行为独立的规范地位。

在规范评价的语境下,预备行为适格性的第二条评价标准,即预备行为的规范类型,应根据事实性预备行为与直接法益侵害结果间的规范连接进行考察。鉴于事实性预备行为只创设了会导致法益侵害结果的危险情境,预备行为基本的规范类型应当分为以下两类:第一类是预备行为人通过自己后续的自主行为利用此危险情境造成法益侵害结果,可称为狭义预备行为;第二类是第三人通过自主行为加以利用并造成法益侵害结果,可称为广义预备行为。

基于自我答责原则的考量,从行为时的时间点考察,有观点认为第一类预备行为不应处罚,因为理性人自己不会再让法益侵害危险实现。[①] 从行为后的时间点考察,有观点认为两类都应罚,因为预备行为人创设了法益侵害危险,失去了对后续发展流程的控制,从而导致法益侵害结果可能发生,通过要求预备行为具备类型化的危险属性,以及行为人具有其预备行为可能被用于促进或促成犯罪行为的概括故意[②],两类预备行为均可罚。基于本书对实质预备犯行为不法的基本认知,即其行为不法的内涵在于预备行为与法益之间的规范连接,事实性预备行为是否可罚需经规范检验之后才能作出评价。

本书认为能评价为具备抽象危险的均可罚,两者间主要的区别在于对主观构成要件要素的要求不同,下文将就此进一步展开论证,这两种预备行为的规范类型可作为检验预备行为适格性的规范标准。以此标准考察,帮助信息网络犯罪活动罪所规制的行为,也就是提供互联网接入、服务器托管、网络存储、通讯传输等技术支持,或者提供广告推广、支付结算帮助等行为应属广义预备行为,主观构成要件要素的要求将在后文进一步展开论述。和对行为抽象危险性的评价一样,对预备行为适格性的评价要结合经验标准。那么,预备行为适格性的第三条评价标准,应为入罪的预备行为是否具备社会相当性,是否属于民众日常生活中的常态行为。对实质预备犯来说,根据经验法则将具备社会相当性的行为排除在犯罪圈以外,是确保构成要件行为定

---

① Vgl. Andrew von Hirsch/Wolfgang Wohlers, Rechtsgutstheorie und Deliktsstruktur-zu den Kriterien fairen Zurechnung, in: Roland Hefendehl u. a. (Hrsg.), Rechtsgutstheorie, 2003, S. 204.
② BGHSt 1, 115 (116).

型化、实质区分可罚与不可罚行为的必然要求。例如,餐刀虽然可被用来杀人,但通常都用来切肉、切菜,因此虽然购买餐刀是否用于杀人需要经过规范判断,但购买餐刀这一行为本身不会为刑法所一般性禁止。但购买枪支则通常是为了实施犯罪行为,为我国刑法所禁止。提供技术支持、广告推广、支付结算等行为本身并非不具备社会相当性,关键是要判断此类行为是否是为了帮助他人的信息网络犯罪而实施。对待规制行为社会相当性的评价,在一般性的经验法则判断外,还应要求预备行为客观体现出不法目的。

这一标准是德国联邦宪法法院在其一项决定性判决中针对《德国刑法典》第202c条①("预备探知和拦截数据罪")发展出的。由于计算机程序本身被用于合法或不法用途均可,对于该条第1款第(2)项规定的"计算机程序",德国联邦宪法法院要求必须满足为了实施探知数据罪和拦截数据罪而改制这一客观特征。② 通过要求刑法处罚的预备行为具备与直接法益侵害故意相关联的客观特征,可进一步明确事实性判断的类型化标准。本书认为这一标准值得采纳,应当将帮助信息网络犯罪活动罪中的"明知他人利用信息网络实施犯罪"解释为对待处罚行为具备体现不法目的客观特征的要求,而非对行为人主观认知的要求。《信息网络案件解释》第11条列举的情形虽然规定为对帮助信息网络犯罪活动主观明知的推定,但事实上就是对行为具备不法目的客观特征的要求,主观的不法目的还有待继续考察,自然应当允许有相反的证据排除其主观不法目的。

概言之,不是独立成罪之后构成要件行为就自然符合定型化要求,需要经过规范标准的检验和实质的事实性标准评价,才能明确事实性预备行为是否符合定型化的规范要求,是否适格。虽然这些标准的具体内涵会随着社会发展而变化,但标准本身是为这一变化赋予能够被识别的类型化框架。

(三)本罪主观构成要件要素及其判断

1. 行为人行为计划的体系地位:主观构成要件要素

确定主观构成要件要素,是明确预备行为可罚性规范标准不可或缺的内容。在传统理论视域下,刑法极其例外处罚预备犯,未遂应当是总体意义上行为不法的起点。在对未遂认定标准的探讨中,会存在主观不法论与客观不

---

① 《德国刑法典》第202c条第1款规定:"任何人制造、为自己或他人获取、出售、转让、传播或者通过其他方式,使他人获取可用于访问本法第202a条第2款规定之数据的密码,或其他安全代码,或者使他人获取用于实施数据探知或拦截的计算机程序,从而预备实施本法第202a条(探知数据罪)或第202b条(拦截数据罪)规定的犯罪的,处两年以下自由刑或者罚金刑。"Vgl. § 202c StGB.

② BverfG,NJW 2006.

法论的争议。在我国刑法大量增设实质预备犯的语境下,可认为刑法教义学中行为不法的起点已前移到事实性预备行为的实施。因此,对事实性预备行为不法根据的探讨需在不法论的整体语境下进行。在客观不法论语境下,实质预备犯行为不法的内涵,应为事实性预备行为具备指向直接法益侵害的客观危险。例如雅各布斯教授就主张,处罚预备行为的正当根据在于该行为本身可能造成直接危害结果,而无须考虑行为人主观的行为计划。① 也有观点认为,行为人主观的行为计划应为量刑从重情节,不属于构成要件要素。② 但本书认为对法益侵害危险的评价无法完全客观,而是通过经验与规范标准的检验,对预备行为与直接法益侵害结果间主客观规范连接的评价结果。正如前文所指出的,无论是广义还是狭义预备行为,其行为法益侵害抽象危险客观属性的实现,都依赖于预备行为与直接法益侵害结果之间的主观连接。缺少预备行为人与直接法益侵害结果之间的主观规范连接,由于预备行为与直接法益侵害结果之间距离太远,因而产生的处罚正当性缺失难以弥补。③

在德国占据通说地位的印象理论一般被认为属于主观不法论阵营。该理论认为,行为的刑事可罚性体现为行为人以其行为动摇了公众对法规范效力的信赖,破坏了法的安定性。④ 根据这一理论,预备行为人具备未来可促进不法行为实施的概括构想(Vorstellung)时,其通过预备行为所体现出的对法规范的敌对意识是预备行为的不法内涵。然而,若采纳这一解释进路,等于直接将刑罚目的,确切地说是积极一般预防的目的作为刑法处罚预备行为的正当根据。而"公民对法规范的信赖"与"法的安定性"的实质内涵即刑法规范的效力。但是,确证刑法规范效力本身无法提供评价待处罚行为不法的规范标准。不能让法律适用者的目的设定取代行为不法成为刑事责任认定的依据,必须要求待处罚预备行为与直接法益侵害结果之间也具备可识别的客观连接。那么,预备行为人的行为计划不应是评价预备行为危险性的辅助标准,而应是实质预备犯的主观构成要件要素。

---

① Günter Jakobs, Die Kriminalisierung im Vorfeld der Rechtsgüterverletzung, ZStW 1985, S. 767 ff.

② Vgl. Ulrich Weber, Die Vorverlagerung des Strafrechtsschutzes durch Gefährdung-und Unternehmensdelikte, in: Hans-Heinrich Jescheck (Hrsg.), Die Vorverlagerung des Strafrechtsschutzes durch Gefährdungs-und Unternehmensdelikte, 1987, S. 15 f.

③ Vgl. Otto Lagodny, Strafrecht vor den Schranken der Grundrechte-Die Ermächtigung zum strafrechtlichen Vorwurf im Lichte der Grundrechtsdogmatik, dargestellt am Beispiel der Vorfeldkriminalisierung, 1996, S. 207; BGH NJW 2014, 3459 (3465).

④ Vgl. Jens Puschke, Legitimation, Grenzen und Dogmatik von Vorbereitungstatbeständen, 2017, S. 125-131.

2. 主观构成要件要素的具体类型

本书需要进一步明确的是主观构成要件要素的具体类型。也就是说,在实质预备犯的语境下,预备行为人主观的行为计划需要包含哪些内容,程度要求如何,这对明确本罪的处罚范围也至关重要。

(1) 造成直接法益侵害的目的

无论是广义还是狭义实质预备犯,首先需要考量行为人是否具备造成直接法益侵害的目的。是否具备造成直接法益侵害不法目的的客观特征,已被纳入预备行为适格性的判断标准。是否具备造成直接法益侵害不法目的本身也应被纳入主观构成要件要素,才能弥补预备行为与直接法益侵害客观上距离较远造成的处罚正当性缺失。

对于狭义实质预备犯,鉴于预备行为制造的危险情境之后由其自身实现,应要求预备行为人具备造成直接法益侵害的直接故意。在有关《德国刑法典》第89a条"准备实施严重危害国家暴力行为罪"的判例中,德国联邦最高法院在判决中指出,如果不对行为人主观的行为计划提出更高的要求,则对预备犯的处罚不合比例。在行为人的行为计划中,不能只"赞同考虑"(Billigend-in-Kauf-Nehmen)通过实施预备行为造成直接法益侵害,或真诚地认为通过实施预备行为可能造成(Ernsthaft-für-möglich-Halten)直接法益侵害,而是要求行为人已决定通过实施预备行为造成直接法益侵害,也就是要求行为人具备造成直接法益侵害的直接故意。

对于广义实质预备犯,由于行为的抽象危险是通过第三人的自主行为实现的,处罚预备行为人的依据,更多的是在于行为人对后续发展流程的失控,在行为人造成直接法益侵害的不法目的方面,行为人只需具备间接故意。[①] 因此,作为广义的实质预备犯的帮助信息网络犯罪活动罪,只要求行为人具备间接故意即已足。

(2) 对未来犯罪行为的考量

除了造成直接法益侵害的不法目的,还应要求预备行为人对未来犯罪行为的考量。对狭义实质预备犯而言,预备行为人无须对后续犯罪行为进行精确到时间、地点以及具体流程的计划,只需认知到此预备行为可能被用于促进和促成后续的犯罪行为即可。

对广义实质预备犯来说,由于直接法益侵害结果由第三人的自主行为实现,广义事实性预备行为的可罚性原则上不会超过帮助犯的可罚性。预备行为人对后续行为发展流程的认知如何,与预备行为本身的主观不法没有实质关联。在这一情形下,预备行为人对后续犯罪行为具备帮助的故意即已

[①] Vgl. Hans-Jörg Albrecht, Die Kriminalisierung von Dual-Use-Software, 2014, S. 250 f.

足,对广义实质预备犯的处罚,也不需要以实行行为的存在为前提。但正是因为没有实行行为的存在,对预备行为人的主观计划进一步具体化,才能够为广义实质预备犯的处罚确立足够明确和确定的规范标准。本书认为,虽然无须实行行为存在,但在广义实质预备犯的主观计划中,需要考量促进实行犯构成要件行为要素的遂行,确切来说主要包括第三人的行为工具以及行为人。如果预备行为人只具备一个宽泛的认知,觉得其行为可能被第三人利用,则不能认定预备行为人具备足够的主观不法,应当不适用刑法进行处罚。① 例如,对于《德国刑法典》第89a条第2款第(2)项,对为了实施严重危害国家的暴力行为而生产、获取、持有武器、相关物质或设施的处罚,如果预备行为人的主观计划中没有对于行为时间、地点与方式最低限度的考量,该处罚便是不正当的②,对于帮助信息网络犯罪活动罪来说也是如此。

  首先是对第三人实施犯罪行为可利用之行为工具的考量。虽然真正可以造成直接法益侵害结果的第三人无须确定,但基于以上要求,预备行为人在其主观计划中第一个需要明确考虑到的,是他想要将后续犯罪行为的行为工具转移给后续第三人。对于这一主观要素的认定,要求预备行为人至少有过相关明确的表达,或者与潜在第三人有过联络。此外,他只是认为这一行为工具可能被转移给后续第三人还不足,还应当认知到这一行为工具确定能被转移给后续第三人。③ 其次是对影响第三人范围的考量。在广义实质预备犯语境下,直接法益侵害结果是由不确定的第三人所造成的,如果不对预备行为人所希望影响的第三人范围进行限定,只是认为该行为可能引起时间、方式、危害范围都不确定的任意犯罪行为,那么刑法就成为纯粹的危险预防法。事实上,危险预防历来是警察法的职能,因为警察法对于具体场合的危险流程介入具有高度的灵活性。刑法则不同,基于刑罚的严厉性,刑法应遵守最后手段性原则。所谓"最后手段",是指刑法的发动应当最为谨慎,刑罚的适用标准应当最为明确与确定。如果刑罚发动不再以行为危害性为依据,而纯粹是对规范违反的回应,这会带来刑法功能的全能化,进而导致其虚无化。因此,预备行为人的主观计划中,应当要考量他希望通过预备行为的实施所影响的特定人,至少是群体,此时对广义预备犯的处罚才具备正当性。

  对于本罪而言,应当要求行为人在从事提供互联网接入、服务器托管、网络存储、通讯传输等技术支持,或者提供广告推广、支付结算帮助等行为时,应已确定希望影响之人或群体的大致范围,并且认知到自己所提供的服

---

① Andreas Popp, § 202c StGB und der neue Typus des europäischen "Software-Delikts", GA 2008, 375 (392).
② OLG Karlsruhe StV 2012, 348 ff.
③ NK/Kargl, StGB, 4. Auf., 2013, § 202c Rn. 13.

务能够被对方接收到。从《信息网络案件解释》第 12 条的规定来看,该解释未对相关行为所能帮助犯罪的范围作出任何限定,这样的立场值得反思。

九、此罪与彼罪

上文已经指出,对于本罪与其他犯罪的区分,关键在于解释"明知他人利用信息网络实施犯罪"的"犯罪"。按照一些论者的观点,根据《信息网络案件解释》第 12 条第 2 款①的规定,本罪中的"犯罪"已被扩大解释为包括了《刑法》分则规定的行为类型但尚未构成犯罪的行为,从而使得"只要被帮助对象实施了《刑法》分则规定的行为,无论是否达到犯罪程度,对帮助犯即使无法按照共犯追究刑事责任,至少可以适用帮助信息网络犯罪活动罪这一兜底罪名,以严密刑事法网"②。

事实上,从文义来看,《信息网络案件解释》第 12 条第 2 款与第 7 条就非法利用信息网络罪中"违法犯罪"的解释存在显著区别,从前者的表述中无法直接解读出本罪的"犯罪"被进行了如后者一般的扩张解释,而只是规定了本罪处罚的独立性,不依赖于被帮助对象的行为不法,以上论者的观点更多是基于自身理论立场的延伸解读。长期以来,本罪在司法实践中本就被作为兜底罪名适用。根据笔者的统计,截至 2019 年 7 月 8 日,在中国裁判文书网收录的判决书中,被告人被判处的罪名包含帮助信息网络犯罪活动罪的案件有 28 件,案由有盗窃罪(2 件)、诈骗罪(8 件)、侵犯公民个人信息罪(1 件)、开设赌场罪(1 件)、破坏计算机信息系统罪(1 件)、非法获取计算机信息系统数据罪(2 件)、组织领导传销活动罪(1 件)、破坏广播电视、公用电信设施罪(1 件)、制作、复制、传播、出版、贩卖淫秽物品牟利罪(1 件)、扰乱无线电管理秩序罪(1 件)、非法经营罪(1 件)、非法利用信息网络罪(1 件),单独判处本罪的有 7 件。③ 司法实践中,显然已将本罪普遍适用于借助信息网络技术实施犯罪的情形。该罪构成要件行为及其不法认定中巨大的裁量空间,显露无遗。若对本罪中的"犯罪"进行如此解读,对明确本罪的适用范围并无指导意义。

因此本书认为,不能仅主张本罪处罚标准的独立性,还需认识到本罪行

---

① 《信息网络案件解释》第 12 条第 2 款规定:"实施前款规定的行为,确因客观条件限制无法查证被帮助对象是否达到犯罪的程度,但相关数额总计达到前款第二项至第四项规定标准五倍以上,或者造成特别严重后果的,应当以帮助信息网络犯罪活动罪追究行为人的刑事责任。"

② 喻海松:《新型信息网络犯罪司法适用探微》,载《中国应用法学》2019 年第 6 期,第 161 页。

③ 参见敬力嘉:《信息网络犯罪规制的预防转向与限度》,社会科学文献出版社 2019 年版,第 129 页。

为及其不法评价的独立性,才能有效区分本罪与其他关联犯罪的适用范围。基于这样的认识,应当尽可能先根据客观事实判断相关行为是否符合本罪构成要件,对于《信息网络案件解释》第12条第2款"确因客观条件限制无法查证被帮助对象是否达到犯罪的程度,但相关数额总计达到前款第二项至第四项规定标准五倍以上,或者造成特别严重后果"这一兜底性规定的适用,应当尽可能从严把握,以防止本罪处罚范围的过度扩张。本书试以"断卡"行动背景下的周某奇、尤某杰帮助信息网络犯罪活动案为例,说明应如何判断本罪独立的行为不法。

【案例】周某奇、尤某杰帮助信息网络犯罪活动案①

2019年11月上旬,周某奇伙同尤某杰在杭州某职业技术学院设立学生兼职微信群,发布招聘话务员的消息,要求应聘学生到附近营业厅办理电话卡并将卡上交。周某奇、尤某杰以上述方式购得刘某欣等20余名学生办理的实名制电话卡75张,每张卡支付给学生几十元至100元不等的费用。2019年11月中下旬,周某奇、尤某杰又通过类似方式招募了石某行等130余名社会人员,用大巴车将他们从河北省带至北京市办理400张左右实名制北京市电话卡并收购,每张卡支付几十元的费用。周某奇、尤某杰明知他人利用信息网络实施犯罪,仍将上述电话卡出售供他人使用,违法所得12万余元。上述电话卡通过非法途径流出境外,犯罪分子使用其冒充国家机关工作人员实施诈骗,骗取被害人李某等10余人钱款共计200余万元。

2020年3月3日,浙江省杭州市公安局余杭区分局以周某奇、尤某杰涉嫌诈骗罪,移送杭州市余杭区人民检察院审查起诉。同年9月21日,杭州市余杭区人民检察院对周某奇、尤某杰以帮助信息网络犯罪活动罪提起公诉。同年12月18日,杭州市余杭区人民法院作出一审判决,以帮助信息网络犯罪活动罪分别判处被告人周某奇、尤某杰有期徒刑2年2个月,并处罚金。

批量收购实名制电话卡,明知他人用以实施犯罪,仍向其出售,情节严重的,构成帮助信息网络犯罪活动罪。

当前,非法出售、出租电话卡、银行卡(以下简称"两卡")问题较为突出。不少犯罪分子将收购的"两卡"作为犯罪工具,用于骗取被害人资金或转移赃款,掩盖犯罪事实,逃避司法机关追查。为遏制涉"两卡"类犯罪,2020年10月起,最高人民法院、最高人民检察院、公安部、工业和信息化部、中国人

---

① 最高人民检察院"充分发挥检察职能 推进网络空间治理"典型案例案例四,载最高人民检察院官网(https://www.spp.gov.cn/spp/xwfbh/wsfbh/202101/t20210125_507452.shtml?ivk_sa=1024320u),最后访问日期:2022年3月14日。

民银行等部门联合部署开展"断卡"行动,依法从严打击非法出售、出租"两卡"违法犯罪活动,重点打击专门从事非法收购、贩卖"两卡"活动的犯罪团伙,以及与之内外勾结的电信、银行等行业从业人员。"断卡行动"开展之后,帮助信息网络犯罪活动罪被全面激活。在这一背景下,周某奇、尤某杰帮助信息网络犯罪活动案明确了该罪对于打击网络灰黑产业链的主要适用范围与方式,具备重要的指导意义。

十、处罚

根据《刑法》第 287 条之二的规定,犯本罪的,处 3 年以下有期徒刑或者拘役,并处或者单处罚金。

单位犯前款罪的,对单位判处罚金,并对其直接负责的主管人员和其他直接责任人员,依照第一款的规定处罚。

有前两款行为,同时构成其他犯罪的,依照处罚较重的规定定罪处罚。

此外,《信息网络案件解释》第 13 条规定,被帮助对象实施的犯罪行为可以确认,但尚未到案、尚未依法裁判或者因未达到刑事责任年龄等原因依法未予追究刑事责任的,不影响帮助信息网络犯罪活动罪的认定。该解释第 15 条规定,综合考虑社会危害程度、认罪悔罪态度等情节,认为犯罪情节轻微的,可以不起诉或者免予刑事处罚;情节显著轻微危害不大的,不以犯罪论处。

第三编

程序法

第九章　网络犯罪案件的管辖

由于网络犯罪的跨地域属性及全国各地侦察机构在情报收集、打击能力等方面的差异，目前国内司法打击网络犯罪过程中出现很多异地办案的情况，随之而来的首先就是管辖权问题，其有时甚至会成为司法打击过程中阻碍诉讼正常进行的一个重要的程序性障碍。针对管辖权问题，最高人民法院、最高人民检察院近年来出台了多个相关指导案例、典型案例，同时在立法和规范层面，也相继出台了多个司法解释和规范性文件，对管辖权问题进行重点说明。

第一节　职能管辖

在职能管辖方面，网络犯罪以公安机关侦查为主，但是发生在网络中的自诉案件，依照刑事诉讼法解释规定，由人民法院直接受理。其中，经常发生的自诉案件包括但不限于：网络侮辱；网络诽谤；人民检察院没有提起公诉，被害人有证据证明的轻微刑事案件，如网络侵犯知识产权等。

这里需要着重说明的是网络侮辱和网络诽谤犯罪。《刑法》第246条第1款规定了侮辱罪和诽谤罪，以暴力或者其他方法公然侮辱他人或者捏造事实诽谤他人，情节严重的，处3年以下有期徒刑、拘役、管制或者剥夺政治权利。侮辱、诽谤罪系典型的自诉犯罪，原因是在网络出现之前，传统的侮辱、诽谤行为主要发生在被害人生活范围之内，犯罪行为一般相对轻微，同时，刑法为了保护被害人隐私、尊重被害人意愿，以及秉持刑法的谦抑性原则，故而将侮辱、诽谤罪列入自诉的范畴，除非犯罪行为严重危害社会秩序和国家利益。但随着网络时代的来临，发生在互联网上的侮辱、诽谤行为越来越严重，被害人往往因为无法依靠一己之力查明犯罪行为人，无从发起自诉维权，网络侮辱、诽谤行为也因为没有得到切实有效治理而越发肆无忌惮。

针对这一情况，2000年12月28日第九届全国人民代表大会常务委员会第十九次会议通过的《关于维护互联网安全的决定》(已被修订)规定,"利用互联网侮辱他人或者捏造事实诽谤他人的,依照《刑法》有关规定追究刑事责任"。最高人民法院、最高人民检察院又于2013年出台《信息网络诽谤解释》,详细规定了网络诽谤罪的犯罪构成、入罪门槛,及哪些网络诽谤行为属于"严重危害社会秩序和国家利益"范畴而应当由公安机关直接管辖。但即使如此,仍然没能有效解决司法实践中网络侮辱、诽谤行为天然的自诉难题,即被害人无法查明犯罪行为人的真实身份。对此,立法机关曾在《刑法修正案(九)》(草案)的研拟过程中,考虑将网络侮辱、诽谤行为直接规定为公诉案件[①],但后来因为多方反对,最终的修正案仅在《刑法》第246条中增加第3款,规定"通过信息网络实施第一款规定的行为,被害人向人民法院告诉,但提供证据确有困难的,人民法院可以要求公安机关提供协助"。这一修改最终并未改变网络侮辱、诽谤罪的自诉地位,公安机关直接管辖网络侮辱、诽谤犯罪的唯一条件,仍是行为必须达到"严重危害社会秩序和国家利益"的危害程度。

2021年1月,最高人民检察院评选出的"2020年度十大法律监督案例"案例四"杭州女子取快递遭诽谤案"即网络诽谤案件自诉转公诉的典型代表。

【案例】杭州女子取快递遭诽谤案[②]

2020年7月,谷女士到杭州市余杭区某小区快递点取快递时,被附近便利店店主郎某偷拍了视频。郎某随后与朋友何某"开玩笑",编造"女子出轨快递小哥"等聊天内容,发至聊天群。随后谣言通过不断转发,在互联网上发酵。谷女士人格受到严重损害,还为此丢了工作、找新工作被拒,并患上抑郁症,于是向警方报警。2020年8月13日,杭州市公安局余杭区分局发布警情通报,依据相关法律规定,公安机关对二人分别作出行政拘留9日的处罚。10月26日,谷女士向杭州市余杭区法院提起刑事自诉,余杭区法院于12月14日决定立案,并依法要求杭州市公安局余杭区分局提供协助。检察机关认为,在此期间,相关视频材料进一步在网络上传播、发酵,案件情势发生了变化,郎某、何某的行为不仅损害被害人人格权,而且经网络社会这个特定社会领域和区域得以迅速传播,严重扰乱网络社会公共秩序,给广大公众造成不安全感,严重危害社会秩序,依据《刑法》第246条第2款之规定,应当按公诉程序予以追诉。2020年12月25日,根据杭州市余杭区检察院的建议,杭州市公安局余杭区分局对郎某、何某涉嫌诽谤案立案侦查。

---

① 参见喻海松:《刑法的扩张——〈刑法修正案(九)〉及新近刑法立法解释司法适用解读》,人民法院出版社2015年版,第139页。

② 参见最高人民检察院检例第137号:郎某、何某诽谤案。

《2021年刑诉法解释》也对网络侮辱和网络诽谤犯罪的管辖作了规定,其第325条第2款规定:"对通过信息网络实施的侮辱、诽谤行为,被害人向人民法院告诉,但提供证据确有困难的,人民法院可以要求公安机关提供协助。"最高人民法院、最高人民检察院在上述典型案例和司法解释中,不约而同关注网络侮辱、诽谤犯罪的职能管辖问题,实际上为网络时代此类犯罪的管辖给出倾向性观点,即正视了被害人收集证据、提起自诉和维护自身权益的难度,倾向于由公安机关对取证难度大、严重危害社会秩序和国家利益的网络侮辱、诽谤犯罪,行使职能管辖。

第二节 级别管辖

在典型的网络犯罪中,由于法定刑往往不涉及无期徒刑和死刑,因此主要由基层人民法院管辖。但由于《2021年刑诉法解释》中规定,对于"重大、复杂案件""新类型的疑难案件""在法律适用上具有普遍指导意义的案件",基层人民法院可以请求移送中级人民法院审判。网络犯罪由于技术新颖、涉众性、隐秘性等特点,在司法实践中可能存在这种提级管辖的处理方式。如最高人民检察院第十八批指导案例检例第67号"张凯闵等52人电信网络诈骗案"(详见本章第四节),就因为案情重大、复杂,被指定北京市人民检察院第二分院管辖,并由北京市第二中级人民法院审理。

需要说明的是,根据《恐怖活动案件意见》规定,"组织、领导、参加恐怖组织罪,帮助恐怖活动罪,准备实施恐怖活动罪,宣扬恐怖主义、煽动实施恐怖活动罪,强制穿戴宣扬恐怖主义服饰、标志罪,非法持有宣扬恐怖主义物品罪的第一审刑事案件由中级人民法院管辖;宣扬极端主义罪,利用极端主义破坏法律实施罪,强制穿戴宣扬极端主义服饰、标志罪,非法持有宣扬极端主义物品罪的第一审刑事案件由基层人民法院管辖。高级人民法院可以根据级别管辖的规定,结合本地区社会治安状况、案件数量等情况,决定实行相对集中管辖,指定辖区内特定的中级人民法院集中审理恐怖活动和极端主义犯罪第一审刑事案件,或者指定辖区内特定的基层人民法院集中审理极端主义犯罪第一审刑事案件,并将指定法院名单报最高人民法院备案。"由于近年来通过互联网实施的涉恐怖活动和极端主义犯罪越来越多,因此对于此类网络犯罪的级别管辖问题需要予以特殊注意。

第三节　地域管辖

一、网络犯罪的犯罪地概念较为宽泛

刑事案件主要由犯罪地的人民法院管辖,如果由被告人居住地管辖更为适宜,也可以由被告人居住地人民法院管辖。一般刑事案件的犯罪地包含犯罪行为发生地和犯罪结果发生地,由于网络犯罪虚拟化、数据化、远程化等特征,网络犯罪的犯罪地概念较一般犯罪更为宽泛。

2010年《网络赌博犯罪意见》中规定,"网络赌博犯罪案件的地域管辖,应当坚持以犯罪地管辖为主、被告人居住地管辖为辅的原则。'犯罪地'包括赌博网站服务器所在地、网络接入地,赌博网站建立者、管理者所在地,以及赌博网站代理人、参赌人实施网络赌博行为地等"。2014年《网络犯罪程序意见》,在总结前述网络赌博司法解释的基础上,对网络犯罪案件的管辖进行了原则性的规定,"网络犯罪案件的犯罪地包括用于实施犯罪行为的网站服务器所在地,网络接入地,网站建立者、管理者所在地,被侵害的计算机信息系统或其管理者所在地,犯罪嫌疑人、被害人使用的计算机信息系统所在地,被害人被侵害时所在地,以及被害人财产遭受损失地等"。可以说这种对犯罪地的规定,几乎涵盖了网络犯罪中行为人、被害人、网络设备等所涉及的全部管辖可能。而2016年《电信网络诈骗案件意见》再次拓展了电信网络诈骗犯罪的管辖范畴,"电信网络诈骗犯罪案件一般由犯罪地公安机关立案侦查,如果由犯罪嫌疑人居住地公安机关立案侦查更为适宜的,可以由犯罪嫌疑人居住地公安机关立案侦查。犯罪地包括犯罪行为发生地和犯罪结果发生地。'犯罪行为发生地'包括用于电信网络诈骗犯罪的网站服务器所在地,网站建立者、管理者所在地,被侵害的计算机信息系统或其管理者所在地,犯罪嫌疑人、被害人使用的计算机信息系统所在地,诈骗电话、短信息、电子邮件等的拨打地、发送地、到达地、接受地,以及诈骗行为持续发生的实施地、预备地、开始地、途经地、结束地。'犯罪结果发生地'包括被害人被骗时所在地,以及诈骗所得财物的实际取得地、藏匿地、转移地、使用地、销售地等"。在上述规定中,"犯罪结果发生地"从我们一般理解的"被害人被骗时所在地",拓展到了"诈骗所得财物的实际取得地、藏匿地、转移地、使用地、销售地",也就是说犯罪所得财物最终流转、处理的全部地区均可成立管辖权,这种宽泛的管辖权规定远远超过司法人员对传统现实空间犯罪管辖权的

理解。

2021年发布的《刑诉法解释》专门在第2条对网络犯罪的管辖进行了规定:"针对或者主要利用计算机网络实施的犯罪,犯罪地包括用于实施犯罪行为的网络服务使用的服务器所在地,网络服务提供者所在地,被侵害的信息网络系统及其管理者所在地,犯罪过程中被告人、被害人使用的信息网络系统所在地,以及被害人被侵害时所在地和被害人财产遭受损失地等。"上述规定除了在个别措辞上对以往规定进行了修改,仍然坚持了前述几个涉及地域管辖司法解释的一贯精神。最高人民法院、最高人民检察院、公安部于2021年6月联合发布的《电信网络诈骗案件意见(二)》,再次将电信网络诈骗犯罪管辖权向整个犯罪链条前端大幅前移,将电信网络诈骗犯罪地从犯罪行为发生地和结果发生地,扩展到实施电信网络诈骗犯罪准备工具、创造条件的各种"预备地"。即将为实施电信网络犯罪而准备手机卡、流量卡、物联网卡、信用卡、金融账户、硬件设备、互联网账号的多种关联地,为创造条件寻找犯罪对象而发送广告信息的多种关联地,都规定为最广义的电信网络诈骗犯罪地。这种广泛赋权的管辖权规定方法,主要针对近年来电信网络诈骗犯罪全链条各环节细分化、正犯大量转移到境外、非法利用信息网络罪和帮助信息网络犯罪活动罪单独构罪等新问题,在加大对境内电信网络诈骗犯罪各类预备行为打击的同时,赋予所有预备行为关联地司法机关对电信网络诈骗犯罪正犯行为的管辖权,这无疑有利于各预备行为地司法机关深入侦查正犯行为,有利于对电信网络诈骗犯罪的全链条打击。

而在司法实践中,从网络犯罪的结果发生地角度考虑,一般对地域管辖的掌握也比较宽泛。

【案例】胡四平非法利用信息网络案①

2015年6月至2016年2月期间,被告人胡四平受同案犯巫国钰(案发时在福建省)指使,在深圳市利用信息网络在境外服务器上架设用于实施诈骗犯罪活动的网站,并由巫国钰将这些诈骗网站出租给境外诈骗团伙使用,导致北京市海淀区一被害人于2015年10月因浏览涉案诈骗网站被骗遭受经济损失。

由于非法利用信息网络罪为《刑法修正案(九)》增设的新罪名,生效日期为2015年11月1日,这就造成被害人2015年10月因为涉案网站被骗时,胡四平制作诈骗网站的行为尚无刑法规制。即在追究胡四平2015年11

---

① 参见北京市海淀区人民法院(2016)京0108刑初2019号刑事判决书。

月至 2016 年 2 月期间犯罪事实的时候,在海淀区并未发现新的被害人,案件由海淀区司法机关管辖可能存在一定障碍。针对这一问题,笔者在审查起诉案件过程中,曾报请最高人民法院与最高人民检察院根据《网络犯罪程序意见》第 8 条规定,将本案指定海淀区管辖。最高人民法院与最高人民检察院经研究后答复认为,胡四平的犯罪行为通过互联网危害到北京市海淀区,因此海淀区对本案具有管辖权,不再需要专门指定管辖。本案中明确管辖地的依据,主要是考虑了对于假设诈骗网站这种非法利用信息网络的犯罪类型,其犯罪结果发生地比较宽泛,即通过互联网可以登录、浏览诈骗网站的地点,都是被告人非法利用信息网络犯罪实际侵害、引起社会危害性结果的地点,因此都可被认定为犯罪结果发生地。

二、涉外网络犯罪的管辖

关于涉外犯罪的管辖问题,我国《刑法》第 6 条至第 9 条有明确规定,即属地管辖、属人管辖、保护管辖和普遍管辖,涉外网络犯罪也应当遵守上述规定。由于司法主权一直是各国高度重视的主权问题,一国司法机关无法轻易跨过国境依照本国法开展执法行为,网络犯罪分子正是看重这一点,近年来不断跨境对我国境内公民实施有针对性的网络犯罪,其中比较常见的包括网络诈骗、网络赌博等。由于这些涉外网络犯罪主要针对我国境内公民,犯罪结果也发生在我国领域内,因此基于属地管辖和保护管辖原则,我国司法机关对案件具有管辖权并无争议,难度主要集中在和他国司法机关配合执法、取证等实际操作性问题。近年来,我国司法机关已经多次和他国开展执法合作,从东南亚、非洲、欧洲等多地押解回国大量网络诈骗和网络赌博犯罪嫌疑人,积累大量执法经验。

【案例】张凯闵等 52 人电信网络诈骗案[①]

本案中,主要被告人张凯闵等人系中国台湾地区居民,被告人先后在印度尼西亚和肯尼亚参加对中国大陆居民进行电信网络诈骗的犯罪集团。在实施电信网络诈骗过程中,各被告人分工合作,其中部分被告人负责利用电信网络技术手段对大陆居民的手机和座机电话进行语音群呼,群呼的主要内容为"有快递未签收,经查询还有护照签证即将过期,将被限制出境管制,身份信息可能遭泄露"等。当被害人按照语音内容操作后,电话会自动接通冒充快递公司客服人员的一线话务员。一线话务员以帮助被害人报案为由,在被害人不挂断电话时,将电话转接至冒充公安局办案人员的二线话务员。

---

① 参见最高人民检察院检例第 67 号:张凯闵等 52 人电信网络诈骗案。

二线话务员向被害人谎称"因泄露的个人信息被用于犯罪活动,需对被害人资金流向进行调查",欺骗被害人转账、汇款至指定账户。如果被害人对二线话务员的说法仍有怀疑,二线话务员会将电话转给冒充检察官的三线话务员继续实施诈骗。至案发,张凯闵等被告人通过上述诈骗手段骗取 75 名被害人钱款共计 2 300 余万元。2017 年 12 月 21 日,北京市第二中级人民法院作出一审判决,认定被告人张凯闵等 50 人以非法占有为目的,参加诈骗犯罪集团,利用电信网络技术手段,分工合作,冒充国家机关工作人员或其他单位工作人员,诈骗被害人钱财,各被告人的行为均已构成诈骗罪,其中 28 人系主犯,22 人系从犯。法院根据犯罪事实、情节并结合各被告人的认罪态度、悔罪表现,对张凯闵等 50 人判处 15 年至 1 年 9 个月不等有期徒刑,并处剥夺政治权利及罚金。张凯闵等部分被告人以量刑过重为由提出上诉。2018 年 3 月,北京市高级人民法院二审裁定驳回上诉,维持原判。

由于本案被害人均是中国大陆居民,根据属地管辖优先原则,2016 年 4 月,肯尼亚将 76 名电信网络诈骗犯罪嫌疑人(其中中国大陆居民 32 人,中国台湾地区居民 44 人)遣返中国大陆。2016 年 5 月,北京市人民检察院第二分院经指定管辖本案,并应公安机关邀请,介入侦查引导取证。针对这种犯罪行为地在境外、犯罪结果地在境内的涉外案件,检察机关高度重视对境外提取证据的合法性审查工作。即,一是要审查是否符合我国刑事诉讼法的相关规定,对能够证明案件事实且符合刑事诉讼法规定的,可以作为证据使用;二是对基于有关条约、司法互助协定、两岸司法互助协议或通过国际组织委托调取的证据,应注意审查相关办理程序、手续是否完备,取证程序和条件是否符合有关法律文件的规定。对不具有规定规范的,一般应当要求提供所在国公证机关证明,由所在国中央外交主管机关或其授权机关认证,并经我国驻该国使、领馆认证;三是对委托取得的境外证据,移交过程中应注意审查过程是否连续、手续是否齐全、交接物品是否完整、双方的交接清单记载的物品信息是否一致、交接清单与交接物品是否一一对应;四是对当事人及其辩护人、诉讼代理人提供的来自境外的证据材料,要审查其是否按照条约等相关规定办理了公证和认证,并经我国驻该国使、领馆认证。

这里关于属地管辖,需要特殊说明的是如何认定犯罪发生在我国"领域"内。《刑法》第 6 条规定,犯罪行为或者结果有一项发生在中华人民共和国领域内的,就认为是在中华人民共和国领域内犯罪。如 A 国诈骗行为人在我国境内服务器架构诈骗网站,对 B 国公民实施诈骗犯罪,那么是否可以认定我国对这种跨境诈骗犯罪存在管辖权?答案是肯定的。我国网络主权观具有领土性、事实性、物理性特点,特别强调网络设施的物理属性和网络空间的领土依附性①,如果诈骗网站架设在我国境内服务器上,则可以认为诈骗行为人实施虚构事实的犯罪行为发生在我国"领域"内。

第四节 疑难问题

一、侵犯公民个人信息罪中的管辖权问题

由于侵犯公民个人信息罪中存在"公民个人信息"的表述方式,实践中可能存在本罪是否只保护我国公民的个人信息,而不保护外国公民、无国籍人个人信息的问题,本书认为不应存在这种错误认识。

首先,根据2017年《侵犯个人信息案件解释》第1条的规定,"'公民个人信息',是指以电子或者其他方式记录的能够单独或者与其他信息结合识别特定自然人身份或者反映特定自然人活动情况的各种信息,包括姓名、身份证件号码、通信通讯联系方式、住址、账号密码、财产状况、行踪轨迹等。"上述规定中并未将"公民个人"的内涵界定为仅限中华人民共和国国籍的人,也未将外国公民、无国籍人排除在外,而是将信息主体界定为"特定自然人"。其次,"外国人、无国籍人的信息应当同中国公民的信息一样受到刑法的平等保护,否则,会出现对外籍人、无国籍人个人信息保护的缺失,这显然不符合立法精神和主旨。……从司法实践的具体情况看,将大量外籍人、无国籍人个人信息排除在刑法保护之外,无疑放纵了犯罪。特别是,对于一起侵犯公民个人信息犯罪案件所涉及的个人信息既有我国公民的个人信息,也有外国公民、无国籍人的个人信息的,只处罚涉及我国公民个人信息的部分,既不合理,也难操作"②。

二、对无管辖权案件的处理,以指定管辖为首选

司法实践中对于进入诉讼程序的刑事案件,办案单位如果发现没有管辖权,一般会选择将案件移送有管辖权单位继续办理。但是对于网络犯罪而言,处理无管辖权案件的首选方式并非移送其他单位,而是申请指定管辖:2014年《网络犯罪程序意见》规定,"为保证及时结案,避免超期羁押,人民检察院对于公安机关提请批准逮捕、移送审查起诉的网络犯罪案件,第一审人

---

① 参见刘艳红:《论刑法的网络空间效力》,载《中国法学》2018年第3期,第89页。
② 喻海松:《网络犯罪的立法扩张与司法适用》,载《法律适用》2016年第9期,第3页。

民法院对于已经受理的网络犯罪案件,经审查发现没有管辖权的,可以依法报请共同上级人民检察院、人民法院指定管辖"。司法解释针对这一问题进行特殊说明,主要是基于诉讼效率考虑,同时,由原机关继续办理网络犯罪案件也有利于提高案件办理质量。

最高人民检察院于 2021 年发布的《人民检察院办理网络犯罪案件规定》第 5 条,关于网络犯罪案件的管辖规定也体现了相同精神:"有多个犯罪地的,按照有利于查清犯罪事实、有利于保护被害人合法权益、保证案件公正处理的原则确定管辖。因跨区域犯罪、共同犯罪、关联犯罪等原因存在管辖争议的,由争议的人民检察院协商解决;协商不成的,报请共同的上级人民检察院指定管辖。"

第十章　网络犯罪案件的初查与跨地域取证

　　计算机网络技术在人们日常生产、生活、学习中的迅速普及,为现代社会的运行方式带来了一次巨大的革命。人们越来越多地习惯使用互联网,依靠它的高效、低成本、信息资源丰富来解决越来越多的问题。于是,很多传统方式的信息沟通交流、商业交易、企事业单位管理、政府财税征缴、个人休闲娱乐等行为,快速地向互联网进行转移。于是,计算机网络中越来越多地出现了巨量的数字化的财富,它们可以随时变成现实利益、具有现金价值的数据信息。马克思的资本论明确地告诉我们,有利益的地方就会有贪婪,有贪婪的地方就会有犯罪。事实上,不仅在中国,在全世界范围内凡是计算机网络普及的地方,都广泛存在着网络犯罪。近十年来,我国网络犯罪呈现出高速增长的态势,与欧美发达国家保持高度同步,这源于计算机网络的广泛应用速度和范围,应用越快越广泛,网络犯罪发生率就越高。

　　网络空间的无限扩展在给予人类便利的同时,也为犯罪提供了滋生的土壤。一方面,网络犯罪借助技术的发展更加隐蔽,变化形式多样,没有规律可循,给侦查取证带来了严峻的挑战。另一方面,传统侦查活动的侦查方式和侦查技术水平须与时俱进,侦查机关的人员业务素质和技能须及时提升。这反映出网络犯罪的快速蔓延与执法部门的应对乏力形成了巨大的反差。要改变这一切,首先要认识到我国执法部门的侦查能力落后于时代的要求。侦查机关的侦查技术、侦查理念都滞后于技术发展和犯罪趋势。

　　解决问题的核心,一是改变网络犯罪的现有侦查机制。打击网络犯罪不仅是"网警"一个部门,而是公安机关乃至所有执法部门共同的责任与目标;二是提高网络犯罪侦查能力。网络犯罪法律知识和侦查技术是每个执法者必备并能熟练运用的技能。执法者需要在认识计算机网络的特点和趋势的基础上,将法律和技术加以有效的运用,建立符合实际需求的侦查机制,形成高效率的侦查体系,才能及时打击网络犯罪。

第一节　网络犯罪案件的初查

一、设立网络犯罪案件初查规则的意义

在网络犯罪案件的办理中,大量的网上违法犯罪线索,如不经过初查,很难确定是否达到立案标准。例如,网络诈骗案件往往受害人众多,犯罪嫌疑人通常通过聚少成多的方式谋取大量非法利益,可见,案件初查在网络犯罪的办案实践中十分必要。

网络犯罪的蔓延速度超过人们的想象,可以毫不夸张地说,未来的多数犯罪活动都将依托网络进行或者与网络有关联。犯罪分子轻点鼠标就能完成犯罪活动,侦查部门却要花费大量人力、物力去侦破,其工作的效率远远不能满足犯罪治理的需求,对于网络犯罪进行"有效""及时"打击已经是迫切需要解决的问题。

公安机关在打击网络犯罪中发挥了重要作用,但是也存在一些问题,比如,基层机构薄弱、专业技术落后、协作配合混乱、侦查资源不足、侦查技术单一。这些问题严重制约了侦查效率,直接后果是破案率低、大量的案件积压、群众不满意。如果犯罪分子实施犯罪后,被害人众多,但只有一个被害人报案,在涉案金额达不到立案标准的情况下是难以立案的,不立案又无法启动侦查程序。可以这样说,任何刑事案件侦查活动的开展都是以立案为起点的。只有经过立案程序,司法机关的侦查活动才有法律依据和法律保障,才能产生法律效力。如果犯罪行为始终得不到法律的制裁,这种情况持续下去,不但法律被质疑不具有威慑力,更谈不上法律的预防作用。

二、与"初查"相关的规定

《公安机关程序规定》第174条规定:"对接受的案件,或者发现的犯罪线索,公安机关应当迅速进行审查。发现案件事实或者线索不明的,必要时,经办案部门负责人批准,可以进行调查核实。调查核实过程中,公安机关可以依照有关法律和规定采取询问、查询、勘验、鉴定和调取证据材料等不限制被调查对象人身、财产权利的措施。但是,不得对被调查对象采取强制措施,不得查封、扣押、冻结被调查对象的财产,不得采取技术侦查措施。"

为了进一步明确网络犯罪案件的初查问题,规范公安机关在网络犯罪案件初查中可以采取的调查措施,《网络犯罪程序意见》对网络犯罪案件的初

查问题作出了规定,第 10 条规定:"对接受的案件或者发现的犯罪线索,在审查中发现案件事实或者线索不明,需要经过调查才能够确认是否达到犯罪追诉标准的,经办案部门负责人批准,可以进行初查。初查过程中,可以采取询问、查询、勘验、检查、鉴定、调取证据材料等不限制初查对象人身、财产权利的措施,但不得对初查对象采取强制措施和查封、扣押、冻结财产。"

《电子数据规定》第 6 条明确规定:"初查过程中收集、提取的电子数据,以及通过网络在线提取的电子数据,可以作为证据使用。"这一规定首次明确了初查过程中收集、提取的电子数据具有刑事证据资格。

2020 年修正的《公安机关程序规定》第 174 条将原来的"初查"概念以"调查核实"代替,使立案审查工作机制更加完善。

第二节　网络犯罪案件的跨地域取证

与网络犯罪相关的银行账户、网络数据往往分布在不同地方,特别是在犯罪违法所得的认定方面,由于不少网络犯罪借助计算机网络针对不特定人实施犯罪或者组织不特定人实施犯罪,涉案人员或被害人往往位于不同区域。因此,在网络犯罪侦查中,对电子数据跨地域取证或使用贯穿整个诉讼阶段,无论是在受案阶段对受害人电子数据存储介质的勘验,在侦查阶段对案件线索的挖掘和分析,还是在诉讼阶段呈堂展示和重现,都离不开电子数据取证提供技术支持和证据支撑。本部分对跨地域取证进行阐述,介绍三种跨地域取证的模式及困境。

一、刑事司法协助框架下的跨地域电子取证

从历史上看,双边或多边刑事司法协助程序是跨地域收集刑事证据的最主要的渠道,包括从欧盟范围来看,跨境电子取证的常规做法与其他国家或地区并无不同,均是通过刑事司法协助程序开展的。

2011 年最高人民法院、最高人民检察院、公安部、国家安全部、工业和信息化部、中国人民银行、中国银行业监督管理委员会联合发布的《关于办理流动性团伙性跨区域性犯罪案件有关问题的意见》第 5 条规定:"办案地公安机关跨区域查询、调取银行账户、网站等信息,或者跨区域查询、冻结涉案银行存款、汇款,可以通过公安机关信息化应用系统传输加盖电子签章的办案协作函和相关法律文书及凭证,或者将办案协作函和相关法律文书及凭证电传至协作地县级以上公安机关。办理跨区域查询、调取电话信息的,由地市以上公安机关办理。协作地公安机关接收后，经审查确认，在传来法律文书上加盖本地公安机关印章，到银行、电信等部门查询、调取相关证据或者查询、冻结银行存款、汇款，银行、电信等部门应当予以配合。"借鉴上述规定，《网络犯罪程序意见》对网络犯罪案件的跨地域取证进一步明确，第11条规定："公安机关跨地域调查取证的，可以将办案协作函和相关法律文书及凭证电传或者通过公安机关信息化系统传输至协作地公安机关。协作地公安机关经审查确认，在传来的法律文书上加盖本地公安机关印章后，可以代为调查取证。"第12条规定："询（讯）问异地证人、被害人以及与案件有关联的犯罪嫌疑人的，可以由办案地公安机关通过远程网络视频等方式进行询（讯）问并制作笔录。远程询（讯）问的，应当由协作地公安机关事先核实被询（讯）问人的身份。办案地公安机关应当将询（讯）问笔录传输至协作地公安机关。询（讯）问笔录经被询（讯）问人确认并逐页签名、捺指印后，由协作地公安机关协作人员签名或者盖章，并将原件提供给办案地公安机关。询（讯）问人员收到笔录后，应当在首页右上方写明'于某年某月某日收到'，并签名或者盖章。远程询（讯）问的，应当对询（讯）问过程进行录音录像，并随案移送。异地证人、被害人以及与案件有关联的犯罪嫌疑人亲笔书写证词、供词的，参照本条第二款规定执行。"

根据我国《国际刑事司法协助法》第25条的规定，办案机关需要外国就所列事项协助调查取证的，应当制作刑事司法协助请求书并附相关材料，经所属主管机关审核同意后，由对外联系机关及时向外国提出请求。其中，第（四）项的内容是"获取并提供有关文件、记录、电子数据和物品"。由此可见，该法对电子数据与其他实物证据的跨国收集没有作任何区分，刑事司法协助是常规程序。区际刑事司法协助遵循同样的准则。例如，2009年海峡两岸关系协会与财团法人海峡交流基金会签署的《海峡两岸共同打击犯罪及司法互助协议》第8条规定的"调查取证"，虽然只列举了"书证、物证及视听资料"，但从体系解释的角度看，也应包括电子数据。原因在于，协议签署时，刑事诉讼法尚未规定电子数据这一证据形式，以发展的眼光看，应当将与"书证、物证及视听资料"一样属于实物证据的电子数据纳入其中。另外，该条规定协议适用于勘验、鉴定、检查、访视、调查、搜索及扣押等常规的实物证据调查措施，而这些措施均可用于收集电子数据。

在欧盟范围内，主要由欧盟成员国参与签订并于2004年生效的《网络犯罪公约》(Convention on Cybercrime)则对跨境电子取证的国际合作进行了专门规定。例如，《公约》第25条不仅一般性地强调了缔约方应通过强化合作尽最大可能推动刑事案件中电子数据的跨境收集，而且还对成员间在紧急情况下的加急通讯方式、对国际合作的拒绝、请求开展双边协助的条件等进行了规定。第 29 条则具体规定了缔约一方请求另一方快速保存后者境内的计算机系统储存的数据的条件、被请求方的拒绝以及相应的一些程序。第 30 条规定,被请求方在执行协助取证的过程中如发现相关通讯涉及位于其他国家的服务器,则需将相应的"交互数据"(traffic data)向请求方快速披露。第 31 条规定了在双边刑事司法协助的框架之下,一个缔约方可以请求另一缔约方搜查(或通过类似的方式收集)、扣押(或类似的方式保全)、披露在后者境内计算机系统中储存的数据。同时,该条款还对被请求方一般情况下的回应及特殊情况下的快速回应机制进行了规定。

然而在刑事司法协助框架下进行跨地域取证,在实践中出现了很多问题[1],例如,按协助流程顺利开展需要 10 个月左右的时间才能完成,即使到司法协助请求最终被具体执行时,相应数据极有可能早已遭到更改、破坏或者删除,加之双方的法律制度不同会导致程序十分复杂且漫长,而更为棘手的情况在于请求事项因政治因素或不符合国际法上的"双重犯罪原则"而很可能为被请求国所拒绝。《网络犯罪公约》同样也面临这个问题,实体刑法部分规定的罪名难以适应网络犯罪的发展形势,加之管辖权适用的范围有限,且构建的国际合作机制易受各国有关国家主权、安全以及公共秩序主张的影响,这些因素都导致在刑事司法协助框架下的跨地域电子取证难以发挥重要的作用。

二、单边跨地域远程取证

单边途径的跨境远程取证即执法部门在绕避刑事司法协助程序的情况下通过公共互联网直接收集存储于境外的电子数据。

2014 年《网络犯罪程序意见》第 15 条,首次对跨境远程提取电子数据作了规定。具体而言,对于"原始存储介质位于境外"而无法获取介质的,可以提取电子数据。

《电子数据规定》第 9 条进一步明确:"对于原始存储介质位于境外或者远程计算机信息系统上的电子数据,可以通过网络在线提取。为进一步查明有关情况,必要时,可以对远程计算机信息系统进行网络远程勘验。进行网络远程勘验,需要采取技术侦查措施的,应当依法经过严格的批准手续。"据此,我国对单边开展的三种跨境远程取证措施进行了授权。第一种称为跨境网络在线提取,一般指向境外的公开数据。第二种即跨境网络远程勘验,属于在网络在线提取措施的基础上针对远程计算机信息系统这一特定情形的

---

[1] 参见梁坤:《欧盟跨境快捷电子取证制度的发展动向及其启示》,载《中国人民公安大学学报(社会科学版)》2019 年第 1 期,第 33 页。

取证。第三种则是以网络监听为代表的跨境远程技术侦查,可用于收集境外或跨境流动的动态数据。其中,跨境网络远程勘验在侦查实践中得到了更为广泛的运用,实践中主要有两种类型:其一,通过讯问等手段获取账号、密码后登录境外网站或服务器提取数据。其二,采用勘验设备或专门软件提取境外服务器中存储的数据,这在服务器架设在境外的传播淫秽物品、网络赌博、电信诈骗等案件中十分常见。

在欧盟范围内,多数成员国的执法部门主要是通过《网络犯罪公约》所规定的两种途径开展跨境远程取证的。具体而言,该公约第32条对缔约国无须通过司法协助、不经另一方许可的情况下单边开展的跨境远程取证的两种情况进行了规定:"a.提取公众可以获得的存储于计算机中的数据(公开资料),而不论该数据位于何处;b.通过其境内的计算机系统提取、接收存储在另一方境内的计算机系统中的数据,前提是相应的行为获得了拥有法定权限而通过计算机系统向取证方披露数据的主体的合法且自愿的同意。"作为对跨境远程取证进行规范的首份国际法文件,《网络犯罪公约》规定的两种情形对欧盟国家跨境远程取证的开展具有重要意义。当然,该公约的适用如今也面临巨大的困境,主要表现在两个方面:第一,条文中规定的术语并不清晰。公约制定者在2001年发布的《网络犯罪公约解释报告》中就承认,条款中涉及的"获得法律授权的主体"是一个需要结合背景而具体分析的概念。"合法而自愿的同意"的条件是隐含不平等条件的术语,不排除缔约国会对数据权利人采取非法手段获得条款字面意义上的"平等",当然取证国和数据存储国在法律适用理解上的不一致,也是导致国际规则适应性差的原因。第二,规则体系之外的法律缺位。突出的问题表现在,《网络犯罪公约》并没有对上述条文之外的其他类型的跨境远程取证的情形进行合法性授权,也没有进行明确的排除。值得注意的是,欧盟部分成员国通过国内法对其他一些跨境远程取证措施进行了规定。例如,比利时于2000年在《刑事诉讼法》的"88ter"部分中规定,侦查法官可以在特定情形下授权搜查计算机系统,而且这种搜查行为在符合法定情形时还可以延伸到与令状所注明的系统相连接的其他系统当中。如果搜查中发现相应的数据并不位于比利时境内,那么只能采取"复制"(copy)措施。也就是说,比利时的立法对跨境远程搜查并不持绝对排斥的态度。然而,这种单边授权在国家主权方面的争议是不容忽视的,因此该做法并没有为欧盟其他成员国所广泛效仿。

三、网络服务提供者的跨地域数据披露

为了摆脱刑事司法协助程序效率低的困境,一个替代方案是由执法部门直接与跨境服务提供者开展合作。这种方案在跨境电子取证的时效性上虽

不及单边开展的远程取证,但是由于制度设计紧密结合电子数据的特点,因此相较欧洲调查令可能长达120天的取证程序而言仍然堪称高效。不过,这种制度目前也存在一些明显的问题:其一,无法完全取代刑事司法协助程序。由于数据披露制度只能帮助执法部门取得服务提供者所掌握的境外数据,因此只能作为刑事司法协助程序的有限替代。其二,收集的境外电子数据范围有限。以欧盟成员国执法部门与位于爱尔兰的美籍服务提供者之间的合作为例,后者根据美国1986年生效的《电子通讯隐私法》(ECPA)的原则性要求,只能披露存储于美国境内的用户注册信息这样的"非内容数据"(non-content data);对于邮件具体信息这样的涉及隐私等基本权利而受到法律特别保护的"内容数据"(content data),相应的跨境收集程序则仍需通过司法协助程序开展。其三,服务提供者的法律义务缺乏明确的规范。从性质上讲,服务提供者目前在欧盟范围内向执法部门提供境外电子数据属于自愿行为。因此在缺乏明确法律规范的情况下,不同的服务提供者在处理数据披露请求的时候在确定性、透明度、责任性、可持续性方面都表现出显著的差异。其四,服务提供者可能面临来自数据存储地国家或地区的法律及政策的禁令风险。例如,有些国家出于数据主权及安全、公民个人信息的强化保护等目的,而对数据跨境流动有着明确的限制或禁止要求。因此,服务提供者向欧盟境内的执法部门进行跨境数据披露可能会因严重违反相应国家的法律而受到处罚。

第十一章　电子数据的收集提取与审查判断

第一节　电子数据概述

一、电子数据的概念

(一)电子数据的概念

1996年《刑事诉讼法》第42条并未将电子数据划定为证据的种类。随着21世纪的到来,计算机、手机等电子设备的普及与互联网的快速发展,使得以计算机和网络为依托的电子数据在证明案件事实过程中愈发重要与必要。因此,我国于2012年修改了《刑事诉讼法》,将电子数据纳入法定证据范围。但一直到2018年再次修订《刑事诉讼法》,也并未对电子数据作出定义,相关司法解释对其表述也不尽相同。与此同时,国外对电子数据的定义也无统一标准。目前主要存在以下几种解释:

(1)电子数据是指借助现代数字化电子信息技术及其设备存储、处理、传输的一切证据[①];

(2)电子数据是指以电子形式存在的,可以用于证明案件事实的一切材料及其衍生物[②];

(3)电子数据是以电子、光学、磁及类似手段生成、传播、存储的数据信息[③];

(4)电子数据是案件发生过程中形成的,以数字化形式存储、处理、传输的,能够证明案件事实的证据[④]。

---

① 参见皮勇:《刑事诉讼中的电子证据规则研究》,中国人民公安大学出版社2005年版,第4页。
② 参见樊崇义主编:《证据法学》(第五版),法律出版社2012年版,第238页。
③ 参见陈瑞华:《刑事证据法学》,北京大学出版社2012年版,第110页。
④ 参见最高人民法院、最高人民检察院、公安部于2016年发布的《关于办理刑事案件收集提取和审查判断电子数据若干问题的规定》第1条。

(二) 电子数据与视听资料

与电子数据难以区分的一个概念是视听资料。1996 年《刑事诉讼法》中规定了视听资料这种法定证据形式,但没有电子数据。当时,电子数据在许多情况下被纳入视听资料的范畴以证明犯罪事实。但在 2012 年修法之后,如何厘清电子数据与视听资料之间的关系成为学界一个争议点。主流观点认为,视听资料和电子数据的区分在于视听资料是以模拟信号的方式在介质上进行存储的数据,而电子数据是以数字信号的方式在介质上进行存储的数据。视听资料应限定于以模拟录音录像设备如磁带录像机、磁带录音机、胶卷相机等设备形成的数据等。但是这一点在实践中较难把握。有观点认为,电子数据与视听资料存在本质区别:其一,电子数据范围更广,不仅包含视听资料的一部分,还涵盖网络数据、文本数据等。其二,视听资料往往要进行真实性鉴定,所采用的方法、手段与电子数据有较大区别。例如声纹鉴定,是将录音进行回放或分析来确定真伪,电子数据的鉴定则是针对声音的元数据进行分析。同时,该观点还援用了民事诉讼法司法解释中关于电子数据和视听资料的规定,"视听资料包括录音资料和影像资料……存储在电子介质中的录音资料和影像资料,适用电子数据的规定",并认为,该规定不但将视听资料与电子数据分离,还规定了电子数据适用的范围。[①]

二、电子数据的范围

最高人民法院、最高人民检察院、公安部于 2016 年联合发布的《电子数据规定》第 1 条第 2 款对电子数据的范围作出了规定:"电子数据包括但不限于下列信息、电子文件:(一)网页、博客、微博客、朋友圈、贴吧、网盘等网络平台发布的信息;(二)手机短信、电子邮件、即时通信、通讯群组等网络应用服务的通信信息;(三)用户注册信息、身份认证信息、电子交易记录、通信记录、登录日志等信息;(四)文档、图片、音视频、数字证书、计算机程序等电子文件。"同时,第 3 款还指出,以数字化形式记载的证人证言、被害人陈述以及犯罪嫌疑人、被告人供述和辩解等证据,不属于电子数据。

三、电子数据的特征

(一) 表现形式的多样性与复杂性

电子数据的外在表现形式具有多样性,包括文字、图像、声音或它们的组

[①] 参见刘浩阳、李锦、刘晓宇主编:《电子数据取证》,清华大学出版社 2015 年版,第 70 页。

合,还可是交互式的、可编译的,从而更能直观、清晰、生动、完整地反映特征事实及其形成过程。

(二)对承载介质的依赖性、记录方式的虚拟性与客观性

电子数据必须承载于如硬盘、磁盘、光盘等载体(又称承载介质)上,因此具有对承载介质的强依赖性。

在介质上存储的电子数据实际上是一堆按照编码规则处理而成的"0"和"1"的二进制信息,且在不同的存储环境中代表不同含义。如,磁盘存储中,每一个磁道记录单元的磁体方向就是 0 和 1 代码的本质。0 和 1 并不真实存在,其记录的内容无法用肉眼查看,是一种无形的、虚拟的表现方式。只有经过一系列处理程序并被设备识别时,这种表现方式转化为文本、邮件、网页、电子签名、电子数据交换(EDI)等内容后,方可为人所识别。而记录方式的虚拟性导致司法实践中电子数据主体认定难的问题。与其他的证据可以指向物理人不同,电子数据只能指向电子设备上。虚拟身份与物理身份的映射,有时难以通过电子数据来确定,往往需要其他证据佐证。①

因此,电子数据的记录与存储方式一般难以为常人所理解,且不受人的情感、经验等主观因素影响而改变,具有客观性。并且,电子数据的某些信息隐藏在其元数据或本身之外,同时对电子数据的影响会留下痕迹。如,行为人在拍摄图片时,JPEG 文件的 EXIF 信息能存储拍摄时的地理位置,这往往可在刑事诉讼中成为是否在场的关键证据。

(三)易复制、修改、传播、损毁性和可恢复性

电子数据易于被人为复制和修改,且可通过网络无限地快速传播,甚至极易损毁。损毁既可能是人为的,比如以删改、复制等手段毁灭证据或是操作失误;也可能是自然的,如磁盘因保存环境不适宜(如高温、高压、灰尘、空气湿度、磁场、碰撞甚至时间较长等)而无法打开。

与此同时,电子数据又具有可恢复性。文件删除分为物理删除和逻辑删除,物理删除是从数据库中彻底删除,而逻辑删除的数据空间仅是被标记为"已删除",只要没有新的内容覆盖原有空间,数据则仍可通过相应的技术手段予以恢复。

(四)时限性

某些电子数据具有时限性,当满足一定的时间设置时会被自动删除。如在软件或程序中人为设置的"逻辑炸弹",到了设定时限即会自动删除满足

---

① 参见刘浩阳、李锦、刘晓宇主编:《电子数据取证》,清华大学出版社 2015 年版,第 6 页。

条件的电子数据。①

第二节　网络犯罪中电子数据的收集提取

电子数据的收集与提取,又称为电子数据取证,其交叉融合了计算机学、法学和侦查学等学科。对电子数据取证的认识,离不开其背后的原理、技术和方法等计算机知识。电子数据取证,指的是采用技术手段,借助相关取证工具,利用物质交换(转移)原理最大限度地获取、分析、固定、还原存储在计算机和网络中与犯罪相关的电子数据,以使其可成为刑事诉讼中的有效诉讼证据。

一、电子数据的取证发展史

(一)国外电子数据取证发展史

以美国为代表的国外电子数据取证的发展历程可分为史前期、婴儿期、童年期和青春期四个时期。②

(1)史前期(？—1985年)

20世纪80年代之前,计算机因未在生活中普及,电子数据很少出现在案件中,所以也没有专门的取证技术和专业人员。

(2)婴儿期(1985—1995年)

IBM PC于20世纪80年代初的问世,以及同时各种商业软件的发行,使得计算机用户数量爆炸式增长。系统性的计算机犯罪行为如盗版、病毒等也随之而生。

20世纪80年代,计算机取证技术开始在执法部门和军队中使用。但此时期尚缺乏较为系统的专业取证工具,也没有专门的电子数据取证实验室的概念,往往依赖相关人员自行研制一些如Maresware的命令行工具。

这个时期,致力于数字取证的组织ICAIS(计算机调查专家国际协会,International Association of Computer Investigative Specialists)成立,其第一届会议提出了"计算机证据"的概念,并定义了"计算机取证"。

1993年,美国联邦调查局在弗吉尼亚州匡蒂科联邦调查局举办了第一届计算机证据国际会议。1995年,第二次会议在巴尔的摩举行,国际计算机证据组织(IOCE)成立。

---

① 参见汤艳君主编:《电子物证检验与分析》,清华大学出版社2014年版,第3页。
② 参见李毅:《电子数据取证发展概况》,载《中国信息安全》2019年第5期。

(3) 童年期(1995—2005年)

受到技术爆炸、大量儿童色情案件和"9·11"事件因素的驱动,国外电子数据取证迎来了其发展的关键10年。电子数据取证开始进入专业技术领域,从业人员往往是受过专业培训的专业人员。取证工具也得到了发展,GUI界面工具集代替了之前的命令行工具。1999年,计算机取证的商用工具如EnCase等开始出现。数字取证社区也逐步成熟,各种机构都开始提供取证服务。美国国防部建立了DCFL(国防部计算机取证实验室),为美军执法、情报和作战提供服务。FBI开始建设一个联合联邦、州和地方的联合实验室RCFL,并按照ASCLD-LAB标准运行。美国特勤局建立了一个电子犯罪特别工作组网络,提供取证服务。

(4) 青春期(2005年—)

自2005年以来,电子数据取证的深度和广度不断扩大。2006年,美国法院通过新的民事诉讼规则,将电子数据界定为新的证据形式。同时电子数据证据也越来越多。可以说,西方发达国家的电子数据取证发展相对成熟,执法部门广泛应用电子数据取证技术进行侦查、诉讼活动。且企业中应用电子数据也十分广泛,特别是跨国企业大量采用电子数据取证进行反垄断、反商业贿赂、反不正当竞争等调查。

(二)我国电子数据取证发展情况与趋势

我国电子数据取证起步较晚,发展迅猛。国内对电子数据取证产品和技术的需求首先产生于执法部门。2001年,我国从针对黑客入侵取证开始引入计算机取证技术,随后逐步发展为针对计算机、网络、移动终端等方面的电子数据的取证。

国内初期的电子数据取证产品主要以计算机取证产品(现场取证和介质分析系统)为主,辅助以各种网络和安全的工具。从2006年开始,专门针对手机取证的产品开始在市场上出现。2008年开始,国内多家电子数据取证产品供应商都开始提供自主研发的电子数据取证产品,呈现百花齐放的态势。各地也逐步建设电子数据取证实验室,且实验室装备朝着集成化与系统化方向发展。

二、电子数据取证的原则、标准、步骤与工具

(一)电子数据取证的原则

在国际上,计算机证据国际组织(IOCE)于2000年颁布了计算机取证的6条原则。美国司法部和英国首席警官协会都对电子数据取证提出原则并在实践中不断修正。

电子数据取证的基本原则如下①：

（1）取证流程符合国家和地方的法律法规，从事取证的执法人员得到法律的授权；

（2）必须采取完全可靠的取证方法来保证电子数据的完整性、连续性；

（3）从事取证的执法人员必须经过专业的培训；

（4）任何针对数据的获取、存储、运输、分析检查活动都必须记录在案，存档待查；

（5）取证人员应具备符合要求的取证工具。

（二）电子数据取证的标准

电子数据的取证应当符合相应的标准。在国际上，电子数据取证的标准多以 ISO 系列为主。但标准制定相对严谨，在较长一段时间内并不会更新。因此国外执法部门以指南为标准的补充。如国际标准化委员（ISO）颁布的 ISO/IEC 27037:2012《信息技术-安全技术-电子证据识别、收集、获取和保存指南》就是符合国际标准的取证指南。经济发达国家和地区也纷纷出台了自己的指南。

我国取证标准体系主要是由国家标准、行业标准（由司法鉴定主管部门、司法鉴定行业或相关行业主管部门制定的行业标准和技术规范）以及各实验室自制标准组成的三层体系。目前国家标准较少，因此主要以行业标准为主。

（三）电子数据取证的步骤

从技术上而言，电子数据取证并无标准流程，但主要可分为评估、获取、分析和报告四个步骤。以网络环境电子数据取证为例，其往往因隐蔽性高、数据量大、格式复杂而比单机环境下取证更具困难可挑战，因此，在取证前必须首先，应尽可能了解案件情况，制定取证策略、确定取证人员、选择合适的取证设备、确定取证目标；其次，电子数据的获取主要包括镜像获取和数据获取两种，而在多数网络环境下，因电子设备如服务器一般不允许停机，难以用镜像方式获取；再次，对于分析工作，重点是查找到网络犯罪的相关行为及留存痕迹；最后，在报告中须重构犯罪嫌疑人的行为或还原犯罪集团的结构样态，并指出危害性所在。

而在法律上称"电子数据取证"时，往往包括收集与提取、检查、侦查实验、检验和鉴定这些环节。其中，电子数据的收集与提取是最狭义的"电子数据取证"概念。

---

① 参见刘浩阳、李锦、刘晓宇主编：《电子数据取证》，清华大学出版社 2015 年版，第 83 页。

(四)电子数据取证工具

电子数据取证工具主要有以下几类:

(1)取证硬件。包括:①写保护设备;②镜像设备;③现场勘验设备;④介质取证设备;⑤移动终端取证设备;⑥数据恢复设备。

(2)取证软件。包括:①取证介质软件;②Mac Os 系统取证软件;③UNIX/Linux 系统取证软件;④镜像软件;⑤系统环境仿真软件;⑥数据恢复软件;⑦密码破解软件;⑧内存取证软件;⑨在线取证软件;⑩关联分析软件。

三、电子数据取证的方法及规则

2019 年生效的《电子数据取证规则》第 7 条对收集和提取电子数据的方法作出了规定:"收集、提取电子数据,可以根据案情需要采取以下一种或者几种措施、方法:(一)扣押、封存原始存储介质;(二)现场提取电子数据;(三)网络在线提取电子数据;(四)冻结电子数据;(五)调取电子数据。"

电子数据取证规则是一个较广的概念,取证的每种措施、方法,或是取证的每个环节都有其相应规则,因此,此处先行对电子证据取证的几种方法展开介绍,并阐释其对应的规则。

(一)扣押、封存原始存储介质

电子数据具有对承载介质的依赖性,不能脱离介质单独存在,但是可以脱离"存储介质"存在。这是因为电子数据的存储方式包括物理存储和逻辑存储两种方式。物理存储即存储介质,是电子设备的组成部分,包括软盘、硬盘、移动硬盘、固态硬盘、手机芯片、闪存等介质。逻辑存储是指电子数据在逻辑状态下由不同的操作系统以一定的编码保存电子数据,包括用户文件(电子文档、电子邮件、音频视频文件、日程表、网络访问记录/收藏夹、数据库文件等)、操作系统文件(如配置文件、Cookies、隐藏文件、临时文件等)、保护文件(压缩文件、加密文件、隐藏文件等)、日志(系统日志、杀毒软件日志)、其他数据区可能存在的电子数据(如隐藏分区中的文件)。

电子数据又具有可复制性,可以从某个存储介质复制到另一个介质上,如计算机上的电子文档可拷贝进 U 盘、移动硬盘之中。并且,复制之后的电子数据可与原电子数据完全一致,并无任何差异。因此,虽然书证、物证等其他法定证据存在"原始书证""原始物证"概念,但电子数据并不存在所谓"原始电子数据"概念,因为前者并不能被毫无差别地复制,而后者可以。比如作为书证使用的手写书信,无论通过何种方式复制,都无法保证复制后的书信与原件完全一致,丝毫不差。

虽然"原始电子数据"概念并不存在,也没有任何意义,但存在"原始存储介质"这一概念,且其存在是有意义的。这一点可以类比作为物证使用时的书信,作为其载体的纸张的纸类品种、泛黄程度等都可以反映出该封书信的真实性。而复印后的该封书信,由于载体发生了变更,因此真实性大打折扣。电子数据的存储介质变更也是如此。即便电子数据在复制后,内容与之前毫无差别,但存储介质的变更会让证据的真实性及完整性发生变化,所以基本上以使用"原始存储介质上的电子数据"为原则。《2012年刑诉法解释》(已失效)第四章第七节对电子数据的审查与认定作出了规定,其中第93条对电子数据审查判断作出了明确要求,且确立了"以收集原始存储介质为原则,以直接提取电子数据为例外"之规则。2016年,最高人民法院、最高人民检察院、公安部联合颁行的《电子数据规定》沿用并补充了上述规定,正式确立了"以扣押原始存储介质为原则,以提取电子数据为例外,以打印、拍照、录像等固定方式为补充"规则。① 2019年生效的《电子数据取证规则》对电子数据的收集、检查和侦查实验、委托检验与鉴定等取证问题作出了更为细致的规定。其第8条与第9条之规定,沿用了《电子数据规定》所确立的取证规则。

扣押、封存原始存储介质,指取证时将原始存储介质予以扣押或封存,并作为证据移送,而非运用移动存储介质将该电子数据从原始存储介质中提取。扣押是对以物形态存在的原始存储介质的扣押,而电子数据的封存往往与"固定"相关联,其目的在于保护电子数据的完整性和真实性。电子数据固定的方法包括完整性校验方法、备份方法和封存方法。根据公安部2005年发布的《计算机犯罪现场勘验与电子证据检查规则》要求:①采用的封存方法应当保证在不解除封存状态的情况下,无法使用被封存的电子物证;②封存前后应当拍摄被封存电子设备和存储媒介的照片并制作《封存电子证据清单》,照片应当从各个角度反映设备封存前后的状况,清晰反映封口或张贴封条处的状况。

(二)提取电子数据

提取电子数据包括现场提取电子数据和网络在线提取电子数据。

(1)现场提取电子数据

《电子数据取证规则》第16条规定,具有下列无法扣押原始存储介质情形之一的,可以现场提取电子数据:

①原始存储介质不便封存的。如在P2P非法集资案件中,由于网贷平台数据极其庞大,服务器多,硬盘动辄成百上千T,其中不乏许多与案件并无关联的内容,并无收集的必要,因此,可以于现场提取与案件相关部分的数

---

① 参见喻海松:《网络犯罪二十讲》,法律出版社2018年版,第146页。

据。②提取计算机内存数据、网络传输数据等不是存储在存储介质上的电子数据的。这里主要指的是逻辑存储的电子数据。③案件情况紧急,不立即提取电子数据可能会造成电子数据灭失或者其他严重后果的。如在某些网络犯罪案件中,犯罪者可先行设定逻辑炸弹,在案发后逃匿过程中"引爆"该逻辑炸弹,从而破坏计算机程序,造成计算机数据丢失、计算机不能从硬盘或者软盘引导,甚至使整个系统瘫痪,并出现物理损坏的虚假现象。在这种情况下,当场提取电子数据不仅是必要的,而且是分秒必争的。④关闭电子设备会导致重要信息系统停止服务的。⑤需通过现场提取电子数据排查可疑存储介质的。⑥正在运行的计算机信息系统功能或者应用程序关闭后,没有密码无法提取的。⑦其他无法扣押原始存储介质的情形。并且,无法扣押原始存储介质的情形消失后,应当及时扣押、封存原始存储介质。

(2)网络在线提取电子数据

对公开发布的电子数据、境内远程计算机信息系统上的电子数据,可以通过网络在线提取。网络在线提取的主要形式即下载。网络在线提取电子数据与当场扣押、封存或是提取的电子数据不同,其提取过程非常容易受到外界环境的干扰和破坏。如调取服务器架设在境外的诈骗团伙的数据,可能受到网络下载速度的影响或是诈骗团伙同时在另一端删除数据而导致提取不完整。因此,网络在线提取应当计算电子数据的完整性校验值;必要时,可以提取有关电子签名认证证书、数字签名、注册信息等关联性信息。对可能无法重复提取或者可能会出现变化的电子数据,应当采用录像、拍照、截获计算机屏幕内容等方式记录以下信息:远程计算机信息系统的访问方式,提取的日期和时间,提取使用的工具和方法,电子数据的网络地址、存储路径或者数据提取时的进入步骤等以及计算完整性校验值的过程和结果。

(三)冻结电子数据

网络犯罪具有隐蔽性,犯罪嫌疑人可将服务器架设在境外以躲避侦查,同时,随着云计算、大数据的发展,越来越多的电子数据甚至是海量电子数据被存储在云系统中,难以封存、扣押、提取。因此,《电子数据规定》和《电子数据取证规则》都规定,具有下列情形之一的,可以对电子数据进行冻结:

(1)数据量大,无法或者不便提取的。如在一起传播淫秽物品牟利案中,涉案70个网络云盘涉及淫秽视频150余万部,共1 000T,按照传统固定证据方式,需要2T硬盘500块,是案发地所在市电子证据取证过去10年消耗硬盘的总和。[①]

---

① 参见喻海松:《网络犯罪二十讲》,法律出版社2018年版,第149页。

（2）提取时间长，可能造成电子数据被篡改或者灭失的。如在某起网络贩卖、传播淫秽视频案中，所查扣的网盘近千个，若按照100兆光纤且在运营商能提供的最高限速范围内进行下载，也需要15～16个月。① 在侦查机关下载海量电子数据过程中，犯罪嫌疑人往往可以同时在另一端进行删除数据的工作，电子数据极易灭失。

（3）通过网络应用可以更为直观地展示电子数据的。出于节省人力、物力的考虑，以及现在网络技术发展的现实情况，不少网络应用展示电子数据本就更为方便、直观。且在云系统中提取的大量电子数据需要在云环境中观看，重新搭建一个相同的云系统往往并无必要。

（4）其他需要冻结的情形。

（四）调取电子数据

公安机关向有关单位和个人调取电子数据，应当经办案部门负责人批准，开具《调取证据通知书》，注明需要调取电子数据的相关信息，通知电子数据持有人、网络服务提供者或者有关部门执行。公安机关应当协助因客观条件限制无法保护电子数据完整性的被调取单位、个人进行电子数据完整性的保护。

除此以外，公安机关还可跨地域调查取证，由协作地公安机关代为调查取证。

四、与电子数据取证相关的其他规则

（一）见证人制度

（1）见证人制度概述

见证人制度是我国刑事诉讼制度的重要组成部分。2018年修订的《刑事诉讼法》未对见证人的范围作出明确规定，仅在第139条和第140条中表述为"家属，邻居或者其他见证人"。2021年最新修订的《刑事诉讼法》沿用了《2012年刑诉法解释》以排除的方式划定见证人范围之方法，其第80条规定了下列人员不得担任刑事诉讼活动的见证人：①生理上、精神上有缺陷或者年幼，不具有相应辨别能力或者不能正确表达的人；②与案件有利害关系，可能影响案件公正处理的人；③行使勘验、检查、搜查、扣押、组织辨认等监察调查、刑事诉讼职权的监察、公安、司法机关的工作人员或者其聘用的人员。并且，对见证人是否属于前款规定的人员，人民法院可以通过相关笔录载明的见证人的姓名、身份证件种类及号码、联系方式以及常住人口信息登

---

① 参见喻海松：《网络犯罪二十讲》，法律出版社2018年版，第149页。

记表等材料进行审查。

另外，由于客观原因无法由符合条件的人员担任见证人的，应当在笔录材料中注明情况，并对相关活动进行全程录音录像。

在刑事诉讼中，一些刑事诉讼活动需要见证，以观察、监督公安、司法人员的刑事诉讼活动是否依法进行，相关笔录和清单记录是否属实对于确保刑事诉讼活动的公正具有重要意义。且勘验、检查等笔录是否有见证人签名或者盖章是审判人员应当着重审查的内容之一。

(2)电子数据取证的见证人

《电子数据规定》进一步重申了关于见证人的上述规定，该规定第15条对收集、提取电子数据的见证人问题作出明确规定："收集、提取电子数据，应当根据刑事诉讼法的规定，由符合条件的人员担任见证人。由于客观原因无法由符合条件的人员担任见证人的，应当在笔录中注明情况，并对相关活动进行录像。针对同一现场多个计算机信息系统收集、提取电子数据的，可以由一名见证人见证。"

(二)笔录制作

对相关案件情况，通过对对象信息以及取证过程、方法和获取的电子数据的完整性校验值等信息制作笔录，可以对取证人员、取证过程随时溯查，保证获取的电子数据的完整性和真实性。

《电子数据规定》第14条对收集、提取电子数据的笔录要求作了明确规定："收集、提取电子数据，应当制作笔录，记录案由、对象、内容、收集、提取电子数据的时间、地点、方法、过程，并附电子数据清单，注明类别、文件格式、完整性校验值等，由侦查人员、电子数据持有人(提供人)签名或者盖章；电子数据持有人(提供人)无法签名或者拒绝签名的，应当在笔录中注明，由见证人签名或者盖章。有条件的，应当对相关活动进行录像。"

(三)电子数据检查

与传统证据之取证过程不同，电子数据现场取证后存在一个检查的环节，该阶段处于现场取证和鉴定、检验之间，是现场取证工作的自然延续，不属于专门性技术问题的检验、鉴定。《电子数据规定》第16条将这个过程规定为电子数据检查，即"对扣押的原始存储介质或者提取的电子数据，可以通过恢复、破解、统计、关联、比对等方式进行检查。必要时，可以进行侦查实验"。这是因为，传统物证、书证等在侦查过程中一般只包括现场勘验、搜查、提取、扣押阶段和鉴定检验阶段这两个阶段，且往往在现场即可完成，对于专门性技术问题通过鉴定检验就可以解决。但是，电子数据仅通过两个阶段并不能实现所有侦查目的，实践中电子数据的形式复杂多样、来源复杂多样，通过简单收集、提取的电子数据很难清晰地证明某一犯罪事实,如提取了一个加密文件,需要解密后才能移送;再如,在现场制作了某存储介质的镜像文件,需要对该文件进一步恢复才能提取被删除的电子数据,而不是直接移送。对于这些问题,也不宜都作为专门性问题进行鉴定、检验。为此对于电子数据需要在现场取证和鉴定、检验之间增加一个阶段,即扣押后由侦查人员对电子数据的进行恢复、破解、统计、关联、比对等处理,以进一步发现和提取与案件相关的线索和证据。

《电子数据取证规则》第三章第一节对电子数据检查中的规则进行了具体规定。第一,电子数据检查,应当由二名以上具有专业技术的侦查人员进行。必要时,可以指派或者聘请有专门知识的人参加。需要注意的是,电子数据的检查并不需要见证人,但是应当制作《电子数据检查笔录》。第二,与电子数据取证的其他规定一样,电子数据检查应当符合相关技术标准。第三,完整性保护与核对。电子数据检查应当确保在公安机关内部移交过程中电子数据的完整性。移交时,应当办理移交手续,并按照以下方式核对电子数据:(1)核对其完整性校验值是否正确;(2)核对封存的照片与当前封存的状态是否一致。另外,对于移交时电子数据完整性校验值不正确、原始存储介质封存状态不一致或者未封存可能影响证据真实性、完整性的,检查人员应当在有关笔录中注明。第四,电子数据检查时需要提取电子数据的,应当制作《电子数据提取固定清单》,记录该电子数据的来源、提取方法和完整性校验值。

(四)电子数据侦查实验

《刑事诉讼法》第135条第1款规定:"为了查明案情,在必要的时候,经公安机关负责人批准,可以进行侦查实验。"根据《电子数据取证规则》的规定,电子数据侦查实验的任务包括:(1)验证一定条件下电子设备发生的某种异常或者电子数据发生的某种变化;(2)验证在一定时间内能否完成对电子数据的某种操作行为;(3)验证在某种条件下使用特定软件、硬件能否完成某种特定行为、造成特定后果;(4)确定一定条件下某种计算机信息系统应用或者网络行为能否修改、删除特定的电子数据;(5)其他需要验证的情况。

同时,电子数据侦查实验还有以下具体要求:(1)应当采取技术措施保护原始存储介质数据的完整性;(2)有条件的,电子数据侦查实验应当进行二次以上;(3)侦查实验使用的电子设备、网络环境等应当与发案现场一致或者基本一致;必要时,可以采用相关技术方法对相关环境进行模拟或者进行对照实验;(4)禁止可能泄露公民信息或者影响非实验环境计算机信息系统正常运行的行为;(5)应当使用拍照、录像、录音、通信数据采集等一种或多种方式客观记录实验过程;(6)应当制作《电子数据侦查实验笔录》,记录侦查实验的条件、过程和结果,并由参加侦查实验的人员签名或者盖章。

(五)电子数据的鉴定与检验

(1)电子数据的鉴定与检验概述

根据《关于司法鉴定管理问题的决定》的规定,国家对从事下列司法鉴定业务的鉴定人和鉴定机构实行登记管理制度:①法医类鉴定,包括法医病理鉴定、法医临床鉴定、法医精神病鉴定、法医物证鉴定和法医毒物鉴定;②物证类鉴定,包括文书鉴定、痕迹鉴定和微量鉴定;③声像资料鉴定,包括对录音带、录像带、磁盘、光盘、图片等载体上记录的声音、图像信息的真实性、完整性及其所反映的情况过程进行的鉴定和对记录的声音、图像中的语言、人体、物体作出种类或同一认定;④根据诉讼需要,由国务院司法行政部门商最高人民法院、最高人民检察院确定的其他应当对鉴定人和鉴定机构实行登记管理的鉴定事项。法律对上述事项的鉴定人和鉴定机构的管理另有规定的,从其规定。

鉴定意见是证据的种类之一,和其他证据种类一样,必须经过查证属实的,才能作为定案的根据。由于鉴定是解决刑事诉讼中的专门性问题,而解决专门性问题的鉴定机构和鉴定人应当具有相应的资质,才能确保鉴定意见的可靠性。因此,根据刑事诉讼法和有关规定,鉴定人和鉴定机构不具备法定资质的鉴定意见不得作为定案的依据。目前在实践中存在很大问题的是,各地对于网络犯罪的电子数据鉴定划分不一,如有些划入"声像资料鉴定"的范围,并且其中有不作区分的、有区分成"声像资料(计算机)鉴定""声像资料鉴定(仅做电子数据)""计算机及声像资料鉴定"的,有些称为"计算机司法鉴定"的,有些称为"电子物证鉴定""电子数据的司法鉴定"……这就使得如从手机中调取的电子数据难以找到合适的鉴定机构进行鉴定,亟待后续的统一规划。为了应对司法实践中的现实情况,部分司法解释规定可以委托尚不具备司法鉴定资质的机构对一些专门性问题进行检验。这些部门经检验得出的检验报告,可以作为定罪量刑的参考,是解决这一问题的妥善办法外,在办理案件过程中,在对所要处理的专门性问题没有鉴定机构的情形下,侦查机关或者有关部门委托一些实际上具备这方面的专业知识,但尚未取得鉴定资质的机构进行检验并出具意见的,司法机关可以结合案件情况对所出具的意见进行审查,并根据情况可以作为证明案件事实的参考。需要注意的是,在前述情形下,司法机关并不是依据鉴定意见对案件事实进行证明,检验报告只能作为定罪量刑的参考。为了进一步规范检验报告的相关问题《刑诉法解释》第87条第1款规定:"对案件中的专门性问题需要鉴定但没有法定司法鉴定机构,或者法律、司法解释规定可以进行检验的,可以指派、聘请有专门知识的人进行检验,检验报告可以作为定罪量刑的参考。"

(2)电子数据的鉴定与检验规则

第一,《电子数据取证规则》第四章专门对电子数据的委托检验与鉴定规则作出了明确规定,要求:①侦查人员送检时,应当封存原始存储介质、采取相应措施保护电子数据的完整性,并提供必要的案件相关信息。②公安部指定的机构及其承担检验工作的人员应当独立开展业务并承担相应责任,不受其他机构和个人影响。③公安部指定的机构应当按照法律规定和司法审判机关要求承担回避、保密、出庭作证等义务,并对报告的真实性、合法性负责。公安部指定的机构应当运用科学方法进行检验、检测,并出具报告。④公安部指定的机构应当具备必需的仪器、设备并且依法通过资质认定或者实验室认可。⑤委托公安部指定的机构出具报告的其他事宜,参照《公安机关鉴定规则》等有关规定执行。

第二,根据《2021年刑诉法解释》第97条的规定,对鉴定意见应当着重审查以下内容:①鉴定机构和鉴定人是否具有法定资质;②鉴定人是否存在应当回避的情形;③检材的来源、取得、保管、送检是否符合法律、有关规定,与相关提取笔录、扣押物品清单等记载的内容是否相符,检材是否可靠;④鉴定意见的形式要件是否完备,是否注明提起鉴定的事由、鉴定委托人、鉴定机构、鉴定要求、鉴定过程、鉴定方法、鉴定日期等相关内容,是否由鉴定机构盖章并由鉴定人签名;⑤鉴定程序是否符合法律、有关规定;⑥鉴定的过程和方法是否符合相关专业的规范要求;⑦鉴定意见是否明确;⑧鉴定意见与案件事实有无关联;⑨鉴定意见与勘验、检查笔录及相关照片等其他证据是否矛盾;存在矛盾的,能否得到合理解释;⑩鉴定意见是否依法及时告知相关人员,当事人对鉴定意见有无异议。同时,《2021年刑诉法解释》第100条第2款还规定,"对关于专门性问题的报告的审查与认定,参照适用本节的有关规定。"

第三节 电子数据的审查判断

电子数据作为刑事诉讼中的一类法定证据,必须具备证据的证据能力和证明力。《2021年刑诉法解释》第110条至第115条对电子数据的审查判断作出了具体规定。

一、对电子证据证据能力的审查判断

证据能力具有"三性",即合法性、真实性和关联性。与传统证据不

同,电子数据易被篡改、破坏,且是虚拟的、无形的,因此审查电子数据的来源、收集手段和方法是否合法、内容是否被破坏、是否真实等问题成为司法工作人员的必要工作和实践中的一大难点。

总体而言,审查电子数据的证据能力,还是应当从合法性、真实性和关联性这"三性"入手。

(一) 合法性

对于收集、提取的电子数据合法性的审查判断,主要关注点在于取证程序,包括取证主体、取证程序和证据形式必须符合法律规定。根据《2021年刑诉法解释》《电子数据规定》等的规定,合法性审查包括以下几个方面:

(1) 取证主体是否合法。收集、提取电子数据是否由两名以上侦查人员进行。

(2) 取证方法是否符合相关技术标准。

(3) 取证程序、数据保管、鉴定程序是否合法。取证中不得非法搜查、扣押、冻结和网络勘验。电子数据的生成、传输、获取、保管、呈现的过程都应当具有合法性,需在侦查机关或有资质的主体处保管,保管环境必须安全,且保管情况需有记录。电子数据的鉴定和公证程序也必须合法。

具体可从以下方面进行把握:

①收集、提取电子数据,是否附有笔录、清单并经侦查人员、电子数据持有人(提供人)、见证人签名或者盖章;没有持有人(提供人)签名或者盖章的,是否注明原因;对电子数据的类别、文件格式等是否注明清楚。

②是否依照有关规定由符合条件的人员担任见证人,是否对相关活动进行录像。审查见证人签名或者录像,是核实电子数据完整性的必要手段,因此应当对上述情况进行审查。需要注意的是,通常只有在刑事诉讼法及有关规定要求见证人见证的情况下,才应审查是否由符合条件的人员担任见证人。在无见证人的情况下,审查是否对相关活动进行了录像。

③采用技术调查、侦查措施收集、提取电子数据的,是否依法经过严格的批准手续。

④对于进行电子数据检查的,还应当审查检查过程是否将电子数据存储介质通过写保护设备接入检查设备;有条件的,是否制作电子数据备份并对备份进行检查;无法制作备份且无法使用写保护设备的,是否附有录像。

(二) 真实性

对电子数据的真实性审查与判断的过程,也称为电子数据的鉴真(authentication)。电子数据有易破坏性与可恢复性并存的特征,且可以不受时空限制获取数据。因此对电子数据真实性审查不可避免要具备一定的技术条件,且对其审查存在一定难度。

《2021年刑诉法解释》第110条规定了电子数据真实性审查,应当着重审查以下几个方面:"(一)是否移送原始存储介质;在原始存储介质无法封存、不便移动时,有无说明原因,并注明收集、提取过程及原始存储介质的存放地点或者电子数据的来源等情况;(二)是否具有数字签名、数字证书等特殊标识;(三)收集、提取的过程是否可以重现;(四)如有增加、删除、修改等情形的,是否附有说明;(五)完整性是否可以保证。"在第111条,还对电子数据的完整性审查标准作出了具体解释,即"应当根据保护电子数据完整性的相应方法进行审查、验证:(一)审查原始存储介质的扣押、封存状态;(二)审查电子数据的收集、提取过程,查看录像;(三)比对电子数据完整性校验值;(四)与备份的电子数据进行比较;(五)审查冻结后的访问操作日志;(六)其他方法"。

具体而言,电子数据的真实性主要包括可靠性和完整性。

(1)可靠性

①介质信息系统或网络的可靠性。由于电子数据存在于信息系统或网络中,因此,电子数据可靠性的基础依赖于信息系统或网络的可靠与稳定。如,被病毒攻击或恶意代码控制的计算机信息系统所产生的数据,可能是系统错误或黑客宣称操作所致,其可靠性会大打折扣。对这一点而言,《电子数据规定》和《2021年刑诉法解释》均要求注重审查电子数据的收集、提取过程是否可以重现,即电子数据的复现性。电子数据即使已经被提取,其提取过程仍然可以被完全、准确、一致地重现,审查电子数据时,也可以充分利用该特性通过复现收集、提取过程进行审查。但对复现性的要求也不是绝对的,实践中并非所有的电子数据收集、提取过程都可以复现。虽然被病毒攻击或恶意代码控制的计算机信息系统所产生的电子数据的可靠性会大打折扣,但与此同时,信息系统也具备较高的容错率,可以通过自身策略实现对故障的排除和数据恢复;在某些紧急情况下,侦查人员提取电子数据针对的正是病毒或恶意代码本身,比如在拒绝服务攻击案件中从网络截取的攻击数据包或者从计算机内存中提取的电子数据,这些数据在拒绝服务攻击结束或者计算机关机后就会消失,收集、提取过程无法复现,不能因收集、提取过程不能重现就否定电子数据的真实性。

②取证技术的可靠性。对取证技术可靠性审查,离不开取证工具的合法性和技术的合规性,必要时,可通过专家论证、技术审核等方式进行审查判断。

(2)完整性

电子数据的完整性要求电子数据在生成、传输、获取、保管和呈现的全过程具备完整性。电子数据完整性是保证电子数据真实的重要因素,如果电子数据完整性遭到破坏,意味着电子数据可能被篡改或者破坏,其真实性也无法保证。

完整性包括以下内容:

①审查电子数据载体的完整性,主要是存储介质。电子数据的载体理论上应当是全部信息载体,包括存储介质、网络,等等。载体的完整性能反映提取和保管电子数据过程的不受损害。因此,对已有的电子数据,有存储介质的,应当移送原始存储介质;在原始存储介质无法封存、不便移动时,应当说明原因,并注明收集、提取过程及原始存储介质的存放地点或者电子数据的来源等情况。如,对于扣押、封存电子数据原始存储介质的,应当审查原始存储介质的扣押、封存状态;收集、提取电子数据的相关活动进行录像的,应当审查电子数据的收集、提取过程,查看录像;对网络在线提取的电子数据,应当比对电子数据完整性校验值;对制作、封存电子数据备份的,应当与备份的电子数据进行比较;对冻结的电子数据,应当审查冻结后的访问操作日志。访问操作日志,是指为审查电子数据是否被增加、删除或者修改,由计算机信息系统自动生成的对电子数据访问、操作情况的详细记录。

②审查电子数据内容的完整性。电子数据由 0 和 1 的代码构成,无明确物理范围,所以应当审查其内容的全面、完整性,包括但不限于数据内容、日志信息、操作系统记录等。我国《电子数据规定》特别指出,应当对电子数据是否具有数字签名、数字证书等特殊标识进行审查。数字签名,是指利用特定算法对电子数据进行计算,得出的用于验证电子数据来源和完整性的数据值。数字证书,是指包含数字签名并对电子数据来源、完整性进行认证的电子文件。实践中,可通过对电子数据附带的数字签名或者数字证书进行认证,以验证电子数据的真实性。但并非所有的电子数据都有数字签名或者数字证书,不能因为电子数据没有数字签名或者数字证书就否定其真实性。

③审查已增加、删除、修改信息的说明。电子数据如有增加、删除、修改等情形的,应当附有说明。一般情况下,电子数据发生增加、删除、修改,其真实性必然受到质疑;但是,电子数据发生增加、删除、修改的,并不必然导致其不真实。对电子数据的增加、删除、修改,既可能是犯罪嫌疑人、被告人所为,也可能是侦查人员所为。比如,犯罪嫌疑人、被告人对数据进行增加、删除、修改以覆盖原始数据,迷惑侦查,但部分数据是可通过技术手段予以恢复的,如通过修改乱码电子文档的某些字节,以使乱码恢复成可正常阅读的文字。此时也需要侦查人员对增加、删除、修改信息的恢复作出说明,同时法院需要审查恢复技术是否必要与可靠、恢复数据是否完整、是否存在伪造和篡改证据的情况。若增加、删除、修改是为了顺利展示或者分析电子数据,对电

子数据所承载的内容或者证明的事实没有影响,可以认为其是真实的;如果是故意篡改或者保管不当导致的增加、删除、修改,则无法保证电子数据所承载的内容不受影响,也就无法保证其真实性。

可以说,真实性审查是电子数据审查环节极为重要的一环。电子数据取证过程中若是合法性存在瑕疵,尚可补正或说明情况,但若真实性受到根本影响,则将完全失去证据能力。《2021年刑诉法解释》特别指出,电子数据具有下列情形之一的,不得作为定案的根据:"(一)系篡改、伪造或者无法确定真伪的;(二)有增加、删除、修改等情形,影响电子数据真实性的;(三)其他无法保证电子数据真实性的情形。"

(三)关联性

证据需要与案件事实有关联,否则不能作为定案的依据。电子数据的关联性主要包括载体关联性和内容关联性两部分。

(1)载体的关联性

载体,也称承载介质,包括存储介质和逻辑存储。存储介质如U盘、移动硬盘、服务器等都是在电子数据取证过程中常见的载体,对其可从以下几点出发判断关联性,如是否从查案过程中取得,是否可提交原始存储介质,非原始存储介质的照片、录像是否真实、完整等。

司法实践中经常遇到虚拟身份与真实身份对应以及存储介质的关联性判断问题。例如,经常出现一人使用多个虚拟身份,或一个虚拟身份多人使用,多人共享同一上网线路的情况。同时由于部分网络服务提供商不保存日志,或移动上网日志中只保存IP地址和时间,不保存端口号,导致IP地址无法对应到唯一当事人或IP地址无法落地,虚实身份关联的唯一性难以认定。为方便司法适用,《电子数据规定》第25条规定:"认定犯罪嫌疑人、被告人的网络身份与现实身份的同一性,可以通过核查相关IP地址、网络活动记录、上网终端归属、相关证人证言以及犯罪嫌疑人、被告人供述和辩解等进行综合判断。认定犯罪嫌疑人、被告人与存储介质的关联性,可以通过核查相关证人证言以及犯罪嫌疑人、被告人供述和辩解等进行综合判断。"需要注意的是,对于存储介质的关联性判断,还可以通过提取必要的指纹、DNA等痕迹物证进行综合判断。①

(2)内容的关联性

对电子数据内容的关联性审查类似于书证,主要包括逻辑推理、经验判断和直觉。逻辑推理依赖于理性思维,在关联性审查中发挥着重要作用,要求法官综合运用演绎推理、归纳推理和逻辑规律,在案件事实与事实之间、对

---

① 参见喻海松:《网络犯罪二十讲》,法律出版社2018年版,第164页。

全案过程形成完整的逻辑推论。经验判断是基于法官日积月累的经验,虽然主观因素较大,但并不影响对全案证据的审查及案件事实的认定,同时经验判断也具有一定的合理性。逻辑推理和经验判断是审查电子数据内容的关联性的主要方式。直觉在司法实践中应用频率极低,但也可实现对电子数据内容相关性的审查判定:虽然其完全依赖法官感性和自由裁量,但直觉并非凭空产生、毫无基础的,是基于人类职业、阅历、知识和本能存在的一种思维方式。

此外,电子数据形式具有多样性,范围很宽,在司法实践中,"要全面审查电子数据,既要审查存在于计算机软硬件上的电子数据,也要审查其他相关外围设备中的电子数据;既要审查文本信息,也要审查图像、视频等信息;既要审查对犯罪嫌疑人不利的证据,也要审查对其有利的证据,通过全面综合审查,审查电子数据与其他证据之间的关系,确认电子数据与待证事实之间的关系"①。

除上述合法性、真实性和关联性的一般审查以外,考虑到电子数据这一证据形式的特殊性,《2021年刑诉法解释》第115条还特别规定:"对视听资料、电子数据,还应当审查是否移送文字抄清材料以及对绰号、暗语、俗语、方言等不易理解内容的说明。未移送的,必要时,可以要求人民检察院移送。"

二、对电子数据证明力的审查判断

电子数据具备证明能力即证据资格后,法院还需对电子数据的证明力大小进行判断,包括采集、固定、确认、鉴定等环节。具体而言,包括形式和内容两方面。

(一)电子数据采集

电子数据采集,根据其主体不同而分为两种情况:一种是由办案机关直接对涉案的电子设备进行现场勘验,并检查、提取电子数据,由具有专门技能的人员按照法定程序进行操作;另一种是涉案电子数据由其他第三方持有,办案机关发出协助调取证据通知书,由证据持有人自行提供。无论何种采集方式,都应当依照相关的规定进行,否则会降低被采集数据的证明力。并且,在一般情况下,由侦查机关所采集的电子数据,往往较为稳定,不易被人为篡改,而证据持有人自行提供的电子数据,被增加、删除、修改的风险会升高。

(二)电子数据的固定

固定电子数据,一般以扣押原始存储介质为原则,这样的电子数据更具真实性和完整性,从而与案件关联度更高,更具证明力。而不能扣押原始存储介质的情况,需要保证所提取的电子数据不被污染、破坏。比如,在实践

---

① 熊皓、郑兆龙:《如何审查运用电子数据》,载《检察日报》2021年6月5日,第3版。

中,比较经济实用的固定手段是将已经进行完整性检验的电子数据刻录在光盘中,将光盘属性设置为只读,并随案移送办案单位。

(三)电子数据的确认、鉴定等环节

为提高电子数据之证明力,通常还需要犯罪嫌疑人、证人等签字确认,甚至由鉴定人、检验人以及有专门知识的人出庭作证。

(1)犯罪嫌疑人、证人签字确认

如果相关人员拒绝确认或者无法确认海量数据,在定案时,应当充分考虑电子数据自身的维度,尤其是一维的电子数据,如电子邮件、传真,其证明力较小;而多维的电子数据,如聊天记录、群发邮件,参与人较多,能够核实的可能性更大,其证明价值也相对较高。①

(2)鉴定人、检验人以及有专门知识的人出庭作证

①鉴定人和检验人。现行《刑事诉讼法》第192条第3款规定:"公诉人、当事人或者辩护人、诉讼代理人对鉴定意见有异议,人民法院认为鉴定人有必要出庭的,鉴定人应当出庭作证。经人民法院通知,鉴定人拒不出庭作证的,鉴定意见不得作为定案的根据。"《2021年刑诉法解释》第100条第3款规定:"经人民法院通知,出具报告的人拒不出庭作证的,有关报告不得作为定案的根据。"《电子数据规定》第26条明确规定:"公诉人、当事人或者辩护人、诉讼代理人对电子数据鉴定意见有异议,可以申请人民法院通知鉴定人出庭作证。人民法院认为鉴定人有必要出庭的,鉴定人应当出庭作证。经人民法院通知,鉴定人拒不出庭作证的,鉴定意见不得作为定案的根据。对没有正当理由拒不出庭作证的鉴定人,人民法院应当通报司法行政机关或者有关部门。公诉人、当事人或者辩护人、诉讼代理人可以申请法庭通知有专门知识的人出庭,就鉴定意见提出意见。对电子数据涉及的专门性问题的报告,参照适用前三款规定。"

②有专门知识的人。《刑事诉讼法》第197条第2款规定:"公诉人、当事人和辩护人、诉讼代理人可以申请法庭通知有专门知识的人出庭,就鉴定人作出的鉴定意见提出意见。"对于电子数据的鉴定意见和检验报告的判断需要较强的专业性知识,人民法院在审理案件的过程中,可以依据《刑事诉讼法》的规定,充分运用有专门知识的人这一"外力",更好地审查电子数据的鉴定意见或者检验报告。《电子数据规定》第26条第3款明确规定:"公诉人、当事人或者辩护人、诉讼代理人可以申请法庭通知有专门知识的人出庭,就鉴定意见提出意见。"

---

① 参见梁敏捷、陈常:《刑事诉讼视角下电子数据证明力实证分析》,载《人民检察》2018年第16期。

第十二章 网络犯罪的其他程序问题

第一节 网络犯罪侦查中的技术侦查措施

一、技术侦查措施的立法沿革概述

在现代科学技术不断进步并广泛应用的当下,犯罪手段和方式也不断迭代更新,网络犯罪形态更加复杂多样。互联网匿名性、犯罪手段技术化大大增加了案件的侦破难度。在隐蔽型案件的侦破中,电子监听、电话监听、电子监控、秘密拍照、录音录像、定位追踪等技术侦查措施可以用于锁定行为人、获取犯罪线索或证据。《联合国打击跨国有组织犯罪公约》[①]以及《联合国反腐败公约》[②]等国际公约也允许在特定类型犯罪案件中使用技术侦查措施。

我国技术侦查措施的相关立法经历了从无到有并逐渐细化的过程。1993年制定的《国家安全法》[③]与1995年制定的《人民警察法》[④]均授权国家

[①] 如《联合国打击跨国有组织犯罪公约》第20条"特殊侦查手段"之一规定:"各缔约国均应在其本国法律基本原则许可的情况下,视可能并根据本国法律所规定的条件采取必要措施,允许其主管当局在其境内适当使用控制下交付并在其认为适当的情况下使用其他特殊侦查手段,如电子或其他形式的监视和特工行动,以有效地打击有组织犯罪。"参见 http://www.npc.gov.cn/wxzl/wxzl/2003-11/07/content_323719.htm,最后访问日期:2021年2月4日。

[②] 如《联合国反腐败公约》(https://www.un.org/zh/issues/anti-corruption/uncac_text.shtml)第50条"特殊侦查手段"之一规定:"一、为有效地打击腐败,各缔约国均应当在其本国法律制度基本原则许可的范围内并根据本国法律规定的条件在其力所能及的情况下采取必要措施,允许其主管机关在其领域内酌情使用控制下交付和在其认为适当时使用诸如电子或者其他监视形式和特工行动等其他特殊侦查手段,并允许法庭采信由这些手段产生的证据。"参见 https://www.un.org/zh/issues/anti-corruption/uncac_text.shtml,最后访问日期:2021年2月4日。

[③] 如《国家安全法》第10条规定:"国家安全机关因侦察危害国家安全行为的需要,根据国家有关规定,经过严格的批准手续,可以采取技术侦察措施。"2015年《国家安全法》删除该条。

[④] 如《人民警察法》第16条规定:"公安机关因侦查犯罪的需要,根据国家有关规定,经过严格的批准手续,可以采取技术侦察措施。"2012年修正的《人民警察法》第16条同样如此规定。

安全机关、公安机关可以依法采取"技术侦察措施"。刑事司法实践与制定法之间存在某种"供需不足"：一方面，司法实践中的确存在利用技术侦查措施的迫切需求；另一方面，1996年《刑事诉讼法》并未对技术侦查措施作出相关规定，侦查机关"无法可依"。为侦查犯罪的需要，司法实务部门采取技术侦查措施主要以《国家安全法》和《人民警察法》的相关规定为法律依据。然而，对采取技术侦查措施所得的证据材料在法庭上应否以及如何出示并接受质证，甚至能否直接作为定案的根据等问题则不够明确，司法实务部门做法不一。

技术侦查措施如使用不当甚至被滥用，将会侵害公民的合法权益，有损程序公正。然而，因立法滞后，无法回应司法实践中侦破案件的实际需求，打击惩治犯罪、保护法益的功能可能受到削弱。"一方面，要完善侦查措施，赋予侦查机关必要的侦查手段，加强打击犯罪的力度；另一方面，也要强化对侦查措施的规范、制约和监督，防止滥用这一侦查措施。"①

2012年《刑事诉讼法》修改时，立法机关总结国家安全机关和公安机关多年来开展技术侦查工作的实践经验，在"立案、侦查和提起公诉"编"侦查"章增设了"技术侦查措施"一节，规定了技术侦查措施的适用犯罪、批准手续与具体执行，还规定了"隐匿身份实施侦查"和"控制下交付"这两种特殊的侦查措施。该节不仅为司法实践中实施技术侦查行为提供了合法性依据（且与技术侦查措施相区别），而且还确立了适用条件、批准决定与执行程序等操作性规则，规范侦查行为的开展。更重要的是，新法明确，采取技术侦查措施、隐匿身份实施侦查、控制下交付所收集的材料在刑事诉讼中可以作为证据使用，统一了司法实践中的不同做法。

2012年《刑事诉讼法》出台之后，公安部于2020年发布的《公安机关程序规定》、最高人民检察院于2019年发布的《高检规则》细化了公安机关、检察机关各自适用技术侦查措施的规定。② 其间，2014年最高人民法院、最高人民检察院、公安部《网络犯罪程序意见》则专门规定了采用技术侦查措施所得证据材料的取证、庭外核实程序。《2021年刑诉法解释》较2012年，于第四章新增第八节"技术调查、侦查证据的审查与认定"（第116条至第122条，共7个条文），细化了技术侦查措施所得证据材料的移送、质证、审查判断等程序与证据规则。

---

① 王爱立、雷建斌主编：《〈中华人民共和国刑事诉讼法〉释解与适用》，人民法院出版社2018年版，第266页。

② 2018年出台的《监察法》授权监察机关对涉嫌重大贪污贿赂等职务犯罪案件可以依法采取技术调查措施（第28条）。尽管检查调查与技术侦查在制定法上性质有所不同，但实际上二者具有同质性。

二、"技术侦查措施"概念与范围的界定

(一)用于侦查的技术侦查措施

学理上,技术侦查有广狭义之分。广义上的技术侦查是指利用现代科学知识、方法和技术的各种侦查手段的总称,不仅包括狭义上的技术侦查措施,还包括在一般侦查中借助科学仪器、专门知识等实施的技术性手段。狭义的技术侦查实际上是一种特殊的秘密侦查,其实施不仅利用特定的技术手段,而且对行为对象而言具有秘密性。① 尽管两种意义上的技术侦查都具有技术性,但狭义的技术侦查更侧重行为方式的秘密性,而广义的技术侦查则更强调技术性,而不以秘密性为必要。在这个意义上,我国《刑事诉讼法》规定的技术侦查实际上是狭义的。

为防止概念内涵的混乱以及外延的交错,并为防止技术侦查措施在理论及实践中被不当扩张、泛化,本章采狭义技术侦查说。概言之,技术侦查的显著特征之一是科技性,但并非所有运用技术手段的侦查活动都称为技术侦查,如犯罪现场重现等勘查手段则不宜称为技术侦查。此外,技术侦查具有隐秘性,如经被追诉人同意使用的测谎技术就不属于技术侦查。②

2012年《刑事诉讼法》修改、增加技术侦查章节时,并未列举技术侦查措施的种类,主要是考虑到随着科学技术的发展,技术侦查手段不断更新,逐一列举可能不周延。《公安机关程序规定》则列举了几项技术侦查措施,如"记录监控、行踪监控、通信监控、场所监控等措施"(第264条)。实践中,技术侦查措施通常包括电子监听、电话监听、电子监控、秘密拍照或者秘密录像、秘密获取某些物证、邮件检查等专门技术手段。③ 但在学理上,技术侦查措施的种类与范围不宜作扩张解释。

除了上述(狭义)技术侦查措施,现行《刑事诉讼法》在"技术侦查措施"一节还另外规定了隐匿身份侦查和控制下交付。④ 但二者并非严格意义上的技术侦查措施,而是两种比较特殊的秘密侦查措施。二者与技术侦查措施的方法、原理存在本质区别,即二者并不涉及技术的使用;然而因具有隐匿性、秘密性等特征,与隐秘性的一般侦查措施也有所差别。因此,现行《刑事

---

① 技术侦查概念的广狭义之分,参见喻海松:《网络犯罪二十讲》,法律出版社2018年版,第179—180页。
② 参见张建伟:《刑事诉讼法通义》(第二版),北京大学出版社2016年版,第422页。
③ 参见王爱立、雷建斌主编:《〈中华人民共和国刑事诉讼法〉释解与适用》,人民法院出版社2018年版,第267页。
④ 本章重点论述技术侦查措施相关问题,对于隐匿身份侦查和控制下交付的程序性问题不详细展开。

诉讼法》就二者与技术侦查措施的实施程序作出了不同的规定。但应当明确的是,"这些侦查手段虽在本节中规定,但不属于技术侦查措施,而是一种特殊的侦查措施"①。

在此,有必要对"秘密侦查"作概要介绍,并将其与技术侦查作简要区分。秘密侦查有广狭义之分。② 广义上的秘密侦查即具有隐蔽性、秘密性的侦查方法,上述电子监听、电话监听、电子监控、秘密拍照、秘密录像、秘密邮件检查等狭义技术侦查措施实际上也具有秘密性。在此范围中,有一类比较特殊的秘密侦查,其隐蔽性、秘密性并不依赖所使用的技术,而是参与侦查的人员的身份的隐蔽性、秘密性,此即狭义上的秘密侦查。如我国刑事诉讼法中的隐匿身份侦查。可见,秘密侦查与技术侦查各有侧重,但存在交叉。③

狭义的秘密侦查作为一种侦查方法,更强调侦查工作的隐蔽性,但通常也会采用一些技术性的侦查措施。可以大致分为两类:一类是隐匿侦查,即侦查人员或者其他人员隐匿其身份开展的调查取证活动,如侦查人员卧底侦查、特情侦查等形式;另一类是秘密监控,即不派出有关人员隐匿身份实施侦查,但对犯罪嫌疑人或者相关人员的犯罪活动进行监控,典型的形式就是控制下交付。

综上,我国刑事诉讼法中的"技术侦查措施"规定了两类不同的特殊侦查,即技术侦查措施与特殊的秘密侦查措施。前者如记录监控、行踪监控、通信监控、场所监控等措施,侧重技术性,对相对人而言通常是秘密的(但并不以秘密为必要,如场所监控可能在公开场所进行);后者如隐匿身份侦查与控制下交付,侧重秘密性,但并不必然具有技术性。④

(二)用于追捕的技术侦查措施

技术侦查措施还可以用于追捕犯罪嫌疑人、被告人,与用于侦查的技术侦查措施存在差别。前者不以侵入为必要,后者则具有明显侵入性。⑤ 如现行《刑事诉讼法》规定,"追捕被通缉或者批准、决定逮捕的在逃的犯罪嫌疑

---

① 王爱立、雷建斌主编:《〈中华人民共和国刑事诉讼法〉释解与适用》,人民法院出版社2018年版,第272页。

② 技术侦查概念的广狭义之分,参见喻海松:《网络犯罪二十讲》,法律出版社2018年版,第179—180页。

③ 参见杨万明主编:《新刑事诉讼法司法适用解答》,人民法院出版社2018年版,第119页;喻海松:《网络犯罪二十讲》,法律出版社2018年版,第179—180页。

④ 有学者将我国刑事诉讼法语境中的技术侦查措施定义为"国家安全机关、公安机关等侦查机关为了侦查某些特定犯罪,而秘密采取的特殊侦查措施或者侦查手段,如电子监听、电话监听、电子监控、秘密拍照、秘密录像、秘密邮件检查等专门技术手段以及控制下交付等特殊侦查手段"。喻海松:《网络犯罪二十讲》,法律出版社2018年版,第179页。

⑤ 参见樊崇义编:《刑事诉讼法学》(第五版),法律出版社2020年版,第367—368页。

人、被告人,经过批准,可以采取追捕所必需的技术侦查措施"(第150条第3款)。首先,用于追捕的技术侦查措施并没有局限于特定的案件类型。立法如此规定,乃是考虑到此类措施旨在促使犯罪嫌疑人、被告人到案,属程序性保障措施。其次,用于追捕的技术侦查措施适用的对象是特定的,不能扩张适用于除犯罪嫌疑人、被告人之外的其他人;且其适用以被通缉或被批准、决定逮捕后在逃为前置性程序要件。最后,用于追捕的技术侦查措施应限于智能设备GPS定位等行踪追踪手段,没有必要采取侵入设备获取信息的方式。

(三)"隐匿身份侦查"与"控制下交付"

1. 隐匿身份侦查

通常,刑事诉讼法要求侦查人员在开展具体侦查活动时,应依法向相关人员表明身份并出示工作证等证明文件。但一些特殊且复杂的集团犯罪、有组织犯罪、跨国犯罪等刑事案件,组织严密、分工细致,涉案人员较多,所实施的活动有更强的隐匿性。组织者、领导者等往往并不直接参与具体犯罪行为,而在幕后策划、操纵、指挥,且多有意掩饰真实身份。在利用计算机或互联网实施的此类犯罪中,组织者、领导者与参与人之间的沟通转移到"线上",身份更加难以确定,行踪也更加难以追寻。故此,便需要采取隐匿身份的方法,接近或潜伏在犯罪集团或者组织内部,参与集团或组织行动,获取犯罪证据。

根据《刑事诉讼法》及相关法律性文件之规定,隐匿身份实施侦查的要件如下:

第一,"为了查明案情,在必要的时候"可以隐匿身份实施侦查(《刑事诉讼法》第153条、《公安机关程序规定》第271条第1款),此即适用条件。(1)"为了查明案情"是对隐匿身份实施侦查的目的的限制,超出该目的则属违法侦查。(2)"在必要的时候"即必要性要求,是指在采取其他侦查手段难以获取犯罪证据的情况下。尽管立法并未限定其适用的案件类型,但考虑到隐匿身份侦查的特殊性,不宜不加区分普遍适用。即便是对于司法实务中比较常用该措施的毒品犯罪、有组织犯罪案件,隐匿身份侦查亦非绝对必要或首要举措,而是补充性的。

第二,实施隐匿身份侦查要"经公安机关负责人决定"。也就是说,批准权由县级以上各级公安机关负责人行使(《公安机关程序规定》第271条第1款)。与狭义的技术侦查措施需要严格审批程序相比,隐匿身份侦查仅需要公安机关负责人批准即可。主要原因在于,此类侦查通常不直接涉及对公民基本权的限制或侵犯。此外,考虑到相关人员的人身安全,在操作中应尽量少数人知道其真实身份和行踪目的为妥。

第三,实施隐匿身份侦查的主体是"有关人员"。"有关人员",既包括公安机关的侦查人员,也包括侦查机关指派的适宜进行隐匿身份实施侦查的其他人员(《公安机关程序规定》第 271 条第 1 款)。在司法实务中,前者即由侦查人员实施的卧底侦查、化装侦查,后者一般指利用线人、特情实施的侦查。

第四,不得违反《刑事诉讼法》的禁止性规定。在实施隐匿身份侦查过程中,"不得诱使他人犯罪,不得采取可能危害公共安全或者发生重大人身危险的方法"(《刑事诉讼法》第 153 条)。"不得诱使他人犯罪",主要是指不得使用促使他人产生犯罪意图的方法诱使他人犯罪(《公安机关程序规定》第 271 条第 2 款)。"不得采用可能危害公共安全或者发生重大人身危险的方法"的禁止性规定是基于必要性的考量。

2. 控制下交付

"对涉及给付毒品等违禁品或者财物的犯罪活动,为查明参与该项犯罪的人员和犯罪事实,根据侦查需要,经县级以上公安机关负责人决定,可以依照规定实施控制下交付。"(《公安机关程序规定》第 272 条;另参见《刑事诉讼法》第 153 条第 2 款)实践中,控制下交付主要适用于毒品犯罪案件、走私犯罪案件、假币犯罪案件等。

是否实施控制下交付,应当由侦查机关根据侦查犯罪的需要决定。毒品犯罪或贩卖枪支弹药等违禁品犯罪也逐渐呈现出"网络化"特征,上下游之间的沟通联络多通过互联网、即时通讯工具等进行,但最终仍不能避开线下交付。控制下交付措施可以直接锁定涉案行为人,查获涉案物品,获得犯罪行为的直接证据。

在毒品交易或其他违禁品交易刑事侦查中,各国及国际公约也允许控制下交付这一特殊的侦查措施,即在发现非法或可疑交易物品后,允许其在侦查机关监控下流转,从而获取更多犯罪线索和犯罪证据,进而掌握犯罪集团涉嫌犯罪的整个情况,最终有利于对此类犯罪的有效打击。《联合国禁止非法贩运麻醉药品和精神药物公约》《联合国打击跨国有组织犯罪公约》《联合国反腐败公约》均对控制下交付作了规定。我国已分别于 1989 年、2000 年、2005 年批准加入上述三个公约,我国《刑事诉讼法》及相关司法解释的修改实现了与国际公约接轨。

三、技术侦查的程序规则

为了防止技术侦查措施被滥用,刑事诉讼法明确规定了其适用的案件范围、有权机关、批准程序、期限、保密要求等内容。侦查机关在开展技术侦查时,应当严格遵守宪法、刑事诉讼法的规定。"这同我国宪法关于保护公民人身自由、通信自由等基本权利,维护国家机关、社会组织的正常活动秩序的规定是完全一致的。"①

(一)技术侦查的基本原则

1. 合宪性原则

侦查权行使作用于公民隐私权、生活安宁权等宪法基本权之上,而技术侦查措施因其隐蔽性、技术性,对基本权之"侵犯"尤甚,因此,更应当受到严格规制。根据我国宪法规定,公民有言论、出版、集会、结社、游行、示威的自由(《宪法》第 35 条)。中华人民共和国公民的住宅不受侵犯。禁止非法搜查或者非法侵入公民的住宅(《宪法》第 39 条)。公民的通信自由和通信秘密受法律的保护;除因国家安全或者追查刑事犯罪的需要,由公安机关或者检察机关依照法律规定的程序对通信进行检查外,任何组织或者个人不得以任何理由侵犯公民的通信自由和通信秘密(《宪法》第 40 条)。总之,对公民基本权的强制处分应当遵循宪法法律保留原则,即除非经宪法法律授权,否则不得任意实施技术侦查措施。

由合宪性原则衍生出程序法定原则。程序法定原则是刑事诉讼法的基本原则之一,包含两项内容:一是形式上的程序法定原则,即公权力的行使或者诉讼行为的开展,应当严格依照法律规定为之;二是程序性后果,即违反该原则,将产生非法取证所得证据之排除等程序性后果。②

2. 比例原则

比例原则是公法(主要是宪法、行政法)上的一项基本原则。比例原则至少有三项具体要求或分支原则,即:适当性原则(合目的性原则);必要性原则(又作最小侵害原则、最少损害原则);狭义比例原则(或称相称原则、衡量性原则)。③ 侦查权属于行政权的分支,侦查行为本质上属行政权之行使,应受公法基本原则之约束。技术侦查措施作为对公民基本权造成实质侵害的侦查手段,更应当严格遵守比例原则的要求。

比例原则有适当原则与适度原则两个具体要求。侦查措施适当,是指侦查措施的种类应当与犯罪行为的社会危险性相适应;侦查措施适度,"强调侦查措施的合理性与节制性,它要求侦查措施实施的程度或曰力度应当与犯罪的社会危害性程度保持一致"④。

---

① 王爱立、雷建斌主编:《〈中华人民共和国刑事诉讼法〉释解与适用》,人民法院出版社 2018 年版,第 267 页。
② 也有学者将其称为程序性制裁理论,参见陈瑞华:《刑事诉讼法》,北京大学出版社 2021 年版,第 115—116 页。
③ 参见裴炜:《比例原则视域下电子侦查取证程序性规则构建》,载《环球法律评论》2017 年第 1 期;梅扬:《比例原则的适用范围与限度》,载《法学研究》2020 年第 2 期。
④ 樊崇义编:《刑事诉讼法学》(第五版),法律出版社 2020 年版,第 348 页。

3. 客观全面原则

客观全面原则是我国刑事诉讼法的基本原则之一,要求"审判人员、检察人员、侦查人员必须依照法定程序,收集能够证实犯罪嫌疑人、被告人有罪或者无罪、犯罪情节轻重的各种证据"(《刑事诉讼法》第 52 条)。该原则要求包括侦查在内的所有刑事诉讼活动要围绕证据开展、以证据为核心,排斥主观恣意专断,"重证据,重调查研究,不轻信口供"(《刑事诉讼法》第 55 条)。

侦查作为刑事诉讼程序的前端,其取证"质量"直接影响审查起诉乃至法院裁判的"质量"。为了确保真实发现的准确性,公安机关侦查取证更应严格贯彻客观全面原则,兼顾犯罪嫌疑人有罪或者无罪、罪轻或者罪重的证据材料(《刑事诉讼法》第 115 条,另参见《公安机关程序规定》第 191 条)。此外,客观全面原则还有助于校正侦查人员的思维偏见。一是防止办案人员有罪推定的偏见;二是减少或降低确证偏见、隧道视野等认知偏误。[①]

4. 程序救济原则

除上述一般性原则之外,技术侦查还应当保障相对人程序性救济的权利。正如西方法谚所言,"无救济则无权利"。在刑事司法体系中,为程序公正及权力制约之故,对包括犯罪嫌疑人、被告人乃至公民在内的主体提供充分、有效的程序性救济尤为重要。如在技术侦查措施解除后,侦查机关应当履行告知义务,即告知相对人被采取技术侦查措施的概况(如"脱敏"的批准采取技术侦查措施的法律文书,以及具体执行的起始时间等),并告知其有权向有权机关申请复议复核或者提起行政诉讼等程序性救济。

(二)技术侦查措施适用程序

2012 年修正的《刑事诉讼法》规定的技术侦查措施主要适用于刑事案件侦查。此外,我国 2018 年《监察法》授权负责职务犯罪调查的监察机关有采取技术调查措施的权力。[②] 技术调查、侦查措施尽管在程序上有所区别,但在技术调查、侦查所得证据材料的移送、检察机关审查起诉、法院审查判断等方面则均适用刑事诉讼法及相关司法解释的规定。

1. 案件类型和有权机关

根据《刑事诉讼法》的规定,技术侦查措施有两种案件类型,同时也是程

[①] 刑事错案与侦查人员心理学认知偏差关联性的研究,参见黄士元:《刑事错案形成的心理原因》,载《法学研究》2014 年第 3 期;唐丰鹤:《错案是如何生产的?——基于 61 起刑事错案的认知心理学分析》,载《法学家》2017 年第 2 期。对于侦查认知心理学的研究,参见王均平:《侦查认知及行为选择证实偏差的诊断与修正》,载《中国人民公安大学学报(社会科学版)》2013 年第 1 期。

[②] 2018 年《监察法》第 28 条规定:"监察机关调查涉嫌重大贪污贿赂等职务犯罪,根据需要,经过严格的批准手续,可以采取技术调查措施,按照规定交有关机关执行。"

序类型:公安机关采用的技术侦查措施、检察机关采用的技术侦查措施(与监察机关采用的技术调查措施)。

(1)公安机关决定采用的技术侦查措施。"公安机关在立案后,对于危害国家安全犯罪、恐怖活动犯罪、黑社会性质的组织犯罪、重大毒品犯罪或者其他严重危害社会的犯罪案件,根据侦查犯罪的需要,经过严格的批准手续,可以采取技术侦查措施。"(《刑事诉讼法》第150条第1款)何为"其他严重危害社会的犯罪"应当严格解释,在司法实践的具体执行中不能随意扩大范围。理论上,此类范围应当与前几类案件在违法性、社会危害性、危害结果等方面具有相当性。

《公安机关程序规定》对公安机关适用技术侦查措施的案件类型作出进一步细化。网络犯罪案件如果满足"严重危害社会"的要件,则可以适用技术侦查措施。该规定第263条规定:"公安机关在立案后,根据侦查犯罪的需要,可以对下列严重危害社会的犯罪案件采取技术侦查措施:……(四)利用电信、计算机网络、寄递渠道等实施的重大犯罪案件,以及针对计算机网络实施的重大犯罪案件……"

(2)检察机关决定采用的技术侦查措施(与监察机关决定采取的技术调查措施)。检察机关自侦案件与监察调查案件多是职务犯罪案件,尽管此类案件可能通过互联网沟通联络,进行支付交易或财产转移等,但互联网在其中的作用尚未达到"利用网络实施犯罪"的程度。故此类案件不属于《网络犯罪程序意见》第1条所界定之网络犯罪案件的范围,亦不能算作本书所论之"网络犯罪"。前述检察自侦程序与监察调查程序相关内容,本章网络犯罪案件中的技术侦查措施部分展开论述。①

之所以将上述案件列为技术侦查措施的适用范围,主要有两个方面的考虑:一是根据比例原则的要求,考虑到技术侦查措施的秘密性、技术性、严厉性,其适用范围应当限于具有较大社会危害性的犯罪,而不能普遍适用于一般性犯罪;二是技术侦查措施作为一般侦查措施的补充性手段,不宜作为首选,应当谨慎判断是否必要。但在司法实践中,刑事诉讼法所列的前述犯罪案件的犯罪形式越来越隐蔽,作案手段越来越智能化,运用常规侦查手段难以获取充分证据和有效线索,确有必要运用技术侦查措施。

2. 采取技术侦查措施必须在立案之后

根据我国《刑事诉讼法》之规定,立案是独立的程序,也是一个独立的诉

---

① 此类案件多不属于网络犯罪案件,为主题集中性之故,本书不展开论述。有关人民检察院自侦案件采取的技术侦查措施与监察机关技术调查措施之规定,请参见《刑事诉讼法》、2019年《高检规则》、2018年《监察法》等。

讼阶段,标志刑事程序的开启。① 立案可以防止公权力机关任意启动刑事追诉权,也可以对外起到宣示性作用,避免刑事诉讼沦为"秘密程序"而缺少监督。技术侦查措施的决定与执行必须在立案之后方可作出。在立案之前的调查核实阶段,公安机关"不得采取技术侦查措施"(《公安机关程序规定》第174条第2款)。

3. 技术侦查措施适用的对象

《刑事诉讼法》第150条前两款并没有明确规定技术侦查措施适用的对象。但根据法律解释的一般原理,技术侦查作为一种特殊的侦查措施,乃是出于正式立案之后侦查犯罪的必要。故此,技术侦查措施应当限制在立案的犯罪嫌疑人、犯罪事实之内。原则上,其适用对象应只是适格案件中的犯罪嫌疑人、被告人,一般不宜扩张适用于被害人、证人或可能与案件有某种关系的其他人员。

然而,《公安机关程序规定》对技术侦查措施适用对象作出扩张式规定,即"犯罪嫌疑人、被告人以及与犯罪活动直接关联的人员"(第264条第2款)。"与犯罪活动直接关联的人员"范围比较模糊,存在被扩张解释的可能,在实践中可能是同案嫌疑人、被告人、被害人、证人。为了防止侦查机关滥用权力,应当对"直接关联的人员"作严格解释和实质解释。

4. 需经过"严格的批准手续"

刑事诉讼法修法当时考虑到不同机关在不同案件适用不同措施的现实情况,未作细致规定,而是交由有关部门各自制定审批程序,如各种技术侦查措施在什么情况下、什么范围内、经过什么样的程序批准才能使用等。然而,这种概式的、不明确的"授权立法"可能导致司法实践中法律执行不统一。

技术侦查措施的批准手续应当严格(严格性)。全国人大常委会法制工作委员会指出,"严格的批准手续"包含两层意思:"一是对制定审批程序的要求。……二是对批准采取技术侦查措施的要求。……实践中,有权批准使用这一措施的人,在批准与否上一定要严格掌握,在接到要求采取技术侦查措施的申请报告后,要认真审查,严格把关。首先要审查是否属于本款规定的可以采取技术侦查措施的案件范围;其次,也是更为重要的,要审查采取技术侦查措施对侦查这一案件是否是必需的,对既可以采取技术侦查措施,又可以通过其他的侦查途径解决问题的,应当采取其他

---

① 我国刑事案件的立案条件有两种情况:其一,公安机关或检察机关在工作中自行发现犯罪事实或犯罪嫌疑人的,即可立案侦查(《刑事诉讼法》第109条);其二,对于接受报案、控告、举报和自首等其他来源的,则要符合"有犯罪事实需要追究刑事责任"的条件(《刑事诉讼法》第112条)。

的侦查途经解决。"[①]

技术侦查措施的批准决定应当明确(明确性或确定性)。《刑事诉讼法》第151条对此作出原则性规定,"批准决定应当根据侦查犯罪的需要,确定采取技术侦查措施的种类和适用对象"。在技术侦查措施批准决定中,应当明确具体地载明所使用的技术侦查措施的种类、针对某案件中的具体对象等内容,不能笼统地写上"采取各类技术侦查措施",也不能概括性地表述为"针对某个案件采取技术侦查措施"。

相关负责人决定采取技术侦查措施的,应制作相应的法律文书。设区的市一级以上公安机关负责人收到侦查机关"呈请采取技术侦查措施报告书",决定执行的,应当制作"采取技术侦查措施决定书"(《公安机关程序规定》第265条)。呈签正式法律文书既可以记录侦查流程,也可以明确责权关系,亦是技术侦查措施合法性的依据。

(三)技术侦查措施的执行

1. 技术侦查措施的执行机关是公安机关

根据《刑事诉讼法》的授权,技术侦查措施的执行机关是公安机关。人民检察院决定采取技术侦查措施的,则"按照规定交有关机关执行"(《刑事诉讼法》第150条第2款)。而根据2018年《监察法》之规定,监察机关决定采取技术调查措施的,"按照规定交有关机关执行"(第28条)。公安机关内部设立专门负责技术侦查的部门,由其具体执行。

2. 技术侦查措施有明确的期限限制、延长手续与及时解除

《刑事诉讼法》对此作出明确规定,贯彻了"对技术侦查措施从严限制"的精神(《刑事诉讼法》第151条)。(1)采取技术侦查措施的期限为3个月,自批准决定签发之日起算。(2)对于复杂、疑难案件,期限届满后仍有必要继续采取技术侦查措施的,经过批准,有效期可以延长,每次延长不得超过3个月。(3)对于不需要继续采取技术侦查措施的,应当及时解除。

3. 技术侦查措施的执行应当严格按照程序要求

《刑事诉讼法》对此作了原则性要求,"采取技术侦查措施,必须严格按照批准的措施种类、适用对象和期限执行"。种类,即技术侦查措施所要采取的具体手段;对象,是指技术侦查措施所要针对的人或单位等主体;期限,则指技术侦查措施要实施的起止时间。实务中,侦查机关及其工作人员必须严格按照批准的内容执行,如采取何种技术侦查手段、在何有效期内、对何主体采取等要求必须严格执行,未经法定程序,不得擅自变更。

[①] 王爱立、雷建斌主编:《〈中华人民共和国刑事诉讼法〉释解与适用》,人民法院出版社2018年版,第268页。

4. 技术侦查措施所关涉主体的各自义务

侦查人员的保密义务。《刑事诉讼法》明确规定："侦查人员对采取技术侦查措施过程中知悉的国家秘密、商业秘密和个人隐私,应当保密;对采取技术侦查措施获取的与案件无关的材料,必须及时销毁。"(第 152 条第 2 款)参与技术侦查的侦查人员不可避免地会知悉一些国家秘密、商业秘密和个人隐私,为维护国家安全,保护公民、组织的合法权益,应当对该信息保密。如果实践操作中获取了与案件无关的材料,必须及时销毁。

有关单位和个人的配合义务和保密义务。"公安机关依法采取技术侦查措施,有关单位和个人应当配合,并对有关情况予以保密。"(《刑事诉讼法》第 152 条第 4 款)相关单位和个人的配合义务,实际上也是源自对打击惩治犯罪、保障个体权利和公共利益的需要。实践中,技术侦查的开展仅靠侦查机关是无法完成的,主要原因在于技术侦查措施的核心是科学技术手段,而科学技术与互联网和人工智能的融合加速了其更新迭代的进程,侦查机关无法确保硬件和软件的配备,如电信监控、邮件检查等需要电信企业、邮递企业提供设备或者其他必要支持。"有关单位和个人在接到公安机关提出的符合国家规定的请求时,都有义务尽力在职权范围内给予所需要的协助,不可进行阻碍或者刁难。"[①]

(四) 技侦证据材料的移送

我国刑事诉讼法对侦查终结的案件移送[②]、审查起诉的案件移送[③]采全案移送主义模式。自检察院对案件审查起诉之日起,辩护人可以依法查阅、摘抄、复制本案的案卷材料(《刑事诉讼法》第 40 条)。在此,需要解决如下问题:技侦证据材料是否应当入卷并随案移送,辩护律师是否有权通过阅卷获知技侦证据资料。

批准采取技术侦查措施的法律文书应当附卷,且辩护律师可以依法查阅、复制、摘抄。2012 年最高人民法院、最高人民检察院、公安部、国家安全部、司法部、全国人大常委会法制工作委员会《关于实施刑事诉讼法若干问题的规定》(以下简称"2012 年六机关规定")第 20 条规定:"采取技术侦查措

[①] 王爱立、雷建斌主编:《〈中华人民共和国刑事诉讼法〉释解与适用》,人民法院出版社 2018 年版,第 272 页。

[②] 《刑事诉讼法》第 162 条规定:"公安机关侦查终结的案件,应当做到犯罪事实清楚,证据确实、充分,并且写出起诉意见书,连同案卷材料、证据一并移送同级人民检察院审查决定;同时将案件移送情况告知犯罪嫌疑人及其辩护律师。"

[③] 《刑事诉讼法》第 176 条规定:"人民检察院认为犯罪嫌疑人的犯罪事实已经查清,证据确实、充分,依法应当追究刑事责任的,应当作出起诉决定,按照审判管辖的规定,向人民法院提起公诉,并将案卷材料、证据移送人民法院。犯罪嫌疑人认罪认罚的,人民检察院应当就主刑、附加刑、是否适用缓刑等提出量刑建议,并随案移送认罪认罚具结书等材料。"

施收集的材料作为证据使用的,批准采取技术侦查措施的法律文书应当附卷,辩护律师可以依法查阅、摘抄、复制,在审判过程中可以向法庭出示。"①

批准采取技术侦查措施的法律文书与技侦所得证据资料应当随案移送。根据刑事诉讼法的一般性规定,检察机关决定提起公诉的案件应秉持全案移送原则,技术侦查措施法律决定书与所得证据材料亦应一并移送法院审查。《网络犯罪程序意见》亦对网络犯罪案件中技侦证据材料移送作出一般性要求,即"采取技术侦查措施收集的材料作为证据使用的,应当随案移送批准采取技术侦查措施的法律文书和所收集的证据材料"(第19条)。《2021年刑诉法解释》则明确规定:"采取技术调查、侦查措施收集的材料,作为证据使用的,应当随案移送。"(第116条第2款)对于应当移送而未移送的,按照《新刑诉解释》的规定,法院应当通知检察院在指定时间内移送,否则,法院应当根据在案证据对案件事实作出认定(第122条)。据此,检察机关经通知未按要求移送技侦证据材料的,该证据材料即被排除在法院心证范围之外。

技侦证据材料移送遵循"适当保护与必要公开"并重,二者不可偏废。一方面,由于技侦证据材料在法庭上的使用可能暴露侦查技术、侦查人员等信息,我国法对技侦证据材料规定了类似"脱敏"的保护性举措,如"使用化名等代替调查、侦查人员及有关人员的个人信息";"不具体写明技术调查、侦查措施使用的技术设备和技术方法";"其他必要的保护措施"(《2021年刑诉法解释》第117条)。另一方面,在确保安全之下,仍要考虑到在最大限度内确保审判公开这一基础原则;以公开为前提与基础,方能保障被告人有效辩护之实现。因此,本解释在采取保护措施的基础上,对移送证据材料作出特别要求,即"移送技术调查、侦查证据材料的,应当附采取技术调查、侦查措施的法律文书、技术调查、侦查证据材料清单和有关说明材料。移送采用技术调查、侦查措施收集的视听资料、电子数据的,应当制作新的存储介质,并附制作说明,写明原始证据材料、原始存储介质的存放地点等信息,由制作人签名,并加盖单位印章"(《2021年刑诉法解释》第118条)。

然而,当前我国刑事诉讼法及司法解释并没有解决如下问题:技侦所得证据资料是否入卷。是否入卷影响辩护律师阅卷权的行使与保障:如果入卷,则辩护律师是否可以阅卷,以及应当如何保障阅卷权;如果不入卷,则应采取何种"替代方式"保障辩护律师的阅卷权等。② 对此,以侦查控制犯罪的需要,一概否定辩护律师阅卷权的立法方式有违辩护原则与程序公正。对

---

① 《公安机关程序规定》(第268条第2款)与《高检规则》(第229条第2款)亦如此要求。
② 参见程雷:《技术侦查证据使用问题研究》,载《法学研究》2018年第5期。

此,本书认为,技术侦查所得证据材料如经过"脱敏处理",则应当附卷,且辩护人可以依法复制、查阅、摘抄。

四、技术侦查所得证据的调查核实

2012年《刑事诉讼法》修改之前,因技术侦查措施未"制定法化",司法实务中对技术侦查所得证据材料能否作为证据使用存在不同认识。由于担心采取技侦手段获取的材料作为证据使用可能会暴露取证的方法,甚至可能会危及有关人员的人身安全,一段时间以来,通过技侦手段获取的材料不能直接作为证据使用,影响了案件的审理。

直到2010年最高人民法院、最高人民检察院、公安部、国家安全部、司法部《死刑案件证据规定》出台,该规定第35条规定:"侦查机关依照有关规定采用特殊侦查措施所收集的物证、书证及其他证据材料,经法庭查证属实,可以作为定案的根据。"2012年《刑事诉讼法》修改时增加类似规定。根据《刑事诉讼法》第154条的规定,采取技术侦查措施和隐匿身份侦查、控制下交付所收集的材料在刑事诉讼中可以作为证据使用。该证据材料仍应符合法定证据种类且查证属实之后,才能作为定案的根据(《刑事诉讼法》第50条第2款、第3款)。考虑到采用技术侦查措施和其他特殊侦查措施收集的证据材料具有技术性、秘密性、特殊性的特征,当庭出示、调查核实也应与一般证据材料有所区别。[①]

(一)一般调查核实程序

根据《刑事诉讼法》的一般性规定:"公诉人、辩护人应当向法庭出示物证,让当事人辨认,对未到庭的证人的证言笔录、鉴定人的鉴定意见、勘验笔录和其他作为证据的文书,应当当庭宣读。"(第195条)该法同时还规定:"法庭审理过程中,对与定罪、量刑有关的事实、证据都应当进行调查、辩论。"(第198条第1款)故此,根据刑事诉讼法的一般要求,证据材料应当通过当庭出示、辨认、质证等法庭调查程序进行核实。《2021年刑诉法解释》第120条规定:"采取技术调查、侦查措施收集的证据材料,应当经过当庭出示、辨认、质证等法庭调查程序。"该规则适用于采取上述方式不会危及有关人员的人身安全或者产生其他严重后果的一般情形,属于"对技侦材料进行核实的常态方式"[②]。

此外,控辩双方还可以在必要时申请证人出庭,对其庭前证人笔录进行

[①] 技侦证据材料具有技术性、秘密性、特殊性。参见喻海松:《网络犯罪二十讲》,法律出版社2018年版,第180页。

[②] 杨万明主编:《新刑事诉讼法司法适用解答》,人民法院出版社2018年版,第121页。

质证。根据《刑事诉讼法》之规定:"公诉人、当事人或者辩护人、诉讼代理人对证人证言有异议,且该证人证言对案件定罪量刑有重大影响,人民法院认为证人有必要出庭作证的,证人应当出庭作证。人民警察就其执行职务时目击的犯罪情况作为证人出庭作证,适用前款规定。"(第192条第1、2款)"如果参与技术侦查或秘密侦查的特情、卧底等属于前述所规定的必要证人,则应当出庭作证。如果实施技术侦查或秘密侦查的侦查人员在执行职务时对犯罪事实有亲身感知,符合证人的条件,也应适用前述规定。

(二)特殊调查核实程序

与一般性侦查措施不同,技术侦查措施和其他特殊侦查措施具有秘密性、技术性,使用相关证据材料时,应当保护相关侦查人员、线人的人身安全,保守国家秘密、企业的商业秘密、公民的个人隐私,防止技术侦查过程、方法被泄露。为此,《刑事诉讼法》对相关证据材料的调查核实作出特殊规定(第154条):如果使用该证据可能危及有关人员的人身安全,或者可能产生其他严重后果的,应当采取不暴露有关人员身份、技术方法等保护措施,必要的时候,可以由审判人员在庭外对证据进行核实。以下详论之:

第一,"使用该证据可能危及有关人员的人身安全,或者可能产生其他严重后果"的认定。所谓"有关人员的人身安全",是指参与技术侦查和秘密侦查的侦查人员、特情、线人等的人身安全。如毒品案件中的秘密侦查员一旦暴露身份,就可能面临人身危险。这里规定的"其他严重后果"主要是指"使用该证据会造成泄密、提高罪犯的反侦查能力、妨碍对其他案件的侦破等后果"[①]。

第二,"不暴露有关人员身份、技术方法等保护措施"的界定。在实务中,如果披露利用技术侦查措施、秘密侦查方法所收集的证据材料,在法庭上出示、质证,至少存在如下风险:(1)势必将暴露侦查人员以及参与秘密侦查的线人、特情等相关人员,容易遭到不法分子的报复,可能会危及上述人员甚至其亲友的人身安全。(2)如果技术侦查方法被公开,一旦为社会所知悉,则可能会影响此类侦查措施在刑事侦查中的作用。对有关人员的保护措施,实践中一般做法是不公开其真实姓名、住址和工作单位等个人信息,使用化名或代号隐名处理。如果有关人员属于刑事诉讼法规定的必要证人,应当出庭作证的,则应当采取遮蔽面貌、真实声音等保护性措施。

第三,"必要的时候,可以由审判人员在庭外对证据进行核实"的适用。(1)保护措施核实和庭外核实的方法并非互相排斥,而是结合个案情况综

[①] 王爱立、雷建斌主编:《〈中华人民共和国刑事诉讼法〉释解与适用》,人民法院出版社2018年版,第275页。

合判断如何适用。但原则上,庭外核实作为保护措施核实的补充。实务中应当如何把握"必要时"?本书认为,至少应当注意以下三个问题:一是采取不暴露有关人员的身份、技术方法等保护措施仍然无法确保人身安全或防止严重后果产生。二是采取上述保护措施核实仍然不充分,法庭仍然无法判断技侦证据材料的关联性、合法性、真实性。三是要避免以径行庭外核实替代当庭调查的做法。只作庭外核实,即便庭外核实时有辩护律师参与,由于相关证据未向被告人出示、未经被告人质证,依法也不能作为定案根据。[①] (2)庭外核实的具体方法。庭外核实时,法院可以要求侦查人员在庭外展示侦查的方法、过程、收集的证据材料及相关录音资料。此外,为了确保庭外调查核实时的程序公正,尤其是保障被告人辩护权的实现,相关规定还进一步明确:"法庭决定在庭外对技术侦查证据进行核实的,可以召集公诉人和辩护律师到场。在场人员应当履行保密义务。"[②]

五、技侦证据材料的审查判断

(一)概论

采取技术侦查措施收集的证据材料,是指通过采取技术侦查措施、隐匿侦查、控制下交付等手段所收集的能够证明案件事实情况的材料。技侦证据或者技侦证据材料并不是一个特定的证据种类,而是对于利用技术侦查措施和其他特殊侦查措施(隐匿身份侦查和控制下交付)所得证据材料的统称。对于采取技术侦查措施收集的证据材料应当确认为特定的证据形式,例如通过窃听措施收集的电话录音,应当作为视听资料使用;通过网络技术手段截取的网络聊天记录,应当作为电子数据使用;通过秘密拍照获取的照片,应当作为书证使用。进而,根据技侦证据材料证明的指向和载体的外观,分别适用各自的审查判断规则(如《2021年刑诉法解释》针对不同的证据种类,规定了不同的审查判断规则)。

我国刑事诉讼法及相关司法解释中的"证据审查判断规则"实际上是对证据资格有无及证明力高低的综合判断。考虑到二者在证据法理论上有所差别,本节对技侦证据资料的审查判断区分证据资格判断与证明力审酌两个维度。我国传统刑事证据法对证据资格的判断更侧重于在法院裁判场域中,判断某个证据是否有作为定案依据的资格(《刑事诉讼法》第50条第3款)。是故,我国法上的证据资格判断实际上可以等同于"定案资格有无的

[①] 参见杨万明主编:《新刑事诉讼法司法适用解答》,人民法院出版社2018年版,第123页。

[②] 最高人民法院于2017年发布的《人民法院办理刑事案件第一审普通程序法庭调查规程(试行)》第35条第2款。

审查判断"。而定案资格的要素主要是相关性、合法性、真实性,三要素同时也是通说的证据属性。① 证明力审查判断即证据可信性高低,通常属于法官自由心证的范畴,但同时,制定法也会规定证明力规则,限制或约束法官的心证自由。

(二)技侦证据材料定案资格的审查判断

1. 技侦证据相关性的审查判断

根据《刑事诉讼法》对证据的定义:"可以用于证明案件事实的材料,都是证据"(第50条第1款)。其一,相关性是证据的一般属性,也是证据的必备前提要件。对于一个证据材料,如欲作为定案的根据,则必须首先具有相关性。其二,相关性即证据材料对于案件事实具有证明性。②

上述相关性及其判断标准是我国刑事诉讼法对证据的一般性规定,技侦证据材料理应满足。然而,考虑到技术侦查措施的特殊性,我国刑事诉讼法还对其相关性进行了严格的限制,即"采取技术侦查措施获取的材料,只能用于对犯罪的侦查、起诉和审判,不得用于其他用途"(《刑事诉讼法》第152条第3款)。据此,采用技术侦查措施所得证据材料,必须用于追诉犯罪的需要,而不能用于民事纠纷解决、商业用途等任何其他用途。联系《刑事诉讼法》第152条第2款之规定,该相关性限制条款主要是考虑到技术侦查所得证据材料可能涉及国家秘密、个人隐私或组织的商业秘密,根据比例原则和必要性的要求,前述证据材料的使用必须限制在追诉犯罪的限度内,否则可能会有碍国家安全与公共利益,也有可能侵犯相关主体的宪法性权利。

2. 技侦证据合法性的审查判断

合法性是证据审查判断的重要方面。合法性是证据资格有无的决定因素。非法证据并不具有证据资格,而应被排除。而证据合法性审查的重点在于取证手段是否合法。通常,对于违反法律程序收集证据并且应当依法排除的,该证据材料不能作为起诉意见、起诉决定的依据,也不能作为定案的根据(《刑事诉讼法》第56条)。

技侦证据合法性判断尤为重要,尤其是侦查取证行为的合法性。根本原因在于其取证手段在本质上是对公民基本权的侵犯,除非经宪法法律授权且以合法程序进行,否则技侦证据则属非法证据而被排除,因而不具有证据资

---

① 参见陈光中主编:《证据法学》(第四版),法律出版社2019年版,第142—145页。
② 相关性或关联性,是英美证据法上的核心概念。根据美国联邦证据规则之规则401的规定,实质性与证明性是相关性的判断标准:"在下列情况下,证据具有相关性:(a)该证据具有与没有该证据相比,使某事实更可能存在或者更不可能存在的任何趋向;并且(b)该事实对于确定诉讼具有重要意义。"王进喜:《美国〈联邦证据规则(2011年重塑版)〉条解》,中国法制出版社2012年版,第59页。

格。技侦证据合法性首先要审查技术侦查措施是否符合适用条件、适用主体和案件范围是否合法、批准手续是否合法、具体执行是否合法等。

在现行刑事诉讼法框架之下,我们需要重点考虑的是刑事诉讼法中的物证、书证裁量排除规则①与司法解释中的不可靠证据补正规则②。前者适用条件是:非法获取物证、书证的行为如果侵犯了行为对象(包括证人、被害人或犯罪嫌疑人、被告人等)的基础权利或其他合法权益,且严重影响司法公正。后者适用情形所列侦查取证行为并不涉及对个人基本权的侵犯,而是出现"技术性瑕疵",如缺少侦查人员、见证人签名,笔录时间记载错误,证据缺少来源记录等。但此举可能潜藏证据不可靠等失实风险,进而可能影响到裁判事实认定的准确性。不可靠证据补正规则不仅适用于物证、书证,还适用于视听资料、电子数据、笔录证据等其他证据。

根据刑事诉讼法及相关司法解释的规定,犯罪嫌疑人、被告人及其辩护人申请排除非法证据,应当提供涉嫌非法取证的人员、时间、地点、方式、内容等相关线索或者材料,否则法院对该申请不予受理。③ 该申请应当在开庭审理前提出,但在庭审期间发现相关线索或材料等情形除外。④ 辩方如提出排除申请且提交相关线索或材料的,法院应当召开庭前会议,并在庭前会议中对排除非法证据的申请进行初步的调查核实。⑤

辩方提出排除申请并提交相关线索或材料之后,即完成了行为上的举证责任(主观证明责任),上述行为即其行使行为上的举证责任。继而由控方承担证据收集合法性的证明责任。2018 年生效的最高人民法院《人民法院办理刑事案件排除非法证据规程(试行)》第 6 条明确规定:"人民检察院未提供证据,或者提供的证据不能证明证据收集的合法性,经过法庭审理,确认或者不能排除以非法方法收集证据情形的,对有关证据应当予以排除。"

3. 技侦证据真实性的审查判断

真实性是证据的本质属性之一,也是事实认定准确性的基础,《刑事诉讼

---

① 《刑事诉讼法》第 56 条规定:"……收集物证、书证不符合法定程序,可能严重影响司法公正的,应当予以补正或者作出合理解释;不能补正或者作出合理解释的,对该证据应当予以排除。"

② 瑕疵证据补正规则,参见易延友:《瑕疵证据的补正与合理解释》,载《环球法律评论》2019 年第 3 期等。不可靠证据补正规则,参见董坤:《中国化证据排除规则的范性梳理与反思》,载《政法论坛》2018 年第 2 期;纵博:《不可靠证据排除规则的理论逻辑、适用困境及其出路》,载《环球法律评论》2020 年第 3 期。

③ 参见《排除非法证据规定》第 20 条、第 24 条。

④ 参见《排除非法证据规定》第 24 条;2018 年最高人民法院《人民法院办理刑事案件排除非法证据规程(试行)》第 9 条。

⑤ 参见 2018 年最高人民法院《人民法院办理刑事案件排除非法证据规程(试行)》第 10 条;2018 年最高人民法院《人民法院办理刑事案件庭前会议规程(试行)》第 1 条、第 14 条。

法》规定,证据应当查证属实,方能作为定案的根据(第50条第3款)。技侦证据也应满足一般意义上的真实性要求。技侦证据的真实性有形式与内容两个方面。

第一,形式真实性的判断。证据的形式要件除了要符合法定证据种类,还要满足法律对签名、盖章、见证等程序性要求,并且能够说明证据来源等。如果技侦证据材料呈现为物证、书证、视听资料、电子数据等实物证据,则应当遵循原始证据优先规则。① 文书类实物证据还应符合最佳证据规则的要求,即以原件为最佳证据,例外时方可采纳复制件等传来证据。② 对于技侦证据材料,如电子数据、视听资料等种类的证据,形式真实性的审查重点还在于其是否具有完整性,如是否经过剪裁、篡改等编辑性操作。③

第二,内容真实性的判断。技侦证据材料所承载的内容是否具有真实性,是审查判断的重点。首先应当明确的是,技侦证据材料的技术性并不能自证其真实性。进而言之,其内容是否为真应当由法院联系并结合其他证据相互印证、综合判断。④

如前所述,技侦证据资料可以呈现为视听资料、电子数据等具体形式,因此,技侦证据资料除了要依证据种类区别审查判断之外,还要重点审查其程序合法性(《2021年刑诉法解释》第119条前三项):"(一)技术调查、侦查措施所针对的案件是否符合法律规定;(二)技术调查措施是否经过严格的批准手续,按照规定交有关机关执行;技术侦查措施是否在刑事立案后,经过严格的批准手续;(三)采取技术调查、侦查措施的种类、适用对象和期限是否按照批准决定载明的内容执行。"

(三)技侦证据证明力的审查判断

自由心证是现代刑事诉讼法的一项基础性原则,其旨在破除中世纪法定证据制度的机械僵化,重视法官作为裁判者的主体性和理性。自由心证一般有两方面的内涵:其一,制定法并不预先规定某个或某类证据的证明力高低,而由法官在个案中自由判断;其二,排除合理怀疑或内心确信等证明标准

---

① 原始证据优先与最佳证据规则源自英美法,但英美法对证据形式不作法定限制,因此该规则适用范围与我国法证据种类并不能一一对应。但跳出法域的差别,这两个规则在证据法上具有普遍的重要性。参见张建伟:《证据法要义》(第二版),北京大学出版社2014年版,第193—198页。
② 参见易延友:《证据法学:原则、规则、案例》,法律出版社2017年版,第445—455页。
③ 参见本书第十一章"电子数据的收集提取与审查判断",第485页及以下。
④ 如参见"邹孝毛、王美珍等走私、贩卖、运输、制造毒品罪二审刑事裁定书"(2018)苏刑终308号(技侦证据材料内容与被告人自白以及监控等视听资料之间互相印证)。

是否达到,需要法官综合全案证据之后自由审酌认定。① 但自由心证并不是完全自由的,更不意味着法官可以"恣意为之"②。所谓自由心证,实际上是"有限度的自由",即受到证据裁判原则、常识与理性、辩护原则等的约束。

技侦证据证明力的自由判断应当警惕法官陷入技术可靠性的偏见。传统上,利用科学技术或知识、原理所得证据的证明力更容易被高估。实际上,技术侦查所得证据材料证明力判断是一种综合判断,而不仅审查其所依赖的技术、知识或原理。技侦证据的技术性并不必然等同于可靠性,反而应当警惕"技术至上主义"给法官造成的偏见。反而,考虑到技术侦查措施的特殊性,法官更应当从严把握对技侦证据材料的审查判断。

技侦证据证明力的自由判断并不是孤立的,而应当将其置于证据体系之中,综合性、体系性地评判。技侦证据材料中,视听资料等"沉默的证人",尽管可以反映某些案件事实,但其本身并不能反映案件事实的全貌,也无法单独撑起指控证明体系。我国刑事诉讼法与相关司法解释亦采取了整体判断路径。如《2021年刑诉法解释》第119条第4项即要求法院应审查技侦证据资料"与其他证据是否矛盾;存在矛盾的,能否得到合理解释"。此外,结合《刑事诉讼法》的规定,"综合全案证据,对所认定事实已排除合理怀疑"[第55条第2款第(三)项]。

六、其他

(一)技侦证据在裁判文书中的表述

经法定程序查证属实的技侦材料,不管通过哪种方式调查核实,均应当在裁判文书中予以表述,作为定案的根据。但是,同时出于保护侦查秘密以及相关人员人身安全的需要,在裁判文书中一般只概述证据的名称、证据种类和证明对象,而不得表述有关人员身份和技术调查、侦查措施使用的技术设备、技术方法等。③

---

① 法国刑事诉讼法中的自由心证(或内心确信),参见〔法〕贝尔纳·布洛克:《法国刑事诉讼法》(原书第21版),罗结珍译,中国政法大学出版社2009年版,第80页。
② 参见林钰雄:《严格证明与刑事证据》,法律出版社2008年版;王亚新:《刑事诉讼中发现案件真相与抑制主观随意性的问题——关于自由心证原则历史和现状的比较法研究》,载《比较法研究》1993年第2期;易延友:《对自由心证哲学基础的再思考》,载《比较法研究》1998年第2期;张卫平:《自由心证原则的再认识:制约与保障——以民事诉讼的事实认定为中心》,载《政法论丛》2017年第4期;王晨辰:《法国刑事证据自由原则及其限制》,载《证据科学》2016年第6期;李昌盛:《证明标准的德性之维》,载《暨南学报(哲学社会科学版)》2016年第5期。
③ 《2021年刑诉法解释》第121条规定:"采用技术调查、侦查证据作为定案根据的,人民法院在裁判文书中可以表述相关证据的名称、证据种类和证明对象,但不得表述有关人员身份和技术调查、侦查措施所使用的技术设备、技术方法等。"

(二)技术侦查措施与基本权保障的价值平衡论

技术侦查措施安全保护之必要给被追诉人辩护权的行使带来挑战。侦查阶段,辩护律师阅卷权如何实现;法庭调查程序中,被告人质证权如何实现等问题均是值得探讨的理论课题,也是亟待解决的实践难题。该议题背后关涉刑事诉讼法如何在互相冲突的多元价值之间维持平衡。技术侦查措施的行使、技侦证据的使用等问题不只是与被追诉人有关的问题,乃是关乎每个个体基本权的宪法性问题。因此,为了维护宪法法律的权威、彰显程序公正,技术侦查应当严格以现行法规定为依据,不得滥用。

第二节 涉众型网络犯罪案件的证据与证明问题

一、涉众型网络犯罪案件的类型与特征

涉众型犯罪是司法实践和学理上对一种犯罪类型的概括,并不是刑法上特定的一个或几个罪名。实务中,有一些刑事案件可能牵涉数量较多的被害人,从而使案件侦办、判处变得比较复杂,比较典型的如涉众型金融犯罪、涉众型经济犯罪等。传统的涉众型犯罪与互联网相结合,出现了传播性更广、匿名性更强、涉案人数更多的新型涉众型网络犯罪。[①] 涉众型网络犯罪案件通常包括但不限于如下类型:利用网络实施的非法集资犯罪、非法吸收公众存款犯罪、集资诈骗犯罪等传统经济犯罪,以及网络传销犯罪、电信诈骗犯罪、侵犯公民个人信息犯罪等新型犯罪。

涉众型网络犯罪有如下特征:第一,此类案件涉案嫌疑人、涉案被害人众多,侦查取证、固定证据等可能遭遇困难。第二,此类案件涉案地域较广,可能有多个犯罪地。[②] 第三,此类案件涉案金额较多。涉案金额笔数较多,意味着涉案总额较高。第四,此类案件证据材料多。如犯罪嫌疑人、被告人供述与辩解、被害人陈述甚至证人证言等言词类证据数量繁多,物证、书证、电

---

① 近年来,此类案件多发。在公安部通报的涉众型经济犯罪典型案件中,即可发现这种趋势。载中国法院网(https://www.chinacourt.org/index.php/article/detail/2018/05/id/3307006.shtml),最后访问日期:2021年2月4日。

② 如最高人民法院于2016年9月30日公布的六起惩治电信诈骗犯罪典型案例中,有三起是跨国跨境实施的,如"戴春波等32人诈骗案""吉秀燕等14人诈骗案""邓之桂、龙碧燕、刘春艳、刘海英诈骗案"等。载中国法院网(http://rmfyb.chinacourt.org/paper/images/2016-10/10/03/2016101003_pdf.pdf),最后访问日期:2021年2月4日。

子数据、视听资料等形式呈现的证据材料相应也数量众多,尤其是电子数据类证据。① 证据材料繁多不仅给侦查取证、证据固定等带来挑战,证据材料的调查核实和审查判断亦非易事。第五,涉众型网络犯罪与互联网广泛且深度融合。司法实践中已经出现涉及"暗网"交易、比特币等虚拟交易、算法软件作为犯罪工具等各类网络犯罪案件。② 第六,涉众型网络犯罪可能为"黑灰产业链"输送资源,可能引起下游犯罪等"连锁反应",案件交错,复杂性、困难度均有所提升。③

二、司法实践中涉众型网络犯罪的"证明困难"现象

(一)涉众型网络犯罪的取证困境("取证难")

从涉众型网络犯罪的特征可知,在此类案件中,侦查取证工作可能面临较大的挑战。首先,涉案人员数量繁多、涉案财产或金额众多,导致侦查机关工作量增加,侦查资源分配不均时极有可能出现紧缺匮乏,不利于及时打击犯罪行为,有碍效率目标的实现。其次,证据材料较多,后续的证据材料固定、保存等工作也可能遭遇困境。再次,侦查取证很大程度上受制于侦查技术,尽管可以实施技术侦查行为,但技术本身是否先进、侦查人员对技术的掌握程度如何等因素也直接影响技术侦查的质量。在涉及计算机程序软件、"暗网"等加密平台、区块链技术、网络攻防等技术性问题时,网络技术性的侦查措施也应当与之相称,方能实现"平等对抗"。④ 我国侦查机关在技术配备、人员培训等方面尚存在弱项。最后,涉众型网络犯罪案件可能跨国、跨境,抓捕嫌疑人、侦查取证、引渡等方面极大依赖国际区际刑事司法协助。我国2018年颁布实施了《国际刑事司法协助法》,对国际刑事司法协助相关问题作出一般性规定,但司法实务中仍然可能遭遇具体的操作性问题。然而,在缺少

---

① 比如最高人民检察院2017年5月16日公布的"侵犯公民个人信息犯罪典型案例"中,典型案例之一"韩某等侵犯公民个人信息案"、典型案例之四"郭某某侵犯公民个人信息案"等,均涉及数十万条个人信息,数量庞大。载最高人民检察院官网(https://www.spp.gov.cn/xwfbh/wsfbt/201705/t20170516_190645.shtml#1),最后访问日期:2021年2月4日。

② 甚至,毒品交易等传统的犯罪案件也有往线上转移的态势。如2021年1月25日最高人民检察院公布的推进网络空间治理典型案例中,"董某澜贩卖毒品案"即属于涉暗网类毒品犯罪。载最高人民检察院官网(https://www.spp.gov.cn/spp/xwfbh/wsfbh/202101/t20210125_507452.shtml),最后访问日期:2021年2月1日。

③ 比如获取公民个人信息在实践中多成为诈骗犯罪的"上游"。参见中国司法大数据研究院:《司法大数据专题报告之网络犯罪特点和趋势(2016.1-2018.12)》,载最高人民法院官网(http://www.court.gov.cn/fabu-xiangqing-202061.html),最后访问日期:2021年2月2日。

④ 如2020年公安部公布的十起侵犯公民个人信息违法犯罪典型案件中,有四起均涉及"暗网"。载中国政府网(http://www.gov.cn/xinwen/2020-04/16/content_5502912.htm),最后访问日期:2021年2月1日。

双边或多边协议的国际、区际地区，最大的困境在于如何在尊重国家地区司法主权的前提下，有效推进刑事司法领域的双边或多边合作。

故此，侦查机关应当增加侦查资源的投入，提高侦查水平，如配备应有的技术硬件和人员软件等。在实务中，侦查机关还应当积极与相关技术性企业开展合作，方能弥补侦查技术缺陷。此外，国家还应当积极推动境内外、区际、国际刑事司法合作，积极寻求并推动双边或多边刑事司法合作，以应对涉众型网络犯罪国际化的现状。

(二) 涉众型网络犯罪案件的证明困境("证明难")

在一般意义上，刑事证明机制有三个基础性原则或规则。其一，在刑事诉讼法上，无罪推定原则要求，控方承担证明指控事实成立的责任，并且需证明到排除合理怀疑的程度。此被作为国际人权法和国际刑事司法准则之一①，并为各法治国作为一项最基本的共识性理念。其二，证据裁判原则要求，用证据认定事实。② 该原则衍生严格证明规则与证据能力规则。严格证明是证据能力的必备要件，而不具有证据能力的不可用来认定事实。③ 罪责事项因为事关事实认定乃至实体裁判结果，因此需要控方严格证明。严格性主要体现在三个方面：一是法定证据方法之严格性；二是法定证据调查程序之严格性④；三是较高证明标准之严格性⑤。其三，存疑时有利于被告原则，即罪责等实体事项存疑时，应当作有利于被告人的认定。⑥ 此与我国刑事司法领域所倡导并贯彻的疑罪从无一脉相承。总之，无罪推定原则、证据裁判原则、存疑时有利于被告原则共同作用，界定证明责任分配、证明标准高低等基础范畴，并规范控方证明与裁判者的事实认定。我国《刑事诉讼法》以及司法解释体现了上述基本原则的具体要求。

---

① 如《公民权利和政治权利国际公约》第 14 条之二规定："凡受刑事控告者，在未依法证实有罪之前，应有权被视为无罪。"

② 比如日本《刑事诉讼法》第 317 条规定："事实，应依证据认定之。"我国 2010 年《关于办理死刑案件审查判断证据若干问题的规定》第 2 条规定："认定案件事实，必须以证据为依据。"证据裁判原则正式确立为我国刑事诉讼法基本原则之一。

③ 参见林钰雄：《刑事诉讼法（上）》（第九版），新学林出版股份有限公司 2019 年版，第 498 页。

④ "双重严格性"，参见林钰雄等：《严格证明的映射：自由证明法则及其运用》，载《国家检察官学院学报》2007 年第 5 期；林钰雄：《刑事诉讼法（上）》（第九版），新学林出版股份有限公司 2019 年版，第 501 页。

⑤ 不仅如此，严格证明还"要求对于犯罪事实的心证达到毫无合理怀疑的'确信'程度"。参见欧卫安：《论刑事速裁程序不适用严格证明——以哈贝马斯的交往共识论为分析的视角》，载《政法论坛》2018 年第 2 期。

⑥ In dubio pro reo，直译"存疑时有利于被告"，我国台湾地区学者通常译为"罪疑唯轻"。罪疑唯轻原则及其适用，参见林钰雄：《刑事诉讼法实例解析》（第二版），新学林出版股份有限公司 2019 年版，第 3—10 页。

然而,在涉众型网络犯罪案件中,一般证明规则在司法实务的适用中遭遇了现实困境,有如下突出问题亟待解决:

1. 证据调查核实方面的困境

其一,由于涉案人数、金额或数量众多,该情节要件是否需要逐一查清。对于仅影响量刑的情节要素,因其并不影响该当性之成立,进而也不影响裁判者对待证事实的认定。相较之下,对于本身即犯罪构成要素的情节要素,则需要区别对待。尽管根据存疑时有利于被告原则,穷尽证据手段且裁判者综合考虑全案证据之后,罪责事项仍存在疑问的,应当作有利于被告人的认定。然而,该原则适用可能放纵犯罪,犯罪控制目标和法益保护机能可能无法有效实现。不可否认,如逐一举证、调查核实,则意味着耗费较多的司法资源,并可能降低司法效率。此举显然不符合诉讼经济原则。故此,如何平衡司法公正和诉讼效率的价值冲突成为刑事法无法回避的难题。

其二,涉案被害人或证人较多,因被害人陈述、证人证言等言词类证据的主观性较强,可能存在记忆偏差,甚至夸大、捏造事实、情节。如果缺少足够的实物证据进行印证,在证据调查核实和审查判断方面可能存在困难。

2. 证据审查判断方面的困境

涉众型网络犯罪案件中,法院审查判断证据可能遭遇如下困难:

其一,因为涉案证据繁多,法官工作量增加。不仅是同类型证据数量繁多,如个人信息等电子数据个数,而且证据种类多样。对此,司法实务中探索出统计学方法。司法解释总结实务经验,在兼顾司法资源节约、诉讼效率提高的基础上,对同类型证据材料采取抽样验证法。2021年1月22日最高人民检察院发布的《人民检察院办理网络犯罪案件规定》第22条规定:"对于数量众多的同类证据材料,在证明是否具有同样的性质、特征或者功能时,因客观条件限制不能全部验证的,可以进行抽样验证。"

其二,因涉案证据涉及技术性(复杂案件可能涉及技侦证据),法院在审查判断电子数据、鉴定意见或检验报告时无法实现全面的实质审查。这意味着法官(甚至人民陪审员)可能因"知识差异"而导致"认知偏差",容易高估科技型证据的证明力,从而影响对证据的客观判断。对此,有专门知识的人(或称专家辅助人)参与鉴定意见质证对法官心证形成尤为重要。

3. 主客观相统一的证明标准如何把握

由于涉众型网络犯罪证据的复杂性、技术性、繁杂性等,法官心证形成和裁判证成无不面临挑战:一方面,要确保法官理性得到充分的发挥,防止机械、僵化的裁判;另一方面,又要防止法官滥用自由裁量权,从而影响裁判结果的准确性。我国 2012 年修正的《刑事诉讼法》对旧有的"案件事实清楚,证据确实、充分"的证明标准作出修正,增加"排除合理怀疑"作为判断证明标准的新要素。立法机关此举"从主观角度进一步明确了'证据确实、充分'的含义,便于办案人员把握……'证据确实、充分'具有较强的客观性,但司法实践中,这一标准是否达到,还是要通过侦查人员、检察人员、审判人员的主观判断,以达到主客观统一"①。概言之,网络犯罪案件的事实认定需要处理"技术型"且数量繁多的各类证据材料,对"确实、充分"的判断要综合全案证据,确保定案证据均得到查证属实且证据之间能够形成互相印证的证据链。

三、涉众型网络犯罪案件中情节要件的认定

数额、情节等罪量要件也是我国刑法上犯罪成立的要件之一,简言之,罪量"是在具备犯罪构成的本体要件的前提下,表明行为对法益侵害程度的数量要件"②。也有论者将此类要件称为客观的超过要素③,认为该要素在犯罪论体系中可能是量刑规则、加重的构成要件或者减轻的构成要件,而这种区分的重要意义突出地表现在"如何处理犯罪形态以及如何适用法定刑的问题上"④。根据我国《刑事诉讼法》的原则性规定,检察机关应当对被告人有罪承担举证责任(第 51 条);而用于定罪量刑的事实都应有经过查证属实的证据证明,综合全案证据,对所认定事实已排除合理怀疑(第 50 条第 3 款、第 55 条)。是故,数额、情节等要素的查明是司法实践中的重点,也是难点。

针对数额、情节等需要定量的事项,学术界探索出抽样取证、等约计量等概括化认定法⑤。也有论者认识到抽样取证与等约计量等概括式认定法存在实质缺陷,主张应当积极推行定性证明与定量证明分开的"两步式底线证明法"⑥,并认为这种具有中国司法实践特色的简化方案"更为重要,也易见成效"⑦。还有论者认为前述方法均存在不足,从而倡导综合认定法。⑧

尽管学者对该问题尚无定论,但现行司法解释则采取了偏实用主义的路

---

① 王爱立、雷建斌主编:《〈中华人民共和国刑事诉讼法〉释解与适用》,人民法院出版社 2018 年版,第 101 页。
② 陈兴良:《作为犯罪构成要件的罪量要素——立足于中国刑法的探讨》,载《环球法律评论》2003 年第 3 期。
③ 参见张明楷:《"客观的超过要素"概念之提倡》,载《法学研究》1999 年第 3 期。
④ 张明楷:《刑法学(上)》(第五版),法律出版社 2016 年版,第 119 页。
⑤ 参见张平寿:《刑事司法中的犯罪数额概括化认定研究》,载《政治与法律》2018 年第 9 期。
⑥ 刘品新:《网络犯罪证明简化论》,载《中国刑事法杂志》2017 年第 6 期。
⑦ 刘品新:《网络犯罪证明简化论》,载《中国刑事法杂志》2017 年第 6 期。
⑧ 参见高艳东:《网络犯罪定量证明标准的优化路径:从印证论到综合认定》,载《中国刑事法杂志》2019 年第 1 期。

径。如:(1)个人信息条数的"直接认定法"。在侵犯公民个人信息犯罪案件中,公民个人信息的条数根据查获的数量直接认定。① (2)"综合认定法"。对于由于客观条件无法逐一收集言词证据、查清被害人人数以及涉案金额的,可以根据其他依法收集且查证属实的证据之间的印证规则,综合认定相关事实。与网络犯罪相关的如下司法解释即采用该认定法:《网络犯罪程序意见》②,2014年最高人民法院、最高人民检察院、公安部联合发布的《2014年非法集资案件意见》③,2016年最高人民法院、最高人民检察院、公安部联合发布的《电信网络诈骗案件意见》④,2021年最高人民法院、最高人民检察院、公安部联合发布的《电信网络诈骗案件意见(二)》⑤、2021年最高人民检察院发布的《人民检察院办理网络犯罪案件规定》⑥等。

---

① 2021年6月17日最高人民法院、最高人民检察院、公安部联合发布的《电信网络诈骗案件意见(二)》第5条规定:"非法获取、出售、提供具有信息发布、即时通讯、支付结算等功能的互联网账号密码、个人生物识别信息,符合刑法第二百五十三条之一规定的,以侵犯公民个人信息罪追究刑事责任。对批量前述互联网账号密码、个人生物识别信息的条数,根据查获的数量直接认定,但有证据证明信息不真实或者重复的除外。"

② 2014年最高人民法院、最高人民检察院、公安部《网络犯罪意见》第20条规定:"对针对或者组织、教唆、帮助不特定多数人实施的网络犯罪案件,确因客观条件限制无法逐一收集相关言词证据的,可以根据记录被害人数、被侵害的计算机信息系统数量、涉案资金数额等犯罪事实的电子数据、书证等证据材料,在慎重审查被告人及其辩护人所提辩解、辩护意见的基础上,综合全案证据材料,对相关事实作出认定。"

③ 2014年最高人民法院、最高人民检察院、公安部《2014年非法集资案件意见》第6条规定:"办理非法集资刑事案件中,确因客观条件的限制无法逐一收集集资参与人的言词证据的,可结合已收集的集资参与人的言词证据和依法收集并查证属实的书面合同、银行账户交易记录、会计凭证及会计账簿、资金收付凭证、审计报告、互联网电子数据等证据,综合认定非法集资对象人数和吸收资金数额等犯罪事实。"

④ 2016年最高人民法院、最高人民检察院、公安部《电信网络诈骗案件意见》第6条第1项规定:"办理电信网络诈骗案件,确因被害人人数众多等客观条件的限制,无法逐一收集被害人陈述的,可以结合已收集的被害人陈述,以及经查证属实的银行账户交易记录、第三方支付结算账户交易记录、通话记录、电子数据等证据,综合认定被害人人数及诈骗资金数额等犯罪事实。"

⑤ 2021年最高人民法院、最高人民检察院、公安部联合发布的《电信网络诈骗案件意见(二)》第8条第1款规定:"认定刑法第二百八十七条之二规定的行为人明知他人利用信息网络实施犯罪,应当根据行为人收购、出售、出租前述第七条规定的信用卡、银行账户、非银行支付账户、具有支付结算功能的互联网账号密码、网络支付接口、网上银行数字证书,或者他人手机卡、流量卡、物联网卡等的次数、张数、个数,并结合行为人的认知能力、既往经历、交易对象、与实施信息网络犯罪的行为人的关系、提供技术支持或者帮助的时间和方式、获利情况以及行为人的供述等主客观因素,予以综合认定。"

⑥ 2021年最高人民检察院《人民检察院办理网络犯罪案件规定》第21条规定:"人民检察院办理网络犯罪案件,确因客观条件限制无法逐一收集相关言词证据的,可以根据记录被害人人数、被侵害的计算机信息系统数量、涉案资金数额等犯罪事实的电子数据、书证等证据材料,在审查被告人及其辩护人所提辩解、辩护意见的基础上,综合全案证据材料,对相关犯罪事实作出认定。"

Principles of Cyber Criminal Law

■ 第四编

管辖与国际合作

第十三章 网络犯罪的国际管辖

不断崛起的信息社会在创造新的政治、经济和文化机会的同时,也引发了新的风险,这些机会和风险对我们的法律制度构成新挑战。① 网络空间成为承载并连接着各国运转的中枢平台,网络权力已非单一性法律工具,而是具有战略性意义的权力资源,并成为国家行为体间、国家与非国家行为体间争夺的焦点。② 全球数字化时代下的各类新型网络犯罪层出不穷,而传统犯罪网络化的趋势也愈发明显,呈现与传统犯罪不一样的发展特征。网络犯罪的跨国性、隐蔽性、经济性等特征,加上缺失国际规则、国际合作滞后等因素,为网络犯罪的管辖、特别是国际管辖带来了很大的挑战。在立体化的网络犯罪威胁面前,任何国家都难以独善其身,也无法通过单打独斗达到预防和惩治网络犯罪的目的。跨国网络犯罪国际治理面临法律机制失灵的困境,与信息社会蓬勃发展以及居高不下的网络犯罪率形成巨大落差,治理的困境归因于国内法的制度掣肘与发达国家治理跨国网络犯罪狭隘的外交政策,导致中国在参与跨国网络犯罪全球治理进程中内忧与外患共存。③ 网络主权和刑事管辖权能否行使与行使效果直接影响到国家主权、安全、发展利益。国际社会只有加强网络犯罪管辖的协同与合作,才能有效应对网络犯罪的共同威胁。

第一节 网络犯罪国际管辖概述

网络空间是以计算机网络为物质基础建立起来的虚拟空间,在网络空

---

① 参见〔德〕乌尔里希·齐白:《全球风险社会与信息社会中的刑法:二十一世纪刑法模式的转换》,周遵友等译,中国法制出版社2012年版,第273页。
② 参见黄志雄主编:《网络主权论——法理、政策与实践》,社会科学文献出版社2017年版,第26页。
③ 参见安柯颖:《跨国网络犯罪国际治理的中国参与》,载《云南民族大学学报(哲学社会科学版)》2019年第3期。

间,物是以数据的形式体现的,即"数字化生存"①。网络管理和管辖的对象涵盖与网络空间有关的所有事物和事务,如互联网基础设施、网络活动、网络内容等。互联网基础设施是各国政府和执法部门重点管理和关注的对象,保护网络基础设施的安全以及打击有关破坏活动已成为各国网络管理的重要任务。随着恶意网络活动的增加,对内管理网络行为已成为一国的日常工作。网络内容管理既涉及个人、组织和国家信息安全的维护,也涉及对儿童色情、恐怖主义等违法犯罪信息的打击。② 因此,网络犯罪的管辖权比传统刑事管辖权的范畴更为广泛。

一、网络犯罪国际管辖的相关定义

在网络犯罪的国际管辖相关概念中,需要重点厘清两个概念,即网络主权和网络管辖权,这两项权力是发动网络犯罪国际管辖的重要内容。其中,网络主权是国家主权不可或缺的组成部分,是网络管辖权的基础和来源;网络管辖权是网络主权的外化和体现,网络主权主要通过网络管辖权得以实现。

(一)网络主权

进入信息时代,网络空间与人类活动的现实空间高度融合,成为现代国家的新疆域、全球治理的新领域,网络主权由此而生。③ 网络主权是互联网全球治理体系变革的战略基石。④ 网络主权是现实世界国家主权映射到虚拟网络空间的产物,这就决定了网络主权既是传统国家主权的延伸,也要适应网络空间的独特属性求得新发展。⑤ 网络主权的清晰界定、有效维护与准确行使成为国际社会共同面对的新命题,需要不断丰富发展、探索实践。⑥

网络主权,英文为 Cyber sovereignty 或 Cyber sovereign rights。但对于什么是网络主权,国内外当前尚无统一定论。主要包括以下几种主张:

一是延伸说,即认为网络主权是国家主权在网络空间的延伸与体现。如

---

① 参见齐爱民、祝高峰:《论国家数据主权制度的确立与完善》,载《苏州大学学报(哲学社会科学版)》2016 年第 1 期。
② 参见徐龙第、郎平:《论网络空间国际治理的基本原则》,载《国际观察》2018 年第 3 期。
③ 参见中国现代国际关系研究院、上海社会科学院、武汉大学:《网络主权:理论与实践》,载世界互联网大会官网(http://www.wicwuzhen.cn/web19/release/201910/t20191021_11229796.shtml)最后访问日期:2020 年 5 月 15 日。
④ 参见支振锋:《将网络主权切实融入网络强国战略》,载《中国信息安全》2017 年第 5 期。
⑤ 参见卢英佳:《2019 年全球信息安全立法情况综述》,载《中国信息安全》2020 年第 1 期。
⑥ 参见中国现代国际关系研究院、上海社会科学院、武汉大学:《网络主权:理论与实践》,载世界互联网大会官网(http://www.wicwuzhen.cn/web19/release/201910/t20191021_11229796.shtml),最后访问日期:2020 年 5 月 15 日。

有观点认为,网络主权是一个国家自主进行互联网内部治理与独立开展互联网国际合作的资格和能力。它是传统主权在网络空间的自然延伸,也是现实主权在网络虚拟空间符合逻辑的投射。① 网络主权是国家主权在网络空间中自然延伸的新形式,是国家主权的另一种表现。②

二是独立说,即认为网络主权是主权国家在网络空间独立行使的国家内外权利。"网络主权"是由主权、边疆、国防等内容构成的完整体系。网络空间存在是"网络主权"的逻辑起点,"网络边疆""网络国防"是"网络主权"的物质支撑。③

三是延伸独立说,即综合延伸说和独立说两种主张,认为网络主权既是国家主权在网络空间的自然延伸,同时也是主权国家独立行使网络权力的体现。如有观点认为,网络主权是国家主权在网络空间的自然延伸,并体现在对内和对外两个方面的各种权利。④ 需要说明的是,我国具有官方背景的文件对此种说法持肯定态度。如 2019 年 10 月,第六届世界互联网大会在会议文件《网络主权:理论与实践》中提出,网络主权是国家主权在网络空间的自然延伸,是一国基于国家主权对本国网络主体、网络行为、网络设施、网络信息、网络治理等所享有的最高权和对外的独立权。⑤

关于网络主权的内容,主流观点大多认为包括对内和对外两方面的权利,但对具体权利的内容有不同的声音。有观点认为,网络主权包括对内的最高权、对外的独立权和防止侵略的自卫权。⑥ 另有观点认为,网络主权对内包括最高管辖权、自主权、立法权、执法权和司法权,对外包括平等权、独立权、发展权等。⑦ 还有观点认为,网络主权包括对内的最高权和对外的独立权、平等权、管辖权和防卫权。⑧ 也有少部分观点并未从对内和对外权利两个方面进行区分,而是直接对网络主权的内容进行讨论。如有观点认为,网络主权包括国家享有的最高政策制定权、最高管理管辖权、最高网络发展权

---

① 参见支振锋:《将网络主权切实融入网络强国战略》,载《中国信息安全》2017 年第 5 期。
② 参见李鸿渊:《论网络主权与新的国家安全观》,载《行政与法》2008 年第 8 期。
③ 参见叶征:《对网络主权的思考》,载《中国信息安全》2015 年第 7 期。
④ 参见张新宝:《尊重网络主权 发扬伙伴精神》,载《人民日报》2018 年 6 月 4 日,第 16 版。
⑤ 参见中国现代国际关系研究院、上海社会科学院、武汉大学:《网络主权:理论与实践》,载世界互联网大会官网(http://www.wicwuzhen.cn/web19/release/201910/t20191021_11229796.shtml),最后访问日期:2020 年 5 月 15 日。
⑥ 参见叶征:《对网络主权的思考》,载《中国信息安全》2015 年第 7 期。
⑦ 参见张新宝:《尊重网络主权 发扬伙伴精神》,载《人民日报》2018 年 6 月 4 日,第 16 版。
⑧ 中国现代国际关系研究院、上海社会科学院、武汉大学:《网络主权:理论与实践》,载世界互联网大会官网(http://www.wicwuzhen.cn/web19/release/201910/t20191021_11229796.shtml),最后访问日期:2020 年 5 月 15 日。

和安全维护权等内容。① 北约卓越合作网络防御中心在《塔林手册2.0》中主张,各国对其境内的物、人、行为等具有监管权、保护权、立法权和执法权,对外具有国际法不禁止的自由权。②

总体而言,本书认为,网络主权与传统国家主权具有一脉相承的关系,但网络主权也呈现出与传统主权不一致、具有独特性的发展特征。网络主权包括对内和对外两方面的权利内容,对内具有基本性、最高性、排他性的国家治理权利,对外则具有包括独立权、平等权、发展权、管辖权、自卫权等政治和经济权利。但由于网络主权是一个新兴事物,随着各种新技术的发展,网络主权还处于一个不断发展和不断扩张的过程中,各国对其认知的水平和观念都不一致,如对于数据主权是否应该并入网络主权,抑或单列尚无定论。因此,与传统主权边界比较明确相比,网络主权的内涵与外延仍具有一定的模糊性和争议性。

(二)网络犯罪管辖权

网络管辖权是国家网络主权的重要组成部分,同时也是现实管辖权在网络空间的延伸。中国网络主权的主要组成部分是对"中华人民共和国境内的互联网"的管辖,还包括我国互联网域名及相关公共服务不受侵犯。③ 网络犯罪管辖权是网络管辖权的下位概念,其包括广义和狭义两个层面的内容。

从广义上来看,网络犯罪管辖权包括网络犯罪立法管辖权、网络犯罪行政管辖权、网络犯罪司法管辖权和网络犯罪执法管辖权等内容。有观点认为,网络管辖权包括本国国内网络设施、网络主体、网络行为、网络信息等的立法规制权、行政管理权、司法管辖权。必要时,主权国家可就发生在境外、但对本国合法权益构成严重侵害或重大威胁的网络行为向相关国家和地区寻求司法协助。④ 从狭义上来看,网络犯罪管辖权仅指网络犯罪的司法管辖权。有观点认为,网络管辖权是主权国家依法对本国网络设施、网络主体、网络行为、网络信息等进行司法管辖的权利。⑤ 据此可以认为,网络犯罪管辖权主要是指主权国家对本国范围内的网络设施、主体、行为、信息等内容所享有的刑事司法管辖权利。

---

① 参见徐龙第、郎平:《论网络空间国际治理的基本原则》,载《国际观察》2018年第3期。
② 参见徐龙第、郎平:《论网络空间国际治理的基本原则》,载《国际观察》2018年第3期。
③ 参见叶征:《对网络主权的思考》,载《中国信息安全》2015年第7期。
④ 参见中国现代国际关系研究院、上海社会科学院、武汉大学:《网络主权:理论与实践》,载世界互联网大会官网(http://www.wicwuzhen.cn/web19/release/201910/t20191021_11229796.shtml),最后访问日期:2020年5月15日。
⑤ 参见中国现代国际关系研究院、上海社会科学院、武汉大学:《网络主权:理论与实践》,载世界互联网大会官网(http://www.wicwuzhen.cn/web19/release/201910/t20191021_11229796.shtml),最后访问日期:2020年5月15日。

二、网络犯罪国际管辖的影响因素

网络空间国际规则制定领域已经取得了一些令人瞩目的进展,但也存在网络霸权、阵营分野、平台碎片化以及约束力不足等问题。① 尽管互联网发展日新月异,但不同区域之间广泛存在的信息鸿沟没有变,不同国家在国际互联网关键信息资源分配上的失衡没有变,国际互联网治理中"去中心化"表象掩盖下的权力集中与垄断没有变,网络霸权国家对他国的监听监控与资源掠夺没有变,各国共同面临的网络安全挑战也没有变。"五个没有变",反映了当前国际互联网治理格局的最基本现实。② 网络犯罪的国际管辖不仅仅是一个法律问题,也是一个政治问题和治理问题,受到政治、经济、法律、社会等不同发展因素和水平的影响,特别是在网络全球化、行为复杂化、法律滞后化、管辖扩张化、模式对立化、治理失衡化等方面的矛盾突出。

(一) 网络发展的全球化

网络本身的无边界技术特性使信息传播交流呈现无边界特点,形成新型信息自由的社会关系,网络空间行为体的传播信息、采集信息、控制信息的行为获得无限空间,意味着信息自由的行为空间无限扩大。③ 网络无国界的特点以及各国主权范围对管辖权的影响,使得各国仅在国内法中确定管辖权规则,不能从根本上防治具有跨国性的网络犯罪。④ 传统犯罪以国内犯罪为主,跨国犯罪的案发数量和频率远低于国内犯罪,并以消极等待的方式实现管辖。但由于网络空间的互通互联特性,在虚拟空间跨越"国境"远比现实世界要容易得多,如主体、客体、对象、行为、时空等网络犯罪要素都有可能"跨境",导致网络犯罪一般都具有国际性,给网络犯罪管辖带来了巨大的挑战,需要以更加频繁和主动的态势实行管辖。由于各国对网络犯罪的性质、定罪、量刑等内容均不同,可能导致对同一行为的认定出现差异。一个犯罪行为,在一个国家(地区)可能是重罪,但在另一个国家(地区)可能是轻罪,甚至是无罪。在这种情况下,一旦两个国家(地区)之间在应对网络犯罪时存在管辖上的法律冲突,将对网络犯罪管辖的启动带来相应的挑战。

(二) 犯罪行为的难溯化

网络空间是一个开放性的传播媒介,电子数据跨境流动完全不受主权国

---

① 参见方芳、杨剑:《网络空间国际规则:问题、态势与中国角色》,载《厦门大学学报(哲学社会科学版)》2018年第1期。
② 参见支振锋:《将网络主权切实融入网络强国战略》,载《中国信息安全》2017年第5期。
③ 参见刘素华:《信息自由与网络监管的法理分析》,载《现代法学》2012年第2期。
④ 参见陈结淼:《关于我国网络犯罪刑事管辖权立法的思考》,载《现代法学》2008年第3期。

家的领土限制,给刑事管辖权认定、证据固定和保全造成了巨大的困难。如数据的完整性会基于网络空间的时空性被破坏,阻截了完整的证据链,这就加大了对电子证据取证的难度。① 同时,网络犯罪行为具有虚拟化、瞬时化和碎片化的特征,一个简单的网络访问行为可能会跨越多国边界,特别是网络犯罪主体为了逃避侦查与取证,故意采取了一些隐匿自身身份和行为的措施,导致发现难、侦查难、取证难、起诉难等问题,这已经成为国际网络刑事立法和司法面临的重要难题。同时,坚持网络犯罪的"实害"也存在一些问题,如"实害联系标准"更多地适用于结果犯、具体危险犯等可以进行具体实害判断的犯罪类型,对于其他的犯罪类型不一定完全适用;同时,"实害"本身有时又是个过于抽象、难以判断的问题,在操作上也略有难度。② 在很多跨国网络犯罪中,危害结果并不是立即发生或立即被发现,如窃取网络数据的行为很多是在被害人、国家司法机关等长期不知情或者没有察觉的情况下发生的,即便最后被发现也可能难以评估和计算网络犯罪行为所造成危害结果的大小并追究行为人的责任。跨国性网络犯罪的出现给传统的主权国家治理模式带来了极大的挑战。网络犯罪是全球性的,单个国家难以独立完成司法侦查、取证等工作,国际合作就变得必不可少。如为了完成暗网的非法交易,行为主体往往采取网络代理的形式在全球网络中迂回"遁形",这给各国司法机关的侦查案件与固定证据等工作带来了很大的困难,加上不同国家的网络建设、网络管理和网络使用等方面的能力与水平层次不齐,全球化的网络犯罪预防和惩治合作机制尚未有效地建立,更是为网络犯罪主体提供了逃避法律制裁的可能。

(三)刑法规制的滞后化

传统刑法确定了以属地管辖为主,兼顾属人管辖、保护管辖和普遍管辖的刑事管辖权。传统刑法将国家管辖权与行为人、危害行为、危害结果等要素的相关物理坐标紧密联系。传统犯罪空间是指行为人实施犯罪的场所,是现实的三维物理空间,网络空间跨越了传统刑法地域管辖理论中的"四空间"而成为"第五空间"。③ 在现实物理空间,属地管辖的难题往往来自隔地犯和危险犯。在虚拟网络空间,属地管辖不但复制了现实物理空间的难

---

① 参见安柯颖:《跨国网络犯罪国际治理的中国参与》,载《云南民族大学学报(哲学社会科学版)》2019 年第 3 期。
② 参见于志刚:《"信息化跨国犯罪"时代与〈网络犯罪公约〉的中国取舍——兼论网络犯罪刑事管辖权的理念重塑和规则重建》,载《法学论坛》2013 年第 2 期。
③ 参见陈结淼:《关于我国网络犯罪刑事管辖权立法的思考》,载《现代法学》2008 年第 3 期。

题,还受到颠倒其原则性地位、扩张新网络殖民地的冲击。① 网络犯罪的行为地和结果地的判断具有随意性和偶然性,使得以犯罪行为地或者犯罪结果地为网络犯罪地域管辖的依据很难实现②;同时,网络空间没有确定的界限和固定的范围,很难确定中国公民或者外国人是在中国领域外还是在领域内实施网络犯罪,传统刑法中的属人管辖和保护管辖规定对于网络犯罪管辖权的确定就形同虚设③;虽然网络犯罪也与一定物理坐标相联系,但网络犯罪行为与网络虚拟坐标的关联性打破了传统刑法中对自然地理坐标的限制,网络犯罪管辖权也明显区别于传统刑法的管辖权。与传统犯罪的所在地、行为地、结果地相对明确不同,与网络犯罪行为相关的要素呈现出多重分化且游离的状态,对相关行为的认定难以形成链状联系。如网络犯罪行为可能跨越多国物理设施、多个运营商网络设备并危害到不同地区的特定对象。这种状态导致传统刑法中的管辖权难以解决网络犯罪的管辖问题,对传统刑法管辖权理论提出了挑战,也为国际管辖带来了很大的困难。同时,网络犯罪是无国界的犯罪,造成的危害后果可能是全球性的,其影响范围之广和涉及的国家之多,远非传统犯罪所能比拟,关于网络犯罪管辖的国际条约尚未达成。因此,在网络犯罪中适用普遍管辖原则缺乏法律依据和现实基础。④ 与传统刑法的管辖权已经达成共识并建立了相应的配套理论和立法支撑不同,各国对网络犯罪的国际管辖权尚未达成共识,在国际协同上存在各种不同的主张和意见,这也在客观上造成网络犯罪的国际管辖权理论发展步步维艰,难以应对跨国网络犯罪中出现的各种新情况、新问题。

(四)网络管辖的扩张化

刑法适用必须受到国际法的限制,任何国家不能恣意地无限扩大本国刑法的适用范围,忽视他国在国际法上的权利而任意主张界定刑罚权限的权力,以彰显本国绝对主权。⑤ 网络空间的法律适用同样需要受到国际法的制约。网络管辖权的冲突背后存在法治理论滞后、法律规制欠缺、治网模式不善等原因。网络管辖权是网络主权的重要内容,网络管辖权源自网络主权。由于当前各国对网络主权尚未形成定论,出于最大限度地维护本国利益的需

---

① 参见刘艳红:《论刑法的网络空间效力》,载《中国法学》2018年第3期。
② 参见陈结淼:《关于我国网络犯罪刑事管辖权立法的思考》,载《现代法学》2008年第3期。
③ 参见陈结淼:《关于我国网络犯罪刑事管辖权立法的思考》,载《现代法学》2008年第3期。
④ 参见陈结淼:《关于我国网络犯罪刑事管辖权立法的思考》,载《现代法学》2008年第3期。
⑤ 参见刘艳红:《论刑法的网络空间效力》,载《中国法学》2018年第3期。

要,各国会加强本国对网络犯罪的国际管辖权的积极主张或者有选择性地进行积极主张,不再遵循国际法中的尊重他国主权的要求,漠视甚至抵制他国主权和管辖权的行使。各国尽可能宽泛规定网络犯罪的管辖权,有利于实现"能管尽管"、维护司法主权。① 在这种状态下,反而带来了更多管辖权启动与实现的巨大困难。正是由于缺失对他国网络主权和网络管辖权的认可和尊重,不仅引发各国的普遍管辖权冲突,还将对行为人形成多重惩治的危险,进而破坏既有司法合作制度的稳定。选择性的管辖更是进一步破坏了这种国际司法平衡。对于自己感兴趣的案件,即使犯罪行为地处在国外,主权国家也会依据各种理由进行管辖。大量的跨国网络犯罪没有受到应有的责任追究。② 围绕某些重要的网络犯罪案件引发了不同国家的管辖权扩张化,产生严重管辖冲突,反而导致这些网络犯罪国际管辖权的消极实现。

(五)治理主张的"巴尔干化"

在网络空间的治理上,虽然各国制定国际网络犯罪公约的需求与态度基本一致,但对网络主权和网络管辖权的立场存在巨大的冲突,并引发了激烈的争论与博弈:发达国家强烈反对网络主权和网络管辖权,要求对网络主权作限制解释,目的是要保持自身在网络空间的话语权优势;而发展中国家主张网络主权和网络管辖权,往往对网络主权作宽泛解释,要求更好地维护自身的利益。"网络主权原则"是跨国网络犯罪全球治理的基本立场,但对于制定什么样的国际规则,发展中国家与发达国家存在较大的分歧:前者主张网络主权;后者推行网络自由,借国际规则维护自身网络优势。③ 以美国为首的西方国家在网络话语权、网络技术和网络能力等方面占有绝对的主导权,现实空间的"霸权主义""单边主义"等理念投射在网络空间成就了"网络霸权主义""网络单边主义"新形式,试图利用国际法规则固定这种压倒性的优势,特别是在国际议程设置、治理规则制定和网络资源分配等方面进一步拉开差距。这为网络犯罪的国际管辖权发展带来了巨大的影响,并形成网络犯罪模式和主张的"巴尔干化"。与西方国家强调网络控制权和访问自由权不同,以中俄为首的新兴和发展中国家更多地强调网络发展权、管理管辖权、国际合作权等,这些差异对网络主权原则的广泛适用性构成一定限制。④

---

① 参见吴海文、张鹏:《打击网络犯罪国际规则的现状、争议和未来》,载《中国应用法学》2020年第2期。

② 参见于志刚:《缔结和参加网络犯罪国际公约的中国立场》,载《政法论坛》2015年第5期。

③ 参见安柯颖:《跨国网络犯罪国际治理的中国参与》,载《云南民族大学学报(哲学社会科学版)》2019年第3期。

④ 参见徐龙第、郎平:《论网络空间国际治理的基本原则》,载《国际观察》2018年第3期。

第二节 网络犯罪国际管辖的理论

各国理论界对网络犯罪的国际管辖进行了不同探讨,如德国刑法学界就有结果地限制说、双重可罚说等学说[1],日本学界则有特别连接点说、放弃普遍管辖原则说、空间效力原则与犯罪论整合说[2]。综合各国对网络犯罪的国际管辖的不同主张,主要包括以下几种理论:

一、新主权理论

该理论也被称为激进的独立管辖权说或虚拟世界主权独立说。该观点认为,在网络空间正形成一种全球性的公民社会,这个社会有其独立的组织形式、价值标准和规则,完全脱离政府而拥有自治的权力。该理论主张网络主权的绝对独立性,即独立于现实网络主权,也独立于各国网络主权。持这种观点的一些学者认为,由于互联网的非中心化倾向,用户只服从网络服务提供商(ISP、Internet Service Provider)规则,ISP 以仲裁者的身份解决网络成员之间的冲突并执行裁决。[3] 还有学者提出了"多利益攸关方"的主张,认为互联网是建设者的网络,互联网的运行应该由这些建设、运行、管理、使用互联网的相关企业以"利益攸关方"的形式继续掌控国际互联网,而不应该由政府插手干预。[4] 这种理论不承认传统国家主权在网络空间的存在,并拒绝任何国家的任何司法权力渗入网络空间行使任何管辖权,而是主张通过一些国际网络组织和运营商来行使管辖权。该理论受到西方宪政学者们的推崇,也迎合了美国所谓的"人权高于主权"、网络信息自由流通等干涉主义主张。代表人物是美国乔治城大学教授戴维·博斯特(David Post)和互联网活动家约翰·巴鲁(John Perry Barloo)。

新主权理论的实质是"伪无政府主义"的主张,以美国为首的西方政府站在网络资源和网络技术优势地位,推动其国内社会组织在前台发挥绝对主导作用,排斥其他国家政府网络空间主权和管辖权,从而依托网络优势实现

---

[1] 参见〔日〕松本博之:《因特网、信息社会与法——日德研讨会论文集》,信山社 2002 年版,第 410 页。
[2] 参见郑泽善:《网络犯罪与刑法的空间效力原则》,载《法学研究》2006 年第 5 期。
[3] 参见卫蓓蓓:《试论电子商务管辖权及 B2C 合同的特别管辖》,载《贵州法学》2005 年第 3 期。
[4] 参见朱诗兵、张学波、王宇等:《世界范围内网络主权的主要观点综述》,载《中国工程科学》2016 年第 6 期。

对全球政治和经济等各方面的干涉与影响。如美国通过互联网名称和地址分配机构(ICANN)对全球网络治理发挥主导作用。① 值得注意的是,近年来以一些美国的互联网公司正在通过社交账号冻结、禁言等举措,行使着类似国家网络管辖权的职责,并且发挥越来越大的作用。美国国会甚至通过立法赋权这些社交媒体巨头在网络运营中发挥更大的监管作用,其实质上已具有与国家相当、甚至更大的网络权力,并被作为美国用于干涉他国内政、实施网络颜色革命的全球性工具。

二、扩大属地管辖理论

该理论提出,为了保护本国国家利益和本国公民的利益,通过对既有属地管辖规则的解释,将刑事案件的管辖由现实空间的属地管辖运用于网络空间,解决网络犯罪的国际管辖问题。这种运用只需符合一定的条件即可,包括:第一,网上作案的终端设备地、服务器设立地在本国传统的领陆、领水等四个空间内;第二,网上作案所侵入的系统局域网或者侵入的终端所在地在本国传统的领陆、领水等四个空间内;第三,行为人获取、显示网上作案结果的终端所在地在本国的领陆、领水等四个空间内。② 该理论承认传统的国家主权和司法管辖权,认为只需要满足上述三个条件之一,国家即可行使网络空间的管辖权。这种主张有利于在充分尊重和延续既有现实空间主权和管辖权的基础上,以较小的成本和代价较好地对接网络犯罪的国际管辖权问题。但其同样也存在一定的弊端,该理论客观上会造成普遍管辖权被滥用的风险,并可能冲击既有的管辖权理论,不仅在现实中会面临司法成本过高而难以实施或形成不必要的多国管辖权冲突的风险,还可能导致行为人在一国的合法行为却面临被另一国认定违法和惩处的可能性③,容易造成管辖适用的混乱与冲突。

三、网络自治理论

该理论是以美国斯坦福大学 Darrel Menthe 博士为代表提出来的,认为网络空间应像公海、南极洲一样游离于国家主权范围之外,独有一套网络法律运作方式。任何国家都可以管辖并将其法律适用于网络空间内的任何人和任何活动,其程度和方式与该人或该活动进入该主权国家可以控制的网络空

---

① 参见任政:《美国政府网络空间政策:从奥巴马到特朗普》,载《国际研究参考》2019年第1期。
② 参见屈学武:《因特网上的犯罪及其遏制》,载《法学研究》2000年第4期。
③ 参见陈结淼:《关于我国网络犯罪刑事管辖权立法的思考》,载《现代法学》2008年第3期。

间的程度和方式相适应。当事人可以通过网络联系在相关法院"出庭",法院的判决也可以通过网络加以执行。① 该理论不同于新主权理论,一方面既不承认扩大属地管辖理论中有关国家行使网络主权和网络管辖权的内容,另一方面也反对新主权理论中有关国际社会组织行使网络管辖权的主张,而是试图建立一套新的"无为自治"的规则来对网络空间实施管理。该理论的前提是全球各国司法体系的统一设计和执行、各国绝对相互尊重他国网络主权和网络管辖权并愿意随时放弃或让渡自身权力、当事人充分尊重和服从他国司法管辖等。很明显,这些前提在当前阶段是完全无法实现的,因此所谓的"网络自治状态"只能是一种虚无缥缈的"空中楼阁"。同时,由于其主张与所反对的内容相矛盾,即既反对国家的网络主权和网络管辖权,又主张借助主权国家的法院来实现司法管辖,存在内在的逻辑矛盾。

四、网址管辖理论

该理论认为,网址在网络空间中的位置是可以确定的,其变更需要通过互联网服务提供商进行,在一定时间内相对稳定。网址是行为人在网络空间的虚拟地址,对发生在与网址相关联的地理位置的案件拥有管辖权的法院,即对该地的网络犯罪拥有管辖权,网址所对应的服务器位置所在地就成为产生管辖权的基础。② 该理论承认传统的国家主权和司法管辖权,并且,根据网址和服务器的相对固定性来确定管辖权具有相应的合理性,但在某种程度上是对传统司法管辖权在网络空间的运用进行了更大程度的限制。该理论同样存在一些弊端:一是网址和服务器相对固定,但不是绝对固定的。网址和服务器不仅可以变换所在位置,也可以通过注销的方式达到使某国管辖权无效的目的。二是网址和服务器不一定具有真实性和唯一性。借助一定的技术手段可以对网址和服务器实施托管、代理甚至伪造,如借助虚拟网址和虚拟服务器可以实现动态隐匿躲避各国网络管辖的目的,因此仅仅通过网址管辖理论来确定网络管辖权是不现实的。同时,复制数据分别存储于不同国家的网址和服务器也会引发管辖权冲突问题。需要注意的是,当前中美等国家已经纷纷通过网络安全立法,要求在本国运行的社交媒体或网络运营商将数据存储在本地服务器,并据此行使管辖权。

五、有限管辖原则

有限管辖原则包括几种不同的主张,其中,属人管辖关联说主张,应以属

---

① 参见孟传香:《关于网络犯罪国际刑事管辖权的思考》,载《重庆邮电大学学报(社会科学版)》2011年第5期。

② 参见于志刚:《网络刑法原理》,元照出版公司2007年版,第85页。

人管辖为基础,以犯罪行为对本国国家或者公民的侵害或者影响关联性为标准来判断是否具有刑事管辖权,存在关联性则享有管辖权,不存在关联性则不享有刑事管辖权。① 属地管辖关联说主张,以属地管辖原则为基础来建立有限管辖原则。② 侵害法益关联说则认为,以该网络行为对刑法所保护的法益造成的实际损害为判断的标准,但基于未来惩治网络犯罪国际公约所确立的普遍管辖权,则不在此限制之内,也属于有限管辖理论的范畴。③ 这三种观点均主张有限管辖原则,并以犯罪行为是否侵犯或影响国家法益和公民法益的关联性为网络管辖权存灭的判断依据,所不同的是以何内容为基础。有限管辖原则在我国刑法学界受到的支持较高,也可以较好地解决网络信号"抽象越境"的管辖问题。④ 但该理论同样存在一定的缺陷:一是侵害对象的非完整性。该理论认为网络犯罪所侵害的对象仅仅包括国家和公民,企业、社会组织等遭受侵害则不在此列,这明显不符合设立网络管辖权的初衷。同时,属人管辖关联说对本国公民的表述不严谨,如他国公民取得中国绿卡并居住中国境内理应受到中国法律的管辖和保护,因此改为刑法中的"个人"更为妥当。二是关联性的标准不明确。几种不同的主张均以相关的关联性为判断依据,需要达到何种强度、何种频率才可以形成"关联性"并不明确。

六、实害联系原则

实害联系原则在有限管辖原则的基础上进一步主张,仅仅发生联系还不足以享有管辖权,"某一法域对具体的某一网络犯罪行为是否拥有刑事管辖权,应当以实害标准作为判断的前提性根据之一"⑤。"实害联系原则"与德国学界主张的"限制结果地原则"在本质上相同,只是由于两国的刑法规定有异而方向相反——立足于中国的"实害联系原则"意在扩张有所"不足"的中国刑事管辖权的规定,而德国的"限制结果地原则"则意在限制稍有"过分"的德国刑事管辖权的规定,二者的目的都在于达到靠"中"的法律后果。⑥ 由于有限管辖原则将网络犯罪的"侵害或者影响关联性"视为是否具有网络管辖权的条件,从而将危险犯也列入了网络管辖范围,由于网络犯罪

---

① 参见郑泽善:《网络犯罪与刑法的空间效力原则》,载《法学研究》2006 年第 5 期。
② 参见王孔祥:《网络安全的国际合作机制探析》,载《国际论坛》2013 年第 5 期。
③ 参见陈结淼:《关于我国网络犯罪刑事管辖权立法的思考》,载《现代法学》2008 年第 3 期。
④ 参见吴华蓉:《浅论网络犯罪刑事司法管辖权的建构》,载《犯罪研究》2006 年第 4 期。
⑤ 参见于志刚:《缔结和参加网络犯罪国际公约的中国立场》,载《政法论坛》2015 年第 5 期。
⑥ 参见于志刚:《"信息化跨国犯罪"时代与〈网络犯罪公约〉的中国取舍——兼论网络犯罪刑事管辖权的理念重塑和规则重建》,载《法学论坛》2013 年第 2 期。

行为频率高、取证复杂,难免会导致不同国家管辖权冲突、司法资源平均或重复投入等问题,为此应当集中司法资源针对那些对法益已经产生实质危害的实害犯予以重点惩治。有观点认为,"实质损害"指行为人实施的犯罪行为造成严重危害计算机系统和计算机数据的机密性、完整性和可用性以及滥用计算机系统、网络和数据的一种客观存在的损害状态。① 该理论是当前所有网络犯罪的国际管辖权理论中更为科学的学说。

第三节 全球主要国家和组织的政策

当前各国在网络主权问题上存在政治立场和法律主张等差异,导致全球对网络犯罪治理的原则、模式和路径等内容没有形成统一的认知,这给确立全球性网络犯罪国际管辖权造成了巨大的不确定性。其中,在制定全球性网络犯罪国际公约问题上,以美国为首的西方发达国家主张网络自由主义,并以欧洲《网络犯罪公约》为基础构建网络犯罪国际性的公约,而以中俄为代表的发展中国家主张网络主权主义,并在联合国框架内构建多元化、多层次的全球性网络犯罪国际公约。② 美国等发达国家阵营实质上是希望借助自身在网络资源、网络技术、网络规则等方面的优势,在网络空间复制和延续在现实空间的全球霸权主义。

一、中国

中国积极在各种公开场合提出包括网络主权、网络管辖权在内的网络治理主张。2010 年的《中国互联网状况》白皮书首次提出网络主权和网络管辖权概念,并提出"互联网是国家重要基础设施,中华人民共和国境内的互联网属于中国主权管辖范围,中国的互联网主权应受到尊重和维护"③。2014年,习近平总书记在致首届世界互联网大会的贺词中,提出要"尊重网络主权,维护网络安全"④。在 2015 年 12 月第二届世界互联网大会上,习近平总

---

① 参见陈结淼:《关于我国网络犯罪刑事管辖权立法的思考》,载《现代法学》2008 年第 3 期。
② 参见于志刚:《缔结和参加网络犯罪国际公约的中国立场》,载《政法论坛》2015 年第 5 期。
③ 《中国互联网状况》白皮书,载 http://www.scio.gov.cn/tt/Document/1011194/1011194.htm,最后访问日期:2020 年 5 月 15 日。
④ 《习近平致首届世界互联网大会贺词全文》,载新华网(http://news.xinhuanet.com/live/2014-11/19/c_127228771.htm),最后访问日期:2020 年 5 月 15 日。

书记再次重申推进全球互联网治理体系变革应该坚持尊重网络主权的原则①,正式阐述了中国在国际网络治理中的对网络主权、网络管辖权的国家主张。2019年10月,第六届世界互联网大会组委会发布的《〈携手构建网络空间命运共同体〉概念文件》认为:"网络主权是国家主权在网络空间的自然延伸,应尊重各国自主选择发展道路、治理模式和平等参与网络空间国际治理的权利。各国有权根据本国国情,借鉴国际经验,制定有关网络空间的公共政策和法律法规。任何国家都不搞网络霸权,不利用网络干涉他国内政,不从事、纵容或支持危害他国国家安全的网络活动,不侵害他国信息基础设施。"②这份文件不仅详细阐述了我国网络主权观的内容,还对网络霸权主义和网络干涉主义表达了强烈的反对。

中国一直积极参与推动国际空间治理规则的制定。习近平总书记提出,"大国网络安全博弈,不单是技术博弈,还是理念博弈、话语权博弈"③,要"加快提升我国对网络空间的国际话语权和规则制定权"④。国家"十三五"规划中也明确提出,要"积极参与网络、深海、极地、空天等领域国际规则制定"⑤。2016年12月27日,国家互联网信息办公室发布《国家网络空间安全战略》,明确"强化网络空间国际合作,推动制定各方普遍接受的网络空间国际规则、网络空间反恐公约"⑥,阐明了中国关于网络空间法治和安全的重大立场。2017年3月1日,我国发布《网络空间国际合作战略》,主张"在联合国框架下制定各国普遍接受的网络空间国际规则和国家行为规范,确立国家及各行为体在网络空间应遵循的基本准则"⑦。全面宣示了中国在网络空间相关国际问题上的政策立场,系统阐释了中国开展网络领域对外工作的基本原则、战略目标和行动要点。

---

① 参见《习近平致首届世界互联网大会贺词全文》,载新华网(http://news.xinhuanet.com/world/2015-12/16/c_1117481089.htm),最后访问日期:2020年5月15日。
② 世界互联网大会组委会:《〈携手构建网络空间命运共同体〉概念文件》,载世界互联网大会官网(http://www.wicwuzhen.cn/web19/release/release/201910/t20191016_11198729.shtml),最后访问日期:2020年5月15日。
③ 《习近平总书记在网络安全和信息化工作座谈会上的讲话》,载国家互联网信息办公室网站(http://www.cac.gov.cn/2016-04/25/c_1118731366.htm),最后访问日期:2020年5月15日。
④ 《中共中央政治局就实施网络强国战略进行第三十六次集体学习》,载中国政府网(http://www.gov.cn/xinwen/2016-10/09/content_5116444.htm),最后访问日期:2020年5月15日。
⑤ 《中华人民共和国国民经济和社会发展第十三个五年规划纲要》,载新华网(http://www.xinhuanet.com/politics/2016lh/2016-03/17/c_1118366322.htm),最后访问日期:2020年5月15日。
⑥ 国家互联网信息办公室:《国家网络空间安全战略》,载中国网信网(http://www.cac.gov.cn/2016-12/27/c_1120195926.htm),最后访问日期:2020年5月15日。
⑦ 国家互联网信息办公室:《网络空间国际合作战略》,载中国网信网(http://www.cac.gov.cn/2017-03/01/c_1120552617.htm),最后访问日期:2020年5月15日。

二、美国

奥巴马政府时期,美国一直鼓吹网络自由,排斥他国关于网络主权的主张,强调在网络空间数据信息不受干扰自由流动,不遗余力地宣扬所谓互联网世界的"公开、透明和人权",试图用美国理念和标准重塑网络世界。[1] 2011年5月,奥巴马政府出台《网络空间国际战略》,明确将"网络自由"政策视为美国网络战略的重要组成[2],其成为美国全球战略的信息化辅助手段和信息心理战措施。[3] 在对外的互联网治理上,美国主张实行"多利益攸关方"治理模式。由于这种治理模式强烈反对国家拥有网络主权和网络管辖权,仅代表了部分发达国家的诉求和主张,事实上也无法解决现在网络治理中的各种困境和问题,因而遭到发展中国家的强烈反对。

这并不代表美国真正完全追求"网络自由"排斥网络主权和网络管辖权,只是主张按照美国及其盟国价值追求来行使网络自由权、网络主权及网络管辖权。事实上,美国是最早在行动上实践网络主权的国家,美国先后颁布了《美国国家网络安全战略》(National Cybersecurity Strategy)、《网络安全国家行动计划》(Cybersecurity National Action Plan)、《网络威慑战略》(Cyber Deterrence Strategy)来保障国家网络安全,又通过《爱国者法案》加大对网络和通信的监听,对网络恐怖主义信息提前监控预警,像维护领土主权一样在网络空间内进行国家实践,通过一系列法案对网络空间加以更为严密的监控。[4] 美国2017年《国家安全战略》中,特朗普政府提出"信息治国战略"(Information Statecraft),试图强化政府主导作用,要求媒体和互联网公司承担应有责任,遏制有害信息的无限制传播,确保美国在网络时代的安全。[5] 2018年6月11日,美国又正式废止了奥巴马政府通过的《开放互联网法令》(Open Internet Order),该法令要求互联网服务提供商公平对待互联网上的所有信息,其代表的"网络中立"规则被视为言论自由的基础。废止该法令意味着互联网服务提供商可以任意屏蔽某些信息源或者降低某些信息的流通

---

[1] 参见任政:《美国政府网络空间政策:从奥巴马到特朗普》,载《国际研究参考》2019年第1期。

[2] U. S. International Strategy for Cyberspace. The White House, May 1, 2011, https://obamawhitehouse.archives.gov/blog/2011/05/16/launching-us-international-strategy-cyberspace.

[3] 参见任政:《美国政府网络空间政策:从奥巴马到特朗普》,载《国际研究参考》2019年第1期。

[4] 参见尹建国:《美国网络信息安全治理机制及其对我国之启示》,载《法商研究》2013年第2期。

[5] See The White House, "National Security Strategy", 2017-12-18, https://www.whitehouse.gov/-wp-content/uploads/2017/12/NSS-Final-12-18-2017-0905.pdf.

速度,从而影响控制网络信息的自由传播。① 这表明美国逐步加强网络的控制,在对外依然讲求"信息自由"的同时,对内"网络主权"的立场不断收紧。

由此可以看出,美国在网络主权和管辖权问题上采取双重标准,一方面从全球霸权的角度主张"全球公域"和"互联网自由",反对各国的网络主权观点;另一方面从维护本国安全的角度,采取超强的控制、全面的威慑、积极的干涉、广泛的联盟等策略和措施来保障自身的网络主权和安全。② 以美国为代表的发达国家在网络主权问题上采取了典型的双重标准:在国际网络空间内,当为了本国利益需要搜集他国信息时,网络就成为"全球公域"从而不存在网络主权属性,其目的在于通过网络推行美国的全球战略;而在国内需要加强网络监管的时候,则认为网络空间是主权领域,国家对于网络空间具有绝对排他的主权管辖权。③ 这些是未来我国在推动国际网络犯罪管辖权发展中所需要反对的重点。

三、联合国

2003 年 12 月,联合国信息社会世界峰会第一阶段会议通过了《日内瓦原则宣言》,其第 46 条明确指出:"与因特网有关的公共政策问题的决策权应为各国的主权。"④此后,2005 年第二阶段会议发布《突尼斯承诺》,再次重申了对《日内瓦原则宣言》的支持,并承认"各国政府在峰会进程中的关键作用和责任"⑤。

中、俄两国于 2011 年向联合国大会提交了《信息安全国际行为准则》,呼吁尊重国家的网络主权,中国并于 2015 年连同上海合作组织成员国的常驻联合国代表再次致信联合国秘书长,提交了修订的《信息安全国际行为准则》。决议中重申了"与互联网有关的公共政策问题的决策权是各国的主权""尊重领土主权、领土完整和政治独立""有责任和权利进行保护和确保

---

① See Notice of Proposed Rulemaking, Federal Communications Commission, May 23, 2017, http://transition.fcc.gov/Daily_Releases/Daily_Business/2017/db0523/FCC-17-60A1.pdf.
② 参见朱诗兵、张学波、王宇等:《世界范围内网络主权的主要观点综述》,载《中国工程科学》2016 年第 6 期。
③ 参见杨凯、唐佳鑫:《论中国网络空间主权维护——基于国际法视角》,载《北方论丛》2019 年第2 期。
④ 《日内瓦原则宣言》,载联合国官网(https://www.un.org/chinese/events/wsis/decl_draft.pdf.),最后访问日期:2020 年 5 月 15 日。
⑤ 《突尼斯承诺》,载联合国官网(https://www.un.org/chinese/events/wsis/promises.htm),最后访问日期:2020 年 5 月 15 日。

网络关键基础设施免受威胁、干扰和破坏"等内容。① 但这种主张遭到了以美国为首的西方国家的反对。

2013 年,联合国信息安全政府专家组(UN GGE)通过 A/68/98 号决议,其中第 20 条明确指出,"国家主权和源自主权的国际规范和原则适用于国家进行的信通技术活动,以及国家在其领土内对信通技术基础设施的管辖权"②。同年,在韩国首尔召开了国际会议,达成《旨在维护网络空间开放与安全的首尔框架及承诺》(Seoul Framework for and Commitment to Open and Secure Cyberspace),这份文件的"国际安全"中提及网络主权的内容,"国家主权以及由该项权利所延伸出来的原则、准则,适用于国家在信息空间的活动,且国家对其领域内的信息基础设施享有管辖权"③。2015 年 7 月,专家组再次发布《关于从国际安全的角度看信息和电信领域的发展政府专家组的报告》(A/70/173),强调"国际法、《联合国宪章》和主权原则的重要性",并主张加强"各国使用信通技术安全性的基础"④。其中,在网络管辖权问题上,该报告延续了 2013 年报告的立场和内容。

第四节 全球主要国家或国际组织的立法

一、中国

我国涉及网络管辖权的立法内容散见于包括《刑法》《刑事诉讼法》《国家安全法》《网络安全法》、相关司法解释和相关国际公约。

其中,2009 年 2 月发布的《刑法修正案(七)》中规定了对于个人信息的刑法保护,对政府、事业单位和其他公益主体在工作中搜集得到的个人信息进行商业利用的予以处罚。2015 年 8 月发布的《刑法修正案(九)》进一步扩大了对个人信息的保护范围,犯罪主体不一定仅限于这些公益性质的单位。

---

① 参见《信息安全国际行为准则》,载联合国文件中心官网(https://undocs.org/zh/A/69/723),最后访问日期:2020 年 5 月 15 日。
② 《从国际安全的角度来看信息和电信领域发展的政府专家组的报告》,载联合国文件中心官网(https://undocs.org/ch/A/68/98),最后访问日期:2020 年 5 月 15 日。
③ Seoul Framework for and Commitment to Open and Secure Cyberspace. UN, Oct., 2019, https://www.un.org/disarmament/wp-content/uploads/2019/10/ENCLOSED-Seoul-Framework-for-and-Commitment-to-an-Open-and-Secure-Cyberspace.pdf.
④ 《关于从国际安全的角度看信息和电信领域的发展政府专家组的报告》,载联合国文件中心官网(https://undocs.org/ch/A/70/174),最后访问日期:2020 年 5 月 15 日。

此外,《刑法》第 287 条对利用计算机网络作为工具实施传统犯罪以及帮助型网络犯罪等行为进行了规制。2012 年修正的《刑事诉讼法》第 18 条规定了我国司法机关受理刑事案件的权限,但就跨国犯罪的立案管辖规则以"法律另有规定的除外"一言蔽之,至今未见相关规定出台。该诉讼管辖规则的疏漏导致的问题在于我国行使刑事管辖权没有上位法依据,侦查取证的主体就无法落实,我国在实施《国际刑事司法协助法》和推进中国法院在治理跨国网络犯罪中的活力尚未充分释放。① 特别是在网络管辖权的规制上,国内法和国际公约之间难以有效桥接和解决管辖权问题。

2015 年发布的《国家安全法》第 25 条明确提出"维护国家网络空间主权、安全和发展利益",首次从法律层面明确了我国网络主权的立场。2016 年 11 月发布的《网络安全法》,第 1 条再次明确了"维护网络空间主权"的立法目的。《网络安全法》作为一部具有基础性和综合性的国家治理网络空间的框架性法律,对于规范网络安全实践、引领下位法的制定具有重大意义。而在国际管辖合作方面,《国际刑事司法协助法》规定:"国际刑事司法协助不得损害中华人民共和国的主权、安全和社会公共利益,不得违反中华人民共和国法律的基本原则。非经中华人民共和国主管机关同意,外国机构、组织和个人不得在中华人民共和国境内进行本法规定的刑事诉讼活动,中华人民共和国境内的机构、组织和个人不得向外国提供证据材料和本法规定的协助。"这一规定适用于跨国网络犯罪的司法协助活动,在实体法方面应当符合维护中华人民共和国的主权、安全和社会公共利益的要求,同时还在程序法方面对跨境执法、提供证据和协助等方面进行了规制。

《2012 年刑诉法解释》第 2 条规定:"针对或者利用计算机网络实施的犯罪,犯罪地包括犯罪行为发生地的网站服务器所在地,网络接入地,网站建立者、管理者所在地,被侵害的计算机信息系统及其管理者所在地,被告人、被害人使用的计算机信息系统所在地,以及被害人财产遭受损失地。"2014 年发布的最高人民法院、最高人民检察院、公安部《网络犯罪程序意见》第 2 条规定:"网络犯罪案件的犯罪地包括用于实施犯罪行为的网站服务器所在地,网络接入地,网站建立者、管理者所在地,被侵害的计算机信息系统或其管理者所在地,犯罪嫌疑人、被害人使用的计算机信息系统所在地,被害人被侵害时所在地,以及被害人财产遭受损失地等。"《2021 年刑诉法解释》第 2 条第 2 款进一步修正为:"针对或者主要利用计算机网络实施的犯罪,犯罪地包括用于实施犯罪行为的网络服务使用的服务器所在地,网络服务提供者所

---

① 参见安柯颖:《跨国网络犯罪国际治理的中国参与》,载《云南民族大学学报(哲学社会科学版)》2019 年第 3 期。

在地、被侵害的信息网络系统及其管理者所在地、犯罪过程中被告人、被害人使用的信息网络系统所在地,以及被害人被侵害时所在地和被害人财产遭受损失地等。"2021 年 1 月 22 日,最高人民检察院发布《人民检察院办理网络犯罪案件规定》,要求"办理跨国网络犯罪案件应当依照《中华人民共和国国际刑事司法协助法》及我国批准加入的有关刑事司法协助条约,加强国际司法协作,维护我国主权、安全和社会公共利益,尊重协作国司法主权、坚持平等互惠原则,提升跨国司法协作质效"。这些司法解释总体遵循属地管辖原则,规定的属地管辖内容较为宽泛,是我国对网络犯罪司法管辖权进行的有益探索。

二、美国

1987 年,美国出台的《计算机安全法》是网络安全领域的重要法律。在经历了"9·11"事件后,美国大幅提升了网络安全的立法规制力度。如《爱国者法》的出台表明,美国正在通过扩张国家公权力的方式来加强对网络的控制和监管,并通过合法授权直接从网络服务提供商处获取网络用户的个人信息和数据资料[1],以维护国家安全的名义对国内外网络强化了管辖,并以数据主权为突破口,利用技术和市场等优势行使全球性"网络管辖权"。

从美国国内立法来看,美国对"网络管辖权"的立场仍处于调整中。根据美国《计算机欺诈和滥用法》的规定,网络犯罪行为实施地,受攻击的计算机、计算机软件及程序所在地,犯罪人所在地,涉案数据所在地,甚至涉案数据流经地等均可作为"犯罪地"。[2] 其实质上采取了扩大属地管辖理论的立场。而根据《爱国者法》的规定,即使网络犯罪攻击的是美国境外的计算机,只要对美国造成特定影响,美国即可进行域外管辖。[3] 该法采取的是侵害法益关联说立场。而从司法实践的角度来看,美国法院已经出现将长臂管辖权规则适用于网络犯罪的倾向。根据长臂管辖权规则,当被告的住所不在法院地州,但和该州有某种最低限度的联系时,该州对于该被告具有属人管辖权。[4] 司法实践实际上采取的是属人管辖关联说的管辖原则立场。

此外,美国已在传统的刑事司法协助渠道之外,另行设计更便捷的直接

---

[1] 参见刘金瑞:《美国网络安全的政策战略演进及当前立法重点》,载《北航法律评论》2013 年第 1 期。
[2] 参见吴海文、张鹏:《打击网络犯罪国际规则的现状、争议和未来》,载《中国应用法学》2020 年第 2 期。
[3] 参见吴海文、张鹏:《打击网络犯罪国际规则的现状、争议和未来》,载《中国应用法学》2020 年第 2 期。
[4] 参见陈结淼:《关于我国网络犯罪刑事管辖权立法的思考》,载《现代法学》2008 年第 3 期。

跨境电子证据调取方式,包括向管辖范围内的互联网企业直接调取数据,以及《布达佩斯公约》允许的执法机关直接跨境远程取证。如美国于2018年通过《澄清合法使用境外数据法》(Cloud Act,又译《云法案》),利用其互联网优势地位,方便本国直接调取境外电子数据。欧盟正抓紧制定《电子证据条例》,拟设计统一"欧洲数据提取令"及"欧洲数据留存令",任一成员国均可凭此要求另一成员国互联网企业提取或留存其掌握的境外数据。《布达佩斯公约》成员国正谈判关于电子数据跨境取证的附加议定书,试图完善公约跨境取证条款,进一步发展相关规则。①

三、联合国

联合国作为当前世界上最具普遍性的政府间国际组织,对网络犯罪问题的关注由来已久。早在20世纪90年代,联合国就开始对网络犯罪问题进行关注。2000年联大作出了第56/121号决议,决议授权经社理事会下的预防犯罪和刑事司法委员会对网络犯罪进行讨论,该委员会曾经在2004年的年度报告中提议制定一个联合国的网络犯罪公约。2010年7月,包括美俄在内的15个国家向联合国大会提交了一个关于网络安全的草案,但是由于各国分歧较大,目前联合国层面的网络犯罪公约还没有进入实质性的制定阶段。②

2012年12月,国际电信联盟在迪拜举行会议审议通过了《国际电信规则》,目的是将互联网置于由主权国家主导的国际电信联盟的管辖下,允许国家管理和监管互联网的运行,并建议国际电信联盟能够拥有至少部分互联网地址的分配权。虽然此举遭到美欧国家的反对,但国际电信联盟通过了新决议。③ 在2013年4月26日闭幕的联合国预防犯罪和刑事司法委员会第22届会议上,"金砖国家"首次就网络问题联手行动,向联合国提出《加强国际合作,打击网络犯罪》的决议草案,要求进一步加强联合国对网络犯罪问题的研究和应对。④ 中国政府早在2010年发布的《中国互联网状况》白皮书中就

---

① 参见吴海文、张鹏:《打击网络犯罪国际规则的现状、争议和未来》,载《中国应用法学》2020年第2期。
② 参见于志刚:《缔结和参加网络犯罪国际公约的中国立场》,载《政法论坛》2015年第5期。
③ 参见朱诗兵、张学波、王宇等:《世界范围内网络主权的主要观点综述》,载《中国工程科学》2016年第6期。
④ 参见方祥生:《治理网络犯罪,加强国际合作》,载《光明日报》2013年4月27日,第12版。

提出,建立一个联合国框架下的互联网国际监管机构。① 在2013年的这次会议上,中国明确表示"支持制定关于网络犯罪的综合性多边法律文书",这显然指的是联合国框架。从现状上看,联合国目前虽然没有直接使用"网络主权"术语,但承认网络空间的事实主权。从趋势上看,联合国将从维护大多数国家利益的角度,积极推进世界范围内网络主权公约的制定和保护。

第五节 网络犯罪的国际管辖的未来发展

网络犯罪的网络管辖制度发展需要重点解决四个方面的问题:一是管辖价值的选择,即解决扩张化管辖需求与刑法谦抑性价值追求的关系;二是管辖体系的选择,是选择西方国家的国际管辖主张还是非西方国家的国际管辖主张;三是管辖模式的选择,是选择硬法模式还是软法模式;四是管辖态势的选择,围绕网络国际管辖产生的斗争与合作未来发展何去何从。

一、价值选择:管辖扩张性与刑法谦抑性的摇摆

国家行为体对内通过建立和完善网络监管法律体系,明确主权在网络空间的管辖范围和方式;对外通过制定网络安全战略,确立主权在网络安全中的主体地位。国家主权的理念和实践占据网络空间治理主流话语体系。网络空间治理经历了从"去主权化"向"再主权化"的转变过程。② 现实空间与网络空间的交融化为国家管辖权的扩张带来了可能。作为一个全新的域,各国都存在实现和扩大网络空间刑事犯罪的管辖权的客观需求,甚至一些国家滥用长臂管辖规则试图对他国事务、人员和行为等内容进行刑事管辖,推动政治法律化,试图运用刑事管辖权来实现政治目的与战略意图。刑法谦抑性是刑法的基本原则之一,也是实现网络空间法治秩序的价值追求之一。刑法的谦抑性在于其补充性、不完整性和宽容性,刑法并不是唯一性或决定性的手段,也不适用于所有违法行为。③ 刑法谦抑性要求在对网络犯罪进行刑事管辖时,一方面,应充分认识到刑法并不是万能的,不可能预防和惩治所有网络犯罪行为,更不可能独自消灭网络犯罪的社会根源,刑法管辖权必须在必

---

① 《中国互联网状况》白皮书,载国务院新闻办公室官网(http://www.scio.gov.cn/tt/Document/1011194/1011194.htm),最后访问日期:2020年5月15日。
② 参见黄志雄:《网络主权论:法理、政策与实践》,社会科学文献出版社2017年版,第26页。
③ 参见张明楷:《外国刑法纲要》(第二版),清华大学出版社2007年版,第7—8页。

要的时候启动。另一方面,就国家刑罚权发动而言,应当充分尊重其他国家、相关组织和个人的合法权益,并有利于预防和惩治网络犯罪活动,不能滥用网络管辖权实施不合理的域外管辖,进而达到特定的政治目的,这就违背了推动网络空间法治化的要求和精神,也会危及国与国之间的司法信任与合作,对打击全球网络犯罪而言是灾难性的举动。如过分宽泛地界定"犯罪地",在犯罪与本国领土没有或只有很微弱联系的情况下主张属地管辖,实际是以属地管辖之名行过分域外管辖之实。① 因此,应当在网络犯罪的管辖扩张性和刑法谦抑性之间找到一种平衡,既有利于实现各国建立合理有序的网络空间主权和刑事管辖权制度,维护各国网络主权和刑事管辖权的公平、公正与有效,也能压制少数国家试图滥用刑事法律管辖权的冲动。

二、体系选择:东方法律体系与西方法律体系的博弈

总体而言,在当前网络空间治理问题上分成了东西方两大阵营,一个是以美国为首的西方发达国家阵营,另一个是以中、俄为首的非西方发展中国家阵营,两大阵营在网络治理的主张、政策、立法、司法、资源、模式等方面分成了相对对立的两大派别。这两大阵营之间的分歧实质上是出于各自利益诉求的互联网治理机制守成派与改革派之争,围绕这一问题的分歧和博弈仍将长期存在。② 网络主权的核心在于不得利用网络技术干涉他国内政,不得利用自身优势损害他国网络利益。③ 在数据主权问题上,作为两大阵营在网络空间国际规则制定领域的两份标志性文件,《塔林手册》(2013 年)、《塔林手册 2.0》(2017 年)和《信息安全国际行为准则》(2015 年)虽然均认可网络主权原则在网络空间的适用,但数据主权就是其中的一个重大争论点,前者认为网络空间中的数据不属于主权范畴,而后者则主张数据主权。④ 而数据治理模式的差别更为明显,美国主张单边模式,强调"美国优先"、反对联合国主导下的国际组织在网络治理中发挥主导作用;而中国主张"网络命运共同体",力推在联合国机制下建立多边治理模式。此外,就国内立法而言,两大阵营也都围绕数据主权开展了国内立法,如美国采用了"数据控制者标准"。根据 2018 年《云法案》的规定,无论数据存储于何地,只要设立于美国

---

① 参见吴海文、张鹏:《打击网络犯罪国际规则的现状、争议和未来》,载《中国应用法学》2020 年第 2 期。
② 参见龙坤、朱启超:《网络空间国际规则制定:共识与分歧》,载《国际展望》2019 年第 3 期。
③ 参见安柯颖:《跨国网络犯罪国际治理的中国参与》,载《云南民族大学学报(哲学社会科学版)》2019 年第 3 期。
④ 参见龙坤、朱启超:《网络空间国际规则制定:共识与分歧》,载《国际展望》2019 年第 3 期。

的企业对该数据具有控制权,美国法院签发的令状即有权对其进行搜查。① 美国实际上是借助其企业在全球的市场优势,反对国家的数据主权主张,实现对域外的数据的长臂管辖。根据我国于 2016 年 11 月发布的《网络安全法》的规定,"关键信息基础设施的运营者在中华人民共和国境内运营中收集和产生的个人信息和重要数据应当在境内存储",同时规定"确需向境外提供的,应当按照国家网信部门会同国务院有关部门制定的办法进行安全评估"。中国主张数据主权,并反对域外长臂管辖。《云法案》模式将数据管辖疆域等同于一国企业对数据控制程度,取决于其数据控制者占全球市场份额的多寡。数据本地化的普遍化理论实际上是技术处于相对弱势的一方对本国网络空间管辖权的一种保护性手段。②

因此,虽然以美国为首的西方国家在网络资源、技术和理念等方面占据优势,同时因整体话语权、国际法底蕴、相关机制体制建设等种种因素的制约,面临被"甩开"的现实危险。③ 但总体而言,中俄等发展中国家在网络治理的规则方面与西方国家的差距并不大,特别是近年来在网络治理主张、政策和立法等方面都取得了较大的进步。中国倡导尊重网络主权,发扬伙伴精神,有力把握全球互联网发展规律。目前,网络主权方面的国际共识不断增强,越来越多的国家强调尊重各国平等参与全球互联网治理的权利。④ 对此,中国一方面应继续依托联合国、上合组织等多边国际框架平台,整合其他发展中国家、甚至西方发达国家的网络建设力量,提高自身对国际网络空间治理理论、模式选择和管辖规则等方面的贡献;另一方面应进一步强化国内政策、立法和司法等规则的发展,特别是考虑通过翔实的法律论证和说理,以白皮书形式出台中国政府关于网络空间国际法治的立场文件,从政府层面系统、全面地阐述对于网络空间国际法的基本主张和立场⑤,并完善有关网络犯罪管辖的配套机制体制,提高以中国为代表的发展中国家在网络空间规则方面的主导权和话语权,推动网络空间犯罪治理的"正和博弈、共赢发展、增量发展的新型博弈"、摒弃"此消彼长、非此即彼的传统零和博弈"⑥的法律保障体系。

---

① 参见田旭:《美国〈云法案〉对跨境司法机制的新发展》,载《海关与经贸研究》2018 年第 4 期。
② 参见田旭:《美国〈云法案〉对跨境司法机制的新发展》,载《海关与经贸研究》2018 年第 4 期。
③ 参见黄志雄:《〈塔林手册 2.0 版〉:影响与启示》,载《中国信息安全》2018 年第 3 期。
④ 参见张新宝:《尊重网络主权 发扬伙伴精神》,载《人民日报》2018 年 6 月 4 日,第 16 版。
⑤ 参见黄志雄:《〈塔林手册 2.0 版〉:影响与启示》,载《中国信息安全》2018 年第 3 期。
⑥ 参见潘旭涛:《携手共建网络空间命运共同体》,载人民网(http://it.people.com.cn/n1/2019/1021/c1009-31410657.html),最后访问日期:2020 年 5 月 15 日。

三、模式选择:"硬法不硬"与"软法不软"的相向而行

当前网络空间规则发展主要存在三种模式:一是"软硬法模式",即推动既有国际法在网络空间的适用;二是"软法模式",即推动负责任国家行为规范的发展;三是"硬法模式",即推动网络空间的新国际公约的制定。

就法律适用成本和效益而言,第一种"软硬法模式"是最好的选择,可以花费最小的成本实现既有国际法与网络法律规范相对接的"华丽转身",如将有关国际战争法和使用武力的国际法、国家责任法、国际人权法等既有国际法运用于网络空间,构建网络空间国家主权、不干涉主义、禁止适用武力等相应规则体系。但是,由于既有国际法在网络空间适用上仍存在诸多不适应性,例如,网络空间与现实空间的规则类推、解释、对接和适用等困难比较突出。这种模式具有相应的合理性和必要性,会在短期内持续发挥基础性作用,为未来网络空间国际法的制定提供相应的法理探索支持。第二种"软法模式"是当前各国正在积极探索的模式,如《塔林手册》《信息安全国际行为准则》等都属于此类模式的产物。在"软硬法模式"适应性较差、"硬法模式"缺失的情况下,"软法模式"正在当前发挥着越来越重要的作用,虽然不具有硬法的性质,但"软法模式"下的规则并不软,对各国的立法和司法起着重要的指导和示范作用。显现出"专家造法"的作用,成为有关国家处理网络问题的参考指南①,在一定程度上发挥着硬法所应发挥的作用。在 2016 年美国大选中,美国声称民主党总部邮箱遭受外部网络攻击,并依据《塔林手册》的相关规定对"攻击来源国"俄罗斯和朝鲜采取了反制措施。② 这种模式将在当前乃至未来相当长一段时间内发挥主导性作用,并对未来"硬法模式"的立法发展提供牵引。第三种"硬法模式"是未来全球网络空间立法的趋势,但由于各国在主导权和关键问题上的对立与分歧,该模式下规则在制定、价值和作用等方面都没有显示出"硬法"的特性,而是显现出传统"软法"特性,同时在可预见的情况下难以在短期内取得重大突破。长远看,减少和协调管辖权冲突的有效途径是缔结打击网络犯罪全球性公约,针对跨国网络犯罪的特点,协调属地管辖的"犯罪地"界定标准、域外管辖的边界,以及制定解决管辖权冲突的指导性原则。③

在当前这个阶段,中国应当充分认识当前"软法不软""硬法不硬"和"软

---

① 参见黄志雄:《网络空间国际规则制定的新趋向——基于〈塔林手册 2.0 版〉的考察》,载《厦门大学学报(哲学社会科学版)》2018 年第 1 期。
② 参见黄志雄:《〈塔林手册 2.0 版〉:影响与启示》,载《中国信息安全》2018 年第 3 期。
③ 参见吴海文、张鹏:《打击网络犯罪国际规则的现状、争议和未来》,载《中国应用法学》2020 年第 2 期。

硬法结合"三种模式的特性,从战略角度做好近期、中期和长期推进网络空间规则制定的规划,立足"软硬法模式"、突出"软法模式"和布局"硬法模式",整合各种资源打造网络空间的规则优势,在不同模式下的规则制定中发出中国声音、提供中国方案、作出中国贡献,特别是当前阶段要重视"软法模式"中"影子立法"的价值,通过政府、学界和媒体等主体利用各种国际场合推行中国版"软法模式"细化版的规则体系,而不是带有政治性和原则性的内容。以《塔林手册》《信息安全国际行为准则》对比而言,《塔林手册2.0》包括154条规则,涉及主权、管辖权、审慎、国家责任、国际组织的责任、本身不受国际法禁止的网络行动、人权法、外交法、海洋法、空气空间法、外层空间法、电信法、不干涉内政、和平解决争端14个领域,基本涵盖了和平时期网络空间国际法中最受关注的主要领域,初步构建了一个包括战时法和平时法的相对完备的网络空间国际规则体系。[1] 而《信息安全国际行为准则》仅有13条原则性的规定,不仅没有覆盖网络空间的相关领域,内容都是原则性的规定,对各国的立法、司法等活动缺乏起码的指导意义,其国际影响力自然无法与《塔林手册》相比。为此,我国在推进"软法模式"的过程中,以更大的紧迫感乃至危机感参与网络空间国际规则制定[2],应当更加注重规则层面的内容,不能仅仅关注政治和原则层面的内容。

四、态势选择:斗争与合作长期并存

网络空间当前已经成为各国角力的主战场,围绕网络主权和网络管辖权的斗争不断并将持续下去。网络空间不应该成为国家力量投放的沙场,也不应该成为刑事犯罪的避风塘。所幸的是,网络空间存在各国加强合作的必然性与可能性。一是预防和惩治全球性网络犯罪已经超出了任何单个国家司法体系的能力范围。不仅对小国、弱国、穷国来说如此,对大国、强国、富国来说也如此,因为后者对互联网的依赖程度可能更大,脆弱性也更大,对国际合作的需求也就更大。没有合作,任何国家可能都会陷于孤掌难鸣的境地。[3] 这为推动全球网络犯罪规则一体化发展、构建全球网络法治一体化秩序、加强全球司法合作一体化机制提供了客观需求。二是各国都在探索网络空间的规则与运用,并出现了一些网络空间的国内立法和国际性软法,这为未来出台相关的国际性网络硬法规则打下了较好的法理基础。三是当前在网络空间规则制定上存在以"美欧为首的发达国家"和以"中俄为首的新兴国家和发展中国家"两种不同声音。随着更多发展中国家的网络空间意识的

---

[1] 参见黄志雄:《〈塔林手册2.0版〉:影响与启示》,载《中国信息安全》2018年第3期。
[2] 参见黄志雄:《〈塔林手册2.0版〉:影响与启示》,载《中国信息安全》2018年第3期。
[3] 参见徐龙第、郎平:《论网络空间国际治理的基本原则》,载《国际观察》2018年第3期。

觉醒,这些国家参与网络空间规则制定的积极性和主动性不断提升,这为未来网络空间规则制定中更多体现发展中国家需求提供了可能。在数据跨境传输问题上,西方发达国家之间存在一定的隔阂,欧洲国家不甘于自身网络主权、数据主权一再被侵犯,对美国的网络霸权主义和数据霸权主义存在合作与斗争共存的现象。同时,以联合国为首的国际组织在网络空间规则制定中的主导性越来越强,这些都为破除美国的网络霸权主义、建立新的网络规则和秩序提供了可能。

围绕是否制定全球性公约的争议,实质上是各方围绕国际规则的主导权之争。[1] 各国在积极修改或制定网络犯罪的管辖权规则的同时,也考虑到网络犯罪跨国性追诉的困难,并认识到只有国际合作方能对利用网络从事犯罪的行为人有实质性的规范。同时,也只有全球一致的立法,才能为网络使用者提供明确具体的规范,认识到网络犯罪的构成和基本内涵,从而不至于因跨越国界而受到两种内容迥异的法律系统之规范。[2] 在这个过程中,中国应坚持在联合国多边治理的框架下,高举反对"网络霸权主义"和"数据霸权主义"的旗帜,最大限度地代表新兴国家和发展中国家的力量,最大限度联合美欧阵营中的反霸权主义力量,整合各方面资源,推动网络空间规则的发展,特别是确定以网络主权、网络管辖权为核心的国际网络治理规则,为预防和打击网络犯罪、确保网络空间发展红利惠及各国提供法律保障。

---

[1] 参见吴海文、张鹏:《打击网络犯罪国际规则的现状、争议和未来》,载《中国应用法学》2020年第2期。

[2] 参见陈结淼:《关于我国网络犯罪刑事管辖权立法的思考》,载《现代法学》2008年第3期。

第十四章 打击网络犯罪的国际法框架

随着跨国网络犯罪行为日趋严重,制定和出台一部全球性的网络犯罪公约在网络犯罪治理中的重要性与日俱增。2001年的欧洲委员会《网络犯罪公约》是迄今为止最具影响力的打击网络犯罪的区域性法律文件。自公约生效以来,西方发达国家一直通过设立全球能力建设项目等方式,在全球范围内推广这一公约,并试图将其打造为打击网络犯罪的全球性法律标准,极力反对制定新的全球性打击网络犯罪公约。但这一主张越来越多地遭到了中国、俄罗斯、巴西及其他发展中国家的质疑,这些国家认为,《网络犯罪公约》是以欧美为主导的少数国家制定的区域性公约,代表了西方发达国家的利益诉求,不具有全球性公约的真正开放性和广泛代表性,不能反映各国特别是发展中国家的普遍利益。因此,制定一部具有开放性和代表性的打击网络犯罪新公约成为全球网络犯罪治理的重要议题。近年来,出于构建网络空间国际秩序和规则、维护网络安全的共同需求,在以中俄为代表的发展中国家的推动和国际社会共同努力下,国际网络空间规则的制定取得了不少进展。虽然当前国际社会各方关于网络空间秩序和规则主导权的博弈仍十分激烈,但以联合国为缔结平台制定统一的联合国网络犯罪公约,对于消除各国法律差异和缩小发展中国家的网络安全数字鸿沟仍不失为一条可行的路径。在这一背景下,本文首先从当前制定联合国网络犯罪公约的必要性出发,然后以欧洲《网络犯罪公约》为视角,分析当前打击网络犯罪国际法机制所面临的困境,继而对以中俄为代表的发展中国家另辟蹊径所构建的新型多元化网络犯罪公约进行分析,最后对打击网络犯罪的国际法机制未来的发展方向进行展望,并就中国参与构建这一机制提出相关的建议。

第一节 为什么需要联合国网络犯罪公约

网络的开放性、跨国性决定了网络安全的维护是全球性的难题,对网络的任何戕害都可能造成"牵一发而动全身"的连带性危害后果。因此,国际社会共同合作打击网络犯罪是大势所趋,达成一部具有法律约束力的国际文书势在必行。之所以需要一部全球性网络犯罪公约,其原因在于:第一,是网络犯罪的特性与全球网络安全治理的需求;第二,是弥合各国立法差异,建立政治互信的需要;第三,是国际法本身所具有的诸多优势。

一、网络犯罪的特性与全球网络安全治理的需求

近半个世纪以来,全球互通互联程度显著增加,无疑从物理技术的层面提供了当代网络犯罪滋生的温床。① 互联网和计算机根本性地改变了传统的商业交易和社会服务提供的模式,使得社会中各层面的主体都暴露在更为严峻的网络安全风险之中。② 因此,就传统犯罪的网络化而言,网络改变了犯罪实施的进程和所造成的危害,网络犯罪已经造成了全球性的影响。③ 互联网最重要和独特之处在于它作为一种天生无国界的传播媒介的功能。因特网不是一个实体存在,而是"网络的网络"(networks of networks),这种网络系统在一国主权范围内和在国际上都是无国界的,互联网呈现出无限延伸和极度分散的特点(the limitless reach and decentralized nature)。④一方面,这种特性这种特性使得网络犯罪呈现出十分明显的"跨国(境)属性"(transnational nature)或"跨管辖属性"(cross-jurisdictional nature)。⑤ 这种与本土化的、

---

① UNODC, *Comprehensive Draft Study on Cybercrime*, February 2013, p. 5, available at http://www.unis.unvienna.org/unis/en/events/2015/crime_congress_cybercrime.html, (last visited February 10, 2020).

② Summer Walker (The Global Initiative Against Transnational Organized Crime), *Cyber-insecurities? A Guide to UN Cybercrime Debate*, March 2019, p. 1, available at https://globalinitiative.net/un-cybercrime, (last visited February 19, 2020).

③ 网络技术通过三个途径改变了传统犯罪所能产生的影响:第一,网络技术不仅使得信息交流实现了全球化,而且还通过制造"全球本土化"影响(globalizing effect)来扰乱地方治安服务;第二,网络技术为新型的不对称关系创造了可能性,使得一个罪犯可以同时侵害多个个体;第三,网络技术和社会网络媒体正在创造新的网络形式和非实体的社会关系,增加了犯罪机会的来源。详见 David S. Wall, *Crime, Security and Information Communication Technologies: The Changing Cybersecurity Threat Landscape and Implications for Regulation and Policing*, in R. Brownsword, E. Scotford and K. Yeung (eds), *The Oxford Handbook on the Law and Regulation of Technology*, Oxford University Press, 2017, p. 4。

④ Susanna Bagdasarova, *Brave New World: Challenges in International Cybersecurity Strategy and the Need for Centralized Governance*, Penn State Law Review, vol. 119:4, p. 1012(2015).

⑤ Abraham D. Sofaer & Seymour E. Goodman, *Cyber Crime and Security: The Transnational Dimension*, 2000, p. 2; Abraham D. Sofaer et al., *A Proposal for an International Convention on Cyber Crime and Terrorism*, Stanford University, 2000, p. i.

区域性的、发生于一国司法体系之内的传统犯罪形式差异显著。①另一方面,这种特性也为各国网络犯罪侦查、证据收集、起诉、引渡等活动的开展造成了巨大的障碍和困难。② 有学者指出,在打击网络犯罪方面进行国际合作的必要性是显而易见的,特别是网络犯罪的跨国属性使个人和团体能够利用"管辖权的漏洞"或者特定国家在技术专长和资源方面存在的差异和漏洞。网络犯罪调查往往涉及两个或两个以上的国家,因此一个协调的法律应对机制是不可或缺的,如果在实体法和程序法之间无法达成某种最低限度的协调,国际合作的努力注定会失败。③

网络的开放性、跨国性决定了网络安全的维护是全球性的难题,维护全球网络安全是国际社会各方共同的利益追求。有学者指出,打击网络犯罪必须采取全球系统整合的方法(systematic approach),即信息社会的每一个主体都参与其中。一方面,"全球"应该被理解为一个包括与网络犯罪相关的政治安全、社会安全、经济和技术安全等要素在内的一个安全系统框架,同时它也意味着各国有必要从协作、合作和共享的角度来考虑网络安全问题。另一方面,系统整合的方法还必须考虑到地方性的文化、道德观念、政治与法律特性,因而它必须在应对特定国家层面的网络安全问题的同时兼顾在国际层面的兼容性与可操作性。④ "系统整合模式"通过有效兼顾现实各方的普遍性与特殊性,倡导构建一种多元稳定的网络犯罪打击路径。虽然当前网络犯罪国际法律框架呈现明显的"碎片化"特征,但通过构建新的全球层面的国际法律文件,重新配置传统治理体系中各方的权利与义务,势必会增加私营部门以及其他主体在打击网络犯罪中的参与程度。⑤

二、弥合各国立法差异,建立政治互信的需要

造成主权国家和区域组织网络犯罪立法差异的根本原因是采取的网络犯罪打击治理模式不同。目前,主要存在两种不同的应对日益严峻的网络犯罪问题的路径,它们在一定程度上反映了各国在国际政治立场以及意识形态

---

① Xingan Li, *International Actions against Cybercrime: Networking Legal Systems in the Networked Crime Scene*, Webology, vol.4:3, p. 1 (2007).

② Albert I. Aldesco, *the Demise of Anonymity: A Constitutional Challenge to the Convention on Cybercrime*, Loyola of Los Angeles Entertainment Law Review, vol.23:81, p. 82(2002).

③ Joachim Vogel, *Towards a Global Convention against Cybercrime*, First World Conference of Penal Law-Penal Law in the 21st Century, 2007, p. 4.

④ Stein Schjolberg & Solange Ghernaouti-Helie, *A Global Treaty on Cybersecurity and Cybercrime*, AiTOslo Publishing, 2011, p. 18-19.

⑤ Roderic Broadhurst, *Developments in the Global Law Enforcement of Cyber-crime*, An International Journal of Police Strategies & Management, vol.29:3, p. 414(2006).

方面的根本差异。以中国、俄罗斯及上海合作组织成员国为代表的国家采取国家和政府强力主导的网络犯罪与安全治理模式,强调在国际合作开展中必须尊重各国的主权完整与独立,提出"数据主权"的概念(digital sovereignty),主张国家和政府在打击网络犯罪中的主导作用。与之相反,以美国和欧盟国家为代表的西方发达世界采取了"多利益主体共同参与"(multi-stakeholder model)的治理模式,其中,欧盟国家更重视公民隐私权利的保护,而美国更倾向于保护私营电信部门的权利,两者都强调数据和信息的自由流动,重视私营部门在打击网络犯罪中的作用以及对其隐私权利的保护。① 两种模式最根本的区别在于由哪方主体拥有数据和信息的相关权利,前者倾向于国家和政府,而后者倾向于私营部门及用户。在这两种截然不同的治理模式之下,各国的立法也存在诸多不同之处,从而为某些跨国网络犯罪行为的实施留下了法律漏洞。此外,目前许多国家将司法互助建立在"双重犯罪"的原则之上,这种立法上的分歧可能会损害打击犯罪实践中执行的有效性。也就是说,当一个特定的司法管辖区缺乏全面的网络犯罪立法或执行不力时,它可能会变成网络罪犯的"避风港"(safe heaven)。② 各国立法的差异性、不一致性能够为网络犯罪的实施"提供"法律层面的漏洞。③ 从理论上讲,一个国家完全可以根据全球趋势和最佳实践(best practice)来进行网络犯罪立法,但这种做法将限制这个国家参与全球打击犯罪的能力。在这种情况下,全球一级的调查限于在所有合作国家都被列为犯罪的罪行。如果各国制定不同于国际最佳实践的标准,那么国际合作将困难重重,并最终导致安全避风港的产生。④ 而在多数情况下,网络犯罪实施者往往身处对这一问题刑事立法尚不完备的国家或地区。因此,通过何种方式、在何种程度上实现各国立法的协调化是当下国际社会面临的一个重要问题。从历史实

---

① Summer Walker (The Global Initiative Against Transnational Organized Crime), *Cyber-insecurities? A Guide to UN Cybercrime Debate*, March 2019, p. 3, available at https://globalinitiative.net/un-cybercrime, (last visited February 19, 2020).

② Brian Harley, *A Global Convention on Cybercrime?*, Columbia Science and Technology Law Review 23, March 2010, available at http://stlr.org/2010/03/23/a-global-convention-on-cybercrime, (last visited February16 2020).

③ UNODC, *Comprehensive Draft Study on Cybercrime*, February 2013, p. 64; Singh, Mrinalini & S. Singh, *Cyber Crime Convention And Trans Border Criminality*, Masaryk U. j. l. & Tech, March 2008, p. 55; see also, UNODC, *The Education for Justice*: *Cybercrime*, 2017, available at https://www.unodc.org/e4j/en/cybercrime/module-3/key-issues/harmonization-of-laws.html, (last visited February16, 2020).

④ Marco Gercke, *Hard and soft law options in response to cybercrime*, *how to weave a more effective net of global responses*, in Stefano Manacorda (eds), *Cybercriminality*: *Finding A Balance Between Freedom And Security*, International Scientific and Professional Advisory Council, 2011, p. 193.

践来看,签订各国普遍参与的多边国际法律文件的做法更为常见,因为国际法的目标之一就是要实现各国法律的协调化。① 只有遵循协调一致的法律标准和加强司法管辖区之间的合作,才能解决这种分歧。

除立法分歧的协调之外,国际社会需要一部全球性的法律文件来建立政治互信,凝聚在全球范围内打击网络犯罪的共识和决心。随着网络犯罪在全球范围内不断扩散,尽管各国均已认识到根据国际义务和国内法开展刑事事项国际合作是各国努力预防、起诉和惩治犯罪特别是跨国形式犯罪活动的基石②,但是基于不同的治理模式以及意识形态的差异,各国之间普遍缺乏打击网络犯罪合作的政治信任,这种政治互信的缺失在西方发达国家与发展中国家之间尤为明显。有学者指出,这一现状与各国政府、私营企业和公民之间的信任日益破裂有关。③ 一部由国际社会普遍参与的国际法律文件能够在一定程度上消弭各国的立法实践差异,或者至少能够通过一项广泛参与的机制来表达各国在打击网络犯罪问题上的利益诉求,构建对话沟通的渠道,进而推动国际政治互信的建立和巩固。

三、国际法机制的诸多优势

相较于国内法而言,国际法所具有的优势表明其更适合解决复杂的跨国犯罪问题,因此,一部普遍参与的国际公约的必要性还需要从国际法本身加以理解。如前文所言,联合国毒品与犯罪办公室(UNODC)在报告中指出,国际法的目标之一便是实现各国法律的协调化。一项国际文件可以在促进全球统一网络犯罪立法方面发挥重要作用。由联合国主导这一国际公约的谈判,可以确保该文件反映发达国家和发展中国家的共同需求,并尊重法律传统和法律制度的差异。此外,这种广泛的参与将确保所包括的议题与各国面临的问题都密切相关,并在执行一项协调立法的国际文书时采取一种更全面的全球化办法。④ 从具体方面来看,一个全球性的多边文书可以协调立法差异、为引渡事项提供国际法依据、促进网络犯罪侦查及证据搜集活动顺利开

---

① UNODC, *Comprehensive Draft Study on Cybercrime*, February 2013, p. 66.
② UNGA, *Twelfth United Nations Congress on Crime Prevention and Criminal Justice*, International Perspectives in Victimology, vol. 5:1, p.7(2010).
③ Summer Walker (The Global Initiative Against Transnational Organized Crime), *Cyber-insecurities? A Guide to UN Cybercrime Debate*, March 2019, p. 1, available at https://globalinitiative.net/un-cybercrime, (last visited February 19, 2020).
④ Marco Gercke, *Hard and soft law options in response to cybercrime, how to weave a more effective net of global responses*, in Stefano Manacorda (eds) *Cybercriminality: Finding A Balance Between Freedom And Security*, International Scientific and Professional Advisory Council, 2011, p. 197.

展、促进建立协调一致的标准和实践。①

一部全球性的打击网络犯罪国际法律文件最根本的特征在于它的"普遍性"(university),它能够帮助国际社会建立一套一以贯之的"协调统一的进路"(universal approach)。这样一个国际法律文件的作用体现在以下几个方面:建立和深化关于网络的共同理解与认识,建立一个安全且信息流通顺畅的全球快速反应机制,促进与国家网络安全、国际合作等方面的术语定义与流程设定,避免各国重复的工作与努力等;更重要的是,它能够帮助打击网络犯罪的全球能力建设(capacity-building),从而在一个全球网络安全议程的框架内尽可能实现人力与机构组织的能力建设的提升,并加强跨部门和跨领域的知识与专门技能的融合。② 有学者指出,全球性的网络犯罪公约能够为全球打击网络犯罪活动的行为提供具有约束性的规范指引,并认为这是最根本的治理手段。③ 还有学者指出,一个全球性的网络犯罪法律文件并不必然是国际公约,也可能是一个不具有约束力的"软法"(soft law)文件,并且它不是用来取代现有的国际法机制的一部"更好的法"(a better law)。但是,这一部法律文件将确定各国在信息空间方面的权利和责任,并可能建立更为协调和有效的努力措施以营造一个更为安全的互联网,特别是在打击网络攻击和恐怖主义活动方面。④ 目前各国之间存在一些以区域性为特点的国际司法合作机制,但是这些机制并非全部是专门针对网络犯罪所设定的,现有的正式司法互助法律文件的制定程序非常复杂且十分耗时,而且往往不包括针对计算机的调查。⑤ 这些困难和障碍说明,有效地打击网络犯罪将在很大程度上取决于国际社会在侦查、预防和威慑潜在网络罪犯以及起诉和惩罚网络罪犯方面的合作能力。更具体地说,国际社会必须制订关于引渡、相互法律援助、移交刑事诉讼程序、移交囚犯、扣押和没收资产以及承认外国刑事判决的国际标准。⑥

---

① Abraham D. Sofaer et al., *A Proposal for an International Convention on Cyber Crime and Terrorism*, Stanford University, 2000, p. ii.

② Stein Schjolberg & Solange Ghernaouti-Helie, *A Global Treaty on Cybersecurity and Cybercrime*, AiTOslo Publishing, 2011, p. 21 & 25.

③ 参见于志刚:《缔结和参加网络犯罪国际公约的中国立场》,载《政法论坛》2015年第5期,第94页。

④ Murdoch Watney, *Cybercrime regulation at a cross-road: State and transnational laws versus global laws*, Information Society (i-Society)- International Conference on IEEE, 2012, p. 74.

⑤ ITU (Marco Gercke), *Understanding cybercrime: Phenomena, challenges and legal response*, September 2012, p. 3, available at http://www.itu.int/ITU-D/cyb/cybersecurity/legisation.html, (last visited April 12, 2020).

⑥ Jason A. Cody, *Derailing the Digitally Depraved: An International Law & (and) Economics Approach to Combating Cybercrime & (and) Cyberterrorism*, Michigan State University-Detroit College of Law's Journal of International Law, vol. 11:2, p. 241(2002).

第二节 打击网络犯罪现有国际法机制的问题

目前,国际社会打击网络犯罪的国际法机制可以分为两个大类:一是由两个主权国家签订的以打击网络犯罪为主要议题的双边合作机制,常见于条约、备忘录、司法互助协议、协定等;二是由两个以上国家签订的多边国际法律文件,常见于区域性公约以及不具约束力的政治文件,如宣言等。在多边机制中,欧洲委员会《网络犯罪公约》作为世界上第一部打击网络犯罪的国际文件,具有里程碑性的意义。但是,不可否认的是,《网络犯罪公约》也存在诸多严重的不足。

一、一般性问题

(一)过于分散与碎片化

如上文所言,与网络犯罪相关的国际法规范既有在两个主权国家间签订的条约及双边合作机制,又有以某一个区域为集群的主权国家签订的区域性国际公约,不仅包括官方正式的法律文件,还包括以私营部门或其他国际组织为主导的非正式执法机制,具有强烈的地缘政治属性,维护的是少数集群的共同利益。显然,应对网络犯罪的国际法律文件相当分散和地域化,呈现出一种"碎片化"(fragmentation)[①]的状态。同时,网络犯罪跨国(境)程度极高,这直接提升了电子证据和数据的搜集难度。至少在电子证据的保存、获取问题上,从全球来看,多边和双边法律文件合作条款范围不同、缺乏回应时间义务、缺乏可直接获取域外数据的协议、非正式执法网络众多以及合作保障措施各不相同,对有效实施涉及刑事事项电子证据的国际合作提出了严峻挑战。[②] 因此,在这样一种高度"碎片化"的状态之下,打击网络犯罪活动困难重重。国际社会缺乏一个协调一致的统筹方法,这本身就是既有的国际法机制中最严峻的问题。

(二)时效性和地域代表的局限性

以《网络犯罪公约》为代表的现有国际法机制在时效性和地域代表方

[①] David Tait, *Cybercrime*: *Innovative approaches to an unprecedented challenge*, Commonwealth Governance Handbook, 2014, p. 99, available at http://www.commonwealthgovernance.org/assets/uploads/2015/04/CGH-15-Tait, (last visited 16 February 2020);胡健生、黄志雄:《打击网络犯罪国际法机制的困境与前景——以欧洲委员会〈网络犯罪公约〉为视角》,载《国际法研究》2016年第6期,第26页。

[②] UNODC, *Comprehensive Draft Study on Cybercrime*, February 2013, p. XVI.

面的局限性被广为诟病,大量的学术及实务界文章均指出了这一问题。①《网络犯罪公约》的文本草案早在 1990 年就被提出,然而在过去的 30 多年里,云计算、人工智能等早已成为互联网技术的新样态,无论是网络犯罪的数量、种类、蔓延速度和利益链条化的变化还是各国国内法的制定完善都已经与公约制定的时代背景大不相同。同时,即便是技术性犯罪也产生了诸多新的犯罪形式,例如,"网络钓鱼""僵尸网络""垃圾邮件""身份窃取"(identity theft)"网络恐怖活动""针对信息基础设施的大规模协同网络攻击"②。因此,《网络犯罪公约》是否能够满足当下打击网络犯罪的时代需求备受社会各方质疑。③

截至 2021 年 6 月,《网络犯罪公约》已有 66 个缔约国、2 个签字国以及 9 个受邀加入的国家(尚未加入)。据估计,另有超过 70 个国家在制定打击网络犯罪国内法时受到该公约的影响。④ 虽然近年来有一些发展中国家加入了《网络犯罪公约》,但该公约的缔约国绝大多数仍为欧美国家以及其他地区的发达资本主义国家。随着发展中国家的经济崛起,这些国家的互联网用户数量已经超过了发达国家,甚至出现了像我国、印度、巴西这样的新兴网络强国,如果一部国际法律文件没有这些国家的广泛参与,那么打击网络犯罪的国际合作将很难有效开展。⑤ 同时,该公约规定新的缔约方加入必须经由

---

① 参见胡健生、黄志雄:《打击网络犯罪国际法机制的困境与前景》,载《国际法研究》2016 年第 6 期,第 26 页;于志刚:《缔结和参加网络犯罪国际公约的中国立场》,载《政法论坛》2015 年第 5 期,第 94 页。Marco Gercke, *Hard and soft law options in response to cybercrime, how to weave a more effective net of global responses*, in Stefano Manacorda (eds), *Cybercriminality: Finding A Balance Between Freedom And Security*, International Scientific and Professional Advisory Council, 2011, p. 198-199.; Xingan Li, *International Actions against Cybercrime: Networking Legal Systems in the Networked Crime Scene*, Webology, vol. 4:3, p. 10 (2007).

② Stein Schjolberg & Solange Ghernaouti-Helie, *A Global Treaty on Cybersecurity and Cybercrime*, AiTOslo Publishing, 2011, p. 41.

③ Russian Federation, *Presentation on Cybercrime in the first EGM meeting*, available at https://www.unodc.org/documents/treaties/organized_crime/EGM_cybercrime_2011/Presentations/Russia_1_Cybercrime_EGMJan2011, (last visited February 19, 2020);《中国代表团出席联合国网络犯罪问题专家组首次会议并做发言》,载中华人民共和国常驻维也纳联合国及其他国际组织代表团官网(http://www. chinesemission-vienna. at/chn/hyyfy/t790751. htm),最后访问日期:2019 年 10 月 12 日。

④ The Budapes Convention and its Protocols, www. coe. int, last visit March 11,2022.

⑤ ITU(Marco Gercke), *Understanding cybercrime: Phenomena, challenges and legal response*, September 2012, p. 126.; O. E. Kolawole, Upgrading Nigerian Law to Effectively Combat Cybercrime: The Council of Europe Convention on Cybercrime in Perspective, University of Botswana Law Journal vol. 12, p. 159(2011).;《中国代表团出席"联合国网络犯罪问题政府间专家组"》,载中华人民共和国常驻维也纳联合国及其他国际组织代表团官网, http://www.chinesemission-vienna.at/chn/hyyfy/t1018227.htm,最后访问日期:2020 年 4 月 10 日。

欧洲委员会部长会议多数决定并经由所有的缔约国一致同意,过于严苛的条件使得该公约在地域代表性的问题上长期难以突破①。简言之,《网络犯罪公约》是以欧洲技术标准为基础的欧洲法律文件。

(三)缺乏统一协调的术语定义

在网络犯罪国际法律文件的术语定义方面,面临的首要问题是国际社会并不存在一个通行的、权威的统一定义来界定什么是"网络犯罪""计算机""通信"等专业术语的。② 如前文所述,当前应对网络犯罪的国际法机制呈现出分散化、碎片化的状态,主要区域公约几乎是基于不同的技术标准来界定相关专业术语的。以《网络犯罪公约》为例,该公约将网络犯罪定义为"利用电子通信网络和信息系统在网上实施的犯罪行为",并将网络犯罪分为三类③,然而第二类、第三类犯罪中即使不存在"网络"或"计算机"要素也是犯罪的类型。不仅如此,"网络犯罪"与"网络安全""网络恐怖""国家及国际安全""信息基础设施安全"之间的概念和内涵界限模糊,在某些程度或方面存在重合和交叉的情形。有学者指出,概念使用的混乱可能造成管辖权方面的问题,可能会影响不同执法机构的职权范围以及刑事司法活动采用的方法和路径。④ 也有学者指出,术语的界定处于两难的境地,如果采取宽泛的定义方法,那么其规制的具体行为难以确定,如果采取狭窄的定义方法,那么也会因为欠缺灵活性而无法适应新的形势变化。简而言之,目前国际社会并不存在通行的网络犯罪相关术语定义规范,而《网络犯罪公约》采取的宽泛定义并不能为实际执行提供明确清楚的指引。

---

① See Jonathan Clough, A World of Difference: The Budapest Convention of Cybercrime and the Challenges of Harmonisation, Monash University Law Review, vol. 40. 3, p. 724(2014).

② Summer Walker (The Global Initiative Against Transnational Organized Crime), Cyber-insecurities? A Guide to UN Cybercrime Debate, March 2019, p. 1, available at https://globalinitiative.net/un-cybercrime, (last visited February 19, 2020);俄罗斯代表团在参加第一次政府间专家组会议时则明确指出关于网络犯罪的相关定义在国际层面尚未被确定,参见 Russian Federation, Presentation on Cybercrime in the first EGM meeting, available at https://www.unodc.org/documents/treaties/organized_crime/EGM_cybercrime_2011/Presentations/Russia_1_Cybercrime_EGMJan2011, (last visited February 19, 2020).

③ 一是针对特定互联网元素的犯罪(如信息系统或网站);二是网上诈骗及伪造;三是"非法网络内容,包括儿童性侵材料、煽动种族仇恨、煽动恐怖主义行为、美化暴力、恐怖主义、种族主义和仇外心理"。

④ European Parliament, Directorate General for International Policies, Policy Department C: Citizens' Rights and Constitutional Affairs, The Law Enforcement Challenges of Cybercrime: Are We Really Playing Catch-up? 2016, p. 22-23.

二、刑事实体法的问题

(一)网络犯罪的定义不合理

《网络犯罪公约》将其规制的网络犯罪活动划分为四个类型。① 然而,随着网络技术的发展,网络犯罪活动呈现出来的形式远不止于此,诸如"身份盗窃""暗网""僵尸网站""垃圾邮件""儿童性修饰"(sexual grooming of children)以及"网络恐怖活动"等并未被涉及。② 尽管从文字性表述上来看,公约的规制对象确实不包括前述犯罪活动,但是也有学者提出,第 23 条无限放大了公约的实际规制范围。③ 该条款使公约实际打击的犯罪活动不再仅仅局限于网络或计算机相关犯罪,而是扩大到所有证据可以通过计算机或数据方式来呈现的犯罪活动。一种"激进"的说法认为,该条款实际上是允许缔约国制定法律授权执法人员搜查和没收计算机和"计算机数据",进行窃听,并获取实时和存储的通信数据,而无论调查的犯罪是否属于网络犯罪。④

(二)犯罪构成要件不明确

《网络犯罪公约》受到广泛质疑的另一个原因在于其仅仅是罗列出了需要缔约国刑事立法的犯罪活动形式,但对于如何确定这些行为及罪名的犯罪构成要件或元素(elements of crime)并未提供任何的指引。如此一来,对于缔约国而言,完全可能出现针对客观行为模式相同的犯罪活动制定不同内容的罪名的情况。⑤ 学者们推测该公约在草案讨论伊始便认

---

① 第一,针对计算机数据和系统机密性、完整性及可获得性实施的犯罪活动,如"非法进入"(第 2 条,illegal access)、"非法拦截"(第 3 条,illegal interception)、"数据干扰"(第 4 条,data interference)、"系统干扰"(第 5 条,system interference)、"滥用装置"(第 6 条,misuse of device);第二,与计算机相关的犯罪活动,如"计算机系统、数据的伪造"(第 7 条,computer-related forgery)、"诈骗活动"(第 8 条,computer-related fraud);第三,计算机内容相关的犯罪活动,如"儿童色情相关犯罪"(第 9 条,offences related to child pornography);第四,侵犯版权和相关知识权利的犯罪(第 10 条,offences related to infringement of copyright and related rights)。参见《网络犯罪公约》(Convention on cybercrime),2001 年 11 月 23 日签订,2004 年 7 月 1 日生效。

② Jonathan Clough, *A World of Difference*:*The Budapest Convention of Cybercrime and the Challenges of Harmonization*, Monash University Law Review, vol. 40:3, p. 702(2014).

③ 该公约第 23 条规定,"为涉及计算机系统和数据的犯罪调查或相关行动,或为在电子形式的犯罪中收集证据,缔约方应根据本节中的规定,通过在与犯罪事务相关的国际文件、有关单边或双边的立法层面达成协议以及国内法,尽最大努力程度达成合作"。

④ Michael A. Vatis, *The Council of Europe Convention on Cybercrime*, 2010, p. 208.;Adrian Bannon, *Cybercrime Investigation and Prosecution - Should Ireland Ratify the Cybercrime Convention*, Galway Student Law Review,vol. 3, p. 126 (2007).

⑤ Hopkins, Shannon L, *Cybercrime Convention*:*A Positive Beginning to a Long Road Ahead*, Journal of High Technology Law, vol. 2:1, p. 113(2003);O. E. Kolawole, *Upgrading Nigerian Law to Effectively Combat Cybercrime*:*The Council of Europe Convention on Cybercrime in Perspective*,University of Botswana Law Journal, vol. 12, p. 159(2011).

为,如果给出具体内容的规定和指引,很有可能导致潜在的缔约国拒绝签署,因此出于高度尊重缔约国国内刑事立法政策的考量,需要给缔约国保留一定的自由裁量空间。可以明确的是,将确定犯罪构成要件的权力交给缔约国必然产生公约执行和实施方面的混乱。有学者指出,如果每个缔约国根据自己的意志和刑事立法政策来制定国内法层面的相关法律,将会造成公约执行方面的多样化,从而削弱国际社会对这些网络犯罪活动危害性的共同认识。这种规定所带来的负面影响将会在极大程度上削弱为达成一项协定而进行的长期、昂贵的国际谈判的效力,尽管该规定本身正是谈判和商定的内容之一。①

三、程序法及国际合作的问题

(一)证据获取与保存的问题

由于国际社会缺乏足够的政治互信,尤其是在"斯诺登"事件爆发之后,有调查显示,越来越多的国家不愿意进行信息数据共享方面的合作。欧洲刑警组织也明确表示现在无法直接从其他国家私营电信部门获得电子数据等必要的证据。② 具体而言,《网络犯罪公约》第 32 条(b)款存在侵犯他国主权的可能。③ 首先,这一条款在一些新兴网络强国中引起了强烈的关切,以俄罗斯、中国为代表的这些国家不愿意在主权问题上进行妥协和让步,认为该条款无视主权国家在跨境网络犯罪调查活动中的权威,存在主权和管辖权方面的争议。④ 其次,有学者从"云计算"(cloud computing)角度分析并认为该条款人为省略了"同意"(consent)作为法律联

---

① Xingan Li, *International Actions against Cybercrime: Networking Legal Systems in the Networked Crime Scene*, Webology, vol.4:3, p. 8 (2007).

② European Parliament, *Directorate General for International Policies*, Policy Department C: Citizens' Rights and Constitutional Affairs, *The Law Enforcement Challenges of Cybercrime: Are We Really Playing Catch-up?* 2016, p. 45.

③ 公约第 32 条:缔约方有权在未经其他各方同意的情况下访问、获取:(a)可公开获得公开储存的计算机数据而不论该数据位于何处;(b)若缔约方获得对数据信息拥有合法权力予以披露的主体的合法、自愿同意且该数据信息位于其他缔约方之领土,任意一方均有权通过计算机系统访问或获取该等储存数据。

④ 胡健生、黄志雄:《打击网络犯罪国际法机制的困境与前景》,载《国际法研究》2016 年第 6 期,第 27 页。参见《中国代表团出席联合国网络犯罪问题专家组首次会议并做发言》,载中华人民共和国常驻维也纳联合国及其他国际组织代表团官网(http://www.chinesemission-vienna.at/chn/hyyfy/t790751.htm),最后访问日期:2019 年 10 月 12 日; UNODC, Report on the meeting of the Expert Group to Conduct a Comprehensive Study on Cybercrime, April 2017, UNODC/CCPCJ/EG.4/2017/4, para. 44.; Jonathan Clough, A World of Difference: The Budapest Convention of Cybercrime and the Challenges of Harmonisation, Monash University Law Review, vol.40.3, p. 720(2014).

结的因素。① 因为在"云计算"应用场景中,一是云数据服务提供商在绝大多数的时候可能会认为数据保护和隐私的价值比犯罪刑事调查更为重要,并且运营商本身也不必然拥有合法披露其所掌握数据信息的权限,要以其所处国家的国内法来具体判断。二是云计算场景下数据可能没有储存在任何一个缔约国的领土中,而第 32 条以及其他条款并没有规定如何确定数据的地理定位,该条款本身就存在程序上的缺陷。

(二)管辖权冲突的问题

《网络犯罪公约》第 22 条规定了属地管辖(含"船旗国主义"管辖)和属人管辖的原则,同时还允许缔约国对属人管辖作出保留。② 有学者认为公约起草者蓄意广泛地规定管辖问题,以便各国在发生争端时灵活地决定管辖权限。③ 然而,这一条款仍然没有提供解决管辖权冲突的机制,实际的最终效果是只能在个案中依据涉案各方的协调来确定管辖权,并且在实践中可能造成某些国家拥有无限的管辖权。例如,美国采取了客观属地主义原则(objective territorial approach),只要某一犯罪行为对美国产生"影响"(effect),那么美国就拥有对该行为的管辖权。因此,如果该公约本身没有提供清晰明确的管辖权归属指引,那么在执行的过程中仍然无法避免管辖权问题的争议。④

(三)隐私权保护力度不足

《网络犯罪公约》的 48 个条款中并没有涉及与"隐私保护"相关的内容,客观上极大地增加了执法机构的调查权力。在欧洲内部,这种缺乏隐私条款的做法也违反了其他国际执法协定,如国际刑警组织、欧洲刑警组织和申根协定。⑤ 美国公民自由联盟(ACLU)技术与自由项目主任巴里·斯坦哈特(Barry Steinhardt)认为,这是一项远远超出其预期范围的条约。他认为,这将要求参与条约的国家采取各种干预性的监控措施,并通过法律允许政府搜索和获取电子邮件和计算机记录,进行互联网监控,同时要求互联网服务提

---

① Council of Europe, Economic Crime Division Directorate General of Human Rights and Legal Affairs, *Cloud Computing and cybercrime investigations*: *Territoriality vs. the power of disposal?* August 2010, p. 7, available at http://www.int/cybercrime, (last visited February 18, 2020).

② 参见胡健生、黄志雄:《打击网络犯罪国际法机制的困境与前景》,载《国际法研究》2015 年第 6 期,第 27 页。

③ Hopkins, Shannon L, *Cybercrime Convention*: *A Positive Beginning to a Long Road Ahead*, Journal of High Technology Law, vol. 2:1, p. 117(2003).

④ Ellen S. Podgor, *Cybercrime*: *National, Transnational, or International*, Wayne Law Review, vol. 50:1, p. 107(2004).

⑤ Adrian Bannon, *Cybercrime Investigation and Prosecution - Should Ireland Ratify the Cybercrime Convention*, Galway Student Law Review, vol. 3, p. 126 (2007).

供商(isp)保存与调查相关的日志。① 尽管其中一些条款对执法机构的调查行为作出了一定的限制,例如,第 16 条(加速保存已存储的计算机数据)和第 17 条(加速保存和部分披露交通数据)对侵犯隐私的执法技术提出了非常具体的要求,但是其他的条款并没有作出相同或类似的规定。模糊地提及比例原则并不足以确保公民自由得到保护,更有声音质疑《网络犯罪公约》是否在最低标准程度上符合《欧洲人权公约》和其他国际人权文书。②

四、公约实施和执行机制的问题

《网络犯罪公约》自 2001 年签订以来,其执行和实施的实际情况并不乐观。③ 一方面,公约允许保留的条款过多影响了后续的执行。④ 公约中存在着九个允许保留的条款,不仅包括实体法的内容,还包括程序法的内容。本书认为,这些保留可能是公约起草者旨在使尽可能多的国家成为该公约的缔约国,同时允许这些国家保持符合其国内法的某些主张和概念。另一方面,"遵约"评估机制的缺失也加剧了公约执行上的困难。尽管公约规定了缔约国应随时向欧洲犯罪问题委员会(CDPC)通报关于本公约的解释和适用的情况,但公约本身没有任何执行机制来确保各缔约国遵守其在公约下的义务。⑤ 特别是在批准《网络犯罪公约》的第一批国家中,它们对该公约的充分执行严重关切。即使在德国和美国这样的大国,公约也不太可能得到充分执行。例如,与公约第 2 条的规定相反,德国没有将非法访问计算机系统定为犯罪,而只将非法访问计算机数据定为犯罪。⑥

对此,有学者指出,该公约执行不力的重要原因在于缺少一个专门的司法机构来处理网络犯罪,主张在国际层面建立类似于国际刑事法院或法庭的

---

① Ibid, p. 124.
② Taylor Greg, *The Council of Europe Cybercrime Convention*: *A Civil Liberties Perspective*, Privacy Law and Policy Reporter 69, 2001, p. 3-4, available at http://www.crime-research.org/library/CoE_Cybercrime.html, (last visited February 16, 2020).
③ Alexander Seger, *The Budapest Convention 10 Years on*: *167 Lessons learnt*, in Stefano Manacorda (eds), Cybercriminality: Finding A Balance Between Freedom And Security, International Scientific and Professional Advisory Council, 2011, p. 173.
④ Miriam F. Miquelon-Weismann, *A Convention on Cybercrime*: *A Harmonized Implementation of International Penal Law*: *What Prospects for Procedural Due Process*? Marshall Journal of Computer & Information Law, vol. 23:329, p. 353(2005).
⑤ Michael A. Vatis, *The Council of Europe Convention on Cybercrime*, National Academy of Science, 2010, p. 217, available at http://www.crime-research.org/library/CoE_Cybercrime.html, (last visited February 16, 2020).
⑥ ITU (Marco Gercke), *Understanding cybercrime*: *Phenomena, challenges and legal response*, September 2012, p. 125, available at http://www.itu.int/ITU-D/cyb/cybersecurity/legisation.html, (last visited April 12, 2020).

专门机构来应对网络犯罪法律文件执行不力的情况。① 还有学者指出,这与国际法本身的特点也有关系,认为国际法机制在应对不断变化的全球问题时发挥作用相当缓慢。同时,签署了这一公约的一部分国家仍然没有完成国内批准程序,致使公约不能对其产生法律效力,并且目前全球大部分国家并没有加入这一公约。②

第三节 联合国网络犯罪公约的进程与展望

目前,对于网络犯罪国际公约的制定存在两条推进路径。欧美国家持续推动《网络犯罪公约》的优化更新与多边化,通过公约委员会(T-CY),试图追踪评估以提升公约的实施效果,推进《第二附加议定书》的谈判以保持条约内容的优化更新,推动新缔约国的加入以实现条约体系的扩张诉求。此外,通过公约项下网络犯罪项目办公室(C-PROC),欧美补贴大量相关国家进行打击网络犯罪能力建设,借由技术合作输出公约的标准和流程。③ 而以中俄为代表的新兴市场国家则继续推动联合国网络犯罪政府专家组项下的国际公约的制定。专家组自2011年设立以来,共召开五次会议。尽管各国在核心网络犯罪行为定罪、综合应对网络犯罪模式以及加强跨境获取电子证据交流等问题上有一定共识,但在具体问题政策取向、优先目标等方面,各国仍存在不少分歧。④

一、联合国网络犯罪公约的起草进程

2011年,在中国、俄罗斯和巴西等国的倡议下,联合国经济和社会理事会(ECOSOC)下的预防犯罪和刑事司法委员会(CCPCJ)根据第65届联合国大会决议设立了联合国网络犯罪政府专家组,该专家组是联合国框架下探讨

---

① Stein Schjolberg, *Potential New global legal mechanisms 179 on combating cybercrime and global cyber Attacks*, in Stefano Manacorda (eds), cybercriminality: Finding A Balance Between Freedom And Security, International Scientific and Professional Advisory Council, 2011, p. 179.
② Francesco Calderoni, *The European legal framework on cybercrime: striving for an effective implementation*, Crime Law Soc Change, vol. 54, p. 350(2010).
③ 参见杨帆:《网络犯罪国际规则编纂的现状、目标及推进路径》,载厦门大学法学院官网(https://law.xmu.edu.cn/info/1085/24669.htm),最后访问日期:2020年4月28日。
④ 参见杨帆:《网络犯罪国际规则编纂的现状、目标及推进路径》,载厦门大学法学院官网(https://law.xmu.edu.cn/info/1085/24669.htm),最后访问日期:2020年4月28日。

打击网络犯罪国际规则的唯一平台。①专家组先后于 2011 年、2013 年和 2017 年就《网络犯罪问题综合研究报告(草案)》的起草召开了三次会议。根据专家组第一次会议的要求,2012 年 1 月至 7 月间,UNODC 向各国、政府间组织和私营部门与学术机构的代表分发关于网络犯罪问题的问卷,并于 2013 年年初完成《研究报告(稿)》,草案共分八个章节,对网络犯罪及其特点和发展趋势、对国际社会的危害、各国国内和国际层面的应对措施以及相关国际合作情况等,进行了全面的实证研究。② 此后,由于相关各方国家对报告的结论和建议等问题均存在较大的争议,直至 2017 年第三次会议,草案仍未获得通过。2018 年 4 月,专家组第四次会议召开,一致通过了专家组 2018 年至 2021 年工作计划,并开启讨论网络犯罪实质问题。根据该计划,专家组每年将召开一次会议,每一次会议都有一个特定的主题重点:2018 年讨论立法、框架和刑事定罪;2019 年讨论执法和调查,包括电子证据和刑事司法;2020 年讨论国际合作与预防,并在 2021 年召开最终盘点会议,出台工作建议提交 CCPCJ 审议。在通过工作计划的同时,会议重点就"立法和政策框架"和"定罪"两项议题进行了讨论,并汇集各国提出的初步建议供后续会议审议。③ 但是,在具体问题政策选择及目标推进等问题上,各国仍存有很大分歧。

2019 年 3 月,专家组第五次会议召开,与会各国普遍认可就打击网络犯罪开展多边讨论的必要性,围绕"能力建设""公私合作""创新管辖权""电子证据""调取境外电子数据""制定全球性打击网络犯罪公约"六大议题进行了讨论,介绍了本国相关法律和实践,并提出了一些具体的规则建议。④ 2019 年 12 月 27 日,第 74 届联合国大会通过了中俄等 47 国共同提出的"打击为犯罪目的使用信息通信技术"决议,正式开启通过谈判制定打击网络犯罪全球性公约的议程。根据决议,联合国将设立一个代表所有区域的不限成员名额的特设政府间专家委员会,拟定打击网络犯罪全球性公约。该专家委员会于 2021 年 5 月在纽约召开组织会议,商定下一步工作计划,提交第 75 届联大审议。2021 年 5 月,联合国大会通过决议,决定特别委员会应至

---

① 参见宋东:《打击网络犯罪国际合作形势与展望》,载安全内参网(https://www.secrss.com/articles/3538),最后访问日期:2020 年 4 月 28 日。
② 参见叶伟:《联合国网络犯罪政府专家组及中国贡献》,载安全内参网(https://www.secrss.com/articles/3674),最后访问日期:2020 年 4 月 28 日。
③ 参见叶伟:《联合国网络犯罪政府专家组及中国贡献》,载安全内参网(https://www.secrss.com/articles/3674),最后访问日期:2020 年 4 月 28 日。
④ 参见《各国热议应对"云时代"网路犯罪——联合国网络犯罪政府专家组第五次会议综述》,载搜狐网(https://www.sohu.com/a/307543318_120053911),最后访问日期:2020 年 4 月 28 日。

少召开六届会议,每届会期为 10 天。由于新冠疫情,原定于 2022 年 1 月召开的特别委员会第一次会议推迟到 2022 年 4 月举行。按照计划,特别委员会将于第 78 届联合国大会提交公约草案。这不仅标志着联合国将首次主持网络问题国际条约谈判,从而维护了联合国在全球治理规则制定的主渠道地位,也彰显了多边主义,反映了国际社会以更有力措施应对网络犯罪的共识和决心。

二、联合国网络犯罪公约的起草背景

面对欧美国家《网络犯罪公约》独当一面的强烈攻势,中俄等国家为何要力排众议另行制定一部统一的国际新公约来打击网络犯罪? 这主要是因为:第一,联合国在应对全球性问题中能发挥的作用;第二,中俄两国网络治理观念;第三,现有国际法机制的问题。

(一)联合国在应对全球性问题上的作用

如前文所言,打击网络犯罪的国际法机制呈现出分散化和"碎片化"的特点,在全球层面,互联网技术规范、网络安全、网络犯罪等领域已经建立了许多平台。在区域一级,这种平台的数目甚至更多,也更复杂。在这样的情况下,联合国作为当今世界最具代表性和权威性的国际组织,应在网络空间规则秩序建设中发挥引领和协调作用。① 联合国在协调国际立场方面具有独特的优势,表现为:第一,也是最重要的是,它将具有最广泛的地理范围,向所有会员国开放;第二,它将提供一个机会来处理未列入《网络犯罪公约》的问题,或改进需要修正的条款;第三,它可能允许修正或删除那些妨碍更广泛接受《网络犯罪公约》的规定②;第四,《联合国宪章》能够为网络犯罪治理的国际法机制提供基本原则层面的指导,《联合国宪章》确立的国家主权平等、不干涉内政、不使用武力、和平解决国际争端等现代国际法基本原则,应成为网络空间国际法制度的指导原则③。还有学者指出联合国在全球网络安全治理中具有规范功能:第一,联合国拥有的丰富资源使其在全球网络安全治理中更具能动性;第二,联合国在协调全球网络安全利益中更具调和性;第三,联合国的公益性使其在推动全球网络安全规范中更具权威性。④

---

① See MA Xinmin, *What Kind of Internet Order Do We Need?* 14 Chinese Journal of International Law, vol. 14:2, p. 399(2015).
② See Jonathan Clough, *A World of Difference: The Budapest Convention of Cybercrime and the Challenges of Harmonisation*, Monash University Law Review, vol. 40:3, p. 728(2014).
③ MA Xinmin, *What Kind of Internet Order Do We Need?* 14 Chinese Journal of International Law, vol. 14:2, p. 400 (2015).
④ 参见盛辰超:《联合国在全球网络安全治理中的规范功能研究》,载《国际论坛》2016 年第 3 期,第 8 页。

在一些官方场合,中国与俄罗斯都明确表示了以联合国为主导制定新的国际法律文件的必要性。俄罗斯在第一次网络犯罪政府专家组会议时即表示,以联合国为主导的公约目的在于更有效地强化打击网络犯罪的措施,以及促进、提升支持国际合作和技术协助,从而为应对计算机领域出现的新型挑战提供充足的应对方法。[1] 中国在 2013 年参加政府专家组会议时也表示,有了全球性法律合作框架,国际社会合作打击网络犯罪的活动会更加富有成效,制定和实施新的多边法律文件与加强各国能力建设并不矛盾,二者不是相互取代的关系,而是会相互促进。新的国际立法不仅可以直接写入有关技术援助的内容,而且可以通过规范各缔约国在合作打击网络犯罪领域方面的法律权利和义务,为各国加强能力建设或开展有关国际合作提供基础。[2]

(二)网络犯罪治理观念的差异

前文提到目前国际社会存在两种截然不同的网络治理模式,中国与俄罗斯倾向于"政府主导模式",倡导"数据主权""网络主权",坚定维护打击网络犯罪问题上对领土完整与主权独立的保护。[3] 中俄两国在第 66 届联大会议上提交的《信息安全国际行为准则》中"重申与互联网有关的公共政策问题的决策权是各国的主权"。习近平主席也于 2014 年首次提出"信息主权"的概念,将主权的外延从物理空间延伸至虚拟空间。[4]

关于各国对网络空间是否享有主权,中俄等国与其他发达网络强国之间存在根本分歧。在欧美国家,"网络中性原则"长期在网络治理领域占据主导地位,该原则是指网络使用者在互联网上使用内容、服务和应用程序的权利不受网络经营者或政府的干预。同时,网络运营商的权利将合理地免除其传输被第三方视为非法的或不当的内容或程序的责任。基于该原则,主张自我管理模式的专家认为互联网是没有疆界的,其建立起一个独立而完整的全球社区,在该网络社区内,由网民自发地形成一套公民道德体系(civic

---

[1] See Russian Federation, Presentation on Cybercrime in the first EGM meeting, p. 24. available at https://www.unodc.org/documents/treaties/organized_crime/EGM_cybercrime_2011/Presentations/Russia_1_Cybercrime_EGMJan2011.pdf,(last visited February 19, 2020).

[2] 《中国代表团出席"联合国网络犯罪问题政府间专家组"》,载中华人民共和国常驻维也纳联合国及其他国际组织代表团官网(http://www.chinesemission-vienna.at/chn/hyyfy/t1018227.htm),最后访问日期:2019 年 10 月 16 日。

[3] Summer Walker (The Global Initiative Against Transnational Organized Crime), *Cyber-insecurities? A Guide to UN Cybercrime Debate*, March 2019, p. 3, available at https://globalinitiative.net/un-cybercrime,(last visited February 19, 2020).

[4] 参见于志刚:《缔结和参加网络犯罪国际公约的中国立场》,载《政法论坛》2015 年第 5 期,第 106—107 页。

virtue),而无需通过使用法律规范和国家管辖权的外部方式介入跨国或国际网络空间的管理。而支持"网络主权"的观点则认为,网络空间传递的信息对现实世界产生重要的影响,其不仅体现在信息的发送、接收和储存须符合既有国内规则,而且国家对网络空间的交易等商业行为要进行安全保障,网络空间的信息流动与国家安全更是休戚相关。因此,网络空间豁免(cyberspace exemption)说并无实现的可能,与海洋、天空等现实空间相同,国家主权也适用于网络空间。① 实际上,各国也在不断强调对其活动进行控制的权利,对自己领土上的网络活动主张管辖权并保护其网络基础设施不受其他国家或个人的跨界干扰的权利。②

对于中国而言,还必须考虑到我国正处于互联网经济的大发展时期的背景对采取和建立何种网络犯罪的治理模式的影响。有学者明确指出,按照欧美执法标准的数据跨境可能危害国家安全和互联网企业安全。网络犯罪的国际司法协助最核心的就是电子数据的证据收集、互信、互认和侦查(调查)过程中的人机对应(其他诸如引渡、资产查封既可以遵照传统条约,也可以通过移民局驱逐等方式变通),把被网络犯罪跨国界、链条化运作方式割裂的证据链串起来。由于网络犯罪活动基本都在各大互联网企业(平台),因此国际协助也无法离开通信、金融、互联网企业以及其他私营机构的协助,国际条约是否科学势必关系到各国企业的利益进而影响到国家利益,尤其是在安全方面。但当前,各国国内网络安全立法中"数据本地化"趋势越来越明显,且对"数据跨境安全"尤为敏感。③ 从目前各国国内法制定的趋势来看,限制数据跨境的趋势越来越明显。按照欧美国家等的法律和执法标准进行国际司法协助可能对我国大数据战略和企业出海造成重大影响。

(三)其他原因

中俄等国之所以选择另辟蹊径,其中一个很重要的问题在于现有的国际法机制存在诸多问题,尤其是《网络犯罪公约》对国家主权维护问题带来的隐患。对于现有国际法机制的主要问题,前文已经作了详尽的阐述,此处不再赘述。以下结合中俄两国在某些官方场合公开发表的评论来说明两国另

---

① 参见安柯颖:《跨国网络犯罪国际治理的中国参与》,载《云南民族大学学报(哲学社会科学版)》2019年5月第3期,第53页。

② Wolff Heintschel & von Heinegg, *Territorial Sovereignty and Neutrality in Cyberspace*, International Law Study, vol. 89:123, p. 126(2013).

③ 比如,按照目前美国 Cloud Act 法案的规定,一方面实行长臂管辖,基于执法需求,可以要求凡是在美国的企业(包括外国企业分支机构)提供存储在海外的数据甚至在该外国企业本国的数据,另一方面又排斥外国执法机构对美国企业提出的数据要求,以审核所谓"适格国家"为借口作为拒绝配合的理由,而欧盟 GDPR 又规定了史上最严厉的数据保护法案,违反该法案的最高可能面临全球营收4%的罚款。

辟蹊径的其他原因。

UNODC 曾在 2013 年针对各国应对网络犯罪问题的现状进行过调查,中国政府在对调查报告进行官方评论时指出,现有的国际法机制不能在国家主权确保无虞的情况下开展跨境侦查及域外获取证据等活动。不仅如此,云计算、加密等新技术也在不断翻新国际合作执法所面对的法律和技术挑战。中方认为,面对这些复杂挑战及日益增长的网络犯罪,国际社会更加需要加速推进国际立法,弥补国际合作的法律空白或缓解法律冲突,促进各国打击网络犯罪法律和实践的协调一致。① 在 2019 年联合国大会上,中国代表发表评论,在国际立法方面,中国认为,《联合国打击跨国有组织犯罪公约》不能有效响应打击网络犯罪国际合作的新要求。在打击网络犯罪方面虽然已经有了一些新的区域性公约,如欧洲理事会、上海合作组织、阿拉伯国家联盟、非洲联盟等制定的公约,但由于成员国范围和公约内容的不同,当前的国际立法支离破碎。因此,中国支持各国在联合国主导下,借鉴现有区域公约的经验,通过谈判建立面向所有国家的打击网络犯罪全球公约。②

俄罗斯外交部新威胁和挑战司司长表示,俄罗斯和部分国家拒绝参与《网络犯罪公约》的原因还在于其中的第 32 条(b)款,这是俄罗斯无法接受的条款。这项条款规定各国可以跨界获取他国的数据,而不需要通过数据主管部门的允许。其认为这项条款是违反人权和自由的,侵犯了一国主权,特别是侵犯了用户的隐私权。③ 同样,在 2019 年联大会议上,俄罗斯代表表示,一些国家促进欧洲委员会《网络犯罪公约》作为一种可能的解决办法。然而,这一手段不足以应对当前的威胁。该公约是在 20 世纪 90 年代末制定的,因此它无法规范许多现代罪犯的"发明"。它还允许违反国家主权和不干涉别国内政原则的可能性。④

三、联合国网络犯罪公约的前景

联合国预防犯罪与刑事司法委员会(CCPCJ)下设的网络犯罪政府专

---

① 中国政府:《中国关于〈网络犯罪问题综合研究报告(草案)〉的评论意见》,第 2 页,载 https://max.book118.com/html/2018/0316/157577518.shtm,最后访问日期:2020 年 4 月 10 日。

② UNGA, *Report of the Secretary-General on Countering the use of information and communications technologies for criminal purposes*, July 2019, A/74/130, para. 69, available at https://digitallibrary.un.org/record/1660536, (last visited February 20, 2020).

③ 参见罗加乔夫·伊利亚·伊戈列维奇:《俄罗斯在打击网络犯罪上的主张》,载《信息安全与通信保密》2018 年第 1 期,第 21 页。

④ UNGA, *Report of the Secretary-General on Countering the use of information and communications technologies for criminal purposes*, July 2019, A/74/130, para. 296-299, available at https://digitallibrary.un.org/record/1660536, (last visited February 20, 2020).

家组在发布的网络犯罪研究报告中,已经提出包括制定打击网络犯罪国际示范条款及综合性的多边法律文件等措施来加强现有的国家以及国际社会应对网络犯罪的法律措施。① 这为未来打击网络犯罪工作的开展指明了方向,即未来打击网络犯罪的关键还是需要制定一部具有综合性的全球法律文件。

当前,国际社会各方对于合作打击网络犯罪已成共识,但具体到国际法的适用选择上,如前文所言,由于在网络犯罪的模式选择上具有明显的分歧,欧美等公约缔结国和以中俄为代表的新兴国家对新型网络犯罪国家法律文件构建的态度明显对立。当前,在联合国网络犯罪公约前景这一问题上,学术界似乎也呈现出两种不同的看法。

中国学者似乎对于国际法律文件的构建更加乐观。有学者指出,从整个网络空间国际规则博弈和发展形势看,打击网络犯罪问题与网络领域的其他问题,如国际法适用、互联网治理问题相比,已经具备较好的国际立法基础,各国在该领域也有着较迫切的合作需求与较成熟的司法实践,极有可能成为网络空间全球性国际法规则制定取得进展的首要突破口。② 具体来说,一是在国际组织层面,联合国作为政府间最重要的国际组织,一直致力于推动网络安全国际立法的建构。早在2000年,联合国大会就作出了第56/121号决议,授权经社理事会下的预防犯罪和刑事司法委员会对网络犯罪进行讨论。该委员会在2017年通过了《关于加强国际合作打击网络犯罪的决议》,要求进一步加强网络犯罪的国际合作,以加强现有的反应机制、建议新的国家和国际法律或其他应对网络犯罪的措施。③ 二是在国际会议机制层面,2013年4月,"金砖五国"向联合国提出了《加强国际合作,打击网络犯罪》的决议草案,要求进一步加强联合国对网络犯罪问题的研究与应对④,这是金砖国家首次就网络问题联手行动。三是在国际条约机制上,除了《网络犯罪公约》,如前文所言,许多区域组织都出台了关于网络犯罪的打击和预防性立法,如《上海合作组织成员国国际信息安全政府间合作协定》《阿拉伯国家联盟打击信息技术犯罪法律框架》等。因此,参照其他领域已有的国际法实践,在借鉴现存法律文件的基础上,以联合国为中心制定全球性的网络犯

---

① UNODC, *Comprehensive Draft Study on Cybercrime*, February 2013, p. XII – XV.
② 参见胡健生、黄志雄:《打击网络犯罪国际法机制的困境与前景》,载《国际法研究》2015年第6期,第33页。
③ CCPCJ, *Strengthening International Cooperation To Combat Cybercrime*, Resolution 26/4, available at https://www.unodc.org/unodc/en/commissions/CCPCJ/Resolutions_Decisions/Resolutions_2010-2019.html, (last visited February 20, 2020).
④ 参见方晓:《金砖国家同意共建网络准则》,载网易网(http://news.163.com/13/0705/10/930TUAFK00014AED.html),最后讯问日期:2020年3月18日。

罪打击文书,对于消除各国法律差异和缩小发展中国家的网络安全数字鸿沟可以说是一条可行的路径。

然而,外国学者对这一问题则较为悲观。有学者指出,目前网络犯罪的国际立法呈现出一种张力。一方面,网络犯罪作为一种跨国犯罪活动,打击网络犯罪已经在国际层面被提上日程,越来越多的应对机制开始出现;另一方面,国际社会呈现出一种危险的趋势,分歧使得国际社会在打击网络犯罪这一问题上被分割为不同的"国家集群"(clusters),各国的分歧难以消解。由此可以预见,在不远的将来不会有任何的全球广泛参与的国际法律文件出现。达成这样一份协议的"机会之窗"已经错过,没有任何一部协议在范围和广度上能够涵盖《网络犯罪公约》所代表的利益集群。此外,将各国法律"协调化"(harmonization)视为打击网络犯罪的目标是极不现实的。随着技术的发展和变化,国际社会的反应也需要发展和变化。所有成员国制定全球性的网络犯罪法律文件的理想是一个暂时难以企及的崇高目标。[1] 甚至还有学者认为,只要有《网络犯罪公约》的存在,全球性的联合国网络犯罪公约基本不可能实现。一般而言,新的法律文件通常在实施后立即成为学术注释的对象,而立法机关通常不愿改变现有的法律文件。这两个因素进一步决定了一部更好的法律文件难以出现的不幸命运。"经典"阻碍了更好的"经典","共识"阻碍了更大的"共识",《网络犯罪公约》阻碍了更好的公约。[2]

总体而言,在全球互联网犯罪的严峻形势和执法现实下,国际社会各方对打击网络犯罪的国际性公约和机制很难在短期内达成共识。打击国际网络犯罪作为网络空间国际治理的重要议题,受制于现实的国际政治格局和历史路径,其治理碎片化和难以推进背后的根源是各方对于网络空间治理规则制定主导权的博弈和对于国家主权在网络空间映射的认知差异,形成新的共识和机制需要各方长期的互动和具有政治智慧的建设。

第四节 联合国网络犯罪公约的中国方案

虽然当前世界各国在网络领域的价值观和意识形态还存在很大分歧,但

---

[1] Jonathan Clough, *A World of Difference: The Budapest Convention of Cybercrime and the Challenges of Harmonisation*, Monash University Law Review, vol.40:3, p. 734(2014).

[2] Xingan Li, *International Actions against Cybercrime: Networking Legal Systems in the Networked Crime Scene*, Webology, vol.4:3, p. 9 (2007).

中国一直都是网络犯罪治理的积极参与者和建设者,并且也将会为制定出一部普遍适用的打击网络犯罪国际法律文件贡献力量和智慧。我们认为,中国在缔结和参与网络犯罪国际法律文件时,应当特别注意以下几点:第一,在基本立场上,坚持以联合国为网络犯罪国际法律文件的缔结平台;第二,在实体规则层面,清晰界定网络犯罪的概念和明确网络犯罪行为定罪入刑的具体构成要件;第三,在程序法层面,努力推进网络犯罪管辖权的确定机制和电子证据的获取规则。

一、基本立场:坚持以联合国为联合国网络犯罪公约的缔结平台

联合国作为全球最具有代表性和权威性的政府间国际组织,作为构建网络犯罪国际公约的缔结平台具有优越性和可行性。这具体表现为:第一,联合国在协调全球网络安全利益中更具有调和性优势。不同国家区域在网络犯罪治理上具有不同的价值追求和利益诉求,导致全球网络犯罪立法进程极为缓慢,而联合国作为超国家的政府间国际组织,能合理地平衡各个利益群体在联合国网络犯罪公约中的诉求;由联合国主导制定网络犯罪公约更易受到各个国家的认可和接受,也能极大地便利公约的执行。第二,联合国自身具有组织联合国网络犯罪公约起草工作的丰富经验和资源。比如,在打击跨国网络有组织犯罪方面,联合国早在2001年第55届联合国大会上就通过了《联合国打击跨国有组织犯罪公约》,这就对法律文件中打击跨国有组织犯罪部分奠定了部分基础。又如,联合国毒品与犯罪办公室作为联合国专门机构组织对网络犯罪的研究尤为出色,其于2015年建立了专门的网络犯罪资料库,通过整理和收集关于网络犯罪和电子证据的立法、判例法和经验的中央数据库,协助各国打击和预防网络犯罪工作。① 第三,将联合国作为构建网络犯罪国际公约的缔结平台符合中国自始至终的声明主张。中国政府早在2010年发布的《中国互联网状况》白皮书中就提出,要建立一个联合国框架下的互联网国际监管机构。② 2013年,中国政府又明确表示"支持制定关于网络犯罪的综合性多边法律文件"。③ 联合国已经在网络犯罪立法、司法和实践等多个层面取得了重要的成就,因此,由联合国主导联合国网络犯罪公约的起草工作是理所当然的。

---

① UNODC, Sharing Electronic Resources And Laws on Crime, available at https://sherloc.unodc.org/cld/v3/sherloc/legdb/index.html? lng=zh, (last visited February 22, 2020).
② 参见钱文荣:《评述:坚决反对网络霸权,建立国际网络新秩序》,载新华网(http://www.xinhuanet.com/world/2014-05/27/c_1110885470.htm),最后访问日期:2020年3月23日。
③ 参见《中国代表团出席联合国网络犯罪问题专家组首次会议并做发言》,载外交部官网(https://www.fmprc.gov.cn/ce/cgmb/chn/wjbxw/t812063.htm),最后访问日期:2020年3月23日。

二、实体法层面:明确网络犯罪的范围和构成要件

如前所述,目前打击网络犯罪的国际法律文件不仅在一般性层面存在过于"分散性"和"碎片化"、地域代表范围有限、欠缺时效性等诸多局限,在实体法层面亦存在网络犯罪定义不合理、构成要件不明确等具体问题。同时,随着网络犯罪技术的迭代更新、犯罪形式的多样化和犯罪规模的扩大化,如何有效预防和打击网络犯罪,成为世界各国公共部门和私营部门的重大难题。我国在参与联合国网络犯罪公约的缔结过程中,应当注意更新网络犯罪的定义并确保构成要件的明确性或确定性。我们认为,这至少包含以下两方面工作:第一,要考虑到网络对传统犯罪带来的异化,从而进一步整合和完善以往公约。通过网络媒介,一些传统的犯罪早已脱离线下模式,通过网络技术变得更为容易。例如,随着全球社会各国对毒品犯罪打击力度的强化,越来越多的犯罪分子选择在网上进行毒品交易。早在 2000 年,联合国毒品控制和预防部门负责人就表示:毒品销售商和消费者正在使用互联网来交换毒品信息,甚至在网上公开生产毒品的配方。① 与此类似,近年来常见的网络犯罪还包括利用网络发布谣言和虚假信息、贩卖人口以及开展网络恐怖主义活动等。联合国网络犯罪公约应当整合这些异化的传统犯罪,并努力完善相关罪名的定义。第二,欧洲委员会《网络犯罪公约》的起草国家担心,如果某些犯罪的构成要件规定得过于明确,会降低其他国家加入该公约的积极性,因此仅罗列了需要缔约国予以犯罪化的行为类型,但对于如何确定这些行为以及犯罪的构成要件并未提供任何指引。我们认为,一方面,由于各国刑法有所不同,因此联合国网络犯罪公约在犯罪的界定和构成要件的设置方面应当保持一定的灵活性,以便实现各国求同存异的目标;另一方面,如果犯罪定义和构成要件完全不明确,则会导致各国各自为政,任意解释公约的相关条款,严重削弱网络犯罪国际公约的作用。因此,在网络犯罪定义和构成要件的问题上,联合国网络犯罪公约应当在灵活性与明确性或确定性之间取得一种平衡。

三、程序法层面:推进网络犯罪管辖权的确定机制和电子证据的获取规则

网络犯罪程序法层面的规则机制同样需要在国际社会达成基础层面的共识。首先,中国在参与网络犯罪国际文书缔结的进程中要极力推进网络犯罪管辖权的确定机制。这主要是因为为了惩罚危害本国利益的网络犯罪,世

---

① 参见习宜豪:《暗网上的毒品交易》,载南方周末网(http://www.infzm.com/content/105335/),最后访问日期:2020 年 3 月 23 日。

界各国都存在扩张刑事管辖权的冲动①,由此构成了对传统刑事管辖制度在网络犯罪中适用的巨大挑战。总之,这种管辖权的过度扩张可能使得所有国家均对网络犯罪享有管辖权,这不仅会过度侵害行为人的权益,也必然会对传统意义上的国家司法主权造成巨大冲击。② 对此,近年来出现了一些试图进行限制的观点。比如,在德国司法实践中较为广泛采用的"结果限制说标准",该原则试图限缩解释网络犯罪结果地,认为国外的网络行为者企图发生犯罪结果于某一国,或者行为者在充分认识到完全有可能发生危险结果而仍然实施时,才可能适用空间效力原则。③ 此外,还存在"有限管辖原则"④和在此基础上的"修正的实害联系原则"⑤。本书认为,无论采取何种具体的原则,在确立管辖权时都应坚持便利化和实际控制、优先受理两项基本性原则。这两者都是基于执法的可操作性必须满足的要求,特别是当发生管辖权的积极冲突时,后者对于避免管辖权争夺和减少摩擦具有极大的意义。其次,中国在参与网络犯罪国际文书缔结的进程中也要推进建立清晰的电子证据获取规则。第一,需要确立电子证据的法律地位。电子证据的高度技术性决定了其不能为任何一种传统证据包含,并且随着网络犯罪的蓬勃发展,客观上电子证据的出现和应用会越来越广泛,因此有必要将其作为一种全新独立的证据类型加以明确。第二,应尽快建立电子证据的审查机制。这主要是为了尽可能避免电子证据在获取和保存的过程中被不必要地污染,从而导致电子证据的证明能力降低。第三,应建立电子证据的相应保全措施。考虑到电子证据的不易取得性和极易变造性,需要采取一些特别的措施来确保电子证据的证明力。比如,可以建立一个专门的网络公证机关(cyber notary authority,CNA),运用计算机网络技术进行证据保全、法律监督等公证行为,并且对互联网上的电子文件、电子身份和部分网络交易行为提供认证和证明。⑥ 这种做法在当前国内部分地区已经有所实践,应该说在打击网络犯罪尤其是跨国性犯罪的场合同样具有极大的作为空间。

---

① 参见于志刚:《全球化信息环境中的新型跨国犯罪研究》,中国法制出版社2016年版,第249页。

② 参见于志刚:《关于网络空间中刑事管辖权的思考》,载《中国法学》2003年第6期,第109页。

③ 参见〔日〕松本博之:《因特网、信息社会与法——日德研讨会论文集》,信山社2002年版,第410页。

④ 参见郑泽善:《网络犯罪与刑法的空间效力原则》,载《法学研究》2006年第5期,第76页。

⑤ 参见于志刚:《关于网络空间中刑事管辖权的思考》,载《中国法学》2003年第6期,第110页。

⑥ 参见百度百科词条"网络公证",载百度百科(https://baike.baidu.com/item/网络公证/12751979? fr=aladdin),最后访问日期:2020年3月23日。

总体而言,除了以上关于管辖权的确立和电子证据的获取两方面之外,网络犯罪国际文书缔结的进程中也要特别注意引渡的规范合理性、跨国打击合作等具体方面的问题,但篇幅有限,在此不再作更深入的分析。

第五节 结 语

网络犯罪具有明显的跨国性特征,打击跨国网络犯罪的复杂性和紧迫性便制定和出台一部统一的打击网络犯罪国际公约成为网络安全治理的当务之急。欧美国家主导的《网络犯罪公约》虽然对于一定区域的网络犯罪治理具有积极意义,但是,这一公约存在诸多难以克服的缺陷,特别是无法应对日新月异的跨国网络犯罪。以中俄为代表的新兴国家另辟蹊径,坚持以联合国为缔结平台推进全球网络犯罪新公约的制定。这种新的尝试融合了"多元化和包容性"的价值理念,不仅能够合理地缓解不同国家区域在打击跨国网络犯罪中的紧张关系,也可以在一定程度上消除各国的法律差异,缩小发展中国家的网络安全数字鸿沟。我国应当基于维护国家安全和网络利益的需求,积极参与网络犯罪国际法律文件的缔结,并努力推动新公约在实体规则和程序规则上的创新。

图书在版编目（CIP）数据

网络刑法原理／江溯主编． —北京：北京大学出版社，2022.5
ISBN 978-7-301-32976-4

Ⅰ.①网… Ⅱ.①江… Ⅲ.①计算机网络—犯罪—刑法—研究 Ⅳ.①D914.04

中国版本图书馆 CIP 数据核字（2022）第 053517 号

书　　　名	网络刑法原理 WANGLUO XINGFA YUANLI
著作责任者	江　溯　主编
责 任 编 辑	杨玉洁　靳振国
标 准 书 号	ISBN 978-7-301-32976-4
出 版 发 行	北京大学出版社
地　　　址	北京市海淀区成府路 205 号　100871
网　　　址	http://www.pup.cn　http://www.yandayuanzhao.com
电 子 信 箱	yandayuanzhao@163.com
新 浪 微 博	@北京大学出版社　@北大出版社燕大元照法律图书
电　　　话	邮购部 010-62752015　发行部 010-62750672　编辑部 010-62117788
印 刷 者	北京中科印刷有限公司
经 销 者	新华书店 650 毫米×980 毫米　16 开本　38.25 印张　684 千字 2022 年 5 月第 1 版　2022 年 7 月第 2 次印刷
定　　　价	168.00 元

未经许可，不得以任何方式复制或抄袭本书之部分或全部内容。
版权所有，侵权必究
举报电话：010-62752024　电子信箱：fd@pup.pku.edu.cn
图书如有印装质量问题，请与出版部联系，电话：010-62756370